無藤　隆
森　敏昭
遠藤由美
玉瀬耕治

新版
心理学

Psychology:
Science of
Heart and
Mind
2nd ed.

YUHIKAKU

有斐閣

FIGURE 口絵① fMRI画像の一例（本文48ページ）

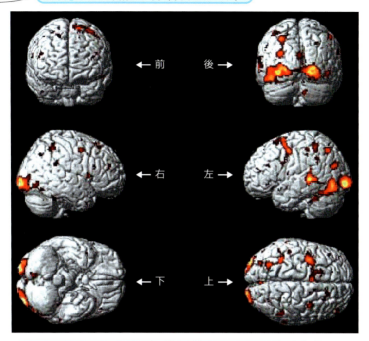

　視覚探索課題（複数の文字刺激を見て，そのなかにあらかじめ決められた標的文字があったら右手のキーを押して反応する）を実行中と安静状態の間で，活動に差が見られた部位が赤くなっている。色が明るいほど差が大きいことを示す。視覚野に相当する後頭葉がはっきりと活性化しており，また右半球に比べて左半球の活性化部位が多いことがわかる。

（出典）　広島県立身体障害者リハビリテーションセンターで撮像。

FIGURE 口絵②● サルの大脳においてミラーニューロンの記録される領域（本文50ページ）

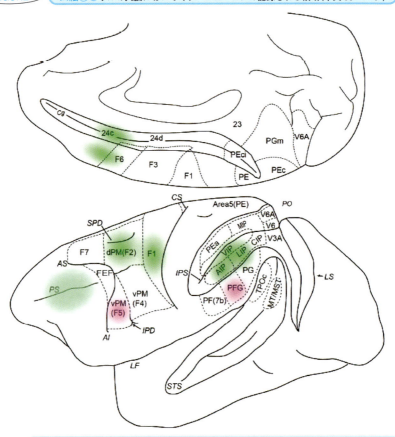

上：サルの脳の内側面，下：外側面。
紫のF5（腹側運動前野）とPFG（下頭頂葉）が，リゾラッティ（Rizzolatti, G.）らによって最初に発見されたミラーニューロンシステムの反応が見られた領域である。
　緑のAIP/LIP（頭頂葉）などは，その後の研究で，ミラーニューロンあるいはミラーニューロン様の反応が見られた領域である。

（出典）村田，2016。

はしがき

　本書の旧版は，専門性を十分に備えた本格的な心理学の概論書として好評を得てきた。だが，その刊行から既に十年以上が経過し，その間の心理学の進歩はめざましいものがあり，社会への応用も広がった。とはいえ，第一線の研究を学ぶ前に，本書のような概論を通して基礎をしっかりと学ぶ必要もある。そこで今回，改訂の機会に応じて，基礎的な事柄についてよく理解できるようにしていく従来の方針を維持しながら，必要に応じてその領域の標準的な知見と見なされる研究成果の要点をまとめることとした。これを受けて，全面的に書き下ろす章と必要な修正を施した章などから構成することとした。

　基本的な方針は以前からの通りである。すなわち，次のような方針で本書を構想し，執筆した。

- 心理学の学問を大きく4つのフィールドで分けて，述べることとした。認知心理学（知覚や脳の研究を含む），発達心理学（生涯発達や学校教育を含む），社会心理学（自己や進化心理学の研究も含む），臨床心理学（その基本と心理テスト等を含む）である。心理学には，それらだけで尽くせない多くの分野があるのだが，しかし，現在，その4つが研究が活発であり，また学部生などにとっての基本的な知識の大事な要件となっているからである。
- 入門的な知識から専門的な知見をつなぐところを，体系的に述べていく。初学者でも努力すれば理解できるように，基本的なところから解説する。だが，それにとどまらず，学部の専門から大学院1年生くらいで学ぶことを主眼としていく。
- そのために，通常のテキストの数倍の分量をもって記述した。各フィールドが単行本1冊くらいの規模をもつ程度になっているので，読み応えがあるだろう。さらに，体系的な記述から漏れる部分はコラムなどで補い，最新の知見なども入れ込んである。
- 心理学は，たんに専門的な知見を学べば理解できるというわけにはいかない。いかなる方法により研究を進めるかということが，決定的に重要である。そこで，実験法や質問紙法，観察法などの方法論の要点を示し，心理テストの

紹介や，統計法の簡単な解説を加えた。さらに，その実例として第1章では，実際の1つの研究の紹介を通して，いかにして研究を進めるものかを理解できるようにした。
- 公認心理師・臨床心理士の希望者が増えたことに応じて，その勉強の基礎となることに力を注いだ。臨床心理学自体の解説にかなりのスペースを割いている。それに加えて，臨床心理学の周辺領域としての人格心理学や発達心理学の知見を詳細に紹介している。臨床心理学や心理臨床実践が独立してそれだけで成り立つ領域ではなく，心理学の広範な研究成果の上に科学性を備えてきていることをわかってほしい。さらに，学部から大学院の1年という時期には，そういった幅広い勉学を通して，科学的な基礎に基づく臨床心理学の意義と面白さを理解することが大切であろう。
- 本文の記述に加え，コラム，章末の文献案内，練習問題等を通して，本書の内容を各自が発展できるように工夫してある。

以上のような意図を持ち，この改訂についても数年の時間をかけて執筆を行った。その間，いろいろな形で打ち合わせと連絡を重ねながら進めることができた。辛抱強く連絡を重ねるとともに，読みやすい形にしていただいた有斐閣編集部の中村さやかさんには大いに感謝申し上げたい。

2018年3月

著者を代表して

無 藤　　隆

著者紹介

無藤　隆（むとう　たかし）　〔第 1・8・11・12・19・20 章担当〕
東京都に生まれる。
1972 年，東京大学教育学部卒業。1977 年，東京大学大学院教育学研究科博士課程中途退学。
現　在，白梅学園大学名誉教授（発達心理学）。
著作に，『現場と学問のふれあうところ――教育実践の現場から立ち上がる心理学』（新曜社，2007 年），『幼児教育のデザイン――保育の生態学』（東京大学出版会，2013 年），『発達心理学 1，2』（共編著，東京大学出版会，2011，2013 年）など。

森　敏昭（もり　としあき）　〔第 2・3・4・5・6・7 章，コラム 1-1 担当〕
福岡県に生まれる。
1972 年，広島大学教育学部心理学科卒業。1976 年，広島大学大学院教育学研究科博士課程後期中途退学。
現　在，広島大学名誉教授（認知心理学・教育心理学）。文学博士。
著作に，『心理学のためのデータ解析テクニカルブック』（共編，北大路書房，1990 年），『グラフィック認知心理学』（共著，サイエンス社，1995 年），『21 世紀の学びを創る――学習開発学の展開』（監修，北大路書房，2015 年）など。

遠藤　由美（えんどう　ゆみ）　〔第 13・14・15・16・17・18 章担当〕
北海道に生まれる。
1984 年，京都大学教育学部卒業。1989 年，京都大学大学院教育学研究科博士後期課程満期退学。
現　在，関西大学名誉教授（社会心理学）。博士（教育学）。
著作に，『コミュニケーションの認知科学 2 共感』（共著，岩波書店，2014 年），『社会心理学――社会で生きる人のいとなみを探る』（編著，ミネルヴァ書房，2009 年），『グラフィック社会心理学 第 2 版』（共著，サイエンス社，2008 年）など。

玉瀬　耕治（たませ　こうじ）　〔第 9・10・21・22・23・24 章担当〕
兵庫県に生まれる。
1965 年，奈良学芸大学学芸学部卒業。1966 年，奈良学芸大学学芸専攻科修了。
現　在，奈良教育大学名誉教授（カウンセリング心理学）。教育学博士。
著作に，『臨床心理学』（共編，学文社，2009 年），『カウンセリングの技法を学ぶ』（有斐閣，2008 年），『カウンセリング技法入門』（教育出版，1998 年），『新装版 社会的学習理論の新展開』（分担執筆，金子書房，2019 年）など。

目次 PSYCHOLOGY

はしがき　i

第1部　心の仕組みと働き

第1章　心理学とは何か　　　　　　　　　　　　　　　　　1
心を科学的に研究することの可能性

1　心理学を成立させるもの　2
　　学問の成立の軸(2)　　学問としての構成の軸(3)
2　知の成立という面から心理学の枠組みを知る　5
　　知の遺伝性・教育性(5)　　知の構成性・社会性(8)　　知のモジュール性・総合性(8)　　知の情動性・関係性(10)　　知の身体性・対象関与性(11)　　知の文化社会性・組織性(12)
3　心理学の研究法　12
　　種々の方法(12)　　データを加工する(16)　　信頼性と妥当性を求めて──研究の実例(20)

第2章　心　と　脳　　　　　　　　　　　　　　　　　　33
心を支える脳のメカニズム

1　神経細胞（ニューロン）の構造と働き　34
　　ニューロンの構造(34)　　ニューロン内でのインパルスの伝導(34)　　シナプスでのインパルスの伝達(37)
2　脳波と覚醒　38
　　脳波とは(38)　　睡眠中の脳波(38)　　脳波とバイオリズム(40)
3　神経系の構造と機能　41
　　中枢神経系の構造と機能(41)　　末梢神経系の構造と機能(43)
4　大脳半球の構造と機能　45
　　大脳半球の構造(45)　　大脳半球の機能地図(46)　　大脳半球の非対称性(49)
5　脳の発達と老化　52
　　脳の発達(52)　　脳の老化(53)

第3章 感覚と知覚　　57
環境を認識する心の働き

1 **感覚の仕組み**　58
  感覚と知覚(58)　感覚器官の種類(58)　刺激の選択性(59)　眼球の構造(59)　耳の構造(62)

2 **形の知覚**　63
  図と地の分化(63)　図のまとまり方(64)

3 **大きさ・奥行きの知覚**　66
  単眼手がかり(67)　両眼手がかり(69)　知覚の恒常性(70)　錯視(70)

4 **運動の知覚**　73
  実際運動の知覚(73)　誘導運動(75)　仮現運動(76)

5 **知覚と注意**　77
  選択的注意(78)　意図的処理と自動的処理(79)

第4章 記憶　　83
過去を記録する心の働き

1 **記憶の過程**　84
  符号化(84)　貯蔵(85)　検索(85)

2 **短期記憶のメカニズム**　86
  短期記憶とは(86)　短期記憶の容量(86)　短期記憶の保持時間(88)　ワーキングメモリ(89)

3 **長期記憶のメカニズム**　90
  長期記憶の種類(91)　長期記憶の構造(95)

4 **忘却の規定因**　98
  忘却と保持時間(98)　忘却と干渉(100)　忘却と検索(101)

5 **日常世界における記憶**　103
  自伝的記憶(104)　目撃証言(105)　展望的記憶(106)

第5章 学習　　109
未来に備える心の働き

1 **学習の基本型**　110
  条件づけによる学習(110)　認知的学習(113)

2 **学習の理論**　114
  行動主義の学習観(115)　ゲシュタルト心理学の学習観(116)　連合理論と認知理論の相違点(118)　認知心理学の学習観(118)

- **3 さまざまな学習** 121
  知識の獲得(122) 技能の習得(123) 社会・文化的学習(124)
- **4 学習の転移** 126
  正の転移と負の転移(126) 形式陶冶と実質陶冶(126) 転移の理論(126) 転移と熟達(127)

第6章 言　語　133
情報を運ぶ知性の翼

- **1 文 の 理 解** 134
  統語論的知識(134) 意味論的知識(136) 語用論的知識(138)
- **2 文章理解とスキーマ** 139
  タイトルと視点(140) スクリプトに基づく理解(141) 物語文法による理解(141)
- **3 言語による表現** 144
  情報化社会と言語表現(144) 作文の産出過程(145) ヘイズとフラワーのモデル(145)
- **4 言語と思考** 149
  言語と概念(149) 外言と内言(150)
- **5 言語の習得** 153
  母語の習得(153) 外国語の習得(154)

第7章 思　考　159
アイデアを生み出す創造の壺

- **1 問題解決と思考** 160
  試行錯誤か洞察か(160) 問題解決の過程(161) 問題解決の方略(162)
- **2 帰納的推論** 164
  仮説検証と帰納的推論(164) 仮説検証の思考を阻害する要因(164)
- **3 演繹的推論** 168
  仮説検証と演繹的推論(168) 演繹的推論の歪み(168)
- **4 意思決定の思考** 171
  フレーミング効果(172) 基礎確率の無視(173)
- **5 創造的思考** 174
  創造的思考と孵化効果(175) 創造的発想を妨げる要因(178) 創造的思考と批判的思考(181)

第2部　心のダイナミズム

第8章　情　動　　　　　　　　　　　　　　　　　　　185
　　　　　　　　　　　　　　　　　　　　　生きる喜びと悲しみ

1 情動とは何か　186
　　感情と情動(186)　　基本情動(187)

2 表情と情動　188
　　表情と情動の種類(188)　　表情と情動の不一致(189)

3 情動の円環モデル　190
　　原型的な情動的エピソード(190)　　情動の構造(191)

4 情動の制御と共感性　193
　　共感，同情，苦しみ(193)　　情動的喚起の規定因(194)　　社会的機能(194)

5 弾力性（レジリエンス）　198
　　弾力性とは(198)　　弾力性の条件と過程(199)　　弾力性の構造(202)

第9章　動機づけ　　　　　　　　　　　　　　　　　　205
　　　　　　　　　　　　　　　　　　　　　　人を動かす要因

1 動機づけのメカニズム　206
　　動機づけの意味(206)　　動因・誘因と行動(207)

2 欠乏欲求とホメオスタシス　209
　　食行動の個人差(210)　　愛情の欲求(211)　　性の欲求(212)　　ホメオスタシスとアロスタシス(213)

3 欲求不満とその解消　214
　　適応の機制(215)　　欲求不満耐性(217)　　葛藤(217)

4 高次な欲求の充足　218
　　成長欲求の特徴(218)　　内発的動機(219)　　外発的動機づけと内発的動機づけ(219)　　達成の欲求と原因帰属(221)　　達成目標の設定(223)　　社会的動機づけと他者の影響(224)

5 自己実現の欲求　224

6 動機づけ研究の動向　227

第10章　性　格　　　　　　　　　　　　　　　　　　　231
　　　　　　　　　　　　　　　　　　　　　　人柄のバラエティ

1 人さまざま　232

　　　　　性格と人格(232)　　　性格の理論(234)
　2　類　型　説　　235
　　　　　種々の類型説(235)　　　類型説の長所と短所(237)
　3　特性説と質問紙法　　238
　　　　　特性説とは(238)　　　ビッグ・ファイブ(239)　　　社会認知的理論(242)
　4　性格テストの効用と限界　　243
　　　　　信頼性と妥当性(244)　　　投影法の性格テスト(244)
　5　性格の形成　　245
　　　　　遺伝と環境の影響(245)　　　家庭の影響(246)　　　友人関係の影響(248)
　6　性格と生き方　　250
　　　　　心構え(マインドセット)(250)　　　サニーブレインとレイニーブレイン(251)　　　意志力(ウィルパワー)(253)

第11章　発達の基礎となるもの　　257

　1　認知発達とは何か　　258
　　　　　表象の発達(258)　　　ピアジェの理論(258)　　　ピアジェの理論の主要な発達段階の特徴(259)　　　乳児期の表象(261)　　　延滞模倣(263)　　　乳児期以降の表象の発達(263)　　　認知発達への情報処理的アプローチ(263)　　　実行機能の発達(264)　　　記憶の発達(265)　　　認知発達の社会的特質とは(266)　　　社会的認知の発達(267)
　2　記憶の発達　　269
　　　　　短期記憶と長期記憶(269)　　　プライミング(270)　　　短期記憶とワーキングメモリ(271)　　　意図的で方略的な記憶(272)　　　エピソード記憶と自伝的記憶(273)　　　幼児期およびそれ以降の発達(274)　　　自伝的記憶あるいは自己記憶(275)　　　年齢に関連した変化の機構とは(276)
　3　実行機能の発達について　　277
　　　　　子ども期における前頭前野の発達(277)　　　社会情緒的実行機能(278)　　　実行機能の年齢に応じた変化(279)　　　乳児期(280)　　　幼児期(280)　　　学童期(281)　　　発達の理論と機構(281)　　　実行機能の個人差とその発達的影響(283)

第12章　認知と社会性の多面的な発達　　285

　1　模倣とは何か　　286
　　　　　模倣の基礎にある機構としてのAIM仮説(286)　　　延滞模倣と乳児の早期記憶(286)　　　ものの性質と文脈の変化を超えた一般化(287)　　　仲間からの模倣(287)　　　テレビからの模倣(288)　　　因果関係の学習と道

　　　　具使用(288)　　抽象的なルールや方略の模倣(289)　　模倣をするかどうかを決める要因(289)　　社会的認知と心の理論の基盤元とは(290)

2　概念の発達　　291
　　　　概念の発達の基本的特質(291)　　子どもの概念の初期発達と質的変化(292)　　領域一般の原則と領域固有理論の埋め込み(292)　　能動的に構成し，入力により情報を受け取る(294)　　子どもの概念は柔軟であり同時に制約される(294)　　子どもの概念は統計的データと理論の双方で影響を受ける(294)　　理論に埋め込まれた概念のいくつか(295)

3　因果関係の理解の発達　　296
　　　　因果関係の理解に関する理論(296)　　確率に基づく学習(298)

4　心の理論をめぐって　　301
　　　　心の理論とは何か(301)　　心の表象理論(303)　　心の発達構成要素理論(303)　　乳児期における注意と意図の理解(305)　　乳児期・幼児初期の世界と一致しない目標の理解(306)　　就学前期の表象的心的状態の理解(308)　　就学前の発達における個人差(309)　　学童期の回帰性と解釈の理解(309)　　教育への展望(310)　　まとめ(311)

5　社会的発達について　　311
　　　　社会的であること(social-ness)の理論(311)　　社会脳(312)　　社会化への親の影響(313)　　心的表象が子どもの社会的経験をまとめる(314)　　社会化のエージェントとしての親の影響(315)　　友人関係の影響(315)　　社会的スキルと認知的スキルの発達の相互的影響関係(318)　　まとめ(320)

第3部　社会のなかの心

第13章　人間と社会　　321
人はいかに社会的存在か

1　人間の進化　　322
　　　　進化論(322)　　人間の特徴(322)　　社会的脳(324)　　群れと適応(327)

2　社会生活を営むための諸条件　　329
　　　　所属欲求(329)　　対人認知と適応(330)　　社会的認知の二過程理論(331)　　身体性認知(334)

3　感　情　　335
　　　　感情と適応(335)　　インディケーターとしての感情(336)　　対人感情と関係性(337)

4　協力，信頼，愛他性　　339

　　　　　社会的ジレンマ(339)　　囚人のジレンマ(340)　　社会現象の拡大と収
　　　　　束(341)　　信頼の解き放ち(341)　　共感(343)

第14章　社会的認知　　　　　　　　　　　　　　　　　　　　　　347
人と世界を理解する

1　印　象　形　成　　348
　　　印象形成の原理(348)　　印象形成の連続体モデル(350)　　印象形成と
　　　個人的知識(352)
2　帰　　　　属　　352
　　　対応推論(353)　　帰属のバイアス(353)　　帰属の段階モデル(355)
　　　反実仮想と帰属(355)
3　ステレオタイプと偏見　　359
　　　ステレオタイプの基底(359)　　ステレオタイプの功罪(362)　　ステレ
　　　オタイプ内容モデル(363)　　ステレオタイプとコミュニケーション
　　　(364)　　スティグマとステレオタイプ脅威(365)　　ステレオタイプの
　　　抑制と暗黙のステレオタイプ(367)　　ステレオタイプと共感——共感
　　　の及ぶところ(369)
4　社会的推論と意思決定　　370
　　　ヒューリスティックス(370)　　計画錯誤(372)

第15章　自　　　己　　　　　　　　　　　　　　　　　　　　　　375
個人と社会のインターフェース

1　自己とは何か　　376
　　　自己への関心の歴史的変遷(376)　　自己の二重性と自己概念(377)
　　　現代の自己研究の領域(377)
2　自　己　知　識　●自分についての情報の宝庫　　378
　　　自己概念と自己知識(378)　　認知構造としての自己知識(378)　　自己
　　　知識の正確性(381)
3　自尊感情と自己評価　　381
　　　自尊感情の概念と測定(381)　　社会的比較(383)　　自己評価維持モデ
　　　ル(384)
4　自己に関わる動機　　385
　　　自己高揚動機(385)　　自己一貫性動機(389)
5　自　己　制　御　　390
　　　自覚状態(390)　　自己意識(391)
6　自己と他者　　392

　　　　重要他者と自己評価(392)　　自己呈示と他者の目(393)
7　語られるものとしての自己　394
　　　　自伝的記憶(394)　　自己物語(395)

第16章　社会的影響　　　　　　　　　　　　　　　　　　397
集団のなかの文法

1　他者の存在と遂行　398
　　　　社会的促進(398)　　社会的手抜き(399)　　社会的インパクト理論(400)　　傍観者効果(401)
2　同調と服従　402
　　　　斉一性と同調(402)　　規範的影響と情報的影響(402)　　同調の規定因(404)　　集合的無知(405)　　服従(406)
3　説　得　407
　　　　精緻化可能性モデル(ELM)(408)　　説得過程の規定因(409)　　少数派が多数派を動かすとき(410)　　承諾(411)
4　世論形成　411
　　　　議題設定効果(412)　　プライミング効果(414)　　フレーミング効果(414)　　人々のダイナミックス(415)
5　社　会　階　層　415
　　　　社会階層と社会的相互作用(416)　　社会階層と本質主義(418)

第17章　人　間　関　係　　　　　　　　　　　　　　　　421
人と人が向き合うとき

1　魅力と親密関係　422
　　　　親密関係の意味(422)　　社会のあり方と人間関係(424)　　魅力(424)　　包摂と排斥(428)　　社会的交換と対人関係モデル(430)
2　援助行動とサポート　431
　　　　援助行動と規範・役割(431)　　援助行動の生起過程(431)　　ソーシャル・サポート(432)　　援助を受けること(433)
3　攻　撃　性　434
　　　　性と攻撃性(434)　　攻撃性とメディア(435)　　気候と攻撃性(438)　　攻撃行動と統制・抑制(439)
4　コミュニケーション　442
　　　　共有リアリティの構築(442)　　二者コミュニケーション(442)

第18章　集団・組織そして規範　　　　　　　　　　　　　　445
　　　　　　　　　　　　　　　　　「個人の集合」を超えて

1　集団と群集　446
　　集団の定義（446）　　集団の特徴（446）　　群集の形成（447）　　集合心
　　（448）　　没個性化（448）
2　集団の意思決定　450
　　集団意思決定のプロセス（450）　　集団意思決定の阻害要因（450）　　集
　　団思考（452）　　集団極化（453）　　現代の集団極化・共有情報バイアス
　　（455）　　集団意思決定の手続き（455）
3　集団間関係　456
　　「泥棒洞窟」の実験（456）　　集団間葛藤の原因（457）　　集団間葛藤の
　　解決（459）
4　リーダーシップ　460
　　リーダーシップ（460）　　緊急時のリーダー（461）
5　社会心理学と司法　463
　　目撃証言（463）　　裁判（466）　　ウソの自白（467）　　刑罰（467）

第4部　心の適応と臨床

第19章　発達支援の基礎となる発達的個人差とは　　　　471

1　気　質　472
　　気質のモデル（472）　　気質とパーソナリティ特性構造における統合モ
　　デル（473）　　気質とパーソナリティ特性の心理的プロセスと神経的基
　　盤（479）
2　愛着について　482
　　愛着の安定性の測定法（482）　　愛着の対象者は誰か（483）　　愛着の生
　　物学的基盤と文化的基盤（484）　　愛着の安定性に寄与する要因とは
　　（484）　　愛着の安定性は時間を追って変化するか（485）　　安定・不安
　　定な愛着は後の発達にどう影響するか（486）　　愛着は社会的表象にど
　　う影響するか（487）　　愛着理論から臨床的な意義を引き出せるか（488）
3　自己の発達について　488
　　発達における自己概念とは（488）　　発達における自己を構成する3つ
　　のカテゴリー（489）　　最小限の自己（489）　　客体化された自己（491）
　　人格化された自己（494）

第20章　発達の病理と心理・福祉・教育的援助　　499
心理臨床への発達的基盤を探る

1. リスクと脆弱性と弾力性　500
   脆弱性とは(500)　子ども時代における脆弱性(501)
2. 精神病理の発達における情動の役割　506
   情動の性質とは何か(507)　情動的コンピタンスとは(507)　情動的コンピタンスの発達(508)　言語的な情動表出の定型発達とリスク(509)　情動表出のコントロールの定型発達とリスク(509)　情動の理解とリスク(510)　情動制御の定型発達とリスク(511)
3. 自己プロセスが発達病理と精神衛生に与える影響　513
   主体自己はいかにして客体自己の発達に寄与するか(513)　自己拡張と自己奉仕的歪み(515)　抑うつと自殺行動へのルート(518)　食異常行動へのルート(519)
4. 不適切な養育が発達病理に及ぼす影響　519
   不適切な養育の病因論的モデル(519)　不適切な養育のその後への影響(520)　発達に対する有機的な見方(520)　情動の分化と情動の制御(521)　愛着関係の形成(522)　自律的自己の発達(522)　仲間関係(523)　学校への適応(523)　パーソナリティと精神病理への影響(525)　介入研究について(525)

第21章　ストレスと心理的障害　　529
心のトラブル

1. 心の健康と不健康　530
   心の健康(530)　心の不健康と心の障害(531)
2. ストレスと心理的障害　532
   汎適応症候群(533)　認知的評価モデル(534)　ストレッサーとなる出来事(535)　コーピング(536)　ストレスと活動の効率(541)　過度のストレスとその後遺症(542)
3. 心理臨床の対象　543
4. 心理臨床的アセスメントの役割　546
   心理臨床的アセスメント(546)　不登校児のアセスメント(548)

第22章　カウンセリング　　551
悩みの克服

1. カウンセリングにおける視点の多様性　552
   カウンセリングとは何か(552)　カウンセリングと心理療法(552)

臨床心理士，カウンセラー，公認心理師(553)　　カウンセリングの考え方(553)

2　精神力動論的アプローチ　　555
フロイトと無意識の発見(555)　　自我論(556)　　愛着行動と対象関係(557)　　自由連想法(558)

3　来談者中心的アプローチ　　559
カウンセリングが成り立つ条件(559)　　自己概念(560)　　ロジャーズ理論の発展過程(562)

4　行動主義・認知行動主義的アプローチ　　562
古典的条件づけと系統的脱感作(563)　　オペラント条件づけと行動分析(564)　　モデリングとソーシャル・スキル訓練(565)　　認知行動療法(566)　　第三世代の認知行動療法(568)

5　家族システム論的アプローチ　　569
ホメオスタシス(569)　　アイソモーフィズム(569)　　円環的因果関係(570)　　リフレーミング(570)　　ナラティブ・セラピー(572)

第23章　カウンセリングの実際　　575
かかわりの技法

1　基本的なかかわり技法　　576
マイクロカウンセリング(576)　　かかわり行動(577)　　質問技法(579)　　反映技法(580)　　基本的傾聴の連鎖(582)

2　臨床的面接の一般的な進め方　　583
大人の場合(583)　　子どもの場合(585)

3　面接の構造化　　585
第1段階――ラポールの形成(586)　　第2段階――情報の収集(586)　　第3段階――目標の設定(586)　　第4段階――選択肢の探究(587)　　第5段階――一般化と転移(587)

4　行動の変容を促すさまざまな技法　　588
積極技法(588)　　指示(588)　　自己開示(589)　　解釈(589)　　対決(589)　　治療的ライフスタイルの変更(590)

5　カウンセリングにおける発達論的視点　　590
認知発達的スタイル(592)　　同化と調節(594)　　水平的発達と垂直的発達(595)

6　認知発達的スタイルの査定と介入　　595
肯定的資質の探究(596)　　認知発達的スタイルと介入の技法(596)　　発達過程としての教育臨床的問題(598)

第24章　カウンセリング・心理療法と文化　605
　　　　　　　　　　　　　　　　　文化のなかで

1　文化のなかの個人　606
　　文化のなかの自己理解(606)　　文化の多様性(607)

2　クライエントの文化的背景　608
　　文化の固有性を踏まえて(608)　　文化的背景との調和(610)

3　日本社会の文化的特質　612
　　日本社会の特徴(612)　　「場」への依存,「世間」への配慮(615)　　相互協調的システムと相互独立的システム(616)

4　カウンセリングにおける多重文化主義　616
　　文化への目覚め(616)　　気づき・知識・技能(618)　　文化的拘束からの脱却(621)

5　現代社会と臨床的問題　623
　　現代の人間関係(623)　　外国文化との接触(624)　　社会への不信と心のケア(624)

　　練習問題のヒント　627
　　引用文献　636
　　事項索引　665
　　人名索引　681

◆ **COLUMN**
　　コラム 1-1　心理学の源流　30
　　コラム 2-1　脳の画像解析　48
　　コラム 2-2　ミラーニューロン　50
　　コラム 2-3　健　忘　症　54
　　コラム 3-1　逆さまの世界　68
　　コラム 3-2　知覚とアフォーダンス　74
　　コラム 4-1　記　憶　術　92
　　コラム 5-1　学習性無力感　115
　　コラム 6-1　会話の公理と言語行為　151
　　コラム 7-1　創造性の育成法　177
　　コラム 7-2　知　能　検　査　180
　　コラム 8-1　音楽は情動を喚起する　195

コラム 8-2	情動的知能とは何か 200
コラム 9-1	自律的動機づけ 222
コラム 9-2	シャーデンフロイデ（他人の不幸を喜ぶ心理）に関する実験 225
コラム 10-1	神経伝達物質と性格との関係 249
コラム 11-1	おもな発達的出来事 262
コラム 11-2	親子関係と友達関係はどちらが重要か 268
コラム 12-1	社会的情報処理理論 316
コラム 12-2	発達的制御の行為位相モデル 318
コラム 13-1	社会的選好についての実験の外的妥当性 342
コラム 14-1	公正世界仮説と帰属 356
コラム 15-1	感情予測——自分のことなのにわからない 386
コラム 16-1	報道・広報——心理学からのレッスン 412
コラム 17-1	「名誉」と攻撃性の関係 436
コラム 17-2	攻撃性と進化論的視点 440
コラム 18-1	高圧的な力と集団間葛藤 458
コラム 19-1	気質と適応 476
コラム 19-2	自我同一性の発達 492
コラム 19-3	自我発達の9つの段階 495
コラム 20-1	体罰は子どもに害があるか 504
コラム 20-2	縦断研究からの検討 516
コラム 20-3	親に対する支援と介入 524
コラム 20-4	初期の心理的社会的剝奪が脳と行動の発達に与える影響——ブカレスト初期介入プロジェクト（BEIP）の発見 526
コラム 21-1	ストレスとタイプA性格 538
コラム 21-2	大震災などによってどのような精神的・身体的反応が生じるのか 540
コラム 21-3	DSM-5をめぐる問題 547
コラム 22-1	不合理な信念の測定 567
コラム 22-2	エビデンス・ベースト・カウンセリングの必要性 571
コラム 23-1	マイクロカウンセリングの発展にまつわるエピソード 591
コラム 23-2	ニューロカウンセリング——脳と行動の架け橋 598
コラム 23-3	脳科学者が脳卒中になり，奇跡的に回復した話 601
コラム 24-1	木を見る文化，森を見る文化 622

本書について　PSYCHOLOGY

- **本書の構成**　本書は，第1部〜第4部の24の章（CHAPTER）で構成されている。
- **各章の構成**　それぞれの章は，導入文と複数の節（SECTION）で構成され，各章末に文献案内と練習問題を置いた。
- **PREVIEW**　その章の事柄に関連する導入文を，各章の扉の下部に置いた。
- **KEYWORD**　それぞれの章に登場する特に重要な用語（キーワード）を，各章第1節の前に一覧にして掲げた。本文中ではキーワードおよび基本的な用語を，青字（ゴシック体）にして示し，事項索引ではその用語と青字（ゴシック体）で示された頁を，同様に青字（ゴシック体）にして示した。
- **FIGURE**　本文内容の理解に役立つ図を，適宜挿入した。
- **TABLE**　本文内容の理解に役立つ表を，適宜挿入した。
- **COLUMN**　本文の内容と関係のある事例や研究例などを取り上げる32のコラムを，関連する個所に挿入した。
- **BOOK GUIDE**　それぞれの章の内容についてさらに読み進みたい人のために，各章末に文献案内を設けた。
- **EXERCISE**　それぞれの章の内容についての理解度を確かめられるように，各章末に練習問題を設けた。
- **練習問題のヒント**　練習問題を考える際の手がかりを得られるように，巻末に練習問題のヒントを設けた。
- **引用文献**　執筆に際し，直接引用したり参考にしたりした文献を，巻末に一覧にして掲げた。日本語文献と外国語文献とをあわせて，著作者の姓名順（アルファベット順）に，単独著作〜共同著作の順に示した。外国語文献については，邦訳書がある場合は，原著の後ろに邦訳書を（　）に入れて掲げた。
　　本文中では，著作者姓と刊行年のみ（外国語文献で，邦訳書がある場合には原著刊行年）を，（　）に入れて記した。図表で改変したものは，出典で「より」と記した。
　　《例》（無藤，1994）
　　　　　　無藤隆，1994『赤ん坊から見た世界──言語以前の光景』講談社。
　　　　　（Milgram, 1974）
　　　　　　Milgram, S., 1974, *Obedience to Authority : An Experimental View.* Harper & Row.（岸田秀訳，1975『服従の心理──アイヒマン実験』河出書房新社）
- **事項索引**　重要な用語が検索できるよう，巻末に事項索引を設けた。
- **人名索引**　歴史的人物や代表的研究者など登場人物を検索できるよう，巻末に人名索引を設けた。欧米人名については，原綴りを（　）に入れて示した。

本書のコピー，スキャン，デジタル化等の無断複製は著作権法上での例外を除き禁じられています。本書を代行業者等の第三者に依頼してスキャンやデジタル化することは，たとえ個人や家庭内での利用でも著作権法違反です。

第1部 心の仕組みと働き

第1章 心理学とは何か

心を科学的に研究することの可能性

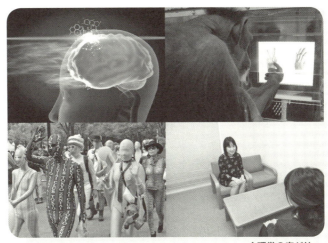

心理学の広がり
(京都大学霊長類研究所〔右上〕；時事通信フォト〔左下〕提供)

- KEYWORD
- FIGURE
- TABLE
- COLUMN
- BOOK GUIDE
- EXERCISE

CHAPTER 1

　心理学とは何か。人間の心・精神，あるいは，考え，感じ，行動する力とそのメカニズムを解明する学問である。それ以上踏み込んだ定義はさまざまに下せるが，むしろここでは，現状の心理学の知見の総体を心得て，心理学とは何かを読者が各々に考えてほしい。
　以下，本書全体で，その心理学を理解するために，多くの研究成果が整理されている。本章では，それらを読む前提として，科学的な心理学が何を問題として，どのような理論的枠組みで，どのような方法論に基づきながら，研究を進めるものかを紹介しておきたい。やや抽象的にもなるが，後の章を読み進めつつ，ときに，本章を振り返ってもらうと理解が深まるだろう。

PREVIEW

> **KEYWORD**
>
> 心理学　認知科学　科学　脳科学　個性　遺伝　環境　教育
> 知性　研究法　信頼性　妥当性

心理学を成立させるもの

　心理学は，その対象が心という最も人間の身近なもの，あるいは人間そのものであるがゆえに，親しみやすい。だが，また同じ理由から研究も難しい。常識としてわかることを超えて，科学として進むことが困難なのである。本節では，そのあり方を整理してみよう。いくつかの視点から，心理学の枠組みをとらえるが，同じ「心理学」と称していても，以下の枠組みの左側に寄っているものも，右側に寄っているものもある。しかし，左右の極がまったく無関係になっているわけではない。心理学とはきわめて多様で幅のある学問でもある。

学問の成立の軸

　まず，心理学という学問の成立という観点から軸を考えてみよう。

(1) 科学と哲学の間　19世紀の西欧において，心理学は哲学と分化した（あるいは，哲学が心理学と分化したともいえる。Reed, 1997を参照のこと）。とくに，認識論の哲学は，その後も，認識に関わる心理学と密接な関わりをもってきている（この分野は「認知心理学」と呼ばれ，「認知科学」としても展開されている）。人は，いったい，ものごとの真実を知ることができるのか，この問いかけが認識論の哲学である。それに対して，心理学は真実を問うのではなく（永遠の目標としては真実の解明を掲げるとしても），認識はどのようなメカニズムを通して成り立つかを問う。いかなる科学も「なぜ」とか，「本来」とか，「真実」それ自体を扱うことはできない。その代わりに，ものごとがどのようになっているかを記述して，明確なモデルとして理論化しようとするのである。

(2) 科学と文学の間　心理学の論文を読むと，実験の結果や統計的な数値が並んでいて，自然科学そのものだと思うかもしれない。たしかに，知覚や認知の研究などでは，ほとんど自然科学と変わらない。研究者も，工学部や医学部に籍を置いていることもある。また別の論文では，まったく数字らしきものも

なく，ある事例が丁寧に記述され，解釈されている。まして，書物になっているものだと，記述が大半を占めているものもある。文章が巧みで，面白く，また感銘深く読めるものもある。ときに，文学書としても評価されるものもないわけではない。とくに臨床心理や発達心理の一部などでは，文学とみまごうような記述の論考もある。文学的な記述でなく，淡々と事実を述べるにしても，普通の言葉で語っていくものも少なくない。どちらも心理学であり，対象の複雑さや簡単な数に置き換える測定が可能かどうかなどにより，実験的・数値的・統計的な分析と，記述的な分析とに分かれていく。多くの研究領域はその両方を含み込んで，成り立っている。

(3) **脳と社会の間**　心理学の対象は，脳と社会の間に想定できる。脳自体を検討するのは，神経科学である。社会自体を扱うのは，社会科学であり，また，社会学や文化人類学である。心理学は，一方で，脳と心理過程との関連を扱う神経心理学という分野をもつ。他方で，社会と心理過程との関連を扱う社会心理学という分野もある。その2つの間に，心理学の諸領域が多々成り立っている。社会文化の時間軸を入れるなら，歴史心理学（この分野は研究が少ない）となり，人類の発生の時間であるなら進化心理学（こちらは急速に発展している）となる。個体発生なら，発達心理学である。空間軸を入れるなら，文化心理学やコミュニティ心理学がある。心理過程自体を細分化すれば，知覚心理学，認知心理学，感情心理学などに分かれる。いずれにせよ，脳と社会の双方に視野を広げ，各々の研究の進展からの知見と両立し，整合する理論の組立てが絶えず要求されるのが心理学の宿命でもあり，面白さでもある。

学問としての構成の軸

心理学の学問としての構成にすでに立ち入っているが，その面でさらに軸を考えてみよう。

(1) **行動・意識・脳**　心理学の研究を，行動・意識・脳という3つの面からとらえることもできる。行動分析という立場では行動以外を考えないで研究していくが，大部分の心理学者は，行動と意識と脳の3つの面を考慮していく。行動は，観察や実験でとらえていく。第三者として見ていけば記述できるので，客観性が高い。意識は，それ自体は他人からはわからないにせよ，質問に答えるというやり方をとれば（ある程度正直に答えてくれれば）把握できる。質問紙法や面接法はそのやり方をとる。脳そのものの研究は心理学者は行わないが，神経科学者と共同したり，その研究の結果を参考にして，心理学の理論が矛盾

しないように気をつけている。行動・意識・脳のどの1つに注目するだけでは，情報に大きな限界がある。行動だけでは当人がどう思ったかがわからない。当人の意見や感想や感じ方だけでは，当人の意識に上らないことはとらえられない。無意識といわなくても，たとえば，ちょっとした言葉を発する程度のことでも，どうやって言葉が口に上ってきたかなどは当人には把握不可能である。まして，ものがどうして三次元に見えるかなどは意識の情報からとらえようがない。実験からの詳細な行動の分析が不可欠である。脳だけでも当然ながら，心の動きはわからない。心のレベルはそのレベルの課題に応じるところでしか見えようがないからである。

(2) **基礎と応用** 心についての理論を作り，心の現象を説明できるようにするというのは，心理学の理論的な目標である。もう1つの大事な目標は，実際に役立つ知見を作り出すということである。悩みをもった人を助けるとか，教育について改善できるようにするということは，社会的にも，また多くの心理学者にとっても切実な目標となる。そこで，臨床心理学とか，教育心理学という学問が成り立つ。それは，基礎となる理論の応用であり，基礎研究の進歩によって可能となる。だが同時に，応用の現場にはその独自の事情があり，その事情のなかで基礎的知見がどう成り立つかはその現場で調べるしかわかりようがない。だから，基礎的知識をたんに適用すれば，応用的な領域が可能になるというわけではないのである。

(3) **心の要素と実践** (2)の内容と並行することが，心の要素に注目する基礎研究と，実践に役立つことに知見を集約し，総合する応用分野の対比である。知覚，認知，感情といった分け方がすでに要素的だが，実際の研究はもっと細かく要素に分けて分析していく。だが，実際に役立つという現場のニーズにおいては，1つの要素でうまくいくということはめったになく，要素を複合させ，現場のなかで知見を総合して考えなければならない。そういった分析の志向の違いが学問のあり方にかなり現れてくる。

(4) **個人と一般** 心理学というと，特定の人の心を深く理解し，それどころか，隠しているものまで言いあてることだと思っている人がいる。それは誤解であり，心理学自体は研究としてできるかぎり多くの人にあてはまる普遍的・一般的な事実を明らかにしようとする。1人の人を取り上げたとしても，それをいわば資料として，人間の心一般に適用できる理論を立てようとする。

だが，その一般的知見が1人の人にまったくあてはまらないとしたら奇妙なことである。100％ぴったりと説明できる理論などはないだろうが，多少は説明できるところがあり，また心理学を学ぶことで，自分自身を含めた理解が深まることを期待してよい。もちろん，そのときに知りたいことがあるはずだから，そのためにふさわしい知見をうまく見つけ出す必要はある。しかも，いくつもの理論を複合し，総合して理解しないと，1人の個性という複雑そのもののあり方を解明することは難しいのである。

知の成立という面から心理学の枠組みを知る

　ここでは，知の成立という面を取り上げて，心理学の理論の基本となる枠組みをとらえてみたい（参考文献は，「発達」を扱った第11章，第12章を参照）。例が子どもの発達に片寄っているのは筆者の専門の偏りのゆえである。

知の遺伝性・教育性　行動遺伝学など（安藤，2000a；生育環境の異なる1卵性双生児を比較することで遺伝の影響の強さを推定できるとする考え）によれば，多くの心理的な事柄は50％前後（ラフにいえば，25～75％くらいの幅があるが）は遺伝で規定される。知能などは，もっと高く，ときに3分の2くらいを遺伝的なものと見積もられることもある。また，次の項で見るように，乳児期を中心に多くの知的な基盤があることが見出され，経験だけでは到底獲得できないような高度な認識も可能であることがわかってきた。生得的・遺伝的な基盤が推測できるのである。

　だとしたら，環境からの働きかけはかなり小さいものなのだろうか。さらに，幼児教育や学校教育というのは，通常，ごく小さい時期を過ぎてからの教育だから，その小さい時期の環境，とくに家庭環境や親からの影響が強いにせよ，それはもう済んだことである。そうすると，教育的働きかけの可能性はさらに狭まることになる。その答えの全容は，本書全体の課題となるのだが，このことの意味はここではっきりさせておく必要がある。

　学校教育にせよ，他の働きかけにせよ，その影響を過大視しない方が実情にあっている。とくに組織的な教育がなくても，才能は育つし，程度の低い教育のなかからも優れた人が育つだろう。よい教育とは，その可能性を高めること

にすぎない。

　また，かりに環境からの働きかけがかなり重大だとしても，遺伝の影響，また教育の意義を2つの面について分けて考える必要がある。普遍的な規定と個人的違いをもたらす影響とである。たとえば，重度の障害がないかぎり，人間は，最小限の適当な言語刺激があれば，誰でもある程度言葉を話すようになる。同様に，歩いたり，走ったりするようになる。これは，人類に普遍であり，乳幼児期に獲得される。乳幼児期に獲得する多くのものは，そのような特質がある。そのような生得的な普遍性について，多くの研究が積み重なりつつあり，遺伝的な規定に多くをよっていると見なされるようになってきた。

　個人差の遺伝的影響も，先程述べたようにかなり大きいと見積もられる。性格について，個人差があり，遺伝的規定も強いということには，あまり戸惑いもなく，多くの人が受け入れるように思われるが，知的な働きについては，その個人差について遺伝的規定があるというのは，抵抗感が強いようにも見受けられる。それ自体，検討に値することであるが，とりあえずは，その抵抗感が必ずしも十分な根拠があってのことではないということを示しておきたい。

　第1に，遺伝的な規定と，それが現実のものになることには，相当に距離があるかもしれないということである。たとえば，100人の子どもがいるとして，そのなかにいわゆる頭がよい・悪いという個人差もあるだろう。かりに，その個人差のかなりの部分が遺伝的に決まっているとしよう。だが，その頭のよさが実際に学校の成績や会社での働きとして実現するには，教わることについて勉学し，身につけていく必要がある。その努力がなければ，頭のよさは生きない。遺伝子の働きと，それが社会において現実に有効な心理的働きとなることにはかなりズレがある。

　第2に，共通に影響を与えることと，個人差の規定とは異なるということである。100人の子どもに対して共通にその知的な力を伸ばす働きかけをしたとしよう。どの子どもも伸びていく。ただ，もとのレベルや知的な力の個人差があるとして，その差は変更されないままであることはおおいにありうる。つまり，頭がよい・悪いという違いはやはり残る。しかし，その働きかけを受けない場合と比べるなら，全員がかなり伸びているといえる。かりに遺伝的に頭のよさが100％決まるとしよう。さらに，100万年前の人類と現在のわれわれが遺伝的に同一であると仮定する。しかし，社会の環境の変化もあり，教育の違

いもあり，おそらく，知的な達成の度合いは比較にならないほど，今のわれわれの方が高いに違いない（他の心理的な側面までそうかどうかはわからないとしても）。もととなる個人による差はあったとしても，各々が伸びていくことは可能なのである。そして，教育の目標は，必ずしも個人差を消滅させることではなく，全員を伸ばすことにあるのではないだろうか。

第3に，知的な能力の一般性という面がどれほど強いのかということへの疑問である。後でも述べるように，知的な発達は一般知能，あるいは頭のよさという次元もあることはあるが，それ以上に，内容領域ごとに発達する側面が強い。知識の獲得と発達が，一般知能の程度にある程度は規定されようが，それ以上に，もとのところにある遺伝的・生得的な核が領域ごとに想定されてきている。さらに，その発達は，領域固有の経験の積み重ねによるのであり，どんな経験でもよいのではない。頭のよさということが想定できたとしても，それ以上に，ある領域（たとえば，数学や料理）で経験を積む方が重要なのである。

第4に，知的に優れていることは，それほどによいことなのだろうか。それもまた，個性の違いの1つにすぎないのではないか。もちろん，たんなる人生訓のような心がけをいっていても仕方がない。しかし，実際に，社会的・職業的成功と知能との間の相関はたしかにプラスであるようだが，けっして高いものではない。とくに，知能の高さをさほど必要としていないとか，あるいは，必要であるにせよ，他の要因もまた相当に大きいものもよくある。たとえば，セールスマンにおいて，知的に優秀であることはプラスであろうが，それ以上に，人間関係のとり方が重要なのではないだろうか。情動的な安定性や情動の制御が大事であるかもしれない。

知能に代表される知的な働きの側面が個人を分けるものとしてとくに重視されているのは，むしろ学校制度と官僚制度の導入と，社会における浸透に理由があるのではないか。少なくとも従来の学校と官僚のシステムは，ペーパーテストによる合格・採用や進級を行っており，またそのテストのための準備は圧倒的に暗記に頼っていた。そこで，暗記に強い，つまり現実の場面と無関係にバラバラの知識を覚えることに長けた人が有利になっていた。その力をおもに「頭のよさ」はとらえていたのかもしれない。だが現実に，入試も採用試験も授業の方法も急速に変化しつつある。現実に役立つ能力が問われるようになってきた。現実の事柄についての知識と，その活用による問題解決能力には，た

しかに一般知能が関与するにせよ，それ以外の多様な力が関わるに違いない。
　以上，要するに，知の多様性を述べているのだが，さらに知は，情動や人間関係といったもっと広い人間の心理過程の一部なのである。

知の構成性・社会性

　知の発達をとらえるときに，知の芽生えに注目する必要が二重にある。1つは，知の芽生えがその後の発達のもとになり，方向性を大きく規定するからである。もう1つは，芽生えが発展していく姿に，知的な発達の原型があるからである。

　この発展の様子を「構成的」と呼ぶことがある（Karmiloff-Smith, 1992）。子ども自身が，すでにもっている知識・能力を使って，外界に積極的に働きかけ，意味づけを行い，十分に理解できないときに，みずからの知識やその枠組みを変更しようとしていく様子を指している。この立場から見れば，知的発達とは，もともともっている能力を使って，子どもが外界に関わり，他の人の言うことも参考にしつつ，みずからが作っていくことだと見なされる。もともとの能力は人類に普遍的であり，また外界の多くも人の生活のなかで同様であるならば（たとえば，ものには形があり，重力が働き，液体は流れるなど），おおむね，基本的には似たような知的な発達が結果的に成り立つはずである。

　それに対して，知的な発達の社会的側面を，もっと強調してとらえることもできる。社会文化が用意した知識や活動を子どもは学ぶのである。社会の側は，そのことが学びやすいような活動を用意し，また子どもがそのなかに参加して，徐々に学んでいけるような体制を組んでいる。もっと進めていえば，社会が用意した活動に十分に参加できるようになることが学習なのである。知的働きは，そのような社会の成員のあり方と切り離せない。このような考え方を，「状況論」とか，「状況的認知論」と呼ぶことがある（Lave & Wenger, 1991）。構成的考え方と必ずしも対立するわけではないが，個人の主体的なあり方に対して社会の側の規定の仕方を強調する点では対比的である。

　小さな子どもが家族・家庭で生活し，次に近隣に出ていき，同年代の子どもと交わり，集団の生活をしていくこともそのような意味があるのかもしれない。だとすれば，知の芽生えは，その集団の場に求めてもよいはずである。

知のモジュール性・総合性

　先ほど知識内容の領域ごとの発達を考えるべきだという指摘をした。脳のレベルでいえば，知的内容ごとの「モジュール」があるということになる。ある程度，自律的に働

く知の部分を指している。その部分は、外界の対象について、自分の得意とするところの情報を取り出す。たとえば、数のモジュールは、リンゴがいくつかあっても、それを数という面からとらえ、「3個」と反応するだろう。丸が3つあっても、同一だと認識できる。リンゴに対して食べたいと反応したら、丸には同様には反応しえない。

乳幼児期にいくつかの基本的なモジュールがあることが見出されてきている（無藤、1994を参照のこと）。たとえば、生後2カ月の乳児が顔に対して、他の図形とは異なる反応をして、とくに目の部位に注目する。生後4カ月くらいの乳児が、ものが他のものの裏に入って動いていくことを理解する。生後半年過ぎの乳児が、3個のもののまとまりを他の3個のもののまとまりと同じだとわかる。各々、顔の認知、物理的認知、数の認知のモジュールの可能性を示唆する。

経験もおそらく影響しているはずである。たとえば、顔の認知は、生後の2カ月間の養育者との接触が関係しているに違いない。ただ、そもそも顔を認識することが可能なモジュールをもっていなければ（脳に組み込まれていなければ）、養育者との接触が生きて働きようがないはずである。しかも、特別な障害を除けば、遅かれ早かれ誰もが顔を認識するようになる。顔のモジュールの普遍性と生得性が示唆されるのである。

幼児期、とくに4歳前後から、「素朴理論」が領域ごとに徐々に成り立ちはじめる。素朴理論とは、言語のレベルでの認識であり、基本的な原則の理解をもとに、他の現象について推論し、説明できる力である。数、語彙、文法、生物（生物と非生物の違い、動物と植物の違いなど）、心、物理（力学）などについて、研究が進められ、4歳から6歳くらいの間に基本的な理解が成り立つことが示されている。

ここでは、「心の理論」について解説しよう（子安、2000）。誤信念課題と称されるものでは、登場人物の2人の間の理解のズレがわかるかどうかを尋ねる。登場人物Aは、宝がXの箱に入っていると思っているが、じつは、宝はAがいない間にもう1人のBがYの箱に移している。そのストーリーの人形劇を幼児が見て、Aは宝がどこにあると思っているかを尋ねられる。4歳前後から下の子どもの大部分は、実際に今宝があるYにあると思っていると答える。4歳から5歳くらいになると、本当はYにあるが、AはXに入っていると思っていると答えることができる。すなわち、幼児期のあるときに、間違った考

え・信念を人間はもつことがあるのだと理解するのである。

この「心の理論」の理解の大事なところは，この理解がいろいろな行動に関係していくところにある。見かけと実際の正体のズレの課題とも関連する。見かけは岩に見えるが，本当はスポンジだというものについて，その見かけと本当の区別は，心の理論の獲得と関連するのである。また，実際の友達や大人とのやりとりとも関連するようである。心の理論を理解している方が，やりとりが巧みなのである。

こういった理解は，モジュール性をなしている。つまり，各々の領域で独自な発達をとげるのだが，ただ，まったくはじめからいくつかが分かれて成り立っているとは限らない。数や言葉の理解は早期から独立しているようだ。生物と非生物の区別の理解もおそらく早期から独立している。だが，心の理論などは，自分と相手と同一にとらえる心の見方から発達してくるのだろう。さらにそのもとには，おそらく，顔の理解に代表される人の認知と，さらに何かを意図的に行おうとする目標や意図を人間がもつことの理解の成立があるのだろう。

もちろん，経験の意味がないわけではない。たとえば，親が子どもに心のあり方に注意を向ける発話を多くすると，その後に，心の理論の理解が早まるという研究もある。

そのうえに，モジュールが働きつつ，もっと総合的な活動を可能にして，理解を広げるということがあるのだろう。ここで，生後8カ月から12カ月くらいにかけて成立する「共同注意」の働きが重要になる。共同注意は，たとえば，親が子どもの視線と同じものを見るとか，逆に，子どもが親と同じものを見るといったことを指す。そのうえに，指さしが加わり，言葉が入れば，ものの名前の学習の場面へと発展する。だが同時に，この場面は自他の理解への発達をも可能にしていく。いくつかのモジュールがつながりつつ，発動され，同じ事態やものに対して適用されていく。たしかに，モジュールがまるで無関係に働いていては，現実のなかの有効性を失うだろうから，そのつながりを早くから可能にする機構が必要なはずなのである。

知の情動性・関係性

知は情動とまったく無関係に発達するものではない。最も基本的なことからいえば，知的発達といえども，ある程度の心の安定を必要としている。その安定は，親しい人間関係の信頼が確保されることで可能になる。

だが，そのような背景としての安定を確保する以上の意味が，知と情動の関連にはあるのかもしれない。そもそも，冷静で情動と無縁の認知がありうるということ自体が，近代社会の理想化された知性の投影にすぎないのかもしれないのである。大人にしても，たしかにある場面では，冷静になって，かつ論理的に分析することは可能だから，「論理モジュール」を想定してもよいのだろうが，普段の思考は多くの場合，興味や希望的観測や焦りや期待と混じり合っている。また，1つの思考は同時に多くの連想を生み出しつつ進行するのだが，その連想にはかなりの程度，情動が関与している。

　大人になる過程で訓練を経て，自己統制を可能にして，冷静な論理的思考が可能になるのかもしれない。だとすれば，知の芽生えを，純粋に知的モジュールだけで説明することはできない。そういったものがあり，働いているにせよ，その働きが現実の場面では情動系の働きと入り交じって，成り立っている。知的な発達は，情動と切り離しがたく進んでいくと見なしてよいのであろう。

　知はまた，人間関係のなかで成り立つ面をもつ。親と子が共同注意のなかでそもそも知のあり方を共同し，分担している。子ども集団でも同様である。相手の動きを含み込み，予想しつつ，知的働きは成り立つ。1人ですべてを考えるわけではないし，相手のしたことを受けて，また相手の言葉を理解して，自分の考えを加えていく。1人でしっかりと考えられるようになってはじめて共同するのではない。はじめから人間の知とは，相手との関係を組み込むのに便利なようにできている。人とものと自分をつなぐということに向いているのが，人間の知のあり方なのである。

知の身体性・対象関与性

　知はまったく純粋に大脳における思考として成り立つというのではない。具体的な対象に対して，具体的な行動を行うことのなかにまさに知はある。知は，主体と対象との関係を再構築することだと見なせるからである。とりわけ，小さな子どもにおける知の芽生えをとらえるとき，純粋に頭のなかだけで思考しているとは思えない。具体的に，何かをいじり，何かに働きかけるなかで，知的な了解が成り立ち，またこれから何かをしようともくろみを立て，実行するなかで，知的な営みが成立している（佐々木，1994）。

　だとしたら，体を動かし，対象に関わる行為全体に知性があるともいえよう。たしかに，大脳において思考することがその全体を動かしているのには違いな

いが、しかし、大脳の思考もまた、身体と対象との関わりのなかで展開されるのであり、その支えやフィードバックやあるいは活動自体をいわばあてにして成り立っている。すべてを頭のなかで思考してから、それを実行に移すべく、体を動かすというわけではない。たとえば、遠くのものを取ろうとする。手近な道具を取り、ものを引き寄せる。その簡単なことですら、過去の経験のなかで、道具がものを取り寄せる働きをしうることや、それに近い動きを可能にするものだという振る舞い方をしたことがあるだろう。ものを取ることが、手を伸ばして取ることの延長線として理解されてもいる。ものを腕を伸ばして取るという原型的な行為の発展に、道具が入り込んでいる。子どもがものをつかみ、引き寄せ、いじり、といった動きを無数に繰り返すなかで、腕を伸ばして取るという行為が安定して成り立ち、それが次に道具を使う行為へと発展していく。

知性をそのような、ものと関わり、もののあふれている空間を移動して、もののあり方を知っていくこととしてとらえてみよう。そのような対象との動的な関係が複雑に発展するものとして、知的な発達をとらえることが可能になる。

知の文化社会性・組織性

ここまで、知の芽生えのあり方を探ってきた。それが大人の知的活動へと展開するには、現代社会では、学校や職場での知的な訓練を経ることが不可欠である。そのうえで、知が十分に機能するには、専門性と、さらに専門性の知的ネットワークのなかに入り込むことが必要である。その専門性は個人に引き寄せていえば、知的領域を発展させ、専門的領域として成り立つように、訓練していくことで可能となる。個人内においてもまた、新たな知識の組織化が進められるのである。

心理学の研究法

心理学の研究法はさまざまにある。たとえば、実験法、質問紙法、観察法、面接法、心理テスト法などがある。各々について方法論が確立され、教科書の類もさまざまに刊行されている。心理学科なら必ずその種の方法論についての実習を設け、訓練を行っている。

種々の方法

心理学は、たんに人間の心について思索をめぐらせ、そこから、法則を考え出すというもので

はない。あるいはまた，誰かをじっと見つめ，ふいにその心の深層について推理を申し渡すものでもない。多くの人について，その心を映し出すであろう様子を取り出して，そこから心の法則を組み立てていくものである。心とは，目に見えて，そこらに転がっているわけではない。客観的にいえば，むしろ，心ある振る舞いが見えて，そこから「心」とはこのようなものであろうかと推定していくのである。だから，まず，その振る舞いを見つめ，次に，そこから，規則性を取り出さねばならない。

とはいえ，心は見えないだけに，それも難しい作業となる。そのうえ，いうまでもなく，心に簡単な法則など見つかりそうもない。そこで，多種多様な方法を駆使することになる。また，確率的な法則としてしか表現できず（つまり，多くの場合に成り立つという意味），例外が少なくない。そこで，法則性を取り出すには統計的方法が不可欠になる。

以下，各種の研究法を解説する。詳細は，『心理学マニュアル』シリーズ（北大路書房），および『心理学研究法（補訂版）』（有斐閣，2017年）などを参照してほしい。

(1) **データの収集の仕方**　現実は無限に多様で複雑である。それをただただ記述していくとして，おそらく一瞬の人とのやりとりでさえ，言葉で述べるとしたら何時間もかかるようなものとなるだろう。その一方で，分析のためにはある程度，現実を縮約してくれないと扱いが不便である。そして，その縮約したものから要点を加工して取り出し，結論につなげなければいけない。

だとすると，ただ言葉で述べるより，数値になってくれれば要点がつかみやすく，加工が容易になる。たとえば，ある人を表すのに，身長180 cmの人，と要約すると，簡単だ。大勢の人の平均の身長もすぐに計算できる。だが，ある人を身長だけで述べてよいのか。のっぽ，という印象を語りたいとしても，体重だって必要だし，それ以上に，のっぽという印象を評定した方がよいかもしれない。そうではなく，もっとその人の印象を言葉で述べる方がよいのかもしれない。たんなる見かけではなく，動いている様子や仕事での印象が問題なのかもしれない。

そもそも，どうやって測定するのかという問題もある。身長の場合は身長計を使えばよいが，多くの心理的な事柄にそのようなしっかりとした指標は存在していない。また，活動しているときの印象となると，じっとしているわけで

はないから，よけいに決めにくい。そこで，心理学では，多くの測定のための手法が開発され，まず，現実を一定の質的・量的記述に縮約することが試みられる。こうした作業を，「データを収集する」という。

　(2) **実験法**　　一定の条件の下で，今関心のある人間のある側面について，変更を人為的に加え（操作），その点だけが異なり，他はすべて同一の場合と比べてみる。前者を実験群と呼び，後者を統制群と呼ぶ。その結果，今調べようとしている心理的な面が実験群の方が統制群よりも大きくなったとする。だとすれば，操作を加えた面（独立変数）がその結果，変化した面（従属変数）を変えたと推論できる。そうした手法を実験法と呼ぶ。実験では，このように因果関係を特定できる点が特徴である。ただし，すべての心理面をそのように実験できるわけではない。どういったときに虐待が起こるのかを調べたいからといって，人為的に虐待を起こすわけにもいかないし，家庭や職場の雰囲気といったものは複雑すぎて，そこで何を操作しているかを判断しにくい。しかしまた，たとえば，多くの心理臨床の療法は実験可能である。ある治療法を加えた群とそうでない群を比較することができるからである。

　(3) **質問紙法**　　アンケートといったりもするが，質問紙を対象者に与えて，答えを記入してもらう方法を質問紙法と呼ぶ。当然ながら，言葉を駆使できる相手でないと無理である。その際，評定などによりたとえば5段階という具合に，ある項目への賛否などを数値化してもらうやり方と，意見を書き込んでもらうやり方がある。後者の場合，数値的処理をするにはさらに何らかの分類をしてパーセントに変えていく。この手法は，識字の可能な人であれば，相当に多数の人に協力を得て，データをとれるので，便利である。そのかわり，当人が意識でき，しかも答えてよいと自覚しているところを答えるという限界がある（「あなたは子どもを虐待していますか」と聞いて，「そうしている」と答える親はまずいない。たとえ，よそから見ると虐待しているように見えようと，である）。

　心理学では，よりあてになるデータを得るために多くの似たような内容の項目を重ねて尋ねて，その平均などをとって，当人の考え方・感じ方などの指標とすることが多い（尺度化と呼ぶ）。そうすることにより，より精密な測定が可能となる。

　質問紙の調査で，たとえば，全国の成人からの無作為抽出（つまり，全国の成人の住民票からランダムに選び出し，調査に協力してもらう）を行うという場合があ

る。その場合，複雑な質問は無理だが，とくに今の日本人の傾向を知りたいという場合など不可欠の方法となる。この方法は，知り合いの人に適当にお願いして行った調査とはまったく質的に意味が異なる。無作為抽出が可能でない場合，どういう人たちを対象としたのかの詳細な記述は不可欠である。

質問紙自体は実験のなかでも部分的に使うこともできるが（たとえば，不安傾向を質問紙で尋ねて，ある実験操作の影響を調べる），通例は，1つあるいは複数の質問紙のなかの諸変数の関連や差を調べることになる。その限りでは，因果関係を推論することはできない。相関関係（つまり互いに関連や差があるかどうか）を見出すことになる。

(4) **観察法**　当人に尋ねてもよくわからない（答えてもらえない，あるいは当人も自覚していない）。といって，実験を行えるほど，調べたい変数が明確になっているわけではない，といった場合に，観察法を用いる。もちろん，実験法のなかにも観察法は入りうるが，しばしば独立して使われる。統制された条件（環境設定を実験室などで決めておく）のなかの行動を観察する場合と，普段から生じている場面でなるべく邪魔することのないようにして観察する場合とがある。たとえば，家庭で親子関係を見たいというときに，親が子どもにどのような接し方をしているかは，親に尋ねた場合と実際の観察とではしばしば食い違う。さらに，実験室で何か課題を与えた際の親子のやりとりと，家庭の居間で親子でおしゃべりや遊んでいるときとでは見ることができる面が異なる。最近では，ビデオカメラを使うことも多い。もちろん，許可を得る必要もあり，見られているという意識を避けることはそれでも難しい。

映像や言葉による記述を数値化する工夫は他の手法と同様である。多くは観察者が評定したり，特定の行動を数えて，数値に直して分析する。

(5) **面接法**　面接法では当人に質問して，口頭で答えてもらう。質問紙は書き言葉であり，かつ質問の言葉が曖昧であっては質問したりできないが，面接法の場合，話し言葉であり，質問者とのやりとりが可能なため，質問の意図を十分に理解し，また答えの言葉足らずを補ってもらうこともできる。構造化面接は，あらかじめ設定した質問を与えて，その答えを記録するやり方であり，質問者は一定の質問の仕方から離れることはできない。質問紙を口頭で行う場合に近いが，さらにくわしい答えを引き出せる。非構造化面接は，ある程度の聞きたいことだけに質問が設定されているが，聞き方は自由であり，答えがよ

くわからなければ，いいかえて質問したり，つっこんで聞いたりできる。中間に，半構造化面接があり，一定の質問をするが，答えがはっきりとしない場合にはある程度自由に聞き返すことが許される。

　質問する側の自由度が大きくなると，それだけ相手に応じて深い点を聞き出すよさがあるが，質問者と対象者のやりとりを通して答えが生み出され，本来の対象者の考えとは異なることに導かれる危険がある。1対1が原則だから，かなりの手間もかかり，大勢を対象とすることは難しい。

　(6)　**心理テスト法**　　上記の方法と組み合わせつつ，心理テスト法を用いることができる。心理テスト法とは一定の刺激を与えて，それに対する応答・反応を記録するものである。きわめて多数の人に施行した結果が整理されて，標準的な応答がわかっているものが多くある。その応答の種類や程度に応じて，その人の知能や性格などを分類し，得点化できる。標準的な答えの分類尺度が完備しているかどうかが，ちゃんとした心理テストかどうかを決める。たんに答えに応じて分類するものではなく，その分類が大勢の人を対象に調べたときにたしかにその特質をもっていることを，種々の研究を通して確認している必要がある。投影法のように，たとえば，ロールシャッハ・テストのインクのしみに対してどのような反応をするとどのような性格特性が予測できるかについても，多くの対象者の多数の研究をもとに標準的な得点化が成り立っている。

　(7)　**生理学的方法**　　近年，生理学的方法により，心理的働きの生理面を測定して，より客観的な指標を得る手法が発展してきている。皮膚温度，皮膚電気反射，脳波，脳のなかの活性化の度合いなどが測定できる。心理実験との組合せも広がってきた。

データを加工する

　データを得ることができたらそれを何らかの方法で加工して，その研究で明らかにしたい点とつなげていく必要がある。質的な記述を整理する方法はとくに決まった手法というものがあるわけではないので，ここでは省きたい。以下，数値的なデータの加工法としての統計法の初歩を解説する。

　(1)　**統計とは**　　各々の人についていくつかの数値が得られたとする。その平均である心理的特性の傾向を表そうとする。さらに，大勢についてその平均値（mean）をとると，集団としての特性が推定できる。では，そもそもなぜ平均値をとったりするのだろうか。それは，その標本（sample）の特性を簡単に

いい表すときに便利な指標だからである。1人の人に同じようなことを何度も聞いたとして，多少揺らぎがあるだろうが，平均すれば揺らぎは見えなくなり，簡単に評価できる。大勢に対して数値をとったときに，1人ひとり数値は異なるだろうが，平均すれば，集団としての傾向がわかる。そこで，代表値（average）と呼んだりもする。分散（variance）や標準偏差（SD；standard deviation）は，その平均値のまわりに大勢の得点がどれほど散らばっているかを表す指標である。もちろん，他の指標もとりうる。たとえば，ある一定の値より上の人の割合などの指標は，その一定の値が病理的傾向が存在することを表すとすれば，心理療法の効果測定などに使われる。

そのうえで，調査した人たちを標本と見なし，その標本を取り出したもっと大きな集団（母集団と呼ぶ。たとえば大学生とか，日本人とか，人類とか）について，推定をしたい。当該の調査した相手だけではなく，もっと多くの人にあてはまる法則を見つけたいのが普通である。特定の心理療法にしても，どの人にも効果があるとか，ある種の障害には効果があるとか，あるいはある種のタイプの性格の人に有効だと確定したいであろう。だから，母集団への推論は不可欠である。幸い，平均値などは，標本が母集団からの無作為の抽出であるなら，母集団の平均値と一致することがわかっている。しかし，多くの心理学の研究は，無作為の標本を扱ってはいないので，注意がいる。その場合，どういう母集団からの標本かを丁寧に検討することとともに，さまざまな標本で同じ調査を繰り返し，同じ規則性があてはまることを確認すべきである（交差妥当化と呼ぶ）。

母集団において，どの程度の幅で，たとえば，平均値などの代表値が成り立っているかを推定することを，検定と呼んだり，推定と呼んだりする。たとえば，2つの標本の平均値に違いがあるかどうかを知りたいとする。もし2つの標本が違うと主張したいのなら，それは異なる母集団から抽出されたことを意味している。そこでまず，同じ母集団から抽出されたと仮定する。そうすると，標本での平均値には差があったとしても，もとの母集団は同一であり，つまりは平均値に差がないことになる。その差がないという仮説を「帰無仮説」と呼ぶ。その仮説が成り立たないほど，2つの標本の平均値にかなりの開きがあれば，その帰無仮説を棄却して，異なる母集団からの標本であると結論できる。しかし，実際には，平均値には誤差がつきまとい，そしてその誤差は標本での散らばり（分散）として表れてくるから，平均値に開きがあるかどうかは，標

本の分散（正確にはその標準偏差）と比べて，検討できる。大勢の値には散らばりがあるが，それは母集団平均をまんなかにして広がる誤差のようなものだと考えるのである。それは確率として表現できるから，帰無仮説の棄却も確率的に行う。つまり，同じ母集団からの標本だとして，そこまで2つの標本の平均値に差が開くのは20回に1回程度しかないだろう，だから帰無仮説は間違っていると考えられるとき，「5％水準で有意に平均値に差がある」と称する。

標本の平均値から，母集団の平均値の幅を推定することがある。その幅のことを信頼区間と呼ぶ。2つの標本からの信頼区間に重なりがなければ，有意に差があるということになる。

(2) 平均値の差の検定　平均値の差の検定は，2つの標本の場合，t 検定という手法を用いる。3標本以上の場合，分散分析という手法になる。分散分析ではさらに，いくつかの集団の分類の組合せ，たとえば，年齢と性の組合せとか，実験条件と性格の組合せなどについて，各々の平均値の差を一度に検定できる。

(3) 相関係数　2つの変数の間の関連を，正比例，反比例として分析する場合，相関係数を計算して，その分析を行う。相関係数（r で表す）は，−1.0 から ＋1.0 までの値を取り，0 だと無相関である（図1-1）。有意検定は，母集団での相関がゼロという帰無仮説に対して行う。

相関関係は，2つの変数の関連の度合いを示す。これを，回帰係数として，つまり，1つの変数が他の変数にどの程度関連するか（統計的に説明可能か）を示す大きさを表すものとして解釈できる。

(4) 多変数の相関分析　実際の研究，とくに，質問紙調査などでは，多くの変数を同時に同じ人に対して測定するが，そのままでは全体の傾向が見えにくい。そこで，たくさんの変数を整理して，少数の数値に直す手法が必要になる。それを，多変量解析と呼ぶ。

その基本的な発想は，偏相関という手法で理解できよう。いま，3つの変数 a，b，c があるとする。そのうち，a と b に相関があることを確かめたい。しかし，第3の変数である c が両方に相関していて，そのために，a と b に相関関係が生まれているのかもしれない。そこで，a と b の相関に対して c が関連する度合いを差し引くことができれば，c の影響を除いた a と b の相関を見ることができる。その統計的計算の結果を偏相関係数と呼び，c の関連を差し引

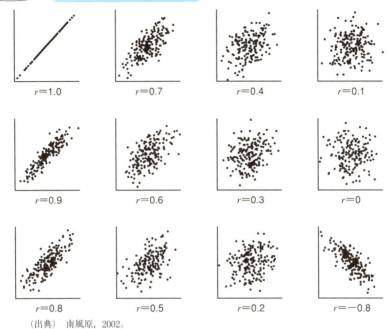

FIGURE 1-1● 散布図とその相関係数

（出典）南風原，2002。

いたaとbの相関の大きさを示す。

　いくつかの変数を独立変数（予測変数）と見なし，それらがまとまって，1つの従属変数（基準変数）をどの程度予測できるか（説明できるか）を計算する手法が重回帰分析である。独立変数の各々に適宜重みづけを与え（その重みづけを，偏回帰係数と呼ぶ），そのうえで足し合わせして，1つの変数にまとめ，その変数と従属変数の間の相関係数をとれば，それで予測の程度を知ることができる。この数値を重相関係数と呼び，その自乗を決定係数と呼ぶ。

　いくつかの変数を，1つの変数ないし数個の変数に整理したいということがある。この場合は，互いの相関係数をとり，相関が高い同士の変数をまとめて，適当な足し算を行って，若干の数の変数に整理することができる。その手法を，主成分分析とか，因子分析と呼ぶ。因子分析には探索的因子分析と確認的因子分析とがある。詳細は参考文献にあたってほしい。

(5) **構成概念**　　心理学では，測定を通してそのあり方を確かめた心理的な事柄を「構成概念」と呼ぶ。心は見えないから，その構成要素が本当に存在しているか，また想定している性質をもっているかどうかはわからない。ただ，種々の測定や実験などを通して，間接的に推測できるだけである。そこで，心理的な事柄を，研究者が構成して作り出したものという意味で「構成概念」と呼ぶのである。構成概念妥当性などと名づけられるものは，その心理的な事柄が想定される性質をたしかにもっていることを，種々の相関その他の関係から推定できることを指している。

信頼性と妥当性を求めて――研究の実例

どの研究方法であれ，共通に，信頼性（reliability）と妥当性（validity）のある方法を使って研究を行う。信頼性とは測定したい心理的状態や行動を安定して測っている度合いである。それに対して，妥当性とは目的の心理的状態や行動をたしかにそれとして測っている度合いである。その両方が揃って，あてになる測定が可能となり，法則の発見の追求が意味をもつ。身長を測るのに，目分量は身長計より誤差は大きい（信頼性は低い）が，ほぼ身長を測っていることは間違いない（妥当性は高い）。身長を測るのに体重計を使用するのは，違うものなので，妥当性はないが，繰り返し測定してもいつも同じ数値が出るという意味で信頼性が高い。

その具体的な様相をみるために，質問紙法における尺度（つまりある心理変数を推測するのに，いくつかの質問を尋ねて，その結果の数値を組み合わせて，変数を推測する手法）の構成の研究を紹介しよう。質問紙を作成する方法の基本を理解することにもなる。それぞれの段階で何が，どういった目的で検討されているのかをつかんでほしい。

クルグランスキーほか（Kruglanski et al., 2000）は，2つの自己制御（自分の心理や行動を自分でコントロールすること）の機能を想定して，検証している。それらは，「査定」（assessment）と「移動」（locomotion）である。査定は，自己制御のうち比較する面である。いくつかの目標や手段をその相対的な質について評価する。いくつかの選択肢を比べて考える側面である。それに対して，移動とは，ある状態から別の状態に移動するものであり，目標に関連した動きを開始し，維持するよう心理的資源を使うものである。すぐに実行する側面といってよい。自己制御には，どうしたらよいかと可能な選択肢を比べて考えるとともに，一度決めたら

迷わず実行していくことの両方を必要とする。その2つの面は切り離せない一体のものでもあるが，実際の心理的特性としてはある程度独立したものでもある。その2つは考えと実行という区別と同じではない。査定と移動の双方に，考えることも実行することも含まれる。

これら2つの面は，成長の過程で片方がより強いといった安定した個人の特性としての働きをもつようになる。そうなら，それらを尺度化して個人の違いとして測定して，その働きを検討できるはずである。以下，クルグランスキーほかはその試みを行っていく。

まず，これまでの研究を踏まえつつ，新たな概念を提案したので，その概念的な分析を行うことから始まる。そこから仮説を引き出すのである。「査定が高い人は低い人に比べ，自分を標準と比較する傾向が強いから，自己評価を気に掛けるだろう」など，6つの仮説を出した。

次にこれらを証明していく。だが，その前に，2つの傾向を測定する尺度を構成しなければならない。

［第1研究　尺度を開発する］　概念を定義したら，その各々の特徴を広げて検討できる。日常での生活のなかの行動や気持ちをイメージもする。そこから，各尺度の具体的な質問項目を作成する。たとえば，査定については，「たくさんの時間を使って，自分のプラスとマイナスの特徴のリストを作ったりする」というもの。移動では，「何かをすると決めたら，始めるのが待てない」などである。その種の項目を各40個作り，心理学者や大学院生に見てもらい，チェックしていく。その結果，移動は19項目，査定は21項目となった。これを13個の独立の標本に施行する。尺度の心理測定的性質を解明し，尺度を改善するのが目的である。

虚偽尺度は6項目からなる。虚偽尺度とは，明らかにそれに中点より高く答えることはありえないものである（たとえば，「私は仕事や約束に一度も遅刻したことはない」）。それに引っかかった実験参加者（被験者）は除く。標本Aとして，2つの大学の大学生751人のうち，虚偽尺度によって除かれた者が51人いた。移動尺度の平均値が4.14（標準偏差〔SD〕は0.69）。査定尺度の平均値は3.92（SDが0.75）。信頼性係数としてよく用いられるクロンバックのアルファは各々，0.80と0.79である。なお，このアルファは同時に測った一連の項目間の値をもとに，その間のズレがどの程度大きいかを表し，1.0に近ければ同一の内容を測っていると見なすことができる。0.75くらいから上ならだいたい実用的に使えるものとなる。2つの尺度間の平均値の差は有意に大きく，移動尺度の方が大きい（t検定を行う）。2つの尺度間には弱いながら相関がある（rが0.11）。同様の分析を他の標本についても行い，信頼性を確かめる。

次に，探索的因子分析を行う。互いに相関の高い項目をまとめていき，全体としていくつのグループに分かれるかを統計的に整理するのである。2つのまとまり，

つまり因子が想定され，固有値の値で確認された（固有値とは因子の数を推定するためのもので，1以上だと一応意味があるとされる）。

固有値はその因子の項目への答えの散らばりを表す度合いであり，項目数で割ると，説明率が出る。これはどの程度，答えの散らばりがこの因子のまとまりで説明できるかを表す。いずれの尺度でも第2因子の説明率は小さいので，理論的には無視できる。両方の尺度に高い因子負荷量（想定した因子と各項目間の相関）を示す項目を落とし，また改めて尺度の内容を検討して，項目を減らしていく。結果として，2つの尺度の各々を12項目とした（表1-1）。それらの項目に「きわめて反対」から「きわめて賛成」までの6件法で答える。

[第2研究　尺度の構造的妥当性を評価する]　尺度の構造的妥当性，つまり移動尺度，査定尺度ともに1因子であることを確認する。1因子性を確認する統計的方法として，確認的因子分析，信頼性指標，項目間相関，項目と尺度得点間の相関，因子分析の主因子解などを用いて，確認した。

内的一貫性，つまり項目が互いに同様のものを測っているかどうかの信頼性はどうか。クロンバックのアルファは，全標本で，移動尺度で0.82，査定尺度で0.78であった。

時間的安定性は，4〜8週間を置いた2つのテストの間において，0.74〜0.79程度の相関が見られた（測定の1つの回だけ0.57）。

[第3研究　尺度の構造の比較文化的妥当性を確認する]　異なる文化において妥当かどうか（比較文化的妥当性）を確認する。尺度のイタリア語版を作り，ローマ大学で施行した。419人の大学生に対して数値を得たところ，アメリカの場合と同様の構造をもっていた。

[第4研究　特性のわかっている集団での構成概念妥当性を分析する]　構成概念妥当性，つまり尺度の特性から由来する仮説を検証する。軍隊の兵隊が大学生と比べ，他の選択肢を比較するというより，行為を開始し，維持することに重きを置いていると期待できる。実際に比較してみると，集団と尺度の分散分析で交互作用があり，つまり，尺度により集団間の差の方向が異なっていた。移動尺度では平均値が兵隊（4.50）の方が大学生（4.14）より高く，査定尺度では兵隊（3.46）の方が大学生（3.98）より低かった。大学生の学部差もあった。応用的で行為志向的学部（ビジネスなどを専攻）は，分析志向的学部（歴史や物理学などを専攻）より，移動を強調し，査定が低い傾向があった。

[第5研究　収束的・弁別的妥当性を確認する]　社会的に望ましい反応をする傾向との相関をみる。これが高いと，結果は，好ましい反応をする歪みが入っていることになる。虚偽尺度への答えと移動尺度との相関（−0.11〜0.20），査定尺度との相関（−0.20〜0.03）となり，とくに，好ましい反応をすることによって歪みを生じていない。

> **TABLE 1-1 ● 移動・査定尺度を構成する項目**

A. 移動尺度

1. 余分な努力を払わなくてはいけないとしても，ものごとに取り組むのが嫌ではない。
2. 私は「ワーカホリック」である。
3. 目標に達成寸前になると，興奮する。
4. ものごとを見たり観察したりするより自分で積極的にする方が好きだ。
5. 私は「する側」だ。
*6. 1つの計画を完了すると，新しいものにとりかかる前にしばらく休むことが多い。
7. 何かをすると決めたら，始めるのが待てない。
8. 課題を達成するまでに，すでに次の計画を心のなかに立てている。
*9. 私は「エネルギーの低い」人間だ。
10. 大部分の時間，私の考えは，なし遂げようとする課題のことで一杯だ。
11. 何かを開始したら，たいてい，完成するまで粘り強く取り組む。
12. 私は「やり手」だ。

B. 査定尺度

*1. 他の人とのやりとりを終わった後で振り返って評価することはけっしてしない。
2. たくさんの時間を使って，自分のプラスとマイナスの特徴のリストを作ったりする。
3. 他の人の計画を評価することが好きだ。
4. 私は自分を他の人と比べることが多い。
*5. 他の人が自分を改善するやり方について時間を使って考えることはしない。
6. 自分や他人がやった仕事をよく批判する。
7. 私が他の人に評価されているとよく感じる。
8. 私は批判的な人間だ。
9. 自分が述べていることについて批判的で自己意識が強い。
10. 他の人の選択や決定が間違っているとよく考える。
*11. 他の人との会話をそれが済んだ後，分析したりすることはめったにない。
12. はじめての人に会うと，その人がいろいろな観点でどれほど上手にやれているかを評価したりする（たとえば，外見，業績，社会的地位，服装など）。

(注) *は逆転項目，つまり方向性が逆で，この項目の得点が高いと移動・査定の傾向は低いことになる。

(出典) Kruglanski et al., 2000.

次に，他の個人差変数との相関を見ていく。数多くの既成の尺度を同じ実験参加者でとり，相関を見ている。標本によりさまざまなものを組み合わせつつ，行う。

相関を見た尺度は，行為・決定尺度，無価値への個人的恐れ尺度，注意統制尺度，生命力尺度，認知的閉鎖（明快であること）の必要尺度，自尊感情尺度，楽観主義尺度，相互作用の不安尺度，抑うつ尺度（CES‒D），自己意識尺度，評価の必要性，社会的比較の必要性，成績目標志向，達成目標志向尺度，失敗の恐れ，達成志向，タイプA，NEO 5因子尺度，16 PF（性格因子）質問紙，動機づけ志向，相対

的自律性指標，社会的支配志向尺度，内集団ひいき尺度，保守主義などである。
　収束的妥当性とは関連のあるべきものと，たしかに関連が見出されることを確認するものである。移動尺度がとくに関連があるのが，行為・決定尺度，注意統制尺度，生命力尺度，達成目標志向尺度，NEO誠実性などである。査定尺度と関連が強いのが，無価値への個人的恐れ尺度，曖昧さへの不快さ，自己意識尺度，社会的比較の必要性，NEO神経症傾向などである。いずれも尺度の特性と見合うものである。比較や評価への関心と連動するものは査定尺度と関連する。
　情動などとの関連を見ると，査定尺度は社会的不安や抑うつ尺度と正に関連し，自尊感情尺度や楽観主義尺度と負に関連する。それに対して，移動尺度は，その逆の傾向がある。また，査定尺度は外発的動機づけ志向と，移動尺度は内発的動機づけ志向と関連する。
　弁別的妥当性とは，概念的に関連があるべきではないものと，たしかに関連が見出されないことを確認するものである。実際，両尺度は，政治的志向や社会的支配志向などとは関連がなかった。

　[第6研究　移動，測定，およびビッグ・ファイブの5因子尺度との相関を見る]
性格の5因子尺度（NEO）との相関は，移動尺度と外向性（0.38）および誠実性（0.56），査定尺度と神経症傾向（0.41），および経験への開放性（0.16）などに多少見られた。

　[第7研究　基準関連妥当性を大学生の成績により確認する]　　基準関連妥当性，つまりこの尺度が正しければ関連するはずの尺度との関連を確認する。大学生の大学の成績（平均点）を移動尺度得点，査定尺度得点，および移動と査定の交互作用得点で予測する。重回帰分析という手法により，いくつかの予測変数が合わさって，1つの基準変数をどの程度に予測できるかの相関分析を行う。性別とSAT（適性検査）の得点を統制（コントロール）しておく。その結果，査定尺度得点が高い人について，移動尺度得点は成績を有意に予測した。つまり，移動と査定の双方が高いことが，複雑な課題について有効であることが示された。

　[第8研究　士官候補生が訓練を修了するのを予測する]　　候補生がその訓練コースに入る前に，2つの尺度得点を測定しておく。このコースは60%程度が脱落するというものらしい。候補生が志願か・徴募か，特殊部隊の資格があるか・ないかなどを統制しつつ，コースの修了を移動尺度・査定尺度で予測する。その際に重回帰分析の一種を用いた。査定尺度得点が高い兵隊の間で，移動尺度得点が成功を予測した。大学生の場合と同様に，2つの尺度の両方が揃っていることが複雑な課題の成功にとって重要であることがわかった。

　[第9研究　予測的妥当性を誤りの発見と完成時間からとらえる]　　文章中の間違いを見つける校正課題を与え，測定が誤りを見つけやすいこと，移動が完成が早いことという仮説を検証する。尺度自体とは異なる実験課題であり，予測的妥当性，

つまりその尺度自体から離れて，異なった課題の得点を予測できるかどうかを検討する。101人の大学生を調べたところ，移動尺度得点を統制すると，査定尺度得点がたしかに発見した誤りの量を予測した。完成時間は，予測通り，測定尺度得点と時間は関係がなく，移動尺度得点が予測できた。

[第10研究　予測的妥当性を目標の選択と手段の生成からとらえる]　63人の大学生に対して，次のような実験課題を与えた。参加者は自分が望む個人的属性を5つ挙げる。次に，各々の属性を達成するために思いつく手段をすべて挙げ，各々の達成できる可能性と価値を評価する。無関係の課題をこなした後，5つの目標に対して最もよい手段は何かをできるかぎり早く挙げる。その結果，達成の期待度を統制すると，達成の価値は，仮説通り，参加者の査定尺度得点により予測できた。移動尺度得点は，達成の価値を統制し，達成の期待度を予測した。移動は目標を志向し，査定は手段の比較を志向しているといえる。

[結　　論]　移動と査定という2つの個人差の傾向は，データにより支持されている。2つの尺度はその傾向の個人差を適切に測定できており，信頼性と妥当性をもつといえる。今後，先行要因は何か，結果として何がもたらされるか，社会的実用的意義は何かなどが課題となる。

以上，1つの尺度開発の研究をくわしく紹介してきた。この研究自体の面白さとともに，信頼性・妥当性という概念とそれが実際のデータ収集と分析のなかでどのように検証されるのかがわかる。心理学の実証的研究は，人間の心理がこうなっているはずだという理論自体とともに，それを実際の人間行動から得られるデータで検証していく必要がある。そのためには，今問題としている概念を測定する道具を必要とする。質問紙などではとくに尺度の検討が重要になる。他の方法でもまた，信頼性や妥当性を別な手立てで検証し，測定手段を開発するのである。

BOOK GUIDE　●文献案内

総論を終えて，個別の内容の章を読み進んでほしい。そこで，並行して，さまざまな心理学者の優れた研究に親しむのも刺激になる。また，いくつか用語や概念がわからないときに調べるための文献を挙げておきたい。

(1) **日本のトップレベルの心理学者の仕事を知る**　教科書的な記述ではどうしても最先端の研究の知見に立ち入りにくい。もちろん，本当の最先端の学術誌の雑誌論文をいきなり読むことも難しい。1つの手立ては，一流の学者がわかりやすく書いてくれたものを読むことである。最新というわけにはいかないが，かなり新しいことが書いてある。そのうえに，個別の知見の背景やまたそ

の意味するところを一般の読者を意識して書いてくれているので，その分野の概略をもある程度知ることができる。

とくに，ここでは，日本を代表する心理学者の仕事からいくつかを選んで紹介したい。教科書としての記述では，欧米の研究を紹介することが多くなっているので，それを補い，先達としての研究者の活動に触れてほしい。筆者が面白く思い，感動さえ受けた優れた研究者の著作を紹介したいのである。

まず，本書のさまざまな領域に関係するものを優先した。また，国際的に活躍し，高く評価されている研究者で，なおかつ日本語でわかりやすい，また刺激に富む著作を比較的一般向けに書いているものから選んだ。それでもおそらく数十と利かず，そのような活躍をしている日本の研究者は多く，また増えてきている。そのホンの一部であるにすぎないが，同時に，代表者といってもよい人たちである。

① 下條信輔：日本を代表する認知心理学者。もっとも，現在はアメリカの大学に移った。その著作は，心理学を超えて，人間の特徴である「考える」とか，「意識する」ということが，本当に普通にわれわれが理解しているようなことなのかについて，根底的な疑問を投げかけてくる。

『ブラックボックス化する現代――変容する潜在認知』日本評論社，2017年

『サブリミナル・インパクト――情動と潜在認知の現代』筑摩書房（ちくま新書），2008年

『〈意識〉とは何だろうか――脳の来歴，知覚の錯誤』講談社（講談社現代新書），1999年

『サブリミナル・マインド――潜在的人間観のゆくえ』中央公論新社（中公新書），1996年

② 正高信男：進化心理学の第一人者であり，子どもの発達や子育ての研究で著名である。さらに，一般向けにもその研究に基づく提言を多々行っている。どの著作も面白く，刺激に富むが，ここでは，子どもの言葉の獲得に関わる3つを挙げておく。

『ヒトはいかにしてことばを獲得したか』大修館書店（認知科学のフロンティア），2011年（辻幸夫と共著）

『子どもはことばをからだで覚える――メロディから意味の世界へ』中央公論新社（中公新書），2001年

『0歳児がことばを獲得するとき――行動学からのアプローチ』中央公論社（中公新書），1993年

③ 柏木惠子：日本の発達心理学を先導してきた1人。親子関係の国際比較研究を多数行っており，最近では，「親の発達」という観点から成人期の

発達にも取り組んでいる。また，フェミニズムの立場から，心理学の理論への批判やまたその社会への応用について鋭い論陣を張っている。

　『おとなが育つ条件——発達心理学から考える』岩波書店（岩波新書），2013年

　『子どもが育つ条件——家族心理学から考える』岩波書店（岩波新書），2008年

　『子育て支援を考える——変わる家族の時代に』岩波書店（岩波ブックレット），2001年

　『子どもという価値——少子化時代の女性の心理』中央公論新社（中公新書），2001年

　『家族心理学——社会変動・発達・ジェンダーの視点』東京大学出版会，2003年

④　山岸俊男：社会心理学の立場から，ゲームという事態を使い，日米比較を行ってきた。その厳密な実験と，そこから出される日本社会の特徴の見直しは，心理学のみならず，一般社会の知識人や企業人に対しても強い影響をもっている。

　『心でっかちな日本人——集団主義文化という幻想』筑摩書房（ちくま文庫），2010年

　『心でっかちな日本人——集団主義文化という幻想』日本経済新聞社，2002年

　『安心社会から信頼社会へ——日本型システムの行方』中央公論新社（中公新書），1999年

⑤　北山忍：文化心理学の新たな方向を切り開いた1人。認知的な社会心理学の立場から，日米の比較研究を主に行っている。その「相互依存的自己」（東アジアに典型的）と「相互独立的自己」（アメリカに典型的）の対比は国際的によく知られるようになった。残念なことに，わかりやすい一般向けの著作を書いていないので，やや難しいが，次のものを挙げる。

　『自己と感情——文化心理学による問いかけ』共立出版，1998年

　『文化心理学——理論と実証』東京大学出版会，1997年（柏木惠子・東洋と共編）

⑥　丹野義彦：臨床心理学を心理学全般に視野を広げるなかで実証的な根拠を与えようとして，その先頭に立っている。日本の臨床心理学を確固たる研究の基礎の上にある確実なものとしていき，理論と技法のバランスと結合を可能にする方向を指し示している。以下のうち，最後のものは，下山晴彦との共編であるが，学部の勉強を一通り終えたらぜひ読むとよい。たとえば，本書全体の記述がなぜ臨床心理学の基礎となっているかがよく理

解できるだろう。

『臨床心理学』有斐閣（New Liberal Arts Selection），2015 年（石垣琢磨ほかと共著）

『エビデンス臨床心理学——認知行動理論の最前線』日本評論社，2001 年

『自分のこころからよむ臨床心理学入門』東京大学出版会，2001 年（坂本真士と共著）

『講座臨床心理学（全 6 巻）』東京大学出版会，2001-02 年（下山晴彦と共編）

もちろん，このほかに，多くの研究者が，学会誌の論文以外に，著作の形で一般向けに書いているので，大きな本屋に行き，面白そうなものを探してほしい。さらに，論文自体を読みたければ，各々に引用もされている。また，本書の後の章にも文献案内や引用文献が挙がっている。

(2) **事典・ハンドブック類**　わからないことを調べたいときに，次のようなものが参考になる。

藤永保 監修，2013『最新心理学事典』平凡社。
下山晴彦 編集代表，2014『誠信心理学辞典（新版）』誠信書房。
ファンデンボス，G. R. 監修/繁桝算男・四本裕子 監訳，2013『APA 心理学大辞典』培風館。
海保博之・楠見孝 監修，2014『心理学総合事典（新装版）』朝倉書店。
中島義明 編，2012『現代心理学［事例］事典』朝倉書店。
日本社会心理学会 編，2009『社会心理学事典』丸善出版。
日本発達心理学会 編，2013『発達心理学事典』丸善出版。
田島信元ほか 編，2016『新・発達心理学ハンドブック』福村出版。
日本発達心理学会 編，2011-『発達科学ハンドブックシリーズ（全 8 巻）』新曜社。
佐伯胖 監修，2010『「学び」の認知科学事典』大修館書店。
日本心理臨床学会 編，2011『心理臨床学事典』丸善出版。
日本青年心理学会 企画，2014『新・青年心理学ハンドブック』福村出版。
日本パーソナリティ心理学会 企画，2013『パーソナリティ心理学ハンドブック』福村出版。
セリグマン，M. E. P. ほか/上里一郎ほか 監訳，2016『異常心理学大事典』西村書店。
臨床発達心理士認定運営機構 監修，2017-『講座・臨床発達心理学 シリーズ（全 5 巻）』ミネルヴァ書房。
箱田裕司ほか，2010『認知心理学』有斐閣（New Liberal Arts Selection）。

丹野義彦ほか, 2015『臨床心理学』有斐閣 (New Liberal Arts Selection)。
池田謙一ほか, 2010『社会心理学』有斐閣 (New Liberal Arts Selection)。

(3) 研究法の参考図書

① 研究法全般について

高野陽太郎・岡隆 編, 2017『心理学研究法——心を見つめる科学のまなざし（補訂版）』有斐閣。

南風原朝和ほか 編, 2001『心理学研究法入門——調査・実験から実践まで』東京大学出版会。

② 個別の研究法について

後藤宗理ほか 編, 2000『心理学マニュアル 要因計画法』北大路書房。
保坂亨ほか 編, 2000『心理学マニュアル 面接法』北大路書房。
鎌原雅彦ほか 編, 1998『心理学マニュアル 質問紙法』北大路書房。
中澤潤ほか 編, 1997『心理学マニュアル 観察法』北大路書房。

③ 統計について

吉田寿夫, 1998『本当にわかりやすい すごく大切なことが書いてある ごく初歩の統計の本』北大路書房。

南風原朝和, 2002『心理統計学の基礎——統合的理解のために』有斐閣。

南風原朝和, 2014『続・心理統計学の基礎——統合的理解を広げ深める』有斐閣。

松尾太加志・中村知靖, 2002『誰も教えてくれなかった因子分析——数式が絶対に出てこない因子分析入門』北大路書房。

Chapter 1 ● 練習問題   EXERCISE

❶ 大きな書店の「心理学」のコーナーに行き，世の中で「心理学」とされているものにはどんな内容が多いかを見てみよう。それと本書で展開しているものとの違いはあるのだろうか。

❷ 心理学とは何かという記述をさまざまな辞典や教科書類から集め，比較してみよう。

❸ 心理学とはどんな学問かを，高校生，心理学科の大学生，そうでない文科系・理科系の大学生などにアンケートをとって，比較してみよう。

HINT ● p.627

COLUMN 1-1 心理学の源流

　臨床心理学，教育心理学，発達心理学，社会心理学，性格心理学，生理心理学，認知心理学……などなど。これらは日本でもすでに学会組織をもつ心理学の主要な研究分野である。このように現在の心理学は，基礎分野から応用分野まで，じつに多様な研究分野が発展している。しかし，けっして最初からそうだったわけではない。では，心理学が誕生したばかりの頃は，いったいどのような研究がなされていたのだろうか。それを知るためには，心理学という新しい学問が誕生した19世紀の後半にまで遡る必要がある。

　(1)　ヴントの構成心理学　　「心の科学」としての心理学の創始者はヴント(Wundt, W.：1832-1920)だと見なされている。それは，ヴントが1879年にドイツのライプチヒ大学で世界で最初に心理学の実験室を設けたからである。ヴントはよく訓練された実験参加者に，自分自身の意識の内容を観察・報告させる内観法（introspection）と呼ばれる方法を用いて，厳密に統制された条件下での意識の分析を行った。そして，意識の構成要素は純粋感覚と単純感情であり，それらの複合体として意識の成り立ちを説明できると考えた。つまり，さまざまな物質の成り立ちを分子や原子の複合体として説明する自然科学（化学）の方法を，心理学にも適用しようとしたのである。これは構成主義（structuralism）と呼ばれる考え方であり，このような考え方に基づくヴントの心理学は構成心理学と呼ばれている。

　(2)　行動主義の心理学　　意識は外部から観察することのできない主観的な現象である。このため，アメリカの心理学者ワトソン(Watson, J. B.：1878-1958)は，意識を研究対象にするヴントの心理学を鋭く批判し，心理学が科学になるためには外部から客観的に観察できる「行動」を研究対象にするべきだと主張した。この「心理学は行動を研究対象にするべきだ」という行動主義の主張は，その後，スキナー(Skinner, B. F.：1904-90)やハル(Hull, C. L.：1884-1952)らに受け継がれ，1910年代から1950年代にかけて，主として北アメリカで発展した。

　(3)　ゲシュタルト心理学　　北アメリカで行動主義が興隆し始めた頃，ドイツではヴェルトハイマー(Wertheimer, M.：1880-1943)，ケーラー(Köhler, W.：1887-1967)，コフカ(Koffka, K.：1886-1941)らが，心理現象の全体性を重視し，心（意識）を構成要素の複合体だと考えるヴントの構成主義を批判した。すなわち彼らは，心理現象全体がもつ特性はそれを構成する要素に還元することはできないので，1つのまとまりとしての全体をそのまま研究するべきだと主張した。そのような1つのまとまりのことをドイツ語では形態（ゲシュタル

ト；Gestalt）という。このため彼らが提唱する心理学は，ゲシュタルト心理学と呼ばれている。また，アメリカに亡命したレヴィン（Lewin, K.：1890-1947）は，行動の場の理論を提唱し集団力学（group dynamics）の創始者となった。

(4) **精神分析学**　ウィーンの精神科医であったフロイト（Freud, S.：1856-1939）は，人間の精神活動においては意識よりも無意識の方が重要な役割を果たしており，意識の分析をするだけでは人間の心を深く理解することはできないと考えた。そこで彼は，自由連想や夢分析などの方法によって無意識の世界を探るための精神分析を創始した。彼の理論は当時の心理学者たちからは非科学的と批判されたが，今日では性格心理学や臨床心理学などの分野で重要な位置を占めている。

(5) **現象学的心理学**　ディルタイ（Dilthey, W.：1833-1911）やシュプランガー（Spranger, E.：1882-1963）は，心理学が実験中心の自然科学的な方向へ進むことに反対し，人間の心を理解するためには，生きている人間の精神活動をありのままに追体験することによって了解しなければならないと主張した。この了解心理学の立場は，実存主義心理学者のフランクル（Frankl, V.：1905-97）やビンスワンガー（Binswanger, L.：1881-1966）ら，さらには人間性心理学（humanistic psychology）を唱えるマズロー（Maslow, A. H.：1908-70）やロジャーズ（Rogers, C. R.：1902-87）らにも影響を与えた。こうした心理現象をありのままにとらえようとするアプローチは，現象学的心理学と総称されている。

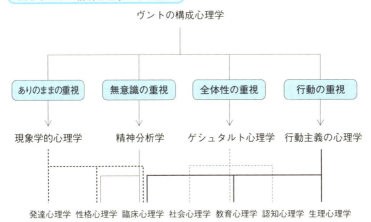

図●ヴントの構成心理学からの流れ

第 2 章 心 と 脳

心を支える脳のメカニズム

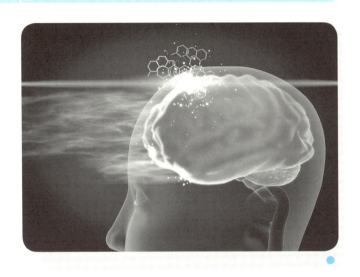

- KEYWORD
- FIGURE
- TABLE
- COLUMN
- BOOK GUIDE
- EXERCISE

CHAPTER 2

　古代ギリシャの哲学者アリストテレス(Aristotle)は，心の中枢は心臓であると考えた。英語のハート(heart)という単語には「心臓」と「心」という2つの意味があることが，そのことの名残りである。同様に古代中国においても，「心臓」こそが文字どおり「心」を司る「臓器」と考えられていた。しかし今日では，心の中枢は「脳」であることがわかっている。また，フランスの哲学者デカルト(Descartes, R.)は，心は身体から離れても存在しうるという心身二元論を唱えた。しかし，脳科学の進歩によって心と脳は密接不可分の関係にあることが明らかになり，今日では，心は身体を離れては存在しえないと考えられている。つまり，「脳死」は「人の死」であり「心の死」なのである。本章では，そうした心と脳の密接不可分な関係について考えてみることにしよう。

PREVIEW

> **KEYWORD**
>
> ニューロン　シナプス　逆説睡眠（レム睡眠）　バイオリズム　中枢
> 神経系　末梢神経系　大脳半球　自律神経（交感神経，副交感神経）
> 失語症　ミラーニューロン　認知症

神経細胞（ニューロン）の構造と働き

　人間の脳は約860億といわれる神経細胞（ニューロン）によって構成されている。つまり，人間の脳の活動は多数のニューロンの活動に支えられているのである。このニューロンの大きさと形状はさまざまであるが，その基本型は図2-1に見られるように，細胞体と樹状突起と軸索から構成されている。

ニューロンの構造

　細胞体はニューロンの生命活動の中核となるもので，その内部にはほかの一般細胞と同様に，核とそれを取り巻く細胞質からなり，遺伝情報を担うDNA，蛋白質の合成を行うリボソーム，エネルギーを作り出すミトコンドリアなどが含まれている。樹状突起は細胞体から伸びた樹枝状の短い突起で，この突起の表面には多数のとげが並んでいる。そして細胞体と樹状突起は，ほかのニューロンの終末ボタン（神経終末）と接続しており，この細胞間の接続部分をシナプスと呼ぶ。

　一方，軸索は細胞体から伸びた長い1本の突起である。軸索は途中で側枝を出しながら，終末部分で細かく枝分かれして，その末端で終末ボタンを形成する。また，軸索は電気絶縁体である髄鞘で覆われているが，1～3 mmの間隔で髄鞘で覆われていない切れ目がある（これをランビエの絞輪という）。このランビエの絞輪の部分では軸索が細胞外液にさらされているために電気抵抗が低く，このことがインパルスの伝導の際に重要な役割を果たす。

**ニューロン内での
インパルスの伝導**

　ニューロンの働きは，ニューロン内での情報の伝導とニューロン間での情報の伝達である。まず，ニューロン内での情報の伝導の仕組みを説明しておこう。軸索のランビエの絞輪の部分では，軸索内液側と軸索外液側，つまり細胞膜の内側と外側ではつねに電位差があり（細胞膜の内側の方が外側よ

FIGURE 2-1 ● 神経細胞（ニューロン）とシナプス

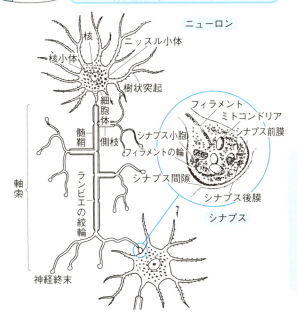

神経細胞は内部に核をもつ「細胞体」と，細胞体から短く伸びた樹枝状の「樹状突起」と，細胞体から長く伸びた1本の「軸索」から構成されている。また，神経細胞間の接続部分をシナプスと呼ぶ。

（出典）塚田，1977より。

りも約70mVマイナスの電位を示す），これは静止電位と呼ばれている。ところが，一定の強度以上の刺激（これを閾値電位という）が軸索に伝えられると，脱分極（マイナスの静止電位がプラス方向に変化すること）が起こり，軸索内液側が軸索外液側に対して数十mVプラスになる急激な電位変化が生じる。この電位変化は活動電位（インパルス）と呼ばれ，ニューロンが伝える情報とは，このインパルスのことを指す（図2-2）。なお，インパルスは脱分極が一定の閾値電位を超えたときにはつねに同じ大きさで発生する（これを全か無の法則という）。

また，インパルスが発生すると，軸索の隣接部位にも次々に脱分極が起こり，同じ大きさのインパルスが発生する。しかし，一度インパルスが発生した部位では膜の興奮性が低下し，しばらくインパルスは発生しない。この不応期のために，インパルスはそれが発生した部位から離れる方向へ伝わっていき，逆方向へ伝わることはない。そして，通常のインパルスは最初に細胞体側で発生するので，インパルスは細胞体から軸索側に向かって一方向に伝わっていく。た

FIGURE 2-2 ●インパルス

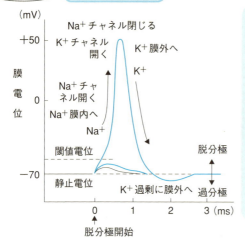

軸索のランビエの絞輪の部分では、細胞膜の内側と外側に電位差（静止電位）がある。ところが、一定の強度以上の刺激（閾値電位）が軸索に伝えられると、Na^+に対する細胞膜の透過性が高まり、Na^+が細胞膜の外側から内側へ流入する。するとK^+に対するイオンチャネルが開き、K^+が細胞膜の内側から外側に急激に流出する。これが脱分極であり、この脱分極によって数十mVの活動電位（インパルス）が発生する。

（出典）宮田, 1998より。

2-3 ●跳躍伝導の仕組み

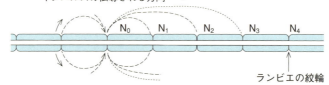

軸索は電気絶縁体である髄鞘で覆われているが、ランビエの絞輪の部分は絶縁されていない。このため、軸索の上方からN_0にインパルスが伝導されるとインパルスはランビエの絞輪間を点線に沿ってN_1, N_2, N_3, N_4へと飛び飛びに伝導されていく。

（出典）八木, 1967より。

だし、軸索はランビエの絞輪の部分のほかは外部と絶縁されているので、インパルスはランビエの絞輪間を飛び飛びに伝導されていく。このような伝導様式はインパルスの<u>跳躍伝導</u>と呼ばれており、伝導速度を速めるうえで重要な役割を果たしている（図2-3）。以上がニューロン内でのインパルスの伝導の仕組みである。

シナプスでのインパルスの伝達

シナプスは2つのニューロン間の接続部であり，2つのニューロン間には，ごくわずかな間隙がある。このため，軸索内のようにインパルスの伝導によって情報を伝えることができない。しかし，軸索の終末ボタンにはシナプス小胞という小さなカプセルが多数あり，このシナプス小胞内には次のニューロンに情報を伝達するための化学物質が含まれている。ニューロンは，このシナプス小胞に包まれた化学物質をシナプス間隙に放出する。この化学物質が次のニューロン側の細胞膜にある受容体に到達すると，プラスまたはマイナスのシナプス後電位（EPSPまたはIPSP）が生じる。これがニューロン間でのインパルスの伝達の仕組みである。ただし，1つのシナプスで1度に生じる電位変化は非常に弱く，次のニューロンにインパルスを発生させるほどの強度はない。しかし，1つのニューロンには何千ものシナプスがあり，同時に多数のシナプス後電位が伝達される。したがって，ある時点で1つのニューロンに発生したシナプス後電位の総量が閾値電位以上になればインパルスが発生する。しかし，閾値電位に達しなければ，インパルスは発生せず，神経情報はそれ以降には伝えられない。

なお，最近の神経科学の進歩によって，シナプス伝達の担い手である化学物質の性質と働きがかなり明らかになっている。代表的な化学物質をいくつか紹介しておこう。

(1) **アセチルコリン**　アセチルコリンによって情報伝達を行うニューロン（コリン作動性ニューロンと呼ばれている）は，大脳の深部にある大脳基底核や海馬に投射する内側中隔に多く分布している。また，老人性認知症の一種であるアルツハイマー型認知症は，このコリン作動性ニューロンの損傷が関係すると考えられている。

(2) **ドーパミン**　ドーパミン作動性のニューロンは中脳の黒質と呼ばれる部位に多く分布しており，このニューロンが損傷を受けると運動障害が生じる。また，老人性の運動障害であるパーキンソン病はドーパミンの分泌欠如によって発症することが明らかにされており，最近ではドーパミン作動性ニューロンの過剰な活動が統合失調症（精神分裂病）に関係しているのではないかと考えられている。

(3) **セロトニン**　セロトニン作動性のニューロンは脳幹の縫線核に多く分

布しており，気分の制御に関係することが明らかになっている。すなわち，セロトニンの分泌が低下すると抑うつ気分になる。また，セロトニンと分子構造がよく似た薬物である LSD を投与すると，幻覚などの気分の高揚が生じることも明らかになっている。

SECTION 2 脳波と覚醒

脳波とは

上述したように脳の活動は約 860 億といわれるニューロンの活動にほかならない。そして脳波 (electroencephalogram；EEG) とは，このニューロンが集団として示す電気活動を，電位を縦軸，時間を横軸にとって記録したものである。

脳波は 100 μV 程度のきわめて微弱な電位変動であるが，ドイツの生理学者ベルガー (Berger, 1929) が考案した方法を用いれば，頭皮上から比較的簡単に測定することができる。すなわち，頭皮上に電極を装着し，それを脳波計と呼ばれる高感度の増幅装置に接続して記録するのである（図 2-4）。

睡眠中の脳波

脳波が脳の活動水準を反映していることは，睡眠中の脳波を測定することによって明らかにされている。覚醒中の脳波は，振幅の小さい速い波（14～60 ヘルツ）が主成分である。これはちょうど水面のさざ波のような脳波で，β（ベータ）波と呼ばれる。目を閉じて安静にしていると，β 波よりも少し振幅が大きく，速度も少し遅い波（8～13 ヘルツ）が出現する。これが α（アルファ）波である。うとうとと眠り始めると，θ（シータ）波が出現する。この波は α 波よりもさらに振幅が大きく，速度も遅い（4～7 ヘルツ）。眠りが深くなり熟睡状態になると，θ 波よりもさらに振幅が大きく速度も遅い波（4 ヘルツ以下）が出現する。これが δ（デルタ）波である。このように脳波は，眠りが深くなり脳の活動水準が低下するのに伴って，しだいに振幅が大きくなり速度が遅くなる（図 2-5）。

ところが，熟睡状態に達し δ 波が出現した後に，覚醒時のような脳波が出現することがある。もちろん，このときも睡眠中であり，けっして目が覚めてしまったわけではない。ただ，眼球がきょろきょろ動いたり，手足がぴくぴく痙攣したりすることが多い。このため，このときの睡眠は，睡眠らしくない睡眠

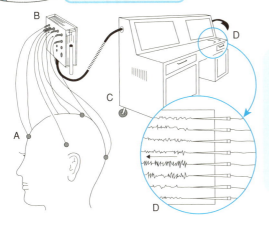

2-4 脳波測定の方法

100μV 程度の微弱な脳波が頭皮上（A）に装着された電極から導出線を通して電極箱（B）に導かれる。さらに電極箱から脳波計（C）に導かれ、約100万〜200万倍に増幅されて記録器（D）によって紙上にペンで記録される。

（出典）宮田, 1998 より。

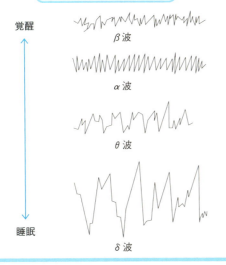

2-5 睡眠中の脳波の変化

覚醒時の脳波は14〜60ヘルツのβ波が主成分であるが、安静時には8〜13ヘルツのα波が出現する。入眠時には4〜7ヘルツのθ波が出現し、眠りがさらに深くなり熟睡状態になると、4ヘルツ以下のδ波が出現する。

（出典）井上, 1988 より。

という意味で、逆説睡眠（paradoxical sleep）という別名がある。この逆説睡眠は、一般にレム睡眠（REM sleep）と呼ばれ、δ波が出現しているときのノンレム睡眠に比べると浅い眠りである。その証拠に、レム睡眠時に揺り起こすと、

第2章 心と脳　39

すぐに目覚めて，夢を見ていたと報告することが多い（ノンレム睡眠時には，少々揺すったくらいでは目覚めない）。また，いわゆる「金縛り」が生じるのもレム睡眠時だといわれている。ちなみにレム睡眠のレム（REM）は，急速眼球運動（Rapid Eye Movement）の英語の頭文字をとった名称である。

脳波とバイオリズム

脳の活動水準は一定の周期で変化する。つまり，活動が活発な時期と不活発な時期とがあり，両者が一定の周期で交替を繰り返す。これがバイオリズムである。睡眠にもバイオリズムがあり，レム睡眠が出現した後は再びノンレム睡眠（深い眠り）に入り，その後には再びレム睡眠が続く。つまり，睡眠のリズムはノンレム睡眠（深い眠り）とレム睡眠（浅い眠り）の周期的な繰り返しなのである。そして，ノンレム睡眠とレム睡眠を一組とする睡眠の周期は，約90分であることがわかっている。人間の体には「生物時計」が内蔵されており，90分ごとにレム睡眠が生起するようにタイマーがセットされているのである。しかも，このタイマーは夜だけでなく昼間にも作動する。午後の退屈な講義の最中に，うっかり居眠りしてしまうのはこのためである。人間の体に内蔵されている生物時計は，かなり強固なプログラムであり，そんなに簡単には修正することはできないのである。このことは，1回の集中力の持続時間が約90分であることを意味している。したがって，勉強や仕事のスケジュールを組む場合には，90分を一区切りとするのが合理的である。そうすれば勉強や仕事のリズムと生物時計のリズムが一致するからである。

　いわゆる「時差ボケ」が生じるのも，この生物時計が関係している。東京とニューヨークでは14時間の時差があるので，ニューヨークから帰国した直後は，生物時計と生活時間が14時間ずれてしまうのである。また，生物時計と生活時間のずれを生じさせるのは「時差ボケ」だけではない。夜更かしや徹夜など不規則な生活を続けていると，生物時計のリズムが狂ってしまい，ちょうど「時差ボケ」と同じような状態に陥ってしまう。そんな状態では，とうてい勉強や仕事に集中することはできない。だから勉強や仕事で集中力を発揮するためには，規則正しい生活を送ることが大切である。

SECTION 3 神経系の構造と機能

　人間の神経系は中枢神経系と末梢神経系に分けることができる。中枢神経系は脳と脊髄からなり，末梢神経系は脳脊髄神経と自律神経（交感神経・副交感神経）からなる。

中枢神経系の構造と機能

　脳は発生の初期には前脳，中脳および後脳に分けられるが，前脳は最終的には大脳半球および間脳（視床，視床下部など）に分化する。一方，中脳はそのまま分化せずに中脳となり，後脳は橋，小脳と延髄に分化する。ただし，人間の場合には大脳半球の発達が著しく，これが脳の大部分を占める。また，中脳，橋および延髄をまとめて脳幹と呼ぶこともある（図2-6）。次に，これら脳の各部位の構造と機能を説明しておこう。

（1）**脳幹**　脳幹には多くの自律神経の中枢（呼吸，咳，くしゃみ，血管運動，心臓運動，咀嚼中枢，嘔吐中枢など生命の維持に関わる重要な自律中枢）が集まっている。このため，脳を中脳の上部で切断しても，適切な世話をすれば，動物はかなり長時間生きることができる。しかし，脳幹がごくわずかでも損傷を受けると，動物は生命を維持することができない。

　また，延髄から中脳の中心部には網様体と呼ばれる組織が広く分布しており，この網様体が脳全体の活動水準を支えている。すなわち，網様体を刺激すると大脳皮質全体が広範に活性化され，動物は覚醒・注意の様子を示す。逆に，この部位が損傷を受けると，深い昏睡に陥る。

（2）**小脳**　小脳は運動や姿勢の制御に重要な役割を果たしているが，その機能は次の2つに分類することができる。第1の機能は内耳の前庭神経からの情報に基づいて平衡感覚を司る働きである。なお，この機能を司る小脳の部位は解剖学的に見て下等な動物にもあるので，旧小脳と呼ばれることもある。

　小脳の第2の機能は，筋感覚を情報源にして，筋肉の緊張や協応運動を司ることである。この機能を司る小脳の部位は哺乳類だけに見られるので新小脳と呼ばれており，この部位が損傷を受けると，正常な姿勢を保ったり，歩行や動作を正常に行うことができなくなる。

FIGURE 2-6 中枢神経系の構造

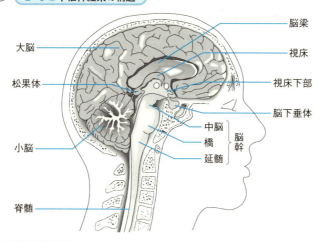

脳は前脳,中脳,後脳に区分される。前脳は大脳半球と間脳(視床,視床下部など)からなり,後脳は橋,小脳と延髄からなる。また,中脳,橋および延髄は,まとめて脳幹と呼ばれることもある。

(出典) Atkinson et al., 2000 より。

(3) 間脳　間脳は多数の神経核の集まりで,視床上部,視床,視床下部,視床腹部に分けられる。このうちの視床上部には松果体がある。この松果体は松笠状の小体で,下等な脊椎動物では光を感じる器官である。このため「第3の目」と呼ばれることがある。人間の場合には,そのような機能は退化しており,生殖器の成熟や性ホルモンの作用を制御する働きをしている。

また,視床および視床腹部は体性感覚情報や視覚・聴覚情報を大脳皮質へ投射するための中継基地の働きをしており,学習や記憶にも関与すると考えられている。さらに,間脳の最下部にある視床下部は,自律神経系の中枢の働きをしている。すなわち,体温・水分の調節,循環および呼吸の制御,物質代謝,睡眠・覚醒の制御など生体の内部環境の恒常性(ホメオスタシス)の維持を司っているのである。

(4) 大脳半球　大脳半球は人間の高次な精神活動の中枢で,感覚と知覚,随意運動の計画と制御,意思決定などがなされる。なお,大脳半球の構造と機

能については第4節で改めて詳説する。

末梢神経系の構造と機能　末梢神経系のうちの脳脊髄神経（体性神経と呼ばれることもある）は，筋肉に命令を送ったり感覚器官からの刺激を脳に伝えたりする働きを担う神経で，脳神経と脊髄神経に分けることができる。これに対し自律神経は，心臓，肺，胃，腸など内臓器官の働きをコントロールする神経で，人間の意思によってコントロールされず自律的に機能する。このため自律神経と呼ばれる。

(1) **脊髄神経**　末梢神経系のうち脊髄から出る左右31対の神経を総称して脊髄神経と呼ぶ。上から順に1〜8対が頸神経，9〜20対が胸神経，21〜25対が腰神経，26〜30対が仙骨神経，31対が尾骨神経である。それぞれの対の神経は，脊髄の前側から出る運動性の前根と，脊髄の後ろ側から出る感覚性の後根からなる。前根と後根はいったん合わさった後に前枝と後枝に分かれて，それぞれが分布する部位の筋の運動と皮膚感覚を司っている。

(2) **脳神経**　脳から出て，おもに頭部や顔面を支配する末梢神経を脳神経と呼ぶ。脳神経は全部で12対あり，上から順に次のような機能を担っている。すなわち，嗅覚を伝える「嗅神経」，視覚を伝える「視神経」，眼球の運動とまぶたの開閉および瞳孔の収縮などを司る「動眼神経」，眼球を外下方に動かす「滑車神経」，顔面の知覚および咀嚼筋を支配する「三叉神経」，眼球を外側に動かす「外転神経」，顔面の筋の運動および唾液や涙の分泌を支配する「顔面神経」，聴覚と平衡感覚を司る「内耳神経」，味覚と咽頭筋の運動を司る「舌咽神経」，延髄から出て，咽頭，気管，心臓，肺，胃などの内臓の働きを支配する「迷走神経」，頸部の胸鎖乳突筋と背部の僧帽筋を支配する「副神経」，舌の運動を司る「舌下神経」の12対である。

(3) **自律神経**　自律神経には自動車のアクセルとブレーキの働きをする神経があり，両者のバランスによって内臓器官の働きがコントロールされている。

アクセルの働きをする自律神経は交感神経と呼ばれ，心臓や肺などの循環器系の働きを活発にする働きがある。すなわち，交感神経が興奮すると，呼吸が荒くなり，血圧が上がり，脈拍が速くなる。その逆に消化器官の働きは抑制され，唾液や胃液の分泌が減少する。つまり交感神経は，人が運動したり闘争したりするときに働く神経である。運動や闘争の最中には手足の血管にたくさんの酸素を供給しなければならないので，交感神経の働きによって循環器系の働

| TABLE 2-1 ● 自律神経の機能 |

臓器	交感神経活動	副交感神経活動
心臓	心拍数増加 筋力増大	心拍数減少 筋力減弱
血管	一般に収縮	
瞳孔	散大	縮小
毛様体筋	——	収縮（遠近調節）
涙腺	——	分泌促進
唾液腺	分泌（軽度に促進）	分泌促進
汗腺	分泌	——
消化管	運動抑制(括約筋促進) 分泌抑制	運動促進(括約筋抑制) 分泌促進
胆嚢	弛緩	収縮
膀胱	弛緩	収縮

各臓器における，交感神経と副交感神経の機能を比較した。交感神経は心臓や肺などの循環器系の働きを活発にし，唾液腺や消化管などの消化器系の働きを抑制する働きがある。これに対し副交感神経は，循環器系の働きを抑制し，消化器系の働きを活発にする働きがある。

（出典）　宮田，1998より。

きを活発にする必要があるのである。

　これに対し，副交感神経はブレーキの働きをする。すなわち，副交感神経は循環器系の働きを抑制し，消化器系の働きを活性化する。呼吸や心臓の鼓動を静め，逆に唾液や胃液の分泌をさかんにする。このように，交感神経と副交感神経は，まさにアクセルとブレーキのような拮抗的な関係にあるのである（表2-1）。

　また，自律神経の働きは情動や情緒とも密接な関係がある。「手に汗にぎる」とか「恐怖で身の毛がよだつ」などという言葉があるように，恐怖や怒りなどの情動が高ぶっているときは，交感神経が興奮しているときである（交感神経が汗腺や立毛筋の働きを活発にする）。逆に，ゆったりとした気分でリラックスしているときには，副交感神経が働いている。このように人間の情動も，内臓器官と同様に，交感神経と副交感神経のバランスによって調整されているのである。したがって，自律神経のバランスが崩れると人間は情緒不安定になる。

前述したように，人間は自分の意思で自律神経を自由にコントロールすることはできない。そのことは，「今日は心臓を使いすぎたので，1時間だけ休ませてやろう」などと，自分の意思で勝手に心臓を止めることができないことを考えてみれば明らかである。だとすれば，同じく自律神経によって調整されている情動や情緒も，自分の意思でコントロールすることはできないはずである。では，情動をコントロールすることはまったく不可能なのだろうか。答えは「ノー」である。訓練をすれば，ある程度はコントロールできるようになる。そのことは，禅やヨガの行者が，独自の修行法によって心身の安定を得ていることからも明らかである。禅では独自の呼吸法によって主体（考える者）と客体（考えられる者）の区別のない明鏡止水（めいきょうしすい）の心の状態を目指して修行する。一方，ヨガでは生理的行法（食事法，呼吸法），解剖学的行法（体位法，体操法），心理学的行法（精神統一法，無心法）などの方法によって修行を積む。禅もヨガも，修行法には多少の違いはあるが，どちらも心身の安定を得るために考え出された東洋の訓練法である。これに対し西洋では，自律訓練法やリラクセーション法など，精神医学の理論に基づいて科学的に体系づけられた訓練法が開発されている。ドイツの精神医学者のシュルツ（Schultz, J. H.）が開発した自律訓練法は，「温感」や「心臓調整」など本来は自律神経によって自律的に調整されている内臓の働きを，意図的にコントロールできるようになるための訓練である。これに対しアメリカの医学者ジェイコブソン（Jacobson, E.）が体系づけたリラクセーション法は，もともと中枢神経によって意図的にコントロールできる筋肉を弛緩させる訓練法である。しかし，筋肉を弛緩させると心もリラックスし，副交感神経が優位になる。つまりリラクセーション法は，筋肉を弛緩させることによって間接的に自律神経をコントロールできるようになるための訓練法ということができる。

SECTION 4　大脳半球の構造と機能

大脳半球の構造

　大脳半球は人間の脳のなかでも最も高度に発達した組織で，その表面は大脳皮質と呼ばれている。大脳皮質は大部分が神経細胞と非髄鞘の神経繊維から構成されており，そ

第2章　心と脳　　45

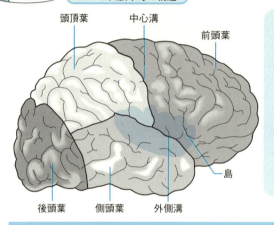

FIGURE 2-7 ● 大脳半球の構造

大脳皮質の側面図（右側が前面）。大脳皮質には多くの溝があり，とくに大きな溝を目印にして，前頭葉，頭頂葉，側頭葉，後頭葉に分けられる。また，前頭葉と頭頂葉の境の溝は中心溝と呼ばれ，頭頂葉と側頭葉の境の溝は外側溝と呼ばれる。なお，この外側溝の深部に位置して隠れている部位は島と呼ばれる。

（出典）Atkinson et al., 2000 より。

の色は灰白色である。一方，大脳の内部は大部分が軸索であり，その色は白色である。

大脳半球はほぼ左右対称の形状を成しており，左右の半球は大脳縦裂という深い溝によって隔てられている。しかし，この大脳縦裂の底には脳梁と呼ばれる厚い白質板があり，この白質板によって左右の半球がつながれている。

大脳半球の表面には多数の溝があり，溝に囲まれた部分は脳回と呼ばれ，溝のなかでもとくに深いものを目印にして，大脳皮質を前頭葉，頭頂葉，側頭葉，後頭葉に分けることができる。また，前頭葉と頭頂葉の境の溝は中心溝と呼ばれ，頭頂葉と側頭葉の境の溝は外側溝と呼ばれている（図2-7）。

大脳半球の機能地図　18世紀後期ウィーンの医者ガル（Gall, F. J.）は，心の働きは大脳の表面（大脳皮質）の働きによるのであり，大脳皮質の異なる部位は異なる精神活動を担っていると考えた。そして，人の能力や性格は頭蓋骨の外形から判断できるという考えを唱えた（骨相学と呼ばれる）。もちろん，ガルの骨相学は科学的な根拠のない俗説にすぎない。しかし，その後の脳科学の進歩によって，大脳皮質は全体として一様に機能しているのではなく，部位によって機能が異なることが明らかにされている。以下に，大脳皮質のどの部位がどのような精神活動を司っているのか

FIGURE 2-8 ● 大脳半球の機能地図

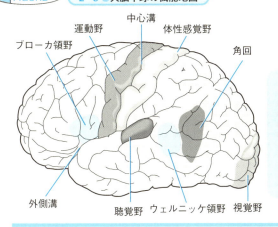

大脳半球の機能地図が示されている(左側が前面)。運動野は中心溝の前面に,体性感覚野は頭頂葉の中心溝によって運動野から隔てられている部位に,視覚野は後頭葉に,聴覚野は側頭葉に位置している。

(出典) Atkinson et al., 2000 より。

を説明することにしよう(図2-8)。

(1) **運動野** 中心溝の前側の中心前回と呼ばれる部位に運動野が位置している。この運動野は随意運動を制御しており,運動野の特定の部位に電気刺激を与えると,体の特定の部位の運動が生じることが確認されている。また,その部位が損傷を受けると,その部位に対応する運動に障害が生じることも確認されている。さらに,脳の部位とそれと対応する体の部位の位置関係は,上下・左右が逆転していることもわかっている。すなわち,たとえば足のつま先の運動は運動野の上側の部位によって,舌や口の運動は運動野の下側の部位によって制御される。同様に,体の右側の運動は運動野の左側の部位によって,体の左側の運動は運動野の右側の部位によって制御される。

(2) **体性感覚野** 頭頂葉の中心溝によって運動野から隔てられている部位に,体性感覚野が位置している。この体性感覚野は,温度の感覚,皮膚感覚,痛みの感覚,体の運動感覚などを司っている。たとえば,体性感覚野の特定の部位に電気刺激を与えると,あたかも体の特定の部位を触られたり動かしたりしたかのような感覚が生じる。また,体性感覚野も運動野と同様に,脳の部位とそれと対応する体の部位の位置関係が左右逆転している。すなわち,体の左側の部位の体性刺激は右側の体性感覚野に投射され,体の右側の部位の体性刺

> **COLUMN** 2-1 脳の画像解析
>
> 　従来，言語，学習，思考などの高度な精神活動に伴う脳の活動を計測するのは非常に困難であった。しかし，最近ではPETやfMRIなど脳の活動の様子を画像として解析する方法が開発されている。
> 　PETは生体に投与された放射性物質から放射されるガンマ線の脳内分布を計測することによって脳の活動の様子を画像として表示する方法である。しかし，PETは体内に放射性物質を注入するので，同じ実験参加者を短期間に繰り返し計測することはできない。これに対しfMRIは，血液中に含まれるヘモグロビンの磁性の変化を利用して脳の活動に伴う血流量の局所的な変化を計測する方法である。そのため，人体に害を及ぼす危険性はまったくない。
> 　口絵①は視覚探索課題を実行中のfMRIの画像である。

激は左側の体性感覚野に投射される。

(3) **視覚野**　視覚情報を処理する視覚野は後頭葉に位置している。そして，左眼の左視野および右眼の左視野内の視覚刺激は，大脳の右半球の視覚野に投射される。他方，左眼の右視野および右眼の右視野内の領域は左半球の視覚野に投射される。なぜなら，人間の視覚神経伝達路では，網膜の耳側半分の視神経は同じ側の大脳半球につながっているのに対し，鼻側半分の視神経は反対側の大脳半球につながっているからである（第3章の図3-2を参照）。このため，たとえば左半球の視覚野が損傷を受けると，両眼の網膜像の左側が欠落し，その結果として右視野が失われることになる。

(4) **聴覚野**　聴覚情報を処理する聴覚野は，左右の半球の側頭葉に位置しており，時系列的に変化する音声パターン（とりわけ人間の言語）の処理を司っている。また，左右の耳から同じ側の大脳半球に至る神経伝達路の方が，交叉経路を経て反対側の大脳半球に至る神経伝達路よりも，著しく少ないことがわかっている。このことは，右耳で受容した聴覚刺激は右半球の聴覚野よりも，左半球の聴覚野の方に多く伝達されることを意味している。

(5) **連合野**　感覚や運動と直接的に関係していない大脳皮質の領域は連合野と呼ばれている。哺乳類のなかでもネズミやウサギの脳では感覚野と運動野が大部分を占めているが，人間の脳の場合には大脳皮質の約3分の2以上が連

合野である。この連合野も部位によって機能の分化が見られる。たとえば，前頭葉の前方に位置する前頭連合野は，思考や問題解決などの高次な知的活動を司っている。また，後頭葉の視覚野を囲む位置には視覚連合野があり，この部位が損傷を受けると視覚失認（ものが見えてもその形を認識できない障害）や相貌失認（よく知っている人の顔が誰だかわからなくなる障害）が生じる。

大脳半球の非対称性

大脳半球の形状はほぼ左右対称である。しかし，大脳半球の機能は左右対称ではない。そのことは，失語症や分離脳の患者の研究によって明らかにされている。

(1) 種々の失語症　フランスの内科医のブローカ（Broca, P.）は，1861年に言語障害のある患者の症例研究をパリで行われた解剖学会で報告した。その患者は，文章を正しく読んだり書いたりすることはでき，聞いた話の内容を正しく理解することもできたが，言葉を話すことができなかった（運動失語）。そこで，ブローカがこの患者の脳を調べてみたところ，左半球の前頭葉の特定の部位に損傷があることがわかった。この特定の部位は，顔や舌，顎，喉の筋肉をコントロールする運動野に隣接しており，ブローカ領野と呼ばれている（図2-8）。一方，ドイツの研究者のウェルニッケ（Wernicke, C.）は，1874年に，左側頭葉の上後部（図2-8のウェルニッケ領野）の損傷によって別のタイプの言語障害が生じることを報告した。すなわち，この領野に損傷のある患者は，話し言葉の意味を理解することができないのである（感覚失語）。

その後，自発的発話は流暢であるが復唱ができない伝導失語（ウェルニッケ領野とブローカ領野を結びつける繊維の損傷）や，特別な単語，あるいは人やものの名前を思い出すことができない健忘失語（左半球の角回の損傷）などの失語症が次々に報告された。そして，これらの失語症をもたらす脳の損傷部位は，ほとんどの場合が左半球であることが明らかになった。このため，左半球はおもに言語情報の処理を分担し，右半球はおもに視覚的・空間的情報の処理を分担していると考えられている。

(2) 分離脳の研究　大脳半球の機能が非対称であることは，分離脳の研究からも明らかである。ノーベル賞受賞者のスペリー（Sperry, 1968）は，てんかんによる発作の軽減のために脳梁（大脳縦裂の底にあって左右の半球をつないでいる厚い白質板）の切断手術をした患者を対象にして次のような実験を行った。

タキストスコープ（文字や図をごく短時間呈示する装置）によって分離脳の患者

COLUMN 2-2 ミラーニューロン

　ミラーニューロンは，霊長類が自ら行動するときと他の個体が同じ行動をするときの両方で活動する脳内の神経細胞である（口絵②参照）。1996 年，イタリアにあるパルマ大学のリゾラッティら（Rizzolatti et al., 1996）は，対象物を掴んだり操作したりする行動に特化した神経細胞の研究をするために，マカクザルの下前頭皮質に電極を設置して，マカクザルが餌を取ろうとする際の手の運動に関わる神経細胞の活動を記録していた。その際に彼らは，ヒトである実験者が餌を取り上げるのをマカクザルが見たときに，マカクザル自身が餌を取るときと同様の活動を示すニューロンが存在するのを発見した。さらに，その後の追試実験によって，マカクザルの腹側運動前野と下頭頂葉の約 10％のニューロンが，この「鏡のような機能」を担っていることがわかった。たとえばマカクザルが紙を引き裂くときに反応するミラーニューロンは，ヒトが紙を引き裂くのを見たり，引き裂く音を聞いたりする際にも（視覚的手がかりがない場合でも）反応することがわかったのである。そのためミラーニューロンは，「紙を引き裂く」という行動を抽象的な概念として符号化する機能を担っているのではないかと考えられている。

　その後，ヒトを対象とする研究もなされているが，ヒトの脳の活動を細胞単位で研究するのは困難である。そのため，ヒトの脳にもミラーニューロンが存在するという明確な証拠は得られていないが，PET や fMRI を用いた画像解析によって，ヒトの場合にも下前頭回と上頭頂葉に同様の機能を担う神経部位が存在するという報告がなされている。ただし，ヒトの場合は単一のニューロンというより，より広い脳の部位がシステムとして関与していることが明らかになり，ミラーニューロン・システムと呼ばれることが多い。

　このミラーニューロンの発見が注目されている理由は，運動と知覚の機能が接続することにより，自己と他者が「合わせ鏡」のように結ばれるからである。つまり，ニューロンが基盤となって他者の行動的スキルの模倣が可能になり，さらに，その模倣を基盤とする一種のシミュレーションを行うことで，他者の行為の意図を推測したり，他者の感情を理解したり，他者と共感したりすることが可能になるのではないかと考えられているのである。加えて，心の理論の発達や自閉症における社会的認知機能の不全との関わりも指摘されている（第 11, 12 章も参照）。また，ミラーニューロンは，人類の進化，言語の系統発生，間主観性，「身体化された認識」など人類学や哲学のテーマの神経科学的根拠として，学問分野の枠を越えた幅広い注目を集めている。

> FIGURE 2-9 ● 大脳半球の非対称性

スペリーの実験の模式図。分離脳の患者の左視野の「ナット」という文字を短時間呈示すると，その患者は，左手を伸ばして正しく「ナット」を選び取ることができるのに，自分が何をしているのかをまったく答えることができない。

（出典）石田ほか，1995 より。

の左視野に「ナット」という文字を 0.1 秒間呈示すると，その情報は知覚経路を通って右脳の視覚野に送られ（第 3 章の図 3-2 を参照），最終的に右脳の運動野に伝達される。右脳の運動野は左手の運動を制御している。このため患者は，スクリーンの下から左手を伸ばして，そこにおいてある種々の事物のなかから触覚だけを頼りに正しく「ナット」を選び取ることができる。ところが，このとき患者に今していることについて質問すると，患者は自分が何をしているのかをまったく答えることができない。つまり，患者の左半球は，右半球で起こっている出来事を認識することができないのである。反対に文字を右視野に呈示すると，患者は自分の行った行為をすべて言語報告することができた。このことは，大脳の左半球が言語と発話の機能を分担していることを明瞭に示している（図 2-9）。

脳の発達と老化

脳の発達

脳の神経回路は，ニューロン同士がシナプス結合することによって形成される。人間の脳では，情報伝達に使用可能なシナプス結合の密度は，出生直後には大人と比べ相対的に少ないが，出生後まもなく大人の約3分の2まで増加する。そして，残り3分の1のシナプス結合は，出生後に形成されることが明らかにされており，その一部は経験によって左右されることが知られている。

最近の脳科学の進歩によって，発達に伴うシナプス結合の形成過程には，次の2つの様相があることがわかっている。第1の様相は，最初にシナプス結合が過剰生成され，その後，選択的に減少する様相である。この発達の初期段階で生じるシナプス結合の過剰生成と選択的減少が，学習した情報を神経回路に組み入れる際の基本的なメカニズムなのである。また，大脳皮質の視覚野では，生後6カ月の子どもの方が大人よりも多くのシナプス結合を形成していることがわかっている。これは，視覚野では，数多くのシナプス結合が生後数カ月の間に形成され，その後，そのうちの多くのシナプス結合が消失していくことを意味している。なお，この消失に要する期間は，視覚野で2～3年，前頭葉のいくつかの部分では8～10年というように，脳の部位により異なることもわかっている。

こうしたシナプス結合の形成過程を，彫塑芸術の工程にたとえられることがある。これは，芸術家が不必要な部分をのみで削り落とすようにして大理石彫刻物を造っていた作業工程と，シナプスの過剰生成と消失の過程で見られる「刈込み現象」とが似ていることに由来しており，動物を用いた実験でもその現象が確認されている。神経系では，数多くのシナプス結合が形成されるが，その際，学習経験が，適切なシナプス結合を選択し，不適切な結合を取り除く役割を担っている。そして，選択されて残ったシナプス結合は，後の認知発達の基礎となるように，より精錬された形へと作り替えられていく。

シナプス結合の形成過程の第2の様相は，新たなシナプスを追加生成する様相である。これはちょうど，ものを付け加えて作品を完成させる塑像芸術の作

業工程に似ている。この追加生成の過程は現存するシナプスの修正と同時に，まったく新しいシナプスを追加することを意味しており，一生涯にわたって続き，さらに，後の生活を大きく左右する点で，過剰生成と消失の過程とは異なっている。また，この過程は学習経験の影響を受けやすく，何らかの形で記憶の基礎となることが知られている。このことは，経験した情報の質や学習した情報の量が，一生涯にわたり脳の構造化に影響を及ぼすことを意味している。

脳の老化

老化はあらゆる生き物の宿命であり，将来どんなに医学が進歩しても，老化を食い止めることはできないだろう。人間は老化に伴って，白髪が増えたり，肌に深い皺が刻み込まれたりする。そうした身体の外見の変化だけでなく，神経系にも変化が現れることが知られている。たとえば，活動電位が末梢神経に伝わる速度も，30歳を過ぎると，ゆっくりと，しかし着実に低下する。これと同時に筋緊張も低下し，高齢者は日常の運動や行為を行うのに時間がかかるようになる。また，新しい場面へ適応する際に必要となる流動性知能も加齢に伴ってしだいに低下するが，過去の学習経験を活用する能力である結晶性知能は，加齢の影響を受けにくいといわれている（知能についてはコラム7-2も参照のこと）。さらに，生殖腺の能力の変化には視床下部の調整機能の低下が関わっており，その他の肉体的変化の多くも脳の変化が関わっているのではないかと考えられている。しかし，老化の速度には個人差が大きく，老化の神経科学的メカニズムは，まだ十分には解明されていない。

老年期には脳の病的変化が原因の精神障害も生じやすい。その代表的な例が認知症（痴呆）である。認知症とはいったん獲得された知能が大きく低下する疾患で，血管性認知症とアルツハイマー型認知症がその大部分を占めている。

(1) **血管性認知症** 血管性認知症は脳血管障害の後遺症として起こる認知症である。すなわち，脳梗塞や頭蓋内出血が原因となって起こる認知症が血管性認知症である。血管性認知症は脳卒中のような大きな発作を伴うとは限らず，脳梗塞ができたことに気づかない場合も少なくない。血管性認知症の特徴は，知能のなかでも障害がある部分と障害のない部分が比較的はっきりしていることである。このため，「まだら認知症」とか「ざる目認知症」と呼ばれることもある。しかし，認知症の進行に伴って知能障害の範囲が広がり，この特徴はしだいに薄れていくことが多い。また，人格の変化が生じることは少なく，60

> **COLUMN** 2-3 健 忘 症

　H. M. 氏は脳の手術を受けるまでは何ら記憶の障害はなかったし，学校の成績もよい方であった。しかし，たびたびてんかんの発作を繰り返した。さまざまな治療を施したにもかかわらず，発作はしだいに激しくなり，頻度も増加した。そのため，やむをえず，彼が27歳のときに左右の側頭葉の外科手術を受けた。手術自体は成功であったが，彼は重い記憶障害に陥っていることがわかった（このため，この種の手術は現在では行われない）。幼い頃のことは鮮明に記憶しているし，会話も普通に行うことができた。知能テストの結果もとくに異常はなかった。ところが，手術後の出来事を何1つ覚えておくことができないのである。古くからの友人の名前などは正確に覚えているのに，新しく出会った人の名前は，どうしても覚えられなかった。だから同じ雑誌を毎日繰り返し読んでも，おそらく永遠に飽きることはないだろう。簡単な数字を呈示してそれを記憶させる短期記憶課題などは普通にできた。ただ，その数字を長く記憶に留めておくことはできなかった。しかも，そのような課題を行ったことさえ覚えておくことができないのである。

　これはミルナー（Milner, 1970）が報告した健忘症（順向性健忘症）の典型的な症状を示している。このタイプの健忘症では，新しく経験したことを長期記憶に留めておくことができない。そのため，何かを学習するということは不可能である。なぜなら，学習を定着させるためには，訓練や練習で学んだことを長期記憶に留めておく働きが不可欠だからである。

　ところで，H. M. 氏が手術を受けた脳の部位は，左右の側頭葉の内部にある海馬と呼ばれる部位である。この海馬が位置する大脳辺縁系は，脳幹を包み込むようにリング状に取り巻いている灰白質領域で，発生学的には古い皮質なので，新皮質に対して古皮質と呼ばれることもある。また，海馬は最近の神経科学で最も注目されている部位の1つであり，活動性（行動の抑制）や記憶（短期記憶や作動記憶）に関与することがわかっている。さらに最近の研究では，アルツハイマー型認知症の発症に関係している可能性が指摘されている。

歳代以降からしだいに発症率が上昇する。

　(2) **アルツハイマー型認知症**　　アルツハイマー型認知症の特徴は，発症および進行がゆっくりしていることである。すなわち，発症の日時を特定することができず，いつとはなしに認知症症状が出現し，しだいに症状が進行する。こ

のため，本人には病識がなく，ほとんどの場合，知能低下を自覚していない。たとえば「今日は何月何日ですか？」と質問すると，「わかっていますよ」という返事が返ってくることが多い。しかし，正確な回答が返ってくることはほとんどない。しかし，アルツハイマー型認知症には特徴的な脳の病的変異が見られることがわかっている。すなわち，神経細胞の脱落が起こり，脳がしだいに萎縮していく。こうした脳の病変は大脳皮質全般に及ぶが，最も顕著に現れるのは大脳辺縁系の海馬，海馬傍回，扁桃核，嗅脳，ブローカ領野などである。また，顕微鏡で調べると微小な老人斑が生じていることが多い。

BOOK GUIDE ● 文献案内

宮田洋 監修，1997-98『新 生理心理学 1～3』北大路書房．
- 日本生理心理学会が総力を挙げて編集した全3巻の生理心理学のテキスト。脳科学を含めて，生理心理学の分野の基礎研究から応用研究までの幅広い知見がくわしく解説されている。

テンプル，C./朝倉哲彦 訳，1997『脳のしくみとはたらき――神経心理学からさぐる脳と心』講談社ブルーバックス．
- 人間の脳の構造と，「脳と言語」「脳と記憶」「脳と視覚性認知」「脳と読み書き」「脳と情動」などの関係が，身近なテーマや話題を取り上げながら，わかりやすく解説されている。

Chapter 2 ● 練習問題　　　　　　　　　　　　　　EXERCISE

❶ 警察で犯罪の捜査に利用されている「嘘発見器」には，生理心理学の知見が応用されている。嘘発見器はどのような生理学的知見に基づいているのか，その原理を調べてみよう。

❷ 両耳分離聴という課題では，左右の耳に異なる音声を同時に呈示し，聞こえた音声を報告させる。さて，分離脳の患者の右耳には「リンゴ」という言葉を，左耳には「バナナ」という言葉を同時に呈示すると，患者はどちらの言葉を報告するだろうか。また，それはなぜなのかを考えてみよう。

❸ 健忘症には順向性健忘（コラム 2-3 参照）のほかにも，逆向性健忘やコルサコフ症候群と呼ばれる健忘症などがある。これらの健忘症の症状の特徴はどのようなものか調べてみよう。

HINT ● p.627

第 3 章 感覚と知覚

環境を認識する心の働き

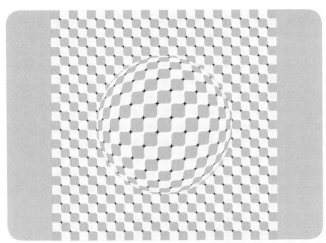

モノクロの「錯視球」——「球」が動いて見える
(Copyright Akiyoshi Kitaoka 2014 January 11)

動物とは文字どおり，身体をもち空間を移動する生き物である。このため，あらゆる動物には身のまわりの世界（環境）を認識するための感覚器官が備わっている。感覚器官によって，餌のありかを見つけたり，危険が迫っていればそれを察知したりする必要があるのである。人間にも眼，耳，鼻などの感覚器官が備わっており，私たちは，これら感覚器官の働きによって常に環境を認識しながら生きている。しかし，感覚器官の働きだけで環境の認識ができるわけではない。環境を認識するためには感覚器官が受容したデータ（光や音などの感覚刺激）を解釈する心の働きが必要であり，その働きがすなわち「知覚」にほかならない。そこで本章では，人間の感覚と知覚の仕組みについて考えてみることにしよう。

> **KEYWORD**
>
> 錐体　杆体　図と地　反転図形　奥行きの知覚　両眼立体視
> 知覚の恒常性　錯視　誘導運動　仮現運動　選択的注意　カクテル・パーティ効果　ストループ効果

1 感覚の仕組み

感覚と知覚

コフカ（Koffka, K.）は環境を地理的環境と行動的環境に区別した。たとえば湖面に雪が降り積もり，一面の雪原となって陸地との区別ができなくなっている。このときの旅人にとっての地理的環境は「危険な湖面」であるが，行動的環境は「安全な陸地」である。そのため旅人は，何ら不安を感じることなく，危険な湖面を平然と渡ることができるのである。

この例からわかるように，人間は地理的環境ではなく，行動的環境のなかで生きている。そして，地理的環境からの刺激を眼，耳，鼻などの器官を通して受容するのが感覚の働きであり，それを行動的環境に変換するのが知覚の働きにほかならない。

感覚器官の種類

コウモリは暗い洞窟のなかでも自由に飛び回ることができるが，人間は明かりがなければ洞窟のなかでは行動することができない。このように同じ地理的環境であっても，行動的環境は動物によって異なっている。その理由は，地理的環境のなかに満ちている多種多様なエネルギーの受容の仕方が，それぞれの動物に備わっている感覚器官の種類と性能によって異なっているからである。たとえばコウモリは光エネルギーがない暗い洞窟のなかでも，みずから発した超音波を受容することによって行動的環境を知覚することができる。これに対し視覚が優位な人間は，暗い洞窟のなかでは行動的環境を知覚することができない。

なお，地理的環境内のエネルギーを受容する感覚器官は動物の種類によって異なっており，人間の場合は種々の物理的・科学的エネルギーを表3-1に示されている8種類の感覚様相として受容することができる。

| TABLE | 3-1 感覚器官の種類 |

エネルギー	感覚器官	感覚様相
電磁波	光受容器	視覚
振動	音受容器	聴覚
熱・機械	皮膚感覚受容器	温・冷・触・圧・痛覚
化学	味覚受容器	味覚
化学	嗅覚受容器	嗅覚
機械	固有受容器	筋肉運動感覚
機械	前庭器官	平衡感覚
機械・化学	有機感覚器官	内臓感覚

人間や動物が外界を知覚するためのさまざまな感覚は，古来「五感」と総称されてきた。この五感は視覚・聴覚・触覚・味覚・嗅覚を指すが，現在では人間の感覚は5つ以上あることがわかっており，痛覚・温度覚・圧覚・平衡感覚・内臓感覚など，細かく分類すれば20以上あるとする説もある。

(出典) 原岡ほか，1979より。

刺激の選択性

感覚器官の神経細胞を興奮させることができるエネルギーを刺激と呼ぶが，エネルギーのなかには刺激になるものとならないものがある。たとえば人間の視覚は電磁波のうちの波長が約380〜780 nm（単位はナノメートル）という限られた範囲（可視スペクトル）しか光として感知することができない。これに対し，ミツバチやアゲハチョウは，可視スペクトルの外側の紫外線を感知できることが知られている（図3-1）。

また，人間の聴覚は，約20〜20,000ヘルツ（Hz）の空気の振動を音として聴くことができるが，コウモリは人間の耳には聞こえない40,000ヘルツの振動を感知することができる。

眼球の構造

環境に関する情報を視覚的にとらえる一連の仕組みは視覚系と呼ばれる（図3-2）。人間の視覚系では，光は瞳孔を通って眼球内に入り，水晶体による焦点調節によって屈折し，網膜上に像を結ぶ。

第3章 感覚と知覚

FIGURE 3-1 ● 電磁波と可視スペクトル

人間の眼（光受容器）で見ることのできる「光」も電磁波の一種であるが、可視スペクトルよりも波長が短い紫外線、X線、ガンマ線、および可視スペクトルよりも波長が長い赤外線、レーダー、テレビやラジオの電波は見ることができない。

（出典）　大山，2007より。

　この眼球の構造をカメラと比較すれば次のような対応関係になる。すなわち、カメラの「レンズ」にあたるのが「水晶体」である。カメラの場合にはレンズを前後に移動させることによって焦点調節がなされるが、人間の場合には毛様体筋によって水晶体の厚さを変えることで焦点調節がなされる。また、カメラの場合には「絞り」によって眼球内に入ってくる光の量の調節がなされるが、人間の眼球の場合には「虹彩」によってその調節がなされる。そして、カメラの場合の「フィルム」にあたるのが網膜である。
　網膜上には錐体と杆体という2種類の光受容細胞が分布している。錐体は色の感覚を受けもつ細胞で、網膜の中心部に密集している。一方、杆体は明るさの感覚を受けもつ細胞で、網膜の周辺部に多く分布している。このように錐体と杆体は、効率よく光刺激を受容するために、それぞれに役割の分担をしているのである。このため私たちの視覚系は、明るいところでも暗いところでも機能する。また、視野の中心部では、非常に細かな情報を取り込むことができる。

FIGURE 3-2 ● 視覚系の模式図

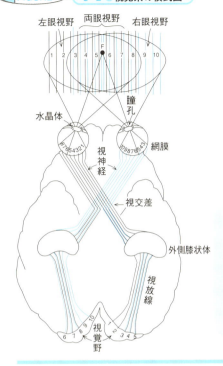

人間の視覚系では，光刺激がインパルスに変換され視神経を通じて視交差を経由し，脳の外側膝状体へ伝えられる。大部分の視神経は，この外側膝状体で視放線とシナプス結合しているので，インパルスは最終的に，この視放線を通じて脳の後頭葉にある視覚野へ投射され視知覚が生じる。

（出典） Lindsay & Norman, 1977 より。

これに対しカメラのフィルムの場合には，光に感応する同一の物質が一様に分布している。このため人間の眼と同様のことをカメラで実現しようとすれば，周囲の状況に応じて感度の異なるフィルムに交換する必要がある。

錐体と杆体は，いわば光センサーにあたる細胞で，光を電気的なインパルスに変換する。インパルスに変換された光刺激は，次に視神経を通じて視交差を経由し，脳の外側膝状体へ伝えられる。大部分の視神経は，この外側膝状体で視放線とシナプス結合しているので，インパルスは最終的に，この視放線を通じて脳の後頭葉にある視覚野へ投射され，視知覚が生じる。

なお，外界の1点（たとえば図3-2のFの点）を凝視したとき，左眼の左視野（1～5）および右眼の左視野（3～5）内の領域は，大脳の右半球の視覚野に投射される。他方，左眼の右視野（6～8）および右眼の右視野（6～10）内の領域は

左半球の視覚野に投射される。なぜなら，人間の視覚系では，網膜の耳側半分の視神経は同じ側の大脳半球につながっているのに対し，鼻側半分の視神経は反対側の大脳半球につながっているからである。

耳の構造　音は空気や水を通して伝わる振動であり，この振動が電気信号に変換され，最終的には脳に伝えられ音として知覚される。この情報変換のプロセスを担っているのが耳にほかならず，耳は次のような外耳・中耳・内耳の密接な連携によって，それを実現している。

耳介で集められ，外耳道に入ってきた音刺激は，外耳道の行き止まりにある直径約 9 mm の鼓膜に突き当たり，鼓膜を振動させる。この鼓膜の震動は中耳にある耳小骨（つち骨・きぬた骨・あぶみ骨）を介して内耳に伝えられる。その際の耳小骨の役割は，テコの原理を利用して外耳からの入力刺激を約 22 倍に増幅することである。中耳で増幅され内耳に伝えられた震動は，蝸牛で電気信号に変換される。この蝸牛は，文字どおりカタツムリの殻の形状の，前庭階・鼓室階・蝸牛管からなる 3 巻きの筒構造になっている。なお，前庭階と鼓室階は蝸牛の尖端でつながっている（図 3-3）。

内耳に伝えられた震動は次のような仕組みで電気信号に変換される。あぶみ骨の震動は蝸牛にある前庭窓を押し，前庭階と鼓室階の内部を満たしているリンパ液が震動する。このリンパ液の震動に伴って，蝸牛管も，その内部にある基底板も震動する。このような仕組みで，外耳までは気体震動であった音刺激が中耳で固体震動に変換され，内耳で液体震動に変換されるのである。また，基底板は根本ほど幅が狭く分厚く，尖端ほど幅が広く薄くなっているので，高い音は基底板の根本部分を，低い音は尖端部分を最も大きく震動させる。つまり，基底板のどの位置が最も大きく震度するかによって音の高さがわかる仕組みになっているのである。この基底板の震動は次のような仕組みで電気信号に変換される。すなわち，基底板の上にはコルチ器があり，コルチ器の内部には有毛細胞が並んでいる。そのため，基底板が震動すると有毛細胞の毛が倒れ，毛が倒れると細胞内のイオン濃度が急激に変化し電気活動が発生する。この電気活動が聴神経から中脳を経由して大脳皮質（側頭葉の一次聴覚野）に伝えられ，音として知覚されるのである。

3-3 聴覚系の模式図

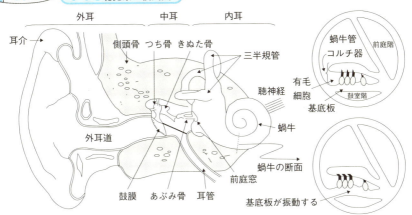

耳介で集められ，外耳道に入ってきた音刺激（空気の振動）が鼓膜を振動させると，その振動が中耳の耳小骨（つち骨・きぬた骨・あぶみ骨）で増幅され，内耳の蝸牛に伝えられる。あぶみ骨の振動（固体振動）が蝸牛にある前庭窓を押すと，前庭階と鼓室階を満たしているリンパ液が振動し，この液体振動が基底板を振動させ，この基底板の振動がコルチ器の有毛細胞の反応を通じて電気信号に変換される。

（出典）　山内・鮎川，2001 より。

形の知覚

図と地の分化

外界にある対象の「形」を知覚するためには，対象を背景から分離し，1つの「まとまり」として取り出す必要がある。このとき，まとまりのある形として浮き出て見える部分を図（figure）と呼び，その図の背景となる部分を地（ground）と呼ぶ。つまり，対象の形を知覚するためには，図と地の分化が必要なのである。たとえば，図3-4のAを見ていただきたい。この図の白い部分には，ある文字が隠されている。もし図と地の分化がなされれば，「E」の文字が図として浮き出

FIGURE 3-4 ●図と地の分化と反転図形の例

A  B

Aの白い部分に隠されている「E」の文字は，図と地の分化がなされれば図として浮き出て見えてくるはずである。Bの黒い部分に注目すれば「人の顔」が知覚され，白い部分に注目すれば「杯」が知覚されるはずである。

（出典）　Kay, 1989.

て見えてくるはずである。

　反転図形は，形の知覚には図と地の分化が必要であることを示す好例である。図3-4のBは「ルビンの杯」と呼ばれる反転図形で，この図の黒い部分に注目すれば「向き合った2人の人の顔」が知覚され，白い部分に注目すれば，今度は「黒を背景にした杯」が知覚されるはずである。

　なお，図と地の分化が生じたとき，図と地は次のような特徴をもつことが知られている。

① 図は形をもち，地は形をもたない。また，図と地の反転が生じても，両方が同時に形をもつことはない。
② 図と地を区切る境界線は，図の方に属しているように知覚される。
③ 図は手前に浮き出ているように知覚され，地は背後に広がっているように知覚される。
④ 図は「ものらしく」知覚され，地は素材的に知覚される。

図のまとまり方　　見えている世界に複数の図があれば，それらは互いに関係づけられ，まとまりをもって知覚される。たとえば，晴れた日に夜空を眺めると，多数のきらめく星が見える。それらの星は，夜空にでたらめに散らばっている。しかし，それらは互いに関係

FIGURE 3-5 ● 図のまとまり方の原理

Aは「近接の要因」、Bは「類同の要因」、Cは「閉合（閉鎖）の要因」、DとEは「よい連続の要因」または「よい形の要因」、Fは「経験の要因」によって図がまとまることを示す例である。

（出典）Wertheimer, 1923.

づけられ、まとまりとして知覚される。このため私たちの眼には、「牡牛座」や「天秤座」などの星座が見えるのである。

こうした図のまとまり方には、次のような法則性があることが知られている。

(1) **近接の要因** 距離の近いもの同士は、1つの形にまとまって見える。たとえば、図3-5のAの場合、近接している「ab」「cd」「ef」はまとまって見えるはずである。

(2) **類同の要因** 似ているもの同士はまとまって見える。図3-5のBの場合には、白丸と黒丸が別々にまとまって見えるはずである。

(3) **閉合（閉鎖）の要因** 閉じた領域を作るものはまとまって見える。たとえば、図3-5のCの右図の場合、閉じた領域を作る「ab」「cd」がまとまって見え、「ac」「bd」がまとまって見えることはない。同様にCの左図の場合には、円と四角形のまとまりが見えるはずである。

(4) **共通運命の要因** 一緒に動いたり変化したりする、いわば運命をともにするもの同士は、1つにまとまって見える。たとえば図3-5のAの場合、近接の要因によって「ab」「cd」「ef」はまとまって見えるが、aとdが同時に

第3章 感覚と知覚　65

同じ方向へ動くと，もとのまとまりが壊れて，「ad」と「bcef」というまとまりができるはずである。

(5) **よい連続の要因，よい形の要因**　よい連続をもつもの同士は1つにまとまる傾向がある。たとえば図3-5のDの場合，近接の要因によれば「ab」と「cd」がまとまって見えるはずであるが，実際には「ad」と「bc」がまとまって見える。また，図3-5のEの場合，閉合の要因によれば3つの閉じた領域にまとまるはずであるが，実際には波形と矩形波の2つにまとまって見える。

(6) **客観的態度の要因**　たとえば，図3-5のAのaとb，cとd，eとfの間隔を，abcdefが等間隔になるまで段階的に広げた図を作り，これを順番に見ていくと，最後に等間隔になった場合でも「ab」「cd」「ef」がまとまって見える。このように，一度あるまとまりを見る態度が形成されると，その態度によってまとまる傾向が保たれる。

(7) **経験の要因**　過去に経験したことのあるものは，経験したときと同じような形にまとまりやすい。たとえば，図3-5のFのaの場合，誰の目にもjuniというアルファベットの綴り字に見え，bのようなまとまり方をすることはない。

大きさ・奥行きの知覚

網膜に投射される像は二次元の平面画像（厳密にいえば曲面画像）であるにもかかわらず，私たちは三次元の世界を知覚することができる。また，私たちが日常世界で目にする絵画，写真，映画，テレビなどの画像も，二次元で表された平面画像である。ところが私たちは，その平面画像のなかに奥行きを知覚することができる。こうした奥行きの知覚の仕組みは，いったいどうなっているのだろうか。

私たちが平面画像から奥行きを知覚することができるのは，何らかの情報を手がかりとして利用しているからである。その奥行き知覚に利用される手がかりは，単眼手がかりと両眼手がかりに大別することができる。単眼手がかりとは片方の眼だけで対象を見る場合にも利用できる手がかりであり，その多くは絵画で遠近感を出すために用いられている。このため，単眼手がかりは絵画的

手がかりと呼ばれることもある。これに対し両眼手がかりは，眼を動かすときの筋肉の緊張感，両眼網膜像の融合など，その多くが生理学的事象に関係している。このため両眼手がかりは生理学的手がかりと呼ばれることもある。そこで次に，単眼手がかりと両眼手がかりはどのようなものか，具体的に説明することにしよう。

単眼手がかり　単眼手がかりには次のようなものがある。

(1) **陰影**　顔に化粧をする際に，眼のまわりにアイシャドーを塗ることがある。これは陰影をつけることによって彫りの深い顔に見せるための方法で，絵画のデッサンなどの際にも利用されている。つまり，陰影をつけると奥行きを感じるのである。

(2) **重なり**　ある対象が別の対象の一部を覆っている場合には，覆っている対象の方が覆われている対象よりも手前にあるように知覚される。

(3) **線遠近法**　遠ざかる平行線は1点に収束する。すなわち，同じ幅をもった対象でも観察者から遠ざかるほど幅が狭く知覚される。この線遠近法は，風景画などで遠近感を出すために用いられている方法である。

(4) **大気遠近法**　大気に靄や霞がかかっているときには，遠くにある対象はぼやけて色がかすんで見える。すなわち，遠景は近景に比べると明瞭度が低下する。これを絵画に応用したのが大気遠近法である。

(5) **きめの勾配**　家の床や天井などに一様な模様が広がっているとき，観察者から遠くなるほど，きめが細かく見える。ギブソン（Gibson, J. J.）は，このようなきめの勾配が奥行き知覚の重要な手がかりになると考えた（Gibson, 1950）。

(6) **相対的大きさ**　大きさをよく知っている対象に関しては，見えている大きさを手がかりにして，その対象の距離を推測することができる。たとえば，多数の風船が空に舞い上がったようなとき，大きく見える風船は近くにあるように知覚され，小さく見える風船は遠くにあるように知覚される。

(7) **運動視差**　たとえば，動いている電車の窓から，ある対象を注視しているとき，その注視対象よりも近くにある対象は電車の進行方向とは逆方向に，遠くにある対象は進行方向に動いているように見える。しかも，注視対象から離れているものほど速く動いているように見える。このように，観察者や観察対象が移動するときに生じる運動視差も奥行き知覚の手がかりになる。

> **COLUMN** 3-1 逆さまの世界

　17世紀のはじめにドイツの天文学者のケプラー (Kepler, J.) が1つの素朴な疑問を提出した。それは，網膜像は倒立（上下左右逆転）しているのに，なぜ外界は倒立して見えないのか，という疑問である。

　この疑問に答えるために，ストラットン (Stratton, 1897) は，逆転眼鏡の実験を行った。すなわち彼は，上下左右が逆転する眼鏡（言い換えれば通常の状態とは逆さまの網膜像が得られる眼鏡）を長時間かけたまま，最初は3日間（計21.5時間），約5カ月後には8日間（計87時間），屋内や庭で日常の生活を試みた。その結果，この奇妙な逆さまの世界では，通常の視覚的体験とは異なった多くの歪みや混乱が生じることがわかった。ストラットンは，その逆さまの世界の知覚体験を，「歪みや事物の視覚像はあくまで明瞭であるが，現実味に乏しく，幻影を見ているように感じられる」と報告している。

　ところが不思議なことに，人間の視覚系は，この逆さまの世界にもしだいに適応することができるのである。ストラットンの報告によると，逆さまの視覚世界での行動は，当初は現前の視覚を意図的に無視しない限り，不適切なものであった。しかし，しだいに視覚に基づく行動ができるようになり，本実験の4日目には格別の努力はしなくても視覚対象の方に（正しく）手がいくようになり，8日目には視覚と運動の協応は，まったく問題なくできるようになった。しかも，逆さまの世界に体が適応しただけではなく，知覚世界にも変化が現れたのである。1日目は視野が倒立して，しばしば動揺し，事物が孤立した異様な感じであったが，3日目には視野の静止安定性と対象の位置の恒常性が回復した。そして，最後の8日目には，事物の正立視が回復した。ストラットンは，そのときの様子を次のように報告している。「私の体の新しい定位が生き生きとしている限り，全般的な体験は調和がとれており，すべてのものが正立していた」。このように，ストラットンの逆転眼鏡の実験もまた，人間の視知覚は網膜像に基づいて知覚対象についての解釈や推論を行う「心の働き」であることをきわめて雄弁に物語っている。

(8) <u>調節</u>　前述したように，カメラではレンズとフィルムの距離を調節することによってピントを合わせるが，人間の眼の場合は水晶体の厚さを変えることによって網膜上に鮮明な像を結ぶように調節する。このとき水晶体の厚さを変えるための毛様体筋の伸縮が，奥行き知覚の手がかりとなる。ただし，こ

の手がかりが有効であるのは，せいぜい2mぐらいまでだと考えられている。

> **両眼手がかり**

上述の単眼手がかりは両眼で見るときにも利用できるが，次に述べる両眼手がかりは，両眼で見るときにだけ利用できる手がかりである。

(1) **輻輳** 両眼で1点を凝視するときに両視線が交わる角度を輻輳角と呼ぶが，この輻輳角は凝視点が近くにあるときには大きくなり（俗に寄り眼になるという），逆に凝視点が遠くにあるときには小さくなる。この際，両眼球を内転（近くを見るとき）または外転（遠くを見るとき）させる際の動眼筋の緊張度が奥行き手がかりになる。ただし，この手がかりが有効であるのは20mくらいまでと考えられている。

(2) **両眼視差** たとえば割り箸を眼前で水平にし，左端を固定したまま，右端を自分から遠ざかる方向に動かすと（図3-6），私たちの眼は奥行きを感じるはずである。このとき左眼と右眼には，異なる長さの割り箸が映っている（図3-6のA）。そのことを確かめるためには，眼を片方ずつ閉じて割り箸を見

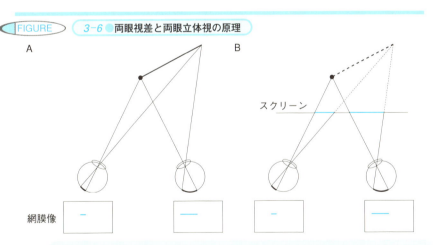

FIGURE 3-6 両眼視差と両眼立体視の原理

割り箸の右端を自分から遠ざかる方向に動かすと，両眼視差が生じ，私たちの眼は奥行きを感じるはずである（Aを参照）。いわゆる立体写真や立体映画は，この両眼立体視の原理に基づいているのである（Bを参照）。

(出典) 石田ほか，1995より。

てみればよい。私たちは，この両眼視差を脳内で融合することにより，対象を奥行きのある立体像として知覚することができるのである。

この仕組みを利用し，左右の網膜上に少しズレがある像を投影すると，あたかも奥行きがあるかのような知覚を生じさせることができる。いわゆる立体写真や立体映画は，この両眼立体視の原理に基づいているのである（図3-6のB）。

知覚の恒常性

近くにある対象と遠くにある対象では，網膜像の大きさが異なる。たとえば，5m前方に立っていた人が10m前方にまで遠ざかれば，その人の網膜像は半分の大きさになる。したがって，もし大きさの知覚が網膜像を忠実に反映するのであれば，同じ人の身長が，10m前方に遠ざかったときには5m前方に立っていたときの半分に見えるはずである。ところが実際にはそのようなことは起こらず，対象の大きさは，網膜像の大きさが変化しても，ある範囲までは一定に見える。これが大きさの恒常性と呼ばれる現象である。

この大きさの恒常性の現象は，私たちが無意識的に対象までの距離を勘案しながら対象の大きさを知覚していることを意味している。つまり私たちは，無意識的に「あの人の身長は低く見えるけれども，遠くに立っているので，実際にはもっと高いはずだ」という推論を行っているのである。

対象の大きさの知覚に限らず，形，色，明るさなどの知覚においても同様の現象が生じることが知られており，それらは総称して知覚の恒常性と呼ばれる。たとえば，正方形の敷石が敷き詰めてある歩道を歩いているとき，どの敷石も正方形に見え，けっして台形には見えない。しかし，網膜上に正方形の敷石が投影されるのは真上から見た場合だけで，それ以外の場合はさまざまな形の台形が投影されているのである。これが形の恒常性である。また，日光に照らされている石炭は，暗がりのなかの雪よりも光の照度が高い（すなわち，より白い）。ところが，そのような条件の下でも，雪の方が石炭よりも白く見える。これが白さの恒常性である。このような知覚の恒常性のメカニズムによって，私たちは見かけ（網膜像）の変化に惑わされることなく，同一の対象を安定した不変のものとして知覚することができるのである。

錯視

心理学では，外界にあって知覚を生じさせる対象そのものを遠刺激と呼び，遠刺激が感覚器官に受け止められて生じるものを近刺激と呼ぶ。視知覚の場合であれば，外界に

FIGURE 3-7 さまざまな幾何学的錯視図形

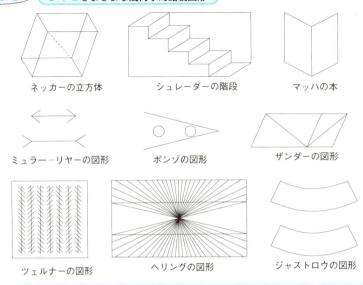

たとえば「ミュラー-リヤーの図形」では，同じ長さの直線が矢羽根の方向によって異なる長さに見える。また，「ツェルナーの図形」や「ヘリングの図形」では，平行な直線が傾いたり湾曲したりしているように見える。

(出典) 八木，1967 より。

あって太陽光線を乱反射しているさまざまな事物が遠刺激であり，それらの事物の網膜像が近刺激である。

ところで，もし視知覚が近刺激（網膜像）の忠実な反映であれば，視知覚の仕組みを明らかにすることは心理学の研究対象にはならないだろう。なぜなら，外界の対象（遠刺激）が感覚器官（眼）に受け止められて網膜像（近刺激）を結ぶまでの過程は，すべて物理学（光学）の原理で説明できるからである。しかし，人間の視知覚は網膜像に依存してはいるが，けっしてその忠実な反映ではない。つまり，人間が「ものを見る」ということは，たんに対象の色や形を網膜に写し取る物理学的現象ではなく，網膜像に基づいて知覚対象についての解釈や推論を行う「心の働き」なのである。上述の知覚の恒常性という現象もそ

FIGURE 3-8 ● ミュラー−リヤーの錯視の説明原理

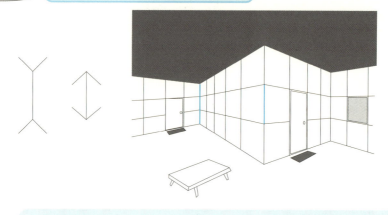

2本の縦線は網膜上では同じ長さである。しかし、線遠近法で描かれた図の一部だと見なすと、左の縦線の方が遠くに位置している。このため大きさの恒常性の原理が作用し、左の縦線の方が右の縦線よりも長いと判断される。

（出典） Gregory, 1970 をもとに下條, 1992 が作成。

のことを示す一例であるが、次に紹介する錯視（illusion）と呼ばれる現象が、そのことをさらに雄弁に物語っている。

　水平線上に位置している月は、天頂に位置している場合に比べると大きく見える。月の大きさが変わるはずはなく、月の網膜像も等しい大きさのはずである。それにもかかわらず、なぜ月は大きく見えたり小さく見えたりするのだろうか。この不思議な現象の存在は古くから知られており、「月の錯視」と呼ばれている。ではなぜ「月の錯視」が不思議に思えるのだろうか。それは、「月の錯視」が「知覚は刺激の物理的性質に対応しているはずだ」という素朴な仮定（これを恒常仮定と呼ぶ）と矛盾しているからである。しかし、1830年代頃から20世紀の初頭にかけて、当時の生理学者や心理学者によって、さまざまな「幾何学的錯視図形」が発表された（図3-7）。これらの幾何学的錯視図形は、いずれも恒常仮定と矛盾する図形である。このため現在では、恒常仮定は誤った仮定であり、恒常仮定と矛盾する「ものの見え方」は間違った見え方ではなく、むしろ人間の知覚の自然な特性なのだと考えられている。

「月の錯視」や幾何学的錯視が生じる仕組みを説明するために，さまざまな説が提出されているが，すべての錯視を統一的に説明できる原理はまだ見出されていない。このことは，人間の知覚の働きが，私たちが思っているよりは，はるかに高度で複雑な「心の働き」であることの現れなのである。

一例として，ミュラー-リヤーの錯視を説明するグレゴリー（Gregory, 1970）の説を紹介してみよう。グレゴリーは，ミュラー-リヤーの錯視が生じるのは，人はこの図形を遠近法線画と見なすからだと考えた。図 3-8 の部屋の出っ張った部分と引っ込んだ部分の 2 本の縦線は，網膜上では同じ長さである。しかし，線遠近法で描かれた図の一部だと見なすと，左の縦線の方が遠くに位置している。このため大きさの恒常性の原理が作用し，遠くに位置している左の縦線は，右の縦線と網膜上での長さが等しいので，実際には長いと判断されるのである。

4 運動の知覚

実際運動の知覚

人間の眼は，静止している対象の形や大きさを知覚できるだけでなく，対象の運動を知覚することもできる。運動とは対象の位置が時間の経過とともに移動することであるが，この運動の知覚が生じるための刺激条件としては，次の 2 つの場合が考えられる。すなわち，①静止した眼の網膜上で運動対象の像が移動する場合と，②運動している対象を眼で追跡することによって知覚対象が中心窩（視野の中心部の情報を処理するための網膜の部位で，人間の眼の場合は直径約 1 mm の範囲）に固定され，それ以外の対象の像が網膜上を移動する場合である。

しかし，このような刺激条件があれば必ず運動の知覚が生じるとは限らない。たとえば時計の長針や短針の運動は，運動が遅すぎて知覚できない。運動を知覚するためには，対象が視角にして毎秒 1〜2 分以上の速度で移動する必要があるのである。逆に移動速度が速すぎて，視角にして毎秒 35 度以上の速さになると，やはり運動を知覚することができない。

また，運動対象の見かけ上の速さは，対象の性質や周囲の環境によって変化することが知られている。たとえばブラウン（Brown, 1931）は，運動領域と対象の大きさをともに 2 倍にすると，見かけの速度は約 2 分の 1 になることを

COLUMN　3-2 知覚とアフォーダンス

　伝統的な知覚理論では,「知覚」とは感覚器官が受容したデータ（光や音などの感覚刺激）を解釈する心の働きだと考える。つまり,環境世界それ自体には意味も価値もなく,意味や価値が生まれるのは人間の心の働き（知覚）によるのだと考える。これに対しギブソンは,こうした伝統的な考え方とは真っ向から対立する知覚理論を提唱している。

　ギブソンは,知覚とは環境世界の視覚的風景の変化のなかから私たちが環境内でどのように振る舞えるのか,という身体行為についての情報を抽出することだと考えている。また,環境世界の意味や価値は人間の心の働きによって与えられるものではなく,環境世界が私たちに提供する（アフォードする）もの,すなわち環境世界に実在するものだと考えている。

　たとえば部屋のなかにある床,椅子,コップ,などのさまざまな道具は,私たちに何かをアフォードしている。床はその上で立ったり歩いたりすることを,椅子はその上に座ることを,コップはそれで水を飲むことをアフォードしている。このように,すべての道具は特定の何かをアフォードするように作られているのである。私たちは,こうした環境世界が提供しているアフォーダンスをほとんど無自覚に抽出している。このため私たちは,環境世界には無限のアフォーダンスが内在していることを普通は気づかないのである。

　このように,ギブソンの知覚理論では,情報は知覚者の身体的行為の可能性,すなわちアフォーダンスと対応しており,アフォーダンスを抽出することは知覚者の行為を促すことと等しい。すなわち,知覚者は行為することによって環境世界についての情報を得ると同時に,情報を得ることが再び行為を促すというように,知覚と行為は相補的・循環的な関係にあると考えられている。

　以上のように,ギブソンの知覚理論の特色は,知覚を能動的な身体活動全体ととらえる点にある。つまり,知覚とは生体が環境に適応するための行為なのである。このためギブソンの知覚理論は生態学的視覚論（視知覚への生態学的アプローチ）と呼ばれている（佐々木,1994）。

示した。これはブラウン効果と呼ばれ,図3-9は,そのことを図示したものである。

　また周囲の環境が暗いときには明るいときよりも運動が速く見え,1点を凝視しているときには運動対象を追視しているときに比べて運動は速く見える。

運動領域と対象の大きさをともに2倍にすると、見かけの速度は約2分の1になる。このため、Bの対象がAの対象と同じ速さで動いているように見えるためには、Bの対象の速さをAの対象の速さの2倍にしなければならない。

(出典) 原岡ほか，1979 より。

誘導運動

人間の眼には、実際には静止している対象が運動しているように見えることがある。たとえば、風で流されている雲の間に見え隠れする月を眺めていると、動いているのは雲であるにもかかわらず、月の方が動いているように見える。この例のように、周囲にあるものが動いているために、実際には静止している対象が動いて見える現象を**誘導運動**（induced movement）という。この誘導運動が知覚されるためには、形の知覚の場合と同様に、図と地の分化が必要である。すなわち、地（運動視では一般に「枠組み」と呼ばれる）が動いている場合でも、私たちの眼には、地は静止し図の方が動いているように見えるのである。

誘導運動は日常生活のさまざまな場面で経験することができる。たとえば隣のホームに停車している電車が静かに動き始めると、自分が乗っている電車の方が動き始めたように見える。また、橋の上から川面を眺めていると、動いているのは川の流れであるにもかかわらず、自分の方が橋と一緒に川上の方へ動いているように感じられる。この場合、隣の電車や川面が「地（枠組み）」として知覚され、自分の乗っている電車や自分が立っている橋が「図」として知覚されるために、誘導運動が生じるのである。

遊園地などで見かける「ビックリハウス」にも、この誘導運動の原理が巧みに利用されている（図3-10）。図3-10のAが実際の運動で、人は静止したブランコに腰掛け、家の方が揺れて宙返りする仕掛けになっている。しかし、ブランコに腰掛けている人は、そのことに気づかず、自分の方が動いて宙返りしているように感じてしまうのである（図3-10のBが見かけの運動）。

また、暗室内で静止している小光点をしばらく凝視していると、その小光点

第3章 感覚と知覚　75

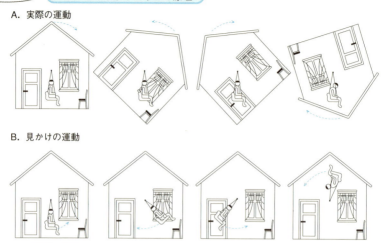

FIGURE 3-10 ビックリハウスの原理

A. 実際の運動

B. 見かけの運動

実際の運動では，ブランコは静止しており，家の方が揺れて宙返りする仕掛けになっている（A）。ところが，ブランコに腰掛けている人は，誘導運動のために自分の方が動いて宙返りしているように感じてしまう。

（出典）原岡ほか，1979より。

が不規則に動いて見える。これは自動運動と呼ばれる現象であるが，このような現象が生じるのは，図と地の分化が生じにくい状況では，図（小光点）の知覚が不安定になるからだと考えられている。

仮現運動

たとえば図3-11のような光の線分AとBをそれぞれの位置に固定し，Aを点滅させた後に適切な時間間隔（約60ミリ秒）をとってBを点滅させると，矢印の方向への光の運動が知覚される。この場合，光の線分の像が網膜上を移動するという運動視に必要な刺激条件は満たされていない。それにもかかわらず光の線分の運動が知覚されるので，この現象は見かけ上の運動，すなわち仮現運動（apparent movement）と呼ばれている。この仮現運動は，映画やネオンサインに利用されている原理でもある。たとえば，映画のフィルムは静止画像を連続して撮影したものである。ところが，その静止画像を少しずつ位置をずらしながら高速

FIGURE 3-11 ● 仮現運動の原理

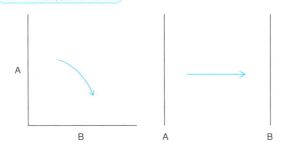

光の線分AとBをそれぞれの位置に固定し，AとBを適度な時間間隔（約60ミリ秒程度）で点滅させると，線分は実際には動いていないにもかかわらず矢印の方向への光の運動が知覚される。

（出典）原岡ほか，1979より。

度でスクリーンに映写すると，仮現運動の原理に従って，あたかも人や事物が動いているように見えるのである。

知覚と注意

　シモンズとチャブリス（Simons & Chabris, 1999）の「見えないゴリラ」の実験は，人間が犯す認知の誤りを鋭くえぐり出した研究の1つとして高く評価され，2004年度のイグ・ノーベル賞を受賞した。この実験では，「白いシャツを着たチームがバスケットボールを何回パスするかを数える」という指示に従ってビデオを見ると，半数近くの実験参加者がビデオ画面に登場するゴリラを見落としてしまうことがわかった。この実験が明瞭に示しているように，人間の情報処理容量には限界があるので，同時に入力される感覚情報のすべてを知覚し処理することができない。そのため人間は，そのとき行っている活動（たとえば本を読むこと）に必要な感覚情報を選択的に知覚する。これが人間の心に備わっている「注意」の機能にほかならない。

選択的注意

本を読むことに集中するためには、関連刺激（本に書かれている文字）に注意を向け、それ以外の無関連な刺激を無視する必要がある。つまり、関連刺激への選択的注意が必要になる。この選択的注意の仕組みは、パラボラ・アンテナにたとえることができるだろう。私たちはつねにさまざまな刺激にさらされている。そのなかから、そのときどきの活動を行うのに必要な関連刺激の方向に注意のアンテナを向ける。そうすることによって、その活動と関連する刺激が効率よく処理される。逆にアンテナが向けられていない刺激は、たとえアンテナまで届いても無視される。たとえばパーティ会場での談笑の場面を思い浮かべてみよう。会場のあちらこちらに人の輪ができて、賑やかに談笑がなされている。あなたは、そのなかの1つの輪に加わって、会話に夢中になっている。そのとき、周りの他のグループの話し声はほとんど耳に入らない。ところが、たまたま隣のグループの会話の内容が自分の関心事であることに気づき、そちらに耳を傾けると、隣のグループの会話の声が前より大きくなったわけではないのに、話の内容が理解できるようになる。これはカクテル・パーティ効果と呼ばれる現象で、人間の選択的注意の働きを示す好例である。

　視覚刺激の場合も、カクテル・パーティ効果と同様の効果が生じることが次のような実験で確かめられている。ポズナー（Posner, 1980）は、実験参加者が眼前の凝視点（＋印）を見つめている状態で、凝視点の左右いずれかに標的刺激（○印）を呈示した（図3-12）。そして、標的刺激が呈示されるとすぐに反応ボタンを押すよう教示した。この実験では、次のような実験条件と統制条件が設けられた。すなわち、実験条件では標的刺激が呈示される直前に、凝視点の左右どちらに標的刺激が呈示されるかを示す先行情報（⇨）が呈示された。ただし、先行情報と標的情報の位置が一致する試行が80％の確率、不一致の試行が20％の確率であった。これに対し、統制条件では先行情報が与えられず、標的刺激は凝視点の左右のどちらかに等しい確率（50％ずつ）で呈示された。実験の結果、標的刺激が呈示されてから反応ボタンを押すまでの時間（反応時間）は、先行情報と標的刺激の位置が一致している場合の方が先行情報の呈示がなされない統制条件よりも速くなった。また、先行情報と標的刺激の位置が不一致の場合がもっとも反応時間が遅くなった。この実験では、実験参加者は凝視点を凝視しており、眼球を動かしてはいない。したがって、この実験

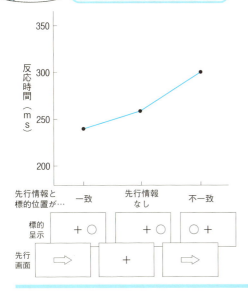

FIGURE 3-12 視覚的注意と反応時間

標的刺激が呈示されてから実験参加者が反応ボタンを押すまでの反応時間を比較すると，先行刺激と標的刺激の位置が一致している条件が最も反応時間が速くなり，先行情報と標的刺激の位置が不一致の条件が最も反応時間が遅くなる。この反応時間の差は，先行刺激の呈示によって，実験参加者の注意の位置が移動したことを示している。

（出典）Posner, 1980 より。

で観察された条件間の反応時間の差は，先行刺激の呈示によって実験参加者の注意の方向が移動したことを示しているのである。

意図的処理と自動的処理 選択的注意とは要するに，課題の遂行に必要となる情報の処理のために限りある情報処理容量を集中的に配分する心の働きのことを指している。しかし，注意を向けていない情報は完全に無視されてしまうわけではない。注意を向けた関連情報は意図的な情報処理がなされるが，注意を向けていない無関連な情報も，ある程度は自動的処理がなされる（表3-2）。

たとえば，プロ野球の打者がバッターボックスに立った次のような場面を思い浮かべてみよう。ツーアウト満塁。カウントはツー・エンド・スリー。一打逆転の緊迫した場面である。打者は「今度はきっとアウトコース低めのストレートだ」とヤマを張って，ピッチャーの投球を待ち構えている。つまり，その打者はアウトコース低めに注意を向けているわけである。ところが，その打者の読みは見事に外れて，インコース高めのストライクが来た。このとき，一流

TABLE 3-2 意図的処理と自動的処理の比較

自動的処理	意図的処理
速い処理が可能	遅い処理しかできない
注意を伴わない（前注意的）	注意を伴う
無意図的（無意識的）	意図的（意識的）
作業経過がモニターされない	作業経過がモニターされる
作業記録が記憶に残りにくい	作業記録が記憶に残る
並列的処理が可能	逐次的処理
努力必要なし	努力必要
外乱や疲労に頑健	外乱や疲労に弱い
正確な実行には熟達化が必要	わずかな訓練で正確な実行が可能
刺激-反応の一貫した対応関係が必要	刺激-反応の対応関係の変化に対応

新しい技能を習得する場合には，注意深く意図的処理を行い，逐次的な確認を行いながら課題を遂行する必要がある。これに対し，歩行や発話などすでに熟達した行動は，自動的処理ができるようになり，少ない情報処理資源で多量の情報処理や複数の課題を並行して実行できるようになる。

（出典）行場，2005 より。

の打者ならば，ホームランにはできないまでも，ファウルで逃げるぐらいのことはできるだろう。なぜなら，人間の注意の働きは，注意を向けていない情報もある程度は自動的に処理できる仕組みになっているからである。そのため，注意を向けていなかったインコース高めに投球が来ても，それがボールかストライクかを見極めるぐらいのことはできるのである。これがもし注意を向けた情報に100％の情報処理容量が配分され，注意を向けていない情報にはまったく処理容量が配分されない仕組みなっていたとすれば，どんな打者でも「空振り三振」か「見逃し三振」のいずれかであろう。

　注意を向けていない情報にも少しだけ情報処理の容量を配分するという人間の注意の仕組みは，なかなか巧妙な仕組みといえるだろう。なぜなら，重要な情報の処理のために大部分の処理容量を配分することによって，情報処理の無駄を省くことができるからである。しかも，注意を向けていない情報も少しは処理がなされるので，不測の事態が起こった場合でも身の危険に関わるような最悪の事態を避けることができる。たとえば，車の運転中に道路脇から突然に子どもが飛び出してきても，前方によく注意をして運転してさえいれば，反射

的にブレーキを踏んで事故を避けることができるはずである。なぜなら，子どもの飛び出しに気づいてからブレーキを踏むまでの一連の情報処理が自動化されているからである。こんなとっさの場合に，「自動車運転の教則本にはこんなとき……」と，いちいち頭で考えながら意図的な運転操作をしていたのでは，けっして事故を避けることはできないであろう。もちろん，脇見運転や携帯電話をしながら運転するなどの「不注意運転」は論外であるが。

　情報処理のプロセスが自動化されることは，注意の配分の節約にもなる。車を安全に運転するためには，油断なく周囲の状況に目配り・気配りをしていなくてはならない。信号機を見たり，前の車との車間距離を目測したり，バックミラーで後ろの車の様子を確認したりなどなど，つねにさまざまな情報に注意を向けておく必要がある。そのため，たとえばブレーキやアクセルなど頻繁に行う運転操作は自動化されていた方が能率的である。こうした運転操作にいちいち注意を払っていたのでは，周囲の安全確認のために注意を払う余裕がなくなるからである。このように自動化される情報処理が課題に関連している場合には，情報処理の効率を高めるという利点がある。しかしその逆に，課題とは無関連な情報処理が自動化されると，課題の遂行の邪魔になる。そのことはストループ効果と呼ばれる次のような現象に明瞭に示されている。

　たとえば「赤，青，緑……」という文字が書かれた用紙を渡され，文字の色をできるだけ速く命名するように求められたとしよう。色の名前を知っている大人であれば，この課題はそれほど難しくはない。ところが，それらの文字が文字の意味とは異なる色で書かれていると（たとえば赤の文字は青で書かれ，青の文字は緑で書かれるというように），この課題は途端に難しくなる。色を命名するスピードが遅くなり，命名の間違いも増えるのである。これがストループ効果と呼ばれる現象であるが，なぜこのような妨害効果が生じるのであろうか。その原因は次のように説明することができる。

　この課題で求められているのは「色の命名をすること」である。つまり，「色」がこの場合の関連情報であり，「文字」は課題とは無関連な情報である。したがって，「文字」は無視し「色」だけを処理するべきなのである。ところが，文字情報の処理は長年の経験ですでに十分に自動化されている。そのため，課題の遂行にとっては無関連な情報である「文字」の処理のために情報処理容量が自動的に配分されてしまい，そのぶんだけ関連情報である「色」の処理が

妨害されてしまうのである。

BOOK GUIDE　●文献案内

乾敏郎 編，1995『認知心理学 1――知覚と運動』東京大学出版会。
- 12人の気鋭の知覚研究者たちの論文集。知覚と運動の諸機能を吟味し，人間と環境との関わりを探っている。とくに立体視や知覚の恒常性の問題などがくわしく解説されている。

松田隆夫，2000『知覚心理学の基礎』培風館。
- 知覚心理学の基礎が体系的にまとめられたテキスト。知覚全般について，多くの図表を用い，また身近なテーマや新しい話題を取り上げ，わかりやすく解説されている。

Chapter 3　●練習問題　　　　　　　　　　　　　　　　EXERCISE

❶　素晴らしい景色だと思って写真を撮ったのに，出来上がった写真を見ると殺風景なものしか映っていないことがある。どうしてこのようなことが起こるのか，その原因を考えてみよう。

❷　事物の視知覚は入力される刺激だけでなく，過去経験の影響を受けることが知られている。「エイムズの歪んだ部屋」が，そのことを示す好例である。「エイムズの歪んだ部屋」とはどのようなものか，その仕組みを調べてみよう。

❸　先天性の視覚障害者は，開眼手術が成功しても，すぐに「ものが見える」ようになるわけではない。開眼手術を受けた人たちの視知覚の成立過程について調べてみよう。

HINT ● p.627

第 4 章 記　憶

過去を記録する心の働き

記憶頼りに手配犯を追う（共同通信社提供）

CHAPTER 4

- KEYWORD
- FIGURE
- TABLE
- COLUMN
- BOOK GUIDE
- EXERCISE

　人間の記憶は不思議な現象であふれている。たとえば，「よく知っているはずの人の名前が喉まで出かかっているのに出てこない」という経験をしたことのある読者がいるに違いない。いわゆる「ど忘れ」と呼ばれるこの現象は，いったいどうして生じるのだろうか。また，世の中には，長い物語を一語一句間違えずに暗唱したり，何十桁もの数字を一度聞いただけで覚えてしまったりする人たちがいる。いったい彼らは，どうしてそのような驚異的な記憶力を示すことができるのだろうか。こうした記憶の謎を解き明かすための研究が，心理学では古くから数多くなされている。では，それらの謎は，いったいどこまで解き明かされたのだろうか。

PREVIEW

> **KEYWORD**
>
> 感覚記憶　短期記憶　長期記憶　ワーキングメモリ　宣言的知識
> 手続き的知識　エピソード記憶　意味記憶　潜在記憶　メタ記憶
> 既知感　プライミング効果　自伝的記憶　目撃証言　展望的記憶

SECTION 1　記憶の過程

　記憶とは過去経験を保持し，後にそれを再現して利用する機能であり，符号化（記銘），貯蔵（保持），検索（想起）の3段階に分けることができる。そこで最初に，これら3段階の仕組みをICレコーダーによる「記録」と人間の「記憶」とを対比させる形で説明することにしよう。

符　号　化

　符号化（encoding）とは，入力された感覚刺激を「意味」に変換し，記憶表象として貯蔵するまでの一連の情報処理過程を指す。

　たとえば，ある人の講演をICレコーダーに録音する場合を考えてみよう。ICレコーダーでは，音声（空気の振動）を電気信号に変換し，それをさらに半導体メモリ上の粒子の配列パターンに変換して「記録」する。これがICレコーダーの場合の符号化である。これに対し人間は，音声情報を「意味」に変換し，それを記憶表象として脳の記憶を司る部位に「記憶」する（その神経生理学的メカニズムは，まだ十分に解明されていない）。これが人間の記憶の場合の符号化である。

　このようにICレコーダーと人間の符号化の過程はきわめて類似している。しかし，1つだけ本質的な相違点がある。それは，人間の場合には音声（空気の振動）という物理的事象を「意味」という心理的事象に変換するという点である。つまり人間の場合には，「意味」を理解することができなければ，音声情報を長く「記憶」しておくことができない。このため人間は，まったく意味のわからない外国語の講演を記憶することができない。これに対し，ICレコーダーの場合には「意味」を理解する必要がないので，意味のわからない言語で語られた講演であっても，その内容を長く「記録」することができる。

ただし人間の場合にも，ごく短時間であれば，音声情報を音声情報のまま記憶することも可能である。たとえば，ハングルを知らない人が，突然「アンニョンハセヨ？（こんにちは）」と話しかけられても，数秒以内であれば，そのまま「アンニョンハセヨ？」と反復することができる。このようなことが可能であるのは，「意味」に変換される前の聴覚刺激をそのまま丸ごと記憶できる感覚記憶（sensory memory）があるからである。視覚刺激の場合には保持時間がさらに短くなるが（1秒以内），同様の感覚記憶があることが知られている。

貯　蔵

　以上に述べたような符号化の過程の違いのために，ICレコーダーと人間とでは，貯蔵される内容（記憶表象）がかなり異なることになる。ICレコーダーの場合には，講演の内容が，あたかもコピーをとったかのように，そっくりそのまま貯蔵される。そして再生のボタンを押せば，講演の内容が，一語一句，正確に再生される。

　これに対し，人間の場合の記憶表象は，講演の内容のたんなるコピーではない。講演の「意味」を理解する過程で，枝葉末節な部分がカットされたり，逆に推論や解釈に基づいて，実際には語られなかった情報が付加されたりすることもあるからである。たとえば，講演のなかで「その天才が演奏を始めると，場内は感動で水を打ったように静まりました……」という文が語られたとしよう。その場合，この文に対応する部分の記憶表象は，おそらく前後の文脈から「キーシンがピアノを弾き始めると……」という内容に変換されるだろう。

　しかも，符号化の際にカットされたり付加されたりする内容は，人によってさまざまに異なる。なぜなら，講演の「意味」を理解する際に用いられる既有知識（すでにもっている知識）が個々人ごとに異なるからである。このため，同じ講演を聴いた聴衆に，たとえ「できるだけ忠実に講演の内容を再生するように」と求めたとしても，その再生内容は千差万別になるだろう。これに対しICレコーダーの場合には，機種によって音質に多少の優劣が生じることはあったとしても，再生される講演の内容に本質的な差異は生じない。

検　索

　ICレコーダーの場合には，うっかり「消去」してしまうというヘマをやらないかぎり，録音した音声を，いつでも何度でも検索し，再生することができる。半導体メモリの劣化や破損という要因を考慮に入れなければ，録音内容は「ほぼ永遠に保存される」といってよい。つまり，ICレコーダーの場合には「忘却」は生じな

い。これに対し，人間の場合には「忘却」が生じる。人間の記憶の場合には，たとえ一度は貯蔵された情報であっても，何らかの理由で，それを思い出せなくなる場合があるのである。

　忘却の原因としては，記憶表象が時間の経過に伴って減衰し，利用可能性（availability）を失う場合と，記憶表象へのアクセス可能性（accessibility）を失う場合の2つがある。忘却の原因の1つがアクセス可能性を失うことであることは，いわゆる「ど忘れ」と呼ばれる現象に端的に示されている。なお，忘却が生じる原因については，後ほど第4節で詳説することにする。

2 短期記憶のメカニズム

短期記憶とは

　人間の記憶は，その保持時間の長さに基づいて，短期記憶（short-term memory）と長期記憶（long-term memory）に区分することができる。たとえば，インターネットで番号を調べて電話をかけた後，もう一度その番号を思い出してみるとよい。おそらく，つい先ほどまでは覚えていたはずの番号を，もはや思い出すことができないだろう。この場合，番号を入力し終わるまで一時的に記憶しておく短期記憶がなされているのである。これに対し，自分の家の電話番号や友人の電話番号など自分にとって大切な電話番号は，必要に応じていつでも思い出すことができる。それは，その電話番号がすでに長期記憶になっているからである。この例からもわかるように，人間は刻々と入力される情報のうち，重要だと思う情報だけを長期記憶として貯蔵しておき，それ以外の多くの情報は，長期記憶に貯蔵されることなく忘却されてしまうのである。

短期記憶の容量

　短期記憶から長期記憶への情報の流れは，図4-1の模式図によって表すことができる。この図に示されているように，入力された刺激のうち，知覚され，符号化され，注意を向けられた情報だけが短期記憶に貯蔵される。しかし，短期記憶は容量が小さく，一度に保持できる情報の量には限りがある。

　短期記憶の容量の大きさは，記憶範囲（memory span）を測定するための次のような方法で確かめることができる。たとえば，実験参加者に「8-6-3-2

FIGURE 4-1 ● 人間の記憶過程の模式図

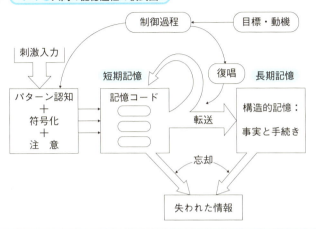

入力刺激のうち，パターン認知され，符号化され，注意を向けられた情報だけが短期記憶に貯蔵される。なお，「パターン認知」とは刺激パターンの意味を認知する過程を指し，「符号化」とは刺激を内的処理が可能な形式に変換する過程を指す。

(出典) Bower & Hilgard, 1981.

－9－4……」のようなランダムな数字を聴覚的に呈示し，何桁まで順序正しく再生できるかを調べてみるのである。そうすれば，おそらく5～9桁の範囲であることがわかるだろう。G. A. ミラー（Miller, 1956）は，この範囲を「不思議な数7±2」と呼び，これが短期記憶内で一度に処理できる最大の情報量であると考えた。しかし，人間は情報の要素をいくつかまとめて高次の単位を構成することができる。ミラーは，そのような高次の単位をチャンク（chunk）と呼んだ。たとえば「cat」という単語の意味を知らない人にとっては，この情報のチャンク数は3である。これに対し「cat」の意味を知っている人にとっては，この情報のチャンク数は1である。人間は，チャンクを構成することによって情報処理容量の限界（7±2）を克服し，情報処理の効率を高めることができるのである。

第4章 記　憶　87

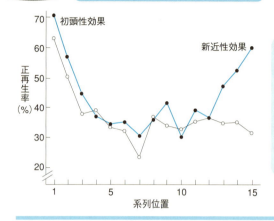

FIGURE 4-2 ● 自由再生における系列位置曲線

青い線は直後再生条件，黒い線は遅延再生条件での系列位置曲線を示している。遅延再生条件では系列位置の初頭部および中央部の再生は影響を受けないが，終末部の再生率は低下し，新近性効果が消失してしまうことがわかる。

(出典) Glanzer & Cunitz, 1966より。

短期記憶の保持時間

　短期記憶は容量に限界があるだけでなく，保持時間にも限界がある。そのことは，自由再生法を用いた次のような実験で確かめられている。自由再生法とは，たとえば「リンゴ，ピアノ，スミレ……」というように，10〜15語ぐらいの簡単な単語を1語ずつ一定の速度で呈示し，呈示された単語を思い出した順に再生させる方法である。このような実験を行うと，単語の呈示された系列位置によって再生率に差異が生じる。通常はリストの初頭部（初頭性効果）と終末部（新近性効果）の単語の再生率が高くなる（図4-2の青い線）。ところが，リストの呈示後10〜30秒程度の遅延時間を挿入し（この間は簡単な計算作業などが課される），その後に再生を求めると，系列位置曲線に影響が生じる。リストの初頭部および中央部の再生率は影響を受けないが，終末部の再生率は低下し，新近性効果が消失してしまうのである（図4-2の黒い線）。

　以上のような実験結果は次のように説明することができる。まず，新近性効果は短期記憶に保持されている情報の量を反映していると考えることができる。これらの情報はまだ長期記憶になっていないので，リストの呈示直後であれば再生できるが，10〜30秒の遅延時間の後にテストされると，再生することができない。これに対し，系列位置の初頭部および中央部の単語の再生率は，す

でに長期記憶になった情報の量を反映していると考えられるので，もはや遅延時間の影響を受けることはないのである。

ワーキングメモリ

以上の説明で明らかなように，短期記憶は容量にも保持時間にも限界がある一時的な記憶である。それではなぜ，人間にはこのような一時的な記憶が備わっているのだろうか。その理由はおそらく，短期記憶は意識的な操作が可能な状態で情報を保持することのできる唯一の記憶だからである。つまり短期記憶は，たんなる情報の一時的な「貯蔵庫」ではなく，会話，読書，計算，推理など種々の認知課題の遂行中に，情報の変換や復唱などの情報処理を行うための「作業場」としての機能を果たしているのである。このため最近では，短期記憶のそうした能動的な側面はワーキングメモリ（working memory：作動記憶ともいう）と呼ばれ，その仕組みの解明が進んでいる。

バッデリー（Baddeley, 1990）は，ワーキングメモリには言語的情報の処理のための音声ループと，視・空間的情報の処理のための視・空間スケッチパッド，およびこれら2つの下位システムを制御する中央制御部があると仮定している（図4-3）。音声ループとは言語的リハーサル・ループであり，たとえばインターネットで調べた電話番号を入力し終わるまで口で唱える場合などに機能する。つまり，音声ループは認知課題の遂行中に言語的情報を保持しておく内なる耳の働きや，言葉を話すために準備している単語を保持しておく内なる声の働きをするものである。これに対し，視・空間スケッチパッドは内なる目に相当するもので，たとえば車で曲がり角を右折する際に，右折したところの景色を思い浮かべるときなどに利用される。

音声ループや視・空間スケッチパッドの特性や，それらが種々の認知課題の遂行中にどのような機能を果たしているかを調べるために，さまざまな実験的分析もなされている。たとえばバッデリーほか（Baddeley et al., 1975）は，前述の記憶範囲の測定法を用いて音声ループの容量を調べた。この実験では実験参加者に単語の系列を聴覚的に呈示し，それを順序どおりに再生させた。その際，単語の音節数を，たとえば「wit, sum, harm……」のような1音節の単語から「university, opportunity, participation……」のような5音節の単語まで5段階に変化させた。また，この実験では読みの速度も測定した。すなわち上と同じ単語の系列を視覚的に呈示し，1秒あたり何語の速度で読めるか

FIGURE 4-3 ● ワーキングメモリのモデル

バッデリーの作動記憶のモデルでは，言語的情報の処理のための音声ループと，視・空間的情報の処理のための視・空間スケッチパッド，およびこれら2つの下位システムを制御する中央制御部の存在が仮定されている。

（出典） Baddeley, 1990 より。

を測定するのである。その結果，単語の記憶範囲も読みの速度も，ともに音節数の関数としてほぼ直線的に減少すること，および記憶範囲（再生語数）は読みの速度（語/秒）のほぼ2倍であることが明らかになった。このことは，音声ループの容量は「2秒以内で音声化できる単語数」という限界があることを示している。また，音声化抑制課題（単語の呈示中に，たとえばthe the the……と声に出して反復させる）を課し，そちらに音声ループの容量を消費させると記憶範囲が減少するが，音声ループの容量を消費しない並行課題（たとえば，タッピングなど）を課しても，そのような効果は見られないことも確かめられている。

 ## 長期記憶のメカニズム

　以上の説明で明らかなように，短期記憶（ワーキングメモリ）は人間の認知活動にとって欠かすことのできないきわめて重要な役割を担っている。しかし，短期記憶は容量が小さく，しかも通常は15～30秒程度の短い時間しか情報を保持することができない。したがって，再び利用するかもしれない重要な情報は，必要に応じていつでも思い出すことができるように，長期記憶に貯蔵しておいた方が便利である。つまり長期記憶は，短期記憶とは異なって，膨大な容量をもつ永続的な記憶なのである。

　重要な情報を短期記憶から長期記憶へと変えるためには，その情報を何度も

復唱してみるとか,情報を分類・整理しながら体系づけて覚えるなど,何らかの記銘方略を用いるのが効果的である。本章の冒頭で紹介した記憶術の達人も,じつはそうした記銘方略の一種を用いているのである(コラム4-1を参照)。

長期記憶の種類

人間の長期記憶には,膨大な,しかも多種多様な情報が「知識」として記憶されているが,次の3つの観点から区分することができる。

(1) **宣言的知識と手続き的知識** 長期記憶に保持されている知識は,宣言的知識(declarative knowledge)と手続き的知識(procedural knowledge)に区分することができる。たとえば,デパートでの買い物を終えて車で自宅に帰る場合に,どのような知識が必要になるかを考えてみよう。まず,「車を駐車場のどの位置に駐車したか」を覚えていなければ,車を探してあてどもなくさまようことになるだろう。また,「キーを鍵穴に差し込み,それを右にまわしてエンジンを始動させる。次に,サイドブレーキを戻し,ギアをローに入れ,クラッチを半クラッチにして,アクセルをゆっくり踏み込む」といった,マニュアルシフト車を発進させるための一連の手続きに関する知識も不可欠である。アンダーソン(Anderson, 1983)は,この場合の「車をどこに駐車したか」といった事実に関する知識のことを宣言的知識と呼び,車を発進させるための手続きに関する知識のことを手続き的知識と呼んだ。

宣言的知識と手続き的知識は,いくつかの点で異なる性質をもっている。まず,宣言的知識は言語的に記述することができるが,手続き的知識は言葉で記述できるとは限らない。たとえば「あやとり」の手続きを言葉で説明するのはきわめて困難である。しかし,目の前でやって見せれば幼児でも容易に習得することができるだろう。また,前者は言葉による一度の説明でも習得されうるが,後者の習得には長期間の反復練習を要することが多い。さらに,前者の場合は「知っている」か「知らない」というように全か無の法則(第2章参照)に従うのに対し,後者の場合には程度の差がある。

(2) **エピソード記憶と意味記憶** 宣言的知識はさらに,エピソード記憶(episodic memory)と意味記憶(semantic memory)に区分することもできる(Tulving, 1972)。前者は,私たちの個人的な経験に関する情報の記憶で,後者は言語や概念などに関する一般的知識の記憶である。たとえば,「今週の月曜日には学生食堂で親子丼を食べた」という記憶はエピソード記憶である。これは,

> **COLUMN** 4-1 記 憶 術
>
> 　一見すると神業のように見える記憶術も，種を明かせば，それぞれに合理的な方法が用いられている。代表的な方法の種明かしをしてみよう。
> 　(1) **数・文字変換法**　これは，ランダムな数字の系列を覚える場合などによく用いられる方法である。要するに受験生が日本史の年号を言葉に変えて覚えたり（たとえば鎌倉幕府滅亡の年号〔1333 年〕を「一味さんざん」と覚えたり），$\sqrt{5}$（＝2.2360679）を「富士山麓オオム鳴く」と覚えたりするのと同じ原理である。記憶術の達人は，数を文字に変換する独自の方法を決め，迅速に数を文字に変換できるように反復練習しているのである。
> 　(2) **物語連鎖法**　これは，ランダムな言葉の列を覚える場合などに用いられる方法である。たとえば，「椅子，本，灰皿，猫……」という言葉の列を覚える場合であれば，「椅子に座って本を読んでいました。すると灰皿が机から落ちて猫が鳴きました……」という具合に物語を作りながら覚えるのである。この方法は(1)の数・文字変換法と組み合わせて用いられることが多い。
> 　(3) **場所づけ法**　これは，ローマの雄弁家キケロ（Cicero, M. T.）が演説の原稿を暗唱する際に用いた方法だといわれている。この方法では，記銘項目を自分のよく知っている場所のイメージと関係づけて覚える。スピーチの原稿を覚える場合であれば，まずスピーチをいくつかの構成要素に分ける。次に，それらの構成要素を，あらかじめ決められた場所（たとえば自分の家のなかの決められた場所）と結びつける。たとえば，導入部は玄関，最初のエピソードは居間，ジョークは台所というように結びつけるのである。そして実際にスピーチをする際には，頭のなかで家の様子を思い浮かべながら，それぞれの場所と結びつけられた構成要素を順々に思い出しながら話していくのである。このようにすれば，話すつもりだった内容をうっかり忘れてしまう，というようなことは起こらないはずである。

個々人の時間的・空間的文脈のなかに位置づけることのできる出来事（エピソード）に関する記憶だからである。これに対し私たちは，「親子丼という料理名は，鶏肉（親）と鶏卵（子）を材料に用いることからきている」ということを，一般的な知識として知っている。「知っている」ということは「記憶している」ということでもある。タルヴィング（Tulving, 1972）は，このような「知識として知っている」という意味での記憶のことを意味記憶と呼んだので

ある。ただし，最近では「意味記憶」のかわりに「知識」という用語を用いることも多い。

(3) **顕在記憶と潜在記憶**　記憶の実験で伝統的に用いられている記憶の測定法は再生法と再認法である。たとえば「ダイコン，コスモス，シンブン，テッポウ……」のような単語のリストを実験参加者に呈示し記憶させ，それらの単語を思い出して答えさせるのが再生法である。これに対し再認法とは，たとえば「ダイコン」のようなリストのなかにあった項目（ターゲット）となかった項目（ディストラクター）の混じったリストのなかからターゲット項目を選ばせる方法である。

再生法や再認法の場合には，「これは先ほど覚えた単語だ」という過去経験の想起の意識を伴うのが普通である。ところが，このような意識を伴わない記憶も存在する。たとえば「しん〇〇」という手がかりから意味ある単語を完成させる単語完成課題を被験者に課したとしよう。この場合，「しんぶん」「しんせき」「しんらい」などさまざまな答えが可能であり，実験参加者はどれを答えてもよいのである。しかし，このテストを行う前に，あらかじめ「しんぶん」が呈示されていた場合，実験参加者は「しんぶん」が呈示されたという意識を伴わないにもかかわらず，「しんぶん」と答える確率が高くなる。このため，単語完成課題で測られる記憶は，想起の意識を伴わないという意味で潜在記憶（implicit memory）と呼ばれる。これに対し，再生法や再認法で測られる記憶は，想起の意識を伴うので，顕在記憶（explicit memory）と呼ばれる。

それでは，潜在記憶とはどのような記憶なのだろうか。この点を明らかにするために，単語完成課題のほかにもさまざまな課題を用いて実験がなされている。一例としてジャコービィ（Jacoby, 1983）の実験を紹介してみよう。この実験では，実験参加者は次の3種類の条件のいずれかで単語のリストを記銘する。

① 文脈なし条件：文脈なしで単語（たとえば「女」）が呈示される。
② 文脈条件：単語が反対語と対にして呈示される（「女」－「男」）。
③ 生成条件：反対語（たとえば「男」）が呈示され，実験参加者は記銘語である「女」を生成する。

また，記憶の測定法としては，再認法と知覚同定課題の2種類が設けられた。なお，知覚同定課題とは，単語を瞬間的（40ミリ秒）に呈示し，どんな単語が

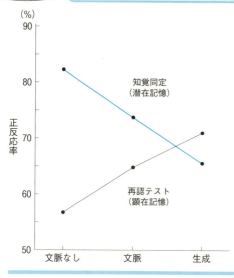

FIGURE 4-4 ● 潜在記憶と顕在記憶の実験的分離

顕在記憶を測定していると考えられる再認テストの成績は，文脈なし条件，文脈条件，生成条件の順に意味的情報処理の水準が深くなるのにつれて上昇する。これに対し潜在記憶を測定していると考えられる知覚同定課題の成績は，情報処理の水準が深くなるにつれて低下する。このことは，顕在記憶は意味的処理によって形成されるのに対し，潜在記憶は知覚的処理によって形成されることを意味している。

（出典）Jacoby, 1983 より。

見えたかを答えさせる課題である。この実験の結果が図 4-4 に示されている。この図から明らかなように，顕在記憶を測定していると考えられる再認テストの成績は，文脈なし条件，文脈条件，生成条件の順に意味的な情報処理の水準が深くなるにつれて上昇した。一方，潜在記憶を測定していると考えられる知覚同定課題の成績は，情報処理の水準が深くなるにつれて低下した。また，記銘段階で呈示されなかった単語の同定率は約 60％ であった。ところが，記銘処理を行った単語の同定率は，3 種類の記銘条件のいずれにおいても，これを上回った。つまり，いずれの記銘条件においても，潜在記憶がなされていたのである。

　この実験結果は次のように説明することができる。すなわち，潜在記憶は知覚的処理によって形成されるのに対し，顕在記憶は意味的処理によって形成される。そのため，顕在記憶の成績（再認率）は意味的処理の水準が深くなるのに伴って向上する。これに対し，意味的処理を必要としない潜在記憶の成績（知覚同定率）は，意味処理の水準が深くなっても向上しないと考えられるのである。

(4) **メタ記憶**　人間の記憶の特徴の1つは，自分自身の記憶の過程について認識する能力が備わっていることである。たとえば私たちは，自分の記憶能力には限界があることを知っている。そのため，大切な約束を忘れないように手帳にメモしたり，講演や講義の要旨をノートに整理したりする。また，テストに備えて勉強する際に，すでに十分に記憶している個所と，まだ十分に記憶していない箇所の区別をすることもできる。それゆえ要領のよい人は，不十分な箇所に集中的に勉強時間を配分することによって，試験勉強の効率を高めることができるのである。こうした自分の記憶過程についてみずから認識する能力は メタ記憶（metamemory）と呼ばれている。要するに，人間にはメタ記憶が備わっているので，さまざまな認知課題を遂行する際に，自分自身の記憶システムを効率よく働かせることができるのである。

ところで，メタ記憶の働きを示す現象に TOT（tip of the tongue）と呼ばれる現象がある。これは，知っているはずの言葉が喉まで出かかっているのに出てこない，あのもどかしい心理状態のことを指している。すなわち人間は，「今はその言葉を思い出せないけれど，たしかに自分はそれを知っているはずだ」と認識することはできるのである。この「自分は知っているはずだ」という認識は 既知感（FOK；feeling of knowing）と呼ばれる現象で，これもメタ記憶の一種と考えられている。たとえば「ボクシングの元世界ヘビー級チャンピオン，モハメッド・アリの昔の名前は何ですか？」と質問されたとき，即座に「カシアス・クレイ」と思い出せる人は少ないのではないだろうか。しかし，たとえ思い出せなくても，まったく知らないわけではなく，「ヒントが与えられれば思い出せるはずだ」とか「答えを言われれば，それが正しいかどうかがわかる（つまり再認はできる）はずだ」と感じる人もいるであろう。これがすなわち既知感（FOK）である。

長期記憶の構造　長期記憶に貯蔵されている膨大な量の情報（知識）は，いったいどのような構造で整理されているのだろうか。この点を明らかにするために，A. M. コリンズとキリアン（Collins & Quillian, 1969）は，次のような実験を行った。この実験では，たとえば「カナリアはさえずる」「カナリアは飛ぶ」「カナリアには皮膚がある」「カナリアは魚である」のような文を実験参加者に呈示し，これらの文の真偽判断を求めた。この例文のうちの最初の3つの文は意味的に正しい文なので，

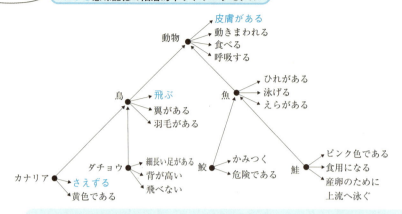

FIGURE 4-5 ●意味記憶の階層的ネットワークモデル

階層的ネットワークモデルでは，各概念が1つのノード（図中の黒丸）で表され，それぞれの概念ノードは概念の包含関係に基づいて階層的に体制化され，リンク（図中の矢印）で結合してネットワークを形成していると仮定されている。

（出典）　Collins & Quillian, 1969 より。

大学生の実験参加者ならば誰でも間違えることなく「真」と判断することができる。ところが判断に要する時間が文によって異なることが明らかになった。すなわち，「カナリアはさえずる」「カナリアは飛ぶ」「カナリアには皮膚がある」の順に，約80ミリ秒ずつ判断時間が長くなるのである。

　このような実験結果に基づいて，コリンズとキリアンは，人間の知識は個々の情報が階層的にネットワーク化したものだとする知識の階層的ネットワークモデルを提唱した。このモデルは，ちょうど，頭のなかに「カナリア」「鳥」「動物」などとラベルの貼ったファイルボックスが階層的に配列してあり，そのなかにはラベルに関する情報が入っている，といったようなたとえで理解するとよいだろう（図4-5）。このような知識のモデルを想定すると，前述の実験結果をうまく説明することができる。

　たとえば，「カナリアはさえずる」という文に対して「真」と判断するためには，「カナリア」のファイルボックスのなかに「さえずる」という情報が入っていることを確かめるだけでよい。これに対して，「カナリアは飛ぶ」とい

FIGURE 4-6 ● 意味ネットワークモデルと活性化の拡散

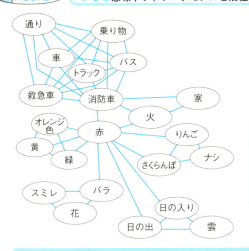

意味ネットワークモデルでは，概念だけでなく属性も1つのノードで表され，意味的に関連性のある概念や属性同士がリンクで結びつけられたネットワーク構造を成していると仮定されている。

(出典) Collins & Loftus, 1975.

う文に対して「真」と判断するためには，最初に「カナリア」のファイルボックスのなかに「飛ぶ」という情報が入っているかどうかを確かめる。ところが，そこでは「飛ぶ」という情報が見つからないので，さらに1つ上の「鳥」のファイルボックスを調べ，そこに入っていることを確かめなければならない。つまり2つのファイルボックスを調べなければならないぶんだけ判断時間が長くなる。同様の理由で，「カナリアには皮膚がある」という文の場合には「カナリア」「鳥」「動物」という3つのファイルボックスを調べる必要があるので，判断時間はさらにそのぶんだけ長くなるのである。

　上述の階層的ネットワークモデルは，その後さまざまな角度から批判的検討が加えられ，このモデルでは説明できない現象が次々に見出された。このため，最近では，階層的ネットワークモデルに修正を加えた，コリンズとロフタス（Collins & Loftus, 1975）の意味ネットワークモデルの方が有力なモデルだと考えられている。このモデルでは，各概念がそれぞれ1つのノード（図中の楕円）で表され，意味的に関連性のある概念同士がリンク（図中の線分）で結びつけられたネットワーク構造を成している（図4-6）。また，このモデルでは活性化の拡散という考え方が取り入れられている。すなわち，ある概念が処理される

第4章 記　憶　97

と，その概念自体が活性化されるだけでなく，その概念と関連のある他の概念にも活性化が広がっていくと考えられているのである。この活性化の拡散という仮定を設けると，プライミング効果（priming effect）と呼ばれる現象をうまく説明することができる。

プライミング効果とは，次のような現象のことを指している。たとえば「スミレ」「バラ」というように2つの言葉を実験参加者に呈示し，それが有意味な言葉であるかどうかの語彙判断をさせるとしよう。実験参加者は長期記憶のなかにそれらの言葉が貯蔵されているかどうかを調べ，もし見つかれば「はい」と答えるわけである。さて，「スミレ」「バラ」というように関連のある単語を続けて呈示した場合と，「ラジオ」「バラ」のように無関連な単語を続けて呈示した場合とでは，「バラ」に対する語彙判断に要する時間に差異が生じるだろうか。実際に実験を行ってみると，関連のある単語の対を呈示した場合の方が判断時間が短くなる。これがすなわちプライミング効果と呼ばれる現象である。

意味ネットワークモデルでは，プライミング効果を次のように説明する。すなわち，最初に「スミレ」が呈示された場合には，「スミレ」のノードが活性化されるだけでなく，活性化の拡散によって，意味的に関連性のある「バラ」のノードの活性化も少し上昇する。このため，「バラ」を検索する際に必要となる「バラ」のノードの活性化のための処理が軽減されるので，「バラ」の検索が促進されると考えられるのである。

4 忘却の規定因

前述したように，人間の「記憶」はICレコーダーの「記録」とは異なって，「忘却」が生じる。つまり，たしかに覚えていたはずの事柄がなぜか思い出せない，といった現象が生じるのである。では，忘却はいったいどのような仕組みで生じるのだろうか。

忘却と保持時間

忘却の現象をはじめて科学的に研究したのは，ドイツの心理学者エビングハウス（Ebbinghaus, 1885）である。彼は無意味綴りと呼ばれる独自の記銘材料を考案し（たとえば，XEG，KIB，SABのような子音・母音・子音からなる3音節の綴り），彼自身を

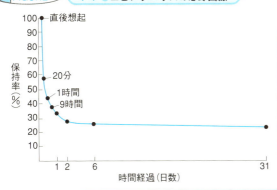

FIGURE 4-7 ●エビングハウスの忘却曲線

エビングハウスは，無意味綴りの記憶の保持率は，20分後には58%，1時間後には44%，1日後には34%，31日後には21%というように，記銘後1日までの間に急速に低下することを明らかにした。

(出典) Ebbinghaus, 1885.

唯一の実験参加者として，心理学史上最初の記憶実験を行った。彼が行ったさまざまな記憶実験のなかでは，保持時間の長さによって忘却率がどのように変化するかを調べた実験が最も有名である。この実験では，上述の無意味綴りを完全に暗唱できるようになるまで記憶し，それがその後の1カ月間に，どのくらい忘れられていくかを調べた。その結果，記銘後1日までの間に3分の2が忘れられ，それ以後の忘却量は比較的少ないことが明らかになった。すなわち，忘却は記銘後1日くらいまでは急速に進行し，それ以後はしだいに緩やかに進行することが明らかになったのである（図4-7）。

一方，イギリスの心理学者バートレット（Bartlett, 1932）は，無意味綴りを用いて実験を行うことには批判的であった。私たちの日常生活において記憶の対象になるのは意味のある情報であり，無意味綴りの機械的な記憶を求められるようなことは普通は起こりえない。それにもかかわらず無意味材料を用いて実験を行うことは，記憶研究を日常世界から遊離させてしまうと考えたのである。このため彼は，物語や絵画などの有意味材料を用い，数々の創意に富む記憶実験を行った。なかでも「幽霊たちの戦い」という物語の再生内容が保持期間中にどのように変容していくかを調べた実験は，今日なお有名である。

この実験では，物語を記憶させた後，一定の保持期間の後に再生テストを繰り返す反復再生法が用いられた。その結果，物語の再生量は保持時間が長くなるに伴ってしだいに減少することが明らかになった。しかし彼がとくに注目し

たのは，再生内容の質的変化であった。つまり，再生内容の変化には，次のようなるような6つの特徴があることが明らかになったのである。
① 省略：物語の細部や，馴染みの薄い事柄などは省略される。
② 合理化：辻褄の合わない事柄は，情報を加えて合理的な説明がされる。
③ 強調：物語のある部分が強調されて，中心的な位置を占めるようになる。
④ 細部の変化：馴染みの薄い名前や言葉は馴染みのあるものに変えられる。
⑤ 順序の入れ替え：出来事の順序が辻褄が合うように入れ替えられる。
⑥ 実験参加者の態度：物語への実験参加者の態度や情動が再生に影響する。

バートレットは，再生内容の変化は，スキーマ (schema) の働きによるのだと考えた。つまり，人間はスキーマ（過去の経験を構造化した認知的枠組み）に基づいて新しい事柄を認識したり記憶したりするのであり，もしスキーマと矛盾するような事柄に出会うと，それを歪曲することによってスキーマとの整合性を保とうとする。再生内容に変容が生じるのも，このようなスキーマの働きを反映しているのだと解釈したのである。

忘却と干渉

エビングハウスやバートレットの研究で明らかになったことは，要するに保持時間が長くなるのに伴ってしだいに記憶の量や質が低下する（つまり忘却が生じる）ということである。ではなぜ，保持時間が長くなれば忘却が生じるのだろうか。この疑問に対する答えの1つが，ジェンキンスとダレンバック (Jenkins & Dallenbach, 1924) の実験に明瞭に示されている。

この実験では，2人の大学生に10個の無意味綴りを完全に暗唱できるようになるまで記憶させ，一定の時間眠った場合と起きていた場合の忘却の程度を比較した。その結果，起きていた場合の方が眠った場合よりも忘却の程度が著しいことがわかった（図4-8）。そして彼らは，このような実験結果が得られたのは，覚醒時の方が睡眠時よりも精神活動が活発であるために，より多くの干渉 (interference) が生じたのだと考えた。つまり彼らは，忘却のメカニズムは「時間経過に伴う記憶表象の減衰」ではなく，「他の事柄の記憶からの干渉」であると考えたのである。これがすなわち，干渉説と呼ばれる忘却の理論である。なお，干渉説では，ある事柄についての記憶が，その後に経験した事柄の記憶によって干渉を受けることは逆向抑制 (retroactive inhibition) と呼ばれ，それ以前に経験した事柄の記憶によって干渉を受けることは順向抑制 (proactive

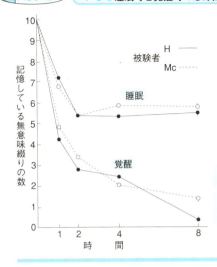

FIGURE 4-8 ● 睡眠時と覚醒時の忘却曲線の比較

ジェンキンスとダレンバックは睡眠時と覚醒時の忘却曲線を比較し、忘却は覚醒時の方が睡眠時よりも急速に進行することを明らかにした。

（出典）　Jenkins & Dallenbach, 1924.

inhibition）と呼ばれる。

忘却と検索　　上述の干渉説では，忘却とは条件づけの原理（第5章を参照）で形成された連合が消去されることだと考えた。しかし，私たちの日常生活を振り返ってみると，消去されたはずの記憶がふとしたきっかけで思い出される，というような現象をしばしば経験する。どうやら忘却とは，記憶した事柄が頭のなかから消えてなくなる，というような，そんな単純な現象ではなさそうである。そのことは，検索手がかりの有効性を調べた次のような実験によって確かめられている。

タルヴィングとパールストン（Tulving & Pearlstone, 1966）は，哺乳動物，鳥，野菜のようなカテゴリーに属する単語を記銘材料とし，カテゴリー名を手がかりとして与えることの効果を調べた。その結果，手がかりが与えられない場合には再生できなかった単語でも，手がかり（カテゴリー名）が与えられれば再生できる場合があることが明らかになった。このような実験結果は，「再生できないこと」＝「忘却」ではないことを示している。

それではなぜ，手がかりなしでは再生できない単語が，手がかりを与えられ

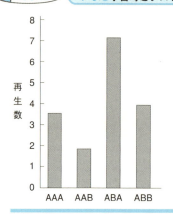

FIGURE 4-9 ● 学習時とテスト時の環境が再生成績に及ぼす影響

AAA：原学習，挿入学習，再生テストが同じ部屋で行われる。
AAB：原学習と挿入学習が同じ部屋で，再生テストが異なる部屋で行われる。
ABA：原学習と再生テストが同じ部屋で，挿入学習が異なる部屋で行われる。
ABB：挿入学習と再生テストが同じ部屋で，原学習が異なる部屋で行われる。
AAA＞AAB，ABA＞ABB により仮説①が，ABA＞AAA，ABB＞AAB により仮説②が検証される。

(出典) Greenspoon & Ranyard, 1957.

ると再生できるのだろうか。その原因の1つは，記銘時と再生時の環境的文脈であることが知られている。

グリーンスプーンとランヤード（Greenspoon & Ranyard, 1957）は，記銘材料が呈示される部屋と再生テストがなされる部屋を変化させることが，再生成績にどのような影響を及ぼすかを調べた。部屋は騒々しい部屋と静かな部屋の2つがあり，原学習，挿入学習，再生テストの部屋の組合せを4通りに変化させた。すなわち，この実験で検討された仮説は，①原学習と再生テストが同じ部屋で行われる条件の方が異なる部屋で行われる条件よりも再生成績がよいであろう，②原学習と挿入学習が異なる部屋で行われる条件の方が同じ部屋で行われる条件よりも再生成績がよいであろう，の2つであった。実験の結果，図4-9に示されているように，これら2つの仮説はいずれも検証された。

ゴドンとバッデリー（Godden & Baddeley, 1975）は，もう少し大がかりに環境的文脈を変化させることにより，同様の効果を確認している。この実験ではスキューバー・ダイビングのクラブの学生を実験参加者とし，水中または陸上で単語のリストの記銘および再生をさせた。その結果，記銘時と再生時の環境が一致している条件の方が一致していない条件よりも再生成績がよいことが明らかになったのである（図4-10）。

さらにアイクとメトカルフェ（Eich & Metcalfe, 1989）は，環境的文脈だけ

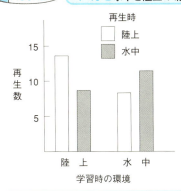

FIGURE 4-10 水中と陸上の環境的文脈の変化が再生成績に及ぼす影響

ゴドンとバッデリーは，水中または陸上で単語のリストの記銘および再生をさせ，記銘時と再生時の環境が一致している条件の方が一致していない条件よりも再生成績がよいことを明らかにした。

（出典）Godden & Baddeley, 1975.

でなく，実験参加者の情動状態も再生成績に影響を及ぼすという実験結果を報告している。この実験では，実験参加者は音楽によって楽しい気分または悲しい気分に誘導された。その結果，記銘時と再生時の気分が一致している場合の方が不一致の場合よりも再生成績がよいという結果が得られたのである。

これらの実験で明らかにされた「記銘時と再生時の環境的文脈や内的状態が記憶成績に影響を及ぼす」という現象は，記憶の状態依存性（state-dependency）と呼ばれている。本章の冒頭で紹介した「ど忘れ」も，おそらくこの状態依存性が関係しているのではないだろうか。「ど忘れ」は，テストの最中に終了時間が迫り焦っているときなどにしばしば生じる。このような場合には，自宅の勉強部屋でリラックスした状態で覚えた正解を，試験場での緊張した状態で思い出さなければならない。このため，記憶の状態依存性という性質が妨げとなり，「ど忘れ」が生じやすいのではないだろうか。

日常世界における記憶

最近の記憶研究では，日常的な場面での記憶をできるだけ自然な形で研究しようという機運が高まりつつある。そこで本章の最後に，そうした自然主義的なアプローチをとる記憶研究のうちの主要なものを紹介してみよう。

自伝的記憶

私たちの日常生活はさまざまな出来事の連続である。したがって，私たちの個人史についての記憶である自伝的記憶（autobiographical memory）は，そうした出来事の記憶の集積である。では，自伝的記憶はどのような構造で記憶されているのだろうか。

自伝的記憶の研究で用いられる代表的な研究法は，日誌法である。これは，日々の出来事を日誌に記録し，その記憶を追跡調査する方法である。リントン（Linton, 1982）は，この日誌法を用いて，自分自身の記憶を6年間にわたって追跡調査した。すなわち，日々の出来事を毎日少なくとも2つ以上をカードに記録し，ファイルに収集しておく。そして，毎月そのファイルのなかからランダムに2つのカードを取り出し，そこに記録されている出来事をどれだけ思い出せるかをテストするのである。その結果，自伝的記憶の忘却には次のような2種類があることが明らかになった。

第1は，類似した出来事（たとえば定期的に出席した会議での出来事）の細かな事実が忘れられ，互いに区別がつかなくなるようなタイプの忘却である。これに対し第2のタイプの忘却は，その出来事についてまったく思い出せなくなるような忘却であり，これは，あまり重要でない些細な出来事（たとえば2年前に指にけがをしたこと）の場合に多く見られた。そしてリントンは，第1のタイプの忘却は，個々の出来事のエピソード記憶が意味記憶のなかに吸収・統合されていくプロセスを反映しているのではないかと解釈している。つまり，はじめて会議に出席したときの経験はすべてが新奇な出来事であり，その出来事に固有のエピソード記憶が形成される。しかし，会議が定期的に繰り返されると，毎回の会議に共通な要素とパターンが抽象化され，しだいに会議の一般的スキーマ（意味記憶）に吸収される。これに対し個々の会議のエピソード記憶は，会議が繰り返されるにつれてしだいに忘却されていくと解釈したのである。

ところで，私たちの自伝的記憶は，いったい何歳にまで遡ることができるのだろうか。ワルドフォーゲル（Waldfogel, 1948）は，大学生に8歳以前の出来事の記憶をすべて思い出すように求めた結果，3歳以前の出来事が思い出されることはほとんどないことを見出した（このような現象は一般に幼児期健忘と呼ばれる）。しかし，このような自由想起法による調査では，実際の記憶と他者から聞いたことの記憶の区別ができないという問題点がある。そこでシャインゴ

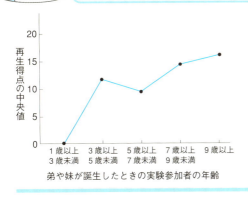

FIGURE 4-11 弟や妹の誕生に関する再生成績と実験参加者の年齢との関係

3歳未満に弟や妹が誕生した場合には，その出来事の記憶をほとんど思い出せない。これがいわゆる幼児期健忘と呼ばれる現象である。

（出典） Sheingold & Tenney, 1982.

ールドとテニー（Sheingold & Tenney, 1982）は，より厳密な方法で幼児期健忘（infantile amnesia）の現象を確認している。この調査では，弟や妹の誕生という日付がはっきりしている出来事に着目し，4歳から大学生までのさまざまな年齢の実験参加者に（弟や妹の誕生時の実験参加者の年齢は1～11歳の範囲に分布していた），「お母さんが病院に行ったことを誰が教えてくれましたか」「お母さんが入院すると聞いたとき，あなたは何をしていましたか」など20項目からなる詳細な質問をした。その結果，弟や妹の誕生という印象的な出来事の記憶は，時間が経過してもほとんど忘却されないことが明らかになった。さらに彼らは，弟や妹が生まれたときの実験参加者の年齢と記憶成績の関係を調べたところ，実験参加者が3歳未満のときに弟や妹が誕生した場合には，その記憶をほとんど思い出せないことも明らかになった（図4-11）。つまり，弟や妹の誕生という印象的な出来事の記憶においても幼児期健忘が生じたのである。

目撃証言

私たちは日常生活のなかで，時折，犯罪や交通事故のような事件の現場に遭遇することがある。そのような場合，「事件の目撃者の記憶はどのくらい信頼できるのか」という疑問は，裁判や警察の尋問のような社会問題とも密接に関係している。

ロフタス（Loftus, E. F.）は，この疑問に答えるために，目撃証言の信頼性に関する一連の実験を行っている。代表的な実験例を紹介してみよう。

ロフタスほか（Loftus et al., 1978）の実験では，次の3段階からなる実験が

第4章 記憶

行われた。まず第1段階で，実験参加者は交通事故に関する30枚のカラースライドを見せられた。この際一方のグループには「停止標識（STOP）」の前で停車した赤いダットサンのスライドが見せられ，他方のグループには「前方優先道路（YIELD）の標識」の前で停車した赤いダットサンのスライドが見せられた。第2段階では，実験参加者は交通事故に関する20の質問に答えるように求められた。その際，各グループの半数には「赤いダットサンがSTOPの標識の前で停車しているときに，別の車が追い越しましたか」という質問がされ，残りの半数には「赤いダットサンがYIELDの標識の前で停車しているときに，別の車が追い越しましたか」という質問がなされた。このようにして，各グループの半数（実験群）には目撃した情報と矛盾する事後情報（誤誘導情報）が与えられ，残りの半数（統制群）には目撃した出来事と一致する事後情報が与えられた。第3段階の記憶のテストは20分後に行われた。このテストは強制選択法による再認テストであった。すなわち，実験参加者には15対のスライドが呈示され，実験参加者は各対のスライドのうちどちらが最初に見たスライドと同じであるかを答えるように求められた。その結果，再認テストの正答率は，統制群が75％であるのに対し，実験群は41％であった。

　ロフタスは，このような実験結果が得られたのは，出来事に関する目撃者の記憶が誤誘導情報によって変容したことによると解釈した。しかし，目撃者の記憶は必ず誤誘導情報によって歪められるわけではない。目撃者の記憶に関する数多くの実験結果を総合すると，誤誘導情報による記憶の歪みは，「誤誘導情報が出来事にとってあまり重要でない，末梢的で細部に関わるものである場合」「出来事の目撃から時間が経過し，出来事の記憶が不鮮明になってしまった後に誤誘導情報が与えられた場合」「実験参加者が故意に誤誘導情報が与えられるかもしれないということに気づかず，誤誘導情報を疑う理由がない場合」に生じやすいことが明らかにされている。

展望的記憶

　私たちは過去の出来事の記憶だけでなく，未来の出来事を展望し，それに備えるための展望的記憶（prospective memory）をもっている。たとえば，週末のドライブ旅行に備えて買い物のプランを立てることがある。しかし，うっかり予定の品物を買い忘れてしまったりすることもある。このような「し忘れ」現象がどのような場合に生じるのかを調べるために，小谷津ほか（1992）は日誌法によって「し

忘れ」の事例を収集し,「し忘れ」行為の特徴（意図強度,重要度,嫌悪度,面倒度,習慣度）や「し忘れ」が生じたときの状態（急ぎ度,没頭度,眠気度）を調べている。その結果,「朝食をとる」とか「歯を磨く」のような習慣化されている行為や,逆に「旅行に行く」のような特別な行事のプランは「し忘れ」されることはなく,非習慣的で,しかも特別な行為ではない行為,たとえば「ものをもっていく」「連絡する」「投函する」「ものを買う」のような行為が「し忘れ」られやすいことが明らかにされている。

BOOK GUIDE ● 文献案内

森敏昭 編, 2001『おもしろ記憶のラボラトリー』北大路書房。
- 10人の気鋭の記憶研究者が, メタ記憶, 展望的記憶, ワーキングメモリなどの先端的問題を中心に, 興味深い研究事例の実験手続きも含めて, わかりやすく解説している。

高野陽太郎 編, 1995『認知心理学2 記憶』東京大学出版会。
- 記憶研究の幅広いテーマを取り上げ, 記憶の理論とデータをバランスよく紹介している。

Chapter 4 ● 練習問題

❶ 図4-2の自由再生の実験において, 単語の呈示速度を変化させると（たとえば, 3秒に1語, 6秒に1語, 9秒に1語の3条件）, 系列位置曲線がどう変わるだろうか。結果を予想し, 予想の理由を考えてみよう。

❷ 階層的ネットワークモデルでは説明できない現象とはどのような現象だろうか。具体例を挙げて, その現象が階層的ネットワークモデルと矛盾する理由を説明してみよう。

❸ 幼児期健忘はなぜ生じるのだろうか。考えられる原因を挙げてみよう。

HINT ● p.628

第 5 章 学　習

未来に備える心の働き

じゃんけんを学習するチンパンジー（京都大学霊長類研究所提供）

- KEYWORD
- FIGURE
- TABLE
- COLUMN
- BOOK GUIDE
- EXERCISE

CHAPTER 5

　学習という言葉から，多くの人は学校での勉強のことを連想するだろう。たしかに日本中の町や村には学校があり，そこでは子どもたちが，それぞれの未来に備えて勉強している。しかし，けっして学校の勉強だけが学習なのではない。学校を卒業した大人たちも，市民として社会生活を営み，それぞれのもち場で社会の文化的実践に参加するためには，生涯にわたって学び続ける必要がある。世はまさに生涯学習の時代なのである。では，学習はどのような仕組みでなされるのだろうか。効率的な学習方法があるのだろうか。学習したことを未来に役立てるための条件は何なのだろうか。本章では，これらの問いを手がかりにして，人間にとっての学習の意味を考えてみることにしよう。

PREVIEW

> **KEYWORD**
>
> 古典的条件づけ　消去　オペラント条件づけ　強化　洞察　連合理論　ゲシュタルト心理学　認知理論　宣言的知識と手続き的知識　分散練習と集中練習　正統的周辺参加　形式陶冶と実質陶冶　適応的熟達　メタ認知

1　学習の基本型

　学習には単純なものや複雑なもの，知的なものや技能的なものなどさまざまな種類があるが，一般に条件づけによる学習と認知的学習が学習の基本型と考えられている。もちろん，あらゆる種類の学習がこれら2つの型に還元できるとは限らないが，基本的には同じ原理が働いていると考えられている。

条件づけによる学習

　条件づけには，次に述べるような古典的条件づけとオペラント条件づけの2種類がある。

　(1) 古典的条件づけ　古典的条件づけ（classical conditioning）はロシアの生理学者パヴロフ（Pavlov, I. P.）の条件反射として広く知られているもので，その原理は図5-1に示されている（Pavlov, 1927）。パヴロフの実験では，あらかじめイヌの頰に手術を施し，耳下腺から分泌される唾液の量が測定できるようにした。その後，手術の傷が治ったイヌを防音室内に入れ，メトロノームの音を聞かせた。しかし，イヌは耳をそば立てたり，頭をかしげたりはするが（定位反応），唾液は分泌されない。ところが，メトロノームの音（条件刺激）のすぐ後に肉片（無条件刺激）を口のなかに入れると，必ず唾液が分泌される（無条件反応）。このような手続きで無条件刺激と条件刺激を対にして呈示すると，しだいにメトロノームの音を聞いただけで唾液が分泌されるようになる（条件反応）。つまり，メトロノームの音（条件刺激）と唾液の分泌（条件反応）の間に新たな連合が形成されるのである。

　このようにして条件づけが形成されたイヌは，条件刺激と類似した音（たとえば高さの異なるメトロノームの音）を聞かせても唾液を分泌する。これは般化（generalization）と呼ばれる現象で，条件刺激との類似性が高いほど条件反応

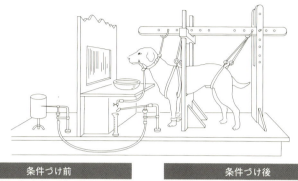

FIGURE 5-1 ● 古典的条件づけの形成過程

条件づけ前
音刺激　　　　　　→ 定位反応＝頭をかしげる
（条件刺激）

肉片　　　　　　　→ 唾液分泌
（無条件刺激）　　　　（無条件反応）

条件づけ後
音刺激
（条件刺激）　　　　＼
　　　　　　　　　　　→ 唾液分泌
肉片　　　　　　　／　（条件反応）
（無条件刺激）

条件づけ前のイヌにメトロノームの音を聞かせても，定位反応は生じるが唾液は分泌されない。ところが条件づけ後には，メトロノームの音（条件刺激）を聞いただけで唾液が分泌されるようになる（条件反応）。

（唾液の分泌）の量が多くなる。ただし，条件刺激に対してだけ肉片を与え，条件刺激と類似した刺激には肉片を与えないように手続きを変更すると，分化 (differentiation) が生じ，イヌは条件刺激に対してだけ唾液分泌をするようになる。また，条件づけの形成後，肉片を与えずに条件刺激だけを呈示し続けると，条件刺激と条件反応の連合が抑制され，イヌはやがて唾液を分泌しなくなる。これは消去 (extinction) と呼ばれる現象である。しかし，一定の休憩時間の後に再び条件刺激を呈示すると，自発的回復 (spontaneous recovery) が生じ，唾液の分泌量がある程度までは回復する。

　古典的条件づけは，私たち人間の場合にも同様に生起する。日本人なら誰もが梅干しを見るだけで（あるいは梅干しの色や形を思い浮かべるだけで），唾液が分泌されるはずである。この場合も古典的条件づけが生起したのである。

　梅干しに対する唾液分泌の条件づけが生起しても，とくに不都合はない。しかし，不適切な古典的条件づけが生起したために，生活に不都合をきたすこと

もある。たとえば，今田と山下（1989）は，大学生を対象に食物嫌悪の事例を収集した。その結果，収集された122の事例のほとんどにおいて，古典的条件づけのメカニズムが働いていることが明らかになった。たとえば「牛乳嫌い」の事例の場合には，「牛乳を摂取し，その後に他の人が吐くのを見て，自分も気分が悪くなり，それからは牛乳が嫌いになり飲めなくなった」という報告がなされている。この事例の場合，図5-1の「音刺激」を「牛乳」に，「肉片」を「他人が吐くのを見ること」に，「唾液分泌」を「不快な気分」に置き換えれば，イヌの唾液分泌の古典的条件づけと同じ仕組みであることが明らかである。また，この事例で興味深いのは，「気分が不快になったのは"他人が吐くのを見たこと"が原因であり，"その前に牛乳を飲んだこと"が原因ではない」と認知しているにもかかわらず，牛乳嫌いが生じたことである。不安神経症や恐怖症の特徴は，自分でも不合理だとわかっているにもかかわらず，不安や恐怖の感情をコントロールできないことであるが，この牛乳嫌いの事例の場合にも，それがあてはまるのである。行動主義の学習観では，牛乳嫌いのような恐怖症は不適切な条件づけが生じたことによると考える。もし，この考えが正しいのであれば，不適切な条件づけを消去すれば，恐怖症が治るはずである。このような考えに基づいて，行動療法（第22章第4節）が考案された。

(2) **オペラント条件づけ**　もう1つのタイプの条件づけは，**オペラント条件づけ**（operant conditioning）と呼ばれるもので，サーカスで動物に芸を仕込んだりする場合には，このタイプの条件づけが用いられる。たとえば，イヌに「お手」を教える場合を考えてみよう。この場合，「お手」という言語刺激に対して，イヌが「片方の前足を上げる」という反応をすれば餌などの報酬を与える（これを強化という）。つまり**強化**（reinforcement）によって，条件刺激（「お手」という言語刺激）と条件反応（前足を上げる反応）の連合を強めるのである。もちろん，サーカスでクマに自転車乗りの芸を仕込むような場合にはもう少し工夫が必要で，通常はシェイピングと呼ばれる方法が用いられる。これはたとえば，最初はクマが自転車の方に近づけば強化を与えるが，次は自転車に近づいて，自転車に手をかければ強化を与え，さらにその次には自転車に近づき，自転車に手をかけ，自転車にまたがれば強化を与える，というように，最終的な目標へと段階的に近づけていく方法である。

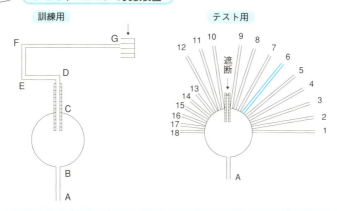

FIGURE 5-2 ●トールマンの実験装置

ネズミは訓練用の装置で,スタート地点(A)からB,C,D,E,Fを経てゴール地点(G)に迷わず到達できるように訓練された後,テスト用の装置で,1番から18番の通路のうちのどれを選ぶかをテストされる。

(出典) Tolman et al., 1946.

認知的学習

　学習のなかには,条件づけの原理では説明できないものもある。たとえば,トールマンほか(Tolman et al., 1946)はネズミを被験体として迷路学習の実験を行った。まず,図5-2の訓練用の装置を用い,ネズミがスタート地点(A)から迷うことなくゴール地点(G)に到達できるようになるまで十分に訓練した。その後,ネズミをテスト用の装置に移し,ネズミの訓練試行での学習成果をテストした。するとネズミは,最初に訓練されたとおり,円形の広場を抜けて直進しようとした。しかし,今度は直進の通路が遮断されているので別の通路を選ばなければならない。さて,ネズミはいったいどの通路を選んだのだろうか。もしネズミが条件づけの原理に基づいて学習していたのであれば,前述した般化の原理が働き,訓練試行の際に条件づけられた直進の通路に最も近い9番または10番の通路を選ぶはずである。ところが実際には,6番の通路を選んだネズミが多かった。トールマンらは,このような実験結果が得られたのは,ネズミが訓練試行の際に,「通路6の延長線上にゴール地点がある」という迷路の空間的位

FIGURE 5-3 ●チンパンジーの洞察による学習

檻のなかからチンパンジーがバナナを取るためには，檻のなかの短い棒で檻の外の長い棒をたぐり寄せ，それを使ってバナナをたぐり寄せる必要がある。この難しい問題を，チンパンジーは「洞察」によって解決することができた。

(出典) Köhler, 1921.

置関係を学習していたからだと考えた。

条件づけの原理では説明できない，もう1つ別の実験例を紹介してみよう。

ケーラー（Köhler, 1921）は，チンパンジーを被験体にして，次のような興味深い実験を行った。彼はチンパンジーを檻のなかに入れ，手の届かないところにバナナを置いた（図5-3）。チンパンジーは，素手ではバナナが取れないので，何か道具を使う必要がある。しかし，檻のなかにあるのは短い棒だけで，それではバナナまで届かない。さて，チンパンジーは，どうやってこの難問を解決したのだろうか。ケーラーの観察によると，チンパンジーは短い棒で檻の外の長い棒をたぐり寄せ，それを使ってバナナを取ることができた。しかも，試行錯誤によってではなく，瞬間的な洞察によって問題を解決したのである。

学習の理論

以上に紹介した学習の実験例は，いずれもイヌ，ネズミ，チンパンジーなどの動物が被験体であった。このことは，学習するのはけっして人間だけではなく，これらの動物も同様に学習することを示している。しかし，「ネズミの迷路学習を『学習』と呼ぶのはよいとしても，パヴロフのイヌの条件反射や牛乳嫌いになることがどうして『学習』なのだろう？」という疑問を抱いた読者が数多くいるに違いない。この疑問に答えるためには，学習の理論の歴史的変遷の過程を簡単に振り返っておく必要がある。

> **COLUMN** 5-1 学習性無力感

「ハンモックにくるまれ，どうあがいても逃れることのできない電気ショックを受けたイヌは，回避訓練が始まっても，電気ショックを回避する方法をけっして学ぼうとはしなかった。部屋が暗くなるのを合図に，隣の部屋に移ればショックを回避することができるのに，ただうずくまって，ショックが終わるのを待つばかりであった。すっかり観念したかのように，じっとショックに耐えるのであった……」。これはセリグマンとマイヤー（Seligman & Maier, 1967）の実験で観察された，学習性無力感（learned helplessness）と呼ばれる現象である。セリグマンは，イヌがこのような状態に陥るのは，回避することのできない電気ショックを経験することにより，イヌは自分にはショックを止めることができない（つまり無力である）ことを学習したのだと考えた。なぜなら，最初に逃避可能な条件でショックを経験したイヌは，2, 3回の回避訓練で，すぐにショックを回避する方法を学習したからである。また，ヒロトとセリグマン（Hiroto & Seligman, 1975）は，人間の場合にもこれと同様の現象が見られることを報告している。大学生にもともと解決不可能な問題を解かせた後に，解決可能な問題を与えて解かせても，無力感に陥り，成績が低下してしまったのである。

これらの研究は，「学習」について，私たちに次の2つのことを教えてくれる。第1に，無力感や無気力はけっして生得的なものではなく，学習によって獲得されることがある，ということである。つまり，親や教師は，子どもたちが学習性無力感に陥らないような教育的配慮をする責任があることを示しているのである。第2に，無力感や無気力のような，あまり望ましくない行動や態度も学習されるということである。「学習」というと，普通は望ましいものだけを考えがちであるが，人間はときとして喫煙のような健康を害する習慣や，盗癖のような法に触れる行動さえ学習してしまうのである。

学習の理論にはさまざまなものがあるが，基本的には，連合理論と認知理論という対照的な2つの理論に大別することができる。

行動主義の学習観 連合理論は，1910年代から50年代にかけて隆盛を誇った，行動主義の学習観を指している（コラム1-1参照）。行動主義の心理学では，心理学の研究対象は外から客観的に観察することのできる「行動」に限るべきである，と考えられていた。つま

り,「ある条件の下では,人(あるいは動物)はどのように行動するか」を客観的に分析・記述し,それに基づいて行動の予測と制御を行うことが心理学の目的とされたのである。したがって行動主義の心理学では,学習を「経験の結果として生じる比較的永続的な行動の変化」と定義する。

この学習の定義には,次のような3つのポイントが含まれている。

第1のポイントは,学習を観察可能な「行動上の変化」ととらえることである。つまり,ピアノを上手に弾けるようになるとか,それまでできなかった分数の割り算ができるようになるとか,何らかの行動上の変化が生じたときに学習が成立したと見なすのである。

第2のポイントは,練習や訓練など「経験の結果」として生じた行動上の変化でなければ学習が成立したとは見なさないことである。つまり,薬物の効果や生物学的な成熟の結果として行動上に変化が生じても,それは学習とは見なさないのである。

第3のポイントは,「比較的永続的」な行動上の変化が生じた場合に学習がなされたと見なすことである。たとえば,一夜づけの試験勉強で一時的に成績が向上することがある。しかし,その効果が比較的永続的に持続しなければ,学習が定着したとは見なさないのである。

さて,唾液の条件反射や牛乳嫌いの事例が,上述の学習の定義を満たしているかどうかを検討しよう。まず,唾液の条件反射と牛乳嫌いは,どちらも「行動上の変化」である。しかも,どちらも,メトロノームの音の直後に肉片を与えられたり,牛乳を飲んだ後に他の人が吐くのを見る,といった「経験の結果」として生じた変化である。さらに,どちらも「比較的永続的」な行動上の変化である。このように,唾液の条件反射も牛乳嫌いの事例も,上記の行動主義の学習の定義をたしかに満たしているのである。

ところで,行動主義の学習観は一般にS-R連合理論と呼ばれる。それは,行動主義の心理学では,学習の基本的単位は条件づけによって形成される刺激(S)と反応(R)の連合にほかならず,人間が行う高度な学習も,分析すれば刺激と反応の連合という要素に還元できると考えられていたからである。

ゲシュタルト心理学の学習観

「あらゆる学習は刺激と反応の連合という要素に還元することができる」という行動主義の要素主義的な学習観を,真っ向から批判したのが

ゲシュタルト心理学である。

　行動主義の心理学が客観的な実験データに基づいて学習に関する厳密で精緻な理論を展開していた頃，ドイツではゲシュタルト心理学が興隆した。ゲシュタルト心理学は，当初は知覚研究の領域で全体観と力動観を基調とする心理学を展開し，ヴント（Wundt, W.）流の構成主義（心を単純感情や純粋感覚などの要素の集合と見なす考え方）を鋭く批判した（コラム1-1参照）。やがて批判の矛先は行動主義にも向けられ，学習，記憶，思考などの研究領域において認知理論の台頭を促した。

　認知理論では，学習は刺激と反応の連合のような単純な要素の集合ではなく，問題場面の全体的構造の洞察や理解といった学習者の能動的な認知活動によって成立すると考える。もちろん，幼児を賞と罰でしつけたりするような単純な学習の場合には，条件づけの原理でその学習過程を説明することも可能である。しかし，思考力や推理力を必要とする高度で複雑な学習の過程を条件づけの原理で説明するのは困難である。たとえば，次のような問題を解く場合を考えてみよう。

　「A地点とB地点は50マイル離れている。ある日の午後2時に，2台の車がA地点とB地点から，それぞれの車に向かって同時に発進する。片方の車が発進するとき，1羽の鳥が同時にそこを飛び立ち，もう一方の車に向かって飛ぶ。そしてその車に出会うと向きを変え，また最初の車に向かって飛んで帰る。このようにして，その鳥は2台の車が出会うまで，行きつ戻りつ飛び続ける。さて，もし車が時速25マイルの速度で進み，鳥が時速100マイルの速度で飛ぶとすれば，2台の車が出会うまでに，その鳥は何マイル飛ぶことになるだろうか」。

　この問題を解く際に，「1回目の折り返し地点までは何マイル，2回目の折り返し地点までは何マイル……」というように，各往復ごとに距離を計算しようとすると，問題の解決は非常に難しくなる。ところが「2台の車が出会うまでに鳥が飛び続けなければならない時間は1時間である」という洞察が得られさえすれば，この問題は複雑な計算をすることなしに簡単に解けてしまう。そして，私たち人間がこのような洞察に達する過程は，条件づけの場合のように漸進的ではなく，一瞬のひらめきの形をとるのが常である。

連合理論と認知理論の相違点

以上の説明で明らかなように，連合理論と認知理論は以下の4点で学習のとらえ方が根本的に異なっている。

第1に，連合理論では条件づけによって形成される刺激と反応の連合が学習の基本的単位であり，人間が行う高度な学習も，この刺激と反応の連合という要素に分析できると考える。これに対し認知理論では，学習の本質はけっして要素の積み重ねではなく，問題の全体的な構造を把握することであると考える。

第2に，連合理論では適切な反応がなされるという行動の側面，すなわち「できること」を重視する。一方，認知理論では，問題の構造を洞察するといった認知の側面，すなわち「わかること」を重視する。

第3に，連合理論では学習は一歩一歩段階をおって漸進的に成立すると考える。これに対し認知理論では，学習は一瞬のひらめきによって一挙に成立すると考える。

第4に，連合理論では，刺激と反応の連合を形成することが学習であり，この連合の形成には賞罰などの外的な強化が重要な役割を果たすと考える。したがって，こうした連合理論の学習観は，教育とは「賞や罰によって子どもたちの外発的動機づけを高めることによって，子どもたちの学習活動を指導すること」という教育観へとつながる。これに対し認知理論では，問題の全体的構造を把握したり，問題解決の方法を発見するなどの認知的活動こそが学習の本質であると考える。したがって，こうした認知理論の学習観は，教育とは「子どもたちの知的好奇心や達成動機などの内発的動機づけを高め，子どもたちがみずから主体的に学習活動に取り組むのを支援すること」という教育観へとつながる（動機づけについては第9章を参照）。

認知心理学の学習観

1950年代までは，認知理論よりも連合理論の方が優勢であった。その理由は，認知理論で用いられる概念や仮説がしばしば曖昧であり，また，それらの概念や仮説を実験によって裏づけるための方法論が，その当時はまだ十分に確立していなかったことにある。これに対し連合理論は，最初は主として学習や記憶の領域で，厳密な実験データに基づく精緻な仮説を生み出した。さらに連合理論は，記憶や学習だけでなく，言語や思考など，あらゆる認知過程を説明するための最も有望な理論として，着々と適用範囲を拡張していくかに見えた。しかしながら，

そのようにして適用範囲を拡張しようとすると，人間の認知過程は刺激と反応の連合という単純な図式では説明しきれない，複雑かつ能動的な過程であることがしだいに認識され始めた。

(1) **認知心理学の成立**　ちょうどその頃（1950年代半ば頃），認知過程を研究するための新しいアプローチが出現した。それが認知心理学である。認知心理学では，人間を一種の情報処理体（いわば精巧なコンピュータ）と見なし，人間の認知過程を情報処理モデルによって記述・説明する。すなわち，認知過程を，情報を符号化し，貯蔵し，必要に応じて検索・利用する一連の情報処理過程ととらえるのである。

このような理論的な背景の下に成立した認知心理学の目標は，記憶，学習，問題解決，推理，理解，意思決定などの認知活動がどのような仕組みでなされているのかを解明することである。このため認知心理学では，人間の知識の構造を明らかにすることがきわめて重要な研究テーマとなる。なぜなら人間は，知識がなければ，いかなる認知活動も行うことができないからである。しかも，人間には認知活動に不可欠な知識が生得的に備わっているわけではない。人間は認知活動に不可欠な知識のほとんどを，学習によって獲得しなければならないのである。したがって，認知心理学における学習の定義は，「新しい知識を獲得することによって初心者が熟達者（エキスパート）になる過程」ということになる。

(2) **知識獲得と知識の構造**　認知心理学では，人間の知識を宣言的知識と手続き的知識に区分する。このうちの宣言的知識とは，たとえば「ビタミンCは風邪に効く」とか「白血球はウイルスを殺す」のような事実についての知識を指す。これに対し，手続き的知識とは，「分数の割り算のやり方」とか「逆上がりの仕方」などのような一連の手続きについての知識を指す。つまり，おおまかにいえば，前者は「わかる」ための知識，後者は「できる」ための知識に対応するものである（第4章参照）。

人間の宣言的知識の構造は，意味的に関連する命題（知識の最小単位）同士が結びつけられたネットワーク構造を成していると考えられている。したがって新しい宣言的知識の獲得とは，その知識（命題）が既有知識のネットワーク構造に組み入れられることを意味している。たとえば「ビタミンCは白血球の生成を促進する」という新しい命題が既有知識のネットワーク構造に組み入れ

FIGURE 5-4 新しい宣言的知識の獲得

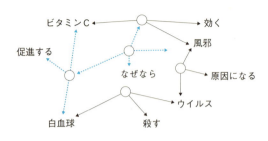

新しい宣言的知識の獲得とは、その知識（命題）が既有知識のネットワーク構造に組み入れられることを意味する。図は青い破線で示された新しい命題が実線で示された既有知識に組み入れられる過程を表したものである。

（出典）Gagné, 1985.

られるプロセスは、図5-4のように表すことができる。新しい命題のなかに含まれている「ビタミンC」や「白血球」などの概念はすでに獲得済みであると仮定すると、それらの概念と関連する「ビタミンCは風邪に効く」や「白血球はウイルスを殺す」という既有の知識（命題）が活性化される。そうすると「ビタミンCは白血球の生成を促進する」という新しい命題がそれらの既有の命題と総合され、「ビタミンCは風邪に効く。なぜならビタミンCは白血球の生成を促進するからである」という推論を引き出す。このようにして、新しい知識が既有知識のネットワーク構造のなかに組み入れられるのである。

一方、手続き的知識の構造は、IF−THEN ルール（「もし……ならば……せよ」というルール）の集合として表すことができる。たとえば、分数の足し算のステップ1は「最小の共通分母を求めること」であるが、このステップ1をクリアするためには、「もし目標が分数の足し算で分数が2つであるならば、まず最小の共通分母を求めるという下位目標を設定せよ」という IF−THEN ルールを獲得している必要があるのである（表5-1）。

このように、認知心理学では、学習を「新しい知識を獲得すること」ととらえる。しかし、学習（知識獲得）に伴って、たんに知識の量が増えるだけでなく、知識の構造自体が変化することに注意しなければならない。そのことは、物理学の初心者と熟達者の知識の構造を比較したチーほか（Chi et al., 1981）の研究からも明らかである。この研究では、博士号をもつ物理学者（熟達者）

| TABLE | 5-1 ● 分数の足し算に必要な9ステップとIF-THENルール |

1	共通分母のうち最小のものを求める。	→ ステップ1
2	その共通分母を最初の分数の分母で割り算する。	IF [目標]は[分数]の足し算で[分数]は2つである ならば THEN まず[最小の共通分母]を求めるという[下位目標]を設定せよ。
3	ステップ2の結果を最初の分数の分子に掛ける。	
4	ステップ3の結果を＿の上に書く。	→ ステップ2
5	ステップ2〜4を2番目の分数についても行う。	IF [目標]は[分数]の足し算で[分数]は2つであり最小の共通分母がわかっている ならば THEN [結果1]を求めるために[最小の共通分母]を[分数1の分母]で割りなさい。
6	ステップ4で求めた各々の分子を足す。	
7	ステップ6の結果を答えの分子として書く。	
8	共通分母を答えの分母として書く。	
9	答えの分母と分子に共通の因数があれば、各々をそれで割って答えとする。	

分数の足し算に必要な9ステップと、そのうちの最初の2ステップの実行に必要な手続き的知識がIF-THENルール(「もし……ならば……せよ」というルール)で記述されている。

(出典) 森, 1997より。

と大学生(初心者)に物理学の問題を24問提示し、それらを分類させて名前をつけさせた。その結果、熟達者の場合には「エネルギー保存の法則」や「ニュートンの第2法則」など、問題を解くのに用いる物理学上の概念や原理に基づいて分類するのに対し、初心者の場合には「斜面」や「ばね」のような知覚的・表面的な特徴に基づいて問題を分類することが明らかになったのである。

さまざまな学習

　人間は単純なものや複雑なもの、知的なものや技能的なものなど、じつにさまざまな種類の学習を行っている。そこで本節では、それらを「知識の獲得」「技能の習得」「社会・文化的学習」の3種類に大別し、それぞれの学習の仕組みと学習の促進法について説明することにしよう。

知識の獲得

　学習の能力は，けっして人間だけに備わった特殊な能力ではない。前述したイヌの条件づけやネズミの迷路学習の実験でも明らかなように，人間以外の動物も学習することは可能である。しかしながら人間は，それらの動物に比べると，はるかに高度で知的な学習を行うことができる。その理由は，人間には言語を使用する能力が備わっているからである。

　人間は発達の過程で言語を獲得し，言語を用いてさまざまな学習活動を行うようになる。そして，ひとたび言語を獲得すれば，人間の知識は飛躍的に増加する。つまり，人間がもっている膨大な量の知識は，その多くが言語を媒介にして獲得されたものなのである。このため心理学では，言語を媒介とする知識の獲得の仕組みが古くから研究されている。

　言語を媒介とする知識の獲得の第一歩は，事物や事象の名前を学ぶことである。私たちは，「イヌ」や「リンゴ」のような身のまわりの具体的事物の名前から，「宗教」や「平和」のような抽象的な概念の名前まで，数多くの名前を学習し，知識として記憶している。また，私たちはさまざまな事実に関する学習も行う。たとえば，「水は酸素と水素の化合物である」「鎌倉幕府を開いたのは源頼朝である」のような知識も，すべて学習によって獲得されたものなのである。それでは，このような知識の獲得は，どのような仕組みでなされるのだろうか。

　事物の名前の学習は事物と名前を結びつける学習であり，事実の学習は事象と事象を関係づける学習である。したがって，こうした知識獲得の仕組みを前述の連合理論で説明することも不可能ではない。つまり，あらゆる知識は条件づけの原理に基づいて事物と名前や事象と事象が連合することによって獲得される，と考えるのである（事実，行動主義が優勢であった頃には，そのように考えられていた）。

　しかし，人間がもっている膨大な量の知識がすべて条件づけの原理で獲得されたと考えるのは無理がある。なぜなら，多数の名前や事実を学習するためには，関連のあるものをまとめたり，分類・整理しながら体系づけて学習する必要があり，そのためには学習材料の意味をよく理解することが不可欠だからである。そして，新しい学習材料の「意味を理解する」ということは，それを既有知識と関連づけたり，体系化された既有知識の構造のなかに適切に位置づけ

ることにほかならない。つまり，洞察や理解に基づく認知的学習がなされなければ，膨大な量の知識の獲得は不可能なのである。

技能の習得

私たちは日常生活を円滑に営むために，車の運転やパソコンの操作など，さまざまな技能を習得する。こうした技能の学習過程は，上述の知識の獲得の場合とは，かなり様相を異にすることが知られている。知識獲得の場合には，一瞬の洞察によって学習が成立することもしばしば生じるが，技能の習得の場合には，長期間の反復練習を必要とするのが普通である。そのかわり，一度習得してしまえば，長期間その技能を行うことがなくても，あまり忘却は生じない。

技能の種類によっても異なるので一概にはいえないが，一般に技能の習得過程は，①認知的段階，②体制化の段階，③自動化の段階の3段階があると考えられている。

第1の認知的段階は，技能の特徴を認知的に把握する段階である。すなわち，個々の動作を正しく実行するためにはどのような点に注意すればよいかを「頭で理解する」段階といえる。この段階に正しい運動プログラムが形成されるかどうかが，その後の技能の上達に大きな影響を及ぼす。間違った理解のまま練習を続ければ，それはやがて悪い癖となり，技能の上達の妨げになるので注意を要する。この段階の動作は，頭で1つひとつ確認しながら実行するので，スピードが遅く，エラーも多い。したがって，この段階で最も注意すべきポイントは，熟達者の模範演技を参考にするなどして，運動のコツを正しく把握することである。

第2の体制化の段階は，認知的段階で形成された運動プログラムに従って，個々の動作を一連の運動として体制化する段階である。この段階になると，動作はしだいにスムーズになり，無駄な力も使わなくなるので，疲労も少なくなる。したがって，この段階で注意すべきポイントは，個々の動作が正しく体制化されているかどうかを慎重にチェックすることである。もし自分自身でチェックするのが難しいようであれば，ビデオに録画してチェックしたり，コーチにチェックしてもらうなどの工夫が大切である。

第3の自動化の段階になると，動作はさらにスムーズになり，意識のコントロールなしに，ほとんど自動的に運動を遂行できるようになる。また，初心者にはわかりにくい微妙な手がかりやフィードバックを感知し，それを運動の遂

TABLE 5-2	累進的分習法の原理
1	最初の全体の練習をする。
2	能力に応じて全体をいくつか（たとえば，A・B・C・D）に区分する。
3	Aの練習，次にA・Bの練習，次にA・B・Cの練習，最後にA・B・C・Dの練習をする。

> 複雑で難しい技能はいくつかの要素に分けて練習する方法（分習法）が効果的である。この分習法の長所と，技能の全体的構成や流れがつかみやすくなるという全習法の長所を組み合わせたのが累進的分習法である。

行に利用できるようになる。

このように，運動技能の習得には長い期間の反復練習を必要とする。このため，途中で練習に飽きてしまったり，上達をあきらめてしまうようなことになりやすい。したがって，そうならないためには，適切な練習計画を立てることが大切である。たとえば，複雑で難しい技能の練習をする場合には，全体を一度に練習する全習法よりも，技能をいくつかの要素に分けて練習する分習法の方が効果的だといわれている。しかし，分習法は技能の全体的構成や流れをつかみにくいという問題点があるので，その場合には全習法の長所を取り入れた累進的分習法を用いるのが望ましい（表5-2）。つまり，複雑で難しい技能はいくつかの要素に分けて練習する方法（分習法）が効果的である。この分習法の長所と，技能の全体的構成や流れがつかみやすくなるという全習法の長所を組み合わせたのが累進的分習法なのである。

また，疲労の起こりやすい技能や単調な基礎練習の場合には，適度に休憩をはさみながら練習する分散練習を用いる方がよいだろう。逆に，ウォーミングアップを必要とする技能や，しばらく練習を続けないと要領がつかめない技能の練習では，休憩をはさまずに練習する集中練習の方が効果的だといわれている。

社会・文化的学習

本章の冒頭で述べたように，けっして学校の勉強だけが学習なのではない。学校を卒業した大人たちも，市民として社会生活を営み，地域社会の文化的実践に参加しながら，同時にそのために必要な知識・技能を地域社会において習得している。では，そうした地域社会の生活の現場でなされている社会・文化的学習には，どのよ

うな特徴があるのだろうか。

　レイヴとウェンガー（Lave & Wenger, 1991）は，人間が文化的共同体の実践に参加し，一人前の社会人として成長していく過程を正統的周辺参加と呼んだ。つまり，レイヴらは，本来の意味での学習とは，人が何らかの文化的共同体の実践活動に参加し，新参者から古参者へと成長していく過程であるととらえるのである。たとえば，レイヴらが観察したアフリカのヴァイ族の仕立屋の事例では，新参者は最初，「ボタンつけ」からスタートするが，やがて「縫い合わせ」「裁断」と段階的に重要な仕事を割り当てられ，しだいに一人前の仕立屋になるために必要な知識・技術を習得していく。

　こうした徒弟的制度のなかでの学習には，次のような特徴がある。

　第1に，徒弟的制度のなかでの学習では，直接的に「教える」という行為がなされることはあまりない。学習は文化的共同体の実践に参加することを通じて，半ば潜在的になされる。つまり，学習のカリキュラムは，共同体の実践への参加という状況に埋め込まれた「潜在的カリキュラム」なのである。

　第2に，徒弟的制度のなかでの学習過程は，たんなる知識・技能の習得過程ではなく，共同体の成員として「一人前になる」ための自己形成過程でもある。つまり，学習＝職業的自己形成過程という等式が成立しているのである。

　第3に，学習者と教育者の間に明確な区別はなく，新参者もやがては古参者になる。つまり，新参者が古参者になる職業的自己形成の過程は，同時に共同体の再生産（世代交代）の過程でもあるのである。

　また，A.コリンズほか（Collins et al., 1989）も，徒弟的制度のなかでの学習過程を分析し，次の4段階からなる認知的徒弟モデルを提唱している。すなわち，①親方が模範を示し，徒弟（学習者）はそれを観察学習する「モデリング」の段階，②親方が手取り足取り教える「コーチング」の段階，③親方が支援しながら徒弟（学習者）に独力でやらせる「足場づくり」の段階，④親方の支援をしだいに少なくして徒弟を最終的に自立させる「フェイディング」の段階の4段階である。なお，この認知的徒弟モデルは，徒弟制度のなかの学習過程を分析する視点としての有効性だけでなく，学校教育における学習指導法としての有効性が実践・検討されている。

4 学習の転移

正の転移と負の転移

そもそも人間は何のために学習するのだろうか。それは，学習によって身につけた知識や技能を将来役立てるためである。しかも，その将来の学習は，そのまた将来に備えるための学習である。このようにして人間は，つねに将来に備えて学習し続ける必要がある。つまり，学習とは「未来に備える心の働き」なのである。では，今の学習を将来の学習に役立てるための条件は，いったい何なのだろうか。

たとえば，以前に英文タイプの練習をした経験のある人がパソコン入力の練習を始めた場合，ローマ字入力方式を選べば，あまり苦労せずに使い方を習得できる。心理学では，この例のように，先に行った学習が後に行う学習を促進することを正の転移（transfer）と呼ぶ。しかし，カナ入力方式を選ぶと，英文タイプで習得したキー操作が妨害的な影響を及ぼし，パソコン入力の学習はかえって困難になる。この場合は負の転移が生じたのである。

形式陶冶と実質陶冶

ところで，ヨーロッパの教育界では，古くから形式陶冶（けいしきとうや）の考え方が広く受け入れられていた。形式陶冶説では，教育の目的は，記憶力，推理力，集中力などの一般的な能力を訓練することだと考える。そして，そのためには生活にすぐに役立つ科目の学習（実質陶冶）よりも，数学やラテン語などの学習の方が効果的だとして重視された。つまり，形式陶冶説は，数学やラテン語の学習で培われた記憶力，推理力，集中力などの一般的な能力が，広くさまざまな領域の学習に正の転移を及ぼすことを前提にしているのである。しかしながら，前世紀の初頭になされた多くの実証的研究において，この前提は必ずしも正しくないことが示された。ラテン語を学習することによって一般的推理能力が高まるという証拠は見られなかったし，ギリシャの古典詩を暗唱しても記憶力の増強にはつながらないことがわかったのである。

転移の理論

ではなぜ，英文タイプの練習経験がパソコン入力の練習に正の転移をもたらすのだろうか。連合理論の立場に立つE. L. ソーンダイク（Thorndike, 1924）は，同一要素説に

よってその仕組みを説明した。すなわち，先行の学習課題と後続の学習課題が同一の要素を含んでいる場合に正の転移が生じると考えたのである。たとえば，英文タイプを練習する場合も，ローマ字変換方式のパソコン入力を練習する場合も，個々のアルファベットという「刺激」とそれに対応する適切なキー押しの「反応」を連合させる必要がある。つまり，どちらの学習も同じ要素を含んでいる。このため英文タイプの練習はパソコン入力の練習に対して正の転移をもたらすのだと考えたのである。さらに，オズグッド（Osgood, 1949）は学習材料の類似性が転移にどのような影響を及ぼすかを詳細に分析し，刺激が同じでも反応が異なる場合には負の転移が生じ，刺激も反応も同じ場合には正の転移が生じるという説を唱えた。英文タイプとカナ入力方式のパソコン入力ではキーの配置（反応）が異なっている。このため負の転移が生じると考えるのである。

これに対し認知理論では，正の転移が生じるための条件は学習要素の類似性ではなく，前後の学習に共通する一般的原理や共通の学習方法を学習することだと考える。たとえばジャッド（Judd, 1908）は，水中の的を射る課題において，光の屈折に関する一般原理を教えられる条件の方が，それを教えられない条件よりも，的の水深を変えたときの成績がよいことを示している。また，ハーロウ（Harlow, 1949）は，サルに形や色の異なる物体を刺激とする弁別学習を，刺激を変えて300課題以上も連続して与えた。その結果，最初は成績がよくなかったが，250課題目以降になると，各課題の第2試行目で100％近い正反応を示すようになった。ハーロウはこれを学習の構え（learning set）と名づけた。サルのような知能の高い動物は，同じような課題をたくさんこなすことによって一般的な学習の方法を習得し，それが正の転移をもたらしたのだと考えたのである。

転移と熟達

「一芸に秀でた者は多芸に通ず」という諺があるように，ある特定の領域の専門知識や技能に秀でている熟達者は，専門外の領域の問題解決を行う際に，専門領域の知識や技能を有効に活用することができる。つまり，熟達者は正の転移を生み出す点で優れているのである。しかし，それはけっして記憶力や知能などの一般的な能力が優れているからではなく，彼らの熟達した認知様式が正の転移を生み出しているのである。

(1) 熟達者の認知様式　　熟達者は，膨大な知識を獲得しており，その膨大な知識は，彼らがどのような情報に気づき，その情報をどのように体制化し，表象し，解釈するのかといった点，つまり，記憶の方略，推論，問題解決などの認知過程における認知様式が熟達しているのである。以下に，そうした熟達者の認知様式の特徴を整理しておこう。

① 熟達者は，初心者が時間をかけて考えることによってようやく理解し遂行できることを，瞬時に理解し遂行できる。つまり，直面している問題の本質を推論や思考の働きによってとらえるのではなく，直感的にとらえることができる。

② 熟達者は，課題内容に関する多量の知識を獲得しており，それらの知識は課題に関する彼らの深い理解を反映するような様式で体制化されている。たとえば博士号をもつ物理学者は，物理学の重要で核心的な原理や法則に基づいて物理学に関する諸々の知識を体制化している。

③ 熟達者の知識は，個々ばらばらの事実や命題に還元できるようなものではなく，ある特定の文脈のなかで活用されるものである。すなわち熟達者の知識は，ある特定の状況に「条件づけられた」ものである。

④ 熟達者は，問題解決に役立つ知識をほとんど自動的に検索することができる。なぜなら熟達者は，どの知識が課題解決に関連しているのかを知っているからである。このため熟達者は，保持しているすべての知識を探索するようなことはしない。要するに，熟達者はたんに多量の知識を獲得しているだけでなく，特定の課題に関連する知識を効率的に検索できる点でも優れているのである。認知心理学では，こうした熟達者の知識を「文脈に条件づけられた知識」と表現する。特定の文脈に条件づけられていない知識は，必要なときに活性化されないので，たいていの場合「不活性」なのである。

⑤ 熟達者は，自分が専門とする領域について深く理解しているが，必ずしもその領域を学ぶ初心者をうまく指導できるとは限らない。なぜなら熟達者には，初心者にとって何が難しくて何が容易であるかがわからないことが多いからである。たとえばスポーツの世界で，名選手が必ずしも名コーチではないのはこのためである。

(2) 適応的熟達者　　最近の熟達研究では，熟達者のなかにはたんに熟練し

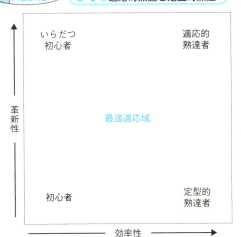

FIGURE 5-5 適応的熟達と定型的熟達

適応的熟達者と定型的熟達者のどちらも、仕事の「効率性」の点では優れている。しかし、仕事の「革新性」の点では、適応的熟達者の方が定型的熟達者よりも優れている。

(出典) Bransford et al., 2006 より。

ているだけの「定型的熟達者」と、柔軟で創造的な「適応的熟達者」がいるのではないかと考えられている。たとえば波多野と稲垣 (Hatano & Inagaki, 1986) は、日本の寿司職人を例に挙げ、熟達者を2つのタイプに分類している。第1のタイプは、レシピどおりに効率よく寿司を作ることに優れた寿司職人である。これに対し、第2のタイプの寿司職人は適応的な専門知識をもっており、独創的な寿司を作ることができる。このように、彼らはまったく異なるタイプの熟達者である。一方は、比較的定型化した物事への対処が手際よい熟達者であり、他方は新しい場面に既有知識を柔軟に転移させることのできる適応力の高い熟達者である。つまり、熟達者には、たんに技能の効率性が高いだけの「職人」と効率性に加えて革新性も高い「名人」がいるのである。そして、このような熟達性の違いは、寿司職人の世界だけでなく、その他のさまざまな分野でも見られることが知られている（図 5-5）。

適応的熟達者という概念は、望ましい学校教育のあり方について重要な示唆を提供している。なぜなら適応的熟達者は、新しい状況に対し柔軟なアプローチを試み、一生を通じて学習し続ける人たちだからである。彼らは、学んだ知識や技能を無反省に使い続けるのではなく、絶えず自分の熟達レベルを点検・

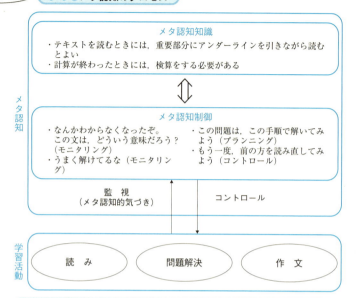

FIGURE 5-6 ●メタ認知のプロセス

メタ認知にはメタ認知知識とメタ認知制御の2つの成分があり、両成分をスムーズに連動させることによって、認知活動の監視（メタ認知的気づき）とコントロールが可能になり、「読み」「問題解決」「作文」などの学習活動の効率を高めることができる。

（出典）岡本，2010 より。

評価し、つねに現時点の到達レベルを越えようとする向上心をもっている。また、彼らは物事をたんに効率的に行おうとするのではなく、よりよく創造的に行おうとする。このため、こうした適応的熟達者の優れた認知活動を支えているメタ認知の様式が注目され、メタ認知の育成が近年の学校教育の重要な教育目標となっている。

(3) 熟達とメタ認知　　メタ認知（metacognition）とは「認知についての認知」であり、第4章で取り上げたメタ記憶もメタ認知の一種である。メタ認知には、メタ認知知識とメタ認知制御の2つの成分がある（図5-6）。このうちのメタ認知知識とは、たとえば「教科書を読むときには重要な箇所にアンダーラ

インを引くとよい」「計算が終わったら計算間違いをしていないか検算したほうがよい」など，自分の認知活動の効率を高めるのに役立つ知識を指す。一方，メタ認知制御とは，プラニング（認知活動の計画・立案），モニタリング（認知活動の点検・評価），コントロール（認知活動の制御）を指す。たとえば教科書を読んだり数学の問題を解いたりする際に，メタ認知制御の働きにより，自分の学習活動がうまくいっているかどうかモニタリングし，もしうまくいっていないことがわかれば，メタ認知知識のなかから役立ちそうな知識を検索し，その知識を利用して学習活動の改善に向けた新たなプラニングとコントロールを行うのである（図 5-6）。

以上のように，メタ認知は学習活動には欠かすことのできない重要な機能を担っている。しかし，メタ認知力が未発達なために，効果的な学習活動を行えない子どもも少なくない。したがって教師は，たとえば国語の読みの指導の際に，重要な箇所にアンダーラインを引くように指示したり，間違いやすいところを繰り返し読ませたりするなどメタ認知の指導をする必要がある。そのようにしてメタ認知の育成を図り，自分自身で学習のプラニングやコントロールができる自立した学習者を育成することが，学校教育の重要な教育目標とされているのである。

BOOK GUIDE ● 文献案内

羽生義正 編，1999『パースペクティブ学習心理学』北大路書房。
● 学習心理学に関する 38 の重要なトピックが取り上げられ，最近の研究動向が平易に解説されている。基礎的・理論的分野から応用的・実践的分野までの幅広い分野からトピックが選ばれているので，学習心理学の全貌を俯瞰するのに好適である。

山内光哉・春木豊 編，2001『グラフィック学習心理学——行動と認知』サイエンス社。
● 条件づけの理論から最近の認知心理学の成果まで，学習心理学の広範な領域がカバーされている。見開きの右ページに掲載されている豊富な図表が，読者の理解の助けとなるだろう。

森敏昭・岡直樹・中條和光，2011『学習心理学——理論と実践の統合をめざして』培風館。
● 基礎研究から応用研究まで，学習心理学の広範な研究成果が紹介されている。学習心理学の理論が教育現場や臨床現場でどのように活用されているかを知ることができる。

Chapter 5 ● 練習問題

❶ 古典的条件づけとオペラント条件づけの原理が働いていると考えられる日常的な事例を，それぞれ1つずつ挙げてみよう。

❷ 賞や罰によって子どもたちを学習に取り組ませる外発的動機づけの方法は，たしかに効果的な方法ではあるが，さまざまな弊害があることも知られている。どのような弊害があるのか考えてみよう。

❸ プログラム学習と有意味受容学習は，それぞれ連合理論と認知理論を応用した学習指導法（教授法）である。それぞれの教授法の原理と特徴を，背景となっている学習理論と関連づけて説明してみよう。

HINT ● p.628

第6章 言語

情報を運ぶ知性の翼

3種の文字が刻まれたロゼッタストーン（イギリスの大英博物館所蔵
© Hans Hillewaert/Wikimedia Commons）

- KEYWORD
- FIGURE
- TABLE
- COLUMN
- BOOK GUIDE
- EXERCISE

CHAPTER 6

　社会的存在である人間は，つねに他者と情報伝達をする必要がある。そのための重要な役割を担っているのが言語にほかならない。したがって，人間が社会生活を円滑に営むためには，言語を正しく理解したり，わかりやすく表現したりすることがきわめて重要になる。では，人間が言語を理解したり言語で表現したりする仕組みはどうなっているのだろうか。また，言語には多種多様な事象の間の共通性を抽象する働きがある。この言語のもつ抽象化の働きのおかげで，人間は具象的な体験の世界から解放されて，抽象的な形でものごとを認識したり思考したりすることが可能になる。言語は人間にとって，具象世界から抽象世界へと羽ばたくための「知性の翼」の役割も果たしているのである。では，その「知性の翼」の仕組みはどうなっているのだろうか。

PREVIEW

KEYWORD

変形生成文法　格文法　選択制限　ボトムアップ処理　トップダウン処理　スクリプト　物語文法　プロトコル分析　外言と内言　会話の公理　言語行為　言語習得装置

SECTION 1 文の理解

　文は単語の集合である。したがって，人間が文の意味を理解するためには，文を構成する単語の辞書的知識が必要であるのは当然である。しかし，それだけで文の意味が理解できるわけではない。そのことは，「辞書もち込み可」の外国語の試験でも，満点がとれるわけではないことを考えてみれば明らかであろう。文の意味を正しく理解するためには，辞書的知識のほかにも，統語論的知識，意味論的知識，語用論的知識など，さまざまな知識が必要になるのである（図6-1）。

統語論的知識　文は単語を系列的に並べたものであるが，けっして単語の羅列ではない。言語にはそれぞれ固有の文法があり，文法に従って単語を並べることによって文が構成される。したがって，文法についての知識，すなわち統語論的知識がなければ，文の意味を正しく理解することは不可能である。

　チョムスキー（Chomsky, 1957）は統語論的知識が文の理解において果たす役割を分析し，変形生成文法と呼ばれる理論を提唱した。チョムスキーの理論は文を生成するための書き換え規則の形をとっている。この書き換え規則では，まず文（S）は名詞句（NP）や動詞句（VP）などの句に書き換えられる。次に名詞句は，名詞（N），冠詞＋N，形容詞＋N，または代名詞などに書き換えられる。同様に動詞句は，動詞（V）＋NPまたはV＋形容詞などに書き換えられる。そして最後に，これらの変形記号が実際の単語に置き換えられるのである（図6-2）。

　これらの書き換え規則に従えば，たとえば「They are cooking apples.」のような多義的な文の意味を，句構造の違いとして記述することができる。この

FIGURE 6-1 ● 文の理解過程

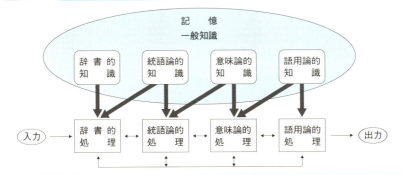

文の意味を理解するためには,文を構成する単語の辞書的知識が必要であるのは当然であるが,その他にも統語論的知識,意味論的知識,語用論的知識など,さまざまな知識が必要になる。

(出典) Green, 1986 より。

6-2 ● チョムスキーの書き換え規則

1	S(文) →	NP(名詞句)+VP(動詞句)
2	NP →	N(名詞)
3	NP →	冠詞+N
4	NP →	形容詞+N
5	NP →	代名詞
6	VP →	V(動詞)+NP
7	VP →	V+形容詞
8	N →	Jane, boy, girl, apples
9	V →	likes, hit, was hit, was, are cooking, are
10	形容詞 →	good, unfortunate, cooking
11	冠詞 →	a, the
12	代名詞 →	he, she, they

書き換え規則とは,文(S)を名詞句(NP)や動詞句(VP)などに書き換え,名詞句を名詞(N),冠詞+N,形容詞+N などに書き換え,最後にこれらの変形記号を単語に置き換える一連の規則を指す。

(出典) Green, 1986 より。

文の場合,「それらは料理用のリンゴである」という解釈と「彼らはリンゴを料理している」という解釈が可能であるが,その違いを図6-3のように表すことができるのである。

また,変形生成文法では,文の表層構造と深層構造が区別される。たとえば,「John is eager to please.」と「John is easy to please.」という文は,表層

第6章 言 語

FIGURE 6-3 ●多義文の句構造の違い

A. それらは料理用のリンゴである

B. 彼らはリンゴを料理している

これらの書き換え規則に従えば，A「それらは料理用のリンゴである」という解釈とB「彼らはリンゴを料理している」という2つの解釈が可能な多義的な文の意味を，句構造の違いとして記述することができる。

(出典) Green, 1986 より。

においてはまったく同じ句構造を成している。しかし，「John is eager to please.」という文では，John は喜ぶ（please）という動詞の主語であるのに対し，「John is easy to please.」という文では目的語であると理解される。つまり，2つの文の深層構造は，それぞれ，「John is eager to please someone.」「John is easy for someone to please John.」のように表すことができるのである。

さらに「Jane hit the boy.」と「The boy was hit by Jane.」という文は，一方は能動態，他方は受動態というように，表層の句構造は明らかに異なっている。しかし，これら2つの文の意味（深層構造）は同じであり，能動態から受動態へ，あるいは受動態から能動態へと変形することが可能である。つまり，チョムスキーの変形生成文法とは，深層構造から表層構造への（あるいはその逆の）変形の規則を定式化した理論なのである。

意味論的知識

「無色透明の喜びが空中へ飛び立った」。この文は日本語の統語的規則に従っている。しかし，正常な言語感覚のもち主であれば，「この文はどこか変だ」と感じるはずである。このような言語感覚を支えているのが意味論的知識にほかならない。

FIGURE 6-4 ● 「与える」という動詞の格フレーム

格文法では，格についての情報は動詞の心的辞書のなかに格フレームとして記載されていると仮定されている。たとえば，「与える」という動詞を含む文の意味は，誰が（動作主格），誰に（対象者格），何を（対象格）与えるのかを特定することによって理解される。

（出典） Green, 1986 より。

　意味論的知識に基づいて文の意味を理解するためには，文の意味の構造を記述できる文法が必要になる。そのような文法の1つが，フィルモア（Fillmore, 1968）の格文法である。フィルモアは単語の意味的役割を格（case）と呼び，この格によって文の意味を分析した。

　たとえば「The *boy* throws a ball.」「The *ball* broke the window.」「The *ball* was caught.」の文において，斜体で表記してある単語がどのような意味的な役割（格）を果たしているかを見てみよう。まず，「The *boy* throws a ball.」の文においては，「少年」は投げるという行為の主体（行為者格）であり，「The *ball* broke the window.」の「ボール」は壊すという行為を行うための道具としての役割（道具格）を果たしている。また，「The *ball* was caught.」の文での「ボール」はつかむという行為の対象（対象格）である。前述のチョムスキーの句構造の分析では，これらの単語はいずれも名詞句を構成し，文の主語の働きをしている。これに対し格文法では，これらの単語には異なる格が与えられる。フィルモアは，このほかにも，目標格，場所格，経験者格などのさまざまな格を単語に与えることによって，文の意味を記述したのである。

　格文法では，上述の格についての情報は，動詞の心的辞書のなかに格フレームとして記載されていると考えられている。つまり，個々の動詞の意味は，それが必要とする格によって定義されるのである。たとえば，「与える」という動詞の意味は，動作主格，対象格，対象者格を必要とする行為と定義される（図6-4）。したがって，格文法によれば，文の意味論的処理とは格フレームの

スロットを埋めることと同義である。すなわち、「与える」という動詞を含む文の場合には、誰が（動作主格）誰に（対象者格）、何を（対象格）与えるのかを特定することによって、その文の意味が理解されるのである。

次に、単語の意味がもつ選択制限という性質に目を向けてみよう。たとえば、「若い」という形容詞は、「若い女性」や「若い松」のように生物の修飾語にはなりうるが、「若い石」のように無生物の修飾語にはなりえない。同様に、「投げる」という動詞の行為者になりうるのは人間か動物であり、無生物が行為者になることはできない。前述の「無色透明の喜びが空中へ飛び立った」という文に対して「どこか変だ」と感じるのは、この選択制限の規則に違反しているからなのである。

語用論的知識 統語論的知識と意味論的知識だけで文の意味がすべて理解できるわけではない。とくに会話文の意味を正しく理解するためには、統語論的知識と意味論的知識に加えて、語用論的知識が必要になることが多い。

たとえば、ある人が「私はカレーライスです」と言ったとしよう。この文は明らかに上述の選択制限の規則に違反している。なぜなら、「人間」である「私」と「非人間」である「カレーライス」を等号（＝）で結ぶことは論理的に矛盾しているからである。しかし、この文は日常会話では正しい文として立派に通用する。しかも、お客がレストランでこの文を発したのであれば、「私はカレーライスを注文します」という意味になる。そうではなくて、「あなたの嫌いな料理は何ですか？」という問いへの答えとしてこの文が発せられたのであれば、「私はカレーライスが嫌いです」という意味になる。つまり同じ文でも場面や状況が異なれば異なる意味になってしまうのである。

また、日常会話では文の文字どおりの意味と言外の意味とが異なる場合がある。たとえば、会社で上司が部下に向かって、「君はほんとうによく働いてくれるね。私は涙が出るほど嬉しいよ」と言ったとしよう。もし、その部下が日頃ほんとうによく働いているのであれば、この文は文字どおり「ねぎらい」の意味になる。しかし、その部下の日頃の勤務態度がよくなければ、この文は「皮肉」である。したがって、どちらの意味なのかを判断するためには、この文が発話された文脈や状況を把握する必要がある。語用論的知識とは、そうした文脈や状況の処理のために必要な知識を指しているのである。

比喩文の意味を理解する場合にも，同様に語用論的知識が必要になる。たとえば「男はオオカミである」という比喩文を取り上げてみよう。この文も前述の「私はカレーライスです」という文と同様に，意味論的には破格な表現である。つまり，「人間」である「男」と「非人間」である「オオカミ」を等号（＝）で結ぶのは選択制限の規則に違反している。ところが実際には，誰もがこれは比喩文だと判断し，即座にこの文の「真の意味」を理解するはずである。

　ところで，比喩文はつねに選択制限の規則に違反しているとは限らない。たとえば，「若い認知心理学者が新しい畑を耕した」という文を例に挙げてみよう。この場合，文字どおりの陳述文だと考えても十分に意味が通る。家庭菜園が趣味の認知心理学者が，鍬で畑を耕すことも十分に考えられるからである。しかし，その心理学者がそんな優雅な趣味のもち主でなかったとすれば，これは比喩であり，「新しい研究領域を開拓した」という意味に解釈すべきである。しかも，これら2つの解釈のいずれが正しいのかは，文の統語論的・意味論的解析によっては決定できない。このため，比喩文の意味を理解するためには，語用論的知識に基づく文脈や状況の分析が必要になるのである。

文章理解とスキーマ

　文章は文という要素の集まりであり，文は単語という要素の集まりである。したがって，文章の意味は，幾重にも全体と要素（マクロとミクロ）の関係を重ねた階層構造を成していると考えられている。このため文章の意味を理解するためには，この階層構造に従って，ボトムアップ処理とトップダウン処理という2つの方向の処理が必要になる。

　このうちのボトムアップ処理とは，入力刺激（音声刺激または文字刺激）からの情報のみに基づいて低次なレベルから高次なレベルへと進んでいく処理を指し，データ駆動型処理と呼ばれることもある。これに対し，トップダウン処理とは，知識に基づいて高次なレベルからの制御のもとになされる処理を指し，概念駆動型処理と呼ばれることもある。たとえば文章を読む場合に，「文字の認知」→「単語の認知」→「文の理解」→「文章の理解」というように段階的に処理を進めるのがボトムアップ処理である。しかし，文章の意味はつねに文

章中に明示されているとは限らない。したがって，その場合には，読み手（聞き手）の側の能動的な認知活動が必要になる。すなわち，適切な既有知識やスキーマを活性化させ，推論によって文の含意を読み取ったり，文と文を推論で結びつけ，文章全体の意味として統合したりする，などのトップダウン処理が必要になるのである。

タイトルと視点

文章の意味を理解するために既有知識が必要であることは，ブランスフォードとジョンソン (Bransford & Johnson, 1972) の実験が雄弁に物語っている。この実験で用いられた文章は表6-1のとおりである。

まず，この文章を先行情報なしで読んでいただきたい。難しい単語は含まれていない平易な文章であるにもかかわらず，いったい何について書かれているのかまったく意味不明であるに違いない。しかし，この文章に「洗濯」というタイトルが与えられると，今度は文章の意味がよくわかるはずである。ブランスフォードとジョンソンは，実験参加者を3群に分け，第1の群には文章を読

TABLE 6-1 ブランスフォードとジョンソンの実験で用いられた文章の例

手順は実際，まったく単純である。まず，ものをいくつかの山に分ける。もちろん量が少なければ1つの山でも十分である。もし設備がないためにどこかよそへ行かなければならないのなら話は別だが，そうでなければ準備は整ったことになる。大切なことは一度にあまり多くやりすぎないことである。つまり，一度に多くやりすぎるよりも，むしろ少なすぎるくらいのほうがよい。このことの重要さはすぐにはわからないかもしれないが，もしこの注意を守らないとすぐにやっかいなことになるし，お金もかかることになる。最初，全手順は複雑に見えるかもしれない。しかし，すぐにそれは生活の一部となるであろう。将来この仕事の必要性がなくなることを予想するのは困難であり，けっして誰もそんな予言をしないであろう。手順が完了した後，材料は再びいくつかのグループに分けて整理される。それからそれらは，どこか適当な場所にしまわれる。この作業が終わったものは，もう一度使用され，再びこのサイクルが繰り返されることになる。めんどうなことだが，しかしこれは生活の一部なのである。

この文章は平易な文章であるにもかかわらず，何について書かれているのか意味不明であるに違いない。しかし，「洗濯」というタイトルが与えられると，今度は文章の意味がよくわかるはずである。

（出典）Bransford & Johnson, 1972 より。

む前にタイトルを与え，第2の群には文章を読んだ後にタイトルを与えた。そして第3の群にはタイトルを与えなかった。その結果，文章の再生成績は，第1の群が他の2群よりもよいことがわかった。すなわち，この実験結果は，文章を適切な既有知識と関連づけて理解しなければ，その内容をほとんど覚えられないことを示しているのである。

スクリプトに基づく理解

まず，次の文を読んでいただきたい。
「シャーロック・ホームズはレストランでの食事を終えると，レジ係のところに行き，ラージ・ノート（large note）を手渡した」。

さて，ホームズがレジ係に手渡したラージ・ノートとはいったい何を指しているのだろうか。イギリスの文化に詳しい人であれば，ここでのノートとは「紙幣」を指しているのだと即座に判断できるに違いない。しかし，ノートには「手紙」という意味もある。手紙だと解釈しても，前述の選択制限の規則に違反はしない。しかし，ホームズがレジ係の美女に恋心を抱いたというような特殊な状況でないかぎり，「手紙」が選択されることはないであろう。いったい何がこの選択を可能にしているのであろうか。

私たちは，人が食事をするためにレストランに入れば，空いているテーブルを探し，席につき，メニューを見て……のような一連の行動が生起することを予測する。このような予測が可能であるのは，私たちには「ある特定の状況で行われるであろう一連の行動についての知識」があるからにほかならない。シャンクとアベルソン（Schank & Abelson, 1977）は，このような知識を映画や演劇の台本になぞらえて，スクリプト（script）と呼んだ（図6-5）。

このスクリプトの概念を導入すれば，先ほどの疑問は簡単に解決できる。食事を終えたホームズがレジ係に手渡すのは通常は「紙幣」であることを，スクリプトが教えてくれるからである。このように，文章の意味を正しく理解するためには，統語論的知識や意味論的知識だけでなく，スクリプトのような日常世界に関する一般的な知識を用いたトップダウン処理が必要になるのである。

物語文法による理解

単語を文法に従って配列することによって文が構成されるのと同様に，文章を構成するには文の配列に関する規則があるはずである。P. W. ソーンダイク（Thorndyke, 1977）は，物語文の場合の規則は，変形生成文法の場合と同様の書き換え規則

FIGURE 6-5 ●「レストラン」のスクリプトの例

```
名　　前：レストラン
道　　具：テーブル，メニュー，料理，勘定書，金，チップ
登場人物：客，ウェイトレス，コック，会計係，経営者
入場条件：客は空腹，客は金がある。
結　　果：客の金が減る，経営者はもうかる，客は満足する。
```

場面1：入場
　客がレストランに入る。
　客がテーブルを探す。
　客がどこに座るかを決める。
　客がテーブルのところまで行く。
　客が座る。

場面2：注文
　客がメニューを取り上げる。
　客がメニューを見る。
　客が料理を決める。
　客がウェイトレスに合図する。
　ウェイトレスがテーブルに来る。
　客が料理を注文する。
　ウェイトレスがコックの所に行く。
　ウェイトレスがコックに注文の料
　　理を伝える。
　コックが料理を用意する。

場面3：食事
　コックが料理をウェイトレスに渡す。
　ウェイトレスが客に料理を運ぶ。
　客が料理を食べる。

場面4：退場
　ウェイトレスが勘定書を書く。
　ウェイトレスが客に読み上げる。
　ウェイトレスが勘定書を客に渡す。
　客がチップをウェイトレスに渡す。
　客が会計係のところへ行く。
　客が会計係に金を渡す。
　客がレストランを出る。

> 人がレストランに入れば，空いているテーブルを探し，席につき，メニューを見て……のような一連の行動を行う。このような「ある特定の状況で行われる一連の行動に関する知識」をスクリプトと呼ぶ。

（出典）Bower et al., 1979 より。

として記述できるのではないかと考え，これを**物語文法**（story grammar）と呼んだ（図6-6）。

　物語文法の書き換え規則は階層構造になっており，規則1は物語の最も高次の構造を記述したものである。すなわち，物語は「設定」「テーマ」「プロット」「解決」という4要素からなると考えるのである。このうちの「設定」は，登場人物，場所，時間などを記述した文（または命題）から構成される。また，「テーマ」は後続の「プロット」の焦点となり，物語の発端となる事件や主人公が達成すべき目標であることが多い。次に，この「テーマ」に沿って「プロット」が展開し，ここでは数多くのエピソードが次々に記述される。そして最後の要素が「解決」であり，ここでは物語のはじめに提出された「テーマ」が

| FIGURE | 6-6 物語文法の書き換え規則 |

規則番号	規則
1	物　語　→　設定＋テーマ＋プロット＋解決
2	設　定　→　登場人物＋場所＋時間
3	テーマ　→　(事件)*＋目標
4	プロット　→　エピソード*
5	エピソード　→　下位目標＋試み*＋結果
6	試　み　→　｛事件* / エピソード｝
7	結　果　→　｛事件* / 状態｝
8	解　決　→　｛事件 / 状態｝
9	下位目標、目標　→　理想状態
10	登場人物、場所、時間　→　状態

文は単語が文法に従って配列されたものであるのと同様に，文章にも文の配列に関する規則があるはずである。ソーンダイクは，物語文の場合の文の配列の規則を書き換え規則として記述し，それを物語文法と呼んだ。

(注)　( )：あってもなくてもよい要素．*：繰り返しを許す要素。
(出典)　Thorndyke, 1977.

どのような結末を迎えたかが記述されるのである。この物語文法によって，「サークル島という水の少ない島で海水を水に変える方法が発見され，農民はそのために必要な運河の建設を目指し，議会で評決にもち込むが，小規模な運河の建設しか認められず，それでは当初の目的は達成されないので，市民戦争は避けられそうになかった」という34文（命題）からなる物語を分析し，4水準の階層構造として記述した（図6-7）。

さらに，ソーンダイクは次のような実験によって，人間が物語文法に従って物語を理解したり記憶したりすることを実証している。この実験では，上述の「サークル島」の物語が，以下のような4種類に改変された。

① オリジナル条件：「サークル島」の物語がオリジナルのまま提示される。
② テーマ後置条件：テーマの部分が物語の最後に置かれる。
③ 無テーマ条件：物語からテーマが除かれる。
④ ランダム記述条件：物語を構成する文がランダムな順序で提示される。

ソーンダイクは，このように改変された物語を実験参加者に提示し，その再生テストを求めたところ，物語文法に適合した材料ほど再生成績がよく，階層のレベルの効果も明瞭に現れる（一般に高い水準の命題ほど再生率が高い）ことを

| FIGURE | 6-7 ● サークル島の物語の階層構造

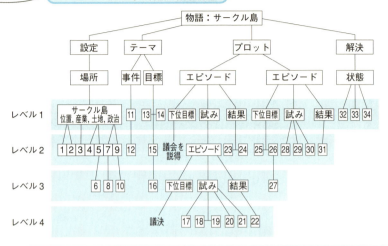

「サークル島」の物語の構造を図示したものである。物語は「設定」「テーマ」「プロット」「解決」によって構成されるが、それらは物語文法の書き換え規則によって書き換えられ、4水準の階層構造として記述されている。

(出典) Thorndyke, 1977.

見出したのである。

 言語による表現

情報化社会と言語表現　これからの情報化社会では、情報を受信する能力だけでなく、情報を発信する能力がますます重要になるであろう。情報の発信は、一連の情報処理過程の最後のステップであると同時に、次の情報処理過程の始まりでもある。つまり、ある人が発信した情報は他者に受信され、次の情報処理の第1ステップが始まる。このようにして情報の発信・受信のサイクルが網の目のようにつながって、情報化社会のネットワークが形成されるのである。

また，これからの情報化社会では，これまでと同様に，言語が最も有効な情報伝達の道具であり続けるであろう。したがって，情報伝達（コミュニケーション）を円滑に行うためには，言語を正しく理解するだけでなく，言語でわかりやすく表現することが重要になる。なぜなら情報化社会では，情報は双方向に流れるからである。では，どうすればわかりやすい言語表現を行うことができるのだろうか。書き言葉（作文）による表現の場合を例に挙げて，この点について考えてみることにしよう。

作文の産出過程　ローマン（Rohman, 1965）は，作文の産出過程には次のような3段階があるとした。

① 書くための準備作業：何をどのように書くか構想・計画する段階。
② 構想したことを実際に文章として書く段階。
③ 書いたものを見直して，修正・推敲する段階。

　ローマンのモデルの特徴の1つは，作文の産出過程に，実際に文章を書く作業だけでなく，文章を書く前の準備作業や文章を書いた後の見直しの作業も含めていることである。従来の作文教育では，書かれた文章を添削することだけに終始しがちであった。これに対しローマンは，作文の産出過程において重要なのは，文章を書く前の準備作業と文章を書いた後の見直し作業であると明確に主張しているのである。実際，私たちが作文を書く場合，準備作業を十分に行わずに書き始めると，すぐに行き詰まってしまうことが多い。また，見直し作業が不十分では，とうてい作文の質の向上を期待することはできないだろう。

　ローマンのモデルのもう1つの特徴は，「準備作業」→「書く作業」→「見直し作業」というように，系列的に作文の産出過程が進行すると仮定していることである。しかし実際には，「少し考えて，まずは書いてみる」「書いたものを見直して，また少し考える」「再び書いてみて，また考え直す」というように，「準備作業」「書く作業」「見直し作業」の3段階が小刻みに繰り返されるのが通常ではないだろうか。そのことは，ヘイズとフラワー（Hayes & Flower, 1980）の研究によっても明らかにされている。

ヘイズとフラワーのモデル　ヘイズとフラワー（Hayes & Flower, 1980）は，プロトコル分析という研究方法（課題を遂行中の実験参加者に自分が何を考えているのかを口頭で逐一報告させる方法）を用いて，作文の書き手が作文を書いている最中に何を考えているのかを分析した。その結

FIGURE 6-8 ● 作文産出過程のモデル

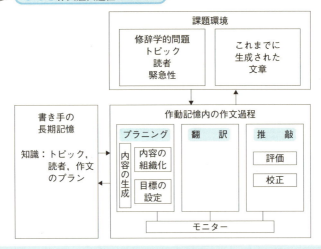

ヘイズとフラワーのモデルでは，作文産出の過程は，モニターの制御の下に，「プラニング」「翻訳」「推敲」の下位過程が課題環境と長期記憶からの情報を利用しながら相互作用する，一種の問題解決過程と考えられている。

(出典) Hayes & Flower, 1980.

果，作文の産出中に実験参加者（書き手）が行っている認知活動は，次の3種類に分類できることが明らかになった。すなわち，「プラニング」「翻訳」「推敲」の3種類である（図6-8）。

「プラニング」とは，「課題は何なのか」という課題についての表象を形成し，これから書こうとしている作文のアウトラインを構想する活動を指す。次の「翻訳」とは，構想した作文のプランを紙上の文章に変換する活動を指す。そして「推敲」とは，実際に書いた文章とプラン，すなわち書こうと意図したものとを比較する活動を指す。また，マスター・プログラムである「モニター」は，これら3つの処理過程の実行と制御・調整をする（図6-8）。すなわち「モニター」は上記の「プラニング」「翻訳」「推敲」の過程のすべてにつながっており，これらの3つの処理過程が一体となってスムーズに働くように調整する。たとえば「モニター」は，何らかの問題が生じたとき，どの処理過程が優先権

をとるべきなのか，どれが譲るべきなのかを決定する。また，1つの処理過程が終わったときには，次にどの処理過程に進むかを決定する。さらに，もしある処理過程が進行中の他の処理過程に割り込んできた場合には，その割り込んできた処理の終了後，ただちにもとの処理に復帰するように制御する。要するに「モニター」は，いわば心の交通警官のような働きをするのである。

　プラニングの過程には，さらに「内容の生成」「内容の組織化」「目標の設定」の下位過程が含まれる。「内容の生成」とは，書くべきテーマと関係のありそうな内容を書き手の長期記憶（知識）のなかから検索する過程を指す。たとえば，「雑誌『セブンティーン』の読者である13〜14歳の少女たちに向けて自分の仕事について説明する作文を書いてください」という課題を与えられた実験参加者のプロトコルを分析すると，書き手は「私の仕事」を検索の手がかりにして，「原稿を読み，大学へ行き，授業をし，生徒と話し，そして同僚に会う……」というように自分の職業生活についての連想の連鎖を探索していることがわかる（表6-2）。しかし，この例のような作文の熟達者は，生成した内容をそのまま使うわけではない。たとえば「ビクトリア朝時代の作家の原稿を読む」を「生徒の原稿を読む」に変えている。つまり，熟練した書き手は，生成した内容が想定されている読者（『セブンティーン』の読者である13〜14歳の少女たち）にとって適切であるかどうかをつねに確かめながら文章を書き進めているのである。

　次の「内容の組織化」とは，検索した内容を選択したり並べ替えたりすることによって効果的な作文の構成を考えることを指す。熟達した書き手は，記憶から検索した内容を，そのままの順序で書き表すようなことはしない。むしろ，自分が書こうとしている内容を読者が理解しやすいように，内容を再構成するのが普通である。その際，何らかの文章作成スキーマを用いる。たとえば上述の実験参加者（書き手）の場合は，はじめは「雑誌記事を書くためのスキーマ」を利用しようとしたが，そのスキーマを知らないことに気づき，「典型的な1日，自分の仕事がどのような順序で進むのか」というスキーマに基づいて作文を構成することに決めたのである。

　さらに「目標の設定」とは，「推敲」の際に文章の質を評価するための評価基準を設定することを指す。私たちは皆，どのように書けばわかりやすい作文になるかについての，さまざまな文章表現についての知識をもっている。具体

| TABLE 6-2 | ヘイズとフラワーが収集したプロトコルの事例 |

エピソード1　<u>若者のために私の仕事</u>……えーと，私は 13〜14 歳の 10 代の若い女性読者に向けて私の仕事を記述することになっている……<u>雑誌セブンティーン</u>。……えーと，私がすぐに思いつくことは，それはまったく不可能だということ。たしかに私はセブンティーンを読んでいた，でも……読んでいたとはいわないだろう……えーと，眺めていたのだ，正確には広告を，私のような誰かに，私が何をしているかを書くことになるのだろうが，私が読むとして……でも私自身のようではなくて，合わせなければ……ええ私の 20 年前に……

◇

エピソード2　……うーん……フリーのライターのつもりで書こうにも，私はそれを……私はした経験がないし，私の感覚としては，それは……そういうときの書き方を私があまりたしかに知らないし，だから私がしなくてはいけないことは……えーと……その書き方を創ること，そして……そしてしようとする……えーと……入れようとする……仕事上で起こりそうな……えーと……起こりうる出来事とか事件とか姿勢とか経験を……

◇

エピソード3a　そうね……書き方は考え出すことができるかも//読者の注意を引きつける何かから書き始めるべきかも……読者のそして……えーと……私の仕事で最も興味深いことは，あの年代の子にとってすごく興味のありそうな，滅多にありそうにないことになるだろう……だからこのように始めると……こんな一日を過ごしているあなたを想像できますか……このような多くの日々……午前 4 時半に起きてコーヒーを入れて……あたりを見まわし……えーと……私の……あなたの家のまわりを見てまわって，ネコを入れて……えーと……外に出て……コーヒーと本を<u>持って出て，そして夜が明けるのを見る</u>……実際私はこうする……でも 4 時半は少し早いかも……たぶん 5 時半にするべきだ，そうでないと日の出が見えないから……でも私はたしかに 4 時半に起きる……夜が明けるのを見て，そして仕事を始める……<u>読む仕事……原稿を読むこと……あるビクトリア朝時代の作家</u>……原稿……ビクトリア朝時代の作家の……<u>生徒の原稿を持った人</u>……

◇

エピソード3b　……うーん/何と書くべきか（口ごもって）……同僚の教師のことをいうのに……その……先生というと 10 代の女の子は彼女の学校の先生のようなものを考えるだろう，そして教授というのは，ちょっともったいぶっていると思うし，普通の言葉……ふだん私は先生という，でも私はその意味を知っているから……今の社会ではまずいことに先生というと……

◇

エピソード3c　だめだ……だがそれは，それは格式ある仕事じゃないけれども。/あなたがたのような人に話をすること……それが誰であれ……あなたの仕事についている人……他の……あなた自身のような他の人……ああすごくあなた自身のようだけど……あなたのような人に話をすること……

> ヘイズとフラワーが収集した，ある熟達した書き手のプロトコルからの抜粋。下線の部分は書き手が課題の提示文を読んだ箇所。青字の部分は書き手が実際に産出した文章。その他の文字の部分は作文産出中の書き手の発話思考。

（出典）　Flower & Hayes, 1981 より。

的には,「適切な単語を選ぶ」「抽象的なことは具体的に,具体的なことは抽象的に説明する」「文章にメリハリをつける」「大事なことは先に説明する」「全体と部分,部分と全体の関係を明示する」「たとえや具体例を示す」などの知識である。熟達した書き手は,プランニングの際に,こうした文章表現についての知識を利用する。たとえば,前述の実験参加者(書き手)の場合,「読者の注意を引きつける何か」で文章を書き始めるという目標を設定している。また,大学の同僚を何と呼ぶべきかについて躊躇している。すなわち,「先生」では想定されている読者(『セブンティーン』の読者である13〜14歳の少女たち)に「高校の先生」と思われてしまうかもしれないし,かといって「教授」ではもったいぶって聞こえるかもしれないし……と考えたあげく,最終的には「あなたがたのような人に話をする」という表現に落ち着いたのである。

　ヘイズとフラワーは,このようなプロトコル分析によって,作文の書き手は最初に「プランニング」をし,次に「翻訳」をし,さらにその次に「推敲」をする,というように,連続的に作文課題を遂行することはめったにないことを発見した。たとえば,「プランニング」に基づいて「翻訳」をした後に,再び「プランニング」に戻ることもある。あるいは,「推敲」の途中で,パラグラフ間のつながりがよくないことに気づき,別のパラグラフを挿入することを決定することもある。この決定は,そのつなぎのパラグラフを書くための「プランニング」「翻訳」「推敲」を促すことになり,挿入したパラグラフが満足のいくものであれば,「推敲」の途中であったもとの場所に復帰する。このように,作文の産出過程では,オートメーション工場での製品の組立て作業の場合とは異なって,個々の要素的処理過程が,あらかじめ決められた順序で進行することはない。つまり,作文を書くという作業は,臨機応変の問題解決を必要とする,きわめて高度な認知課題なのである。

言語と思考

言語と概念

　言語の発達は概念の発達と表裏一体を成している。たとえば,ネコの概念を取り上げてみよう。一口にネコといっても,白いもの,黒いもの,しっぽの長いものや短いものな

どさまざまな種類がいるが、イヌとは違う何らかの共通の特徴をもっている。この共通の特徴をもつものの集合が、ネコという概念である。そして「ネコ（英語ならばcat）」という言葉は、ネコという概念につけられた名前にほかならない。したがって、「ネコ」という言葉の意味がわかるということは、「ネコ」に共通する特徴を抽象化できるようになることを意味している。このように、言語には感覚や知覚に基づく具体的な体験を抽象化する働きがあるのである。

　この言語のもつ抽象化の働きによって、人間は「宗教」や「倫理」のような抽象的な概念を学習することも可能になる。しかも、こうした抽象的概念は、多くの場合、言語によって定義される概念である。たとえば「素数」という概念は、「1とその数の他には約数のない正の整数」というように、言語によって定義される。同様に、「いとこ」という概念も、「親の兄弟・姉妹の子ども同士の間柄」というように、言語によって定義される。このようにして人間は、すでに獲得している具体的概念や抽象的概念を基礎にして、次々に新しい抽象的概念を学習することができるようになる。そして、ひとたび抽象的概念の学習が可能になれば、人間の知識は飛躍的に増加し、抽象的な形でものごとを認識したり思考したりすることが可能になる。たとえば、引力や加速度などの概念によって自然界の法則性を認識したり、需要や流通などの概念を用いて経済学の原理について考えたりすることができるようになるのである。

外言と内言

　以上の説明で明らかなように、言語は情報伝達の道具としての働きだけでなく、思考の道具としての働きももっている。言語がもっているこれら2つの働きを、ヴィゴツキー（Vygotsky, 1934）は外言と内言と呼んで区別した。すなわち、声に出してコミュニケーションの道具として用いられる言語を外言と呼び、声に出さずに頭のなかで思考の道具として用いられる言語を内言と呼んだのである。では、外言と内言の間にはどのような関係があるのだろうか。ヴィゴツキーは、内言は外言から派生したものだと考えた。すなわち、言語はまずコミュニケーションの道具（外言）として発生するが、人間の成長・発達の過程で思考の道具（内言）の働きを獲得するのだと考えたのである。したがって、外言から内言が派生する過程で、外言の形をとりながらも機能としては内言の働きをする言語が出現することがある。それは、声には出されるが、コミュニケーションの道具としての働きはもたない、いわゆる「独り言」のような発話である。この

> **COLUMN** *6-1* 会話の公理と言語行為

　言語哲学者のグライス（Grice, 1975）は，会話文の意味を正しく理解するためには，文字どおりの意味と言外の意味とを区別する必要があり，文字どおりの意味が伝達されるためには，①量の公理（必要な情報はすべて提供する。必要以上の情報の提供は避ける），②質の公理（偽りと考えられることは言わない。十分な根拠のないことは言わない），③関係の公理（無関係なことは言わない），④様態の公理（わかりにくい表現は避ける。曖昧な表現は避ける。できるだけ簡潔な表現にする。秩序立った表現にする），という会話の公理を満たさなければならないと考えた。

　たとえば，スーパーの店員が「奥さん，この鯖おいしいよ。ほんとうにおいしいよ。とってもおいしいんだから」と客に鯖を買うように勧めたとしよう。しかし，あまりにしつこく勧めると（「量の公理」に反すると），「ほんとうはおいしくないのかもしれない」と思われてしまうかもしれないであろう。また，父親が日頃あまり勉強しない息子に向かって，「おまえはほんとうによく勉強するね」と言ったとすれば（「質の公理」に反すると），この発話は「皮肉」と受け取られるはずである。さらに，「あなたにさっき若い女の人から電話があったわよ」という妻の言葉に，夫が「今夜の料理とってもおいしいね」と答えたとしたら（「関係の公理」に反すると），妻は夫が何か隠しごとをしていると疑うに違いない。

　ところで，これらの会話文は，たんなる事実の陳述ではない。話し手は，客が鯖を買うように，あるいは息子がもっとまじめに勉強するように要求しているのである。このように日常会話では，しばしば，聞き手に何かを要求するとか，聞き手の要求を拒絶するとか，何らかの目的や意図のもとに発話がなされる。つまり，この場合の発話は，言葉によって要求や拒絶といった行為を行っている。このため，サール（Searle, 1969）は，こうした目的や意図のもとになされる発話を言語行為と呼んだ。

種の発話は3歳から6歳頃にかけて頻繁に出現することが知られており，ピアジェ（Piaget, 1923）はこれを自己中心的言語と呼んだ。これに対し内言は，この自己中心的言語の時期を経た後に出現する。このため内言は，外言として発生した言語が自己中心的言語の時期に思考の働きと出会い，思考の道具としての働きを獲得したものと考えられているのである。

TABLE 6-3 思考過程の言語化の効果				
成績	条件			
	言語化あり 構えあり	言語化あり 構えなし	言語化なし 構えあり	言語化なし 構えなし
余分の試行数	7.9	9.3	48.1	61.7
解決までの時間(分)	4.2	3.8	10.1	10.0

ガニエとスミスの実験結果を示したものである。この表より，実験参加者に「言語化」をさせると，小円盤を動かす回数も少なく，解決までの時間も短くなることが明らかである。

(出典) Gagné & Smith, 1962.

　言語と思考が密接な関係をもっていることは，ルリア（Luria, 1957）の実験からもうかがい知ることができる。ルリアは，3～6歳の子どもに，「赤いランプが点灯したときにはボタンを押し，青いランプが点灯したときにはボタンを押さない」という課題を与えた。その結果，3～4歳の子どもは，このような簡単な課題でも正しく反応できないことがわかった。ところが，赤いランプが点灯したときに子ども自身に「押せ」と言わせると，今度は正しく反応できるようになった。しかし，赤には「押せ」，青には「押すな」と言わせたり，赤にはボタンを2回押させるなど課題を難しくすると，正しく反応できなくなった。これに対し，5～6歳の子どもは，複雑な課題でも正しく反応することができ，しかも，「押せ」とか「押すな」など声に出して言わせなくても，正しく反応できることがわかった。このように，ルリアは内言が外言から派生する過程を巧妙な実験によってとらえたのである。
　また，ガニエとスミス（Gagné & Smith, 1962）は，次のような問題を用いて，思考の過程を言語化させることの効果を調べている。この実験では，まず3つの円盤を正三角形の3つの頂点A，B，C上に置く。次に大きさの異なるアルミニウムの小円盤を6個用意し，これらを頂点A上の円盤の上に大きいものから順に重ねておく。問題は，これら6個の小円盤をできるだけ少ない回数で頂点B上の円盤の上に移し替えることである。ただし，小円盤は一度に1個しか動かせず，必ず大きな円盤の上に小さな円盤を重ねなければならない。さ

て，この実験の目的は，実験参加者に「言語化」させるかどうかと「解決の構え」をもたせるかどうかを組み合わせた4条件を設け，それら4条件の下での成績を比較することであった。なお，「言語化」とは，小円盤を動かすごとに，その理由を声に出して言うことであり，「解決の構え」とは，この問題の解き方についての一般的なルールを考えることである。その結果，「言語化」をさせると，小円盤を動かす回数も少なく，解決までの時間も短くなることがわかった（表6-3）。これは言語化することによって思考が整理され，無駄が少なくなったことによると考えられる。このような実験からも，言語には思考の道具としての働きがあることがわかるのである。

SECTION 5 言語の習得

母語の習得

日本に生まれた子どもは，特別な訓練を受けなくても，誕生後数年のうちに基本的な言語能力を自然に身につけ，日本語の母語話者となる。では，子どもはどうしてこれほど急速に言語を習得することができるのだろうか。

第5章で取り上げた行動主義の心理学では，他のさまざまな領域の学習と同様に，言語も条件づけの仕組みで学習されるのだと考えた。つまり，子どもが周囲の大人の会話の真似をすると，大人が強化を与える。こうした条件づけの繰り返しによって，言語の習得がなされると考えたのである。しかし，子どもは言語習得の過程で，しばしば周囲の大人が一度も話したことのない文を発話することがある。また，子どもの養育環境がかなり異なっているにもかかわらず，習得される言語能力にそれほどの差違は生じない。こうした人間特有の言語習得の仕組みは，条件づけの原理だけでは説明することができない。

そのためアメリカの言語学者チョムスキー（Chomsky, N.）は，人間には生得的に言語習得装置（LAD ; language acquisition device）が備わっているのだとする言語習得の理論を提唱した。すなわちチョムスキーは，周囲で日本語が話されていれば，言語習得装置が作動して日本語の文法を習得し，周囲で英語が話されていれば英語の文法を習得するのだと考えたのである。換言すれば，このような生得的に備わった言語習得装置を仮定しないかぎり，乳幼児のめざま

しいまでの言語習得の仕組みを説明するのは不可能なのである。

また，最近の認知発達研究では，文法の習得だけでなく，語彙の習得にも生得的制約があるのではないかと考えられている。行動主義の学習理論では，語彙の習得も条件づけの仕組みで説明する。たとえば，絵本のイヌの絵を指さして母親が「ワンワン」と言うと，幼児はそれを真似て「ワンワン」と言う。すると母親は「そうワンワンね」というような強化を与える。このような音声模倣の条件づけが語彙習得の仕組みだと考えるのである。しかし，この説明では，なぜ幼児はイヌの絵の耳や鼻のような特定の部位ではなく，イヌの絵の全体とワンワンという音声を結びつけることができるのか，という疑問が残る。そのためマークマン（Markman, 1989）は，この疑問を解決するために，生得的制約という仮説を提案している。すなわち幼児の語彙の習得は，「新しい名前は対象の部分ではなく全体に与えられる（対象全体仮説）」「新しい名前は特定の対象ではなく，対象が属するカテゴリーに与えられる（分類カテゴリー仮説）」「同一のカテゴリーには1つの名前しか与えられない（相互排他性仮説）」という生得的な制約ルールに従って行われると仮定している。

外国語の習得

母語の習得とは異なって，外国語の習得には言語習得装置が生得的に備わっていない。そのため，外国語の習得が順調になされるかどうかは，適切な外国語教育がなされるかどうかにかかっている。では，日本の英語教育は適切になされているのだろうか。

英語の学力は「書く力」「読む力」「聞く力」「話す力」の4技能で構成されているが（図6-9），日本では伝統的に英文の意味を正確に読み取る「読み偏重」の教育がなされてきた。この「読み偏重」の英語教育には次の2つの問題点があると考えられている。

第1の問題点は，「読み偏重」の英語教育では国際コミュニケーションに不可欠な「情報発信型」の英語力が育たないことである。国際交流が盛んになった今日の日本人に必要な英語力は，世界に向けて情報発信ができる国際コミュニケーション能力としての英語力である。したがって今後は，「読み偏重」の「情報受信型」の英語力だけでなく，表現も重視する「情報発信型」の英語力の育成が求められているのである。

「読み偏重」授業の第2の問題点は，英会話のスピードについていく力が育

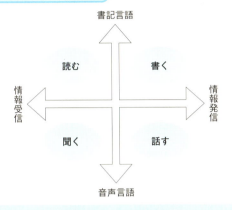

FIGURE 6-9 ●英語の学力の4技能

英語の学力の「読む」「書く」「聞く」「話す」の4技能は，書記言語（読む，書く）と音声言語（聞く，話す）に二分される。さらに，情報受信型の英語力（読む，聞く）と情報発信型の英語力（書く，話す）に二分される。

（出典）森，2008より。

たないことである。このことは，英語を「読む」場合と「聞く」場合を比較してみれば明らかである。「読む」場合には，ゆっくり読むことも，わからない箇所で止まって考えることも可能である。これに対し，「聞く」場合には「スピード」が要求される。さらに，「読む」場合には「文字」から意味を読み取るのであるが，「聞く」場合には「音声」から意味を読み取らなければならない。この違いは意外に重要である。なぜなら，英語は文字で書かれているとおりに発音されるわけではないからである。たとえば，「それをちゃんと調べたかい（Did you check up on it?）」という会話文は，けっして一語一語「ディド・ユー・チェック・アップ・オン・イット？」と発音されることはない。仮にカタカナで表すとすれば，おそらく「ディジュチェカポニッ？」のように聞こえるはずである。「読み」の練習が必ずしも「聞く力」を高めることにつながらないのはこのためである。

「読み偏重」の英語教育の問題点は，母語（日本語）の習得過程と比較してみれば明らかである。母語の習得は誕生後すぐに「聞く」ことから始まり，乳児

第6章 言 語 155

期が終わる頃には基本語彙を「話す」こともできるようになる。また，幼児期になると絵本に接する機会も増し，幼児期が終わる頃には日常会話での「聞く」「話す」に関しては，ほぼ不便を感じることがなくなる。そして，「読む」「書く」の学習は，そのことを前提として，児童期（学齢期）に始まる。このように母語の場合には，音声言語（話し言葉）のインフォーマルな習得を基礎にして，書記言語（書き言葉）のフォーマルな学習が開始されるのである。そのため母語の語彙は，文字という抽象的な「記号」と結びついているだけでなく，具体的なイメージや行為とも結びついている。それゆえ日常世界のリアルな体験を言語で記述することができるのである。つまり，英語の語彙も，それが具体的なイメージや行為と結びつくことによってはじめて母語と同様のリアリティを獲得し，英会話に必要な「スピード」が保証されるのである。したがって，今後の日本の英語教育は「読み偏重」から脱却し，読む・書く・聞く・話すの4技能をバランスよく育成するための教育が求められている。

BOOK GUIDE ● 文献案内

森敏昭 編，2001『おもしろ言語のラボラトリー』北大路書房。
- 10人の気鋭の認知心理学者たちが，言語に関する最近の重要なトピックを平易に解説している。基礎的分野から応用的分野までの幅広い分野からトピックが選ばれているので，言語研究の広範な領域を俯瞰するのに適している。

大村彰道 監修，秋田喜代美・久野雅樹 編，2001『文章理解の心理学——認知，発達，教育の広がりの中で』北大路書房。
- 言語研究の最近の動向が平易に解説されている。認知心理学，神経心理学，発達心理学，教育心理学など，多様な領域の言語研究が紹介されているので，言語研究の広がりを知ることができる。

Chapter 6 ● 練習問題

❶ たとえば「WORD」という単語または「ORWD」という無意味綴りの刺激を短時間呈示した後に，これらの刺激に「D」という文字が含まれていたかどうかを判断させると，単語（WORD）の場合の方が無意味綴りの場合よりも早く判断できる。この単語優位性効果がなぜ生じるのかを考えてみよう。

❷ 最近，子どもが概念と言語ラベル（単語）の関係を学習する際に，あらかじめ仮説をもっているのではないかという理論が注目されている。この制約理論と呼ばれる考え方はどのようなものか調べてみよう。

❸ 異なる言語では，色を表す言葉（色名）にもさまざまな違いがあることが

知られている。どのような違いがあるか調べてみよう。
HINT ● p.628

第 7 章 思 考

アイデアを生み出す創造の壺

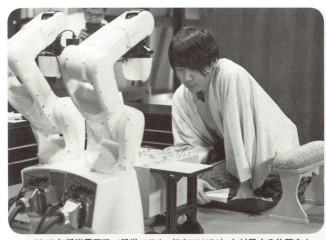

2017年将棋電王戦／将棋ソフト（PONANZA）と対局する佐藤名人
（時事提供）

- KEYWORD
- FIGURE
- TABLE
- COLUMN
- BOOK GUIDE
- EXERCISE

CHAPTER 7

　世の中には天才と呼ばれる人たちがいる。ニュートンしかり，シェイクスピアしかり，モーツァルトしかり。こうした天才たちに共通しているのは，彼らには類いまれな創造的思考力が備わっていることである。このため彼らは，科学史に残るような大発見をしたり，文化史に残るような創造的な作品を生み出したりすることができるのである。では，そうした創造的思考力は，一握りの天才たちだけに備わっている特別な能力なのだろうか。それとも，凡人も努力次第では彼らと同様の創造的思考力を発揮できるようになるのだろうか。また，そもそも天才の思考様式と凡人の思考様式はどのように異なっているのだろうか。本章では，人間の思考の仕組みを明らかにすることを通して，これらの疑問について考えてみることにしよう。

PREVIEW

> **KEYWORD**
>
> 試行錯誤　洞察　アルゴリズム　ヒューリスティックス　手段-目標分析　帰納的推論　素朴理論　確証バイアス　演繹的推論　行動経済学　フレーミング効果　基礎確率の無視　孵化効果　収束的思考　拡散的思考　機能的固着　批判的思考

SECTION 1　問題解決と思考

試行錯誤か洞察か

人間が思考する（考える）のは，何らかの解決すべき問題が発生したときである。このため心理学では，思考の仕組みを明らかにするために，問題状況に直面したときの人間や動物の行動を観察するという方法が古くから用いられてきた。そうした問題解決の研究を心理学史上はじめて行ったのは，アメリカの心理学者の E. L. ソーンダイク（Thorndike, 1898）である。

ソーンダイクは彼が問題箱と呼ぶ箱のなかにネコを入れて，その行動を観察した。問題箱には，ひもやレバーなどが取りつけられており，特定の反応（たとえば，レバーを押す）をすれば扉が開く仕掛けになっている。この箱のなかに閉じ込められたネコは，箱の外に出ようともがき，箱中をひっかきまわる。もちろん，すぐには問題を解決できないが，そのうち偶然に特定の反応（レバー押し）をし，箱から出ること（問題解決）に成功する。このような試行を何回も繰り返すうちに，ネコは箱に入れられるとすぐにレバー押し反応をするようになる。ネコは**試行錯誤**（trial and error）によって問題解決の方法を学習したのである。

ソーンダイクは，この試行錯誤による問題解決の仕組みを，練習の法則と効果の法則によって説明した。**練習の法則**とは，「ある事態で同じ反応が何度も行われると，その反応は同じ事態に再び遭遇したときに行われやすくなる」という法則のことである。つまり，練習は特定の刺激と反応の連合を強める効果があると考えたのである。これに対し**効果の法則**とは，「問題解決に役立つ（効果がある）反応を行うと，その反応を引き出した刺激とその反応との間の連合

が強められる」という法則のことを指している。このようなソーンダイクの考えは，その後，行動主義の心理学に引き継がれ，S-R連合理論という精緻な理論へと発展した（第5章を参照）。

これに対し，ケーラー（Köhler, 1921）の実験によると，チンパンジーは洞察（insight）によって問題を解決することが示された（第5章を参照）。人間の問題解決の場合も，洞察が重要な役割を果たすことが多いことが知られている。もちろん人間も，場合によっては試行錯誤によって問題を解決する。たとえば知恵の輪を解くような場合には，あれこれと試行錯誤を繰り返しているうちに，偶然に解けてしまうことがある。ところが，もう一度やってみようとすると，今度はうまくいかない。そこで，もう一度，最初からやり直してみる。このようにして試行錯誤を繰り返しているうちに，「なるほど，こういう仕掛けだったのか！」という洞察が得られるのが普通である。この例のように，人間が問題を解決するまでの過程には，いくつかの段階があるのが普通である。では，どのような段階があるのだろうか。

問題解決の過程　デューイ（Dewey, 1910）は，人間の問題解決過程には次の5段階があると考えた。

(1) **問題の認識**　問題解決の最初の段階は，さまざまな事象・現象のなかに何らかの解決すべき問題が存在することを認識することである。試験問題を与えられた学生のように，解決すべき問題が明示されていることもあるが，日常場面では問題の所在があまり明確でない場合も少なくない。

(2) **問題点の把握**　問題の存在が認識されると，次の段階は問題点がどこにあるのかを把握することである。たとえば，売上げが大幅に減少しているという問題を認識した商店主は，「近くに大型スーパーが進出してきたことが売上げ減少の原因であり，早急に対応策を考えなければならない」というように問題点を把握するかもしれない。

(3) **解決法の着想**　問題点の把握がなされると，次の段階は問題の解決方法を着想することである。上述の商店主の場合であれば，「営業時間を延長してスーパーに対抗する」「人件費を削減して販売価格を下げる」「宅配サービスを始める」「効果的な宣伝方法を工夫する」などの解決方法が着想されるかもしれない。

(4) **解決法の検討**　解決法が着想されると，次の段階では，その解決法の

有効性の検討がなされる。上述の商店主の場合であれば，それぞれの解決法のメリットやデメリットを比較検討したり，実施に伴うコストや波及効果の予測などがなされる。

(5) **解決法の選択**　問題解決の最後の段階は，着想・検討された解決法のなかから最善と思われる解決法を選択することである。もしこの段階でどの解決法も不適切であることがわかれば，再び問題点の把握をし直し，新しい別の解決法を着想しなければならない。

　もちろん，すべての問題解決過程がこのような段階をたどるとは限らないが，多くの場合，これと類似した段階をたどるものと考えられている。

問題解決の方略

人間が問題解決のために用いる方略は，アルゴリズムとヒューリスティックスとに大別できる。このうちアルゴリズムとは，問題解決のための一連の規則的な手続きのことを指す。たとえば，平方根を求めるための手続きがアルゴリズムである。アルゴリズムの場合には，それが正しく適用されれば必ず正解に到達することができる。これに対し，ヒューリスティックスの場合には必ず正解に到達できるという保証はない。しかし，合理的なヒューリスティックスであれば，通常はアルゴリズムを用いるよりも迅速に正解に到達することができる。

　一例として，「rhtae」という 5 文字のアルファベットを並べ替えて単語を作るアナグラム課題を取り上げてみよう。この場合，5 文字の並べ方は全部で 120 通り（5！＝120）考えられる。その 120 通りの並べ方を順番に 1 つ 1 つ試していく方略がアルゴリズムである。この「しらみつぶし」のアルゴリズムを用いれば，必ず正解に到達することができる。しかし，人間は通常このような方略は用いない。おそらく，「頭文字が h の場合には，次は母音の a か e が続くはずだ」というような，英単語の綴り方に関する知識を利用して問題を解くはずである（正解は heart）。これがヒューリスティックスの一例である。人間は日々の生活のなかでさまざまな問題に遭遇する。そうした日常世界での問題解決では，多くの場合，アルゴリズムよりもヒューリスティックスの方が用いられる。図 7-1 は，「健全な組織を破壊することなしに，放射線で胃の腫瘍を除去するにはどうすればよいか」という問題を解く際に，ある実験参加者がどのような思考過程をたどったかを示したものである（Duncker, 1945）。この実験参加者は，漫然と試行錯誤を繰り返すのではなく，問題を分析し，一般解から，

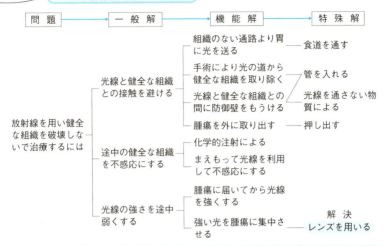

FIGURE 7-1 放射線問題の思考過程

ある実験参加者が放射線問題を解決する際にどのような思考過程をたどったかを示したものである。この実験参加者は問題を分析し，一般解から，機能解，特殊解へと段階的に思考を進めていることがわかる。

(出典) Duncker, 1945 より。

機能解，特殊解へと段階的に思考を進めていることがわかる。これもヒューリスティックスの一種である。

このほかにも，現在の状態と目標状態を比較して，その差異が最も小さくなるような方略を選択する手段−目標分析や下位目標分析などが，人間が日常世界での問題解決のために用いる代表的なヒューリスティックスである。たとえば麻雀で満貫での上がりを狙っている場合，「上がり」の状態（目標状態）にできるだけ早く近づくように，必要な牌を残し不要な牌を捨てるであろう。これが手段−目標分析の一例である。その際に，安い役での上がりでもよいから，とりあえず「テンパイ」（「上がり」の一手前の状態）に近づけようという目標を立てるかもしれない。これが下位目標分析の一例である。

なお，ヒューリスティックスについては，第14章も参照のこと。

2 帰納的推論

仮説検証と帰納的推論　人類が高度な科学文明を築くことができたのは、人間には高度な科学的思考力が備わっているからにほかならない。では、科学的思考力とはどのような思考力なのだろうか。

科学的認識を深めるためには、仮説検証の思考力が必要になる。たとえば、「水や空気は温度が上がると体積が増える」という実験結果を観察した子どもは、「あらゆる物質は温度が上がると体積が増える」という仮説を立てるだろう。その子どもはさらに、その仮説から「金属も熱すれば体積が増えるはずだ」という予測を導き出し、その予測が正しいかどうかを確かめるための実験を計画・実施するだろう。そして、もし予測どおりの実験結果になれば、その仮説を保持するだろう。しかし、逆に予測とは矛盾する実験結果になれば、その仮説を修正したり、別の新たな仮説を着想するだろう。仮説検証の思考とは、こうした一連の推論の道筋のことを指しているのである。

仮説検証の思考では、帰納的推論が重要な役割を果たすことが知られている。この 帰納的推論 とは、観察した事実や事象に基づいて、それらの事実や事象を生じさせている原因や法則性を推理することを指す。たとえば、「きつねうどん」や「牛丼」を食べてもアレルギー反応は出ないのに、「卵うどん」や「親子丼」を食べるとアレルギー反応が出る子どもがいる場合に、「その子には卵アレルギーがあるのだろう」と推理するのが帰納的推論である。同様に、前述の「水や空気は温度が上がると体積が増える」という観察事実に基づいて、「あらゆる物質は温度が上がると体積が増える」という仮説を導き出す推論が帰納的推論である。

仮説検証の思考を阻害する要因　仮説検証の思考過程は、「仮説着想の過程」と「仮説評価の過程」に大別することができる。したがって、仮説検証の思考を正しく行うためには、これら2つの過程を阻害する要因を明らかにすることが重要になる。

(1) 素朴理論　「仮説着想の過程」で正しい仮説の着想を妨げる阻害要因の1つは、素朴理論である。私たち人間は、学校に入学する以前から（入学後に

FIGURE 7-2 ●「丸い地球」についての素朴理論

A. 円盤状の地球

B. 二次元的な地球

C. うわべだけの球体

ヴォスニアドウとブリューワーの調査結果の一部。「地球は丸い」という科学的理論と「地球は平らである」という素朴理論を整合的に統合することが、子どもたちにとっては非常に困難であることがわかる。

(出典) Vosniadou & Brewer, 1992 より。

も)、学校外の日々の活動を通してさまざまな知識を獲得する。そうした身のまわりの事象の観察を通して自然に獲得する知識体系は素朴理論と呼ばれ、しばしば正しい科学理論とは矛盾する間違った理論であることが知られている。

この素朴理論は、日常経験に基礎を置く具象的理論であり、日々の感覚運動的体験に深く根ざしている。このため、たとえ素朴理論が間違った理論であったとしても、それを消し去り、正しい科学理論を獲得するのは、かなり困難である。そのことは、人類が何千年もの長い期間、「天動説」という間違った素朴理論を信じてきたことに如実に示されている。

認知心理学者のヴォスニアドウとブリューワー (Vosniadou & Brewer, 1992) は、小学3～6年の子どもたちが、「地球は丸い」という科学的理論と「地球は平らである」という素朴理論をどのように統合しているかを調べるための調査を行った。次の図7-2は、その調査結果の一部を示したものである。

図7-2のAは、「地球は丸い」という科学的理論を受け入れることができずに、「丸い」という言葉から、円盤状の平らな地球をイメージする段階である。次のBは、「丸い」という科学的理論を受け入れてはいるが、「平らである」という素朴理論とうまく統合することができずに、両者を併存させている段階である。次のCは、両者を何とか統合しようとしているものの、その統合はまだうわべだけにとどまっている。つまり、人が立っているのは、空洞になっ

た球体の内部の平面であると考える段階である。このような調査結果は,「地球は丸い」という科学的理論と「地球は平らである」という素朴理論の矛盾を解決し,両者を整合的に統合することが,子どもたちにとっていかに困難であるかを如実に物語っている。

(2) 確証バイアス　一方,「仮説評価の過程」の阻害要因としては,確証バイアスがよく知られている。この確証バイアスとは,自分の立てた仮説を「反証する」ことよりも「確証する」ことの方を好む傾向を指しており,さまざまな仮説検証の場面で生起する,かなり強固な心理傾向であることが知られている。ここでは一例として,認知心理学者のウェイソン（Wason, 1960）が考案した「246課題」を用いた研究例を紹介してみよう。

この「246課題」は,科学者が観察や実験データに基づいて仮説を検証する過程を模して作られた課題である。すなわちこの課題では,実験参加者はたとえば「246」「357」のような3個の数字の列がどのようなルールに従う数列であるかを推理することが求められる。まず,実験者は実験参加者に「246」という数列を示し,この数列は実験者があらかじめ決めているルール（正解は「たんに増加する数列」というルール）に従っていることを告げる。実験参加者の課題は,正解のルールを見つけるために,3個の数字列を自分で選び実験者に提示することである。実験者は,実験参加者の提示した数字列が正解のルールに従っていれば「はい」,従っていなければ「いいえ」というフィードバックを与える。また,実験参加者は個々の数列を提示する際に,その数列を提示する理由（仮説）を書くことが求められる。そして,正解のルールがわかったと確信したときには,それを報告するように求められる。その報告が正解であれば,そこで実験は終了するが,正解でなければ「誤り」であることが告げられ,実験は実験参加者が正解を見つけるまで継続するのである。

表7-1は,ウェイソンの実験において,ある実験参加者が正解を見つけるまでの仮説検証の様子を示したものである。表7-1から,この実験参加者には仮説を「確証すること」に対する強いバイアスが働いていることが明らかである。すなわち,この実験参加者は「はじめはどんな数でもよくて……」という最初の仮説を報告するまでの間に4つの事例を調べているが,それらはすべて,この仮説にあてはまる事例ばかりである。そして,調べた4事例のすべてにおいて「はい」のフィードバックを得たために（仮説の確証),自分の仮説は正しい

TABLE 7-1 「246課題」における確証バイアス

実験参加者の行動				実験者の回答	
挙げた事例			理　由	事例への回答	規則への回答
8	10	12	毎回同じ数を足す	はい	
14	16	18	大きさの順に並ぶ偶数	はい	
20	22	24	同じ理由	はい	
1	3	5	前の数に2を足す	はい	
報告			はじめはどんな数でもよくて，毎回2を足して次の数を作る		誤り
2	6	10	まんなかが他の数の平均である	はい	
1	50	99	同じ理由	はい	
報告			まんなかの数が他の数の平均である		誤り
3	10	17	毎回7を足す	はい	
0	3	6	毎回3を足す	はい	
報告			2つの数の差が同じ		誤り
12	8	4	毎回同じ数を引く	いいえ	
報告			同じ数を足して次の数を作る		誤り
1	4	9	大きさの順に並ぶ何でもよい3つの数	はい	
報告			大きさの順に並ぶ3つの数		正しい

（5回目の報告で正解。所要時間17分）

ある実験参加者が「246課題」で提示した事例と，その事例を提示する際に，実験参加者が挙げた理由が示されている。この実験参加者には，仮説を「確証すること」に対する強いバイアスが働いていることが明らかである。

（出典）　Wason, 1960より。

と確信し，この時点で仮説を報告しているのである（もちろん，実験参加者が正しいと確信した仮説は間違っているので，実験者から「誤り」のフィードバックを受け，さらに実験が継続する）。ウェイソンは，この実験参加者と同様に，多くの実験参加者に「確証」を好む傾向があることを見出し，このような傾向を確証バイアスと呼んだのである。

ところで，この確証バイアスは，仮説検証の方略としては必ずしも効率的ではない。なぜなら，帰納的推論によって導き出される仮説は，確証事例を枚挙するだけでは，それが正しいことを確実に証明することはできないからである（たとえば，空を飛ぶ鳥の事例をいくら数多く列挙しても，そのことは「鳥は飛ぶ」という仮説の確かな証明にはならない）。これに対し反証事例が1事例でも見つかれば，それはただちにその仮説が間違っていることの証明になる（空を飛べない

「ダチョウ」の存在は，「鳥は空を飛ぶ」という仮説が間違いであることの証明になる）。したがって，自分の立てた仮説が検証されることを好む「確証バイアス」は，正しい仮説の発見を遅らせてしまう危険性がある。前述したように，人類は何千年もの長い期間，「天動説」という間違った仮説を正しいと信じ続けてきた。そして，たとえば「惑星の逆行」のような反証事例を不当に無視し続けてきた。このため，「地動説」という正しい仮説の発見が遅れてしまったのである。

演繹的推論

仮説検証と演繹的推論　仮説検証の思考には，帰納的推論と同時に演繹的推論が必要になる。演繹的推論とは，ある主張や仮説が正しいことを前提としたときに，その前提から論理的に正しい結論を導き出す際の推論を指す。たとえば，数学の定理の証明や三段論法などが演繹的推論の代表的な例である。前述の理科実験の場合であれば，「あらゆる物質は温度が上がると体積が増える」という仮説から「金属も熱すれば体積が増えるはずだ」という結論を導き出す際の推論が演繹的推論である。すなわち，ここでは「あらゆる物質は温度が上がると体積が増える」「金属は物質である」という2つの前提から三段論法によって「金属は熱すれば体積が増える」という結論が演繹的に導き出されている。つまり，仮説検証の思考には，「水や空気は温度が上がると体積が増える」という実験結果から「あらゆる物質は温度が上がると体積が増える」という仮説を帰納的推論によって導き出し，さらにその仮説から「金属も熱すれば体積が増えるはずだ」という仮説を演繹的推論によって導き出す，というように，帰納的推論と演繹的推論の両方が必要なのである。

演繹的推論の歪み　演繹的推論とは，ある前提から論理的に妥当な結論を導き出すときに必要となる推論であり，前提や結論が現実に照らして正しいかどうかということは問題にされない。たとえば「女性は情動に左右されやすく，論理的な思考ができない。哲学には論理的な思考が必要である。だから女性には優れた哲学者がいない」という言説を取り上げてみよう。この三段論法は明らかに偏見で歪められているように思

TABLE 7-2 ● 演繹的推論に及ぼす信念・感情の影響
1 戦争の時代は繁栄の時代であり，繁栄はおおいに望ましい。それゆえ戦争はおおいに望ましい。
2 すべての共産主義者は急進的な思想をもっており，すべてのCIO（産業別労働組合会議）の指導者たちは急進的な思想をもっている。それゆえすべてのCIOの指導者たちは共産主義の代理人である。
3 哲学者たちはすべて人間であり，すべての人間は誤りをまぬがれえない。それゆえ哲学者たちもまた誤りをまぬがれえない。
4 すべてのクジラは水中に住んでおり，すべての魚も水中に住んでいる。それゆえすべての魚はクジラでなければならない。

推論1と推論3は同じ論理形式の三段論法で，どちらも正しい演繹的推論である。これに対し，推論2と推論4は同じ論理形式の三段論法で，どちらも間違った演繹的推論である。

（出典） Lefford, 1946 より。

えるが，この言説の演繹的推論に誤りはない。したがって，この言説を論駁するためには，この三段論法の2つの前提が間違いであることを論証する以外に方法はない。つまり，演繹的推論では前提から論理的に妥当な結論が導き出されているかという点だけが問題となるのである。

では，人間の演繹的推論は，はたして合理的なのだろうか。これまでの研究によると，帰納的推論の場合と同様に，人間の演繹的推論にはさまざまな歪みが生じることが知られている。ここでは，そのうちの代表的なものを取り上げて紹介することにする。

(1) 信念・感情の影響　人間の演繹的推論は，信念や感情の影響を受けやすいことが古くから知られている。そのことを実際に確かめるために，表7-2の演繹的推論1～4が正しいかどうかを判断してみよう。ちなみに推論1と推論3は，どちらも「すべてのAはBであり，すべてのBはCである。ゆえに，すべてのAはCである」という形式の三段論法である（どちらも正しい）。これに対し，推論2と推論4は，どちらも「すべてのAはBであり，すべてのCはBである。ゆえに，すべてのCはAである」という形式の三段論法である（どちらも間違い）。

まず，推論1と推論3を比較すると，おそらく推論1に対する判断の方が推

論3に対する判断よりも難しいであろう。同様に推論2と推論4を比較すると，推論2に対する判断の方が推論4に対する判断よりも難しいはずである。

この例からも明らかなように，人間の演繹的推論は，「前提から論理的に妥当な結論が導き出されているか」ということだけに基づくのではなく，「結論が自分の信念と一致している」や「論旨に好感がもてる」など，個々人の信念や感情によっても左右されるのである。

(2) 雰囲気効果　人間の演繹的推論は，言語表現がかもし出す雰囲気によっても影響されることが明らかにされている。たとえば，チャップマンとチャップマン（Chapman & Chapman, 1959）は2つの前提を実験参加者に提示し，その前提から導き出されるべき結論を，「すべてのSはPである」「あるSはPである」「すべてのSはPではない」「あるSはPではない」「これらのどれでもない」という5つの選択肢のなかから選ばせた。表7-3は，各前提に対して選択された結論の比率を一覧表にして示したものである。なお6種類の前提のいずれの場合も，「これらのどれでもない」が論理的には正しい結論である。

表7-3より明らかなように，実験参加者はかなりの高率で推論の誤りを犯している。しかも，前提が全称命題（すべての……は）であるか特称命題（ある……は）であるか，および肯定式（……である）であるか否定式（……ではない）であるかといった，2つの命題の文章表現がかもし出す雰囲気に左右されているようである。さらに誤りの分布をくわしく見てみると，そこには次のような規則性があることが明らかである。

① 2つの前提がどちらも全称命題であれば全称命題の結論が，特称命題であれば特称命題の結論が選ばれる傾向がある。
② 2つの命題のうちの一方が全称命題で他方が特称命題であれば，特称命題の結論が選ばれる傾向がある。
③ 2つの前提がどちらも肯定式であれば肯定式の結論が，否定式であれば否定式の結論が選ばれる傾向がある。
④ 2つの命題のうちの一方が肯定式で他方が否定式であれば，否定式の結論が選ばれる傾向がある。

TABLE 7-3 ● 演繹的推論における雰囲気効果					
	実験参加者の結論の比率				
前　　提	すべてのSはPである	あるSはPである	すべてのSはPではない	あるSはPではない	これらのどれでもない
すべてのPはMである すべてのSはMである	.81	.04	.05	.01	.09
すべてのMはPである どんなSもMではない	.02	.03	.82	.05	.08
すべてのPはMである あるMはSである	.06	.77	.02	.06	.07
あるMはPである すべてのSはMではない	.01	.06	.62	.13	.18
あるMはPではない すべてのMはSではない	.03	.07	.41	.19	.30
すべてのMはPではない あるSはMではない	.03	.10	.24	.32	.32

2つの前提から導き出されるべき結論を5つの選択肢のなかから選ばせた場合の選択比率の一覧表が示されている。なお，6種類の前提のいずれの場合も，「これらのどれでもない」が論理的には正しい結論である。

（出典）　Chapman & Chapman, 1959 より。

4　意思決定の思考

　人間は，今日の昼食はカレーライスにするかラーメンにするかといった日常的な意思決定から，志望大学の選択のような一生を左右する重要な意思決定まで，さまざまな意思決定を行うために思考している。そのなかには商品の購買や金品の貸し借りなど，経済活動に関わる意思決定も含まれる。こうした経済活動の仕組みを研究することは元来，経済学の分野に属していたのであるが，近年，心理学の理論と研究方法を取り入れた行動経済学という新しい研究分野が発展している。その結果，人間が意思決定を行う際の思考は必ずしも合理的

ではなく，以下に紹介するような種々の心理的要因のために歪められることが明らかになった。ちなみに，行動経済学の発展に多大な貢献したカーネマン（Kahneman, D.）は，2002年にノーベル経済学賞を受賞している。

フレーミング効果

フレーミング効果（framing effect）とは，意思決定を行う際の心理的枠組み（フレーム）が異なることが意思決定の結果に影響する現象を指している（Kahneman & Tversky, 1979）。たとえば，あなたが重篤な病気にかかり，医師から手術を勧められた場面を想定してみよう。そのとき医者はAとBの2種類の手術があるとあなたに告げた。

A案：「これまでに手術した100人の患者のうちの95人が5年後も生存している」

B案：「これまでに手術した100人の患者のうちの5人が5年未満に死亡した」

さて，あなたならどちらの案を選択するだろうか。おそらくA案を選択するのではないだろうか。カーネマンとトヴァースキーの実験の場合も，多くの実験参加者がA案を選択した。A案もB案も手術の成功率は同じである。それにもかかわらずA案の方が多く選択された理由は，A案のフレームは生存者の方に向いているのに対し，B案のフレームは死亡者に向いているからだと考えられるのである。

もう1つ別の例を挙げてみよう。トヴァースキーとカーネマン（Tversky & Kahneman, 1981）は「チケット紛失条件」と「現金紛失条件」の2条件を設け，実験参加者に次のような質問をした。

チケット紛失条件：「あなたは代金10ドルのチケットを購入した後，映画館に行きました。ところが，あなたはチケットを紛失したことに気づきました。あなたはチケットをもう一度買い直しますか」。

現金紛失条件：「あなたは映画を観るために映画館に行きました。チケットの代金は10ドルでした。ところが，あなたは10ドルを紛失していることに気づきました。あなたはチケットを買いますか」。

実験の結果，チケット紛失条件では46％の実験参加者がチケットを買うと答えたのに対し，現金紛失条件では88％の実験参加者がチケットを買うと答えた。どちらの条件も10ドルの損失をしたという点では同じである。それに

もかかわらず，なぜこのような違いが生じたのだろうか。トヴァースキーとカーネマンは，心的会計（mental accounting）という概念を用いることで，この違いを説明している。心的会計とは，金銭に関する意思決定問題を処理するためのフレームを指し，いわば心のなかの財布である。つまり，心的会計のフレームで考えると，一度買ったチケットをもう一度買うのとはじめて買うのとでは，損得勘定が異なると考えるのである。

基礎確率の無視

人間の直観的確率判断は，基礎確率の無視のために歪む傾向があることが知られている。たとえば次の問題を考えてみよう。

「ある町では，緑のタクシーが85％，青いタクシーが15％の割合で走っている。ある夜，この町でタクシーによるひき逃げ事件が起きた。目撃者が1人みつかり，その目撃者は『青いタクシーだ』と証言した。ところが，同じような状況下での目撃者の証言がどのくらい正確であるかを検査してみたところ，80％の正確さであることがわかった。さて，この目撃者の証言どおり，青いタクシーが犯人である確率は何％だろうか」。

さて読者の皆さんの多くは，80％と答えたのではないだろうか。実際，アメリカの大学生を対象にして行われたトヴァースキーとカーネマン（Tversky & Kahneman, 1974）の実験でも，多くの実験参加者が80％と答えることがわかった。しかし，確率を正確に計算すると，じつは約41％が正解である。なぜなら，目撃者の証言が正しい確率（実際に「青のタクシーが犯人であり」なおかつ目撃者が「青のタクシーが犯人である」と証言する確率）は，12％（0.15×0.80＝0.12）である。これに対し，目撃者の証言が間違っている確率は（実際は「緑のタクシーが犯人である」にもかかわらず目撃者が「青のタクシーが犯人である」と証言する確率）は，17％（0.85×0.20＝0.17）である。したがって，目撃者の「青いタクシーが犯人である」という証言が正しい確率は，約41％（12÷（12＋17）≒0.41）なのである。それにもかかわらず，なぜ多くの実験参加者は80％と答えてしまうのだろうか。

その理由は，「この町では，緑のタクシーが85％，青いタクシーが15％の割合で走っている」という基礎確率を無視するからである。つまり，「この町では青いタクシーは15％しか走っていないので，青いタクシーが犯人である確率は緑のタクシーが犯人である確率よりも低い」という基礎確率を無視して

いるのである。

　この基礎確率の無視というバイアスは，日常生活のさまざまな場面で観察されることが知られている。たとえば，95％の正確さであることがわかっている胃がん検診で「胃がんの疑いあり」と診断されると，多くの人は「自分は95％胃がんだ」と思いこんで，遺書を書き始めるのではないだろうか。しかし，胃がんの発症率がかりに1000人に1人の割合だとすると，「胃がんの疑いあり」と診断された人が実際に胃がんにかかっている確率は，$(0.001 \times 0.95) \div \{(0.001 \times 0.95) + (0.999 \times 0.05)\} \fallingdotseq 0.019$ であり，約1.9％にすぎないのである。

5 創造的思考

　フランスの哲学者パスカル（Pascal, B.）は「人間は自然界で最も弱い1本の葦にすぎない。しかし，それは考える葦である」という有名な言葉を残している。たしかに人間には鋭い牙があるわけではない。尖った角があるわけでもない。しかし，人間には高度に発達した思考力が備わっている。その高度な思考力によって人類は進化の競争に打ち勝ち，世界の各地で高度な文明・文化を生み出してきた。

　では，なぜ人間の思考力は「高度」といわれるのだろうか。それは，人間の思考力には創造性が備わっているからにほかならない。つまり，人間は何らかの問題を解決しなければならなくなったとき，創造的思考力を働かせて問題を解決することができる。もちろん他の動物たちにも問題解決の能力は備わっている。しかし，人間のように創造的思考力を働かせることはできない。このため人間以外の動物たちは，私たち人類のように高度な文明・文化を築くことができないのである。

　しかも，創造的思考力はけっして一部の天才たちだけに授けられているのではない。私たち凡人も，それぞれにさまざまな問題を抱えて生きている。そうした問題のなかには，創造的思考力を働かせなければ解決できないものも少なくない。そこで最後に，創造的思考力が問題解決のプロセスでどのように働くのかを考えてみることにしよう。

創造的思考と孵化効果　第1節で前述したように問題解決の過程には「問題の認識」「問題点の把握」「解決法の着想」「解決法の検討」「解決法の選択」の5段階があると考えられているが，このうちで創造的思考力が必要になるのは，「解決法の着想」の段階である。私たちは何らかの解決すべき問題が生じたとき，普通はまず「過去に似たような問題に出会ったことがないかどうか」を考えてみるだろう。そして，もしそれが見つかれば，そのときどうやってその問題を解決したかを思い出し，その解決法を適用するだろう。しかし，いつも都合よく類似の過去経験が見つかるとは限らない。また，今まで誰も経験したことのない新しい種類の問題に出会うこともあるかもしれない。そのようなときには，それまで誰も思いつかなかったまったく新しい解決法を着想するための創造的思考力が必要になる。しかし，創造的思考力を働かせて新しい解決法を着想することは，創造性豊かな天才たちにとってもけっして容易な作業ではない。そのことは，フランスの数学者ポアンカレー（Poincaré, 1929）が自らの体験を語った次のような記述からも明らかである。

「そこで私は，ある数学の問題に注意を向けた。しかし，その問題はあまりうまくいかなかったし，私の以前の研究との関連性にも気づかなかった。私はがっかりして海辺に出かけ，数日間ぼんやりと他のことを考えながら過ごした。ある朝，断崖の上を散歩していたとき，不定3元2次方程式の算術的変換が非ユークリッド幾何学のそれと同じであるというアイデアが，まさに簡潔な形で，強い確信を伴って，突然現れた」。

このポアンカレーの記述は，創造的な問題解決がいかに困難な作業であるかを如実に物語っている。しかも，心理学者のワラス（Wallas, 1926）の研究によって，このことはけっして数学の世界に限ったことではないことが明らかにされている。ワラスは創造的な業績を残した天才の芸術家や科学者たちの思考過程を分析し，いずれの場合もポアンカレーの数学的発見の場合と共通のプロセスが存在することを見出したのである。その共通のプロセスとは次のような4段階である。

① 準備の段階：この段階では過去の経験やすでに習得している知識や技能を総動員して問題解決に没頭する。しかし，懸命の努力にもかかわらず何度も失敗を繰り返す。

FIGURE 7-3 ● 安いネックレス問題

現在の状態　　目標の状態

鎖A
鎖B
鎖C
鎖D

3個の金の輪がつながった4本の鎖を全部つないで1つのネックレスにせよ。ただし、1個の金の輪を開くのに2セント、閉じるのに3セントかかり、お金は15セントしか使うことはできない。

（出典）　Silveira, 1971.

② 温めの段階：この段階では問題の解決を一時あきらめ、散歩や休息など問題解決とは関係のない無活動な状態に身を置く。しかし、無意識の世界で創造的なアイデアを「温めている」段階である。

③ 開明（ひらめき）の段階：この段階では、一瞬のひらめきによって創造的な解決法が見出される。これは強い確信とそれまでの苦労が報われた深い感動を伴って突然に訪れる。

④ 検証の段階：この段階では、見出された解決法をいろいろな角度から吟味・検討し、それが正しいことを検証する段階である。

ところで、創造的な問題解決のプロセスで興味深いことは、問題解決に没頭している「準備の段階」ではなく、一見すると問題とは関係のない活動をしている「温めの段階」の後に解決法が見出されることである（これを孵化効果と呼ぶ）。このことは、創造的発想を生み出すためには型にはまった思考様式から解放される必要があり、そのためには散歩や休息などによって気分転換を図ることが有効であることを意味している。また、この孵化効果は歴史の残るような発明・発見の場合だけでなく、普通の人のささやかな発明・発見の場合にも同様に生じる。そのことは心理学者のシルヴェイラ（Silveira, 1971）が行った次のような実験によって確かめられている。

この実験の実験参加者には「安いネックレス問題」と呼ばれる問題が与えられた。安いネックレス問題とは次のようなものである。読者も試みに解いてみるとよい（図7-3；正解はp.183）。

「3個の金の輪がつながった鎖が4本あります。1個の金の輪を開くのには2

> COLUMN　**7-1 創造性の育成法**

　創造性の育成法に関しては，これまでに多種多様な方法が開発されているが，ここでは代表的な方法をいくつか紹介してみよう。

　(1) ブレイン・ストーミング法　　オズボーン（Osborn, 1953）が開発した方法である。集団的創造思考法とも呼ばれるこの方法では，集団討議の形式で自由奔放にアイデアを出し合っていく。その際のポイントは，集団の成員は何の制約を受けることなく，また他者の発言に対する批判や否定は一切なされないことである。アイデアが出尽くしたところで評価の段階に移り，実際に使えそうなアイデアを絞り込んでいく。

　(2) KJ法　　文化人類学者の川喜田二郎が調査データの整理法に基づいて考案した方法である（川喜田, 1967）。この方法では，最初にアイデアを1つずつ「ラベル」（同一サイズの小さな紙片）に書き込んでいく。次にラベルの分類を繰り返しながら，最終的には大きな紙に図式化して整理する。このようなプロセスを経ることによって，問題の構造や要因間の相互関係が明瞭になり，新しい発想や発見が促進されるのである。このように KJ 法のポイントは，バラバラのアイデアを分類・整理・構造化し，それを目に見える形に図式化することにある。なお，KJ法は単独で行うことも可能であるが，集団討議の形式で行う方が多様で柔軟な発想の創出につながりやすい。

　(3) NM法　　中山正和が開発した，アナロジー（類推や比喩）を活用する発想法である（中山, 1980）。すなわち，この方法のポイントは，一見無関係なものをアナロジーによって結びつけることによって創造的思考を促すことにある。実際，アナロジーによって科学上の創造的発見がもたらされた例が数多く知られている。たとえばニュートン（Newton, I.）は，一見無関係なリンゴと月をアナロジーによって結びつけることによって万有引力の法則を発見した。また，化学者のケクレ（Kekulé, F. A.）は，自分の尾を飲み込む蛇の夢を見たことがヒントになって，ベンゼンの分子構造が環状であることを発見したというエピソードが残されている。

セント，閉じるのには3セントかかります。問題は，12個の金の輪を全部つないで1つのネックレスにすることです。ただし，お金は15セントしか使うことができません。どうすればよいでしょうか」。

　シルヴェイラは実験参加者を3グループに分けた。第1のグループは30分

間休みなくこの問題に取り組んだ。第2のグループも30分間この問題に取り組んだが，途中で30分間の休憩を挟んだ。第3のグループは途中で4時間の休憩を挿入した。その結果，第3グループが最も正解率が高く（85%），次が第2グループ（64%），最も正解率が低かったのは第1グループ（55%）であった。つまり，問題に取り組む時間は3つのグループとも等しいにもかかわらず，休憩時間が長くなるほど正解率が高くなることがわかったのである。

創造的発想を妨げる要因　ポアンカレーの数学的発見やシルヴェイラの実験に示されている孵化効果は，いったいなぜ生じるのだろうか。この疑問に答えるためには収束的思考と拡散的思考の区別について説明する必要があるが，その前に次の3つの問題を解いてみよう。

　問題1「カードを生徒1人に6枚ずつ配ると15枚足りなくなり，1人に5枚ずつ配ると25枚余るという。生徒は何人か」

　問題2「もし人間の手の指が5本ではなく6本だとしたら，どのようなことが起こるだろうか。考えられることをできるだけたくさん挙げなさい」

　問題3「マッチ箱にはどんな用途があるだろうか。考えられる用途をできるだけたくさん挙げなさい」

(1) **収束的思考と拡散的思考**　アメリカの心理学者ギルフォード（Guilford, 1967）は，人間の思考を収束的思考と拡散的思考に分類した。収束的思考とは，問題1を解くような場合に必要となる思考を指している。問題1は中学校1年で習う1次方程式の問題であり，当然のことながら正解は1つしかない（正解は40人）。その1つしかない正解をできるだけ早く見つけるための思考が，学校の試験でよい点を取るためには必要なのである。つまり学校の試験では，1つしかない正解へと思考を集中させていく収束的思考が測られているのである。一方，問題2と問題3は創造性検査でよく用いられる問題である。これらの問題に共通している点は，必ずしも答えが1つとは限らないことである。たとえば問題2の場合であれば，「6本指のグローブが必要になる」「自転車のハンドルのデザインを変えなければならなくなる」「新しい影絵遊びができるようになる」「十進法よりも十二進法が多く用いられるようになる」など，さまざまな答えが可能である。したがって，創造性検査でよい点を取るためには，多方向へと思考を拡散させることが必要になる。つまり，創造性検査では拡散的思

考が測られているのである。

　では，収束的思考と拡散的思考の区分は，前述の孵化効果が生じるメカニズムとどのように関係しているのだろうか。その答えは，私たちの日常生活においては，収束的思考を用いる機会の方が拡散的思考を用いる機会よりも圧倒的に多いという事実に隠されている。このため，普段は収束的思考ばかりを行うことになり，いざというときに拡散的思考ができなくなる。知らず知らずのうちに型にはまった思考様式や固定観念にとらわれてしまい，収束的思考の回路から拡散的思考の回路への切り替えがスムーズにできなくなるのである。したがって，この切り替えをスムーズにするためには，頭を休めることが効果的な方法である。頭を休めることによって収束的思考の回路の方へ集中している思考のエネルギーを解放し，エネルギーが拡散的思考の回路の方へ振り向けられるのを待つのである。前述したように，創造的なアイデアは問題解決に没頭しているときではなく，睡眠中や休憩中に突然にひらめくことが多い。この孵化効果は，睡眠や休憩によって収束的思考の回路から拡散的思考の回路への切り替えが成功したことを意味しているのである。

(2) **機能的固着**　　固定観念にとらわれると収束的思考から拡散的思考への切り替えが難しくなることは，次のような実験によっても確かめられている。

　心理学者のドゥンカー（Duncker, 1945）は，実験参加者に「マッチ箱」のなかに「押しピン」と「ロウソク」と「マッチ棒」を入れて渡し，それで「壁にロウソクを立てなさい」という問題を課した。ところが多くの実験参加者は，マッチ箱は「マッチを入れるための箱」という固定観念にとらわれてしまって，「マッチ箱を押しピンで壁に取りつけ燭台として使う」という正解を思いつくことができないことがわかった。私たちは普段，マッチ箱を「マッチを入れる箱」として使っている。マッチ箱をそれ以外の用途で用いることなど滅多にあることではない。このため，マッチ箱を見ると即座に収束的思考力が働いて，ほとんど自動的に「マッチを入れる箱」という発想が浮かんでしまう。人間にとって，ものを通常の使用法とは別の用途で用いるのが難しいのは，こうした収束的思考の働きによるのである。読者の皆さんは，問題3で「マッチ箱」の用途をいくつくらい挙げることができただろうか。おそらく，即座に多数のアイデアが浮かんだ人はほとんどいないのではないだろうか。ドゥンカーは，このことを機能的固着と呼んだ。つまり，発想がものの通常の「機能」に「固

> **COLUMN 7-2 知能検査**
>
> 　人間の高度な思考力を支えている知能とはどのような能力なのだろうか。また，知能を測るための知能検査はどのようなものなのだろうか。
>
> 　知能を客観的に測定するための知能検査を最初に作成したのは，フランスの心理学者ビネー（Binet, A.）である。ビネーの死後，知能検査の開発はアメリカの心理学者ターマン（Terman, L. M.）らに引き継がれ，スタンフォード＝ビネー法や，ウェクスラー＝ベルヴュー法などの知能検査が開発された。日本においても，ビネー法の改訂版の鈴木ビネー法，スタンフォード＝ビネー法の改訂版の田中ビネー法，ウェクスラー＝ベルヴュー法の改訂版のWAIS（成人用）やWISC（児童用）などが広く使用されている。
>
> 　知能検査の開発・普及に伴って，知能の構造を明らかにするための理論的研究もしだいに発展した。そうした理論的研究の端緒を拓いたのは，スピアマン（Spearman, 1904）の2因子説である。スピアマンは，すべての検査項目に共通する一般因子と，それぞれの検査項目に固有の特殊因子があるとした。これに対し，サーストン（Thurstone, 1938）は一般因子の存在を否定し，数，言語，語の流暢さ，記憶，推理，空間，知覚という7因子からなる多因子説を唱えた。また，最近では認知心理学の影響のもとで，より柔軟でダイナミックな知能の理論も発展している。たとえば，スターンバーグ（Sternberg, 1985）は，知能の三本柱（鼎立）理論を提唱している。この理論は，流動性知能（帰納・演繹推理）と結晶性知能（知識獲得・言語理解能力）からなるコンポーネント理論，新しい環境や状況に対処する能力に関わる経験理論，社会・文化的影響に関する文脈理論の三本柱からなる階層的理論体系である。さらに，ガードナー（Gardner, 1999）は，個々に独立した①言語的知能，②論理・数学的知能，③空間的知能，④音楽的知能，⑤身体・運動的知能，⑥内省的知能，⑦対人的知能からなる多重知能理論を提唱している。この理論の特徴は，音楽やスポーツなど芸術・表現領域の知能を含めている点，自己と他者の理解という対人的知能の重要性を指摘している点において，従来の理論を発展させたものといえる。

着」してしまい，別の発想が浮かばなくなるという意味である。

　(3)　**問題解決の構え**　　また，ルーチンズ（Luchins, 1942）は表7-4のような「水がめ問題」を用いて，問題解決の構えが柔軟な思考の妨げになることを示している。この実験の実験参加者の課題は，A，B，Cという容量の異なる3

| TABLE | 7-4 ● ルーチンズの水がめ問題 |

問題	Aの水がめの容量	Bの水がめの容量	Cの水がめの容量	求められる水量
1	21	127	3	100
2	14	163	25	99
3	18	43	10	5
4	9	42	6	21
5	20	59	4	31
6	23	49	3	20
7	15	39	3	18
8	28	76	3	25
9	18	48	4	22
10	14	36	8	6

1〜7番の問題はいずれも「B－A－2C」という方法によって解決できるが、6番と7番の問題は「A－C」または「A＋C」という簡単な方法でも解決できる。

（出典）　Luchins, 1942 より。

つの水がめを用いて一定の量の水を汲むことである。表7-4の1〜7番までの問題はいずれも「B－A－2C」という方法によって解決できるが，6番と7番の問題は「A－C」または「A＋C」という簡単な方法でも解決できる。ところが1番の問題から順番に問題を解いた実験参加者は，6番と7番の問題でもそれまでの解き方に固執し，新しい簡単な解決法に気づかないことがわかった。このルーチンズの実験結果も，収束的思考が自動的に働くと拡散的思考の働きが抑制されることを示しているのである。

　もちろん収束的思考も，日常的な事務処理を能率的にこなすためには欠かせない重要な思考様式である。しかし，文学や芸術などの創作活動や科学技術上の発明・発見には拡散的思考が不可欠である。つまり，収束的思考と拡散的思考は，それぞれに重要な役割を分担しているのである。したがって，自分の思考様式が収束的思考に偏り過ぎていると感じる読者は，本章のコラム7-1に紹介されている方法などを参考にして，拡散的思考の増進を図るとよいだろう。

創造的思考と批判的思考　　創造的思考がたんなる空想で終わらずに現実世界の進歩に役立つ創造的発想を生み出すためには，批判的思考を働かせることが重要である。そのため近年の学校教育では，創造的思考力に加えて批判的思考力の育成も重要な教育目標とされている。では，批判的思考力とはどのような思考様式を指しているのだろうか。

　心理学で扱う批判的思考は，論理的で偏りのない思考のことを指しており，

一般に批判的思考力の高い人は，次のような人格特性のもち主だと考えられている。

(1) **知的好奇心**　人があまり気づかないことに疑問をもったり，新しいことに挑戦したりするのを好むなど，知的好奇心が旺盛である。
(2) **客観性**　何らかの意思決定を行う際に，自分の主観的判断にとらわれずに，客観的な事実や根拠に基づいて冷静に判断することができる。
(3) **開かれた心**　物事について判断をする際に，一方の立場だけでなく，あらゆる立場を考慮に入れ，偏りのない判断を下すことができる。
(4) **柔軟性**　独断的で頑固な態度にならず，必要に応じて妥協したり，1つの方法がうまくいかないときには別の方法を試みたりするなど，自分の考えや方法を柔軟に改めることができる。
(5) **知的懐疑心**　他者の主張を無批判に信じ込んでしまうことなく，確かな証拠があるかどうか慎重に吟味し，根拠が弱いと思われる主張に対しては他の可能性を探るなどして，結論を保留することができる。
(6) **知的誠実さ**　自分の主張にとって有利な根拠だけでなく不利な根拠も考慮に入れ，たとえ自分の意見とは異なる主張でも，正しいものは正しいと受け入れることができる。
(7) **論理的思考力**　きちんとした論理を積み重ねて議論を組み立て，不確かな根拠に基づいて結論を導くなどの論理の飛躍を行わない。
(8) **追求心**　考えうるすべての事実や証拠を調べ，明確な結論が出るまで考え抜き，議論を続けることができる。
(9) **決断力**　決断を下すときには躊躇せず，いったん決断したことは最後までやり抜くことができる。
(10) **他者の尊重**　自分の考えも1つの立場にすぎないことを認識し，他者の意見の方が正しい場合には，それを受け入れることができる。

BOOK GUIDE　●文献案内

森敏昭 編，2001『おもしろ思考のラボラトリー』北大路書房．
　●10人の気鋭の認知心理学者たちが，思考に関する最近の重要なトピックを平易に解説している。基礎的・理論的分野から応用的・実践的分野までの幅広い分野からトピックが選ばれているので，思考研究の最近の動向を俯瞰するのに適している。

多鹿秀継 編，1994『認知と思考——思考心理学の最前線』サイエンス社．
　●「日常のさまざまな思考現象の仕組みはどうなっているのか」「思考力はどうやって育

っていくのか」などの問題が，思考に関する基本的研究成果に基づいて平易に解説されている。

Chapter 7 ● 練習問題　　EXERCISE

❶ 電算機技術の開発・進歩に伴い，さまざまな分野で人間の代わりに問題解決をしてくれる人工知能が出現した。そうした人工知能の思考と人間の思考にはどのような類似点と相違点があるかを考えてみよう。

❷ 人間の帰納的推論や演繹的推論には，本書で紹介したもののほかにも，さまざまなバイアス（歪み）が生じることが知られている。どのようなバイアスが生じるのかを調べてみよう。

❸ 人間の創造的思考力を測るために種々の創造性検査が開発されている。そうした創造性検査ではどのような問題が用いられているか，またどのようにして採点されるのかを調べてみよう。

HINT ● p.628

●図7-3の問題の解答●

1本の鎖の金の輪を3個とも開きバラバラにする。それぞれの金の輪を使って残りの3本の鎖の両端をつなぎ金の輪を閉じる。こうすれば合計15セントでネックレスができる。

第2部 心のダイナミズム

第8章 情動

生きる喜びと悲しみ

左から4歳，2歳4カ月

CHAPTER 8

- KEYWORD
- FIGURE
- TABLE
- COLUMN
- BOOK GUIDE
- EXERCISE

　情動を定義することは難しい。誰でもが，「あれ」という意味ではわかる。だが，心理学的にきちんとした定義は困難なのである。簡単にいえば，喜怒哀楽であり，気分である。情動を表す言葉を手がかりとしたり，顔の表情を分析したりするところから研究は始まった。生理学的・脳科学的研究も急速に進みつつある。最近では，認知面よりももっと人間に与える影響は大きい，ないし人間はおもに感情によって動いているのだとさえ論じられる場合も出てきた。だが，同時に，情動と認知が脳のレベルでは別々であっても，実際の行為のうえでは両者が相互に影響しあい，一連の活動を可能にしているのである。問題は，その相互の関連の仕方をどうとらえるかにある。

PREVIEW

> **KEYWORD**
> 感情　情動　気分　基本情動　表情　情動の円環モデル　情動制御　共感性　弾力性

情動とは何か

感情と情動

『心理学事典（新版）』（平凡社，1981年）を引いてみると，私たちの気持ちを表す言葉が「感情」（feeling）という用語と，「情動」（emotion）という用語で解説されている。また，「情緒」という用語を情動とほぼ同義に使う場合もある。これらの用語は一定の使い分けが確立していないようであるが，本章ではなるべく「情動」で統一する。感情については，「経験の情感的あるいは情緒的な面を表す総称的用語である」（『心理学事典（新版）』p.124）とある。「気分」（mood）は，「楽しい気分，憂うつな気分，楽観的などのように，ある長さをもった感情」を指す。「情動」は，「急激に生起し，短時間で終わる比較的強力な感情である」「情動は主観的な内的経験であるとともに，行動的・運動的反応として表出され，また内分泌腺や内臓反応の変化などの生理的活動を伴うものであり，より広義の意味を含む感情と明確に区別することはむずかしい」（同書p.377）とある。

　これらの定義を見ても，感情・情動について明確な形を心理学の理論がもっているとは思えない。しかし，心理学の研究のうえでは，とりあえず，研究すべき対象がわかっていれば，研究が進み，それに伴い理論が作られ，その理論とともに定義がはっきりするという循環が見られるものなのである。

　それでは，脳科学ではどうなのであろうか。『脳科学大事典』（朝倉書店，2000年）を見てみると，「第4章：行動，情動」に「快・不快情動行動」の節があり，解説されている。情動の定義はさきほどと同様である。大脳辺縁系，とくに扁桃体において，顔の表情認知や情動的状況の認知・評価を行う。情動の表出には，扁桃体と密接な繊維連絡をもつ視床下部–脳幹系が重要な役割を果たしている。つまり，大脳部位とともに，系統発生的に古い部位である視床下部も関与しているのである。大脳においても，大脳皮質より大脳辺縁系が中

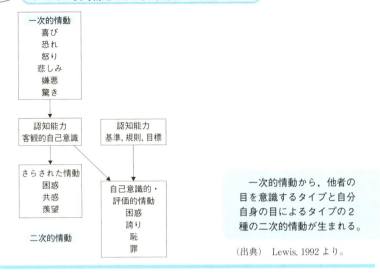

FIGURE 8-1 ●一次的情動から二次的情動への発達モデル

一次的情動から、他者の目を意識するタイプと自分自身の目によるタイプの2種の二次的情動が生まれる。

（出典）Lewis, 1992 より。

心的役割を占めている。大脳皮質との関連が強い認識の働きとは、それらの点が大きく異なる。

基本情動

喜怒哀楽などの情動は、基本的ないくつかの個別の、かつ別々の情動からなる（もっと基本的な、たとえば、快・不快から分化して成立していくのではない、ということ）、という考えがある。乳児期の情動表出の様子からの分析や、次の節で述べる表情の分析から、その説にある程度の支持が得られている。

発達的研究から（Izard, 1991 ; Lewis, 2000）、0歳の半ば頃に、喜び、興味、驚き、悲しみ、嫌悪、怒り、恐れといった情動が出揃うことがわかっている。これらの表情がそれぞれの適切な文脈で見られるのである（たとえば、予防注射のときに怒りの表情を親や看護師に向けるなど）。これらを、「基本情動」とか、「一次的情動」と呼ぶ。なお、とくに、ルイス（Lewis, 2000）は、1歳代に出現する、困惑、恥や誇りといった情動を「二次的情動」と呼んでいる。自己意識や他者の目から見た事象の基準や規則、目標を評価する能力が関与するからである（図8-1）。

第8章 情　動　187

表情と情動

表情と情動は密接なつながりがある。イコールとはいえないのだが，しかし，かなり近いものであり，かつ情動の身体的・生理学的・神経学的な根拠を示してくれるものでもある。その立場の代表者であり，この分野で最も精力的な研究を行ったエクマン（Ekman, 1993）の議論によりながら，表情と情動の結びつきを見ていこう。とくに，表情と情動のまとまりが，人類に普遍的だという議論とその証拠をおもに挙げていく。

この立場においては，情動はいくつかの個別情動（基本情動）から成り立ち，各々が特有の表情と対応している。もちろん，単純な1対1対応ではない。怒りの表情だけでも細かく区別すれば60種類にも分かれるようであるが，それらが核となる表情の特徴を共有しており，たとえば，恐怖の表情群や嫌悪の表情群などと区別されるのである。特定の表情群のなかの種類は，情動の強さ，情動が統制されているかどうか，外から誘発されたか自発的なものか，情動を引き起こす出来事の具体的な様子，などによって変わってくる。同じ怒りでも，困惑と憤怒は強さが異なる。憤慨は怒りのなかで不当な行為への不満が含まれる。憤りは誰かへの不当な取り扱いの感覚を伴う怒りである。復讐心は誰かにより不当に受けた行為に対してやり返す怒りである。狂乱は挑発に対して不釣り合いなほどに激しい，コントロールされない反応とまわりの人に感じられる怒りである。

表情と情動の種類

こういった個別の情動がいくつあるのかは，理論的に最も重要な関心事である。そのことは，前節の基本情動でも論じた。表情から見ると，怒り，恐れ，嫌悪，悲しみ，喜びははっきりとしている。さらに，軽蔑，驚き，興味を含める場合もあるが，表情として証拠はそれほど明確ではない。

肯定的な情動などは1つにまとまる。うれしさ，安心（ほっとすること），誇り，感覚的喜び，歓喜などが同じ表情群，つまりほほえみに対応する。否定的な情動としての落胆，喪失の悲しみ，恥，罪なども，同一の表情を共有するようである。眉の内側が上がり，頬がわずかに上がり，唇の角が押し下げられる。

おそらくこれらの情動の区別は文脈によるのだろう。

表情と情動の不一致

表情を伴わない情動はありうるだろうか。たしかに，情動を感じていても，それを表情に出さないことは可能である。情動を感じていることは生理学的な指標で確認できる。では，表情はまったく動かないかといえば，必ずしもそうではない。顔の表情に伴うある種の活動を筋電図でとらえると，微小には筋肉が表情を作っていることが見出されている。

なお，表情というときに，顔の表情のみならず，顔を傾ける・うつむける，手を動かす・握りしめる（怒りのときなどに），さらに，声やその他の体の動きも重要である。

ここで取り上げている表情は，顔の動きや配置が，一時的に短い時間（数秒程度）続くものである。表情と情動は，典型的には，攻撃されたときに攻撃者に対応するといった緊急を要する反応だから，短い時間である方が有効なはずである。その時間のなかで一番表情が明瞭なところを取ると，その表情は情動と対応していることがわかりやすい。そのときの筋肉の配置とその動きが表情を構成する。

それでは逆に，表情があっても，情動が伴わないことはありうるだろうか。これももちろん答えはイエスである。明らかに，何もその情動を感じていないのに，感じているかのように演技して表情を作ることは可能であり，嘘をつくことができる。では，演技と本物の表情を区別できるものだろうか。19世紀のフランスの神経解剖学者デュシェンヌ（Duchenne, G. B. A.）は，本物の喜びを表す自然なほほえみには目のまわりの筋肉の動きが伴うことを見出した。いわゆる目が笑う状態を指しているが，これは多くの人が意思では作り出せないのである。このほほえみを「デュシェンヌ・スマイル」と呼ぶ。怒り，恐れ，悲しみなどにも，普通の人には演技で作り出すのが難しい筋肉の動きがある。こういった演技と本物を分ける動きは，たとえば，過去に感じた情動を思い出す（しかし，今はその情動を感じていない）というときには，わざと演技だとわかるように演じるのだが，表出されない。さらに，演技とわかる表出では，表情の長さが短すぎたり，長すぎたりする。また，開始や終了が唐突である，表情の程度が誇張されている，表情の一部（たとえば，眉を上げる）しか示さない，といった特徴がある。

難しいのは，わざと本物の表情に近づけたときに，それに対応する情動が喚起されるかどうかである。つまり，悲しい表情をすると悲しくなるのかどうかである。実際に表情を作ってもらい，本物の表情に近づけていくと，対応する情動の生理的変化が生じ，主観的にもその情動を感じるようになるという実験がなされている。

表情と情動にはどの程度の個人差があるのだろうか。表情の乏しい人もいるが，それは例外なのだろうか。あるいは，表情の種類は同じで，程度（どの程度容易に表情に出るか，また明確な表情になるか）の違いにすぎないのだろうか。表情と情動の対応が明確な人と，ときにずれる人がいるのだろうか。これらの問いにまだはっきりとした答えはないようだ。今後の研究が待たれる。

SECTION 3 情動の円環モデル

原型的な情動的エピソード

核となる情動（基本情動）自体と，それを含めた「原型的な情動的エピソード」に注目して，情動を整理するやり方がある（Russell & Barrett, 1999）。

ここで，核となる情動（core affect）とは，最も基本となり，意識できる情動とその神経生理的過程を指している。快－不快，緊張－緩和，抑うつ－上機嫌，といったものである。特定の対象に対して感じることもあるし，そうでないこともある。よく「気分」と呼ばれるものでもある。

原型的な情動的エピソードとは，多くの人が，それによってどういった情動が起こるのかが明確であると思われるエピソードを指している。熊を見て恐怖のあまり逃げ出す。怒りに駆られて戦う。愛している人にキスをするといった例である。特定の対象に対する互いに絡み合った複雑な出来事からなる。対象は，人であったり，場合であったり，出来事や，ものであったりする。何かを恐れ，誰かに怒り，誰かを愛するのである。そのエピソードには，次のような要素が必要となる。

① 核となる情動がある（恐れ，怒りなど）。
② 情動に伴う，対象に関する行動がある（恐れれば逃げる，怒れば戦う）。
③ その対象への注意と，評価と，原因帰属の働きといった認知的働きがあ

る（どこが恐いか，逃げるべきか）。
④ みずからが特定の情動をもっていると感じる経験が生じる（恐いという気持ち）。
⑤ 多くの生理的・身体的・神経的な変化が起きている（顔が赤らみ，アドレナリンが放出され，……）。
⑥ 目標をもった行動が伴い，そこには計画を立てることが含まれる（熊から逃げるために，一連の目標をもち，どうやって逃げるかを考える）。

これらすべてが揃って，本来の本格的な意味での情動が成り立つ。しかし，すべて揃わないことや，1つだけしか生じないこともある。情動があるが，その対象がないということや，逃げる行動はあっても恐怖はないということなどもありうる。

情動の構造　こういった情動はどのような構造をもつのだろうか。必ずしも確定的な説があるわけではない。いくつかの説があり，各々を支持する議論と証拠がある。

第1は，基本カテゴリーとして考えるものである。とくに，互いに別々で重なりのない，個別の基本的なカテゴリーとしての情動を見出そうとする。もちろん，実際のエピソードはいくつかの基本カテゴリーとしての情動が同時に生起するにしても，それらが基本カテゴリーに分解できるというのである。この考え方のもととなる証拠は，1つは前節で紹介した表情研究からくる。エクマンは，表情と情動の対応を述べており，だいたいは基本情動が表情と連動するとしている。情動の経験の分類や，その各々の認知構造の分析からも，基本情動の考え方が支持されている。ただ，研究者によって，基本となる情動の数が異なっており，4から22までと広がりを見せている点に曖昧さが見られる。

第2が，次元的な考え方である。原型的な情動的エピソードは，強度，快適度，活性度などの次元で異なっている。さまざまなエピソードの分類の試みから，とくに快適度（快−不快）と活性度（エネルギーの賦活の度合い）の2つの次元が取り出されている。多くの研究者がこれに似た次元を提案しているが，命名は異なるものの（ときに，軸の角度が異なる，つまり，以下で説明する円環モデルで斜めに軸を想定する研究者もいる），ほぼ同一のことを指していることがわかっている。1つの次元が活性化（activation）の度合いであり，もう1つの次元が正負の価値づけ（valence）となる。

FIGURE 8-2 核となる情動の円環モデルと原型的な情動的エピソード

内側の円が核となる情動を表し、外側の円が原型的な情動的エピソードを表す。

（出典）Russell & Barrett, 1999.

　核となる情動をこの次元に位置づけると、円環モデル（circumplex model）が成立する（図8-2）。原型的な情動的エピソードは、この円環モデルに位置づけられ、2つの次元の組合せで成り立つと説明できる。しかし、質的に異なっているはずのエピソードが同じ位置にくることがあり、この円環モデルだけでは不十分であるように思える。たとえば、恐れ、怒り、嫌悪が、同一の核となる情動を共有し、円環モデル上にほぼ同一の位置にくるのである。

　第3に、階層的な構造化があるとする考え方である。たとえば、恐れは、恐怖、不安、パニックなどに分かれる。怒りは、困惑、憤激、憤りなどに分かれる。だが、必ずしもきれいに階層をなすわけでなく、幅の大きさの違い（同じ情動でも、怒りのように広く指すものと、憤りのようにそのなかの一部の特定のものを指すものとがある）によって決まってくるところが大きい。また、どこからどこまでを含めるかの境界も曖昧であり、そういった曖昧な階層を、さきほどの円環モデルと組み合わせることもできる。

4 情動の制御と共感性

　情動は，豊かに感じることで，生活に適応して生存し，また人生を生き生きと過ごすための基本となるものである。だが，情動も過剰になると不都合を生む。情動に流されてしまうからである。そうならないためには，情動をある程度制御してほどほどに保ち，また負の情動が多くなりすぎないようにしていかねばならない。

　たとえば，人と共感するということを考えてみよう。人間関係の根幹に共感性がある。相手と同様の情動を抱くことである。これもいきすぎれば，情動に流され，混乱を増すだろう。だが，共感が乏しければ，親しい人間関係は成り立ちようがない。

　以下，共感性（empathy）を1つの焦点としつつ，情動制御（emotion regulation）の様相を検討する。とくに，アイゼンバーグとフェイブズの一連の研究を参考にする（Eisenberg & Fabes, 1999）。

共感，同情，苦しみ　他の人が困っているときに，つまり否定的な情動状態にあるときに，自分もまたその人の否定的情動を感じ，それによって相手を援助することを向社会的行動と呼び，とくに社会心理学の領域で多数の研究が積み重ねられている。心理学に立ち入らなくても，そういった共感と他者を助けていく行動が社会を成立させる情動的基礎となっていることは容易に理解できる。だが，実際には，他者の否定的情動に出会ったときに，共感するとは限らない。正確には3つに反応を分けることができる。まず第1に，狭い意味で定義した共感性である。相手の情動的状態や状況について理解したり，心配したりして，そこから生まれる情動的反応で，相手の情動と同様であるものと定義できる。相手が悲しければ自分も悲しくなる。そしてこの共感は次の2つの方向に進展しうる。第2として，同情である。相手の情動への共感があるが，必ずしも相手と同じ情動ではなく，相手への心配や関心の情動からなる。第3に，共感が自分の個人的苦しみにつながることがある。相手の情動を心配しつつ，その気持ちに対する嫌悪的な情動的反応であり，自己に向いている。相手を助けるというより，逃げ出したり，無視した

り，あるいは攻撃することさえあるかもしれない。

　同情に向かうか，苦しみに向かうかは，1つには，共感による情動の喚起がどれほど強いかにもよる。喚起が強すぎると，自分のその情動を静めたいと思う気持ちが強くなり，自己に焦点化され，苦しみに向かう。適度な喚起だと，相手に対する同情へと向かいやすい。

情動的喚起の規定因

　どういう場合に，情動を強く生じやすいのか。その規定因として考えられている1つは，個人のもつ情動的な反応しやすさである。もう1つは，情動的な反応を制御して，情動やその情動を喚起する刺激に対して行動的に対処する技能である。

　情動的な激しさの傾向を「情動性」（emotionality）と呼ぶ。情動の経験が強い傾向であり，また，ものごとに対して情動的に反応しやすい傾向である。そのもとには，個人の気質的な個性があり，その傾向は生まれてから大きくなってもあまり変化することはない。プラスの情動もマイナスの情動も強く感じ，反応するのだが，とくにマイナスの情動を激しく感じやすい場合に，適応上不利になりやすい。

　一方，情動制御の対処については学習が可能であり，そのやり方によって，かりに情動性が高くても不利に働かないようにある程度もっていくことができる。情動制御とは，内的な情動状態とその生理学的過程の発生と強度と持続について，それを開始し，維持し，調整し，変化させる過程である。それに対して，情動に関連した行動の制御を区別できる。行動制御とはまず第1に，情動の行動的な面の制御であり，内的な情動につながる表情や身振りや他の行動を制御することである。こちらはとくに情動のコミュニケーションに関わっているので重要である。さらに第2に，行動制御に，情動を引き起こす文脈を変更しようとするものも含めてよい。これは，問題に焦点化した対処方略とも呼ばれ，適応上重要になる。なお，情動制御や行動制御のほかに「ニッチ・ピッキング」を区別することがある。これは，情動的経験に関連する環境の種々の面への接触をコントロールするものである。自分が嫌な情動になる場面を避けるといったものである。

社会的機能

　社会的機能に関連してとくに3つのタイプが問題になる。第1は，抑制（inhibition）が強いタイプである。とくに，行動の抑制は強いが，情動制御や道具的・問題焦点的対

COLUMN 8-1 音楽は情動を喚起する

　音楽を聴くと楽しくなったり，憂うつな気分になったりする。それを心理学の実験で確かめ，どうしてそうなるかといった心理的機構を解明することと，それを心理臨床に応用するという試みが進んできた。

　たとえば，谷口の実験では（谷口，2002），抑うつもしくは高揚気分を誘導するような曲を聴かせて，性格形容語の社会的望ましさの評定をしてもらった。その後，これらの単語を再生させたところ，抑うつ的な気分の音楽を聴いたグループの方が社会的に望ましくない形容語の再生がよかった（図のA）。もう1つの実験では，音楽を聴かないときと聴きながらの2回について，意味の曖昧な性格形容語に対する個人的な好ましさを評定した。この結果，音楽を聴かないときと比べて，抑うつ的な音楽を聴いたグループでは，否定的な判断が増加し，高揚的な音楽を聴いたグループでは肯定的な判断が増加する傾向があった（図のB）。

　このように，聴く音楽の情動的な性質によって，音楽聴取以外の課題のパフォーマンスが異なるのである。音楽療法の可能性が示唆されるといってよいだろう。

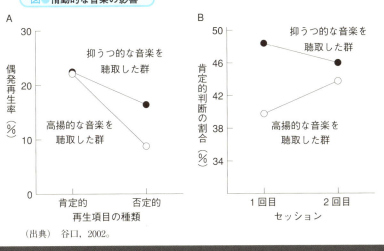

図●情動的な音楽の影響

（出典）谷口，2002。

処などの制御は弱いものである。第2は，制御が弱いタイプである。情動制御と情動に関連した行動の制御が苦手で，とくに，ストレスのある文脈に対して，自分の目標に応じて道具的に対処する，つまり目標を達成することに役立つように行動することが難しい。第3は，適切な制御である。種々の適応的制御のやり方を心得ていて，行動の抑制はある程度高く，といって過剰に制御することもない。制御する行動について，制御を柔軟に用いることができる。この適切さのおかげで，社会的機能が適応的になるといえる。ただし，この適切な制御が可能なタイプでも，情動性が高いかどうかで多少働きが変わる。情動性が高い場合，同情的な傾向や，向社会的行動が強いようである。それに対して，情動性が低い場合，同情や向社会的行動はさほどは高くない傾向がある。しかし，それも，認知的な役割取得能力（相手の立場に立って理解する能力）が高いなら，補うことができる。

　制御が弱いタイプの場合のなかで，行動の制御や環境に道具的に対処する能力が低く，とくに，注意や認知の過程を通して情動を制御するのが苦手な者は，外に向かう種類の問題行動，つまり，非行とか暴力などの問題を起こしやすい傾向がある。また，情動的な強さが強く，とくに否定的情動が強く，制御のすべてのやり方が低い場合，制御ができずに，反応的攻撃（つまり，何かを得ようとして暴力を使うのではなく，情動的に動かされた攻撃）や，その他の制御されない情動に基づく行動に走りやすい。情動的な強さが弱くて，制御が弱い場合には，社会的コンピテンス（対人的な交渉における有能性）が低く，問題行動が高い傾向があり，その問題行動は，計算されたもので，情動的に動かされるものでないことが特徴的である。これらに対して，情動は強く，しかし情動の制御が弱く，道具的対処も低く，だが，行動の制御が過剰である（つまり，行動の抑制が強く，制御の努力に柔軟性が欠ける）場合，内的に向かう問題行動（つまり，恐れ，社会的場面の回避，内気，新しい人や場面への行動の抑制）が強く，社会的コンピテンスが低い傾向がある。

　制御が過小か過大かで，感じる情動の種類にも違いが生まれやすい。制御が過小の場合，敵意を感じることが多いのに対して，制御が過大な場合には，恐れや不安を感じやすい。ただし，制御が過小な子どもで，不安が強いが，同時に，外的に向かう問題行動が多いタイプも見出されている。

　具体的な研究の例として，アイゼンバーグのものを1つ挙げよう（Eisenberg

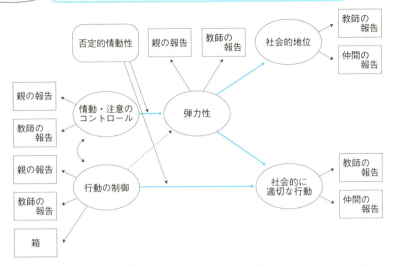

FIGURE 8-3 情動制御と情動性と弾力性，社会的機能の関連のモデル

情動制御，つまり情動・注意のコントロールが弾力性を規定し，それがさらに社会的地位や適切な行動を規定すること，また行動制御は直接に適切な行動を規定することを示している。

(出典) Eisenberg et al., 1997 より。

et al., 1997)。情動制御と弾力性（レジリエンス；次節参照），および情動性が肯定的な社会的機能とどのように関連するのかを，幼稚園児から小学校3年生193名について調べた。その結果は，図8-3に整理されている。情動の制御，つまり情動・注意のコントロールが社会的地位（友達の間での人気のある度合い）と社会的に適切な行動（教師と仲間の評定によっている）に影響を与えるのだが，それを，弾力性（柔軟に応答できる力）が媒介している。さらに，情動・注意のコントロールから弾力性への影響は，とくに，否定的情動が強い子どもにおいて大きい。だから，自分の注意を制御できる子どもは，ストレスにあったときに柔軟であり，その結果，友達から好かれ，また，社会的に適切に振る舞い，向社会的であると教師や仲間から見なされる。否定的情動が強い子どもの場合，とりわけ，情動・注意のコントロールのレベルが重要となる。行動の制御と社会的に適切な行動ができることの間は，弾力性によって媒介されていない。否

第8章 情　動　197

定的な情動性が強い子どもにおいて，行動の制御が弱いことが社会的に適切な行動をとれなくさせている。情動が激しいのに，それを行動に表してしまい，不適切な行動をとりやすくなっているのである。

弾力性（レジリエンス）

弾力性とは 情動，とくに苦悩・怒りなどの否定的な情動は，問題行動や適応の問題としばしばつながっていく。情動は行動を引き起こすものだからであるが，しかし，行動と即時につながると，ときにかえって不適応となる。情動をプラスに生かしていくということが，実践上の課題となる。

その際に，個人内の1つの鍵となるものが，「弾力性」（レジリエンス；resilience）である。弾力性とは，かなりの悪条件のもとでも，肯定的な適応を可能にしていく動的な過程を指す（以下 Luthar et al., 2000 を参照しつつ，解説していく）。それには，2つの大事な条件がある。1つは，かなりの脅威とか，厳しい悪条件にさらされること。もう1つは，適応や発達に相当の負担があるにもかかわらず，肯定的な適応を達成できることである。

この弾力性への注目は，精神障害者やその家族の研究から広がった。たとえば，精神障害者（たとえば，統合失調症）であっても，適応的なパターンを示す人たちがいることがわかり，とくに，その条件として，発病前の仕事や社会的関係などにおいて比較的に高い能力を示していることが見出された。また，親が精神的障害をもつ子どもの発達について，子どもが負の影響を受ける場合は多いが，しかし，そういった場合でも子どもが健全に育つことも少なくなく，改めて，不利な条件に対する反応の個人による違いについて注目されるようになった。

子どもの成長にとっての外的な不利な条件，つまり，「リスク」については，第19章，第20章でも触れている。社会経済的に疎外されていること，親の精神的病，虐待，地域の貧困や暴力，慢性的な病，人生においてショックを与える出来事（災害にあうなど），などがリスクである。しかし，そのリスクがあっても，比較的に健康的に成長できる子どもとそうでない子どもがいることがわ

かってきた。はじめは，弾力性の所在は，子どもの自律性や自尊感情などの個人の特質に求められた。今では弾力性は，子ども自身の属性，家族の属性，もっと広い社会的環境の特徴として，拡大されてきている。

さらに弾力性については，リスクとその要因という面から，第20章でくわしく論じている。簡単にまとめると，当人の能力の高さや自我弾力性（臨機応変に対応でき，たくましい性格で，環境条件が変わっても柔軟に機能できる個人の特性）とともに，支持的な大人との親しい関係，有効性のある学校，有能で向社会的な大人と地域社会で出会うことなどが挙げられる。

弾力性の条件と過程　個人の特性は重要だが，それだけで弾力性が決定されるわけではない。環境要因も重要である。それらを統合して，弾力性がいかなる意味で子どもの発達や大人の適応などにプラスに影響するのかを考えていく必要がある。問題は，悪条件のある生活環境のなかで，適応的な機能を発揮することができる条件と過程を見出すことである。

理論的に，弾力性・脆弱性（リスクへの弱さ）を6つの過程に分け，リスクとコンピテンスの関係を表すことができる（図8-4）。A. 予防的働き：リスクの高い・低いにかかわらず，予防要因があると，コンピテンスは高くなる（たとえば，インフォーマルなソーシャル・サポートは，リスクが高い子どもにも低い子どもにもプラスに働く），B. 予防安定的働き：リスクが高いときにとくに予防要因として働く（たとえば，リスクが高く，家庭において問題が大きい子どもに，学校のよい影響は大きく働く），C. 予防拡大的働き：予防要因はリスクが高い場合の不利をリスクが低い場合と比べてなくすだけでなく，不利を有利に変えて，それ以上に向上させてくれる。逆境をプラスにする場合である，D. 予防的だが，反応的な働き：予防的には働くのだが，リスクが高いと，その働きが弱くなる，E. 脆弱性の安定的働き：リスクの度合いが変化しても，脆弱性の程度は変化しない，F. 脆弱的で反応的働き：リスクが高くなると，全体的に不利な度合いも上がる。

弾力性は多次元的であり，1つの領域で弾力的であっても，他の領域ではそうでないかもしれない。リスクの高い子どもがある領域では能力を発揮しているのに，別な領域では問題を示しているということは珍しくない。たとえば，虐待を受けた子どもについて，ある研究では3分の2が学業上は弾力性が高い

COLUMN 8-2 情動的知能とは何か

　情動的知能（emotional intelligence）は，ゴールマン（Goleman, 1995）の一般向けの本で一躍名が知られるようになった。とはいえ，そこで扱われている個人の傾向自体は以前から研究されていたことである。情動の表現とその気づき，コミュニケーション，とくに非言語コミュニケーション，社会的場面での有能さなどを含めていっている（以下，Hedlund & Sternberg, 2000 による）。
　それが伝統的な知能検査で測定される知能や学校の勉強に関わる力とは異なることは明らかだが，1つのまとまりをもった心理的なものであるかといえば，疑わしい。1つの尺度で測定しようとする試みはいままでにもあれこれあったが，うまくいっていないからである。最も広く情動的知能を解釈する立場では，情動的知能に知能以外のほとんどのことを含めている。ゴールマンは，「欲求不満の事態において自らを動機付け，粘り強く取り組む能力，衝動を統制し，満足を延期する能力，自分の気分を統制し，思考する力が台無しにならないように距離を保つ能力，共感し，希望する能力」などと定義している。もっともなとらえ方であり，またそれらの1つひとつが重要なことには異存がないだろう。問題はそこで知能以外のほとんど何もかも含み込ませているから，研究面でも実際上も，役立つものにならない点にある。そこには，情動的気づき，正確な自己評価，自信，自己統制，信頼，意識，適応性，創造性，達成動機，コミットメント，創意，楽観主義，他者の理解，影響関係，コミュニケーション，協力，などが含まれている。そこで，多くの最近の研究は，もっと個別のある面に限定して，その検討を行うようにしている。たとえば，スターンバーグほか（Hedlund & Sternberg, 2000）の「実際的知能」（practical intelligence）では，「個人と個人の環境からの要求の間について，環境に適応したり，環境を作り替えたり，異なった環境を選んだりして，その間の最適の適合状態を見出すのに役立つ知能」として定義している。1つは，実際的な問題についての解決能力に関わり，もう1つが，実際的な暗黙の知識に関わる（現実場面の問題についていくつかの回答の選択肢を提示し，選んでもらうことでとらえる）。調査の結果，これらの能力や知識は，通常の知能とは異なり，また人格の傾向とも異なる何か別なものだとみなされた。仕事上の高い評価とは関連があった。
　情動的知能や実際的知能のどれが今後，研究や応用場面で使われていくかはまだ今後の研究次第であるが，通常の知能検査や学力検査以外の様子が，現実の人間関係や仕事の場面で重要であることは示されはじめているのである。

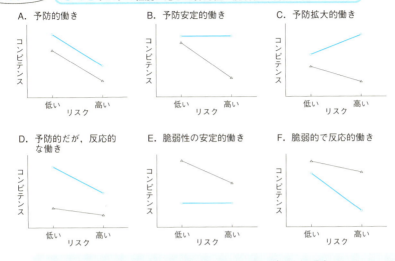

FIGURE 8-4 リスクの程度に応じた弾力性・脆弱性の属性の働きの模式

A. 予防的働き　B. 予防安定的働き　C. 予防拡大的働き
D. 予防的だが、反応的な働き　E. 脆弱性の安定的働き　F. 脆弱的で反応的働き

青い線は弾力性・脆弱性の属性がある場合。黒い線はない場合。

（出典）Luthar et al., 2000.

（つまり成績がよい）が，社会性のコンピテンスについては21％しか弾力性が高くなかった。あるいはまた，いろいろな研究で，外面的には適応に成功した人たちについても，内的な心理的困難（抑うつなど）を抱えていることが見出されている。もっともこれらのことは，通常の発達を遂げる子どもや大人にも見られることではある。たとえば，貧しい都市環境と厳しい家庭環境のなかで，学校の成績がよいことと友達と仲良くやれることは相反することなのかもしれない。

こういった弾力性は，長期にわたって安定しているものだろうか。これは縦断研究によって解明できる。たとえば，ウェルナー（Werner, 1990）によるハワイでの研究によれば，弾力性が高いとされた子どもはその後も30年あまりにわたり，日常生活で高い機能を維持していた。とはいえ，弾力性とは予防注射のように一生有効だとは必ずしもいえない。人生の各々の時期で必要になる心理的な事柄は異なるだろうから，それに応じて，弾力性として有効な面は変

わることはおおいにありそうである。

弾力性の構造　最後に弾力性の構造についてまとめておく。第1に，弾力性は3つの水準でとらえられる。①地域社会のレベル（たとえば，近隣や社会的なサポート），②家族のレベル（たとえば，親の温かさ，親による虐待），③子ども自身のレベル（たとえば，知能やソーシャルスキルの高さ）である。第2に，生態学的文脈と発達していく子どもとの間の相互連関の関係のなかで弾力性は成り立つ。文脈（文化，近隣，家族などの）は，子ども自身に近い－遠いということで並んで，入れ子となるいくつかの水準からなる。これらのレベルが互いに作用し合いつつ，子どもの発達と適応に影響していく。たった1つが決定的ということはまずないのである。第3に，時間を追って発達していくコンピテンスには連続性と一貫性が成り立つ。子ども自身が能動的に選択し，みずからを組織化していく。その文脈を変化させ，さらにその子どもにとっての意味合いを作り出していく。弾力性とは，子どもが（個人が）その能動的な主体性を発揮して，みずからを作り出していくという特質のことでもある。

このような理論的枠組みに沿って，マイノリティの子どもの発達を検討した研究では弾力性に次の8つの次元を取り出している（Garcia-Coll et al., 1996）。①社会的地位の変数（たとえば，人種やジェンダー），②人種差別・その他の差別，③分離（居住地との心理的な隔離），④促進的・抑制的環境（たとえば，学校や健康の管理），⑤適応的文化（伝統と遺産），⑥子どもの特徴（たとえば，年齢や気質），⑦家族の価値と信念，⑧子どもの発達的能力（コンピテンス）である。発達に影響する要因を総合的にとらえており，弾力性はそれらの交互に影響する過程のなかに成り立つのである。

BOOK GUIDE　●文献案内

日本感情心理学会 企画／内山伊知郎 監修，2019『感情心理学ハンドブック』北大路書房
- 本章で述べたことを含め，情動（感情）の心理学的研究について近年の研究の整理をしており，発展的な勉学として勧めたい。

日本発達心理学会 編／根ヶ山光一・仲真紀子 責任編集，2012『発達の基盤——身体，認知，情動』新曜社。
- 身体・脳から心の発達を考え，発達における情動・認知的基盤に焦点をあて，考察している。

高橋雅延・谷口高士編，2002『感情と心理学――発達・生理・認知・社会・臨床の接点と新展開』北大路書房。
　●さまざまな立場から，情動の多様な側面の研究を整理している。

イザード，C./荘厳舜哉 監訳，1996『感情心理学』ナカニシヤ出版。

ルイス，M./遠藤利彦・上淵寿・坂上裕子訳，1997『恥の心理学――傷つく自己』ミネルヴァ書房。
　●ともに，発達心理学からの情動研究。研究書でありつつ，読みやすい。

エクマン，P.・フリーセン，W. V./工藤力訳編，1987『表情分析入門――表情に隠された意味をさぐる』誠信書房。
　●表情分析の仕方を教えてくれる。

Chapter 8 ● 練習問題　　　　　　　　　　　　　　　　　

❶　毎日の気分の変動を記録してみよう。朝，活動しているとき，夕食後，寝る前。また，誰かと会っているときなど。

❷　激しい情動を感じたときを思い出し，記録をつけてみよう。その前の出来事は何か。そのときの気持ちはどうであったか。その後どうなったか。刺激に対して不釣り合いに過大な情動を感じたとしたら，どうしてだろうか。

HINT ● p.629

第9章 動機づけ

人を動かす要因

岩山に挑む

- KEYWORD
- FIGURE
- TABLE
- COLUMN
- BOOK GUIDE
- EXERCISE

CHAPTER 9

　私たちは，日常生活のなかで，無性に何かをしたいと思ったり，何かに夢中になったりすることがある。静かに本を読みたいと思う人もいれば，野球やサッカーなどをして激しく体を動かしたいと思う人もいる。このように人を何かの行動に駆り立てる要因は，どこにあるのだろうか。それは人の内部にある場合もあれば，外部にある場合もある。いずれの要因が強いかは，そのときどきの状況によるであろう。これらの要因によって，人がある目標に向かって行動を開始し，それを維持しようとする一連の過程を動機づけという。動機づけは，人のやる気の問題や積極的な生き方を考えるうえで重要である。では，人はどのような状況においてやる気を起こし，積極的に生きようとするのであろうか。

PREVIEW

KEYWORD

生理的欲求　成長欲求　ホメオスタシス　摂食障害　アロスタシス
防衛機制　内発的動機づけ　達成動機　帰属理論　社会的動機づけ
自己実現

SECTION 1　動機づけのメカニズム

動機づけの意味

　人が一定の目標に向かって行動を開始し，それを維持する一連の働きを動機づけ（motivation）という。たとえば，ある学生が講義の後で食堂に向かい，メニューのなかから好みのものを選び，食事をとる。これは1つの動機づけの過程を示している。人の内部にあって，人の行動を引き起こすものを欲求（need），または動因（drive）という。欲求のなかでも飢えや渇きによるものや，睡眠，排泄などの生理的欲求は，ある程度は誰にも共通しているものであり，人間にとってきわめて基本的な欲求である。生理的欲求は人の生存に不可欠なものであり，一次的欲求とも呼ばれている。

　生理的な一次的欲求が満たされると，次には別の欲求が引き起こされる。たとえば，ある学生は食事をした後で新聞やテレビを見ようとする。また別の学生は友人と無駄話をしようとする。このようにある人は情報を求め，ある人は友人を求める。その際に，人の内部からの欲求が強くその人の行動を方向づける場合もあるが，必ずしもそうではない場合もある。たまたまそこに新聞やテレビがあったから，あるいはそこに友人がいたからという理由で新聞を見たり，友人と話をしたりすることもある。このような場合は，外部からの要因によって，人の行動が引き起こされている。外部からその人の行動を誘発する要因を誘因（incentive）という。誘因が強ければ，内部の欲求がそれほど強くなくても行動は引き起こされる。

　したがって，動機づけは人の内部からわきおこる動因と，人の外部にある誘因のいずれか，または両方によって引き起こされるといえる。動機づけという概念は，このような行動の発現と維持に関わるさまざまな要因を含んでいる。

動機づけの内部的要因のいくつかは生得的・本能的なものであるとする考え方もある（McDougall, 1908）。

ハル（Hull, C. L.）の動機づけに関する動因低減説では，人は動因によって行動を開始し，動因が満たされることによって行動を終結し，強化されると考えられている。これに対して，知的好奇心などのより高次な欲求に基づく内発的動機づけの理論では，人は絶えず知的な理解を高めようとして行動すると考えられている（波多野・稲垣, 1973；鹿毛, 2012）。

動因・誘因と行動

上述のように，欲求（動因）には生理的な一次的欲求と，それが満たされることによって生じる心理社会的な二次的欲求がある。マズロー（Maslow, A. H.）は，図9-1のように，欲求をより基底的なものから上層のものまで分類し，欲求階層説を提唱した。

派生的で二次的欲求である心理社会的欲求には多様なものがある。すなわち，安全の欲求，安定の欲求，愛情の欲求，所属の欲求，承認の欲求，自尊の欲求などである。これらの欲求は，生理的ではないが誰にでも共通に認められる基本的欲求である。生理的欲求を含むこれらの欲求は欠乏欲求と呼ばれ，満たされる度合いが少ないほど強くなり，満たされることによって減少する。これらの欲求が満たされると，次には成長欲求と呼ばれるより高次な欲求が現れてくる。欲求は高次なものになるほど，個人的なものとなる。すなわち，それが強く現れてくる人もあればあまり現れてこない人もある。高次な欲求としては，達成の欲求，自律の欲求，自己実現の欲求などが挙げられる。

欠乏欲求としての生理的欲求について，もう少しくわしく述べてみよう。食物の不足，水分の不足，睡眠の不足，酸素の不足，高すぎる気温，身体的苦痛などに対する欲求は生理的欲求である。人はまずそれらを充足・解消するために，何をさておいても可能なかぎり必要な行動を開始する。

たとえば，人が極限状況に置かれたときに，飢えを満たすためにどのような行動をとるかを考えてみよう。アンデス山中で起こった飛行機墜落事故とその後における70日間の生存者の行動は，私たちの想像を絶するものである（Read, 1974）。飛行機は大学医学部のラグビー・チームが遠征のためにチャーターしたものであった。この事故では，日常的に食べるという行動が長期にわたって阻止された状態で，若者たちは同行者の死体を食べるという行動を起こ

FIGURE 9-1 ● マズローの欲求階層説

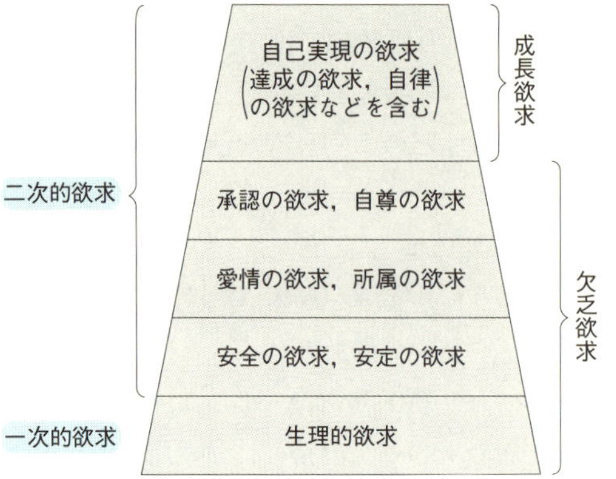

二次的欲求
- 自己実現の欲求（達成の欲求，自律の欲求などを含む）｝成長欲求
- 承認の欲求，自尊の欲求
- 愛情の欲求，所属の欲求
- 安全の欲求，安定の欲求
｝欠乏欲求

一次的欲求
- 生理的欲求

人は，最も高次な欲求である自己実現に向かってたえず成長していくという考え方を示したものである。基底層には生理的欲求があり，次に誰にも共通する心理社会的な基本的欲求が配置されている。

（出典） Maslow, 1970 より。

さざるをえなかった。「生きてこそ」という映画は，この間の様子をリアルに伝えている。このような極限状況では，飢餓がそこにいたすべての人にとって生存に直接関わる問題であったので，非日常的な食行動が集団的に開始されたと考えられる。

この例でわかるように，人間が生きていくための最も基本的な欲求は生理的欲求である。これらの欲求が満たされてこそ，人間らしいより高次な欲求が現れてくるといえる。

次に，行動を引き起こすもう1つの要因である誘因について述べよう。誘因（目標）については，それが強ければ強いほど適切な行動を導くかというと必ずしもそうではない。たとえば，テレビは子どもたちにとって刺激性の強い誘因であるが，テレビ番組には子どもの健全な成長にとって好ましくないものも多い。子どもの興味に任せて無選択的に長時間，長期にわたって一定の番組を見せていると，テレビによって誘発される行動様式をそのまま身につけてしまうこともある。テレビや携帯電話，パソコンを利用したゲームやSNSに関してもその効用と弊害について留意しなければならない（鶴田ほか，2014）。

動機づけを高めて好ましい行動習慣を形成することは，家庭においても学校においても必要なことである。また，社会においても生涯学習の観点からも必要なことである。では，人が生きがいとなる行動を維持するために，いかにし

TABLE 9-1 ●ホメオスタシス
自律神経による維持→交感神経と副交感神経の働きによって体内のバランスを一定に保つ 細胞レベルでの維持→侵入してきた外部環境（外敵）を細胞レベルで排除する 内分泌系による維持→各種ホルモン物質によって体内環境を調節する
人の体には，外界の変化に対応して体の内部をつねに一定の安定した状態に保とうとする機能が備わっている。より具体的には，自律神経，細胞レベル，および内分泌系においてそれぞれの役割が担われている。

（出典）　渡辺・渡辺，1998より。

て適度な欲求と誘因を持続しうる環境を整えることができるのだろうか。

欠乏欲求とホメオスタシス

　人間の体の内部には，生理的バランスを一定の状態に保とうとする働きが備わっている。たとえば，体温が下がれば上げるように，血糖量が増えすぎれば減らすように調節される。負傷して出血すると，血液は自然に凝固して傷口をふさぐ。このような体の働きを**ホメオスタシス**（恒常性；homeostasis）という。ホメオスタシスは，体内の恒常性を保つために人体に備わった防衛反応である。このような反応は，大脳中枢，視床下部からの指令を受けた自律神経や内分泌系の働きによって生じるものと考えられている（表9-1）。

　前述のように，人間の欲求にはさまざまなものがあるが，これらをホメオスタシス性の欲求と非ホメオスタシス性の欲求に分けることができる。ホメオスタシス性の欲求には，安全の欲求，安定の欲求，愛情の欲求，所属の欲求，承認の欲求などが含まれる。性の欲求は生理的欲求の1つではあるが，人間にとってこれはホメオスタシス性の欲求ではないとされている。このことは，他の多くの動物では発情期にのみ交尾が見られるのに対して，人間の場合は性交行動が必ずしも一定の期間に限定されるものではなく，また性の欲求の強さも個人によっておおいに異なることからも理解できよう。

食行動の個人差

通常，人の食行動はホメオスタシス性のものであるが，つねにそうであるとは限らない。たとえば肥満（obesity）の問題を考えてみよう。なぜ人は肥満になるのだろうか。

肥満は，代謝に関わる遺伝的要因，栄養学的要因，心理社会的要因などが複雑にからみあって生じるものと考えられている。肥満の出現頻度には性差が見られ，環境的要因や社会経済的状態，食文化によっても生じる度合いは異なるといえる。欧米の研究では両親のどちらも肥満でない場合に子どもが肥満になる確率は約10%であるが，両親のうちのいずれか一方が肥満である場合はその確率が40%となる。また，両親がともに肥満である場合にはおよそ70%の子どもが肥満になるといわれている（Gurney, 1936）。双生児研究などによっても，遺伝的要因が関与していることは明らかである。すなわち，一卵性双生児では代謝の仕方が酷似することが実証されている（Bouchard et al., 1990）。肥満になると，糖尿病，高血圧，心臓病などを誘発しやすく，健康を損なうので注意しなければならない。

ところで，食行動の始発は脳内（視床下部）のある中枢が刺激されることによって生じ，また，食行動の停止も脳内の別の中枢が刺激されることによって生じると考えられている。これら2つの中枢は，視床下部の隣接した部位にある。次に示す心因性の食欲不振（拒食）や食欲亢進（過食）は摂食障害（eating disorder）と呼ばれ，極端な場合は専門医による治療を受けなければならない。

(1) **拒食**　拒食とは，肥満のような体重の増加を気にすることによって食行動に異常をきたすものであり，この障害を神経性やせ症（anorexia nervosa）という。これは体重増加への恐れ，体形への過敏などの症状や生理の停止を伴い，標準の15%以上体重が減少している状態である。極端な拒食が続くと命を失うことにもなりかねない。このような症状は若い女性に多く見られる（坂野, 1995）。

(2) **過食**　拒食とは逆に，衝動的に食べる食行動の異常を神経性過食症（bulimia nervosa）という。食べた後に，体重の増加を恐れて嘔吐したり，下剤や浣腸を使用したり，過度の運動を行うなどにより無理やり体重を減らそうとする場合がある。

このような健康とはいえない食行動は，家族関係における葛藤や成熟拒否，脳の視床下部の機能不全などを含むさまざまな要因によって生じると考えられ

ているが,治療は必ずしも容易ではない。拒食と過食は時期を異にして同じ人に,その両方が現れることもある。この障害の治療には,薬物療法のほかに行動療法や認知療法などによる生活習慣の立直しや集団療法,家族療法などが有効であるとされている(第22章参照)。

愛情の欲求

欠乏欲求のなかで,人間の心理社会的欲求としての愛情の欲求はきわめて重要なものである。人は互いに愛したり愛されたりすることによって心理的安定を得ることができる。乳幼児期における親と子の交わりは,子どもの側の人に対する基本的信頼感を形成するのに役立っている。また,親の側の愛情欲求を満たすためにも必要である。愛する対象がいないことや愛される人がいないことは人を不安定にする要因となる。ハーロウ(Harlow, 1971)は,猿の親子の交わりを組織的に観察し,親子やきょうだいでの日常的な交流が,愛情の発達に影響することを示している。愛情の発達には親と子の交流が刺激されるような環境が必要であるといえる。幼児期に親からの愛情を受けずに育った親が,幼児を虐待する傾向があるという報告もある(日本家族心理学会, 1997)。ただし,これは養育環境と虐待との必然的関係を示すものではない。幼児期の環境だけを重視しすぎるのは好ましくない。いずれにしても,子どもが親からの愛情を受け,安心して子どもが育つ環境を整えることは,健全な子どもを育成するうえできわめて基本的な条件である。

上述のように,愛情には人から愛されたいという側面と,人を愛したいという側面がある。これら2つの側面がほどよく調和しているときに,人はより満足な日常生活を送ることができる。愛情の欲求がほとんど満たされないままに成人した場合,人は適切に他者に愛情を表現することが難しくなる。人に対してつねに不信感を抱いたり,必要以上に人を信じこんだり,人に頼ってしまったりすることになりやすい(岡田, 2011)。性的暴力やストーカー行為などは,愛情の欲求が適切に満たされていないことによって生じるものと考えられる(小早川, 2014)。

愛情の欲求の形成は幼児期にその基礎ができるが,これはその後において修正が不可能であることを意味するものではない。愛情不足の期間が長ければ長いほど回復にも長い期間を要することは否めないが,人間にはそれを回復するだけの可塑性も備わっている。

| TABLE 9-2 幼児期におけるジェンダーの不一致 |

ジェンダーと一致しない嗜好と行動	男性		女性	
	ゲイ	異性愛	レズビアン	異性愛
自分の性に典型的な活動を楽しむことがなかった	63%	10%	63%	15%
自分の性にそぐわない活動を好んだ	48%	11%	81%	61%
自分の性とは異なる様子（男まさり，女性的）を示した	56%	8%	80%	24%
子ども時代の友達はほとんどが異性であった	42%	13%	60%	40%

> 同性にひかれるか異性にひかれるかは，いつどのようにして決まるのだろうか。この表からかなり早い時期の遊びのなかに，同性愛的志向はすでに現れているといえる。ジェンダー・スキーマの考え方をあてはめて考えてみよう。

（出典）　Bell et al., 1981 より。

性の欲求

性の欲求は生理的欲求であり，性愛は子孫を保持するために必要なものであるが，自己の生命の維持に直接関係するものではない。ほとんどの動物の交尾行動は一定の生理的な性の周期に従って生じるが，人間の性愛行動では，そのような周期性はあまり顕著でなく，子孫の保持にも必ずしも関係があるとはいえない。男性と女性では性の欲求の現れ方も，生理的な変化も異なる面が多い（東，1997）。

(1) セクシュアリティ　異性愛も同性愛も人の性的発達の個人差として扱われる。性の発達には，生物学的要因や生理学的要因，家族的・社会的要因などさまざまな要因が複雑にからみあっている。近年では，同性愛も異性愛と同様にセクシュアリティ（sexuality；性愛）の1つのあり方として理解されるようになってきている。性的にひかれる対象は必ずしも異性であるとは限らない。多くの人は異性にひかれるが，なかには同性にひかれる人もいる。異性と同性のいずれか一方，もしくは両方に対して性的にひきつけられる傾向を性的志向（sexual orientation）という。

アメリカのある調査では，性的志向に関して次のような結果が示されている。①同性にしかひかれない，②同性との性的関係が魅力的である，③18歳のときから同性との性的関係をもっていた，のいずれかに回答した人は，無作為に抽出された成人男性の約10％，成人女性の約9％であった（Laumann et al., 1994）。また，自分で同性愛者もしくは両性愛者であると自己認識している人

は，男性の 2.8％，女性の 1.4％ であった。表 9-2 のように，同性愛的な志向性は，多くの場合，子ども時代の遊びのなかにすでにその兆候が示されている（Bell et al., 1981）。

(2) ジェンダー　思春期すなわち青年前期になると，子どもたちはその社会で一般的に受け入れられているような性役割行動を示す傾向が顕著に見られる。男の子はいわゆる男らしい振る舞いをし，女の子は女らしい振る舞いをするようになる。このようなジェンダー（gender；社会的性）による差異は，生得的であるよりもむしろ文化・社会的要因によって獲得されるものであるといえる。ベム（Bem, 1981）は，情報を男性的か女性的かという性別と結びつけてとらえようとする傾向をジェンダー・スキーマと呼んだ。また，その強さには個人差があると考えられている。思春期に至る以前から子どもたちは，このようなジェンダー・スキーマを形成し，それぞれの社会や文化において受け入れられる性役割意識を獲得していくと考えられる（土肥，1996）。佐々木（2017）は，性別への自己認識としてのジェンダー・アイデンティティ（性同一性）の問題に焦点をあて，割り当てられた性別への違和感をもつ人たちを対象にして，行動遺伝学の視点から興味深い実証的研究を行っている。

ホメオスタシスとアロスタシス

この節では欠乏欲求とホメオスタシスとの関係を述べてきたが，近年（1980 年代以降），生理心理学の新しい知見に基づく新しいストレス学説としてアロスタシス（allostasis）という概念が提唱されていることに触れておきたい（McEwen & Lashley, 2002）。ホメオスタシスは生体が安定した内部環境を一定に保とうとする働きである。一方，アロスタシスの「アロ」には，みずから変動することによって生体を安定させるという意味が込められている。すなわち，生体はストレス事態に対処するためにエネルギーを投入し，身体システムを調節することによって，ホメオスタシスの静的な働き以上に環境によりうまく適応しうる能動的な働きをもっていると考えられる。

表 9-3 に示されているように，生体の多様な働きは交感神経と副交感神経の拮抗作用による自律的調節のセット・ポイントが固定的であるか変動的であるか，作動的特徴が固定的であるか変動的であるかによって説明しうる（Berntson & Cacioppo, 2007）。アロスタシスは環境に応じて変動的であるが，一定の調節機能の限界を超えると，アロスタティック負荷と呼ばれる適応不全

TABLE 9-3 ●自律的調節の概念モデル		
セット・ポイント	作動的特徴	
	固定的	変動的
固定的	ホメオスタティック	ホメオダイナミック
変動的	アロスタティック	アロダイナミック

この表は自律的調節のセット・ポイントが固定的であるか変動的であるか，作動的特徴が固定的であるか変動的であるかによって，生体のさまざまな状態が起こりうることを示している。

（出典）Berntson & Cacioppo, 2007 より。

の状態に陥る。アロスタティック負荷になりやすいかどうかは人によって異なる。アロスタティック負荷になりやすい要因として次のようなことが考えられている。たとえば，自己をコントロールできるという自覚が乏しい，地域社会から孤立している，睡眠や運動，適切な食事などに配慮した好ましいライフスタイルを確立していないなどである。重要なことは，これらの要因は個人がどれほど自己のストレスに気づき，積極的に改善しようとしているかに関係しているということである。

この概念はレジリエンス（第8章参照）とも関係しており，カウンセリング心理学の分野にも関連の深いものである。私たちの身体に実際に起こる多くの現象を説明しうるモデルとして，ホメオスタシスよりもより動的で柔軟なアロスタシスの概念を用いることが推奨されつつある（Russell-Chapin & Jones, 2014）。アロスタシスがうまく機能しなくなったアロスタシス負荷の状態について調べ，この状態に陥らないためにどうすればよいのかを考えることが今後の課題であるといえよう。

欲求不満とその解消

欲求に基づく行動が，何らかの妨害要因（前節のストレッサーと考えてもよい）によって阻止されている状態を欲求不満（frustration）という。欲求不満に陥

FIGURE 9-2 ● 適応の機制

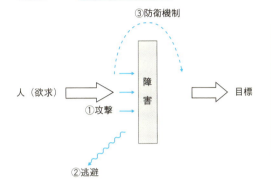

人は欲求不満に陥ると，自我を守るために何とかしてその状態から抜け出そうとする。そのために人がなかば無意識的にとる行動を適応の機制という。それらは大別すると，攻撃，逃避，および防衛機制の3つに分けられる。

（出典） 玉瀬，1988 より。

ると，人はいらいらしたり，無意味な行動や無駄な行動を繰り返したりする。また，人にあたりちらしたり，急に涙をこぼしたりすることもある。人がこのような欲求不満を解消し，適応を維持するためにとる行動を適応の機制という。これらの行動は，半ば無意識的に行われるものである。

適応の機制　　図9-2は適応の機制について示したものである。以下ではこの図に従って述べることにしよう。

(1) **攻撃**　　欲求不満への最も直接的な反応は障害への攻撃（aggression）である。たとえば，会社で上司から書類の不備を指摘された場合，逆に上司の非を責めたり，教師に叱られた生徒が教師に向かって反抗的な言葉を返したりするなどである。適度な攻撃は必要であり，その場に応じた適切な攻撃を示すことは対等な人間関係を築いていくために必要なものである。しかし，多くの場合，相手に直接的な攻撃をしかけることは人間関係を損なう恐れがある。そこで，その場での攻撃の表現は差し控え，間接的な攻撃をしかけることになる。たとえば，酒場で上司の悪口を言い合ったり，無関係な妻にやつあたりしたりするのである。このような反応は，欲求不満を解消するのには役立つかもしれないが，その表現が適切であったかどうかが問題である。直接的であれ間接的であれ，たんに攻撃を示すだけではあまり本質的な問題の解決にはならないであろう。

(2) **逃避**　　欲求不満を引き起こしている問題（障害）から逃れることを逃避

TABLE 9-4 ● 防衛機制

種　類	内　　容
退　　行	早期の発達段階へ戻る。幼児期への逃避。
抑　　圧	苦痛な感情や欲動，記憶を意識から締め出す。
反動形成	本心とウラハラなことを言ったり，したりする。
隔　　離	思考と感情，感情と行動が切り離される（区分化）。
打ち消し	不安や罪悪感を別の行動や考えで打ち消す（復元）。
投　　影	相手へ向かう感情や欲求を，他人が自分に向けていると思う。
取り入れ	相手の属性を自分のものにする。同化して自分のものとする（取り込み）。
自己への反転	相手に向かう感情や欲動を自己へ向け換える（対象愛→自己愛，対象への攻撃→自己攻撃）。
逆　　転	感情や欲動を反対物へ変更する（サド→マゾ，のぞき→露出，愛→憎）。
昇　　華	反社会的な欲求や感情を，社会的に受け入れられる方向へ置き換える。
置き換え	欲求が阻止されると，要求水準を下げて満足する。

アンナ・フロイトは10種類の防衛機制を取り上げている。ただし，昇華と置き換えは同種としている。これらはいずれも自我を守るための無意識的な働きである。精神分析では，防衛機制を理解し，無用な防衛の殻を取り除くことに力が注がれる。

（出典）前田，1985 より。

(escape) という。たとえば，会社が倒産して社長が心因性の病気になったり，片思いをしている人が空想の世界に浸ったりする（白昼夢）などである。このような逃避反応は，自分を守るための反応としてごく自然なものである。逃避反応として病気になるのには，ふつう疾病による利得（gain from illness）が伴うと考えられる。たしかに，それはその場を一時的に逃れて，しばらく時間をかせぐのに役立つであろう。また病気によって周囲からの同情を得ることも考えられる。しかし，逃避は欲求不満のもとにある問題（障害）を直接解決するものではない。

　(3) **防衛機制**　多くの場合，人は欲求不満を攻撃や逃避とは異なる方法で解消し，もとの目標に少しでも近づいていこうとする。フロイトの娘のアンナ・フロイト（Freud, A.）は防衛機制（defense mechanism）という用語を用いて自我を防衛するためのさまざまな行動を説明した。表9-4は主な防衛機制を示したものである。抑圧（repression）は，フロイトが提唱した精神分析理論の考え方では防衛機制のなかの最も基本的なものであり，自我を守るために性の欲求を無意識の世界へと押しやることをいう。自我を防衛するための無意識的

FIGURE 9-3 ● 葛藤の3つのタイプ

A. 接近-接近の葛藤

B. 回避-回避の葛藤

C. 接近-回避の葛藤

レヴィンは目標に対する誘意性を矢印の方向で示し，その強さが等しい場合に葛藤が生じることを示した。正の誘意性は人を目標に近づけようとするものであり，負の誘意性は目標から遠ざけようとするものである。ここでは，矢印の表現はもとの表現よりも平易なものに変えられている。

（出典）　Lewin, 1935 より。

な働きは抑圧以外にもさまざまなものがある。これらの機制が適度に働くことによって，人は日常の精神的健康を維持している。これらのなかには，目標への行動を続けるためにやむをえないと認められるものと，あまりその意義が認められないものとがある。

欲求不満耐性　　欲求不満に耐える力を欲求不満耐性（frustration tolerance）という。どの程度欲求不満に耐え，それをどのようにして解消するかは精神的健康を考えるうえできわめて重要である。円滑な社会生活を営むためには，人は適度に欲求不満に耐える力を養い，適切な方法で欲求不満を解消する習慣を身につけなければならない。どの程度の耐性が必要かは，時代やその人が所属する社会や文化によって異なるといえよう。

葛藤　　人がある欲求をもっていても，その欲求を満たす誘因（目標）が複数あるときには，人はなかなか行動に踏み出すことができない。このような状態を葛藤（conflict）という。レヴィン（Lewin, K.）は葛藤を次の3つのタイプに分類している（図9-3）。

(1) **接近-接近の葛藤**　　2つの誘因がほぼ同じくらいの魅力（正の誘意性という）をもち，そのいずれかを選ぼうとするとき，どちらにしようかと迷い，どちらとも決めかねるような状態を接近-接近の葛藤という。たとえば，2人の人を好きになり，どちらも同じくらいに魅力的である場合を想像してみよう。

第9章　動機づけ　217

あるいは，レストランに入って食べたいものが2つもしくはそれ以上ある場合を想像してみよう。このような場合，しばらく躊躇するが，思い切ってどちらかに決めてしまえば，後は選んだ方の魅力度がいっそう増し，やがて葛藤は解消する。

(2) 回避-回避の葛藤　　逃れたいもの（負の誘意性という）が2つあり，どちらからも簡単には逃れられないような場合，人はやはりなかなか行動を開始することができない。たとえば，試験勉強をするのもいやだが，試験に失敗するのもいやだという場合である。あるいは，家にいて親からうるさがられるのもいやだが，下宿して1人で自炊をするのも煩わしいという場合である。このような場合，葛藤状態からなかなか抜け出すことができない。いったん抜け出しても選んだものへの不快感が増して，またもとに戻ることもある。いやな勉強を始めてみたものの，長続きしない場合などがこれにあたる。したがって，接近-接近の葛藤に比べると回避-回避の葛藤は解消されにくい。

(3) 接近-回避の葛藤　　求める目標は1つであるがその同じ目標が魅力的な面（正の誘意性）と魅力的ではない面（負の誘意性）をもっている場合にも，人は行動を開始することができない。これを接近-回避の葛藤という。たとえば，交際をしている相手からプロポーズを受けたが，その人の好きな面と嫌いな面がほぼ同じぐらいである場合には，なかなか決断することができない。正と負の誘意性の強さが近いほどなかなか決められないことになる。

ここでは基本的なタイプについて述べたが，実際にはもっと多くの誘因が複雑にからんでいる場合が多いと思われる。このように，人は葛藤によって悩むといえよう（第21章参照）。

高次な欲求の充足

成長欲求の特徴　　人は成長するにつれて，自分らしさを求めるようになる。親元から離れて自分の力で生活してみたいという自律の欲求，大学受験や就職など，目標としていることを成し遂げたいという成就または達成の欲求などはかなり高次な欲求である。すでに述べたように，これらの成長欲求が起こってくるのには，より下位にある欲求が

ある程度満たされていることが必要である。そうでなければ、それらの欲求を実現することはかなり難しい。

内発的動機

すでに述べたように、人の外部にあって人を引きつけ、人を行動に駆り立てるものを誘因という。誘因は人によってさまざまである。ある人にとっては映画が誘因であり、ある人にとっては魚釣りが誘因であり、またある人にとっては目指す大学が誘因となる。

誘因はつねに自分に都合のいいように身近にあるとは限らない。身近に誘因がなくても、自分に適した誘因を探すことができれば行動は引き起こされる。そのような場合、自分にとって魅力のある誘因がどこにあるのかを探し求める能力が必要になってくる。内発的動機（intrinsic motive）と呼ばれるものは、このように何かを求め、それを実現していこうとする欲求である。それは人の内部に生じる欲求であるが、みずから実現可能な誘因や目標を探求し、それに向かって行動を開始しようとするものである（鹿毛, 1994）。

誘因は、多ければ多いほど動機づけを高めるといえるであろうか。必ずしもそうとは限らない。たとえば、大きな書店に入ってみるとわかるはずである。そこには魅力的な本がたくさん並んでいる。しかし、あまりに多すぎてどれを選べばいいのか迷ってしまう。誘因が多すぎると注意が分散してしまうからである。したがって、必要なときに適度な誘因がある場合に動機づけはより高まりやすいといえる（Toates, 1986）。

外発的動機づけと内発的動機づけ

人が自己の向上を目指して自発的に行動し、それを維持し、発展させるエネルギーはどのようにして引き起こされるのであろうか。ある人は何かで優れた成績を示したいと思うが、別の人はそうは思わない。達成の欲求の強い人は、失敗への恐れよりもむしろ成功への期待の方が高く、あまり極端なリスクを冒さず、課題が難しくなっても努力を続ける傾向がある（Atkinson & Raynor, 1974）。マクレランド（McClelland, 1978）は達成の欲求は訓練によって高めることもできることを示している。

人にやる気を起こさせるのに、外から誘因となる報酬を与えて動機づけを高める方法を外発的動機づけ（extrinsic motivation）という。子どもに学習の習慣をつけさせようとするときにほめるのは、外発的動機づけである。低学年の

子どもには教師が毎日，子どもたちのノートに赤丸をつけて返してやる。ときにはそれが花丸であったりすると子どものやる気はおおいに高まる。ところがそれを高学年まで続ける必要はない。子どもたちに学習への自発性が芽生え，内発的動機づけが高まるからである。

　レッパーほか（Lepper et al., 1973）による実験で，絵を描くことに強い興味をもっていた子どもたちのうち，事前に絵を描けば報酬をもらえることを教えられ，実際に報酬をもらった子どもたちは，そのことを知らされずに報酬をもらった子どもたちよりもたくさん粗雑な絵を描いたが，しばらく後には自発的に絵を描くことをあまりしなくなっていたという。これは外的な誘因が動機づけを低下させるという1つの例である。多くの研究者は外発的動機づけよりも内発的動機づけの方がよりよい結果をもたらすことを示唆している。とりわけ，内発的な要因としての自己決定が自己統制感を高めるのに役立つと考えられている。すなわち，自分で決めたことにはやる気が起こるということである（櫻井，2009）。

　ところで，外発的動機づけと内発的動機づけとの関係はどのように考えればよいであろうか。速水（1998）は，自己決定性という次元でとらえると，両者は単一の次元上に位置づけられると考えている。先に述べたように，子どもたちは，はじめはほめられたり叱られたりしながら勉強に取り組み，やがてしだいに望ましい学習習慣を形成し，いつしか自分で目標を定めて勉強するようになり，その目標を自分で高めていくようになる。速水は，外発的動機づけと内発的動機づけを自己決定性という次元の両端に位置づけて，その間に「取り入れ」「同一化」「統合」という中間的な動機づけを仮定している。取り入れ的動機づけとは，たとえば親の意向を取り入れて勉強することである。同一化的動機づけとは，勉強は大事だという親の考えに合わせるようになることである。統合的動機づけとは，つらくても将来のために進んで勉強することである。これは，外発的動機づけと内発的動機づけを統合する過程であると見なされる。このような過程を経て，自己決定性の高い内発的動機づけに至るというのである。図9-4は無力状態を含めて6つの動機づけを自己決定性という1つの次元上に配列したものである。西村ほか（2011）はこれらの要因を考慮した自律的学習動機尺度を作成し，学校場面における実証的研究を行っている。速水（1998）はまた，自律性と目的性という2つの次元を用いて教育心理学的によ

FIGURE 9-4 ● 連続帯としての動機づけの分類

低 ←――――――――― 自己決定性 ―――――――――→ 高

| 無力状態 | 外発的動機づけ | 取り入れ的動機づけ | 同一化的動機づけ | 統合的動機づけ | 内発的動機づけ |

速水は,外発的動機づけと内発的動機づけを自己決定性の単一の次元上に位置づけてとらえている。まったくの外的強制による無力状態から,徐々に外的な力を内発的な動機づけに統合し,やがて純粋に内発的な動機づけへと移行すると考えられている。

(出典) 速水,1998。

り有効なモデルについても提唱している(コラム9-1も参照のこと)。

達成の欲求と原因帰属

何かを成し遂げようとする欲求を,達成の欲求または達成動機(achievement motive)という。人は1つの目標を達成すると,さらにまた次の目標を掲げてそれを達成しようとする。たとえば,登山をして1つの山に登りきったならば,またもっと高く,もっと険しい山に挑戦してみようと思うようになる。登山家が次々と,より難度の高い山に登ろうとするのは,達成の欲求が強いためであろう。このように次々と目標を変更し,より高い目標に向かって努力を積み重ねようとするところに成長欲求としての達成の欲求の特徴がある。

ただし,誰でもそのように考えるわけではない。このような欲求が強くなると,食欲や愛情の欲求などの欠乏欲求をある程度犠牲にしてでも目標を達成しようとする人もいる。達成の欲求の強い人は,適度な困難度の課題を選び,現実的な目標を設定し,自分の成し遂げた結果を知ろうとする傾向がある。

ところで,達成の欲求の強い人は,1つの課題を成し遂げたときに,その結果をどのように意味づけているのであろうか。ワイナー(Weiner, 1985)の帰属理論(attributional theory)によれば,それは次のように説明される。すなわち,1つの目標達成に成功すると,達成の欲求の強い人は,それは自分が努力した結果であるとか,自分にはその目標を達成するだけの能力があったからだと考える。また,目標の達成に失敗すると,努力が足りなかったからだと考える傾向がある。一方,達成の欲求が弱い人は,成功してもそれは運がよかっ

COLUMN 9-1 自律的動機づけ

　速水（1998）によれば，外発的動機づけと内発的動機づけは，図9-4で示したような自己決定性という単一次元上に位置づけることが可能である。しかし，彼はさらに，図のように自律性（自律－他律）と目的性（手段－目的）という2つの次元を用いることによって，さまざまな動機づけを教育心理学的により有意義に分類できると考えた。たんに親に叱られるから勉強するというような外発的動機づけは，他律的・手段的である。教師が興味深い教材を準備して，生徒が面白そうに学習に取り組んでいるというのは他律的・目的的である。これは目的的で一見よいように見えるが，教師の準備や配慮がなくなると，消えてしまうような動機づけである。まだ自律的なものとはなっていないのである。同一化的動機づけは，たとえば勉強が大事だという親や教師の考えに合わせて学習し始め，その習慣がしだいに自律的なものになるという場合である。これは目的性に関してはほぼ中位に位置し，自律性に関しては自律の側に位置づけられる。

　学校教育における子どもたちへの動機づけは，外発的なものも内発的なものも含まれており，必ずしも外発的動機づけから内発的動機づけへと移行するとか，内発的動機づけでなければいけないというものではない。むしろ，子どもの発達段階を考慮しつつ，学習活動がいかに自律的なものになっていくかに焦点をあてて，さまざまな動機づけを活用することが望ましいといえよう。

図●動機づけの二次元分類

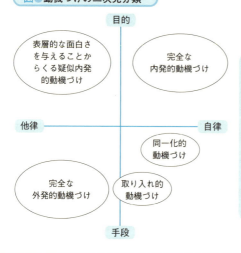

さまざまな動機づけを，目的－手段，自律－他律という二次元でとらえたものである。一見内発的のようにみえても，よく観察すると教師の指導による他律的行動である場合もある。内発的動機づけは自律的・目的的な右上の領域に位置する。

（出典）　速水，1998。

たからだと考え，失敗すると自分には能力がなかったからだと考える。したがって，たとえ同じように成功しても両者の間では次の行動が異なってくる。このような原因帰属の違いによって，達成の欲求の強い人の努力志向的行動が説明できる（唐澤，1995）。

達成目標の設定

やる気が起こるかどうかということと，自分のしたい目標を現実的かつ具体的に決められるかどうかということはおおいに関係がある。バンデューラとシャンク（Bandura & Schunk, 1981）は，より具体的で身近な目標を立てた場合の方が遠い大きな目標を立てた場合よりもセルフ・エフィカシー（後述）が高まり，課題の成績がよくなったと報告している。したがって，たんにいい成績がとりたいというよりも，どのレベルの成績をとりたいのかがわかっている方が動機づけは高まるといえる。目標をより身近なものにすることによって，その目標に取り組む際の現実的でよりたしかな自信が増してくるのである。このような体験に基づくたしかな可能性の確信をバンデューラはセルフ・エフィカシー（self-efficacy；自己効力感）と呼び，さまざまな課題に取り組む際の実行性を高める重要な要因であると考えた。

目標の立て方として，たんに自分がそれを達成したいからというだけの場合もあれば，人と比べて優れているという評価を得たいからという場合もあろう。ニコルス（Nicholls, 1984）は，目標の立て方を自我関与的目標，課題関与的目標，および課題回避的目標に分けて達成動機づけの研究を行っている。自我関与的な目標をもつ人は，人からの好ましい評価が最大となり，好ましくない評価が最小となるように努力する。このような人は自分がいかに賢いかを示すことに関心がある。一方，課題関与的な目標をもつ人は，課題の達成それ自体に関心がある。このような人には，その課題がどれだけできたか，その課題で何を得たかが問題である。また，課題回避的な目標をもつ人は，できるかぎり努力をしないでおこうとする。これら3つの目標設定のなかで最も好ましいのは，課題関与的目標の設定であると見なされている。高い達成を維持している人は，低い達成の人に比べて，自己の学習についてよく監視し，進歩の状態をしっかりと評価している傾向がある（Zimmerman et al., 1996）。

社会的動機づけと他者の影響

動機づけは個人内動機づけと個人間動機づけに分けることができる。援助，攻撃，社会的正義，罰，服従，印象形成などの社会的現象は社会的動機づけとして理解することができよう（Weiner, 2006）。動機づけが他者との比較に影響されることに関連して，他者の成功を知ることによって動機づけが低下したり，逆に他者の失敗を知ることによって動機づけが高められたりすることがある。ときには恨みや妬みに発展することもまれではない。とりわけ，他者の失敗や不幸を喜ぶ感情をシャーデンフロイデ（schadenfreude）といい，研究者の関心を集めている（中野・澤田，2015）。たとえば，渡邊（2014）は競争関係にある大学生の間では成績と動機づけはおおいに関係があるが，他者との関係にどの程度左右されるのかを調べている（コラム 9-2 参照）。

SECTION 5 自己実現の欲求

　成長欲求の究極のものとして，マズローは自己実現（self-actualization）の欲求を挙げている。これはきわめて個人的な欲求であり，いわば個性発揮の欲求である。すなわち他の誰とも違う，まさに最も自分らしい行動様式を探求しようとする欲求である。このような欲求は自己の内面的な成長と深く関わるものであり，日常生活におけるさまざまな経験を通して，それを1つひとつ気づいていく過程で自己が深められていくものといえる（篠田，2015）。

　自己実現という言葉はユング（Jung, C. G.），ロジャーズ（Rogers, C. R.），マズローなどによってそれぞれ個別の概念として論じられている。

　ユングでは自己実現を個性化（individuation）の問題としてとらえている。個性化の過程では，自分がいまだ気づいていない無意識の領域の問題を意識化し，それらを自己の内部に統合することによって自己実現が達成されていくものと考えられている（河合，1967）。そこでは意識と無意識の相補性が重要な意味をもつ。ユングの類型説では，一般的態度としての内向－外向と，心理機能としての思考－感情，感覚－直観という4つの機能が仮定されている。意識と無意識の関係でいえば，人にはそれらの機能のいずれかが意識の前面に現れており，それと対極をなす機能（劣等機能と呼ぶ）は無意識の世界に押しやられて

> COLUMN 9−2 シャーデンフロイデ（他人の不幸を喜ぶ心理）に関する実験

　人が失敗したりとがめられたりしたとき，なぜかいい気味だと思うような感情がわくことがあるだろう。人をさげすむつもりはなくても，そう感じるとき，何か後ろめたい気持ちになるものである。このように他人の不幸を喜ぶ気持ちをシャーデンフロイデという。とりわけ，自分と同じくらいの実力があり，競争関係にある人に対してこのような感情が生じやすい。

　渡邊（2014）は，誰かとシャーデンフロイデを共有することが，その人にどのような影響を与えるのかを大学生を対象にして実験的に検討している。この実験では3部構成で架空のシナリオが作られた。まず，第1部で回答者とAさんはともに奨学金返還免除の対象者であるが，Aさんは回答者より成績がよく返還免除の可能性が高いことを告げられる。この段階で，回答者のAさんへの羨望の程度が測定された。また，この段階での状態自尊感情も測定された。第2部では，Aさんは面接で失敗し，免除の可能性が低くなったことが伝えられる。すなわち，有利な立場のAさんが不幸に見舞われたという設定である。参加者は3群構成であり，統制群にはシャーデンフロイデを喚起しない別のシナリオが示されている。シャーデンフロイデの共有者あり群と共有者なし群には第2部のシナリオを読んだ後で，Aさんに対するシャーデンフロイデの程度が測定された。シャーデンフロイデの評定では，"ゆかいだ"，"満足だ"，"おもしろい"，"いい気味だ"などの形容詞に，"非常にそう思う"（6点）から"全くそう思わない"（1点）までの6件法で答えるよう求められた。共有者あり群に対してのみ，第3部のシナリオが読まれた。そこではAさんの不幸を喜ぶ回答者の正直な気持ちを仲のよい友達に伝え，それに賛同を得る場面が描かれている。Aさんは回答者と同性の同級生である。シャーデンフロイデの測定後，再度自尊感情が測定され，それぞれの条件下での変化が調べられた。この実験の結果，シャーデンフロイデを喚起した後では，自尊感情が高揚することが実証された。とりわけ，当初に自尊感情が低かった人の得点の変化が顕著であった。

　この実験から，他人の不幸を認めることによって，自尊感情が変動する可能性はあるといえる。しかし，その気持ちを誰かと共有した場合の方がより自尊感情が高まるといえるかとなると，明確な群差は示されていない。したがって，この実験からはまだ結論は出せないようである。中野と澤田（2015）は心理学と脳科学の視点から恨み，妬み，羨望などのシャーデンフロイデと関係の深い感情について詳しく論じている。これは社会的動機づけの観点からも興味深いものであり，さらに実証的知見を蓄積することが期待される。

| TABLE 9-5 | 自己実現を達成した人の特徴 |

- 現実を効果的にとらえ、あいまいさに耐えることができる。
- 自分や他者を、あるがままに受容できる。
- 思考や行動が自発的である。
- 自己中心的であるよりも、むしろ問題中心的である。
- ユーモアのセンスがある。
- 非常に創造的である。
- 無理に型を破ろうとはしていないが、文化に順応させようとする力には抵抗する。
- 人類の幸福には関心がある。
- 人生の基本的な経験に対して、深い理解をもつことができる。
- 多くの人とよりは、むしろ少数の人と深く充実した人間関係を築いている。
- 人生を客観的な見地から見ることができる。

自己実現を達成した人は、より自然で、現実を直視し、ものの考え方や振る舞い方が自由で、ユーモアがあり、創造的である。精神的に健康でゆとりのある生き方をしている人であるといえる。

（出典） Maslow, 1967 より。

いる。心理療法を通して、人は無意識に押しやられた劣等機能を意識のなかに統合することによって、個性化を実現していくことになる。

　ロジャーズでは、自己実現は人間の最も究極的な欲求であると見なされている。彼によれば、人は適切な保護的環境が用意されれば、自己の防衛的な態度から解放され、より大きな自律性や統合性に向かって自己探究を始めるようになる。ロジャーズが提唱した来談者中心的カウンセリングでは、カウンセラーはクライエントが自己探究に取り組めるような保護的環境を提供することに多くのエネルギーを費やすことになる。すなわち、クライエントを受容し、安心して自己の防衛的部分について語れるようにすることである（第22章参照）。

　マズローでは生理的欲求や基本的な心理社会的欲求が満たされ、さらにより高次な自尊の欲求が満たされた後に、自己実現の欲求は生起するものと考えられている。自己実現の欲求には、自己充実、楽しみ、豊富、秩序、個性、躍動などの多様なものが含まれており、その目標として真、善、美などの徳目が挙げられている。表9-5は、マズローが自己実現の欲求を達成した人の特徴として取り上げているものである。

6 動機づけ研究の動向

　本章では動機づけに関するさまざまな考え方について述べてきたが，1つの考え方で動機づけのすべてを論じ尽くすことは不可能である。また，さまざまな理論の相互関係についても統合的に整理することはなかなか難しい。鹿毛（2012）は動機づけに関わる主要な12の理論について取り上げている。これらを読み比べながら，興味がわく分野を選び，相互の関連性を考え，それらの領域のさらなる研究について調べていくとよいだろう。

① 内発的動機づけ：動機づけは賞罰と密接に関係しており人にやらされてする場合が多いが，「好きこそものの上手なれ」という状態は，心理学的にどのように解明されてきたのだろうか。

② 自己決定理論：ほめなくても人はやる気になりうる。人と仲良く暮らす，社会のために役立つ，人間として成長するなどの内発的な人生目標は，人にやる気をおこし，精神的健康を高める。

③ 接近・回避動機づけ：野球で相手に点をとられまいとするのは回避動機づけである。相手に点をとらせまいとするのは接近動機づけである。これらの動機づけの脳科学的基盤はどうなっているのか。

④ 他者志向的動機：「努力は自分のためならず」という考え方がある。大切な他者がいることによって人はどれほど動機づけられるものなのか。自己志向的動機と他者志向的動機はどう違うのか。

⑤ 自動動機：動機づけを維持するためには不断の努力が必要であると考えられる。しかし，意識を必要とせず，動機づけが自動的に働いていることを示唆する知見も蓄積されつつある。

⑥ フロー理論：フローとは自己の没入感覚をともなう快経験のことである。チクセントミハイ（Csikszentmihalyi, M.）によれば，フロー理論は"現象学的モデル"と"発達モデル"でとらえることができる。

⑦ 達成目標理論：人は何かをしようとするとき，何をどのようにしたいという目標を立てる。「何を目指して学ぶか」が問題である。この目標のもつ意味や機能についての研究が蓄積されている。

⑧ 自己認知：ある課題を達成したときに，人は自分をどのように解釈するのだろうか。その認知が，動機づけの強さを大きく左右する。「自分のことをどうとらえるか」が問題である。

⑨ セルフ・エフィカシー：実体験から「できるという信念をもつ」ことは，その実行をより確かなものにする。セルフ・エフィカシーとは，状況を自分でコントロールできるという信念である。

⑩ 自己制御学習：自己制御学習とは自分の学習に自分から積極的に取り組むことである。その過程には予見，遂行，反省の段階があるとされる。ここで働くメタ認知とはどのようなものなのか。

⑪ 学習性無力感：人は自分の力でどうすることもできないような状況に置かれると学習性無力感に陥る。セリグマンは，無気力になった人をどのようにして立ち直らせているのだろうか。

⑫ パーソナルセオリー：多様な動機づけの理論を学習したならば，それらを総合して実際に役立つ考え方を身につけなければならない。シャイン (Schein, E. H.) のパーソナルセオリーが参考になるかもしれない。

BOOK GUIDE ● 文献案内

波多野誼余夫・稲垣佳世子，1973『知的好奇心』中公新書。
- 人間は怠け者であるのかどうかについて，さまざまな興味深い実験を紹介し，動機づけ研究における基本的問題をわかりやすく解説している。

速水敏彦，1998『自己形成の心理——自律的動機づけ』金子書房。
- さまざまな動機づけを自律性，目的性という二次元で分類し，子どもが自律性を獲得していくための教育的働きかけを示唆した意欲的な著作である。

速水敏彦・橘良治・西田保・宇田光・丹羽洋子，1995『動機づけの発達心理学』有斐閣。
- 動機づけとは，目標志向的行動を支えるものであるとして，乳児期，幼児期，学童期，青年期，大学生，成人期における動機づけについて，実証的に論じている。

宮本美沙子・奈須正裕 編，1995『達成動機の理論と展開——続・達成動機の心理学』金子書房。
- 達成動機づけに関する研究を包括的に紹介したもので，テスト不安，随伴性認知，自己効力，内発的動機づけ，自尊心，目標理論などを取り上げている。

鹿毛雅治 編，2012『モティベーションをまなぶ12の理論』金剛出版
- モティベーションの研究をしたいと思う人は，まずこの本を読むとよいだろう。この本ではモティベーションの要因を多次元的に取り上げて，バランスよく論じている。

Chapter 9 練習問題

❶ マズローの欲求階層説に従って，具体的な欲求の例をそれぞれ3つずつ挙げてみよう。

❷ 接近-接近の葛藤，回避-回避の葛藤，接近-回避の葛藤のそれぞれについて具体例を挙げて考え，3種の葛藤の違いを比較してみよう。

❸ 学校教育において，子どもたちの内発的動機づけが高まるような授業を展開するのには，どのようなことに配慮するのがよいか考えてみよう。

❹ 他人の不幸をときに心地よく思うのはどうしてなのか調べてみよう。

HINT ● p.629

第10章 性格

人柄のバラエティ

双子でも性格は異なる？

CHAPTER 10

- KEYWORD
- FIGURE
- TABLE
- COLUMN
- BOOK GUIDE
- EXERCISE

　人にはさまざまな性格がある。つねに人前に出たがる人，いつも愉快なことを言ったりしたりする人，いつ見ても憂うつそうな顔をしている人，世話好きな人，などである。このような性格の違いはどこから生まれてきたのだろうか。生まれつきによるものだろうか，それとも生まれてからの環境によるものだろうか。同じ両親から生まれたきょうだいでも，性格がおおいに違うといわれることもある。誰でも自分の性格やまわりの人の性格に興味をもつであろう。よくわかる性格もあれば，わかりにくい性格もある。本章では，性格について理解するために，性格の類型説や特性説について解説し，性格を測定するための方法や，性格形成の要因などについて考えていくことにしよう。

PREVIEW

KEYWORD

性格　人格　気質　類型説　特性説　質問紙法　ビッグ・ファイブ　信頼性　妥当性　投影法　マインドセット　意志力

人さまざま

　人の性格について論じた現存する最古の書物の1つとして，紀元前に書かれたテオプラストス（Theophrastus）の『人さまざま』が取り上げられることが多い。これは岩波文庫に収められているので，現在誰でも手にすることができる（テオプラストス，1982）。テオプラストスはアリストテレス（Aristotle）の高弟で，2000人の門弟を擁した学園の後継者であり，きわめて話術の巧みな人であったといわれている。

　テオプラストスが『人さまざま』で記述したものは，次の30項目である。空とぼけ，へつらい，無駄口，粗野，お愛想，無頼，おしゃべり，噂好き，恥知らず，けち，いやがらせ，頓馬，お節介，上の空，へそまがり，迷信，不平，疑い深さ，不潔，無作法，虚栄，しみったれ，ほら吹き，横柄，臆病，独裁好み，年寄の冷水，悪態，悪人びいき，貪欲。

　それぞれについて，冒頭にその言葉の定義づけをしたうえで，具体的な説明を行っている。たとえば，「噂好きとは，噂を好む人自身の思いつくままに，いい加減なつくり話やつくり事をこね上げることである。そこで，噂好きの人とは，およそつぎのようなものである」とし，「すなわち，友だちに出逢うと，いきなり顔つきを柔らげ，微笑をうかべて尋ねるのだ」といった具合である。

　これらのなかには，性格として取り上げるのはふさわしくないものもあるが，その内容は現代の身近な社会にあてはめてみても，思いあたる点の多い優れた観察眼を示している。

性格と人格　日本では，心理学の用語として性格という言葉を用いる場合，訳語を導入した際の経緯によって，「性格」と「人格」という2つの言葉が用いられてきた（宮城，1960；詫摩ほか，2000）。

FIGURE 10-1 ●性格を表す用語の関係

先天的な気質を中心として後天的で変化しやすい層がこれに加わってくると考えられる。内部の気質が心の深層にあるという意味ではない。破線は厳密な区別が難しいことを示す。

(出典) 宮城, 1960；相場, 1963 より。

　性格とは，キャラクター (character) の訳語であり，その語源はギリシャ語の「刻み込まれたもの」「彫りつけられたもの」を意味する言葉であった。そこから意味が転じて，どちらかといえば生まれながらの持続的で一貫した行動様式を示すものとなった。

　一方，人格とは，パーソナリティ (personality) の訳語であり，その語源はラテン語のペルソナという言葉に由来している。この言葉はギリシャの劇場で用いられた仮面を意味し，そこから転じてその人が演じる役割を指し，さらにその役割を演じる人を指すようになったものである。

　したがって，語源的には性格はより生得的に備わったものを意味し，人格は社会的に形成された役割的なものを意味している。ただし，現在では，性格，人格，パーソナリティ，キャラクターなどの言葉が日常的に自由に使われており，厳密に区別することはもはや不可能である。本章では，性格と人格を区別せず，性格という言葉で両者を含むより広義なものとして用いることにする。

　これらのほかに，性格に関連する言葉として，気質，個性などの言葉も使われている。気質 (temperament) とは，個人が示す情動反応の特徴を意味するものであり，体質と比べることのできる性格の基底的な部分である。たとえば，「かっとなりやすい」とか，「おっとりしている」などと表現され，環境の変化

第10章　性　格　233

TABLE 10-1 ● さまざまな性格の理論

理　　論	代表的な理論家	キーワード
精神分析的理論	フロイト	無意識，口唇期・肛門期
人間性主義的理論	ロジャーズ	自己概念
	マズロー	自己実現
類型説	ユング	外向性・内向性
	クレッチマー	体格と性格
	シュプランガー	価値観
特性説	オルポート	個人特性・共通特性
	アイゼンク	4層構造
	コスタとマクレー	5因子モデル
社会認知的理論	ミシェル	状況と認知

性格理論として最もよく取り上げられるのは類型説と特性説である。類型説は性格をいくつかの典型的な例にあてはめて分類するものであり，特性説は性格を行動傾向の集積としてとらえるものである。

などではあまり変わらない部分である。また，個性（individuality）とは，他者との違いを強調するために用いられる言葉である。図 10-1 は，最も生得的で変わりにくい部分を中心として，気質，キャラクター（性格），パーソナリティ（人格）の関係を示したものである。

性格の理論　性格をどのようなものとしてとらえるかは，研究者によって多様である。表 10-1 はこれらのさまざまな性格理論をまとめたものである。精神分析的理論は生育史を重視し，無意識を仮定する考え方である。人間性主義的理論は個人の主体性や欲求のあり方を基本とする考え方である。類型説は性格の典型例を取り上げるものであり，特性説は個人の行動傾向の記述から性格を論じるものである。最初の2つの理論については第 22 章で取り上げるので，本章では，おもに類型説と特性説について述べ，最後に特性説への批判としての社会認知的理論について紹介することにしよう。

2 類型説

種々の類型説

性格をいくつかの典型的な例にあてはめて分類する方法を類型説（typology）という。医学の祖といわれたヒポクラテス（Hippocrates）は，冒頭で述べたテオプラストスよりもさらに以前に類型説の原型ともいえる体液病理説を唱えており，体液のバランスの歪みによって病気が発生すると考えた。ガレノス（Galenos）はこの考えに基づいて性格を4類型に分類したといわれている。すなわち，黄胆汁質（愛想がよい，社交的，陽気など），多血質（怒りっぽい，衝動的，楽天的など），黒胆汁質（心配性，悲観的，内気など），粘液質（受動的，用心深い，考え深いなど）の4類型である。

身体の外見的特徴や生理的・機能的特徴によって性格が異なると推測することは，誰でも思いつきやすい考え方である。骨相や容貌，血液型によって性格が異なるのではないかという考え方もそのなかに含まれよう。このような直観的な発想によって，たんなる思いこみにすぎない類型説が一般の人々の間で長く受け入れられている場合もある（永田，2000）。

ドイツの精神科医クレッチマー（Kretschmer, E.）の類型説は，精神病患者（精神疾患）の臨床的観察に基づいて提唱されたものである。彼は患者の体型の違いに注目し，躁うつ病（双極性障害）の患者には肥満型の人が多く，分裂病（統合失調症スペクトラム障害）の患者には細長型の人が多く，てんかん（神経系の疾患）の患者には闘士型の人が多いことを示した。さらに，彼は患者の病前性格を調べ，一般の人の性格を躁うつ気質，分裂気質，てんかん気質の3類型に分類した。ただし，これらの気質は精神病（精神疾患）と直接的な関係はないので，躁うつ気質は同調性気質（社交的，融通がきく，ものごとにこだわらないなど），分裂気質は内閉性気質（非社交的，無口，敏感と鈍感をあわせもつなど），てんかん気質は粘着性気質（かたい，几帳面，きれい好きなど）と置き換えられることが多い。

これと類似の考え方として，シェルドン（Sheldon, W. H.）は男子学生約4000人の身体部位を測定し，体格と気質との関係を対応づけた胚葉起源説を

第10章 性　格　　235

FIGURE 10-2 ●ユングの類型説における4つの心理機能

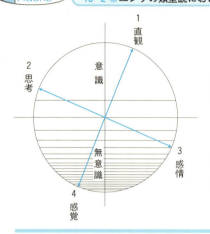

この例は，主機能が直観型で，第2機能が思考型の場合を示している。意識的には直観機能と思考機能をよりどころにしているが，ときには無意識に押しやられた感情機能や感覚機能が現れてくることがある。個性化の問題として，これらの劣等機能を発展させ統合していく過程が重視される。具体例については河合（1967）を参照。

（出典）河合，1967。

唱えている。この説は，体型における消化器系統の発達が顕著な内胚葉型（肥満型），筋肉・骨格系統の発達が顕著な中胚葉型（筋肉型），神経系統の発達が顕著な外胚葉型（やせ型）を区別し，それらに対応する気質として内臓緊張型，身体緊張型，頭脳緊張型の3類型に分類したものである。

ユング（Jung, C. G.）は，精神分析学的な見地から，リビドー（心的エネルギー）の向かう方向によって，内向型と外向型の2類型を区別した。すなわち，内向型の人は，主として自己の内界に関心があり，外向型の人は，自己よりも外部の世界に関心があるといえる。さらにユングは，その下位分類として，思考-感情（合理機能），感覚-直観（非合理機能）という4つの心理機能があるとし，これらの組合せによって意識水準で優位な活動が決定されると考えた。図10-2は直観型の人の例を示したものである（河合，1967）。

人の価値観は生得的なものではなく，生後の発達の過程で形成されるものであるが，シュプランガー（Spranger, E.）は，人生における価値の置き方に焦点をあてた類型説を提唱した。すなわち，理論型，経済型，芸術型，権力型，宗教型，および社会型の6類型である。表10-2はこれらの類型を示す人の典型的な価値観を示したものである。価値観は人の生き方を決定づけるものであり，その人にとって，生きていくうえで最も重要な部分であるともいえる。価

TABLE 10-2 ● シュプランガーの文化価値的類型	
理論型	真理の探究に最大の価値をおいている。ものごとを客観的に扱い,筋を通して理論的に考えようとする。
経済型	ものごとをとかく損得で考える傾向が強く,金や財産への関心が強い。何をするにも功利的で,効率を考えて行動する。
芸術型	美的なものにひかれ,美の探求に価値をおいている。繊細な感情をもち,ものごとを感情的にとらえる傾向がある。
権力型	人を支配することに喜びを感じる傾向がある。権力をもつことや人を説得することへの関心が強い。
宗教型	聖なるもの,清らかなることを求め,生きがいにしている。宗教への関心が強い。
社会型	人を愛することや,誰かの役に立つことに喜びを見出し,そのことに生きがいを感じている。

シュプランガーの類型説は人生における価値の置き方に焦点をあてている。価値観は人の生き方を決定づけるものであり,人生の意味づけの問題と深く関わっている。

(出典) 宮城,1960より。

値を置いている部分が異なる人は,互いの意見がかみあわず,理解しあうことが難しい。また,ここで述べた個人差としての価値観は,文化・社会的に形成されている価値観とは必ずしも一致しない。何に価値を置くかは個人の自由であるが,それがどの程度社会的に受容されるかは別の問題である。価値観は性によっても異なる。理論型,経済型,権力型などは男性に多い類型であり,芸術型,宗教型,社会型などは女性に多い類型であることが実証されている(酒井・久野,1997)。

類型説の長所と短所

このように類型説には多様なものがあるが,これらの類型説に共通する長所として,大雑把に人をとらえてイメージし,知らない人に説明したり,異なる類型の人と比較したりするのに便利な点を挙げることができよう。一般の人には,類型の数があまり多くない方が受け入れやすく,理解しやすいといえる。

一方,類型説の短所として,個人のすべての側面を特定の類型でとらえようとすることには無理がある点が挙げられる。ある優位な側面のみが強調され,別の側面が捨象されてしまう。また,典型にあてはめようとするあまり,実際の個人にはあてはまらない側面まで無理にあてはめようとすることもある。そ

の結果，正確にその人をとらえることができなくなる。さらに，実際には多いはずの中間型が無視されてしまう恐れもある（詫摩ほか，1990）。

3 特性説と質問紙法

特性説とは

類型説は，性格のきわだった特徴を取り上げて，個人の全体像を浮かび上がらせるのに有効であるが，その人のより実際的な細部にわたる行動の様式を把握するのには適していない。個々の行動の記述から出発し，類似する行動をまとめる作業を繰り返すことによって，行動傾向の集積としての性格を把握することができる。このような考え方のほうが，実際の個人的特徴をより正確にとらえることができる。一定の行動傾向のことを特性（trait）といい，特性の量的な差異によって性格を記述する考え方を特性説（trait theory）という。特性説では，性格を「個人を特徴づけている持続的で一貫した行動の様式」であるととらえている。ちなみに，ここでいう行動の様式には，認知や感情も含まれている。特性という概念をはじめて用いたのはオルポート（Allport, G. W.）である。彼は人が共通にもち，他者と比較しうるようなものを共通特性，他者とは比較できないようなものを個人特性とし，それぞれの研究方法を示した。

質問紙法の性格テストでは，たとえば，「人前では緊張することが多い」とか，「誰とでも気軽に話す方である」など，何らかの具体的な行動を記述した評定（質問）項目を提示する。それらの評定項目に対して，「はい」「どちらでもない」「いいえ」などの，いくつかの選択肢で回答させる。1つの特性をとらえるのに，普通数個から10個程度の評定項目が用意される。それらの項目を決定するのには，因子分析などの統計的手法が用いられ，信頼性と妥当性を備えた心理測定用具としての尺度化の作業が必要となる（鎌原ほか，1998）。

行動傾向の集積としての性格特性をさらにまとめていくと，やがて性格を説明しうる基本的次元に至る。アイゼンク（Eysenck, H. J.）は，特殊反応から習慣反応の水準を経て特性の水準（持続性，硬さなど）に至り，最後に類型の水準（たとえば向性）に達するという性格の4層構造を想定している。彼は性格の基本的次元（因子）として，向性（外向的－内向的）と神経症傾向（安定－不安

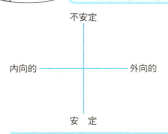

FIGURE 10-3 アイゼンクによる性格の二次元

これら2つの次元は、特性論的研究ではその後の研究においてもきわめて基本的な次元として認められているものである。最近の5因子説のなかでも最も安定した因子であるといえよう。

(出典) Eysenck & Rachman, 1965 より。

定)の二次元を仮定した(図10-3)。また、心理的障害を記述するためには、さらにもう1つの次元が必要であるとして、精神病質の次元を付け加えている。その後の研究では、彼の説のように3つの次元ですべての性格を記述することができるのか否かが議論されてきた(辻ほか, 1997)。

現在は数えきれないほど多くの性格テストが作られており、それぞれの用途に応じて用いられている。統計的分析手法の発展とともに、より複雑で高度な分析が可能になり、近年では過去には確認できなかった問題が解決できるようになってきている。

ビッグ・ファイブ

特性理論として、過去30年ほどの間に多くの研究が蓄積され、現在最も関心がもたれているのはコスタとマクレー(Costa & McCrae, 1985, 1992, 1995)のビッグ・ファイブと呼ばれる5因子モデルであろう(辻, 1998;山崎, 2002)。コスタらの開発したNEO-PI-R(Revised NEO Personality Inventory)では、5因子(次元)とは、神経症傾向(Neuroticism;N)、外向性(Extraversion;E)、開放性(Openness;O)、調和性(Agreeableness;A)、および誠実性(Conscientiousness;C)である。それぞれの因子には6つの下位次元があり(表10-3)、1つの下位次元には8つの評定項目が含まれている。

日本でも、5因子モデルの考え方に基づき特性語を集めて行われた和田(1996)の研究では、上記の5因子が確認されている。また、辻ほか(辻, 1998;Tsuji et al., 1996)は同様の5因子モデルを仮定して独自に質問紙(FF-PQ)を開発し、日本の文化的要因を考慮してNEO-PI-Rとは若干異なる因子命名を行っている。すなわち、情動性、外向性、遊戯性、愛着性、統制性の

TABLE 10-3	NEO-PI-R の構成
次元（因子）	下位次元
神経症傾向	不安, 敵意, 抑うつ, 自意識, 衝動性, 傷つきやすさ
外向性	温かさ, 群居性, 断行性, 活動性, 刺激希求性, よい感情
開放性	空想, 審美性, 感情, 行為, アイデア, 価値
調和性	信頼, 実直さ, 利他性, 応諾, 慎み深さ, 優しさ
誠実性	コンピテンス, 秩序, 良心性, 達成追求, 自己鍛錬, 慎重さ

因子分析の手法が進歩したことに伴って多数の統計量を容易に解析することができるようになった。その結果として，かつては困難であった因子の推定が行えるようになり，5因子が特定されるようになってきた。

（出典） Costa & McCrae, 1992.

TABLE 10-4 5因子モデルによる測定

	NEO-PI-R	Big Five 尺度	FFPQ
作者	コスタとマクレー	和田	辻ほか
項目数	240 項目	60 項目	150 項目
因子名	神経症傾向（N）	神経症傾向	情動性
	外向性（E）	外向性	外向性
	開放性（O）	開放性	遊戯性
	調和性（A）	調和性	愛着性
	誠実性（C）	誠実性	統制性

5因子を測定するための尺度として Big Five 尺度は特性語（形容詞）を用いており，NEO-PI-R と FFPQ は文章を用いている。FFPQ は構造的には同じだが日本で独自のものとして新しい因子名を用いている。このほか，外向性（E），協調性（A），勤勉性（C），情緒安定性（N），知性（O）としたものもある（村上・村上，2001）。

5因子である。表10-4 はこれら3つの尺度を比較したものである。このうち神経症傾向（情動性）と外向性に関わる2つの因子については研究者間でかなり一致した結果が示されており，ほぼ共通理解ができているが，残りの3因子については内容的にも若干異なるものがあり，議論の余地が残されている。

辻（1998）の5因子では，各特性の本質について次のように仮定されている。すなわち，外向性の本質は「活動」，愛着性は「関係」，統制性は「意志」，情

TABLE 10-5 ● NEO-PI-RとY-G性格検査

Y-G下位尺度		NEO-PI-R 因子				
		N 神経症傾向	E 外向性	O 開放性	A 調和性	C 誠実性
N	神経質	0.72	−0.40	−0.11	−0.23	−0.16
D	抑うつ性	0.68	−0.44	−0.06	−0.15	−0.33
I	劣等感	0.75	−0.37	−0.22	−0.09	0.28
O	客観性欠如	−0.53	−0.19	−0.24	−0.13	−0.30
C	回帰性傾向	0.70	−0.04	0.07	−0.15	−0.38
Co	協調性欠如	0.55	−0.34	−0.24	−0.33	−0.19
T	思考的外向	−0.40	0.37	−0.06	0.19	−0.19
A	支配性	−0.41	0.71	0.21	0.08	0.26
S	社会的外向	−0.33	0.78	0.19	0.16	0.13
G	一般的活動性	−0.45	0.65	0.13	0.27	0.42
R	のんきさ	0.00	0.67	0.21	0.05	−0.23
Ag	愛想の悪いこと	0.20	0.36	0.28	−0.21	−0.09

　Y-G性格検査はこれまでに日本で最もよく使われてきた代表的な質問紙法検査の1つである。この検査と5因子との関係を明らかにすることは、これまでのY-G性格検査による研究の位置づけを行ううえで重要である。

（出典）辻，1998より。

動性は「情動」、遊戯性は「遊び」である。これらは性格に関わる基本的次元の本質を考える際に、参考にすべきものといえよう。

　5因子モデルでは、従来よく使われている各種性格テストを混合したジョイント因子分析が行われ、テスト間の興味深い関係が見出されている。以下に、それらのいくつかを紹介しよう。

(1) **NEO-PI-RとY-G性格検査**　表10-5で明らかなように、Y-G性格検査の12の特性は、5因子モデル（NEO-PI-R）では、N因子（神経症傾向）とE因子（外向性）の2因子にのみ対応（0.6以上）している。これは、同様の2因子を基軸としているアイゼンクの特性説に合致するものとしてとらえることができよう。

(2) **FFPQとエゴグラム**　バーン（Berne, E.）の交流分析理論（transactional analysis theory）のなかで開発されたエゴグラムは、自我状態を調べるテストであるが、心理学関係の授業や実習でよく利用されているテストの1つであ

FFPQ	エゴグラム				
	CP	NP	A	FC	AC
外向性				++	
愛着性	－－	++			
統制性			++		
情動性					++
遊戯性					

TABLE 10-6 ● FFPQとエゴグラムの関連性

エゴグラムは交流分析理論における自我構造を理解するために開発された尺度であり，心理学の授業などで気軽に使われているものである。5つの自我状態と5因子との関係を知っておくと解釈の際に役立つであろう。

(注) ＋は正の相関，－は負の相関があることを示す。
(出典) 辻，1998より。

る。表10-6のように，FFPQとのジョイント因子分析によって，自我状態と5因子モデル（FFPQ）との関係が明らかにされている。この表で，エゴグラムにおいてCP（批判的自我状態）と愛着性とは負の相関があり，NP（養護的自我状態）と愛着性とは正の相関が認められる。これは構成概念的に妥当な結果であるといえる。また，A（大人の自我状態）と統制性，FC（自由な子どもの自我状態）と外向性，AC（順応的な子どもの自我状態；神経症的傾向や不適応との関連が深い）と情動性の間に正の相関が認められていることも納得できる結果である。しかし，この結果とは矛盾する結果をも報告されており（柏木，1999），なお議論の余地が残されている。

子ども期の気質と5因子モデルとの対応については第19章も参照のこと。

社会認知的理論

特性説では，人によって性格としての持続的で一貫した行動様式があるものと仮定して，それを質問紙によってとらえようとしてきた。しかし，このことについて，ミシェル（Mischel, W.）は早くから疑問を投げかけている（若林，1993）。彼は，人の行動には，長期にわたる安定性や一貫性は認められないと主張する。彼は，人の行動は性格特性によって決まるというよりも，むしろそのときどきの状況によって決まると考えている。なぜなら，彼がさまざまな状況での行動の一貫性を調べたところ，異なる状況での行動の間にはせいぜい0.3程度の相関しか得られていないからである。

人は状況に応じて行動を変えるが，ある状況では，みんな同じように振る舞い，別の状況ではそれぞれ個性的に振る舞うことがある。その際，状況をどの

ようなものと認知したかによって，振る舞い方は変わると考えられる。たとえば，指導教員の前ではおとなしい学生たちが，指導教員のいないコンパの席ではずいぶんさわいだりするということは珍しくない。人の行動を理解するのに，視点の置き方によって，特性を重視することもできるし，状況を重視することもできよう。

実際には，いかに人の行動傾向に一貫性が見られるといっても，状況の要因をまったく無視することはできない。特性と行動との相互作用を問題にする必要があろう。この問題は，文化の問題と関連づけて考えてみるのも興味深い。ある文化における状況のとらえ方と，別の文化における状況のとらえ方が異なる場合が多いからである。たとえば，学生の質問行動の文化差について考えてみればわかるであろう。日本では，性格のいかんにかかわらず，概して学生は質問をしない。これは，欧米の学生とはかなり違うところである（祐宗，1995-2002）。

性格テストの効用と限界

性格をとらえる方法としては，上述のような質問紙法の性格テストを用いるのが最も一般的である。テストの実施や採点は誰にでも簡単にできる。しかし，そのテストが信頼のおけるものであるのかどうか，実際に測定したいと思っていたものが果たして測定されているのかどうかが問題である。このような点を満たすためには，使用するテストが心理テストとしての要件を満たしていなければならない。

一般に，心理テストが備えるべき要件としては，客観性，信頼性，妥当性，実用性などが挙げられる。これらの要件を満たすべく，基礎的研究を積み重ねる作業のことを標準化（standardization）という。客観性とは，実施，採点，評価の方法などが厳密に定められていることをいう。どのような対象（年齢，性，地域など）に適用されるのかが明確に指定され，平均値や標準偏差などの統計的な値によって，受検者が全体（母集団）のなかのどこに位置づけられるのかがわかるようになっていなければならない。また，あまりに高価なものや，実施，採点が複雑すぎるものは実用性があるとはいえない。次に，信頼性と妥

FIGURE 10-4 ロールシャッハ・テスト図版に似せた図形

ロールシャッハ・テストは曖昧性の高い刺激図版を用いて，そこに投影される個人の内面世界を探ろうとするものである。この検査の実施には高度な知識と熟練が必要とされる。

（出典）　前川，1991。

当性について述べよう。

信頼性と妥当性

同じテストを同じ条件で再度実施した場合には，ほぼ同じ結果が得られるはずである。実施するたびに結果が大きく食い違っていたのでは，テストの意味をなさない。信頼性 (reliability) とは，テストを繰り返し行ったときに，ほぼ同じ結果が得られることをいう。したがって，安定性といってもよい。信頼性を確認するのにはいくつかの方法がある。測定しようとする概念について，テストの個々の項目が同一の概念を測定しているかどうかも検討しなければならない（内的整合性一貫性）。

妥当性 (validity) とは，測定しようと意図したものが正しく測定されているかどうかを問題にするものである。妥当性には，基準関連妥当性（併存的妥当性，予測的妥当性），構成概念妥当性などが含まれる。妥当性の検討は，信頼性の場合よりもはるかに複雑で困難である。当初に仮定された構成概念そのものも，絶えず見直される必要がある（吉田，2001）。ときには，構成概念そのものの改訂が必要になる場合もあろう（信頼性と妥当性については，第1章も参照）。

投影法の性格テスト

臨床的な実践の場では，質問紙法で測定されるような行動の量的差異よりも，個人の内的世界から生じると推測される質的な特徴が問題になることが多い。投影法 (projective technique) のテストは，何らかの曖昧な刺激を与えて，それに対する自由な反応から個人の反応の特徴を分析し，心の内面を探ろうとするものである。インクのしみで作られた図版を用いるロールシャッハ・テスト（図10-4），曖昧性を残したさまざまな場面の図版を用いるTAT（主題統覚検査），欲求不満場

面を描いた略画を用いるP-Fスタディ，不完全な文章を用いるSCT（文章完成法）などがある。これらは，いずれも実施や採点が難しく，かなりの経験を積んで熟練しないと的確な解釈を行うことはできない。

質問紙法の場合は，受検者が故意に反応を歪めることもできるが，投影法では反応を歪めてもあまり意味がない。熟練した検査者であれば，投影法によって病的な兆候を見出すこともできる。しかし，検査者によって解釈が異なることも多く，結果にばらつきが生じやすい。したがって，投影法の信頼性や妥当性については概して確認することは難しい。

5 性格の形成

性格がどのようにして形成されるかについては，さまざまな考え方ができる。すでに述べたように，性格のある部分は生得的な要因によって規定され，ある部分は生後の環境のなかで習得されたものであると考えられる。実際には遺伝的素因と環境的要因との相互作用によるが，性格がいつ，どのようにして形成されるのかを調べることは興味深い。

遺伝と環境の影響

双生児の研究によって，どの程度，遺伝的素因が心理的特性に影響するのかを調べることができる。それは一卵性の双生児は遺伝的素因が同じであり，二卵性の双生児は異なるからである。両者の差が大きければ大きいほど，遺伝の影響が大きいと見なすことができる。図10-5は知能，学業成績，外向性，職業興味などについて，一卵性と二卵性の双生児の相関係数を比較したものである（安藤，2000b）。相関係数が1に近いほどきょうだいの類似性は高いといえる。また，一卵性双生児と二卵性双生児の相関係数の差は遺伝の影響の強さを示すものと考えられる。図10-5から，一卵性双生児と二卵性双生児の差に注目すれば，外向性，神経質などの性格も知能や学業の差とあまり変わらず，遺伝の影響を受けていることは明らかである。

遺伝の要因はあくまでも潜在的な素因であって，それが適度な環境のなかに置かれたときに発現しやすい傾向を示すものである。したがって，遺伝のみで発現するというよりは，むしろある程度の環境との相互作用によってはじめて

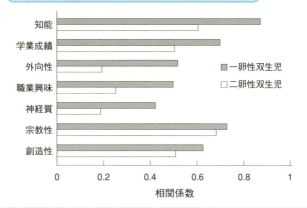

FIGURE 10-5 ● 一卵性双生児と二卵性双生児の類似性の比較

相関係数が1に近いほどきょうだいの類似性は高いといえる。外向性，神経質などの性格も，一卵性双生児と二卵性双生児の差に注目すれば，知能や学業の差とあまり変わらず，遺伝の影響を受けていることは明らかである。

(出典) 安藤，2000b より。

発現すると考えるべきであろう。

家庭の影響

次に，環境の影響を考えてみよう。家庭における親の養育態度によって，異なる性格が形成されることは容易に推測できる。サイモンズ（Symonds, P. M.）は親子関係の基本的な軸として，支配－服従，受容－拒否という2つの次元を設定し，これらの組合せから養育態度を過保護（かまいすぎ），溺愛（甘やかしすぎ），無視・放任（ほったらかし），過酷（厳しすぎ）の4つの型に分類した（図10-6）。このような考え方に基づいて多くの実証的研究が行われてきた。

表10-7はこれらをまとめたものである。それぞれの家庭の状況によって，ある程度はどこの家庭でもいずれかの型に傾斜することは否めないが，いずれの場合も極端な養育態度は子どもの望ましい性格を形成するのには適さないであろう。幼児期からの持続的な虐待によって，性格の歪みやPTSD（心的外傷後ストレス障害）などの重い心理的障害を生じる場合もある（第21章参照）。

また，出生順位によって，性格が異なることが知られている。依田・飯嶋

FIGURE 10-6 ●親の養育態度

サイモンズが示した受容-拒否の次元を愛情の次元、支配-服従の次元をしつけの次元としてとらえることもできる。いずれの場合も極端な態度は好ましくないであろう。

(出典) Symonds, 1939 より。

TABLE 10-7 ●親の養育態度と子どもの性格

親の態度	子どもの性格
支配的	従順、自発性なし、消極的、依存的、温和
かまいすぎ	幼児的、依存的、神経質、受動的、臆病
受容的	思慮深い、親切、情緒安定
甘やかし	わがまま、反抗的、幼児的
服従的	無責任、従順でない、攻撃的、乱暴
無視	乱暴、攻撃的、情緒不安定、創造力に富む
拒否的	神経質、反社会的、注意をひこうとする、冷淡
残酷	強情、冷酷、逃避的、独立的

養育態度にはそれぞれ置かれている状況によって、そうなる必然性があるものと考えられる。たとえば子どもが病弱であれば多くの場合、養育者は過保護にならざるをえない。そのような状況も理解する必要があろう。

(出典) 詫摩, 1967 より。

(1981)の研究では、長子は自制的、用事を人に押しつける、控えめ、仕事が丁寧、面倒なことを嫌うなどの傾向があり、次子は外で遊ぶ、おしゃべり、甘ったれ、強情、依存的、告げ口などの傾向があるとされている。これらはきょうだいに対する家族の期待や接し方の違いから生じるものと考えられる。また、一人っ子には、自己中心的、協調性欠如、非社交的、依存的、競争心欠如、などの傾向があるとされている。

戦後のめざましい経済発展の時期を経て今日まで、時代とともに社会経済的

状況は著しく変化し，それに伴って子どもたちが置かれている家庭の状況も大きく変化してきた。たとえ遺伝的素因が同じであっても，少子化や両親の就労，単身赴任などによって親の関わり方は変化せざるをえない状況であり（田中ほか，2000），少なくとも表面的な行動の部分では子どもの性格は変わってきているといえよう。

友人関係の影響

昔から「朱に交われば赤くなる」という諺があるように，子どもの発達過程における友人関係の影響は大きい。子どもたちは，流行語や髪型，服装などさまざまな面で互いに影響されるが，とりわけ反社会的な逸脱行動については友人関係の影響が大きいといえよう。

1つの例として，攻撃性を考えてみよう。精神力動論的には，攻撃行動は欲求不満の結果であると考えられる（第9章参照）。人は自我が脅かされるような事態にさらされると，自我防衛の手段として，攻撃的になる。この考え方では，人は攻撃行動を示すことによって欲求不満を解消する。たしかに，欲求不満によって攻撃的になることはよくある。しかし，攻撃行動の前提として欲求不満があるかというと，必ずしもそうとは限らない。

行動理論的には，攻撃行動は学習されたものと見なされる。最初，ほとんど攻撃的とはいえないほどのわずかな攻撃によって，相手がひるんだり，たじろいだりすると，次にはより攻撃的になり，回を重ねるにつれてしだいに攻撃性が増していくことがある。ヘルマン・ヘッセの小説『デミアン』に出てくる少年クローマーの例はこれにあてはまる。いじめの極端な事例にはこの種のものが多い。自制心の弱い青年の場合，攻撃行動が一度成功すると，次の機会にも攻撃行動によって相手に対処しようとし，攻撃行動がますます常習化していくことになる。

これに関連して，中学生などの青年前期の段階では，仲間の振る舞い方がモデルとしての影響をもちやすいといえる。この時期には，子どもたちは一般に大人社会の規範に従うよりも，むしろ仲間社会の規範に従おうとする傾向が強いからである。暴力的行動や窃盗などの反社会的行動は，モデルとしてのまわりの友人たちが示す行動に触発されて獲得されることが多い。すなわち，バンデューラ（Bandura, A.）の社会的学習理論でいうモデリング（modeling）による学習である。

> **COLUMN** 10−1 神経伝達物質と性格との関係

　脳内の神経伝達物質が，ある種の性格形成に影響を及ぼしている可能性がある（Atkinson et al., 2000）。ある人は神経伝達物質の値が高く，ある人は低い。性格と関連の深い神経伝達物質としてノルエピネフリンやドーパミンが知られている。ノルエピネフリンは心拍や血圧，エネルギー量に影響する（Gray, 1987）。高い値のノルエピネフリンをもつ人は，不安が高く，依存的で，社交的である。一方，ノルエピネフリンの値が低い人は，抑制的でなく，より衝動的である。その値が慢性的に低い人は，社会的に孤立し，従順でない傾向がある（Zuckerman, 1991）。ドーパミンは，体の動きをコントロールする働きがあり，魅力的なものや人への接近を促すような脳組織のなかに含まれている。したがって，それは社交性や一般的活動性に影響すると考えられている。ある研究者は，ドーパミンが外向性と衝動性に関係があることを示唆している（Zuckerman, 1991）。

　もう1つの重要な神経伝達物質としてセロトニンがある。セロトニンは，情動的衝動や行動的衝動の抑制に関係がある。ある研究者は，異常に低い水準のセロトニンをもつ人は，「セロトニン欠乏」で悩むと考えている（Metzner, 1994）。この症状は，不合理な怒り，拒否への過敏，悲観主義，強迫的な心配，危険を冒すことへの恐れなどを含むものである。アメリカでよく知られている抗うつ剤プロザックは，選択的セロトニン再取込み阻害薬である。その効果はセロトニンの水準を上げるものである。プロザックは，人に新しい性格を与えるとも言われている。この薬は人が不必要に悩み，些細なストレスに過剰に反応し，不必要に機嫌よく見せかけるのを防ぐ。プロザックの成功は，性格が実際には脳のある化学物質によって決定されていることを示唆している。しかし，プロザックはセロトニンの量が適切な人には利かない（Metzner, 1994）。さらに，セロトニンの量に影響するプロザックその他の薬物は，異なる人々に広くさまざまな影響を及ぼすものである。それを飲むすべての人にある予測可能な新しい性格を創り出すものではない。したがって，神経伝達物質が性格に影響するのは確かであるが，それらがある性格をもたらすと結論するにはまだ証拠不十分である。

　家庭内に欲求不満となる要因が多い場合には，モデリングによる攻撃行動の学習はより容易に行われる。モデリングは，実際の友人の行動からだけではなく，テレビ，映画，ゲームなどにおける攻撃的モデルを繰り返し見ることによ

っても学習される。また，子どもたちは，家庭のなかでの親からの暴力的養育によっても攻撃行動を学習することがある。虐待を受け続けた子どもが親になったときに，自分が受けてきたのと同じように自分も子どもを虐待するということは，世代間伝達の現象として知られている。

性格と生き方

　従来，多くの研究では性格をかなり固定的なものとしてとらえ，どのような性格の人はどのような考え方をし，どのような感情を抱きやすく，どのような振る舞い方をしやすいのかを探究してきたといえる。本章においてもそのような視点で書き進めてきている。それは還元すれば遺伝と環境の相互作用によって決定づけられるものといってもよいだろう。しかし，最近の研究では，脳の機能とそれに伴う心理生理的，身体的機能の可塑性，可変性，相互規定性が明らかになるにつれて，これまでの研究は根本的に見直されつつある。めざましく変化する現代社会において，心理学の研究ではそこで人がどのように適応し，健康な生涯を生きぬくために何をすべきかが問われている。知能や性格の働きが固定的なものではなく，状況に応じて今まで考えられてきた以上に可変的なものであるという視点から，従来の研究をもう一度見直してみる必要があるといえよう。とりわけ，生きる構えや信念，態度，あるいは意志の問題は重要である。この問題に関連する最近の研究を紹介したい。

心構え（マインドセット）　パーソナリティ心理学や発達心理学の研究者であるドゥエック（Dweck, 2008）は，人が楽観的な生き方をするか，悲観的な生き方をするかはもって生まれた性格だけで決まるものではないことを多くの実践的，実証的研究によって示している。学校でよい成績をとったときにそれをどうとらえるか，何かに失敗したときにそれをどう考えるかが問題である。ドゥエックは物事に取り組む基本姿勢としてマインドセット（mindset）という言葉を用いている。彼女が使うマインドセットには2種類のものがある。

　1つはこちこちマインドセット（fixed mindset）と呼ばれるものである。よい成績をとったとき，こちこちマインドセットをもつ人は，自分は生来的によ

くできると考えがちである。人よりもよい成績をとった場合は人に自慢でき，自分にも満足できる。完璧主義の人を想定するとわかりやすい。完璧主義の人はつねに成果を気にし，つねに物事を完璧にしていないと落ち着けない。思わしい成果が得られなかった場合は，それを否定し，同じことが繰り返されるのを恐れる。その結果，ものごとを悲観的に考えるようになりがちである。新しいことに挑戦して失敗するのはなるべく避けようとする。

　もう1つはしなやかマインドセット（growth mindset）と呼ばれるものである。しなやかマインドセットをもつ人は，自分がしたことの結果にではなく，その過程に注意を向ける傾向がある。努力して何かに取り組んだのに思わしい結果が得られなかった場合，失敗そのものにはあまりこだわらない。むしろ，その失敗から何かを学ぼうとする。このようなマインドセットをもち続けるとやがて失敗をおそれず，より難しい課題や新しいことに進んで挑戦しようとするようになる。その結果，高い成果が得られてもそれにはとらわれず，さらに次の課題に取り組んでいく。このようなマインドセットの違いは，生来的な性格による場合もあるだろうが，多くの場合，親や教師など周囲の人々の関わり方によって形成されるものである。ドゥエックは学業成績が低い子どもたちややる気をなくしている子どもたちに対して，教師がしなやかマインドセットを促す接し方をすることによって，成績が向上し，将来へと前向きに取り組めるようなった多くの事例を紹介している。このような研究から，固定的な性格観や能力観をもつことによって固定的な性格や能力が形成され，柔軟な性格観や能力観をもつことによって柔軟な性格や能力が形成されると考えられるであろう。

サニーブレインとレイニーブレイン

多くの人は，性格は変えられるものではないと思っているかもしれない。たしかにそう簡単に変わるものではないだろう。この問題に最近の脳科学の研究はどこまで答えることができるだろうか。長年この問題に取り組んできたフォックス（Fox, 2012）は，楽観主義と悲観主義を対立する性格と位置づけて，それらに関わる脳科学的根拠を示し，くわしく論じている。話をわかりやすくするために，楽観的な脳を「サニーブレイン」，悲観的な脳を「レイニーブレイン」として説明している。これらは脳の中央の異なる場所にある。すなわち，サニーブレインは側坐核にあり，レイニーブレインは扁桃体にある

とされている。それぞれが情動を統制する大脳皮質の前頭前野と連絡をとりあってネットワークを形成している。側坐核は快楽の中枢であり，扁桃体は恐怖の中枢である。楽観主義と悲観主義の元になる性格をフォックスはアフェクティブ・マインドセット（affective mindset）と呼んでいる。

　生来的に楽観的な人は，未来に対して希望を抱いており，どんなことが起きてもそれには必ず対処できると思っている。一方，生来的に悲観的な人は，何か問題が起こるたびに，最悪の事態を考えてしまう。また，自分ではそれをどうすることもできないと思っている。この違いを日常的な些細な例で考えてみよう。たとえば，しばらく会っていなかった知人とたまたま道で会ったとしよう。自分は挨拶をしようと思っていたが，その人は挨拶をせずに通り過ぎた。この事態で，知人はただ気がつかなかっただけかもしれない。しかし，悲観主義の人は，その人は自分を嫌っているに違いないと思ってしまう。アフェクティブ・マインドセットは外界刺激のうちの何に注意すべきかを瞬時に決定する。人が一貫して注意すべきものと無視すべきものを決めてしまう。その違いによって，情動の起こり方が違ってくるのである。先の例では，悲観主義の人は，相手が少し顔をそむけたように思うとか，すまし顔で通り過ぎたなど，自分を嫌っていることにつながる刺激ばかりに注目してしまう。楽観主義の人は，それとはまったく違う刺激に注目しているに違いない。

　さまざまな経験を重ねるうちにアフェクティブ・マインドセットは強固なものになり，快と結びつく刺激に注意を向けやすいサニーブレインと不快と結びつく刺激にばかり注意を向けるレイニーブレインが形成される。楽観主義を作り出す側坐核には何かを「欲する」ことに関わるドーパミンと，何かを「気持ちよく感じる」ことに関わるオピオイドが分泌されるといわれている。また，側坐核の働きは左脳において顕著であるとされている。一方，悲観主義を作り出す扁桃体についてはどうであろうか。扁桃体から前頭前野に向かう経路はその逆の経路よりも多いことがわかっている。危険ではない状態でも危険であると思ってしまうのはこのような情報伝達の偏りから生じるようである。恐怖の回路はいったん作動すると，なかなか元には戻りにくいらしい。たまたま起こった不快な出来事であっても情動はなかなかもとに戻らないのである。扁桃体の働きにはセロトニンが関係している。このことについて遺伝子との関連でさまざまな研究が行われてきたが，結果は一貫したものではない。ただ，最近の

研究では当初に考えられていたよりもはるかに脳の働きは可塑性に富んだものであるといえる。言い換えれば，置かれた環境や経験に伴って，脳は生涯にわたって可変的なのである。すなわち，悲観主義の脳であっても変えられるはずである。フォックスは，さまざまな脳科学的研究を総合的に検討し，性格の根底にあるアフェクティブ・マインドセットも呼吸法や暴露療法，マインドフルネス認知療法，カウンセリング，認知行動療法などによって脳内の古いネットワークから新しいネットワークへと書き替えが可能であることを示唆している。

意志力（ウィルパワー）

人が社会のなかでどのように振る舞うかを決定づけるものとして性格の要因が重要であることはいうまでもないが，人の行動は必ずしも性格の要因だけで決定づけられるものではない。とりわけ，人が社会のなかでどのように生きるかを考える場合，意志の要因を無視することはできないであろう。ところが，従来，意志に関する心理学的研究はきわめて少ない。日本では古来より，知，情，意の3つが人の行動の元であるように考えられてきた。夏目漱石は「草枕」の冒頭で「智に働けば角が立つ。情に棹させば流される。意地を通せば窮屈だ。とかくに人の世は住みにくい」と述べている。意地と意志は必ずしも同義ではないが，類似の意味で使われることも多い。いずれにしろ，意志の研究はどうして少ないのだろうか。考えられることは，意志というものは生来的なものではなく，環境のなかで形成されると考えられているからかもしれない。

健康心理学者のマクゴニガル（McGonigal, 2012）は意志力（willpower）という言葉を使い，ストレスに関する最近の神経心理生理学的知見に基づいて，より健康な生活を送るために私たちは何をすべきかを説いている。意志力は，脳のなかの「やる力」「やらない力」「望む力」で構成される3つの領域によって調整されると仮定されている。自己の内部にあって本来の目標に向かおうとする衝動と，それを抑制しようとする衝動の間をうまく調整すれば，自己統制力が増大し，より健康な自己を創り出すことができると考えられている。たとえば，やり遂げなければならない課題があっても，ついついそれを先延ばしにして，期限ぎりぎりまで放っておくことがある。それを繰り返しているうちに，自分は怠け者だとか，能力のない人間だと思うようになり，自己否定的になってしまう。この状態は健康であるとはいえない。この場合，なぜそのようになるのかを分析し，何をしたいのかを見定める必要がある。そのうえで，やりた

くないと思わせる「やらない力」は何なのか，やろうとする「やりたい力」は何なのかを探り出し，やりたい力を強めるのである。たんなる常識で考えると方向性を間違えることもあるので，最新の脳科学的知識を活用することが必要である。難しい課題に取り組む場合は，たんに自分を叱咤するだけでは意志力を強めることにはならない。自分に厳しくするよりも，むしろ自分への思いやりをもち，できなかった自分を許すことによって意志力が高まることもある。このような考え方に基づいて，マクゴニガルは自分を変える10回の訓練プログラムを用意し，誘惑に負けない自己を創るための具体的方法を提示し，その成果をあげている。

BOOK GUIDE　●文献案内

鈴木公啓 編，2012『パーソナリティ心理学概論——性格理解への扉』ナカニシヤ出版。
- 性格を多面的にとらえ，偏りなく最近までの研究を紹介しており，概論書として適切である。初心者がどのように性格を理解し，どのように研究を進めていけばいいかについての手がかりがつかめるであろう。

宮城音弥，1960『性格』岩波新書。
- 性格に関する一般向けの著書としては，日本における初期の代表的なものである。新しい文献とともに参照すると，より確かな知識を習得することができよう。

小塩真司，2010『はじめて学ぶパーソナリティ心理学——個性をめぐる冒険』ミネルヴァ書房。
- 性格の個人差はどのようにとらえられるのか，またそれはどのように測定できるのかを具体的に示したものである。この分野の研究を始めようとする人にすすめたい。

詫摩武俊・鈴木乙史・清水弘司・松井豊 編，2000『性格の理論』ブレーン出版。
- 性格についての理論的論争，新しい特性理論，心理学のさまざまな理論や脳科学，行動遺伝学と性格との関連性などについて第一線の研究者が論じたものであり，最近の性格研究の動向をつかむのに役立つ。

詫摩武俊・瀧本孝雄・鈴木乙史・松井豊，2003『性格心理学への招待——自分を知り他者を理解するために（改訂版）』サイエンス社。
- 性格の諸理論，性格理解の方法，性格の発達，家族関係・人間関係と性格，性格の異常，性格と適応，性格と文化など，性格に関わるさまざまな問題についてわかりやすく解説したものである。

丹野義彦，2003『性格の心理——ビックファイブと臨床からみたパーソナリティ』サイエンス社。
- 性格の5つの次元について，心理学の各分野と関連づけて紹介したあと，性格の発達，性格の測定，性格の適応，性格の変容について述べている。新しい視点から性格研究の概略を理解するのに役立つ。

辻平治郎 編，1998『5因子性格検査の理論と実際——こころをはかる5つのも

のさし』北大路書房。
● ビッグ・ファイブに関する国内外の研究を網羅的に収集し，著者らによる独自の5因子測定尺度 FFPQ を開発して，その信頼性と妥当性を検討した成果を紹介したものである。

Chapter 10 ● 練習問題　　　　　　　　　　　　　　EXERCISE

❶　クレッチマーの類型説，ユングの内向性・外向性，シュプランガーの価値観に基づく類型など，さまざまな性格理論にあてはめて，自分の性格を分析してみよう。

❷　あたたかい－冷たい，活発な－不活発な，など性格を表す形容詞対を30項目集め，性格を測定する尺度を作ってみよう。身近な友人に実施して，自分の性格との違いを比較してみよう。

❸　自分の性格と家族の性格の類似点と相違点を挙げてみよう。それらの類似点や相違点がどのようにして生じたものかを考えてみよう。性格形成に家族関係はどのように影響しているだろうか。

❹　性格がどの程度まで変えられるかについて，現代脳科学の知見をもとにどこまで答えることができるのか調べてみよう。

HINT ● p.630

第 11 章 発達の基礎となるもの

左から，生後1カ月，生後7カ月，生後9カ月

CHAPTER 11

KEYWORD
FIGURE
TABLE
COLUMN
BOOK GUIDE
EXERCISE

　人間の発達の研究は近年，著しく進んできた。とりわけ，乳幼児期の発達の解明はまったく新たな知見を生み出し，乳児がきわめて有能で人間としての基本をすでに備えていることを実証することに成功した。乳幼児期は，人間としての基礎が形成される時期であり，その後の学校教育等はそれを肉づけしていく過程にすぎないとさえ主張されることがある。とはいえ，生涯発達における生得的あるいはごく初期の発達の意義は大きいにしても，その後の文化の影響も当然ながら，無視できるものではない。まず，本章ではその基礎となる心理過程を扱おう。とくに認知すなわち知的機能に注目して，脳に基礎を置いた働きと身の周りの環境（ものや人）とのやりとりの意義を明確にしたい。認知発達全般の特徴を述べたうえで，その働きの基礎をなす記憶のあり方と自己の心身のコントロールの仕方の発達を述べる。

PREVIEW

KEYWORD

認知発達　表象　象徴機能　実行機能　ワーキングメモリ　記憶
暗黙記憶　明示記憶　自伝的記憶　エピソード記憶

認知発達とは何か

　認知（cognition）とは，知識が獲得され，操作される過程であり，能力である。その研究は広範にわたり，膨大な蓄積がある（本節はおもに，Bjorklund & Myers, 2015 および Bjorklund, 2013 によっている）。

① 認知発達は，情報が表象されるやり方の変化がその基軸にある。どの年齢の子どももその時期なりの仕方で経験を表象している。
② 子どもはしだいに自分の行動や認知を意図的に統制するように発達する。
③ 認知発達は社会的文脈のなかで起こる。
④ 認知発達の個人差は時間の経過のなかで比較的安定しており，同時に弾力的に変化するものでもある。

表象の発達

　表象するとは，情報を心的に符号化することである。大人はその手段をさまざまにもっている。言語的にも，図的・映像的にも，身体的・動作的にも，対象となるものを描き出せる。その表象の力は乳幼児期から発達し始めている。ピアジェ（Piaget, J.）がその理論を最初に明確にした。

ピアジェの理論

　ピアジェは認知発達研究をいわば創始した人である。その理論における表象の扱いが新たな研究分野を作り出した（ピアジェについては多くの文献があるが，たとえば，大浜，2016 から読むとよい）。

　子どもは自分自身の発達の能動的な参与者であり，自らの認識を「構成」する存在である。まわりの世界を把握する枠組みのことをシェマ（スキーマ）と呼ぶ。このシェマは経験・環境を意味づける表象の基にある枠組みであり，発達に応じて変化する。シェマは適応過程を通して自らを「調整」して世界をより豊かに反映したものになり，同時に，「同化」によりそのシェマを適用し，

シェマに組み入れ，そのことを通して新しい情報を解釈する。その双方の組合せによりシェマがより適切に情報を処理できるようにしていく。

その考えを具体的に発達の流れに沿って「段階」としたのがピアジェの発達段階説である。

> ピアジェの理論の
> 主要な発達段階の特徴

(1) **感覚運動期：誕生～2歳**　乳児の知能は環境に働きかける自身の行為に関するものに限られる。認知は反射（例：吸啜反射，視覚的定位反射）の実行から象徴機能の始まりへと発達していく。

(2) **前操作期：2～7歳**　知能が象徴的となり，言語やイメージや他の様式により表現され，物事を心的に表象し，直接的な知覚から離れて比較できるようになる。

(3) **具体的操作期：7～11歳**　知能は象徴的であり論理的である（たとえば，もしAがBより大きく，かつBがCより大きいならば，AはCより大きいに違いないと考えることができる）。思考の自己中心性が弱まる。思考は具体的な現象と自分の過去の経験に限定される。すなわち，思考が抽象的でない。

(4) **形式的操作期：11歳から16歳**　仮説を作り，検討できる。現実にあることより，それ以外の可能性を優先できる。自分自身の思考過程を内省し，さらに抽象的に思考することができる。

第1の段階が感覚運動期である。この乳児から2歳くらいまでの間の子どもは，見る・聞くなどの知覚を含めた自分の行為により，まわりの世界に働きかけて世界を理解する。まだ物事の心的な表象を形成していない。この時期に見られるものの永続性の理解を例に挙げよう。これは，ものが自分の行為とは独立に存在していることの理解である。乳児は8カ月前だと，ものが布に隠されると，あたかももはやそれが存在していないかのように振る舞う。興味をもって取ろうとしていたとしても，布を取ろうとしないのである。8カ月以降，特定の場所（場所A）から何度もものを取り出す経験をすると，次に子どもの目の前で別な場所（場所B）にそのものを隠すと，12カ月以前の子どもは以前の場所Aを探し続ける（A-not-B課題）。まるで自分が見たことより以前の自分の行為を信じているかのようである。さらに，18カ月までだと，ものを毛布で隠し，同時に密かに毛布の下で布で隠すと，子どもは毛布を取った後，布から出っ張っているにもかかわらず，その布をはいで，ものを取ろうとしない

(見えない移動課題)。ピアジェによれば，子どもはものが独立して存在するという心的概念を徐々に獲得していくのである（ただし，後で述べるように，この実験はさまざまに反証され，別な発達の経路が提示されるようになっている）。

　第2の段階が前操作期である。思考は象徴的であり，ものや経験を心的な表象を介して表すことができる象徴機能が発達する。イメージや象徴遊び，延滞模倣（時間をおいて見た行動を再現する），言語などの様式を用いる。だが，ピアジェによれば，まだ論理を欠いており，とりわけ可逆性を達成できていない。たとえば，液量の保存課題を考えてみよう。2つの同量の液体が入るコップがある。1つは太めで，もう1つは細長い。同じ量だと確認してから，それをそれぞれに入れる。さて，同じ量が入っているかを子どもに尋ねると，4歳児だと，たとえば，細長い方が多い，と答える。水面の高さが違うからと理由をいう。最初は同じだったが，移したら，量が変わったというように考えるのである。

　第3の具体的操作期においては，液量の保存課題に対して，量は変わらない，なぜなら元に戻せば同じだなどと答える。操作を逆転して考えられるのである。あるいはまた，前操作期だと，ものの1つの面に焦点をあてやすいが（水の高さだけで幅を無視する），具体的操作期になると，脱中心化して，見かけがどうかではなく，論理的な関係に基づいて判断できる。さらにまた，前操作期だと，他者の視点をとることが難しく，自分が知っていることは他の人も知っていると思いやすいが，具体的操作期だと自分の見方と他者の見方が違うことがわかってくる。

　第4の段階が形式的操作期である。具体的操作期は象徴的であり論理的であるのだが，思考がなお具体的で感覚でとらえられる経験に依存している。形式的操作期においては，抽象的に思考する力が発達し，無限とか変数といった複雑な概念を理解するようになる。また自分の思考を内省し，思考についての思考が可能となる。さらに仮説演繹的思考が可能であり，日常の経験を超えて考えられるようになる。たとえば，振り子の理解において，さまざまな長さのひもでさまざまな重さのおもりがつられているのを見る。ひもの長さ，おもりの重さ，投げ下ろすときの手を離す高さ，などが関係していそうな変数だ。そこで，仮説を立て（たとえば，重さとひもの長さの組合せが振り子の振れる速さを決める），検証するための計画を立てる。正確な観察をして，仮説と違うなら，そ

の仮説を修正する。このように形式的操作期の子どもは仮説を立てて,それを系統的に検証し,結果を正確に観察し,必要なら仮説を修正して,理論としていくのである。

以上のピアジェの議論はその後の多数の研究により大きく修正を受けた。それをこれから見ていこう。

乳児期の表象

ものの表象については,ピアジェが想定したよりずっと早く乳児はそれを獲得していると思われる。3,4カ月の乳児にパネルが180度後方に回転することを見せる。手前に倒れていたのが後ろ側に倒れるのである。これを何度も見せると,乳児はだんだん見なくなる(馴化する)。そこに箱を置き,前に倒れているスクリーンが先ほどと同様に後方に回転し,箱を隠す。「可能条件」では,スクリーンは箱にぶつかったところで,斜めに停止し,「不可能条件」では,乳児に知られずに箱は除かれており,後方に平らになるまでスクリーンが倒れるという2つの条件を見せる。もし乳児が,スクリーンに隠されていても箱が存在し,それによりスクリーンの動きが妨げられると理解しているなら,「不可能条件」の出来事を見ると驚くに違いない。事実,乳児は「可能条件」に対して「不可能条件」で驚きを示した。不可能な方を長く見たのである。この研究法を「期待違反法」と呼ぶ。この期待違反法の導入により,3,4カ月の乳児はものは見えなくなっても存在し続ける(ものの永続性)と理解しているらしいと示された(Baillargeon, 1987)。

また,その後さまざまな実験が行われ,乳児が「持続性の原則」をもっていることが提案されている。すなわち,ものが連続的に存在し,まとまりをもったものであり続けるとともに,その個別の性質を保持する。その原則に従えば,いかなるものも出来事の流れにおいて,自発的にあるいは原因なしに変化をすることはない(Baillargeon, 2008)。スペルキらは,それを「中核的知識」と呼んでいる(Spelke, 2000;Spelke & Kinzler, 2007;また本書『心理学』初版でも解説)。その知識はおそらく生得的であり,進化の過程で獲得されたものであり,そこから新たな柔軟な知識とスキルのシステムが構築されると考えられている。つまり,経験はおおいに意味があり,それを通して乳児は学習するが,その始まりとしてその後の発達の土台となる特定の認識の傾向をもっているのである。

COLUMN 11−1 おもな発達的出来事

誕生から青年期までの主な発達的出来事のカレンダーを示す。これらの成り立ちの背景にある発達的機構はいかなるものであろうか。

表 おもな発達的出来事

誕　生	新生児の原始反射。
生後2カ月	社会的微笑（養育者と目を合わせほほえむ）。
生後3カ月	養育者との原初的対話。
生後4カ月	ものの基本的認知。
生後6カ月まで	養育者の顔を他と区別して理解する。
	手を伸ばしてものをつかむ。
生後8カ月	ハイハイをする。
	人見知りが始まる。
生後12カ月まで	愛着が成立する。
満1歳	歩き出す。
	初語が出る。
1歳半	数十語程度を話す。
満2歳	簡単な見立て遊びをする。
	2語文，3語文を話す。
3歳	つきあいのある同年齢の子どもと遊ぶ。
	男女の違いをある程度理解する。
3歳過ぎ	過去，現在，未来を区別して語り始める。
4歳過ぎ	「心の理論」課題ができ始める。
5歳	簡単な保存課題ができる。
	簡単な物語を作り，語ることができる。
	20くらいまで数えることができる。
	文字に興味をもち，1字ずつならかなり読むことができる。
	友達2，3人なら協力して遊ぶことができる。
	遊びが男女別に分かれる。
7，8歳	具体的なものを使えば，論理的な思考ができる。
9，10歳	10名以上の集団で遊び，その規範を重視するようになる。
11歳	抽象的な思考が芽生え始める。
12歳	性的成熟が始まる（女子が早く，男子が遅い）。
	親から心理的に距離をとるようになる。
	親しい友人の影響力が強くなる。
15歳	一時に覚える記憶容量がピークに近づく。
	自分を振り返り，過去と現在・将来を統合的に理解しようとする。
	仲間集団の規範が中心になる。

延滞模倣

ピアジェが重視した象徴機能の存在を示すものが延滞模倣である。ピアジェによれば，延滞模倣には記憶としての象徴的表象を必要とするので，その出現時期は1歳代半ばといわれていた。しかし，メルツォフ（Meltzoff, 1988）によれば，14カ月の乳児に，大人がダンベル型のおもちゃを持ってダンベルの端を特定の仕方で外すのを見せ，その直後はおもちゃを乳児に与えずに（つまり見せるだけ），1週間後におもちゃを与えたとき，乳児は以前に見たとおりにダンベルの端を動かした。その後の研究で，6カ月さらに4カ月の乳児が24時間以上の延滞模倣が可能であることも見出されている（第12章参照）。

乳児期以降の表象の発達

あるものが別の何かを表すとき，その知識を表象的洞察と呼ぶ。子どもは最初の3ないし4年かけて，その能力を発達させる。たとえば，9～19カ月の乳児に，さまざまなものの絵をいくつか見せると，年齢の小さい乳児は絵そのものに触り，描かれているものをときに取ろうとするが，19カ月頃までには描かれた絵を指すようになる。あるいは，2～3歳において，部屋の三次元の模型にものが隠されるのを見て，対応する本物の部屋からそれを探し出せるようになる。このような模型と本物の二重の対応の理解を二重の表象と呼ぶ（DeLoache, 1991）。なお，写真の方が探しやすいのだが，それはおそらく象徴化しやすいからであろう。

また，この時期に見られる象徴遊びないしファンタジー遊び（見立てによる遊び）は象徴機能の表れである。実物が何であるかわかっていて（たとえば積み木），それを別なもの（たとえば電車）に見立てる（つまり象徴機能）には，その2つの表象が二重となる必要がある。生後15～18カ月くらいに，ものの見立てが始まり，3歳くらいになって役割をとるごっこ遊びへと発展する。幼児期，とくに5～7歳にごっこ遊びは最も盛んになる。

認知発達への情報処理的アプローチ

第4章で論じた，短期記憶，ワーキングメモリ（作動記憶），長期記憶などはどう発達するのであろうか。年齢とともに貯蔵の容量（キャパシティ）が増える。情報処理の速度が速くなる，ないしより少ない心的努力で情報処理が可能になるだろう。まず，情報を処理するのに要する時間は，実際に年齢とともに減少し，より高次の認知的能力と結びつくようになる。また短期

記憶として貯蔵された情報に働きかける方略に注目すると，年齢とともに方略がより洗練され，また多数の方略を使うようになり，よりよく精緻化された情報を長期記憶として蓄えられるようになる。

実行機能の発達

多くの認知課題は，いくつもの考えを同時に保持しつつ集中し，計画を立てねばならない。そのため自分の思考と行動を制御する必要がある。それを可能にするのが実行機能である。それは3つの要素からなるとされる。第1はワーキングメモリ（作動記憶，「書き換え」〔update〕ともいわれる）である。第2は抑制（無関係な情報を処理から除いたり，認知や行動反応をしないようにする）であり，第3は切り替え（異なった規則やルールの間を柔軟に移動する）である。

ワーキングメモリの働きは，短期記憶貯蔵庫に情報を蓄えることと保持された情報に働きかけることである。短期記憶は2歳で2つの項目，7歳で5つの項目，若い成人で7つほど，と年齢とともに1回に貯蔵可能な項目数が増えていくが，ワーキングメモリはそれに並行して，2つほど引いた項目数となる。

また，ワーキングメモリは，知能その他の複雑な課題の成績を予測する。たとえば，5歳時点でのワーキングメモリの個人差が，11歳時点での学業成績を予測し，それは知能指数より高い予測率であった。

第2の抑制機能は種々の課題で測られる。たとえば，「昼－夜課題（day-night task）」では，月の絵を見て「昼」と言い，太陽の絵を見て「夜」と言うことができるか，また「タッピング課題」では試験者が2回叩くと子どもは1回叩き，試験者が1回叩くと子どもは2回叩くことができるかなどのように，その刺激で起きやすい反応による妨害へ抵抗できるかどうかを見て，抑制機能を測るのである。この抑制機能の程度は年齢とともに大人になるまで発達していくものであり，高次の認知能力（選択的注意，記憶，計画や知能など）を予測する。行動抑制の発達不全はADHDの主な原因であるともされる。

第3の「切り替え」とは，課題が変化したときに柔軟にそれに応じられることである。たとえば，「次元変化カード分類課題」は，車や花などの描いているカードを指定のルールに従い分類する課題である。同じ車の絵は，色と形の2次元で変化する。形のゲームの場合，たとえば花を1つの山に置き，車をもう1つの山に置く。3歳児でもこれはできる。いくつかの試行を行った後，色のゲームに移る。黄色いカードを1つの山へ，赤いカードをもう1つの山に置

く。ルールを口で暗誦させた後，新しいゲームに移るのだが，それでも3歳児はその前のゲームのルールで分類してしまう（つまり色のゲームなのに形で分ける）。4歳になるとこれがほぼできるようになる。この切り替えも種々の課題を通して大人になるまでに成績は向上する。

　実行機能の重要な点は，こういったむしろ低次元の認知能力が高度な認知能力の基礎を形作っていることである。その発達的要因は何であろうか。第1に脳に明確な認知能力の働きの根拠があり，とくに前頭前野の働きが大きい（森口，2015など）。第2に，脳以外の要因として，たとえば身体運動発達に優れた子どもは実行機能が高い。第3に，実行機能は幼児期に教育することが可能である。たとえば，ごっこ遊びや，難しい課題に対してどう課題を解くかつぶやいて，自分自身に向けて指示するやり方（自己制御的内言）などの活動を幼児教育場面で増やしたところ，いくつかの実行機能課題で成績が向上した。

記憶の発達

　記憶とはいくつかの種類の集まりであるであるのだが，それを別な機能に注目して大きく分けると，暗黙（implicit）記憶と明示（explicit）記憶となる。大きくその特徴を挙げると，暗黙記憶は，無意識的，自動的，文脈依存的で，文脈情報の複数の手掛かりを並行処理し（たとえば，顔，姿勢，声の調子），高度でありながら努力を要しない情報処理能力であり，一般知能とは関係がない。明示記憶は，意識的，統制可能，論理的，脱文脈的，抽象的表象であり（例：チェス），そういった脱文脈的抽象的表象を系列的に処理することが可能であり，同時にその処理が注意とワーキングメモリ資源を多く用いるため努力を必要とし，さらに一般知能と相関している。

　明示記憶には年齢による大きな違いがあるが，暗示記憶は年齢による違いは少ない。とくに記憶方略を用いるかどうかが，明示記憶の年齢差の違いの大きな要因となっている。幼児は記憶方略をあまり使わないし，使ってもなかなか記憶課題の成績は改善しない。とはいえ，乳児期でも延滞模倣のようにある程度可能である。たとえば，6カ月の乳児は，簡単な新奇な行為を24時間後に再現できる。

　暗示記憶については，たとえば，3歳の子どもでも直前に見た絵の方がそうでない絵よりも再認が素早い（プライミング効果）。プライミングには年齢差がないか，あっても小さい。

なお，自分に関わる記憶をとくに自伝的記憶と呼ぶ。2歳3カ月〜3歳3カ月の子どもが新奇な行為を見せられ，6カ月ないし12カ月後に再現を求められたが，そこで成功した子どもは，その行為を見たときにすでにその出来事をまとまりのある言葉で記述できていた。おそらく自己概念がある程度形成されていることと関係があり，乳児には難しく，2ないし3歳児でもエピソード記憶はあっても，必ずしも自伝的記憶とは呼びがたい。自分の過去と現在の連続線上の記憶としてとらえるようになってはじめて，エピソードを現在の自己と同一の自己が関わったものとして意識できるようになる。

認知発達の社会的特質とは

人間は社会的な種である。人とやりとりをし，社会のなかに暮らして，成長していく。それはごく幼い時期からそうであり，そのための能力を発達させていく。とりわけ，ここでは社会的認知（人や社会の認知）を扱おう。

社会的認知の理論のなかでとくに影響力のあったのが，ヴィゴツキー（Vygotsky, L. S.）の社会文化理論である（ヴィゴツキーの理論も多くの解説があるが，たとえば，田島，2016から読むとよい）。子どもの思考が社会的な影響力により形成され，さらにその集団のより知識のある成員との相互作用を通して，子どもが考えることを学ぶと強調した。

社会文化理論の中核は，子どもを囲む文化が知的な適応のための道具を提供するというとらえ方である。その道具とは，知識を獲得し操作するために使われるものであり，それは実際の道具（金槌，算盤，コンピュータなど）のほかに「心理的道具」としての言語，数，文字，美術，地図などが含まれる。たとえば，言語により数の表記がどうであるかが数の発達に影響する。ほとんどの言語は最初の10までは独自の名前がついている（いち，に，さん，……のように）。中国語や日本語は10進法のシステムである（じゅういち，じゅうに，じゅうさん，……というように）。英語は10進法での規則性が明確になるのは20からである（twenty-one, twenty-two, ……）。中国語と英語の20までの数を数えるようになる時期を比較した研究では，中国の方がアメリカより獲得が早かったが，100までだと差がなくなった（ただし，中国や日本は英語圏より算数の平均成績が多少よい）。

さらに，ヴィゴツキーの提唱した重要な概念に「発達の最近接領域」の考えがある。子どもとより熟達した相手（たとえば，親子）との協働的なやりとりに

おいて，子どもだけではまだできないことでも，見本を示されたり，協力するとできるようになることから子どもは学ぶ。ブルーナーはこれを「足場作り」(scaffolding)（Wood et al., 1976）と呼んだ。発達の最近接領域とは，そのように，子どもが独立して問題解決をした際に決まる現実の発達レベルと，大人の導きあるいはより有能な仲間との協働でできるようになる潜在的な発達レベルとの間の領域のことをいう。

社会的認知の発達

乳児は発達のごく初期から社会的刺激への志向性をもち，社会的認知能力を有している。たとえば，新生児は相手の顔の表情に何らかの動きがあったときに，それに対応した動き（たとえば，舌の突き出し）をする。この社会的志向性が，社会的関係（とくに愛着）の形成に導き，さらに自分との関係における他者の感情や思考，動機，行動を理解する。この理解を社会的認知と呼ぶ。

何より人間の社会的相互作用には，他の人を「意図をもつ主体」としてとらえる能力が基底として必要である。人は出来事を引き起こすようにし，また何らかの目標を達成するように行動を仕組む。とくに，0歳の後半に共同注意が成立することが重要であり，これはおおむね9カ月前後に始まる。たとえば，大人の指し示す方を見たり，他の人にものを指し示したり渡したりする。12カ月頃になると，大人が知らないと思われるものについて知らせるために指さしをする。さらに，他者への参照行動すなわち他者の表情や声に現れた恐れや不安・心配などの情緒的手掛かりを用いて，恐れるべきかどうかあいまいな出来事の解釈（近づくか，遠ざかるか）をするようになる。18カ月くらいには，他者を意図的主体としてとらえるだけではなく，他者の意図的な行為と非意図的な行為を区別する（落としたものを拾おうとする場合と，たんに落とした場合の違いなどで，意図的な場合の方が必要をわかるということで子どもは大人を助ける）ことができるようになる。

他者について学ぶとともに，他者の振る舞いから子どもは大いに学ぶ。これを社会的学習と呼び，他者と同様の行動をとるというやり方の学習である。乳児は6カ月までに他者の簡単な行動を見て再生するようになる。2歳くらいまでに目標的模倣（emulation）をするようになる。すなわち，モデルの目標をおそらく認識して，その目標を達成するための行動をするが，必ずしもそのままのコピーではない。たとえば，誰かが一握りの砂をつかんで，貝殻と砂を分け

> **COLUMN** 11−2 親子関係と友達関係はどちらが重要か

　ハリス（Harris, 1995）は，親子関係中心主義に対して，集団社会化論（group socialization theory）の立場から鋭い批判を加え，従来，親子関係の影響とされてきたものは，遺伝の影響（親子が生物学的につながっていれば，その親子の間の影響は当然遺伝が関与している）と，地域や友達の影響（どんな地域に暮らし，どんな家庭外の影響があるか）が混在していて，それらを別にすると，きわめて弱い働きしかしていないと批判した。その後，親子関係を重視する代表的な研究者からの実証研究を整理した反論がなされている（Collins et al., 2000）。また，ヴァンデル（Vandell, 2000）では親子関係や友達関係やその他多様な要因が関係するという研究の整理も行われた。

　ハリスの理論は次の3つに整理できる。

① 親の養育行動は，子どもが大人になって（その親のもとにいるときではなく）もつ心理的特徴には何も影響がない。
② 仲間集団，とくに，児童期・青年期の時期のものが心理的機能に影響する主たる環境要因である。
③ 1対1の関係（親，きょうだい，友人，教師などとの）はその状況に固有なものとなる。強力な情動を引き起こすが，行動に関してはその関係内での変化しか引き起こさない。

　以下，ヴァンデルの整理と反論に基づきつつ，この議論を吟味する。

　①について，これまでの発達研究は，親の養育だけがもっぱら環境要因として決定的だと主張してなどいない。親の影響は子どもの特徴や家庭の状況などで変化し（たとえば，子どもの性格や出生順位など），ある種の子どもにある仕方で影響し，別な子どもには別な仕方で影響するといったことが多い。さらに，家庭で得たものが学校などの友達関係に影響していくといった研究結果も見られる。

　②について，仲間集団が子どもの発達に影響することは，多くの研究から示されている。しかし，その影響が大人になってからの人格や適応に対してもっぱら唯一の要因だとか，主たる要因だといったことを明瞭に示している研究はない。

　③について，仲間集団だけでなく，1対1の友情関係やきょうだい関係，教師と子どもの関係もまた心理的幸福感や動機づけ，有能さの発達に影響を与える要因となる。そもそも，異なった社会的関係での各々の役割は，独自の影響力をもつ。親は，愛情，安心感，保護，助言，限界設定にとって重要だろう。きょうだいは，相手の気持ちの理解，対人葛藤の調整，上下関係の地位が異なることに関連した行動の学習の機会となる。友情は，相互へのちぎり，支持，信頼のもととなりうる。幼児の教師・保育者は親に似た役割を果たすだろうし，年長の子どもの教師は熟達やさらなる機会を提供することができる。それらが直接に影響することもあるし，他の影響に対して，補償的あるいは保護的な役割を果たすこともある。

　たしかに，親子関係，とくに，人生の初期のそれが発達で飛び抜けて重要だという説は疑わしい。発達という現象は，きわめて複雑で，多数の要因が関与している。人生の後になればなるほど，その時期に近い要因が重要になることは当然であろう。

るために砂を空中に放り投げるのを見たとする。すると、子どもはその通りに放り投げるかもしれないが、指の間から砂をふるいに掛けるようにして、同じ目標を達成するかもしれない。さらに発達が進み、模倣（imitation；第12章参照）をするようになるのだが、それはモデルの目標を認識し、モデルがその目標を達成するために用いたのと同じ行動で目標を達成する。3歳くらいになると多くの子どもがこの模倣をするが、さらに過剰模倣（overimitation）、つまり目標達成に無関係だとわかっている行動を含めて、すべてのモデルの行為を再生するようにもなる。この過剰模倣は、子どもが使用法がよくわからない道具や活動などの学習（文化的学習）をするのに有効に働くだろう。さらに、子どもは柔軟性を増していき、異なった手段での目標達成（目標模倣）も再び行うようになる。

こういった社会的学習のなかで、とくに人の心理面の理解が「心の理論」を獲得することを通じて進む。暗黙的に相手の見方を理解することが1歳代には見られ（たとえば、それは子どもの視線でわかる）、4歳くらいにいわゆる「誤信念課題」により、自分が知っている妥当な理解とは異なる理解を、他者がしている可能性に明示的に気づくようになる（第19章を参照）。

記憶の発達

記憶はいくつかに分かれている。先ほど述べた明示的と暗黙的な記憶の区別は、第4章で解説した短期の記憶と長期の記憶に実は基づくものでもある。くわしくは第4章を参照してほしいが、本章の内容理解に必要な理論をここで復習しておこう（本節はおもに Bauer, 2007, 2008, 2013 に基づく）。

短期記憶と長期記憶　記憶の分類は、まず時間軸によるものである。ある種の記憶は短期で数秒しか続かない。長期の記憶は何カ月、何年と続く。短期の記憶は容量に厳しい限界がある。おおむね7カ月くらいの単位までが記憶される。長期の記憶は実質的に制限がない。ものごとの情報でも自分の経験でもだ。

もう1つの区別が意識化できるかどうかである（短期記憶は意識化可能）。長期の記憶のなかで、意識にのぼらせられるものを宣言的記憶あるいは明示記憶

と呼ぶ。意識にのぼらせることができないものを非宣言的記憶，暗黙記憶，また手続き的記憶と呼ぶ。もっとも，意識とは何かということは，定義が困難であり，それに応じて意識化の仕方や程度は変わるのではあるが。

さらに，記憶する内容による違いがある。宣言的記憶は名前など，象徴的に符号化し，言語により記述できるものである。それに対して，非宣言的記憶は大部分，知覚的運動的技能や手続きに関するものであり，言語的に記述できない。

機能にも違いがある。宣言的記憶は急速に処理し学習される。非宣言的な記憶の獲得はゆっくりと進み，練習と経験によって修正されていく。操作のルールにも違いがある。宣言的記憶は誤りやすいものであり，忘れることが多い。非宣言的記憶は誤りが乏しく，なかなか忘れない（例：自転車に長年乗っていなくても，すぐにまた乗れる）。

また，宣言的記憶は柔軟であり，文脈に独立して働く。たとえば，別の場所で思い出すことができ，その意味で「持ち運び可能」であり「転移可能」なのである。一方，非宣言的記憶は特定の文脈に結びつく。非宣言的記憶は運動技能学習とプライミングと古典的条件づけに分類できる。それに対して，宣言的記憶は意味記憶（世界についての一般知識）とエピソード記憶（特定の出来事についての保持であり，たとえば，単語リストを提示され，思い出す課題によって測られる）に分けられ，さらにエピソード記憶と自伝的記憶（エピソード記憶のなかで個人にとって重要で自己定義に関わるもの）に区別される。

これらは並行し共存して働くのであり，1つの経験から宣言的記憶と非宣言的記憶の双方を導出することも多い。以上の特徴のうえで，それぞれがどう発達するかを次に述べる。

プライミング

プライミングは当人が意識しないような刺激がまず提示され，続いて課題が与えられたとき，当人はその関連にいっさい気づかずに，その課題の処理が活性化されることである。「知覚的プライミング」は刺激の表面的特徴について，「概念的プライミング」は刺激の意味についてである。知覚的プライミングは小さい時期から見られる。3歳の子どもは絵を直前に見ていると，見たことがない場合と比べて，ぼやけた絵の命名が早い。こういった課題での年齢差はほとんど観察されていない。概念的プライミングは大きな年齢差が見られる。何かの知識を喚起して

おくと，それに関連する記憶内の概念の活性化が生じて，プライミング効果をもたらすが，この効果は年少より年長の子どもで確実に見られる。以上から，プライミングの機構そのものは年齢に関係なく働いており，概念的知識の獲得により年齢とともに概念的なプライミングの改善が見られるのであろう。

短期記憶とワーキングメモリ

短期記憶は10秒から30秒程度続く記憶のことをいう。ワーキングメモリも同様であるが，そちらは情報を一時的に貯蔵している間にその情報を操作することに関わるものをさす。短期記憶の測定でしばしば使われるのは，いくつかの数を提示され，それを復唱させる測定方法であるが，ワーキングメモリの測定ではたとえば，その数を逆から再生させる方法をとる。

短期記憶の容量は大人では7個程度とされているが，2歳，5歳，7歳，9歳で各々，2個，4個，5個，6個程度とする研究がある。しかし，その容量は絶対ではなく，内容領域によっても変わる。自分がよく知っている内容だとたくさん記憶できるのである。ワーキングメモリは短期記憶と同様に年齢に応じた向上が見られるが，その年齢ごとの容量は短期記憶より少ない。

乳児の場合，言語によるテストはできない。上記のような課題が通用しないのである。よって，短期記憶の持続時間の測定には，「遅延反応課題」が用いられている。興味深い対象を示し，それをいくつかある箱の1つに隠し，その後，一定時間を置く（遅延時間）ことでそれらへの注意をそらす。その後，そのおもしろいと思える対象を探すことが可能な条件に置く。すると，8カ月児では遅延は0秒（すぐに忘れる），12カ月児では8秒であった。また，「変化検出パラダイム（実験枠組み）」によって，短期記憶やワーキングメモリの容量の検討ができる。2つのモニターが置かれて，いわば2つの「間違い探し」のクイズである。そのどちらにも色のついた四角がいくつかあり，それがついたり消えたりするものを見せるのである。一方のモニターでは刺激は試行間で一定であるようにする。もう一方では試行ごとに刺激の色や形が変わり，たとえば，四角の1つの色が変わる。乳児がその変化に気づいていれば，新奇な方を同じものの繰り返しよりも見るはずである。この方法では，記憶の容量をモニターの四角の数で推定する。四角などの対象が1つに比べ，6個になると比較すべき対象の数が増え，チェックの時間がかかり，その間，記憶していなければならない。つまり，心的負担が大きくなり，気がつかなくなる。この視覚的短期

記憶の容量については0歳代においてまだ確定した結果はでていないが、今後このようにして検討できるだろう。

意図的で方略的な記憶

プライミングや短期記憶やワーキングメモリでは情報を長期間保持しようとする意図があるわけではない。それに対して、保持しようと意識して作業したり、方略が用いられる記憶がある。乳児期に多少の芽生えはあるようだが、とくに幼児後期と学童期に大きな変化が見られる。

意図的な記憶は暗記のための方略の使用から見出すことができる。たとえば、覚えるべき絵カードの刺激を何枚も見せられ、それを覚えるとき、名前を繰り返す（リハーサル）という覚え方をするのは、5歳児では10％にすぎなかったのに、10歳児では85％がその覚え方を行った。そこで能動的累積リハーサル（覚えるべき名前をいくつも連ねていきながら繰り返す）という記憶方略を幼児に教えると、想起は改善されるが、年上の学童期の子どもの水準には及ばない。同様の幼児期学童期の発達傾向は他の記憶方略を用いた場合でも見られる。

学童期の後期には子どもが用いる記憶の方略は大きく増えて、さらにそこで改善される想起の度合いも大きくなる。たとえば、10歳の子どもだと、個々の項目がまとまるカテゴリーを命名し組織化する方略を用いるようにもなる。記憶すべき課題とテストの間の遅延の間、自己テストを行い、想起の練習をする。小学校2年、3年、4年でテストしたところ、各々、平均で1.6、1.9、2.4の方略を使っていて、多くの方略を使うほど成績は向上した。なお、無関係の刺激項目の間の関連を自ら考えて作り出す「精緻化」は中学生以降に現れる。

この意図的な記憶のなかにメタ記憶も含まれる。メタ記憶とは、すなわち、記憶がどのように働くかについての知識である。幼児はそれが難しい。たとえば、幼児は自分の記憶を過大評価しやすく、記憶に影響する要因の意義を理解しない（例：たくさんの項目も少しの項目も覚える難しさは変わらないと述べる）。歳が上がるほど子どもは自分の記憶能力についてより正確な評価をするし、前の課題の成績に応じてその評価を変えることができる（例：成績がよければ評価を上げるなど）。このメタ記憶は記憶課題の成績と関連し、その関連は年長の子どもになると強くなる。

エピソード記憶と自伝的記憶

乳児期（最初の2年間）の発達を見てみよう。個々のエピソードの記憶は，いくつかの次元で発達的変化が起こる。

まず，乳児が記憶する時間の長さについてである。生後の2年間でこれが最も顕著に変化する。たとえば，6カ月児では平均して3ステップの系列の行為を24時間後に再生できる（例：人形の手から手袋を取り，その手袋で鈴を振って音を出し，また手袋をはめる）。9〜11カ月児までに，実験室での出来事の記憶の可能な時間の長さは伸びていく。9カ月児で24時間から5週間となり，10〜11カ月児では3カ月まで覚えていられるというデータがある。1歳8カ月児では12カ月まで覚えていられるようになる。

複数のステップの系列行為の時間的順序の想起についてはどうであろうか。6カ月児では24時間後に人形と同じ順序で行為のいくつかを再生したのは67％だが，全部正しい順序だったのは25％にすぎなかった。9カ月児では5週間後に約50％が正しい順序で再生した。13カ月児では78％と多数が1カ月後の正しい順序で再生した（つまり想起を示した）。

次に最初の2年間（0歳代・1歳代）における記憶の頑健さ（何度同じエピソードを経験する必要があるか）について検討する。6カ月児で乳児は24時間後に正確な順序で出来事を再生するのに6回の接触（それを見る経験）を要した。3回の接触だと何も覚えていないようだった。生後9カ月の乳児は，24時間後に再生できるのに，3回の接触で可能になった。2回見るだけで1週間後に個々の行為を再生できたが，正確な順序では3回の試行にわたり合計6回の接触が必要であった。単一の正確な順序で6カ月後に再生できるのは，20カ月児であった。別な頑健さの指標として妨害（干渉）により邪魔される程度を検討してみる。符号化と検索の間の文脈のあり方がその1つである。18カ月児は人形の系列の行為を同じ人形でテストされると24時間後も保持していたが，最初のモデルが牛の人形で，テストがアヒルの人形に変えると再生しなかった。しかし，それは21カ月児で可能になった。このように模倣に基づく実験法（同じ行動を再生することにより記憶の想起を調べる方法）によると，乳児期を通して記憶はさまざまな刺激の変化（人形が変わるなど）を超えて思い出せる，つまり，般化できるようになる。

行為間の関係についても乳児は敏感である。とくに，恣意的な順序と「可能

化する」(enable) 行為に基づく順序（箱の中身を取り出すには，その前に蓋を開けねばならない）の違いが重要であり，可能化の関係の方が恣意的な関係より早期に順序を想起できる。すでに11カ月児でも可能化関係の方が恣意的なものより再生がよい。逆に，恣意的な順序はやっと20カ月児になってかなり想起できるようになるが，それは出来事の長さによって変わり，3ステップはできるが，5ステップはまだできない。

幼児期およびそれ以降の発達

0～1歳代（最初の2年間）の記憶の発達を調べるには非言語的測定を用いる必要があるが，2歳代に入ると，言語的な測定がある程度可能となる。これにより，実験室内で行為を見せてそれを模倣することによる再現という課題以外に，実験室の外での生活における出来事の記憶を検討できる。とくに，日常生活の定型的（ルーティン）な出来事（例：クッキーを焼く，スーパーに行くなど）についての記憶の研究が多くなされている。

(1) **定型的出来事の記憶**　定型的な出来事の記憶は3歳で多少とも可能であることがわかっている。その出来事で必ず起こるであろう行為が回答においてまず言及される。「あなたの誕生日では何が起こるのかな？」と尋ねると，3歳児でも「ケーキを焼いて，それを食べる」と答える。この行為は出来事の中心となること，あるいは重要なことなのであり，それは子どもが日常生活における多くの出来事のなかでその目標をわかっていることを示唆する。

年齢によって見られる定型的出来事の記憶の発達的違いは，第1に，年上の子どもの報告の方が情報の数が多いことである。誕生日について6～8歳なら贈り物をもらって開けるとか，ケーキを食べるとか，ゲームをするとか述べる。第2に，年上の子どもの方が，その他にとりうる行動を述べることができる（たとえば，「ランチとか他のものを食べる」など）。第3に，年齢とともにオプションの活動を報告するようになる（たとえば，「3つのゲームをすることもあるし，他のプレゼントを開けることもある」など）。第4に，年齢とともに，条件つきの活動を述べるようになる（たとえば，「もし公園に行ったとして，もう家に帰る時間だ」など）。

(2) **一度きりの出来事の記憶**　幼児は一度きり（unique）の出来事の記憶も形成する。2歳半～3歳の子どもが，過去半年の間に起きた出来事を少なくとも1つは想起できた。3，4歳の子どもは，ディズニーワールドに行ったこと

をそれが6カ月前や1年半前であっても想起できた。その報告の情報の詳しさは年齢により違っていた。たとえば、小さい子どもが見たものを「ダンボ」と答えたのに対して、年長の子どもは「大きなダンボ」と大きさにも言及した。

また、特定のエピソードをどのくらい長く覚えているものだろうか。たとえば、年下のきょうだいの誕生のことを覚えているかどうかを質問する。3～17歳までだとかなり詳細な記憶がある（もちろん正確かどうかは親にチェックをしてもらう）。実は体験した時期が3歳以上であると、17歳になってもよく覚えている。また、年齢が上がっていくほど子どもの記憶は確かであり、忘れにくくなっていく。

また、3～13歳の子どもに2～6歳の時期に体験した痛みを伴う医療的手続き（手術など）を尋ねると、その体験の時期の年齢が上である方がよく覚えている。体験時の年齢が2歳であると誰も想起できず、4歳のときのことなら大部分の子どもが思い出せる。結果はこのように体験時の年齢によりかなりの違いがあるだけでなく、出来事の内容によっても違いがでる。肯定的な出来事・体験（ディズニーワールドに行くなど）は体験時の年齢による差は少ないが、否定的な出来事・体験では年齢差は大きい。

(3) 経験の語り方から出来事の表象へ　また、報告時の年齢とともに、報告する情報の内容が変わっていく。幼児でも年上の子どもや大人はその経験の独自な面に注目する。それに対して、幼い子どもほど経験の共通する面やルーティンに言及しやすい。このルーティンに注目する傾向は幼児期に続く傾向がある。たとえば、家族でキャンプに行った経験について、2歳半の子どもは典型的な面を報告し、独自の面は半分程度であった。4歳までに独自の面を典型的な面より3倍多く報告していた。それらに対して、繰り返し経験する出来事について尋ねると、その記憶は年齢とともにまた経験を重ねることにより一般化したまとまった言い方をするようになる。幼稚園に登園すると何をするかは、最初の週では「積み木で遊び、人形で遊び、絵を描く」などと答えるのに対して、10週目になると、「遊ぶ」（we can play）と答える。それらを通して、子どもは一般化された出来事の表象を形成するのである。

> **自伝的記憶あるいは自己記憶**　自伝的あるいは自己（personal）記憶は自分のライフ・ストーリーや個人的過去を成り立たせる出来事や経験の記憶である。自分の人生に起

こる出来事の記憶であり，その出来事に自分が参与しており，情動や試行や反応や振り返りが伴うものである。

幼児期に子どもの記憶は自伝的なものとなっていく。年齢とともに，その出来事の報告の語りにおいて，その出来事が子どもにとってもつ意義についての主観的なとらえ方を含めるようになる（たとえば，「転んだんだけれど，みんなが見ていたので，恥ずかしかった」など）。また，出来事が具体的に特定の場所と時間で起きたと語れるようになり，さらに，豊かに詳細を語ることで経験を生き生きと甦らせるようになる。

なお，この発達は学童期からさらに青年期へと続く。誰が何をといった特定をするようになり（11歳までにそういった要素のうち平均して4分の3を語りに含められるようになる），さらに，語りが精緻化されていく。そして，それはまさに自伝としての語りへと発展し，アイデンティティの形成へとつながるのである。

年齢に関連した変化の機構とは

以上のような記憶の年齢変化を引き起こす機構とは何であろうか。4つの大きな記憶の種類により，詳細な機構は異なるが，いずれも基盤として脳神経系の成熟が影響している。そのような神経系の成熟に加えて，心理面の変化も大きく影響する。その中の大きな要因が概念的・知識的発達である。どの記憶にせよ，領域固有の知識，空間的・時間的概念の理解，自己への気づき，自己概念の発達に影響を受ける。

領域固有の知識の発達は，ワーキングメモリ，意図的記憶課題における方略使用，エピソード記憶における出来事の展開の理解，などに影響している。

特定の時間に出来事を位置づけられること（つまりその出来事がいつ起きたとかも含めて記憶すること）は，幼児期に過去から現在という時間の流れを把握することで可能となる。とくに，4，5歳で明瞭になる発達である。

自己への気づき（autonoetic awareness）は思い出していた出来事が，自分の過去に起きたことだとわかることである。これは自分の知識の源泉を同定できる能力によっている。4〜6歳の子どもは，ものの性質（たとえば，色）を見出すのにどの感覚器官（たとえば，眼）を使うのかがわかり，以前から知っている語と新たに獲得した語を区別して，どこからその語の情報を知ったかの源泉が何であるかが言え，さらに知識と当てずっぽうの推測を区別することができる。

自己概念の変化は自己の主観的な面と客観的な面を区別し，1歳半ばに自分の身体についての認識が可能になり，さらに幼児期に自己の時間的連続性（つまり自分は時間的に連続した存在ということ）もわかるようになる。

　なお，記憶の発達への社会的な影響も無視できない。たとえば，親子が過去の出来事について語り合い，親が子どもの記憶を引き出すという面もあるだろう。語ったことをさらにくわしく尋ねるような記憶を精緻化を促す親の働きかけがある方が子どもの記憶の発達が促される。そういった働きかけが語りの能力（narrative competence）を育てるのである。

SECTION 3　実行機能の発達について

　目標指向的な問題解決に関わる一連の神経認知的スキルのことを，実行機能と呼ぶ。実行機能は，種々の適応上重要なものであり，一連の神経システムと密接に関連があることが見出されている。とくに，前頭前野を含む神経回路網に依存しており，主な発達が就学前の幼児期に現れ，成人早期まで発達し続ける（本節はおもに，Carlson et. al., 2013 および森口，2015 による）。

　実行機能の研究はルリア（Luria, 1961）の研究から始まる。ルリアは，トップダウン処理による制御における言語の<u>自己調整機能</u>（言葉により自分の認識や行動・情動等を調整する）に注目した階層的な構造を提示した。その後，心理学や脳神経科学の分野で急速な研究の進展が見られるようになった。現在，ミヤケら（Miyake et al., 2000）の定式化により，成人の実行機能は，<u>抑制制御</u>，<u>ワーキングメモリ</u>，<u>シフティング</u>（柔軟性）という3つの相互に関連する変数としてまとめられている。なお，子どもの場合，年齢によりこれが3因子あるいは2因子，幼児などは1因子であることが見出されることが多い。2因子モデルの因子は，ワーキングメモリとシフティングであり，抑制制御機能を双方が担うというものである。

子ども期における前頭前野の発達

　脳の前頭前野と他の皮質や皮質下の組織との連結は，ルリア以来の実行機能の階層モデルと一致する。3つの部位がおもに関与している。第1は，前頭前野外側部であり，空間的位置やものに関する視覚モニタリングの

入力，注意の関与，ワーキングメモリなどの知的な機能に関わる。第2は，眼窩前頭皮質であり，視覚，体性感覚，情緒，嗅覚，味覚の領域から必要な処理がなされた感覚情報や，視床核から連合記憶情報を受け取ることと，意欲や報酬，とくに報酬の期待や価値の変化に関わって，報酬の同定に関する行動調整に関与するところである。第3は，前頭前野内側部の主な領域としての前帯状皮質であり，これは学習や努力を要する行動に関わる大脳辺縁系の一部である。

乳児期からの前頭前野の成長は髄鞘形成が重要である（これにより神経系の伝達スピードが速まる）。この髄鞘形成は子ども期を通して増加していき，それにより，神経伝達の効率性，処理スピード，情報の統合の促進に寄与する。また，前頭前野の灰白質は初期に増大した後，児童期後期から徐々に減少していく。これらは乳児期におけるシナプスの過剰生産とその後の（児童期後期あたりからの）シナプスの刈り込み（減少）を反映しており，児童期後半以降の効率的な神経系の働きを可能にする。実行機能の課題の1つである「Go/No-Go（ゴー／ノーゴー）課題」という抑制制御を必要とする課題では，遂行課題の処理においてさほど必要でない部位での活性が，年齢により減少することが示されている。唯一の増加は前頭前野皮質腹外側部の領域で起こり，この増加は遂行課題の成績の改善と関係している。そのことは，前頭前野の機能的発達が課題に応じて分化して働くという効率的な処理と関連していることを示唆する（なお，ゴー／ノーゴー課題の例としては，ルリアの光課題がある。幼児はスクリーンが青いときにはボールをつかみ，赤いときにはつかまない，ないしはキーを押す・押さないことが指示される課題であるが，3歳児は赤いときでもつかんでしまうのに対して5歳頃までには指示どおりにできるようになる）。

社会情緒的実行機能

また，実行機能を純認知的な面と情動が関与する面から，2つの種類に大別する研究も増えてきた。1つは従来の，情動のからまない認知的課題で測定される実行機能である。情緒的・動機づけ的要素がないままに文脈から切り離した抽象的な課題で測られることが多く，「クールな実行機能」と呼ばれることがある。それに対して，重要な動機づけや情動的な場面での働きに注目するのが「ホットな実行機能」である。この2つは別なものだと考えられるようになってきた。ただし，ホットな実行機能のためにはクールな実行機能が必要である。クールな実行機能はおもに前頭前野の外側部と関連し，ホットな実行機能は大きくは眼窩部や

傍辺縁系構造によって決まる。多くの場合，ホットとクールの実行機能は同一の前頭前野の一部に共通の経路をもつ。ホットの場合，眼窩部や単一の条件づけのような刺激－報酬の表出によって起こる情動的な反応と関連し，それらの関連を変化させることにより，抑制制御を行う学習に関わる。クールの場合のように，刺激－報酬に一貫性のない情報（つまり，刺激に対して必ず良いこと・悪いことが起こるとは限らないこと）は前頭前野の外側部による情報処理を引き起こすきっかけとなり，そこでの知的な処理を加えたうえで，眼窩部を活動的にして，報酬への期待の調整といった情動や動機づけに関わるようになる。

発達とともに，より複雑な行動を表すことができるようになり，問題解決において洗練された行動をとるようになる。

発達の早期に起こる単純な報酬の処理に対して，相対的に複雑なホットな実行機能については，その最適な遂行はクール実行機能より発達が遅れる。ホットな実行機能の遂行には，おもには情動的な覚醒の管理，言い換えれば興奮しすぎたのをなだめるとか，否定的な情動を中立化するなどの処理が必要になるからである。

幼児期に適したホットな実行機能を測るための課題は，たとえば，「満足の延期課題」（マシュマロを幼児の前に示し，今食べるなら1つだが，数分待てば2つ食べられると言い，待つ間どうするかを観察するもので，つまり，少ない報酬を今もらうか，多い報酬を後でもらうかの選択である）やギャンブル課題，レスイズモア（Less is More）課題（少ない報酬を選べば，後に多く報酬がもらえる）などがある。これらのようにホットな実行機能を働かせるのは幼児（とくに4歳まで）にはかなり難しく，衝動的な反応が年齢とともに減少していく。

実行機能の年齢に応じた変化

クールな実行機能を測定する課題の代表の1つはフランカー課題である。左右いずれかを向く矢印となっている標的とその両側に無関連なフランカー（邪魔）を配した刺激に対して，左右いずれかの手で反応させる課題である。また，そのほかにDCCS課題（Dimensional Change Card Sort；次元変化カード分類課題）もよく使われる（本章264頁も参照）。カードの分類をさせる課題であり，次のように途中でルールがシフトする。色・形・数・サイズなどの属性のうち，2つの属性をもつカードを用いる。たとえば，色と形という属性の課題では「白い星」と「青いコップ」のカードがターゲットとなる。子ど

もにこのターゲットとは色と形の組合せが異なる「青い星」と「白いコップ」を提示し，それを分類させるのだが，その際，第1段階では2つの属性のうちの1つ（たとえば，色）で分類させ，第2段階では1つめとは異なる属性で分類させる。子どもはルールが変更したところで，基準をシフトさせ，前のものを忘れる必要があるが，幼い子どもには難しい。こういった課題の成績を年齢とで比較すると，就学前に劇的に発達し，その後青年期まで発達し続けることがわかった。成績のピークは25歳くらいで，その後徐々に低下する。

乳児期

隠されたものを探す行動は，実行機能を必要とする最初期の行動の1つである。生後7〜8カ月の乳児は2つの場所のどちらかにものが目の前で隠され，2, 3秒の間なら隠されたところから魅力的なものを取り出せる。生後9〜12カ月ではもっと長い遅延に対して場所を覚えておける。しかし，一度隠され取り出したあと，違う場所に隠された場合，最初の場所に固執する傾向がある（A-not-B課題）。

幼児期

2〜5歳にかけての子どもは，問題を表象する，解決を計画する，計画を覚えておく，問題解決行動を実施する，結果を評価する，誤りを直すといった能力にかなりの進歩がある。また，優勢な行動・反応傾向を抑制制御することについて正確で効率的になっていく。たとえば，模型を見て，実際の部屋でものを探すといったことが巧みになっていく。自分の行動をコントロールするためのルールについても複雑なルールを使えるようになっていく。つまりルールの変更に応じて柔軟にシフトできるようになっていく。「草／雪課題」では，子どもは実験者が「草」（grass）と言うと白カードを挿し，「雪」（snow）というと緑カードを挿すように指導される。この課題の遂行は3〜5歳で少しずつ向上する。子どもは就学前に問題やルールを表象する能力が発達し，一対のルールを使用できるようになる。誤りを犯しつつも，長い間ルールを保持する能力や抑制制御する能力，柔軟に変化させる能力は3〜6歳に顕著に発達する。

多くの実行機能課題の鍵となる面としての抑制制御とワーキングメモリは就学前に著しく発達する。ワーキングメモリの発達が間違った反応を抑制制御することの労力を減らし，遂行を改善に導くのであろう。とくにある研究では，幼児期前期に抑制制御は問題解決能力を予測し，幼児期後期にはワーキングメモリの大きさが問題解決の成績を予測した。DCCS課題では，無関連な次元へ

の応答を抑制し，関連するルールの表象を維持するためのワーキングメモリや，ルールが変化した後，それらのルール表象を更新するための切り替え（シフト）を実施するため，古い反応の抑制制御が必要である。3歳児は従うべきルールの変更（スイッチ）が求められても，最初のルールに固執しやすい。幼児は，以前のルールの代わりに現在のルールを選択するための高次のルールを表象することがうまくできないのである。最近の神経画像の研究では，DCCS課題における子どもの遂行での前頭前野外側部の活性化を確認されており，そこが表象により抑制制御の働きをするらしい。

学童期

学校に入る頃までに，子どもは徐々にさまざまな領域の問題解決のために，与えられた課題の解決に関連するところに注意を向け，無関連のところには注意を抑制する能力などによって行動と思考をコントロールできるようになっていく。学童期に入ると，注意や効率性，柔軟性，複雑な問題の組織化などのコントロール力がさらに増していく。児童期中期になると，気を散らす複雑なものがあっても，注意を選択的に焦点化できるようになる。

実行機能は次の3つの要素の働きが明確になる。抑制，速さおよび覚醒，ワーキングメモリおよび流暢さ，である。とくに複雑な課題で，優位となってすぐに発想しやすい行動に対して内在化したルールに沿った行動で反応する必要がある課題で発達が見られる。1つのルールから別のルールへのシフトはルールが複雑な場合には6歳でもかなり難しい。ルールの突然の変化とそれによるシフトは青年期でも反応が遅れるなどの難しさがある。

発達の理論と機構

実行機能の発達について，いくつかの理論的アプローチがある。1つのアプローチは，情報を覚えておき，記憶から反応を引き出すためのワーキングメモリの重要性を強調するものである。ワーキングメモリは幼児期を通して年齢とともに発達すると述べたが，ワーキングメモリ容量の増加（一度に記憶できる事項の数など）は，より広く実行機能の発達の基礎として考えられる。ここで，もう1つのアプローチがワーキングメモリと潜在的記憶痕跡（トレース）を区別するものである。発達はワーキングメモリの大きさないし意図的・意識的な記憶表象の明確さが増し，その結果，潜在的記憶痕跡によって媒介されている潜在的な反応の傾向を抑制して，実行機能が発達するというのである。DCCS課題でも，最初の課

題でのルール表象は完全には消えずに潜在化しており，そこで新たなルールがワーキングメモリに能動的な記憶表象として蓄えられ適切に機能するには，ワーキングメモリが強く働き，潜在的なすでに不適当になった反応傾向を抑制制御できねばならない。

　第2のアプローチは，抑制制御メカニズムの成熟によって，あるいはさらにそれにワーキングメモリを組み合わせることによって，実行機能が発達するというものである。最初の次元による分類を続ける傾向を抑制することができないために，DCCS課題に失敗する。さらに，それがワーキングメモリとともに働き，起こるとする立場もある。

　第3のアプローチは，概念発達によるという説である。1つの刺激が2つの視点から見ることができるということがわかっていないために，認知的柔軟性が乏しいという考え方である。この説明は幼児期の発達，またその時期に実行機能が心の理論の把握に関連するという研究結果をよく説明するが，児童期後期以降の発達に関して説明していない。

　第4のアプローチは，認知的複雑性とコントロール理論の改訂版と呼ばれるものである。子どもがワーキングメモリにおいて，ルールを定式化し，維持し，適用する際に，そのルールの階層的複雑さが増大していくと，その階層的複雑さが，子どもがルールシステムについて振り返って考えることができるように高まり，いわば上から下を見直すという階層が生まれ，それによって引き起こされる。

　最近の発達認知的神経科学は，これら4つのすべてに対してある程度証拠を提供している。そうだとすれば，実行機能はそこでの種々のプロセスの協応により生じるのである。そういったプロセスとは，抑制制御，ワーキングメモリ，振り返りとルールの複雑さ，さらに一部は概念的変化などが含まれる。全体として，実行機能は葛藤を解消するための能力が増すことによっているといってよい。この葛藤がどこに起こるかで理論的アプローチが分かれる。そのなかでも，ポズナーら（Posner & Rothbart, 2007）は，注意システムの発達が中心となって，他の脳のネットワークを制御することにより葛藤の解消に主要な役割を果たすと提案している。

実行機能の個人差とその発達的影響

実行機能の発達には著しい個人差が見られる。実行機能は，概念的問題，とくに自動的なもしくはすでに確立された思考や反応傾向を抑制する必要のある新奇な課題の解決に伴われるものである。実行機能は，子どもがその行動を文脈固有にまた領域一般の仕方で制御するのを学ぶことで，認知に広範に影響を及ぼす。

たとえば，実行機能の指標は言語発達や数学的発達，一般的な認知機能，つまり流動性知能，学校へのレディネス，成績，高校の修了，大学の卒業などを予測することが見出されており，心の理論の指標とも相関する。

また，実行機能は社会情緒的な発達的結果にも関わる。気質のなかの「努力を要するコントロール傾向」は，実行機能と深く関連のあるものであり，また，幼児の情緒表出と関連するという研究もある。

ミシェル（Mischel, W.）などの「マシュマロ研究」（Mischel et al., 1988, 1989）は，4歳で満足を延期できることは，知能検査の成績とは別に，認知や社会性の能力，効果的な対処スキル，青年期の学力テストなどを予測した。18歳時点での実行機能課題（ゴー／ノーゴー課題）の成績での注意制御を予測した。さらに，30歳段階，40歳代半ばでの注意制御や社会性などに関連が見出された。

なお，こういった関連の発見は，それらの要因が実行機能の発達に影響を与える可能性をも示しているともいえる。社会経済的地位，ジェンダー，言語，記号化，文化，親の養育，遺伝，睡眠，運動発達などが関連する可能性がある。なお，最近，実行機能の訓練の可能性を示す研究もあり，さらに幼児教育で育成可能だともいわれ始めている。

BOOK GUIDE ●文献案内

・発達心理学全般について
無藤隆・子安増生 編，2011，2013『発達心理学』I，II，東京大学出版会。
日本発達心理学会 編，2013〜2015『発達科学ハンドブック』1〜8，新曜社。
　●ともに包括的な発達心理学についての概説。網羅的であり，同時に理論と実証研究の紹介がなされている。

・実行機能の発達について
森口佑介，2012『わたしを律するわたし——子どもの抑制機能の発達』京都大学学術出版会。

● 今や，京都大学の板倉昭二と森口祐介の二人の認知発達研究者とその研究室が日本の乳幼児発達の研究をリードしている。

Chapter 11 ● 練習問題　　　　　　　　　　　　　EXERCISE

❶　ピアジェの発達段階は今では対応する年齢などかなりの修正を受けているが，おおざっぱな発達傾向として妥当な面は多くある。たとえば，幼児，小学校半ば，高校生などを思い浮かべて，典型的な思考の仕方にそのような段階的記述がどの程度当てはまるかを考えてみよう。

❷　保護者に了解を得て，家庭や公園などで幼児の行動を30分ほど観察し，メモを取ってみよう。そこにどのような知的な働きが現れているだろうか。

❸　実行機能の記述を読み，それができないことやできることが乳幼児のどのような行動に現れるのか，できれば，実際に観察して検討してみよう。

HINT ● p.630

第12章 認知と社会性の多面的な発達

左から，3歳2カ月，3歳3カ月

CHAPTER 12

- KEYWORD
- FIGURE
- TABLE
- COLUMN
- BOOK GUIDE
- EXERCISE

本章では前章の発展的内容として，発達心理学の多様な成果のなかでとりわけ成果の顕著な領域を検討したい。1つは発達を引き起こす学習のメカニズムとしての模倣の役割についてである。人間は生得的に模倣する傾向があるらしいが，その模倣傾向は文化による学びを形作るものでもある。そして，そこから子どもは身のまわりの世界のあり方を組み立てていく。1つには世界を表象して理解する際の基本となる「概念」を作り出すことによってである。もう1つは世界を表象し，そこに見出される因果関係の理解によってである。その双方が相まって，子どもはこの世界を理解し，そこに適応し，世界をよりよいものへと作っていこうとする。また，概念と因果の理解を獲得することによって，「心の理論」と名づけられている人の心の理解も始まる。それは子どもが周りの人や人間関係を理解し，ひいては社会の一員となっていく始まりである。

PREVIEW

KEYWORD

模倣　概念　因果関係の理解　心の理論　社会的認知　社会性

模倣とは何か

　模倣は人間がもつ最も基本となる学習のあり方であることが近年の（とりわけ，メルツォフによる）研究でわかってきた。それは発達のごく初期に現れる，言語に先立つ社会的学習の鍵となる機構であり，文化の伝達，因果の学習，社会的情動的相互作用（模倣し，模倣されることが情動的交流を強める），心の理論の発達（心の理論については本章2節や第1章，8章，19章でも述べる）において基底をなすものである（本節はおもに Meltzoff & Williamson, 2013 に基づく）。

模倣の基礎にある機構としてのAIM仮説

　メルツォフら（Meltzoff & Moore, 1977）は模倣が「能動的モード間投射」（AIM ; active intermodal mapping）によることを提案し，その後の研究で検証してきた。基本的な考えは，乳児の模倣というのは，身体の動作を伴う姿勢の変換がなされるのを見て，その変換と自分が行うと感じる身体の変換の動きとの対応関係を記銘する能力（同等性の検出）というものである。顔の動きの模倣は，見ることとすることなどの感覚モードの間での照合（マッチング：同等性の検出）がなされる必要がある。乳児は行為の知覚と行為の産出が同等であることを認識（同等性の検出）できる（図12-1参照）。

延滞模倣と乳児の早期記憶

　18カ月以前の乳児の延滞模倣は，"模倣"という観点から次のような実験で明瞭に示された。9〜14カ月の乳児が1日から1週間を置いて，以前に見た行為を再現するかどうか，とくに対象と相互作用することなく観察だけする条件でどうなるかを調べることで，乳児が模倣できるかどうかがわかる。別の実験では，14カ月の子どもが大人が6種の行為をそれぞれ異なる対象に対して行うのを見せる。たとえば，上半身を曲げて，灯りのパネルを頭で押して点けるのを見るが，そのものを実際に操作することはしない。1週間後に再現するなら，それは見ているだけによるので，感覚運動的記憶ではなく，模倣である。さらに，大人が手

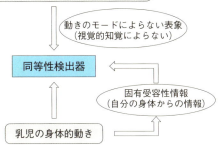

FIGURE 12-1 ●能動的モード間投射（AIM）仮説の図式

（出典） Meltzoff & Moore, 1997 より。

で触って灯りを点ける条件を加えて比較する。その条件で灯りを点ける行動が増えるなら，それはランプやその他への興味によっていて，模倣ではないかもしれない。しかし，結果は模倣条件で新奇な行為である頭で灯りを点ける行動をよく再現した。他の条件ではそれは起こらなかった。なお，4カ月後でも再現が起こることも確かめられている。

ものの性質と文脈の変化を超えた一般化

見たときと再現するときで，ものの性質や場面が多少変化しても，なおかつ模倣は起こるであろうか。18カ月の子どもが12カ月児と比べて，対象の色や形の変化があってもよく模倣をした。なお，最初に行為を見せるやり方のときに語りを入れると（「それは人形です」など）12カ月児の模倣の成績が改善した。環境の文脈を変えた場合（たとえば，最初に行為を示す実験室の壁がカバーされていて，水玉模様の大きなテントになっていたが，テストのときは通常の実験室の部屋としたら），12～14カ月の子どもはそれでも模倣ができた。しかし，さらに変化が大きくなると，模倣は減少することもわかっている。

仲間からの模倣

同年代の子どもからの模倣は起こるだろうか。14カ月の子どもが実験室に連れてこられ，同じ年齢の子どもがモデルとなって，何度も練習をしていて，新奇な対象への操作の仕方を示す。そして5分間部屋を離れた後に，また戻り，今度は他の子ど

もがおらず，その対象を与えられると，子どもは模倣を行った。同様の他の子どもからの模倣は保育所場面でも実験的に示されている。

テレビからの模倣

14カ月と24カ月の子どもは，テレビ画面で大人が新規な対象を操作する行為を見た24時間後，その実物を渡されると，模倣をした。二次元と三次元をつなぐことができたのである。ただし，生のモデルが手本を示すよりは模倣する割合が低かった。

1つの可能性は二次元と三次元の知覚的な違いである。15カ月の子どもがタッチスクリーンでおもちゃを触り方を見せられる。同様に，三次元でつまり実物でも同じことを示される。ここで，観察とテストで二次元と三次元の4つの組合せができる。結果は，次元を超える（二次元－三次元ないし三次元－二次元）より同じ次元内（二次元－二次元ないし三次元－三次元）の方が模倣の率が高かった。もう1つの可能性は社会的相互作用があるかないかであり，今後の検討を要する。

因果関係の学習と道具使用

他者の行動を観察することにより，目標を達成するための道具の使用が促されるであろうか。16, 18, 20, 22カ月の子どもを相手に3つの条件を設けた。1つめの模倣条件では手の届かないものを取るために棒を正しく用いる目標指向行為を示す。2つめはモデルなし条件，3つめは刺激拡張条件であり，この条件では，大人が棒で目標であるものに触るのを見るが，正しい棒の使い方は示されない。子どもが反応する段階では，その棒が横向きに目標から7センチほど離して置かれる。モデルが子どもと同じ向きに座って目標指向行為を行うのを見たときに子どもは模倣を多くした。他の条件ではほとんど道具使用は起きなかった。20カ月と22カ月の子どもの方が16, 18カ月児よりモデルの模倣を多くした。このように子どもは観察により道具を適切に使うことを学ぶことができる。さらに，子どもは他の人が道具を間違って使った場合からも学ぶことができる。3歳児の場合，棒で筒からものを取り出す際に，モデルが最初間違え，次に修正したやり方を見せると，成功だけのモデルを見るより正しい模倣を多くした。

なお，たとえば，2～4歳の子どもが2つのものを見て，大人が同じ行為をどちらにも行うが，片方が空間的に離れて動かすのに対して，もう片方では同じことをしてもそのものは動かないという2つの働きを見せると，子どもは1つめの主体の操作に応じて対象が動くという因果的な関係のある方に注目し，

その行為を模倣した。このように因果の学習では，社会的主体の働きを観察することが大きな役割を果たす。

抽象的なルールや方略の模倣

ゲームのルールや課題の解き方の方略を観察から学ぶだろうか。たとえば，特定の順序でタッチスクリーンの絵に順番に触ると報酬が得られるところを見せる。それらの絵の置かれた位置は何回かの試行のたびに変えられる。2～4歳の子どもがこういった場面で正しく順序どおりの触り方を学習できた。次に，子どもはカテゴリー化の方略を学習できるだろうか。満3歳の子どもの前で，大人がいろいろなものを2つの山に分けるのだが，ある条件では目に見える性質（色）で分け，別な条件では見えない性質（振ると音が出る）で分けるシーンを見せた後に子どもに分類させた。色で分けるのを見せた条件の子どもは統制群と比べ，色で分けることが多かった。さらに新たな性質をもつもの（色と形が違う）を与えられると，それでも色で分けることができて，抽象的なルールを学んだことが示された。3歳児では見えない性質（音）でも分けることができた。

模倣をするかどうかを決める要因

幼児はつねに模倣をするわけではない。いつ，何を誰を模倣するかに影響する要因として4つが見出されている。

第1は社会的文脈である。1対1の模倣の相互作用のスタイルが影響する。モデルが子どもを見て話しかけてから見本を示すと，そうでないものよりよく模倣した。

第2は目標である。子どもは他者の行動を一連の目標があったとして，目標とのつながりに行為を位置づけてとらえる傾向がある。たとえば，3歳児が実際に起きた出来事を記憶しているかを調べた。モデルが2つの異なった目標を達成する行為を交互に行う様子を見せた。人形をベッドに寝かす3ステップの系列と人形に食べさせる3ステップの系列の行為である。子どもはそれぞれの系列の行為を別々に再生する傾向が強かった。つまり目標指向的なのである。なお，その行為の目標がはっきりとしないときには，子どもは行為を忠実に模倣する傾向があることも見出されている。

第3は以前に経験した課題の難しさとその成功体験である。満3歳児が，その課題を前もって経験したときの課題の難しさが模倣の仕方に影響した。引き

FIGURE 12-2 ●「自分と同じ」（ライクミー）による発達枠組み

行為の表象
行為の知覚と産出の内的な結びつき，乳児の模倣により身体化されている

↓

一人称の経験
乳児は自分自身の行為とそのもとにある心的状態の通常の関係を経験する

↓

「自分と同じ」ように行為する他者が「自分と同じ」心的状態をもつ

出しを開けるため手続き（箱の横のボタンを押す）を示すと，以前にその課題で苦労して成功した子どもの方がそれをよく模倣した。さらにいうと，大人が簡たんに成功する場合と苦労して成功した場合では，効率よく成功した方をよく模倣した。

第4は情動と注意である。「情動的立ち聞き」手続きにおいて，2人の大人のやりとり（1人がどうということのないことをしたのに，もう1人がイライラと怒鳴りつける）を見せる。そして子どもをおもちゃで遊ばせるのだが，その大人に見られているかどうかの条件を入れる。すると，子どもは，怒りを示した大人が見ているときには大人の怒りを掻き立てたらしい行為をやろうとしない。しかし，その大人が立ち去ると，その行為の模倣を始めた。

社会的認知と心の理論の基盤元とは

乳児が他者を理解するためには，行為の表象システムが働くことが必要である。これをメルツォフは「自分と同じ」（ライクミー；like-me）枠組みと呼び，自己経験が発達的変化を促すことを明らかにしている（図12-2）。さらに，0歳代後半になると目標指向的な試行錯誤の行動が増えていき，うまくいかないと何度でも試す。このことが，他者理解にも影響を及ぼす。自分と他者が同様であるという理解の根底には他者の行動の背景に目標，意図，知覚，情動があるという理解が必要であり，それを「メンタライジング」（心に基づく理解）とか「心の理論」と呼ぶのであるが，それはごく初期からの自分と他者の行為の同等性の理解すなわち行為の模倣に始まるのである。

概念の発達

概念とはまわりの世界について形成する心的表象である。それは乳児がものに名前を付けることから生物の分類体系までさまざまに広がり，ものの種類（犬，椅子），性質（紫，壊れている），出来事や状態（飛び上がる，考えている），個人（ママ，私），抽象的な考え（公正，幸福）まで含まれる。概念はいくつもの機能を果たす。膨大な経験を小さな部分に分け，そこからさまざまな推測や意見を引き出し，考えを展開する際の思考の単位となり，その概念が集まって，大きな知識構造を構成していく。さらに，情報処理を過去の経験や既有の知識や理論と結びつけ，新たな推論を可能にし，言語と現実を媒介する。

とくに，本節では概念の発達について，なかでもその発達が子どもが形成する「理論」に基づくものでありつつ，それに加えて特定の内容領域を超えた各種の出来事の生起の割合の情報を用いる統計的学習の機構までも子どもが用いていることを示す。なお研究では，とくに個別の種類の概念が検討されることがある。「生きていること」，数，心的状態，空間，ジェンダーなどである（本節はおもに，Gelman, 2013に基づく）。

概念の発達の基本的特質

概念の発達は次のように相対立する5つの特質の総合である。

第1に，子どもの概念は発達初期に現れるが，質的な変化を遂げていくものでもある。

第2に，子どもの概念は領域一般の原則に従うが，領域固有の知識構造に埋め込まれているものでもある。

第3に，子どもの概念は能動的に構成されるが，子どもに与えられる刺激の入力により深く形成されるものでもある。

第4，子どもの概念は柔軟であり，同時に制約も受けている。

第5，子どもの概念は統計的な学習（実際にさまざまな物事が生起する頻度割合の情報を用いる学習）によって構成されると同時に，理論（子どもがもっているその内容領域における諸原則）によって構成されるものでもある。

このように，それぞれの特質は対立する見方からなっているが，それがいか

にして総合されうるのか。実証的な証拠に照らして検討する。

子どもの概念の初期発達と質的変化

　概念の種類によってはきわめて初期に出現していることが確認されている。たとえば，3.5カ月で自分からは見えないところにも，ものが存在していることに気づいているらしい（スクリーンが倒れたとき，その後ろにあるはずの箱につっかえないと驚いて長くそれを見る；Baillargeon, 1987；第11章参照）。そして0歳代において徐々に，ものの相対的な大きさ（大きさの比較ができる）や形（簡単な形の区別），単純なパターンや色などの区別をわかっていく。このものの概念は乳児が獲得する多くの概念の1つである。他にも，満1歳になるまでに，子どもは数の概念，動物，因果関係，意図などの初歩的な理解を示すようになる。その頃から幼児期に生きているものと生きていないもの，現実にあるものと想像のもの，個物とカテゴリー，意図と偶発（たまたま）を区別するようになる。つまり，乳幼児期から大人に至る間には，そういった物事の認識に関わる基本となる概念については強い連続性が見られるのである。

　数の概念の場合を見てみよう。ごく小さい数であるなら，乳児（0歳代後半）でも1つのものにもう1つが加わると2個になることを期待しているらしい（1つのものがあり，それが隠され，もう1つのものがそこに加わり，スクリーンをどかしたとき，1つのままだと驚く）。また，数の違いの理解（量の比較）もできるらしい（ただし，2対1の違いはわかるが，まだ1.5対1というわずかな量の違いはわからない）。もっとも，この小さな数の理解と量の比較をどちらでも同じものの2つの量だとわかる統合できるようになるのは幼児期の終わり近くになる。

　こういったことから，乳児は生まれながらに，基本となる概念のセットをいわば骨格的枠組みとしてもっており，その後発達的変化を被っていくという概念システムの特徴が見てとれる。ここから，生得的な準備を強調する立場では，生得的な概念の骨組みをもちつつ，それを超えて概念が発達することで人間の認知は特別なものとなっていくとするのである。しかも，おそらく発達初期の骨格的概念は，その後のより正確な，多くが学校で教えられる科学的な概念に置き換えられるというよりも，併存するらしいのである。

領域一般の原則と領域固有理論の埋め込み

　概念発達のあり方は，その発達の過程の面と，内容の面に分かれる。過程とは発達の機構であり，内容とはものや人といった区別である。概

念の内容には，どの領域の内容にも適用できるような一般的な特徴と，領域固有の特徴とがある。

領域一般の原則とは幼児期の概念でいえば，類似のものがまとめられるという「ゲシュタルト原則」や，ものの概念の階層的分類的構造（コリーは犬であり，犬は動物である），概念階層における基本レベルの優先性（「犬」は基本レベルの概念で，もっと大きな「ほ乳類」やもっと細かい「コリー」などに比べて獲得が早い），中心となる典型（コリーは典型的な犬らしい犬だ），アナロジー（異なったものを比較し対照する），スクリプト（出来事の順番についての理解）などである。

同時に，領域一般の原則の知識は，領域固有の理論に埋め込まれ，使われる。領域固有の内容とは，特定の領域に即して理論として組織化されているものであり，たとえば，動物カテゴリーに入るか入らないかは絶対的に決まるが，その領域に属する度合いを区別（判断）するには領域固有の詳細にわたる知識が必要である（例：ペンギンは非典型的鳥だが，たしかに鳥ではある。それに対して，非典型的家具，たとえばビーンバッグチェアは家具に類したものとなる）。なお，幼児，たとえば5歳児は大人と同様に，動物についてカテゴリーで明確に分けて，人工物の方は度合いによる区別をする傾向がある。

領域間の境界についての理解は小さな子どもには難しい。たとえば，生物学的な理解と心理学的な理解は，子どもにおいても異なった存在（腹痛に対して細菌としての理解 対 思考によって起こるととらえる）であるとして，異なった因果法則によるものと理解していて，統合は難しい。幼児はそれらの領域ごとには，その領域の知識を使って推測することはできる。たとえば，不健康な食べ物を食べた子どもは，いたずらをした子どもより病気になりやすいなどと推測する（Inagaki & Hatano, 2002）。しかし，2年生くらいまでには，子どもは心理的状態は身体的病気を引き起こすことはない（心配ごとが頭痛をもたらすことはない）と理解できるようになるが，別な文脈では領域間の相互作用を認め，たとえば，心理的・社会的関係が身体の病気を和らげるという考えも理解できるようになる。おそらく幼児期は骨格となる適切な概念枠組みをもっているが，その領域の位置づけについてまだ明瞭でないところがあり，いわば新しい可能性を残して理解をしているのである。

| 能動的に構成し，入力により情報を受け取る |

子ども時代は概念を能動的に自ら発見する時期である。骨格的な概念枠組みをもとにしつつ，経験をもとにそれを修正し発展させていく。これは社会文化の影響も受けている。たとえば，コウモリやイルカをどう分類するかのもととなる概念や，脳や分子といった科学的概念，人種や人格特性といった心理的社会的概念，超自然的なものの概念（サンタクロースや神）などである。

子どもは他者の行動を観察し，大人が示す説明や言語的記述に敏感であり，そこから始終学んでいる。だが同時に，全部をそのまま信じ込むわけではなく，だましや誤りやたとえ話があることもすぐにわかるようになる。

| 子どもの概念は柔軟であり同時に制約される |

人間の概念は新しい経験に開かれ，新しい知識を獲得できるという意味で柔軟である。たとえば，英語で育つ子どもは，in と on で区別される空間的関係をすぐに学習できるが，同時に，概念的柔軟性には限界がある。また，すべての言語には名詞と動詞の区別があり，過去と非過去があるということや，生きていることとそもそも生きていないことの区別（生物対非生物）は3歳から始まり，堅固な区別である。だがたとえば対象がロボットなどの場合，その心理的性質の推論（ロボットは考えるか，嬉しいと感じるか）については領域間の混じり合いが必要とされる。領域間の区別の堅さと概念的開放性（新たな事例を組み入れ，新たな概念を形成するように柔軟にできている）が組み合って，概念発達は形成される。

| 子どもの概念は統計的データと理論の双方で影響を受ける |

子どもは「データ分析家」であると同時に「理論家」でもある。データをとらえるという点で入力された情報のいわば統計的分布（つまりそれぞれの事例がどの程度の頻度で生じるか）に敏感である。それは，いかなる目的であっても，それに向けて有効に働く学習機構となるものである。たとえば，乳児は人間や動物の顔をいくつかに分ける（例：犬対猫）能力をもっているが，この能力は語彙の意味や高次の概念の獲得にも使われる。それに対して，理論的理解が必要となるのは，たとえば目に見えない特徴（たとえば心理的状態）を想定して理解する場合である。「存在」についてのもともともっている基本的区別の知識に基づくことで可能になる。たとえば，オオカミは羊の皮を被ってもオオカミであり，羊のように見えるように手術をしてもオオカミだと幼児は

理解する。乳幼児は統計的な情報の利用と理論的理解の双方をはじめから行っている。たとえば，因果的理論を豊かにするために統計的な入力情報を使うのである。

> 理論に埋め込まれた概念のいくつか

次に，子どもが人生の初期に獲得する4つの鍵となる概念を取り上げる。また，それがたんに刺激と反応の連合に基づく学習の機構だけでは不十分で，子どものもつ「理論」を必要とすることも示していく。

第1は表象についてである。子どもはあるもの（実物，絵，ビデオ等）が表象であるか否かについて敏感に判断しており，その判断が命名や推測に影響する。たとえば，ある建物の模型はその建物の表象でもあるが，それ自体として1つの実物でもある。2歳半の子どもでは，部屋の小さな模型が大きな部屋を表象していることを理解するのが難しく，模型のある部分を指して，それを参考に大きな部屋に隠されたものを探し出すことに困難がある。しかし，子どもが一度，模型が大きな部屋をたんに縮めたものだと理解すると（つまり表象というより同一性）すぐに模型を使って隠されたものを探し出せる。あるいは次のような実験もある。幼児は（たとえば）熊に似た線画を見せられる。1つは大人が意図的にそれを描いたと教示し，もう1つの条件ではインクをたまたまこぼしてその形になったと教示する。そのうえで子どもにその線画に命名してもらうと，2歳半までに子どもは偶然ではなく意図的に，つまり（「インクのシミ」ではなく）表象として提示されたもの（熊）を多く命名した。このように形自体ではなく，そのもの自体か表象かの区別が判断に重要なのである。

第2は原因についてである。幼児も大人と同様に，因果関係があると思われる関係をそうでない関係より（とくにそのものを動かしたいならなおさら）重視する（これは別の節でさらに扱う）。

第3は歴史的道筋についてである。これは物事の生起の道筋の連続性を理解して，それを現在の理解に用いるかということである。たとえば，同じクッキーでもその上を虫が這ったかどうかで美味しいか嫌悪を催すかが変わる。これは大人も幼児も同様である。あるいは，4, 5歳の幼児は，テレビのパーソナリティが着たセーターのほうが，真新しいセーターより博物館に展示するのにふさわしいと判断できる。

第4はものの種類についてである。その最も基本となる概念理解としては，

たとえば，犬全般を指す（種類の名詞）のか，特定の犬を指す（個物の名称）のかの違いの理解である。幼児でも，1つの個物についての名前（たとえば，ポチという名前）を学んで，それを同種の他のもの（たとえば，他の犬）を呼ぶのに用いるとき，（同じ犬という）種類について暗黙のうちに考えているだろう。言葉としては一般的な種類に言及する意味の名詞句の方を幼児は早く獲得する。こういった一般的意味の名詞句は一般的意味をもちやすい。つまり，幼児でも個別の事例の名称だとされない限り，広く当てはまるものだととらえる傾向がある。実際，縦断研究から，幼児は一般的意味の名詞句を理解できることは，関連する言語的形態（たとえば，複数形や冠詞）を学ぶとすぐにその言語的形態を名詞句に当てはめて使うようになることでもわかる。また，一般的意味の名詞の言語表現は親からの最小限の足場（ヒント）によって学ぶ。さまざまな言語的形態を一般的な意味を表すようにすぐに使うようになるのである。そのようにして，幼児は2歳までに種類の名前と個物の名前をしっかりと区別するようになる。

3 因果関係の理解の発達

　因果関係を把握することは子どもがまわりの世界を理解する土台となる。だが，因果的知識がどのように表象され，どのように学習されるかについてはいろいろな見方があった。最近の実証的な証拠に照らして，因果関係の理解がどう発達するかを検討してみよう（本節はおもに，Gopnik, 2013に基づく）。

因果関係の理解に関する理論

　因果関係のとらえ方に関して，次の4通りの理論があるとされている。主体性（agency），機構，連合，確率モデルである。

　第1の主体性はピアジェに始まる考え方である。ピアジェは子どもが主体的な力を及ぼす経験から徐々に脱中心化して因果関係を把握するとした。自分自身の行為と結果の関連から因果関係を把握するという意味ではオペラント学習の考え方とも似ている。実際，3カ月の乳児が足にリボンを付けられ，モビールを動かせるようにすると，何度かの試行でその関係を学習する。この試行錯誤学習は関係を知ること自体がいわば報酬なのである。

第2の機構の考え方は因果的出来事の時間空間的な面に関わる理論である。0歳後半の乳児は，ボールがもう1つのボールに近づき，ぶつかって2つめが動き出す様子と，そばまで寄って（しかし，ぶつからずに）第2のボールが動き出す様子の2種類を見せると，後者をよく見る（たぶん，意外なために）ことがわかっている。この実験は6カ月児でも可能であり，接触条件（AがBにぶつかり，Bが動き出す）と非接触条件（AがBに近づくだけでBが動き出す）とさらに逆転条件（Bが動き出し，その後でAが動く）では，見る時間量が異なり，接触条件では逆転条件の方をよく見たが，非接触条件では差はなかった。このことは乳児が因果関係の成り立つ場面と非接触系列（つまり因果関係の想定できない）場面とを区別していることを示す。さらに次のような実験もある。板がドミノのように次々に倒れて最後に板が箱にぶつかり，箱からウサギが飛び出すおもちゃがある。幼児は一連の動きの最初と最後を見せられたとき，途中の間の動きを推測し，それが最後にウサギが飛び出すことに必要だということもわかるようになる。

　第3の連合の仕組みによる説明はこうである。古典的条件づけという因果関係は無関係の出来事の連合の一種である。

　それ以外にも，同時に生起するものは因果関係としてとらえやすいということがあるが，以上の3つの説明の仕方のどれも例外が多いことに注意がいる。

　第4は確率モデルである。これは主体性，確率，連合のとらえ方を統合した理論である。上記でも，1つには，抽象的で構造化された表象が成り立ち，そこから予測や推論がされるという，つまり子どもがもつ「理論」や「概念」によって，理解がなされるというトップダウンの考え方があり，もう1つには，具体的で直接的な個別の経験から徐々に抽象的な構造を学んでいくというボトムアップの考え方があり，それら2つを統合するために，統計的な考え方を導入するものである。その際，統計学の基本的考えを使う（より正確にいえば，ベイズ統計学であるが）。そこでは，一連の証拠E（例：その島でカワウソが1匹捕獲される）が得られたときにそのもとで生成される仮設構造H（例：その島にカワウソがすむ）の確からしさ（P（H/E））（事後確率）と，その仮説Hが成り立つときに得られる証拠の確からしさ（P（E/H））（見込み，尤度）（その島にカワウソがすんでいるなら，そのカワウソが捕獲される確率）と，たんに証拠の得られる一般的な確率（P（E））（すんでいようといまいとカワウソが捕獲される）と最初の段

FIGURE 12-3 ●因果性の実験1

[1原因条件]

ブロック（黒）が検出器の上に置かれていて、何も起こらない

ブロック（黒）が除かれる

ブロック（白）が検出器の置かれ、検出器が光って音が鳴る

ブロック（黒）がブロック（白）がある検出器の上に加えられ、検出器は音が鳴り続ける。子どもは音を止めるように求められる

[2原因条件]

ブロック（黒）が検出器の上に置かれ、音が鳴っている

ブロック（黒）が除かれ、検出器の音が止まる

ブロック（白）が検出器に置かれ検出器の音が鳴る

ブロック（黒）がブロック（白）のある検出器の上に加えられ、検出器の音が鳴り続ける。子どもは音を止めるように求められる

（出典）Gopnik, 2013より。

階での仮説の推測（P（H））（事前確率）（カワウソが1匹捕獲される前の予想）を組合せるものである。ここから、子どもがどのように確率的にもとの仮説（信念）から、証拠によって仮説を進化させていくかの検討ができる。

確率に基づく学習　子どもが因果構造を上記の統計的原則に基づいた表象を創り出しており、しかもそれが相互につながり合うネットをなすように、与えられた証拠に照らして構築していることを示唆する研究が増えてきた。

　ゴプニク（Gopnik, A.）は子どもの因果関係の理解を調べるために「ブリケット検出器」と称するおもちゃを作った。箱の上にあるものを載せると光って音楽が鳴り、別なものを載せると何も起こらないというおもちゃである。2つのものを置く場合の組合せも調べられる。たとえば、1原因条件では、1つのブロックを置くと音楽が鳴り、もう1つ別なブロックを加えても変わらずに音楽が鳴っているという状況で、子どもは実験者に音楽を止めるように求められる。2原因条件では黒のブロックだけでも音楽が鳴り、白のブロックだけでも

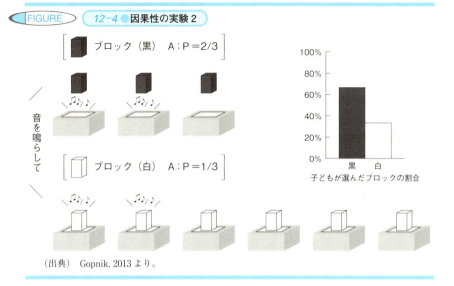

FIGURE 12-4 ● 因果性の実験2

（出典） Gopnik, 2013より。

　音楽が鳴るという状況で，音楽が鳴っているときに2つ載せて止めるように求められる。こういった条件の理解には，たんに目の前のことについての連想（連合）によるのではなく，遡っての因果関係の把握が必要になる。2歳，3歳，4歳の子どもたちでもこういった推論が可能である（図12-3参照）。

　さらに複雑な推論も可能である。4歳の子どもは，因果の鎖（AがBを引き起こし，BがCを引き起こす）と共通の原因の構造（AとBが揃ったときにCを引き起こす）を区別できる。また，4歳の子どもは確率の高さを用いて因果関係の強さを推測できる。先ほどのおもちゃで黒のブロックは3回のうち2回で音楽を鳴らすが，白のブロックは3回のうち1回（実験では6回のうち2回）音楽を鳴らすとすると，子どもは鳴らすことを求められたとき，正しく白より黒のブロックを置くことが多かった（図12-4参照）。また隠れた原因を推測することもできる。6回のうち，2回だけ消える場合，何かその失敗には原因があるはずだと考える（図12-4参照）。

　また，物理的領域以外でも因果関係の推論ができる。3～4歳の子どもは，欲求や情動や特性といった心的状態やくしゃみをするといった生物学的出来事について因果関係を理解することができる。たとえば，9カ月の乳児のほとん

第12章　認知と社会性の多面的な発達

どにおいて，ほとんど白いボールの入っている箱からほぼ赤いボールばかりのサンプルが取り出された方が，ほぼ白いボールばかりのサンプルが取り出された場合より，注視が長かった。さらに，こういったランダムではない（つまりもとの箱の分布から通常期待されるところから大きくずれている）場合，それは「実験者が赤いボールの方を白いボールより好き」だからと考えるだろうか。20カ月の子どもに，大部分が黄色のアヒルの箱から実験者がほぼ緑のカエルだけを取り出したのを見せた後に，実験者が子どもに手を伸ばし，子どもが実験者にカエルかアヒルを渡すようにいうと，子どもはカエルを渡した。それに対して，カエルだけが入っている箱からカエルを取り出したときには，渡すのはカエルかアヒルかは同じくらいであった。よって，子どもは実験者の好みを考慮しているらしいのである。

　また，子どもの自発的な探索的遊びが直感的実験であり，因果関係の発見を助けるのかもしれない。幼児が，びっくり箱とそこについている2つのレバーと2つの効果（アヒルが飛び出すか，犬が飛び出すか）が可能であるものを提示される。2つの条件が置かれる。1つは「混同」条件であり，大人と子どもが同時に2つのレバーを押して，2つの効果が起こるので，因果関係が不明瞭である。「混同なし」条件では，大人が1つのレバーを押すと1つの結果が起こり，その後子どもがもう1つのレバーを押すともう1つの結果が起こる。そのうえで，このおもちゃと別の同種のおもちゃが子どもに渡され，子どもは自由に探索する。もし子どもがたんに新規性のみに反応するなら新しいおもちゃを探索するだろう。子どもが因果関係に関心があるなら古いおもちゃで遊ぶだろう。混同条件では子どもは古いおもちゃをよく探索した。3ないし4歳の子どもが古いおもちゃの方を使って，どうすればどういう結果が起こるかを系統的に試していったのである。そのうえ，探索をひと通り終えると，その結果を使って，おもちゃがどのように働くのかを当てようとしたのである。

　なお，もちろん幼児がすべての因果関係をわかるわけではなく，明らかな限界がある。2つの同時的出来事がたんに同時に起きることが多いという意味で相関しているだけで，（大人あるいは当人の）行為の結果ではない場合，因果関係として理解しない。2歳児に車が箱にぶつかるのを見せる。すると箱の灯りが点く。そして少し離れたところにあるおもちゃの飛行機が回転する。ただし，どこにも人間の行為が関与しない。それに引き続いて，子どもはそれらのおも

ちゃを触る機会を与えられ，車を箱にぶつける。子どもは喜んで車や箱を動かすが，飛行機を回転させるためにそうするのではなかった。ところが，実験者が，「見て，箱の灯りが点くでしょ。すると飛行機が回り出すよ」と因果関係を明示して説明し，箱と飛行機を隣接させると，箱で飛行機を回すことを始めたのである。

以上のように，小さな年齢の子どもが簡単な，しかし鎖をなすような因果関係とか共通原因とか媒介要因とかの理解を，人間の行為の系列のなかでなら，理解できることが示され始めているのである。今後，さまざまな内容領域の知識との関連で検討が進むと思われる。

心の理論をめぐって

人間が他者を自分と同様の人間であり，身体のいわば背後に「心」(思考や感情を司る場) をもっていると理解するのはけっして当たり前でない。そういった心は見えないものだからである。それはいわば生得的に把握するものなのだろうか。それとも学習するのか。それはいつ頃発現し，どう芽生え，どう発展するのか (本節はおもに，Astington & Hughes, 2013 に基づく，さらにまた，心の理論の社会的な面についての検討は Hughes & Devine, 2015 を参照するとよい)。

心の理論とは何か　　心の理論とは，自分自身や他者の心的状態，すなわち，信念や欲求や意図や情動などへの帰属に基づいて，行為や発言を説明し，予測し，解釈する能力の基礎である。もっと広く自他を含めた社会的な能力の中核であると見なされている。

心の理論 (thoery of mind) という用語は，チンパンジーの研究から始まった (Premack & Woodruff, 1978)。行動に関して推論を行う際に相手の「心」の状態にその原因があると主張し，「心の理論」をもつのだと名づけたのである。「理論」と呼ぶのは，心的状態は観察が不可能なものなので，それは心の「理論」に基づく推論であるとした。チンパンジーは，相手のチンパンジーが特定の行動からある欲求や意図をもっていると思えれば，最初の行動とは別のものでも，その欲求や意図に適う行動をを実行すると推論するはずである。

その仮説をもとに，ヴィンマーとパーナー (Wimmer & Perner, 1983) は，誤

| TABLE 12-1 | 誤信念課題のストーリーの例 |

① マキシとママは店から帰ってきました。2人はいくつかチョコレートを買ってきました。
② マキシは引き出しの中にチョコレートを入れて，それから外に遊びに行きました。
③ マキシが出かけている間，ママはケーキを作るためにチョコレートの一部を使いました。それから，ママは引き出しではなく，戸棚にチョコレートを入れて，2階に行きました。
④ マキシが戻ってきました。マキシはお腹がぺこぺこで，すぐにチョコレートが食べたくなりました。
テスト質問：チョコレートを探すためにマキシはどこを探すと思いますか。
統制質問：遊びに出かける前にマキシはどこにチョコレートをしまいましたか。
　　　　　チョコレートは今どこにありますか。

信念課題と呼ばれる課題を考案し，3歳児にはできないが，4歳児にはできることを示した。その課題は子どもが相手の行動を予測するために心的状態，とくに特定の事柄についての信念について推論を行うことができるかを評価するものである。課題のなかで子どもたちは，お話のなかの登場人物（キャラクター）が特定の場所にものを置き，その場を離れ，そのキャラクターが不在の間に，それを別なキャラクターが別の場所に移動させる。そのためそのものがある場所について誤解しているはずだというストーリーを聞かされる。これは絵で提示されたり，おもちゃで演じられる。その後，子どもたちはキャラクターの次の行動について尋ねられる。「【キャラクター】は【もの】を見つけるためにどこをを探しますか」また，子どもが話を理解し，覚えているかを確認するために，そもそもキャラクターがものをどこに置いたかと，今どこにあるかが尋ねられる（表12-1参照）。

これについて，多くの研究がなされており，そこから年少の子ども（3歳半くらいまで）は，話の冒頭でものを置いた場所がどこか覚えているにもかかわらず，キャラクターは，今ものがある場所を探すだろうと話す。それに対して，満4～5歳児はキャラクターがものを最初に置いた場所を探すだろうと答えるのである。その答えを導き出せるためには，キャラクターが保っているものの位置についての信念（知っていると思っていること）と話を聞いて自分が保っている信念（自分が知っていること）とが異なっていることを，子どもが認識しな

ければならない。観察者（子ども）と観察された者（お話のキャラクター）が，同じ状況について異なる信念をもっているということを認識しなければならないということである。ある年齢以上の子どもは，自分とは異なり，自分の視点から見ると誤っているキャラクターの信念を推測し，行動をその信念に帰属させることによって，正しく質問に答えられる。子どもは，キャラクターの信念はそれが誤っていても，キャラクターの行動を導くものであることを認識する。

心の表象理論　信念や欲求が人間の活動を媒介する表象として存在するというとらえ方を心の表象理論（representational theory of mind）と呼ぶ。表象とは心的状態の「何を表しているか」という命題内容であり，さらにその命題内容に対してどう感じているかという態度である。人は異なる心的状態のために同じ命題内容に対して異なる態度をもつことができる。たとえば，「今日は晴れだと思う」は信念という命題内容であり，「今日は晴れてほしい」は欲求という態度である。信念タイプの心的状態は真実か誤りかというものであり，欲求タイプの心的状態は満たされるか満たされないかというものである。信念の命題内容が世界にある事物と一致していればその信念は真実であり，一致していないと誤りである。しかし，信念を変えて，世界における事物のあり方に合わせれば，それを真実にすることができる。欲求や意図は真実でも誤りでもないから，信念とは異なり，その内容が実際の世界と一致していないなら，まだその欲求対象を得ていないという意味で満たされていないことになる。ただし，世界に働きかけて，心に保持されている表象に合わせて自分に都合よく変化させることができる。

　心の理論の基本的な構図は，信念と欲求があれば，それに沿った結果が生まれる，というものである。意図された行為を望まれる結果を引き起こす手段としてとらえると，信念とともに欲求が意図となり，意図が行為を生み出し，そこから結果が生まれる。これを心の理論を表象化したものと見なすことができる。なお，情動は欲求の満足や不満足から生じ（幸せや怒り・悲しみ），また信念の確証・不確証から生じる（驚き）ととらえることができる。

心の発達構成要素理論　次に，心的世界は社会的直感と社会的認知という2つのシステムで構成されていると考える心の発達構成要素理論を紹介する。

　社会的直感とは，顔の表情，身ぶり，動作，声の調子などを指す。伝搬され

> **TABLE 12-2 ● 心の理論の発達的進展**
>
> 心の理論の発達には4つの主要な里程標がある。
> ① 誕生〜18カ月まで：行動の基盤となる注意と意図の理解……他者の注意と意図を反映している日常の行為を乳児が直感的に理解する。
> ② 9カ月〜3歳まで：世界と対応していない（実現していない）目標の理解（「暗黙的」誤信念）……乳児期後半と幼児期初期において現実世界と一貫してないと見える暗黙的目標を理解する。
> ③ 4歳〜5歳：表象的心的理解の理解（心の理論または「明示的」誤信念）……就学前の子どもが表象的心的状態を内省的に理解する。
> ④ 6歳以降：解釈の多様性と回帰的心的状態（信念についての信念）の理解（2次的誤信念の理解）……学童期の子どもが解釈と心的状態の複数の回帰的心的状態の理解をさらに発達させる。
>
> （出典） Astington & Hughes, 2013 より。

る情報から，人の心的状態についての即時のオンライン評価を行う社会的知覚スキルのセットともいえ，心的領域内の暗黙の社会的ノウハウを提供するものである。対照的に社会的認知は，時間とともに出来事の知覚的オンライン評価と順序を統合することによる，人の心的状態と行動を推測するための内生的な働きである。これは心的世界がどのように機能するかについての「心の理論」に代表される一連の原理によっており，自覚的で明示的な概念領域に基づく。後者が「心の表象理論」に該当する。社会的直感（社会的知覚スキル）は乳児期に働き始め，社会的認知は幼児期から発達していく。子ども時代から成人期になるに従い，この2つが1つになって，「心の理論」の全体を構成するようになる。また，この2つはその神経学的基盤も異なるものであることが見出されてきている（表12-2参照）。心の理論における概念化の働きは幼児期の後半において表象の獲得によって可能となるのだが，それ以前の乳児期では社会的知覚スキルが働き，その2つは発達的につながっていくのである。

乳児期のあり方はそれを「豊かに」解釈するか（Reddy, 2008），「貧しく」解釈するかで，研究上の解釈の幅の広がりが変わってくる。乳児の心的世界について，豊かであるとする研究者たちがいるのだが，その見解はよくなじんだ文脈での乳児のやりとりの詳細な観察に基づいている。貧しいとする研究者たちの見解は一般に，変数が交絡しないように厳密な実験計画を採用した実験室研

究に基づいている。しかし，現在，その双方は互いに近づき，優れた成果を生み出している。レディ（2008）などによれば，乳児が何かを理解することは感情的関わりが必要であると主張している。そこから認識と洞察が生まれるというのである。そういった研究群から，乳児の社会的知覚スキルの理解が大幅に前進した。たとえば，乳児を能動的な参加者として「原会話」をとらえると，乳児はやりとりする相手の反応の随伴性と情動的性質の双方に敏感であることがわかる。同様に，実験室研究も，たとえばアイトラッカーのような技術開発により微細な把握が可能となった。これらの研究アプローチはともに乳児がまわりの世界をどうとらえているかについてよく理解し，子どもに沿ったやり方をとれるようになったといえる。

乳児期における注意と意図の理解

胎児期にすでに社会的情報を一部は利用可能である。聴覚系は妊娠5カ月までに発達しており，その後の4カ月で母親の声を学習する。新生児は生後数時間で母親の声に対する明確な好みを示す。出産直後から，乳児は母親に向かって方向づけられ，顔の目の領域に注意を向ける。これらの選好反応によって乳児は社会的世界について学び続けるための関わりと相互作用を進めることになる。6カ月になれば，真顔（表情を変えない顔）を嫌がり，養育者から随伴的な反応を期待するようになる。

乳児期の心の理論に関わるおもな発達は次のようである。
① 母親に志向する。目の領域に注視する。
② 行為主体と非生物を区別する。
③ 行為主体に随伴的な反応を期待する。
④ 他者にものを差し出す。
⑤ 他者の対象への指さしと視線を追従する。
⑥ 指さしと視線で他者の注意を向ける。
⑦ 他者の知覚と目標と欲求に気づく。

乳児期の主要な発達の里程標は，知覚と目標の心理学的理解に達することである。すなわち，人生の最初の1年間の間に乳児は目的論的推論を獲得する。少なくとも9～12カ月の間に意図的な理解と他者の認識についての理解といった人に独自の社会的認知スキルを示し始める。行為主体に対して適切な知覚的，注意的，属性的特徴を帰属させている。たとえば，大人が3つのおもちゃに関

心を示した後，いずれかをあいまいに要求したときに，12カ月児は大人が以前に見たり遊んだりしていないおもちゃを渡した（Tomasello & Haberl, 2003）。他者の認識と欲求を理解しているようなのである。乳児は生得的に（ないしそれに近く）自分についての知識を何がしかもっており，そのうえに，親からの感情的ミラーリング（同様の感情を返す）ことにより，理解を増していく。レディによると二人称の知識が重要であり，たとえば，情動が強く共有されるのは，情動が他者の同情的反応を喚起するように働くからである。注意の対象にあるという情動的経験がさまざまなものへの気づきを広げるという。

① 自己：2～4カ月の乳児はいろいろな方法で（例：ほほえみ，媚び，苦痛）自己への他者からの注意に反応する。また注意を求める行動（例：呼びかける）を示し始める。
② 他者：3～5カ月の乳児は他者の第三者への注意に反応する。そして2人の人からの注意を交代に求めるようにする（一次的間主観的三角形）。
③ 他者の手の中のもの：4～7カ月の乳児は目の前，近く，あるいは他者の手にあるものへの他者の注視を追従する。
④ 自分の手の中のもの：8～11カ月の乳児は他者にものを差し出し始める。
⑤ 遠く離れたもの：12～14カ月の乳児は他者の視線を追従し，また遠くにあるものを指さすことの両方が上手になる。
⑥ 見えないもの：15～20カ月の子どもは自分の背後にあるものに対する他者の視線に追従し振り向くことができ，また過去の出来事や将来の計画を報告し始める。

乳児は他者や自己に向けた三人称の見通しを取り入れ始めるずっと前から一人称（自分自身の身体の行為を通じて学ぶ）と二人称（自己と自己への応答に向けられた行為から感じる）から意図について学ぶのである。なお，このレディの見解から2つの結論が引き出せる。第1は，自己意識として記述される情動行動（たとえば，自尊心，羞恥心，内気）は他者の注意と感情の知覚に根ざしており，他者意識的情動行動から由来するのかもしれない。第2に，自閉症児は一人称と二人称の視点の経験基盤を欠いているのかもしれない。

乳児期・幼児初期の世界と一致しない目標の理解

次の里程標として，現実世界の状況と対立した目標の理解がある。誤信念課題も，出来事の実際の状況とともに，行為者の信念に基づく行動

を推測する必要があるが，それはいつ可能になるのであろうか。

ある研究では（Onishi & Baillargeon, 2005），誤信念として主人公が対象物の移動を目撃しない条件を設定し，真実信念として主人公が移動を目撃する条件を設定する。さらに，2つの結末があり，主人公がもとの箱または別の箱に手を伸ばし，いずれの場合も本当に対象物を見出すという結末を設定する。誤信念課題条件では，主人公が現在ものを隠している箱に手を伸ばしたとき，15カ月児はより長く見ていた。逆に真実信念条件では，主人公がものがないもとの箱に手を伸ばしたときにより長く見た。すなわち，15カ月児はものの実際の位置よりも主人公の信念状態に基づく期待をしており，それに反する場合に驚きをもって長く見ている。

ふり遊びができるなら，その認識が背後にあるといえる。では，課題をやさしくしたときにそれはいつ可能か。15カ月児は（Onishi at al., 2007），成人が1つのカップに液体を注ぐふりをし，その後，別のカップで飲むふりをするとき，長く見つめた。言い換えると，乳児は自分自身がふり遊びを始める前に，ふりであるにしても，液体が入っているはずではないカップを大人が飲もうとすると，ふり遊びならではの一貫性に対して，違反していることに気づき，それを検出することができる。

幼児初期の他者の心的視点に対する感受性もまた，行為とは異なる意図を認識したり，自分とは異なる欲求に反応したり，他者の情動に対して区別して反応する能力に見られる。たとえば，1歳半の子どもは大人が課題を実行するために失敗することを見て（たとえば，スティックでへこんだボタンを押そうとするがうまくいかない），その後，成人を模倣する機会を与えられると，失敗につながる動きを真似るのではなく，意図した行為を実行する（つまりスティックでボタンをちゃんと押す）。そういった一連の理解を一覧すると次のようになる。

① ふりについての気づきとふりの実行。
② 自分とは異なる欲求の理解。
③ 行動とは異なる意図の理解。
④ 情動に対する気づきと反応。
⑤ 誤信念に対する「暗黙」の理解。
⑥ 信念を変える際のコミュニケーションの役割の理解。

このように，生後1年半までに子どもは，ふり，欲求，意図，情動について

の明確な理解と誤信念に導かれる行為の暗黙の理解ができるようになる。つまり，他者の心的視点を考慮するかなりの能力を示すのである。

就学前期の表象的心的状態の理解

標準的誤信念課題，また見かけと現実課題（見かけは岩に見えるが実はスポンジであるものをなお岩であると主張するかどうか）についての子どもの成績は4歳以前には正答が難しいということが多くの実験研究で示されている。3歳児がこういった課題で一貫して失敗するのに対して，先ほど述べた乳児の心的視点を考慮に入れる能力とは対照的である。乳児が非言語テストで行為者の行動を正しく予測しているのに，なぜ3歳児は言語的誤信念テストで間違えて答えるのであろうか。それはおそらく，直感的な心の理解が年少の子どもに存在するのであるが，3歳児でもまだより自覚的で内省的な心の理解が達成されていないことによるのであろう。この理解はおそらく徐々に獲得される。それはどのようにして獲得されるのであろうか。

内省的な心の理解には言語が重要な役割を果たしている可能性が高いと考えられている。1歳児と2歳児の言語発達は，子どもとまわりの世界を反映するだけではなく，見えないものについて会話するような，子どもの能力に劇的な変化をもたらす。この結果として，子どもの心的視野が急速に拡大する。今，ここに縛り付けられるのではなく，子どもは過去の出来事について考え，将来の計画を立てることができる。心の理解と子どもの言語発達は幼い子どもの実行機能（すなわち，あらかじめ優勢な反応を抑制し，柔軟で目標指向的な行為に従事する能力）の進歩を伴う。3つの領域（言語，実行機能，社会的理解）の間には発達的同調性が成り立ち，さらに言語能力と実行機能の個人差は各々，明示的な心の理論課題に関する子どもの成績を予測する。

子どもたちが就学前期の終わりに内省的誤信念の理解を獲得すると，すぐに誤信念をもっている他者での感情的な影響を認識し始める。そういった発達の鍵となる達成を次のように整理できる。

① 標準課題における「明示的な」誤信念の理解。
② 自分の以前の誤信念を覚えている。
③ 見た目と現実の区別。
④ 信念に基づく情動の理解。
⑤ 見た目と本当の情動の区別。

就学前の発達における個人差

幼児期に見られる個人差に影響する，とくに家庭の養育などの要因の影響はどうであろうか。たとえば，子どもの受け入れがたい行動に対して，罰のみを与えるよりも，両親から説明や話し合いを受けた子どもの方が，誤信念課題の得点が高かった。また，安定した愛着の子どもは不安定な子どもに比べて早期に誤信念の理解を獲得する。さらに，心的状態についての家族の会話に子どもが関わることが誤信念課題の理解につながる。会話のなかで心的用語（例：～と思う，感じる，など）をより多く使用する母親の子どもの方が，誤信念課題の理解が早かった。

学童期の回帰性と解釈の理解

学童期の初期に子どもは，人は他者の心の内容に関する信念をもっており，そしてこれらの信念が異なっていたり間違っていたりすることを認識するようになる。他者の心的状態についての信念を二次的心的状態と呼ぶ。「Xは，YがPを信じていると考えている」こういった二重の関係を回帰性能力と呼ぶ（表12-3参照）。

このような回帰的能力は，とくに皮肉や比喩のような間接的話法のような複雑な言語の理解と使用の基礎となり，それは学童期に発達する。間接的な話法には，人が意味するものと，その人の言葉が意味するように見えるものの区別ができていることが前提である。つまり，実際に言われたことが実際に意味していることでは必ずしもない。たとえば，7歳になると皮肉な話は字義どおりに言っていることを意味していないことを理解する。しかしまた，9歳になっても，聞き手に何か信じるように望んでいることを認識していない場合がある。こういった能力はまた，社会的状況の対人関係のダイナミクスへの感受性の基盤となる。たとえば，7歳くらいになると子どもはある種の虚偽は他者の感情を守るために話されることを理解する（「白い嘘」〔white lie〕と呼ぶ）。

このように，学童期に心の理論は高次の心的状態での多様な埋め込み（つまり，信念についての信念についての信念といった）を理解する能力によっている。しかし，それとともに，解釈の多様性の認識にも依存している。つまり，同じ外部刺激を与えても，2人の人が異なる解釈をしても正しいという理解が求められるのである。この能力は7歳頃に発達するようである。この年齢で，子どもは知識獲得と情報の能動的解釈者としての心の理解の深まりを示す。これは公式

TABLE 12-3	回帰性の心の理論課題

① マキシと妹ハンナは店から帰ってきた。マキシはいくつかチョコレートを買った。
② マキシは引き出しの中に自分のチョコレートをしまう。それから「外に遊びに行く」と言う。
③ マキシは，ハンナがいたずら好きで，そのため，ドアの陰からのぞき見していたことを知っている。思った通り，ハンナは引き出しからチョコレートを取り出し，食器棚に隠した。マキシは，ハンナの様子を見ているが，ハンナはマキシを見ることができないでいる。
④ その後，マキシが部屋に戻る。マキシはお腹が空いていて，チョコレートを食べたい。

テスト質問：ハンナは，マキシがどこでチョコレートを探すと思っていますか？
　なぜハンナは，マキシがそこを見ると思ったのでしょうか？
統制質問：マキシは遊びに行く前にどこにチョコレートを置きましたか？
　チョコレートは今どこにありますか？
　ハンナは，マキシが部屋をこっそりのぞいているのを見ましたか？

の学校教育への参加が子どもの内省的能力を促進するのであろうと考えられる。

学童期の間に達成される主要な発達は次の5つにまとめられる。これらはその後も年齢に伴い改善されていく。

① 2次および高次の心的状態の理解。
② 解釈の多様性を認識。
③ 間接的話法（たとえば，皮肉や比喩）の理解。
④ 白い嘘，失言，説得の気づき。
⑤ 意識の流れの気づき，内省。

教育への展望　終わりに，この分野の研究が学校教育へもつ意義について述べる。学校教育は，暗黙的直感的な心の理論から明示的・内省的な心の理論への移行重要な役割を果たしている可能性がある。子どもの心の理論に支えられたパフォーマンスと学力や教室での行動のさまざまな側面との関係がいくつかの研究で示されている。今のところ，相関関係を明らかにするにとどまっているが，今後の研究で因果的関係を示す必要がある。また心の理論の発達が学童期の初期のリテラシーの成績を予測するとも考えられる。幼稚園などでの豊かな物語環境として絵本に触れることやごっこ遊びに意味があるかもしれない。心の理論を学童期のメタ認知の発

達に関連づける研究も出てきている。ヴィゴツキーが主張したように，学校教育自体が，子どもがより自分自身の思考過程を意識させ，それについて話す機会と語彙を提供し，その明示的な理解につながるだろう。

まとめ　自己と他者の初期の直感的意識が明示的で内省的な理解を生じさせるという発達的理論を提示した。重要なことは，幼児期から成人期の自己反省と社会的理解の両方を支える明示的心の理論の発達が直感的社会的知覚に置き換えられるのではないということである。これはトマセロ（Tomasello, M.）の理論と合致する。たとえば，模倣学習からはじまり，人から教示される学習，人と協働する学習へというように，学習が文化的に発達していくということを主張している（Tomasello, et al., 1993）。最初のレベルでは，意図をもった行為者として他者を理解するために必要となる共同注意（同じものを自分と他の人が見ていることを了解する）と模倣学習が含まれる。そういう意味で直感的である。第2のレベルは教示的（言語的に説明する）であり，内省的な学習である。第3のレベルは，回帰的で内省的である。他者を内省的な行為者として理解することによって，協働学習が可能になる。

社会的発達について

発達は大きく認知発達と社会的発達に分けられる。もちろん，それらは互いにつながり，全体としての発達を可能にしている。だが，とりわけ<u>社会性</u>の基盤について，近年，研究が進み，その独自な始まりがどうであるか，またどのように成人に向けて発達していくかの理解が広がった。とくに，社会性の根としてあるのは何か，脳科学上の基盤は何かについて，さらに社会性の発達に影響する社会化の主な働きは何かなどの研究が進展している（本節はおもに，Deweck, 2013による）。

社会的であること（social-ness）の理論　社会性の発達に関する研究としては，メルツォフの「自分と同じ（ライクミー；like-me）仮説」が画期的であった（本章第1節を参照）。乳児は最初から，他者が自分と同様であるととらえ，自己と他者の同等性の知覚によ

り物理的・社会的世界がどのように動くものかを学んでいく。初期の模倣，たとえば新生児が大人の舌の突き出しや口を開けるなどを模倣することは，乳児が自己と他者のある種の同等性をわかっていることの表われである。それができるためには，身体の部位の対応をある程度わかっている必要があるからである。同様にして，社会性，たとえば公平であることや愛他的であることなどの社会性は，他者との同等性に基づく社会的な場面での学びで構成されるのかもしれない。さらに，そこでは他者との共同注意や意図の共有がなされることにより学びが促進されるであろう。

乳児は他者から学ぶ仕組みをもって生まれてきている。目の接触（アイコンタクト），随伴的な反応性（1人の行為に対して相手がそれに応じた反応をする），子どもに合わせた親の語りかけ（母親言葉；motherese），名前で呼ばれることなどの手がかりが，大人が何かを子どもに教えようとしていることを子どもに伝える。この相互調整が社会的な発達を可能にする最も基本となる仕組みである。

社　会　脳

乳児期初期には社会的な事柄について注意を向け，そこから学ぶことが示唆されている。人間への顔や声（とくに母親の声）に注目する。これは，生物学的身体リズム（たとえば，うなずく）が養育者と同期した相互作用を可能にする。それは脳においても同様であり，社会的認知に働く脳の領域を特化して発達させていくということである。成人の場合，自己と他者を表象する少なくとも2つの大きな神経ネットワークがある。1つは前頭頭頂部にあるミラーニューロン領域であり（口絵②，コラム2-2参照），運動シミュレーションを通じて身体的自己と他者の橋渡しをする。もう1つがもっと抽象的で評価的な自己と他者の情報を処理する大脳皮質正中部構造である。

乳児においては，第1に行為の知覚と表象についての特化したシステムが出現することがわかってきた。ミラーニューロンが0歳の間に働き出し，観察した行為を乳児自身の運動表象に同様の行為を行うように情報として投射する。また，生後4カ月までに大脳皮質領域の顔によるコミュニケーション信号の知覚の部位が働き始める。相互作用的特殊化理論（Johnson et al., 2009）によると，顔によるコミュニケーション信号の知覚の領域が特殊化するだけではなく，協働するネットワークとして働くようになる。時間とともに，活動に依拠した相互作用が脳の領域の機能と関連する領域間の関係を明瞭なものとする。新しい

スキルが獲得されるに伴い、種々の領域間の相互作用の組織化が生じる。たとえば、顔の知覚と、ダイナミックに変化する社会的刺激の知覚と社会的認知とメンタライジング（mentalizing；他者の心的状態を認めたり推論すること）の出現とが相互に影響し合いながら発達していくようになるのである。

社会化への親の影響

親の影響はどれほど大きいのであろうか。すでに集団社会化理論（Harris, 1998）では、乳幼児期を過ぎれば、親の影響は他の仲間、近隣、学校、メディア等の影響と比べて小さなものになると指摘した。それに対して、発達心理学者の多くは遺伝と環境の相互作用の重要性を語るようになっている（Collins et al., 2001）。

遺伝子と環境の相互作用の一例を挙げよう。セロトニン・トランスポーターという遺伝子の同じ多型をもつ子どもが、さらに母親が与える社会的サポートが低い場合に、そうでない場合と比べ、恐怖と行動抑制の強い傾向を示すことがわかっている（Fox et al., 2007）。このように、環境の影響は一律ではなく遺伝子などにより異なる可能性は高い。こういった遺伝子と環境の相互作用の研究はまだ始まったばかりであり、今後大きな展開を示すだろう。

第19章でも述べるように、気質と環境の相互作用はすでに数多く研究されている。気質にはとくに3つの主要な次元がある（Rothbart, 2007）。否定的情動性、努力を要するコントロール、外向性（高潮性）である。ある研究では、母親のストレスと社会的サポートの程度は、いらだちやすさ（否定的情動性の一面）が低い子どもでは安定した愛着を予測しないが、いらだちやすさ（易刺激性；irritability）が高い子どもの場合には強く予測した。また、否定的情動性の別な面として、怖がりやすさについての研究もある。怖がりやすさの高い子どもで優しい非罰則的養育を受けた子どもは罰則的養育（しつけが厳しくときに体罰を用いる）を受けた子どもと比べ、良心（社会的なルールを守る）傾向がより発達していた。また、怖がりやすさが低い子どもでは、親との肯定的な関係をもっていた子どもの方がそうでない子どもと比べて、良心の発達が進んでいた。「努力を要するコントロール」（effortful control）には、衝動を抑制する能力や注意を柔軟に適用する能力などが含まれ、社会的な能力の発達に対して1つの鍵となる先行要因である。たとえば、1つの研究で、親子間の破壊的な葛藤は3～6歳の子どもの仲間関係に対して、子どもの努力を要するコントロールの程度に応じて異なった影響を与えていた。とくに、親子間のそういった葛藤は、

努力を要するコントロールの傾向が低い子どもに悪い影響を与えていて，仲間との相互作用の量が低いことや，そこでの問題行動を予測した。対照的に，努力を要するコントロールの程度が高い子どもの場合，親子間の葛藤は，仲間との相互作用の量が多く，問題行動の少ない相互作用を予測した。

> 心的表象が子どもの社会的経験をまとめる

家族の子どもへの影響は，親の働きかけなどに対してそれがどのような原因によるかという子どもの帰属次第で変わってくる。母親のうつ傾向，親子間の葛藤，家庭内暴力，虐待なども子どもがどうその経験の原因を解釈するかで影響が変わってくる。一般に，子どもがこういった経験の原因として，自己についての否定的な特性を帰属させる傾向を発達させる（自分を非難する）と，あるいは他者について否定的な特性を帰属させる傾向を発達させる（敵対的な意図があるととらえる）と，それらの経験の否定的な影響が起こりやすくなる。たとえば，自分を非難することでうつが強くなったり，自己尊重感が下がるだろうし，他者を敵対的ととらえることで攻撃性が増すだろう。子どもがその経験をどうまとめて解釈するか（心的表象としてパッケージ化するか）が媒介として重要なのである。

乳児期に子どもが安定した愛着を発達させるかどうかも，この心的表象のパッケージ化の働きとして作用する。安定した愛着があると，養育者をストレスのある状況でバッファー（安定基地）としてとらえるだろうし，その後，自己制御や社会的なスキルの発達に寄与することになる。愛着の表象がその後の関係の原型として見なされるからである。その表象がその後の関係を一貫して，いつでも頼れて，愛情がある他者としてとらえるのに役立つか，それを妨げるかに影響する。

発達とともにある種の社会的表象のまとまりが生まれ，社会的な結果を予測するように機能するようになる。小学校低学年から，知能は固定的か，努力により拡大できるかのとらえ方には個人差があるが（ドゥエックの理論），それにより他の課題への反応も変わってくるようになるのは小学5年生以降である。

また生理学的変化が養育の効果を媒介することも見出されている。養育経験などが子どもに引き起こす生理学的変化により，その影響は持続するようになる。初期経験がストレス反応の増加ないし減退を引き起こす。とくに，子どものHPA系（視床下部・下垂体・副腎系，ストレス反応を活性化させる神経内分泌系）

に影響を与える。ストレス反応の増加は内在的障害（不安や抑うつ）と関連し，ストレス反応の減退は外在化障害（行為障害，攻撃，反社会的行動）と関連する。好意的な養育環境はプラスの影響を活生化することにつながり，子どもにとって脅威的な環境は高い警戒レベルの維持につながりやすい。高いストレス反応は困難な状況においては不適応的な結果を伴うが，困難さが低い場合にはよりよい結果を予測することがある。

社会化のエージェントとしての親の影響

社会化に関わる影響を与えるものとしては親や仲間（友だち）やメディアが代表的である。親との関係では，何より応答的な子育てのあり方が子どもの発達的な結果の違いをもたらす。初期発達にとって，母親（養育者）の応答性ないしやりとりにおけるダイナミックな同期の成り立ち，すなわち相手に合わせた適切な応答がとりわけ重要である。それは多数の縦断的な相関研究で明らかにされている。

養育者の行動変化が子どもの行動を引き起こすかを調べた実験的介入研究も見られる。たとえば，社会経済的地位が低く，不安定型愛着関係になるリスクがあると予想されるグループで，いらだちやすさの特徴をもつ乳児の研究である。乳児が6～9カ月のときに実験群の母親に，乳児の（プラスもマイナスも含めて）さまざまなシグナルを知覚し，適切に解釈し，適切な応答を選択し，それを適切に実施する方法について2時間の講習会を3回実施した。すると，実験群の母親の子どもは発声や微笑が増加し，物理的環境への探索も上手になった。愛着は満1歳時点で測られ，統制群の子どもの22％が安定型であるのに対して，実験群では62％であった。追跡調査では，実験群の母親は子どもに対して敏感な応答ができるようになっており，3歳半時点で安定型愛着を維持していた母子の子どもは仲間との協調的なやりとりが見られた。

友人関係の影響

子どもの友人関係には子どもを支え，精神衛生をよくし，その後の人間関係にプラスの影響をもたらすことが多くの研究で示されている。文化的慣例が具現化された集団に参加することでその文化に合うように社会化されていく。

とはいえ，マイナスの効果をもたらす場合がある。たとえば，青年期の女子が共同反芻（自分たちの問題についてくよくよと根掘り葉掘り話すことで支え合う）ことはかえって抑うつリスクを高めることがある。問題と感じることについて

COLUMN ***12-1 社会的情報処理理論***

　仲間（同年代の子どもを「仲間」と呼んでおく）とのやりとりは，現代の社会では，たいがい，幼稚園・保育所や小学校低学年くらいで始まり，その後に続いていく。そのとき，まず基本として大事なのは，相手とやりとりするために一緒の仲間に入ることである。その際の技能の過程を，ドッジ（Dodge, K. A.）以来，社会的情報処理（social information processing）としてとらえている（Crick & Dodge, 1994）。あるいはまたその際に，否定的な情動が興奮しすぎる（つまりカッとなったり，キレる）のが適切な対応を難しくすると考え，否定的情動性（negative emotionality）やその制御（regulation）に注目している（Eisenberg et al., 1994）。この2つの立場を統合するモデルが提案されているので，ここでは，そのモデルをもとに考えてみたい（Lemerise & Arsenio, 2000）。

　社会的情報処理は，一連の過程が急速に，また並行してフィードバック・ループをもちつつ行われる。まずオリジナルの認知的なモデルについて，その過程を逐次ステップに分けて説明しよう。

① 手がかりの符号化：社会的な出来事に注意を払い，それが何であるか理解する。
② 手がかりの解釈：手がかりを解釈し，出来事の意味を把握する。

　たとえば，庭を歩いていたら，ボールをぶつけられたとする。何が起きたのかまず理解する（ボールがぶつかった）のが符号化で，なぜ起きたのかを把握する（誰かがわざとぶつけた）のが解釈である。

③ 目標の明確化：その状況における自分の目標を明確にする。

　たとえば，友だちと仲良くしていきたいとか，邪魔されたくないという意思を示したいと考えるかもしれない。

④ 反応のアクセスないし生成：何ができるかを考える。
⑤ 反応の決定：どう反応するかを決める。
⑥ 反応の実行：決定した反応を実行する。

　可能な反応を，目標と自己効力感（達成への自信）と結果がどうなるかを予想して評価する。相手にやり返すかどうか。しかし，それだとさらに喧嘩になってしまうかもしれない。うまくボールを投げ返せないかもしれない。

　図にあるように，もともとのドッジのモデルに対して情動過程を組み込んでいくことができる。情動はとくに不確実で不完全な事態において情報の負荷を減らし，可能な行動の筋道に素早くたどりつく際に有効に働く。その結果は適

応的なことも，そうでないこともある。また，否定的情動性（つまり，否定的な情動がすぐに高ぶりやすい）や情動制御が社会的情報処理にはとくに強く働く。過去の情動と出来事の結びつきの記憶が，ある種の出来事を特定の情動を伴って受け止めやすくする。また，生理学的喚起水準（興奮している度合い）や気分（とくに正か負か）が影響する。

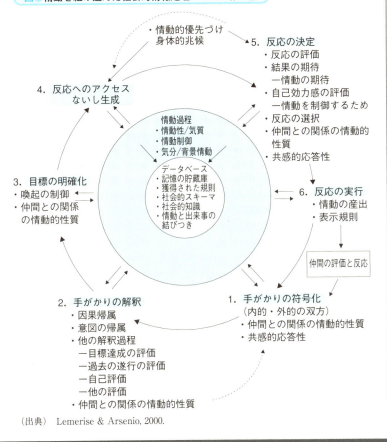

図 ● 情動を組み込んだ社会的情報処理モデルの修正版

（出典） Lemerise & Arsenio, 2000.

第12章 認知と社会性の多面的な発達　317

> COLUMN　*12-2* 発達的制御の行為位相モデル

　成人期におけるコントロールは，大きく，一次的コントロールと二次的コントロールに分けられる（Heckhausen & Schulz, 1995）。環境をコントロールして，自分の行動に応じて効果が出るようにすることが一次的コントロールである。一次的コントロールが有効であるためには，環境に直接働きかけるだけでなく，自分のコントロールに応じるような環境と目標を自分の資源のなかから選ばなければならない。また，自分の力を上達させる必要もある。その過程で失敗が必然的に生じ，それへの対処も求められる。努力，選択，失敗への補償などは，一次的コントロールとは別に，内的なコントロールが必要になり，これを二次的コントロールと呼ぶ。二次的コントロールは自分の内側に働きかけ，動機づけや情動的資源を最適化するものである。二次的コントロールの機能は，今進行中の一次的コントロールを助け（選択的二次的コントロール），失敗の悪影響を避ける（補償的二次的コントロール）。最適化は，一次的コントロールと二次的コントロールを全体として統合する。最適化では，以下の3つの原則に基づく。①年齢のタイミングや長期的な影響を見定める，②何を選ぶにしても，プラスの面とマイナスの面があり，双方を勘案する，③あまりに狭く選択しすぎると脆弱性が増すので，多様性をある程度確保する，である。

　一次的コントロールが有用でありうるのはよくわかるだろうが，二次的コントロールはどういう場合に有用に働くのだろうか。一次的コントロールはどの年代でも用いられるが，二次的コントロールは年齢とともに多く利用されるようになる。とくに，中年期に入ると，あまりに早くあきらめることを避け，自己防衛的でもある二次的コントロールの方略が適応的になっていく。何かで失敗が生じたとする。その損失を取り返そうと努力することも，失敗をそのまま受け入れることも，どちらも問題点がある。あまりに早くあきらめると，頑張れば何か益があるかもしれないのに，それを受けられない。しかし，無理な目標を頑張っても，限りある資源を無駄に使ってしまう。そこで目標を別な文脈

友だちと一緒に悩むことで，うつを悪化させ長引かせるかもしれない。反芻の習慣を強化するからである。

社会的スキルと認知的スキルの発達の相互的影響関係　社会的スキル（社会情動スキルと呼ぶことも増えてきた）と認知的な学業成績の間には相互的な関連が見られる（第11章参照）。たとえば，ある縦断研究では（Masten et al., 2005）では，子ども期における外在化障害（暴

に置き，位置づけを変える。つまり，自分を比較する仕方を変えるのである。

　発達的制御を，コントロールの考え方を拡張して，発達的目標をめぐり，その達成に関わることとあきらめることについてのコントロールと捉えることができる。なお中年期はまだかなりの成長の可能性をもちつつ，多くの発達的目標を達成する時間がなくなりつつあるという時期である。そこで，今するか，それとももうあきらめるかという選択に絶えず出会うことになる。目標を達成できそうにないなら，それをあきらめて切り替える努力をしなくてはならない。

　図にその「発達的制御の行為位相モデル」を示す。一番上のレベルに2つの決定的移行がある。1つは「決意の不可逆点」である。そこを過ぎれば，決意後の実行段階に入る。もう1つが「発達的締切点」である。それを過ぎると，目標達成の確率は著しく下がる。第2のレベルは，行為の機能についてであり，第3のレベルは個々のコントロールの過程である。

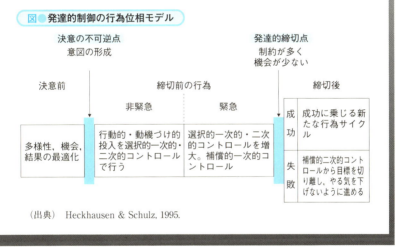

図　発達的制御の行為位相モデル

（出典）　Heckhausen & Schulz, 1995.

力・非行など）が青年期における学業成績の低さにつながり，それがさらには成人期初期のうつ傾向のもととなる。そこで重要な社会的人格と認知的変数はとくに自己制御，なかでも「努力を要するコントロール」（意図的制御，意志，実行機能）の概念に統合されよう。この働きは気質の一部でもあり，また実行機能の主要な構成要素でもあり，しばしば知的機能の中心でもあると見なされる。いくつかの研究において，基本的な知的能力は実行機能のトレーニングに

第12章　認知と社会性の多面的な発達　　319

より伸びることが見出されつつある。

　子どもと成人の双方の研究で，特定の社会的構成概念（たとえば，社会的アイデンティティや自信）が喚起される状況に置かれたときの，知的な能力への（プラスないしマイナスの）影響が示されている。他者との相互作用によって知的能力が損なわれたり，促進されたりするという状況の発揮する力に注目できる。たとえば，自分が女性あるいはマイノリティの一員である意識を高める状況に置かれると，そういった女性やマイノリティが社会的に優れているとは見なされないというステレオタイプが強く喚起されやすいような難易度の高い種類のテストにおいて（例，女性の場合の数学のテスト），そのステレオタイプに沿うように成績が低下する。

まとめ

　以上，子どもの社会性の発達には，遺伝子や脳の機能，親や仲間，子どもの解釈傾向，子どものもつ信念や歪んだ解釈傾向（バイアス）までもが影響する。知的な発達とも交互作用が起こり，それぞれ独自の発達を遂げつつも，互いに深く影響する。

BOOK GUIDE ● 文献案内

高橋恵子ほか 編，2012『発達科学入門』1〜3，東京大学出版会。
　●発達心理学について多面的に実証研究の紹介を多数行っており，本章に関連したあたりも含まれる。

ゴプニック，A./青木玲 訳，2010『哲学する赤ちゃん』亜紀書房。
　●乳児期の実験的な発達心理学の成果を一般向けにわかりやすく伝える。

子安増生 編，2016『「心の理論」から学ぶ発達の基礎──教育・保育・自閉症理解への道』ミネルヴァ書房。
　●「心の理論」の研究成果の重要な意義を，その基本から応用まで述べている。

Chapter 12 ● 練習問題　　　　　　　　　　　EXERCISE

❶ 小さな乳児とその親のやりとりのビデオなどを図書館などで探し，親子の間の微妙なやりとりがどう成り立っているかを分析してみよう。

❷ 近頃増えてきたロボットはこういった人の発達の特性とどの程度似ていて違うのか。できれば，そういう人型ロボットとのやりとりを経験するとよい。

❸ 幼稚園などの子どもたちが自由に遊んでいる場面を30分ほど観察し，そこでどういったやりとりが起きているか，それが子どもの発達のどういう面と関連していそうかを分析してみよう。

HINT ● p.630

第3部 社会のなかの心

第13章 人間と社会

人はいかに社会的存在か

集団で生活するチンパンジーたち（PIXTA 提供）

CHAPTER 13

- KEYWORD
- FIGURE
- TABLE
- COLUMN
- BOOK GUIDE
- EXERCISE

私たちは自分の心のなかで起きる思考や感情，意志や行動などの心理メカニズムに関心をもち，心理学がそれを明らかにしてくれると考える傾向がある。しかし，心理学を学ぶ者として心にとめておきたいことの1つは，人は「生物」の一種であり，しかも「社会的動物」だという点である。人類が誕生してから数百万年という長い時間をどのように生き延びてきたかを視野に入れると，私たちの思考・感情や行動が，生物学的な制約をかかえながら外界や環境と相互作用するようにデザインされたものであり，積極的に適応を生み出す活動の諸側面であることを理解できる。ここでは，人間の社会的動物としての側面に光をあて，心のメカニズムへの基本的理解を深めたい。

PREVIEW

> **KEYWORD**
>
> 進化　社会的動物　社会的脳　適応　互恵的利他行動　所属欲求
> 意識　認知的節約家　身体性認知　感情　社会的ジレンマ　協力
> 囚人のジレンマ　信頼　共感

SECTION 1　人間の進化

進化論

人間がサルから進化したことは今日広く一般に知られている。長い間それぞれの種ははじめから現在の形態をもって存在していたと信じられてきたが，18世紀頃には進化論的図式が仮定されるようになり，19世紀に科学的進化論が確立した。それを世に知らせたのは，ダーウィン（Darwin, C.）の『種の起源』（1859年）である。だが，当時ダーウィン自身，自説の公表に躊躇したというエピソードが残っている。西洋文化の根底をなすキリスト教は，神が万物を創造し人間をその頂点に位置づけたと説いている。人間も動物の1つの種にすぎないと主張する生物進化論を掲げることはキリスト教界を敵にまわすことになりかねないと，ダーウィンは警戒したのである。

進化論の誕生後も，社会科学において人間が動物であることを正面から考察しようとする風潮はなかなか誕生しなかった。近年，人間の行動や心の働きを，進化論的視点をも視野に入れながら理解しようとする機運が高まってきている。すなわち，社会的動物（the social animal）としての人間の特質や本質（nature）を理解するために，他の動物との連続性を改めて見つめ直し，そのうえで他の動物とは異なる存在にならしめている人間の特徴を明らかにし，それらが生物としての人間の生存の仕方とどのように関わり，また人間の心をどのように成り立たせているのか，さらに適応上どのような意味をもっているのかなどの問題に取り組もうとしているのである。

人間の特徴

霊長類は約6500万年前に誕生した分類群であり，原猿類（キツネザルなど）と真猿類（オランウータンなど）からなっている。真猿類のなかの類人猿グループに属するヒト

は，ホモ・サピエンスという学名をもち，最も近いチンパンジーとはおよそ500〜600万年前に分岐した。

このような起源をもつため，人間は霊長類の特徴である樹上生活に適した手先の器用さと優れた視覚を備えている。三次元立体視，色覚，指先の調整された動きなどは，果実の位置を把握し，熟し具合を確認し，採る，割る，むくなどの行動によって樹上採食生活を支えていたなごりといえる（長谷川・長谷川，2000）。

人間を他の動物から区別する特徴として，①直立二足歩行，②道具の使用，③言語の使用ないしコミュニケーションなどが挙げられてきた。しかし，動物生態学，人類学や考古学研究などの進歩によって，②③は必ずしも人間だけの特徴とはいえないことがしだいに明らかになってきている。道具の使用はチンパンジーやラッコなどで，コミュニケーションはサルをはじめ，イルカやコウモリなどで確認されている。しかし，人間の道具使用，コミュニケーションはいずれも複雑さでは群を抜いており，他種の追随を許さないほど高度に発達しているといえる。

これまでのところ，まっすぐに立って長時間二足歩行することだけは人間と他の動物を区別する特徴という位置づけを保持している。もっとも，二足歩行は，枝にぶら下がり体を振り子のように振って移動するサルの移動様式から発達したものである。二足歩行は人間にさまざまな変化をもたらしたが，なかでも重要な変化は大脳の発達であろう。大脳は神経の束であるため重い。四足動物は筋力によってこれを支えているが，この構造では支えられる重さに限界がある。人間は立ち上がることで脳の重量を背骨に分散して支えられるようになり，大脳が拡大する条件の1つを整えた。

しかし，二本足で立ち上がることによって，すぐに，大脳が現代人のレベルにまで拡大したわけではない。アフリカで発見されルーシーという名の約300万年前の猿人は明らかに二足歩行をしていたが，大脳は400 ml程度と，1500 ml前後の現代人のそれよりはるかに小さい。この事実は，二足歩行が大脳の拡大に先行していたことを示している。

一般に脳の大きさは体重と比例し，大きい動物ほど脳容量が大きい。身体が大きく動かす筋肉の量が多ければ，制御を司る神経系も複雑になるからである。実際大型クジラの脳は人間のそれよりも大きい。図13-1は体重と脳容量の関

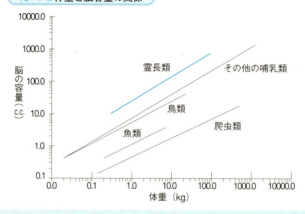

FIGURE 13-1 ●体重と脳容量の関係

一般に体重が重いほど，脳容量は大きいが，さまざまな動物群で相対的な脳の大きさは異なっている。同じ体重でも哺乳類は，他の種よりも高水準に位置する。なかでも霊長類の値は他の哺乳類よりも上に位置している。ここから，霊長類は基本的な身体機能に必要な量を上まわる脳容量をもち，「知能」が発達していることが示唆される。

（出典）Dunbar, 1996.

係を示したものであるが，同じ体重の動物と比較すると，霊長類は鳥類や爬虫類，それに他の哺乳類よりも相対的に大きな脳をもっていることがわかる。

社会的脳　では，霊長類の脳が他の種よりも格段に大きいのはなぜだろう。また人間の脳が他の霊長類より大きいのはなぜだろうか。

　脳の組織は成長・維持のための代価がきわめて大きい。たとえば，人間の脳は体重のわずか 2% 相当であるが，食物から摂取するエネルギーの 20% をも消費する。脳が大きければその維持にはコストがかかり，それだけ余計に食物が必要になる。つまり長時間採食に従事しなければならないから，捕食者から攻撃されるリスクは比例的に高まり，飢饉などでエネルギーの確保に失敗したときに餓死する危険性が増大する。小さい脳は消費エネルギーが少なくてすみ，より適応的だと思われるにもかかわらず，代価が高い大きな脳を有するようになったのには，何か特別のわけがあるに違いない。

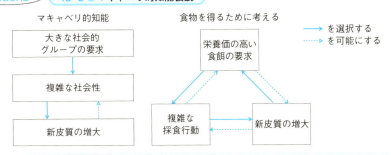

FIGURE 13-2 ● マキャベリ的知能仮説

マキャベリ的知能仮説によれば，大規模な社会では，関係が複雑になり，知能に対する淘汰圧として働き，そこで大脳，とくに新皮質が増大し，その結果，相手も戦略を練るため，ますます社会は複雑になる。これに対して，食糧確保要求を満たすため，大脳発達が起きたという説では，逆に小さい脳で単純な採食行動を行うという方向も可能となり，十分な説明力をもたない。

(出典) Byrne, 1995.

　最近，大脳の拡大には霊長類のもつ社会性が関係しているという社会的脳またはマキャベリ的知能仮説がとりわけ有力視されている（図13-2）。霊長類は固定的なメンバーで恒常的な群れを形成している。そのような群れ生活を生きる霊長類にとって，集団間競争と，集団内部で生じる個体間競争をいかにうまく征するかが重要な問題となる。多くの動物では，闘争の勝者を見ただけでほぼ的確に予測できる。体が大きく頑丈な方が間違いなく勝つ。だが，高等霊長類ともなると予測は困難である。霊長類は個体識別して血縁者や仲間の応援を得たり同盟を結んだり，知恵を絞って欺きや取引を行ったりするため，身体の頑健さといった個体の特性だけで勝者が決まるわけではないからである。

　そのような集団では，集団成員について，そして成員間の関係についての情報を知っておく方が，相互作用を予測し自分に有利になるようことを運ぶことができる。たとえば，大人の雌ヒヒが苦労の末にようやく食物を手にしたところに出くわした子どもヒヒは，突然大声で悲鳴を上げた。すると，母親がすぐさま飛んできてこの雌を追いかけ，大人2頭が去った後，子どもは自力では入手できない食物をまんまと自分のものにすることができた。子どもは，自分の

悲鳴を母親が緊急シグナルと理解するだろう，そして傍らの雌をわが子いじめの当事者と理解し攻撃するだろうと推測し，欺きの戦術を用いたのである。

ヒトや類人猿のように恒常的に同じメンバーが集まって暮らす場合，群れの規模が大きくなれば，社会的関係の複雑さは急増する。群れの各成員の特性（たとえば，Bは強い）だけでなく各成員間の関係（たとえば，AはBより下位だ，BはCの子どもだ）について理解し，さらにそれを知識として利用できるようになる（たとえば，自分がAと組めばBに勝てる，Cには話をもちかけられない）と，1個体が携わるべき情報処理の量は群れの規模に比例して飛躍的に増大すると考えられる。しかも，相手もまた知能をもっているから，競争や協同の関係は複雑化し，それが大脳の拡大を促進したのだと考えられている。

霊長類の脳が他の哺乳類よりも大きくなったのは，脳の一番外側に位置し進化的に最も新しい新皮質による。社会的複雑さの指標の1つである群れの規模や戦略的なだましの量が大きいほど，この新皮質が脳全体に占める割合は，拡大する傾向にあった。複雑な群れにおける最も重要な適応問題が他者との駆け引きであり，また信頼できる他者を見つけて同盟を結び協力することだとすれば，たとえコスト高であっても周囲の世界のありようを記憶し評価し計算するための大きな脳は適応上有利だということになる。

大型類人猿とヒトが分かれる前の段階で洞察力が獲得され，他者（他の個体）が心のなかで思い描いたり把握したりしている「世界らしきもの」を推測することができるようになり，知的行動が一大飛躍をとげた。では，ヒトにおいて大型類人猿よりもさらに大脳が発達したのはなぜだろうか。じつは，解はまだ定まっていない。だが，多くの研究者が注目しているのは言語的コミュニケーション能力である。二足歩行により未熟状態で生まれてくる赤ん坊を養育し，食料を分配しあうために集団生活の基地を設けるようになった人間は，生活圏を広げ，採食効率を高め，脳を拡大させる余裕を手にした。そして，言語的コミュニケーション能力を高め，毛づくろいに代わる会話によって信頼を築き，同朋に関する知識を収集し，自分の信頼度を相手に効果的に伝えることで，チンパンジーなどよりも大きな集団を形成・維持するようになったのではないか，と考えられている。残念なことに，言葉は化石として残らないため，言語的コミュニケーションがいつ頃発生し，人々の生活をどのように変化させたか確かな証拠を得ることができずにいる。さらなる研究の進展が待たれる。

群れと適応

一般に多くの動物にとって、群れで生きることは生存可能性を高め、適応上有利に働く。ここでいう適応とは、「学校生活に適応している」というようなある個体がある時点で周囲とうまくやっていることとは異なり、ある環境下で生存・繁殖上有利な個体が自分の遺伝子を後世に伝えていくことである。動物としてとくに頑健とはいえない人類（ホモ属）が絶滅することなく今日に至っているのは、1つには、群れを利用したサバイバルに成功したからであろう。群れ所属によるメリットは4つの側面に整理できる。

(1) **群れ生活のメリット**　まず、食糧獲得上の有利さを挙げることができる。食糧があふれていることに慣れてしまっている私たちにはなかなか想像しにくいが、何十万年の単位で語られる人類の長い時間の大部分は、飢餓との戦いの歴史であったといって過言ではない。食糧確保は多大なエネルギーを要する最大の懸案事項であった。狩猟にせよ採集にせよ、胃袋を長時間空状態にしないように一定間隔で食物を入手し続けることができなければ、生命はそこで絶える。集団による狩猟・採集は、単独で行うそれよりも食糧獲得をより確かなものにする。

第2に、養育・養護の面でのメリットがある。二足歩行は大脳拡大の一方で産道の狭小化をもたらし、大きな頭をもつ子どもの出産を困難なものにした。そのため人間の子どもは未熟な状態で生まれ（生理的早産）、自力で食糧確保できるようになるまで長期の養育を必要とする。乳飲み子を抱え、まとわりつく幼児を伴う母親は移動や活動に制約が加わり、自分と子どもの食糧の自力確保は困難となる。よって、母子の生存は他者による協力システムを必要とする。

第3に、群れへの参加は生殖相手を確保し、後の世代へと遺伝子を伝達するのに有効である。利己的遺伝子説によれば、生物はその本質において自分の遺伝子が残る確率を最大化しようとする（Dawkins, 1976）。生殖期が限定されていない人間は、遺伝子伝達の機会が実際にいつ到来するか不明であるから、絶えず異性に接触できるようにしておく方が有利である。さらに、遺伝子を確実に伝達するため、自分の遺伝子を託した子どもを成長の途中で失うことなく成人させるよう、子どもと養育者をともに養い保護し続ける必要がある。

そして第4に防衛上の有利さが挙げられる。他種の動物であれ、人間の別の集団であれ、結束の堅い集団を襲撃するのは困難であり、そもそも攻撃の対象

となりにくい。また，実際に襲撃された場合，群れのなかにとどまっている個体は群れから外れた個体よりも犠牲になる確率が低い。

(2) 社会構造と互恵性　群れで生きる霊長類は，上述したような協力行動のほかに，さらに発達した協力形態を示す。それは，血縁関係のない個体に対してもその他者（他の個体）のためになる行動，互恵的利他行動 (reciprocal altruism) をとることである。

互恵性とは，他者から受けた好意に対して自分も同じような好意を返すことをいう。互恵性は，特定の個体間の社会関係が長期間安定した形で続く群れで生存していること，しかも，相互に個体識別して成員間の関係性を理解し，過去の行動のやりとりの経緯を記憶できる能力をもっていることと関係している。他者を助けることは，その時点では行為者の側に何らかの損失コストをもたらす。その損失は，もし将来何らかの埋合せがなされるのであれば，先行投資となる。だが，何分「将来」というものは不確実である。そこで，誰が自分に援助してくれたか，援助しても返済しないのは誰かなどを見分け記憶する能力をもち，かつ集団成員同士が安定した関係を保っている生き物の社会において，互恵性が発達している。

互恵的利他行動の例として，2つの調査結果を紹介しておこう。1つめは，中南米に生息する血吸コウモリの話である。血吸コウモリは霊長類ではないが，他の個体の毛づくろいを行う社会的な動物であり，他のコウモリに比べて新皮質がずば抜けて大きい。あるとき，ある血吸コウモリ（個体A）が運悪く血にありつけなかった。すると，個体Bが個体Aのために自分の夕食の一部を吐き戻して与えた。数日後，今度は個体Bが運悪く食事にありつけなかったとき，個体Aは同様の方法で借りを返したのである (Wilkinson, 1988)。2つめはチンパンジーであるが，彼らは食物が大量に手に入ると，毛づくろいしてくれた相手や過去にたくさん分けてくれた相手に多く分配することが観察されている (de Waal, 1996)。いずれの例も，過去に誰がどのような援助を提供してくれたかを記憶し，その後互恵的利他行動をとることによって，その好意に報いたことを示している。互恵的利他行動は，サバイバルに成功する確率を飛躍的に高める。

互恵的利他行動は一種の保険のようなものであり，先にコストを支払っておくことが，後に受益者になるための資格要件となる。しかし，コストを払わず

受益者になろうとする（ただ乗り）者や，相手にお返しをする際に微妙に少なくしか与えない（ケチ）者など，いわゆる裏切り者がでてくる可能性がある。そこで，複雑で不安定な利他行動システムを運営するなかで，人間に感情が芽生え，こうした裏切り者を責めたり，裏切らない者を好きになったりしながら，より洗練された社会システムが形成されていったと考えられている。互恵的利他行動の理論は，協力，援助，親密関係，社会的交換といった人間においてとくに高度に発達した社会行動，あるいは優れた認知能力（とくに，対人認知能力）や感情が進化的な基盤をもつことを示唆しており，社会心理学にとってとりわけ重要である。

2 社会生活を営むための諸条件

所属欲求

安定的・固定的な集団はそこに所属する個人に，多大な恩恵を授ける。しかし，集団は自然に存続し発展するわけではない。集団を弱体化させる行為に，規範破りや集団への低貢献（怠け，ただ乗り）などがある。そのような行為を放置しておくと，集団が衰退し成員全体の生存・安寧が脅かされることになりかねない。そこで，いかにすみやかに違反を発見し，望ましくない行為や態度を改めさせるかが急務の課題となる。いずれの社会も，互恵性規範を犯す行為に対してそれを敏感にかぎつけ，警告や制裁を加える仕組みを備えている。それでも問題行為が止まない場合は，集団からの排斥という手段がとられることもある（Trivers, 1985）。社会規範に背いた者，集団にとって価値のない者，集団の安寧を乱す者と判定された者には，不名誉な烙印（スティグマ；第14章参照）が押され，集団成員の資格が剥奪された時代があった。

逆に成員個人の側からいえば，排除すべき者と見なされることは自己利益を大きく損なう。そこで，何とか排斥されることを回避し所属メンバーとしての地位を維持しようという欲求が生じる。最低限の社会的絆を確立・維持しようとする欲求は所属欲求（the need to belong）と呼ばれ，人間のさまざまな社会的欲求の基本にあるものとして位置づけられている（Baumeister & Leary, 1995）。

マズロー（Maslow, A. H.）の欲求階層説（第9章参照）では，欲求は階層性を成し，低次の欲求が充足された後，より高次の欲求充足が焦点化する。そして所属・承認欲求は，基本的な生理的欲求，安全欲求の充足の後はじめて生じるものとされている。だが，リアリーら（Leary & Baumeister, 2000）の所属欲求理論では，集団に所属しなければ食や安全の確保が難しいとして，所属欲求を最も根源的な欲求と見なしている。さらに自尊欲求も所属欲求の充足と関わり，自分を取り囲む他の成員から「よい成員だ」と認められるような人間であることによって，集団から排斥される危険性の低減を図ると解釈されている。

欲求に固定的な階層性を仮定するか否かは別にしても，集団への所属が適応上不可欠であるなら，成員としての地位を確保するために自己の適切性を把握し調整すること，言い換えれば他者からの受容・拒否を敏感に察知し自らのあり方を適切に修正すること，また他の成員とその対人関係をモニターしておくことが重要な課題であるのは確かであろう。人間はそのような課題を遂行するために，さまざまな認知的・感情的な仕組みを進化の過程で獲得してきたのである（Kenrick et al., 2003）。

対人認知と適応

人類学や考古学の知見によれば，かつて人類は小集団で生活を営んでいた。集団の規模は，20〜30人から豊饒な環境で200〜300人程度といった範囲であり，狩猟や採集の都合から季節によっては一時的に大集団に統合されることもあったが，典型的には50人から80人ほどの縁者で構成されていたと考えられている。

各小集団は広大ななわばり域をもち，人々はその圏内の資源に依存して生活していたので，外集団と社会的資源を交換する場合もあったものの，基本的に外部者は採集狩猟領域を侵し脅威をもたらす「敵」である可能性が高かった。したがって，人には仲間（内集団）か外部者（外集団）かを見分け分類する認知傾向が備わっていた（いる）と考えられ，現代においてもこの傾向は文化を超えて普遍的であることが確認されている。社会的認知の研究によれば，人に出会ったとき，相手の性や肌の色など外から一見してわかる属性がまず注目され，それに対応する社会的カテゴリー（たとえば，性別や人種，部族など）に基づいたステレオタイプ（第14章参照）が起動し，トップダウン的に情報が処理され，そして個人的な特性など社会的カテゴリーとは関連しない属性は必要がある場合にのみその後の段階で考慮される。一般に，社会的カテゴリーの観点からの

情報処理は認知資源をあまり必要とせず自動的に行われる。相手と気があうかどうかより，自分を襲う敵か否かの方がサバイバル上優先される判断事項であり，他のことを考えているときや動機づけが乏しいときであろうと，相手が何者かについて何らかの判断をすばやく下すためにもっている理解方法だと考えられる。

社会的認知の二過程理論

(1) **意識と進化**　人間の脳は，社会性をどのように実現しているのだろうか。ハンフリー (Humphrey, 1986) は，人間が進化の過程で「内なる目」としての意識を獲得し，自分自身の脳の状態を意識的な心の状態として理解できるようになったと考えている。その結果，自分の思考や感情つまり心に気づき，さらにそれを重ね合わせた形で他者の心を類推できるようになり，「天性の心理学者」としての地位を獲得したというのである。自分が他者にだまされたときに怒りを感じるなら，もし他者をだますときっと相手は怒るだろうと推測できるのである。

近年の研究で類人猿と人間の連続性が強調されるようになったものの，類人猿から人間への飛躍は大きかった。ハンフリーはその飛躍の鍵が自己意識にあったと考える。人類学の知見は，心の状態について語ることは人間のすべての文化に普遍的だとしており，意識が人間の適応に関わっている可能性を示唆している。

(2) **統制的処理と自動的処理**　デカルト (Descartes, R.) は，人間は意識に照らされ，自己の思考や行為のすべてを把握し合理的・意志的に統制できると主張した。他方，フロイト (Freud, S.) は無意識を精神の深層に潜む欲求や記憶であり，個人の意識や行動を望ましくない形で支配し，不適応症状を生み出す源泉として措定した。しかし，今日，認知科学や心理学の研究領域では，意識と無意識は互いに対立したものでなく，両者はともに相補いあいながら適応を生み出す重要な役割を果たしていると考えるようになってきている (Kahneman, 2011)。

人間が何かに注意を向け努力して考えたり記憶したりする認知活動に要する能力（これを認知資源，または処理資源という）には一定の限界がある。他方，人は刻々と変化する複雑な環境に適切に対応しなければならない。そこで，他者や周囲の出来事を理解する際，そこに必要以上に処理資源を投入しようとせず，できる限り認知的な節約を行おうとする。いわば，人間は本来的に「認知的節

TABLE 13-1 ● 高次認知の二過程の特徴

	タイプ1（自動的）過程	タイプ2（統制的）過程
定義	ワーキングメモリを必要としない	ワーキングメモリを必要とするメンタル・シミュレーション
特徴	速い 並列的 非意識的 文脈に対応した 自動的 進化的に古い 動物の認知に類似 暗黙知 基本感情	遅い 直列的 意識的 抽象的 統制的 進化的に新しい 人間に特徴的 顕在知 複雑感情

多くの認知心理学者は2つの処理様式があると考えているが，その意味するところや用語は研究者によって異なり，必ずしも一致しているわけではない。しかし，2つの処理様式の特徴として挙げられているものは，それぞれほぼ同じ方向にあり，表のように集約される。さらに，これらの処理様式は心の進化に対応しており，統制的処理過程によって人間が自分自身の思考・判断といえるものを獲得したという論を展開する研究者もいる（例：Stanovich, 2004）。

（出典） Evans & Stanovich, 2013 を改変。

約家」（cognitive miser ; Fiske & Taylor, 1984）だというわけである。そのため，課題の性質や状況に応じて，直感的で自動的な処理過程（タイプ1）と意識的統制的な処理過程（タイプ2）をうまく使い分けている，と認知心理学的アプローチをとる研究者は考えている（表13-1）。

(3) **自動的処理の役割**　私たちが経験する世界は膨大な事物や人の情報で満ちあふれており，色だけを取り上げても，700万の違いがあることを知覚できるほど複雑である。そのような情報の洪水におぼれ混乱しないようにするためには，情報の複雑性を低減させ，意味を把握することができる程度にシンプルなものにする必要がある。自動的処理は比較的少ない資源で複雑な世界のおおよその意味をすばやく抽出し，とくに大きな支障のない限りすばやく「結論」を下すことができる。

注意を向けていないのに何かが判断されたり，実行されたりするとは奇妙だ

と感じるかもしれない。しかし，自動車の運転を例に考えてみよう。運転に慣れないうちは，ハンドル操作やスピード調整など1つひとつの動作に注意を集中させなければならないが，熟練後は運転しているという意識をもたず同乗者との会話に興じているうちに家の前にたどりついてしまっていることさえ経験する。習熟した一連の認知・判断・動作は，問題なく進行している間は意識せずとも可能なのである。

　これまでの研究によれば，自動的な処理は対人認知，感情，態度などおよそ社会的世界のあらゆる局面での意味の把握とそれに基づく行動を生み出しており（詳細は第14章～18章参照），日常認知は自動的処理に大きく依存している。対象と既有知識の適合度が高いとき，言い換えれば既存の知識で一応無理なく理解できるときは，自動的に処理過程が進行するため自分自身が判断しているという自覚が生じにくい。そのため，対象自体がある特徴を本来もっていたかのように感じられてしまう。犬を見て犬だとすぐわかるのと同じように，ほほえむ人を見て，いい人だとただちに「わかる」のである。自分の理解が外界をそのまま正確に反映しているかのように信じてしまうこのような錯覚は，素朴な現実把握（naive realism）と名づけられている。

　人の思考や行動は意識に支配されていると長い間考えられてきたが，バージ（Bargh, 1997）は，環境刺激を受け取ると自動的に無意識的な処理過程が生起し，意識的な介入が効を奏さないほど強い力で私たちを支配するという。注意を投入する必要がとくになければ，自動的処理を採用することで限りある認知資源を節約し，注意を必要とする重要な事象に備えているというわけである。

　(4) **意識の役割**　自動的処理は効率的で注意資源をほとんど必要とせず経済性に富むが，逆に正確性や柔軟性では問題があることもある。正確で精緻な理解には対象に接近して入念に検討する必要があり，統制的処理の出番となる。統制的処理がなされるのは，第1に，既有の知識と対象の適合性が低いときである。環境に変化が生じ既有の枠組みではうまく把握しきれないときには，意識的な統制的処理が作動しやすくなる。単身者が帰宅して暗闇で照明をつけた瞬間，いつもどおりであれば別に何も思わずに次の動作に進むが，いつもと何かが違うと感じれば注意深く見まわし，留守中にやってきた母が部屋を掃除したことを発見するのである。第2は，自由意志によってそれが選択されるときである。より正確に理解しようとする動機が働くとき，また自動的処理によっ

てもたらされるエラーやバイアスを修正し，情報をさらに収集し，望ましくない反応を抑えようとするとき，努力して入念な処理が行われるとされる。

ただ，意識的で入念な思考が必ずしも正確な理解や望ましい反応をもたらすとは限らない。たとえば，単純な課題では意識的思考の方が質のよい判断を生み出すが，複雑な課題では非意識的処理の方が優れていることがある。自動的な処理はたしかに適応的意義をもつが，同時に皮膚の色や体型などから意識することなく瞬時に人種や性ステレオタイプなど望ましくない認知や行動を生み出すことにもつながっている。それを意識の力でどの程度統制できるかは，現在議論が分かれているところである。

身体性認知

従来認知心理学では，知識表象は非感覚的で安定的な抽象的シンボルとして脳内に貯蔵され，知覚から行為までの情報処理過程を支えるというのが基本的仮定としてあった（Smith & Semin, 2006）。近年，知覚は行為のために行われるというギブソン流の考え方の影響を受けて，知覚・認知はそもそも，身体と環境との相互作用によって形づくられていると考えられるようになってきている。これを身体性認知 (embodied cognition) という。物体が散乱する場所を通行するとき，1足進むごとに変わる自分と障害物との距離を推測すればそれで十分であり，アモーダルな認知地図は必ずしも必要ない。これは事物だけでなく対人的文脈にもあてはまる。社会的相互作用は行為者，対象，状況，行為，心的状態などを含むが，経験の状況的認知として組み合わせて情報化し保持する。逆に言えば，状況から独立した認知というのは考えにくい。

さらに，それらは状況に即した行為の準備にも機能を発揮する。ある研究では（Strack et al., 1988），ペンを口にくわえるときのくわえ方を2種類設け，一方は「歯の間で」，他方は「突き出した唇でペンを挟むように」指示した（実際に試してみてください）。その形を保った状態でコミックを見せたところ，参加者はそれぞれの実験条件が笑い表情の促進・抑制であることに気づかないうちに影響され，笑いの表情筋の動きをとらされている歯間条件群の方が，コミックをより愉快だと答えた（★この研究については章末 p.346 に注を追記）。また別の研究では（Ackerman et al., 2010），就職志願者の履歴書を見せ，評点をつけてもらった。協力者が見た履歴書は同一であったが，約2キロの重い用箋挟に挟んだ状態で見せられたグループは，軽い用箋挟のグループに比べて，こ

の志願者は能力が高く応募動機が真剣だと評価した。日常語においても,「重宝」「重責」などのように重さは重要さや価値と結びつけられているが,当人の知らないうちに身体において経験された物理的重さが志願者に対する価値の判断に影響したことを,この研究は示している。

3 感　情

感情と適応

　従来,感情（第8章参照）は理性と対置され,芸術領域や親密関係など特殊な状況以外,思考本来の正常なあり方を妨害するものと考えられていた。今日でも,「感情的な」という言葉は平常心や理性を欠いた状態を言い表し,否定的に受け止められることの方が多い。しかし,近年,感情研究が進むにつれて,感情に対する考え方は大きく変わってきている（Damasio, 1994）。

　新しいとらえ方では,感情は環境へ適応するために,進化の過程を通じて獲得されてきた心の働きとされる（戸田, 1992）。感情は不測の事態に最も合理的な行為へと生体を瞬時に突き動かす役割をもっており,たとえば恐怖という感情は,太刀打ちできない敵の出現やそれに類する事態が予測されるとき,まず「逃げる」という行動に生体を有無をいわさず駆り立てる（戸田はこれを「アージ；urge」と名づけた）。このような感情があるおかげで,ためらうことなくすみやかに逃げるという適応行動をとることができ,無謀にも立ち向かって命を落とすことを防止できたのだというわけである。また,協力から生じる喜びは次の協力行動へ,恥は社会的規範から外れた行為を回避する方向へ動機づけを高めることによって,適応的な社会環境を作り上げることに役立っただろう。感情システムは,その状況において適切な対応への準備状態を作り出し,人間の生存をおおいに助けたと考えられる。

　ただ,今日の文明化した環境では,必ずしもつねに感情が適応を作り出すように働くとは限らない。原始社会では見知らぬ他者はおおかた外集団であり,敵である可能性が高かったから,見知らぬ他者に出会って緊張し身構えることは適応的であった。だが,今日,親睦パーティで初対面の人に対して後込みしたり,採用面接官の前で緊張のあまり何も考えられなくなったりするのは,適

切な行為とは言い難い。感情がしばしば認知を妨害するものと見なされているのは，適応すべき環境が変わってしまったのに，心の設計図は必ずしもまだそれに十分対応できるようになっていないことが関係しているかもしれない。

インディケーターとしての感情

感情は大きく肯定的（ポジティブ）なものと否定的（ネガティブ）なものに分けることができるが，この2つの感情は情報処理に対して異なる機能をもっている。私たちはどのようなときにどのような感情を抱き，そのときどのように行動したり思考したりするか思い起こしてみよう。親友とおいしい食事をともにしながら会話をはずませているときのように肯定的感情を感じているときは，人は幸せで満ち足りており，快活である。逆に失恋したときなど否定的な感情状態では，満たされない思いを抱きくよくよと考える。

肯定的感情は，自分の置かれている現下の状況が安全で，何ら不都合がないことをフィードバック情報として本人に伝達する。したがって，ポジティブな状態にある人々は，自己や環境への理解の仕方がこれまで通りで問題がないと解釈し，ステレオタイプやスキーマなど既有の知識を枠組みとした理解の仕方（概念駆動型処理，またはトップダウン処理）に依存し，ヒューリスティックス（第7章，14章参照）を用い，創造的思考を積極的に展開し，周囲と積極的に関わろうとする傾向がある。

これとは対照的に，否定的感情は現下の状況に何らかの不都合があることを当人に情報として伝える。否定的感情は自分と周囲の適合性の何かがまずいというシグナルであり，適応にとって無視してはならない重要な情報を生体に伝えている。対応の失敗は大きなダメージをもたらしかねない。そこで，自分が今感じている脅威がいったいどのようなものであるかを検討し現在の嫌悪すべき事態を変えようとして，行動をいったん停止させ，環境からの情報を注意深く分析するデータ駆動型（ボトムアップ）処理を行うことになる。

肯定的感情と否定的感情が適応情報として異なる意味をもっていることから考えると，感情が認知にもたらす効果は状況や課題の性質に応じて異なる。すなわち，創造的で何かを新たに作り上げる課題は肯定的感情によって促進され，失敗回避を第1としてより慎重に進める必要のある課題は否定的感情によって促進される。このように，感情を現在の状況を示す指標（インディケーター）と見なすこのような考え方においては，認知と感情を対立構造でとらえない。む

しろ，認知と感情の双方が相互に補完しあいながら，好都合な状態を維持し不都合な状態を改善することによって，適応を創り出している，と考えるようになってきている。

具体的な研究例を挙げておこう。「（相手に対して）悪いことをした」という罪の感情は当人にとって心地よいものではないだろうが，これを強く感じる人は謝罪する，修正する，償いとして献身的に働くなどを行う傾向がある。その結果，他者に利することになり，よい人物として評価される。つまり否定的な感情経験が自分のあり方を適切な方向に改め，社会への適合性を高めることが示唆される。

対人感情と関係性

(1) **社会的環境の理解と感情** 環境，とくに人によって構成される社会的環境は人間にとってとりわけ重要である。そのため，私たちは多大なエネルギーを費やして他者を理解し，適切な関係を結ぼうとする。最近の研究によれば，他者を理解する際の中心次元となるのは対人感情である（Forgas, 2000）。すなわち，概念的な意味よりむしろ相手によって引き起こされる感情に基づいて，他者の位置づけが行われているようである。

では，なぜ対人感情が他者理解の中心軸となるのだろう。先に述べたように，適応性を高めるためには，親密関係を結ぶのに不適切な他者を回避するとともに適切な他者を見出して接近し協力することが必要である。そこで，対人感情によって他者や集団に対する接近や回避が動機づけられ，自分と相手との関係を適切化する。相手が温かく，信頼に足り自分に好意を向けてくれそうな人であれば，接近し関わりを深めたくなる。反対に，狡猾で攻撃的な人に対しては，嫌悪感情が生じ距離を置きたいと感じるだろう。つまり，対人感情は社会的環境を理解し，自己の適切な位置づけを促進する機能をもつのではないかと考えられている。

(2) **関係性と感情** 他者との関係性の構築・維持においては，肯定的感情より否定的感情の方が相対的に重要な意味をもつ。なぜなら，自分に注がれる否定的感情は，相手が自分をあるいは自分との関係を肯定的に評価していないことを意味しており，関係性が解消または切断される危険性を含意し，すぐに対処する必要性があるからである。たいていの場合，人はすでにいくつかの親密関係をもっており，新たな絆の参入によってもたらされる利得に比べると，今

FIGURE 13-3 ● 否定的感情に対する感受性

A. 怒り

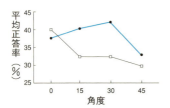

B. 笑顔

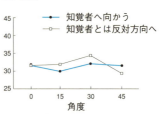

凡例：知覚者へ向かう／知覚者とは反対方向へ

横軸は顔の角度を示し、また2本の折れ線はそれぞれ顔および視線が知覚者の方向へ向いているか、それとは反対方向を向いているかを示している。怒り感情を表した斜め横の顔が視線を知覚者の方に向けている場合、知覚者はより正確に「怒り」を検出できる。なお、図中0度の場合はどちらの条件も正面顔で視線が知覚者に向けられているが、他の角度の提示との関係で便宜上、白と黒の2つに分けて表示した。

(出典) 吉川・佐藤，2000より。

ある重要な関係を喪失したり不適切な絆を維持しておくことの損失の方がはるかに大きく脅威的である。

顔表情知覚の研究では、笑顔に比べて怒り表情の検出正答率が高く、とくに知覚者の方に向けられた怒り表情においてこの効果が顕著であることが見出されている（図13-3）。このことから、自分に向けられた他者の否定的感情を見落とさないような仕組みが人に備わっていることが伺える。また、自分に向かう脅威信号を他に先んじて優先的に処理し、すばやく対処行動に備えることは、進化的適応という観点からも重要な心の機能であり、最近の脳神経科学の知見はそうした心的機能を担う神経機構の詳細を明らかにしている（LeDoux, 1996）。

別の研究は、他者から否定的感情を向けられると、自己評価の低下が見られることを報告している（Baldwin, 1994）。さらに、否定的な感情状態にある人は、自分自身や自分と相手との関係を否定的に評価・判断することが知られている（Forgas et al., 1994）。これらの研究は、自己や関係に向けられた他者の否定的感情を素早く正確に検出し、それを過小評価して対応を誤る危険性を犯すよりは、むしろ自分自身や関係のあり方を批判的に吟味する方を選択するこ

とによって,関係維持への対応を促進するのだと解釈される。

一般に,当事者の感情表出量は関係の深化に伴い増大する。互いに相手の欲求に関心を抱く間柄においては,感情はそれほど包み隠されることなく表出され,相手に伝達される。反対に,つきあいの浅い人に対して感情をぶつけることはほとんどない。自己や他者の表出された感情は,相手や関係をどの程度重要視し,どのように評価しているかを伝達し,関係を適正な状態に維持するよう,当事者双方に行動や態度を調整させる機能を担っていると考えられる。

人との交流に関わる感情を読み取り,行動に生かすことができる程度は個人によって異なる。情動的知能（emotional intelligence）は,自己と他者の感情をモニターし,それを自分の思考や行動の指標とする能力と定義されている（Salovey et al., 2001；第8章コラム8-2参照）。これまでの研究によれば,子どもからおとなまでどの年齢層においても,高い情動知能の持ち主は個人内と個人間双方において適応的である。私たちは,人類がかつてさらされていたような厳しい自然環境から少し距離を置き,社会環境のなかでの適応が相対的に重要となっている状況に生きている。現代社会において,情動的知能はますます重みを増していくことだろう。

4　協力,信頼,愛他性

私たちは他者と金銭,物資,情報,サービス,社会的承認,愛情などさまざまな資源をやりとりし,相互依存関係を結んでいる。「社会的な相互依存関係の本質は資源の交換にある」という理論は社会的交換理論と呼ばれており,社会生活の諸側面に対する有益な視点を提供している。

社会的ジレンマ　　ヨーロッパの田園地帯には,村人が放牧できる共有地がある。ここに放される羊の数がそれほど多くないうちは,飼い主は1頭増やすことによってその分増収が見込める。みんなが放牧家畜数を増やせば,1頭あたりの草が不足して羊の成長が悪くなり減収となるが,各個人はその減収分を取り返そうとさらに家畜を増やす。みんながそれを繰り返せば,やがて共有地は確実に荒廃し放牧が行き詰まる。これは「共有地の悲劇」と名づけられた話である（Hardin, 1968）。

自己の利益を図る個々人の合理的選択の集積的結果として，究極的に集団全体が窮することを社会的ジレンマ (social dilemma) という。より正確には，社会的ジレンマは，①個々人は協力または非協力行動のどちらかを選択する，②個々人にとっては協力行動よりも非協力行動をとる方が望ましい結果を得る，③しかし全員が自分にとって有利な非協力行動をとると，そろって協力行動をとった場合よりも望ましくない結果が生起する（山岸，2000），というものである。だが非協力行動は短期的には個人に得をもたらすから，「みんなのことを考えよう」というお説教ではことは解決しない。
　今日，地球規模で環境問題が深刻化し，各個人が自分の当面の利益だけ考えて行動することが，集団・社会全体に存亡の危機をもたらすことを私たちは実感せざるをえなくなってきている。ここから抜け出す方法は協力しかないが，どうすれば人々を協力させジレンマを解決できるだろうか。

囚人のジレンマ

　今，別件逮捕された重大犯罪の共犯容疑者が2人いて，検察は彼らから自白をとろうとしているとしよう。そこで，検事はそれぞれに対して，「一方が自白し他方が黙秘すれば自白者は不起訴となり黙秘者は懲役15年，双方自白の場合は懲役10年，双方とも黙秘の場合は懲役1年」と司法取引をもちかける（図13-4）。各自にとっては自白する方が自分の刑が軽いが，双方がこの選択をすれば懲役10年になる。社会的不確実性の高い状況において，このように相互協力が得策だとわかっていても，自分だけ協力し（上の例では黙秘）相手が協力しない（上の例では自白）事態が発生して馬鹿をみることを回避しようとし，結局多くの人が自分の利益を考え協力しない方を選択することを囚人のジレンマと呼ぶ（コラム13-1参照）。
　このような1回きりの事態では，非協力を選択することが合理的な判断である。しかし，ライバル会社同士の価格競争などのように，同じ相手と繰り返し対戦する事態も現実には多い。そのような場合も，やはり協力しない方が理にかなっているのだろうか。アクセルロッド（Axelrod, 1984）は，同じ相手との間で何度もゲームを反復する状況においてどのような行動が有利かの検討を試み，その結果，①はじめはとにかく協力する，②2回目以降は，1つ前の試行の相手の行動をまねる応報戦略 (tit-for-tat strategy) と呼ばれる単純な戦略が，平均すると最も成績がよいことを見出した。つまり，自分から進んで裏切るこ

FIGURE 13-4 ● 囚人のジレンマの利得構造

		Bの選択	
		黙秘	自白
Aの選択	黙秘	1年 1年	不起訴 15年
	自白	15年 不起訴	10年 10年

それぞれ左下がAにとっての結果，右上がBにとっての結果である。

とはしないが後は相手の出方しだいで，相手が協力的ならば協力し非協力ならば自分も協力しないという柔軟な戦略が，相互協力態勢を幅広く作り出す。継続的な関係においては相手についての情報が蓄積されて行動予測可能性が高くなり，結局，協力的な相手とは相互協力関係を作り，非協力的な相手に対しては搾取を防ぐことが得になることを示唆している。

社会現象の拡大と収束

協力が利得をもたらすことがわかっていても，協力が成立しないことは現実に多々ある。多くの人は他の人が協力すれば自分も協力する，しないなら自分もしないという横並び志向をもっており，そこには他者に影響されると同時に自分の行為が他者に影響を及ぼすというダイナミズムが働いている。その結果，人間の行動に連鎖反応が起き，社会現象が収束や拡大の方向への動きを示すようになる。連鎖反応のメカニズムを理解するため，反応生起の分かれ目となる一定の水準である限界質量（critical mass）を示したのが，図13-5である。今，20％の人が協力行動をとったとする。他方，周囲でその程度の協力しかないなら自分は協力しないという人が多く，20％の協力率で自分も協力するという人は18％だとすれば，やがて協力する人は18％に減少し，その状態を見て次の協力率がさらに減少し，と結局収束方向に向かう。初期値が22％（累積グラフとY＝Xとの交点）より高い場合は，逆に次々と協力率が拡大する傾向が生じる。

信頼の解き放ち

協力には，人に対する信頼が欠かせない。相手の非協力ないし裏切りを予測する場合には，「正直者が馬鹿をみる」のを回避しようとするからである。しかし，山岸（1998）は，他者への信頼は社会的環境に依存すると考える。すなわち，機会コ

COLUMN 13-1 社会的選好についての実験の外的妥当性

　長い間，人間は基本利己的で合理的に自己利益を追求する存在，という人間像が，前提としてとりわけ経済学などの領域で掲げられてきた。実際，市場での大勢の個人を分析した研究によって「合理的自己利益追求」は支持的結果が得られている。しかし，ゲーム理論の進展に伴い，さまざまなゲームが研究手法として用いられるようになり，少人数の個人の意思決定が俎上に乗せられるようになると，合理的自己利益追求性を基本とするモデルのあてはまりが悪くなった。そこで，人は他の人々と依存関係にあるとき，他者の行動や利益に配慮する社会的選好に基づき行動が起きる，と考えられるようになった。社会心理学や行動経済学のテキストに必ずといってよいほど登場する「囚人のジレンマ」は，このような研究の代表的地位を占める。

　社会的選好研究は，他者の意図に関する選好と他者への分配に関する選好に大別できる。「囚人のジレンマ」ゲームは，依存関係にある相手（共犯者）が協力するか否かを考えて自分がどうするか意思決定するものであり，前者である。後者の代表例としては独裁者ゲームが挙げられる。これは（実験者から与えられた）手持ちのお金を相手に分け与えるかそれとも独占するか，決定権をもっている者が決めるゲームである。これまでゲームを用いた研究が数多くなされ，そこから不平等回避性モデルなどが提唱されてきた。

　さて，このようなゲームを用いた実験室実験による研究の外的妥当性（external validity）はいかなるものであろうか。実験室実験では一貫した結果が得られたとしても，それは人がリアルな暮らしの中でとる行動と対応していなければ，人工的な場に限られた傾向ということになる。レビットら（Levitt & List, 2007）は，①参加者が実際に労働の対価として稼いだお金ではない，②実験室という場が社会的望ましさの規範を顕現化する，③参加者は自分の意思決定や行動が見られ評価されていることを知っている，という3点を挙げ，社会的選好の実験室実験の外的妥当性について論じている。

　実験室実験と実験室外での行動・意思決定の対応を検討した研究は，両者の間に有意な相関を見出したとするもの，相関は見られなかったとするもの，そして混在または中間のものに分かれる。ある研究では，匿名のもと独裁者ゲームを実験室実験として実施し，参加者がどのように10ユーロを配分するかを検討した。その4～5週間後，10ユーロが同封された手紙が「誤って」実験参加者のもとに届いたという状況で，住所宛名が記載されている本来の受取人宛て，その封筒を届けようとするかを測定した。その結果，手紙を本来の受取人に届けることを選択した人が独裁者ゲームで相手に分配した金額は，届けようとしなかった人の分配金額よりも有意に多かった（Franzen & Pointer, 2013）。このように，ゲームによる研究は外的妥当性があるとする研究者がいる一方，さまざまな指標を用いた研究では外的妥当性は保証されたとは言い難い（Galizzi & Navaro-Martinez, 2015）という主張もあり，この問題をめぐる議論は続いている。心理的問題の解明にどのような方法論を用いればよいか，本当に難しい問いである。

FIGURE 13-5 ●限界質量のグラフ

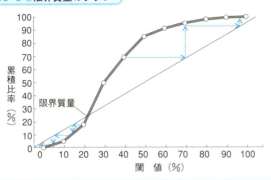

> 他者の行動からどの程度影響を受けるか社会的な感受性には個人差がある。今20%の人が協力している。その程度なら自分は協力するという人が18%だとすれば、協力率は18%に減少し、次の協力率はさらに減少し、収束方向に向かう。初期値がより高い場合、たとえば、この図で40%の場合は、次の時点で協力者は70%に増え、次々と拡大傾向が生じる。

スト（別の機会から得られるはずの利益－現在の利益）の大きな社会環境においては他者一般に対する信頼が育まれるが、これとは対照的に関係が閉じており機会コストが存在しない社会（たとえば、ムラ社会）では、内集団成員との長期的・安定的な交換関係を維持している方が裏切りのリスクを冒さず得策である。しかし、それではウチに向けられる「安心」がありこそすれ、「赤の他人」「よそ者」を含めた他者一般に対する信頼は育たない。

現代のように国際化が進み、機会コストが高まった状況では、いつまでも決まった相手としか交換関係を結ばないのは、そのほかに潜在的可能性として存在する優れた交換関係の機会を逃すことを意味する。山岸が自らの理論を「信頼の解き放ち」理論と名づけるのは、ソトの者を含めた他者に対する信頼が、関係を外へと開き、信頼型社会を作り出すことに結びつくと考えているからである。

共感

人は古来から他者とともに生きる社会的動物である（本章1節参照）。それはたんに複数個体が物理的近距離にいるというだけでなく、相互に他者の心を読み取ることのうえ

に成り立つ。他者の心の読み取りについては心の理論（第1, 11章参照）や共感という切り口からさまざまなことが明らかにされてきている。共感 (empathy) は，他者の苦痛や悲しみなどの感情や感覚状態をわが身において感じ取り共有する精神機能であり，配慮的に反応することを可能にする。人はしばしば自己利益を追求する存在として特徴づけられているが，アダム・スミス (Smith, A.) は，自己利益追求とともに他者の幸福を考えるのも人間の本性とし，それを支えるものとして共感を挙げた。共感は愛他行動の起点にあると考えられている (Batson, 1987)。

ミラーニューロンの発見を契機として近年，個体と個体をつなぐ生体上の仕組みに関心が高まり，共感の神経的基盤について活発な研究がなされている。たとえば，ある研究では，他者が注射を受けている場面を見ると自分が痛みを感じるときの脳部位で活性化が起きると報告されている（例：Jackson et al., 2005）。他者を助けようとする愛他性や援助への動機づけの起点には，他者の痛みをわが身の反応として感じ取る生物学的基盤に裏づけられた共感があると考えられる。

ただ，共感は誰に対してもどのようなときでも起きるとは限らず，対象選択性という性質のあることが明らかになってきている。つまり，共感は自分と何らかの共通性をもち好意を寄せることができるような他者，広い意味での自分の仲間 (we) に対して顕著な反応として現れるが，異質な他者 (they) に対する共感反応は限定的である（第14章参照）。人も他の霊長類も同盟関係を結ぶに値する相手かどうかを敏感に見極め，①社会的ないし遺伝的に近い者，②過去に協力的であった者，③自分が利用できそうな資源をより豊かにもっている上位の者に，協力行動をとる傾向がある。内集団に対してより共感する共感バイアスは，内集団メンバーの心を敏感に読み取り内集団への帰属を確認し確実化することがもたらす感情的動機づけ的後遺症のようなものかもしれない。

一般に，共感は援助への動機づけにつながり，愛他行動や向社会的行動ひいては道徳性の起点となる望ましいものであると考えられている。道徳性を高めるため，共感能力を育もうとする教育的働きかけが行われている。他方，共感は果たして万能薬かという疑問も提起されてきている。共感が眼前の他者の困苦を感じ取り援助へと動機づけられ援助行動へと動くとするなら，それ自体は愛他行動であったとしても，稀少資源配分などが関わる問題では，共感対象者

優先という反公正が生じる可能性がある。今日の地球規模の「大きな社会」においては，いわゆる同質的な仲間に加えてさまざまな異質な他者とも共生するという課題の観点から，共感や公正道徳性など人間のもつ諸能力について考える必要がある。

BOOK GUIDE ● 文献案内

長谷川寿一・長谷川眞理子，2000『進化と人間行動』東京大学出版会。
● 人間の生物的基盤と適応について簡潔明瞭に説明した良書。

ダンバー，R./松浦俊輔・服部清美訳，1998『ことばの起源——猿の毛づくろい，人のゴシップ』青土社。
● 人間の進化と社会性について自説を展開した興味深い書。

ドゥ・ヴァール，F./西田利貞・藤井留美訳，1998『利己的なサル，他人を思いやるサル——モラルはなぜ生まれたのか』草思社。
● 類人猿とヒトとの共通性を理解するのに，興味深い。

北村英哉・大坪庸介，2012『進化と感情から解き明かす社会心理学』有斐閣。
● 進化論の切り口から，社会行動における感情の働きを理解できるよう解説した教科書。

ワイズマン，R./木村博江 訳，2013『その科学があなたを変える』文藝春秋。
● 身体性認知の研究を中心に，さまざまな実験を平易なことばで解説しており，その知識は日常生活にも役立てることができるだろう。

山岸俊男，1998『信頼の構造——こころと社会の進化ゲーム』東京大学出版会。
● 社会心理学の実験を通して，こころと社会の相互規定性および信頼の仕組みを明らかにした意欲的な研究。

Chapter 13 ● 練習問題

❶ 「スモール・ワールド実験」と名づけられた実験がある。実際に自分でこれを繰り返して実施し，ソーシャル・ネットワークの規模を推定してみよう。

─ スモール・ワールド実験 ─

　世界のどこか他の場所にいる，虚構ではあるが実在していそうな人物に，たとえば，南アフリカ共和国のヨハネスバーグに住むベスという名の34歳のホテルのフロント係に，手紙を届けることを試みる。まず，自分の知合いのリストを作成し，そのなかから航空会社や貿易会社に勤務している人を捜し，その人にイギリス人の知り合いをもつ人を同僚のなかから見つけてもらう。さらに，そのイギリス人に南アフリカ共和国の知人を紹介してもらう。という具合に，次々とたどって目的の人物にたどり着くようにする。このようなゲームを，目的の人物の条件を変えて何度か実施する。自分が挙げる知人のリスト，その知人が挙げる「知人」のリスト，これら

からどのくらいの人数の知り合いがいるかを推定する。

❷ 進化心理学的視点に基づけば，生存と生殖に役立つ行動は自然淘汰上生き残りやすい。では，自分にとってある種のコストを課す愛他性はどのように説明されるだろうか。

HINT ● p.630

★注：p.334 の Strack et al., 1988 の研究は，ストラック（Strack, F.）が 2019 年 Ig ノーベル賞（心理学部門）を受賞したことで，改めて広く世に知られることとなった。「ペン 1 本でより幸福になる」ことを示したが実は「そうではなかったことが後年判明した」というのが，Ig ノーベル賞の授賞理由とされている。

近年，心理学の著名な研究を追試しても同じような結果にならないケースが多々報告され，「再現性」問題が注目されているが，その象徴としてこの研究が選ばれたのかもしれない。ただ，ストラック自身は，追試では実験場面にビデオカメラが設置されたこと，有名になったオリジナルの研究について実験参加者がすでに知っていた可能性があることなど，結果が再現されない原因としていくつか考えられるとして，「再現されない」ことが即オリジナルの研究の信用をそこなうものではないと論じている。実際，ビデオカメラの存在が自分への客観視を促し，笑顔表情筋の効果を調整することを示唆した研究がある。

再現性問題についてはさまざまな立場からの議論が活発になされているところである。関心をお持ちの方は，有斐閣の同 NLAS シリーズ『社会心理学 補訂版』（p.84）を参照されたい。（2019 年 10 月追記）

第14章 社会的認知

人と世界を理解する

東京レインボープライド2017に参加し、「生と性の多様性」を訴える人たち（時事通信フォト提供）

- KEYWORD
- FIGURE
- TABLE
- COLUMN
- BOOK GUIDE
- EXERCISE

CHAPTER 14

PREVIEW

　私たちは周囲の人や出来事に強い関心をもち、過去を解釈し、現在を理解し、将来を予測しようとする。どうすれば自分にとって不都合なことを回避・克服し、他者とよい関係をもてるか、この場でよい判断ができるか、より快適に幸福に生きられるかを探るためである。だが厄介なことに、人間にとっての環境とくに社会的環境はとても複雑かつ曖昧であり、他方一度に考えることのできる能力は限られている。それでも、人類は長い歴史のなかで、おおよそ正解といえるような理解の仕方を生み出すいろいろなすべを獲得し、「賢い人間」としての面目を一応保っている。本章では、私たちが他者や周囲の世界をどう理解するかをのぞいてみることにする。

> **KEYWORD**
> 印象形成　対人認知　帰属　反実仮想　ステレオタイプ　社会的ア
> イデンティティ理論　社会的推論　ヒューリスティックス

印象形成

　私たちは初対面の場合でも，相手のわずかな情報から一瞬のうちに印象を形成し，相手への対応を決める参考にする。道を尋ねる際には観光客ではなく地元の親切そうな人を選び，もし声をかけようと思ったものの「危なそうな人」であれば，関わらない方を選択するだろう。しかし，他者のいかなる情報を選び出し，それをどのように統合して「印象」を作るのだろうか。作られた印象にはどのような特徴があるだろうか。

印象形成の原理

(1) 行動から特性へ　実際に目にするのはある行動でしかないのに，そこから本来見えないはずの比較的安定した特性を推論する。特性は，人を記述するのに便利で一般的な方法である。あなたの恋人はどんな人かと尋ねられたら，恋人の個々の行動を説明するよりむしろ「やさしい人」などと特性で答えるだろう。特性を推論する過程は自発的・自動的に生起し，一度成立した特性は，具体的な事例を忘れた後も一般化された印象として存続しやすい。ある子どもが他の子をいきなり押すという行動を目撃した人は，その子を「乱暴な子」として特徴づけ，1回押したという行動を超えて本質的に乱暴な子として理解する。そして，それに基づいて，他人のおもちゃを取り上げるなどと，次の行動を予測する。特性推論は対応特性（たとえば，「押す」に対応した「乱暴」）を超えて，人格全体の推論にも及ぶことがある。これは私たちが暗黙の特性理論（implicit personality theory），たとえば「乱暴な人は不正直で劣等感が強い」などと，特性の共起性についての知識をもっているからである。ただし，実際にその人物がそうであるとは限らない。

(2) 外見から特性へ　たとえ十分な情報がそろっていなくても，人は他者や状況について推論を保留したりせず，ちらっと見ただけでもある印象を抱いて

しまう傾向がある。ある研究では，顔写真を 1/10 秒見せた後，「信頼できるか」「攻撃的か」など特性判断を求めたところ，それらはより長い時間見せたときの判断と大きな違いはなかった（Willis & Todorov, 2006）。つまり，信頼性と支配性次元については瞬時に判断されてしまう。これには幼児図式が関わっている。大きな額，丸い顔，大きい目など幼児には特有の特徴があるが，大人にそのような特徴があると従順，純粋，信頼できるなどの特性と，逆に面長など大人顔特徴は高能力や支配性などと結びつけられる傾向がある。

(3) **顕現性** 一般に，人は図として地から浮かび上がるものに注意を向ける傾向がある（第3章参照）。印象形成においても，外見や動作，目新しさなどにおいて目立ちやすく顕現性（salience）の高い刺激は注意を集め，当該状況に強い影響力をもっている人だと理解され，その印象は極端化される。たとえば，女性と男性が半数ずつ混在している状況と女性のなかにただ1人だけ男性がいる状況とを比べると，後者の男性はより目立つため，その評価は好悪どちらにせよ極端なものになりやすい。

(4) **知覚者要因** どのような印象が作られるかは対象者の情報だけでなく，知覚者要因によって大きく影響される。知覚者自身が何らかの強い感情を感じている状態にあると，相手の感情に関する情報への注目が高まり，それに基づいて印象を形成するため，印象は極端なものとなりやすい。また，知覚者がネガティブな気分のときは相手に対して相対的に非好意的な印象を，逆に，ポジティブな気分にあるときは好意的な印象を形成する。恋人と夜桜見物に出かけ高揚した与謝野晶子は，「桜月夜こよひ逢ふ人みなうつくしき」と歌い上げている。このような知覚者の気分の効果は，とくに，手持ち情報からはよい人とも悪い人とも断定できない曖昧な場合に顕著に現れる。

また，印象は知覚者の認知的な準備状態の影響を受ける。あらかじめある特性概念が使用されると，それへの接近可能性は高まり，次の事態にも使われやすくなる。ある実験では，実験参加者にまず「勇敢」関連語または「無謀」関連語のいずれかの刺激タイプを用いた認知課題を課して，それぞれの特性概念へのアクセスのしやすさを操作した。その後，別の実験だと告げて「勇敢」とも「無謀」ともとれる曖昧な人物の行動を記述した文章（たとえばコロラド川の急流をカヤックで下る）を示して印象形成を求めたところ，「勇敢」条件群の方が「無謀」条件群に比べて好印象を形成した（Higgins et al., 1977）。これは，

その時点でどの特性概念がアクセスしやすくなっているかによって，同じ情報でも異なる解釈が加えられ，印象に違いが生じたことを示唆している。

(5) **ネガティビティ効果**　印象を形成する際，望ましい情報より望ましくない情報に特別の注意が払われるため，全体の印象は望ましくない情報の影響を強く受けたものとなる。とくに，道徳性についての判断の際にはそれが著しい。重大なウソをつくのは非道徳的な人に限られるため，不正直さを示す情報はその人の人柄を判断するのに有用だと見なされる。他者に関するネガティブな情報とは自然界では他者の敵意や攻撃性などが考えられ，これらは見逃すと脅威や不利につながるため，自分を守るという生態学的な意味があると考えられている。

> **印象形成の連続体モデル**

印象形成研究は従来，他者をその個人的特性という観点から把握することを前提としていた。しかし，ある人に出会ったとき，その人の性格や能力などに関して個人として理解しようとするだけでなく，国籍や性別などその人が属している社会的カテゴリーに注目し，そこからこの人はこのような人だと推測する方法もある。対人認知のさまざまな場合を想定しそれらを統合的に説明しようとする包括的モデルがいくつかあるが，その1例として連続体（continuum）モデル（Fiske & Neuberg, 1990）を取り上げよう（図14-1）。

このモデルでは，対人認知過程はカテゴリーに基づいたカテゴリー依存型処理からスタートする。つまり，服装や振る舞い方など瞬間的に目でとらえることができる情報を手がかりとして性別や職業などのカテゴリー属性が同定される。もし，相手についてそれ以上のことを知る必要がなければ，その人に関する情報処理はここで終了する。カテゴリー依存型処理はわずかな手がかりについて処理するだけですみ，効率的で認知資源を節約できる。多くの場合，私たちにとってバスの運転手は運転手であり，その人個人についての理解を深めることなくそのままバスを降りてしまう。

しかし，目標や動機に照らしてさらに知る必要性があると判断されるときは，次のステップへと進む。たとえば，相手がカテゴリーにうまく適合しない場合や相手についてもっと知りたいと動機づけられるとき，相手個人についての断片的で詳細な（ピースミール）情報を吟味し印象を形成するピースミール依存型処理が行われる。バス運転手と地元の乗客との会話から，その運転手が山中

FIGURE 14-1 ● 印象形成の連続体モデル

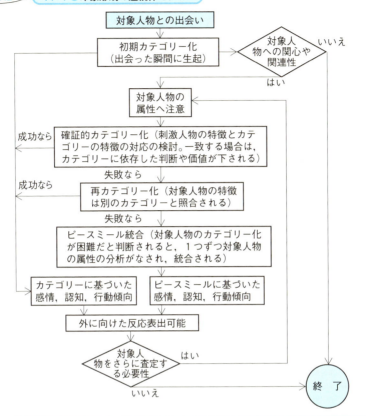

印象形成の連続体モデルは，カテゴリーに基づいた印象形成過程から当該個人情報に基づいた印象形成過程まで，注意と解釈の機能として説明する。情報的条件と動機づけ的条件によって，注意と解釈の過程が規定され，結果としてさまざまな印象形成過程が生起する。

(出典) Fiske & Neuberg, 1990.

の街道に1人で桜を植え続けたことを知り，人柄に興味をもち，さらに会話に耳を傾け詳細に検討したうえで，「誠実で意志の強そうな人だ」などと個人的印象を形成するのである。

第14章 社会的認知

印象形成と個人的知識

知覚者の個人史上で獲得された個人的知識、とくに重要他者との関係において形成された他者の表象が印象形成に影響する、という研究がある。長年交流がある重要な他者については、豊かで構造化された表象が形成されており、それが新たに出会った人物を理解する枠組みとして働くからだと説明されている（Andersen & Glassman, 1996）。とくに、相手が自分の重要他者と外見や振る舞いが類似していると、重要他者への感情や評価を相手に重ねる傾向が強まる。亡き母に似た人を慕う、あるいは父と似た人と結婚するというテーマはドラマにもしばしば登場する。

また、重要他者との関係を重ねるなかで、自己と他者の関係についての一般化したモデルが形成されており、それが新たな交流への予期を作り出し、どのような対人関係をもつかを方向づける。たとえばそれまでの経験から、人とのつきあいは喜びをもたらすものだと理解している人は、新たな他者との出会いを楽しみ、相手をよい人だと想定して積極的な関わりをもとうとするが、親密な対人関係を苦痛として経験してきた人は、新たな他者に対してもやはり警戒し、関係の進展に慎重になるだろう（第13章参照）。従来は、印象を形成するときに特性などについての一般的な知識がどのように影響するかという問題が検討されてきたが、さまざまな対人関係のなかで培われてきた個人特有の知識も大きな影響源となることをこれらは示している。

帰属

数日前はいつもどおり快活だった友人が突然、大学をやめて実家に帰ってしまった。このような不測事態ではそのわけを知りたくなり、○○だったからではないかと原因を探るだろう。周囲で起きる出来事や人の行動の原因を推論することを帰属（attribution）という。

ハイダー（Heider, F.）は、人は混沌とした世界を一貫した意味のある世界として理解し、外界を統制しようとして帰属を行うと考えた。帰属はつねになされるわけではなく、平常と異なる意外な出来事や行動、あるいは悲惨・苦痛・不快なことに対して、言い換えれば何か引っかかりのある場合に生じやすい。

対応推論

行動の成立には，行動する者の特性や状況の力などさまざまな要因が関わっている。対応推論モデル（Jones & Davis, 1965）はハイダーの研究の流れを受け，行動の原因を行動意図とそれに対応する内的で安定した態度や性格特性などの属性の点から推論する条件をより詳細に検討した対人知覚の理論である。ここでは，状況からの制約が低く，個人に内在する意図に由来して行動がなされたと見なされるとき，その行動に対応した他者の特性が推論される。窓口の列におしゃべりしながら割り込む2人連れに対しては，急いでいるという状況からの説明よりも「ずるい人」という内面からの説明の方が優位に立つ。

帰属のバイアス

しかし，状況の制約や内在する意図は判定しにくい。実際，人は状況に関する情報をしばしば無視して，行動から他者の特性を直接推論する傾向がある，と報告されている。

(1) 根本的帰属エラー（対応バイアス）　状況の影響力に比較して行為者の内的属性を過大評価する傾向は，根本的帰属エラー（fundamental attribution error）または対応バイアスと称され，状況の影響力を明らかにしようとする社会心理学においてとくに重要なものとして位置づけられている。

ロス，L. らによる巧妙な実験はクイズ形式をとり，実験者が用意したクイズの問題を出す人（出題者），回答者，それに観察者の役割を参加者に振り当てた。そして，それぞれに出題者と回答者の知識レベルを評定させた。その結果，回答者と観察者は，出題者は真にもの知りだと判断した（Ross et al., 1977；表14-1）。出題者は回答者が手こずるような問題を出すという役割上もの知りに見える状況がほとんど考慮されず，個人の内的属性（知識量の豊富さ）へ帰属がなされたためである。

なお，行動に対する社会的制約の程度が異なり，個人を単位として考える北米を中心とする文化とアジアを中心とする相互依存的な文化では対応バイアスに違いがあり，前者において対応バイアスが強く見られる。相互依存的な文化では人々が状況の規範に沿った行動をとる傾向があり，状況要因が考慮されやすいのに対して，個人主義的文化では状況要因を考慮することがむしろ特別のことのようである。

(2) 行為者－観察者バイアス　行為者－観察者バイアスとは，他者の行動はその人の内的属性に，自分自身の行動は状況に帰属される傾向をいう。黄信号で

| TABLE 14-1 対応バイアスの実験結果 |

評定者の役割	出題者の知識レベルの評定	回答者の知識レベルの評定
出題者	53.5	50.6
回答者	66.8	41.3
観察者	82.9	48.9

クイズ出題者，回答者と観察者の判断による，出題者と回答者の知識レベルを示している（数字が大きいほど，知識が多い）。回答者も観察者も，出題者は用意された問題を読み上げていることを知っているが，出題者の知識量が多いと判断してしまう。

（出典）　Ross et al., 1977 より。

　交差点に進入する車を歩道で見ているときは「乱暴な運転者」だと思うのに，自分が運転しているときは「黄色になったばかりだから」と状況による説明を行うのがその例である。

　同じ事柄に対して，なぜ自己と他者とでは異なる方向の説明がとられるのだろうか。第1に，自分については過去のさまざまな行動を記憶しており，必ずしも一貫しているわけでなく状況に左右されることを知っている。他方，他者についてはこの種の情報は相対的に少なく，行動から得られるわずかな情報に限定されるからである。第2に，第三者を見るときの観察者の視界の中心は他者によって占められるのに対し，自分が行動する場合，視界には状況だけが広がっており自分自身の姿は見えないという，知覚的顕現性の違いがある。第3に，行為者と観察者では求められている説明が異なるという前提がある。たとえば，「なぜあなたはYちゃんのおやつを食べてしまったの？」と尋ねられたら，「おなかがすいて倒れそうだった」という状況説明をするだろう。しかし，「なぜA君はYちゃんのおやつを食べてしまったの？」という質問には，「A君はわがままな子だから」と，「B君はそうしないけれど……」などと個人差を念頭に置きながら，A君の特性から答えるに違いない。

　しかし，行為者－観察者バイアスはそれほど安定的で堅固とはいえないうえ(Malle, 2006)，そもそも状況文脈と特性を分離して対比的に論じることができるかという問題もある。

　(3) セルフ・サービング・バイアス　　よい出来事は自分自身の内的属性に，反対に悪い出来事は自己責任を否定し状況に帰属する傾向がある。このような

セルフ・サービング・バイアス (self-serving bias) に対して，2つの方向から説明が加えられている。第1は，成功を自分に引き寄せることによって自尊感情の維持・向上に寄与するという動機づけからの説明。第2は成績がしだいに向上する場合，自分の努力と成功との共変関係を知覚しやすいという認知的な説明である。成功を永続的な内的属性に帰属する人は，将来似たような課題に取り組む傾向を高める。また，失業を会社の雇用方針の変更など外的な要因に帰属する人は，自分が無能だからと内的な要因に帰属する人よりも次の就職に強い動機づけを示し，実際に再就職に成功する傾向がある（第15章参照）。

なおこれについては文化の影響が報告されており，欧米では堅固な結果が見出されているが，アジアではしばしば逆の結果となる（北山，1997）。

帰属の段階モデル

近年，根本的帰属エラーがなぜ生じるかに関心が集まり，帰属過程をより詳細に記述しようとするモデルが現れた。その1つ3段階モデル（Gilbert & Malone, 1995）では，帰属判断が下されるまでの情報処理過程が同定，特徴づけ，修正の3段階を経るとしている。第1の同定段階では，行動情報からどのような行動かを判断する。顔がゆがむという行動は，苦痛や悲しみなどさまざまな場合に生じるが，「悲しみ」行動だと同定されると，続く第2の特徴づけの段階でこの人は「泣き虫」だと推論される。しかし，第3段階で，最近大切な家族を亡くしたばかりで誰にとっても悲しい状況だという事情が考慮されると，「泣き虫」だとして個人に付与された特性は割り引かれ，「修正」が加えられる。

これら一連の段階的処理のうち，同定と特徴づけの段階で行われる推論は認知資源が少なくても遂行される自動的処理過程，第3段階の修正は認知資源が少ないと遂行が困難になる統制的処理過程であると考えられている。この見解に従えば，行為はその人の特性に帰属されやすいという根本的な帰属のエラーは，日常ではしばしば認知的な負荷が高く（私たちは認知的に忙しい！），また入念な情報処理を行おうとする動機づけが必ずしも高くないために，統制的処理過程による「修正」が省略されやすくなり，結果として自動的処理過程による推論がウェイトをもつからだと解釈される。

反実仮想と帰属

私たちは，「もしあの時，1センチ横にずれていたら……」「あのときもし，1本早い電車に乗っていたら……」と，条件が少し違っていたら結果が異なっていただろうと

> **COLUMN** **14−1 公正世界仮説と帰属**
>
> 　あることが起きる背景にはいろいろな事が関わっている。どのような状況だったかということも重要な要素である。しかし，人は行為者自身の特性に原因を帰属する傾向がある。根本的帰属エラーと呼ばれるこのバイアスは，1つにはそう考えることが心地よいあるいは収まりがよいからである。状況を構成するものは時間的にも空間的にもあまたあり，定義からしてそのすべてが1つに定まることは決してない。運命や機会やそのときの気象など不安定的不確実なものに帰属するより，ある出来事を行為者の何かに帰属した方が予測可能性が高まり心理的に落ち着く。悪い出来事が運で起きるのであれば，次は自分の番かもしれないことになり，そのような世界にいると考えることはつらい。そうではなく，悪い出来事はその当事者が悪い人だから，よい出来事はその当事者がよい人だから起きるのであり，人は人生においてその人にふさわしいものを手にすると考える（公正世界仮説；belief in a just world）（Lerner, 1980）のであれば，自分の世界に不運や不幸が突然侵入しているかもしれないという心理的脅威から逃れることができる。
>
> 　公正世界仮説は，「努力すれば必ず報われる」「徳を積めばいいことがある」という信念となり，よいことに向けての自分の勤勉さや善行の教育的奨励を推し進める方向に働く。笠地蔵や舌きり雀など昔話には，道徳的メッセージとともに公正世界仮説を教え説き，社会で共有されるよう促進しているものが少なくない。とくに，すぐに成果が出ず長期にわたる修行・努力が必要なものは，いつか望むものが手に入り努力が報われる世の中だと信じなければなかなかできるものではない。長期的目標を向社会的に追究することと公正世界仮説は密接に結びついている（Hafer & Rubel, 2015）。
>
> 　他方，公正世界仮説を維持しようとして，望ましくない出来事では，「そうなったのは当人のせいだ」と考えるため，犯罪や事件・事故の加害者をより強く「未熟だ」などと非難して非人間化し，また犠牲者に対しても責めを負わせ

想像することがある。「もし……だったら」と事実と異なることを考えることを反実仮想（counter-factual thinking）という。何が起きたかという対象事象だけではなく，起きなかったことや起こりえたかもしれない別の事象など，事実に反することについて考えることも原因帰属に影響する。次のような研究がある。

る理不尽さを示すことがある（村山・三浦，2015 参照）。たとえば，性犯罪の犠牲者はそれだけでも同情が寄せられてしかるべきであるのに，「隙があった」「挑発的な服装だった」などと人格的な非難が投げつけられ（Abrams et al., 2003），ときには遡って前世で非があったと咎められ，因果応報・自業自得とされてしまう。

　なぜこのような反社会的な犠牲者非難（victim blaming）がなされるかについて，カラン（Callan et al., 2014）の研究は 1 つの回答を示唆している。まず実験参加者は，強盗に襲われたのは麻薬密売者のような悪者だったという話を知る。その場合，悪い人や落ち度がある人に悪い出来事は起き，どちらでもない自分はそのような不運に出あわない，そういう公正な世界にいるとより強く信じることができる。実験の次の段階では，(A) 少ないが今すぐ確実に報酬を入手できる，(B) より大きな報酬を将来手にできる　という 2 つの選択肢を与えられ，どちらを選ぶか尋ねられた。その結果，麻薬密売者条件の参加者は，強盗に襲われたのは一般市民だったという話を読んだグループに比べて，(B) を選ぶ傾向が見られた。一般市民条件では，善良な人にも悪いことが起きるこの世界は公正とはいえず，(善良な) 自分もこれから先どんな目に遭うかわからないので，将来の報酬を信じて待つのは避けたいと思う結果，(B) への選好が弱まる。

　ドメスティック・バイオレンスや強姦，痴漢などのニュースを聞いた際，何か犯人を刺激するようなことをしたのではないか，いじめの場合にはいじめられる方にも弱さや偏りがあるのではないかなどと被害者を疑うのは，そこに原因を帰属させることによって，誰でも被害者になりうるというランダム性を否定し，自分の安全性を確かなものと信じて心理的安定を得るための方略であるといえるだろう（村山，2015）。

「ともに車椅子を使っているカップルが，嵐の夜にタクシーを呼んだ。タクシー運転手は，2 台の車椅子は無理と乗車を断って行ってしまった。仕方なく，カップルは自分たちの車で出かけることにした。川にかかる橋が増水のため落ちてしまっていたが，悪天候で前がよく見えず，カップルの乗った車は川に落ち 2 人とも命を落とした。タクシーは架橋落下直前に通り抜け運転手は無事だ

った（運転手無事条件）」という話を読ませる。別バージョンでは，「タクシーも橋から落ちたが，運転手はかろうじて脱出できた（運転手災難条件）」に変わる。このいずれかの話を読ませた後，運転手にどのくらい責任があるか評定を求めたところ（責任評定タスク），運転手無事条件では運転手災難条件よりも，2人の死に対して責任があるとの結果であった。車椅子の2人がどうであったら死なずにすんだか（反実仮想タスク）を責任評定より先に考えた群は責任評定タスクの後で考えた群に比べて，とりわけ運転手へ責任を帰属した。すなわち，たんに関係者を罰するだけでなく，反実仮想なる心内シミュレーションを行うことによって，"回避できたかもしれない出来事"としてとらえるようになるため，実際に起きてしまった出来事に対して運転手に重い責任を帰属したと考えられる（Wells & Gavanski, 1989）。

　反実仮想は，時間と距離の近接性に依存し，原因の帰属の仕方に影響するだけにとどまらず，その出来事に対する感情反応の強度を増幅するという効果ももたらす。空港までの交通渋滞のため予定の飛行機に5分違いで乗り遅れた場合，2時間遅れで空港着し乗り遅れた場合に比べて，ことさら残念に思うだろう。がそれも束の間，その飛行機が墜落して結果的に命拾いをしたことが判明した時は，5分違いで搭乗できなかった場合の方が2時間違いよりほっと胸をなで下ろす度合いが強いはずである。

　ほんの少し○○が違っていたら……と考えることが，当該事象への感情反応を変えてしまうことは，「逃した魚は大きい」ということわざにも表れている。オリンピックでは，勝者の喜びは金銀銅メダルの順で大きいと思われるが，表彰式の写真を子細に検討したところ，予想に反して，銀メダリストより銅メダリストの方が喜びの笑顔にあふれているという報告がある（Medvec et al., 1995；Matsumoto & Willingham, 2006）。銀メダリストはあと少しで金メダルがとれたのにと自分を責め，銅メダリストはあと少しでメダルなしだったと自分の幸運や努力を称えるのだと考えられる。2016年リオ・オリンピックのレスリング表彰台では，吉田沙保里選手がただ1人笑顔になりえず，まさしくこの説明があてはまる姿であった。

SECTION 3　ステレオタイプと偏見

　社会的カテゴリーや集団に属する人たちに対して，人々がもっているビリーフを**ステレオタイプ**（stereotype）という。ある人はあるカテゴリーに所属するがゆえにある一定の特徴をもっている，と理解することともいえる。ステレオタイプには「男の子は元気で活発だ」などのように肯定的なものがある一方，「○○人は狡猾だ」など偏見や差別につながる否定的な内容のものも多い。ステレオタイプ研究は，特定の集団に対して人々がどのようなイメージをもっているかという内容調査からスタートした。近年は，人の理解を歪ませるようなステレオタイプをいかにすれば抑制できるかという問題を視野に入れながら，ステレオタイプの形成や維持・利用に関わる認知的過程およびステレオタイプが社会システムや人々の相互交流に与える影響へと関心が向けられている。

ステレオタイプの基底

(1) 内集団と外集団　カテゴリー化のうち，自分の属している集団である内集団（たとえば，日本人）と属していない方の集団である外集団（たとえば，アメリカ人）という区分けはとくに重要である。**社会的アイデンティティ**（social identity）**理論**とその発展型である**自己カテゴリー化**（self categorization）**理論**によれば，人は個人として自己を特徴づける個人的アイデンティティ（たとえば，私は活動的だ）と並んで，所属する社会集団のメンバーとしての自己定義である社会的アイデンティティをもつ（たとえば，私は○○大学の学生だ）。

　社会的アイデンティティはたんに自分の所属を示すだけでなく，自分をどのような人間だと考えているかを示すものである。社会的アイデンティティは，日本人，○○大学の学生，心理学科の学生というように，包括範囲の異なるさまざまなレベルで成立する。どのレベルでの社会的アイデンティティをもち，内集団と外集団を成立・対比させるかは，知覚者のなかでのカテゴリーのアクセスしやすさなどの認知要因によって規定される。国内では「われわれ関西人」「彼ら東京の人」と互いに対比的にとらえている人たちが，外国で出会うとそのような違いは問題にせず，「私たち日本人」と内集団のメンバー同士となったりする。関西人と東京の人の違いよりも，そのときに周囲にいる外国人

との違いの方が大きく顕著だからである。

　人は，内集団の方を外集団よりも優れているとして高い評価を与え，好意的な態度や行動をとる傾向がある。これを内集団バイアス（ingroup bias）または内集団びいき（in-group favoritism）という。内集団バイアスは裏を返せば，外集団を相対的に低く位置づけることを意味し，自民族中心主義や外集団への偏見・差別を生み出す源となりうる。内集団バイアスは歴史的に利害対立を続けてきた既存集団に限らず，実験的に構成された最小条件集団状況で利害関係や相互作用がない，いわばその場限りの集団でしかも実際に誰がメンバーかさえ知らないような状況でも，一貫して生じることが確認されている。

　(2)　**外集団均質化効果**　　集団はあたかもまとまりをもった実体性をもつものとして知覚され，類似した人々から成り立っていると考えられがちである。さらに，集団内類似性は内集団と外集団とでは非対称となり，中年が「近頃の若者はみんな」と言うときのように，一般に外集団に対して過度の一般化がなされてより均質だと見なされ，逆に内集団は相対的に多様な者の集まりと見なされる傾向がある。この2つの傾向を合わせて外集団均質化（out-group homogeneity）効果という。所属クラブとクラブの各メンバーの特性評価の関係を検討した研究では，自分の所属クラブのメンバーは人それぞれで変化に富むと見なしたが，他方他のクラブを眺めるときは典型的事例で集団全体を代表させ，多かれ少なかれみんな類似していると見なす傾向が強かった（Jones et al., 1981）。外集団均質化効果は，本来多様な人々の集合に対して単純化した印象を形成することにつながり，そこに属する個性的な個人の理解を歪め，偏見やステレオタイプを強化する。

　しかし，なぜ外集団均質化効果が生じるかについては見解がいくつか分かれている。1つは，内集団と外集団では交流の程度に違いがあり，外集団とは接触する機会が乏しく知っている個別事例が少ないからだとする類例モデル説である。他方，外集団に関しては，メンバー個人を知る前にあらかじめ集団に対する知識をもってしまっている場合が多く，多様で豊富な事例をもたずに抽象的な外集団表象を形成するためではないかという抽象モデル説がある。

　内集団の相対的規模や判断次元によっては，内集団においても均質化が起きることが報告されている。内集団均質化は，外集団に比べて内集団の規模が著しく小さい少数派であるとき，また判断次元がアイデンティティにとって中心

的なものであるとき起きる可能性がある。

　(3) **カテゴリー化過程**　　ステレオタイプ認知過程のベースとしてカテゴリー化（categorization）がある。人はよく見れば1人ひとりみな違う。しかし，人びとをみな区別しつねにその違いに目を向ける必要性は必ずしも高くなく，また能力的にも追いつかない。最小の認知的努力や資源で最大の情報を得る認知的経済性の観点から，社会的複雑さを低減するため，人々をある類似性でくくり，パターン化するカテゴリー化が有用である。人は誰しも，性や人種，年齢層や国籍などいくつものさまざまな社会的カテゴリーに属している。社会的ステレオタイプは，人々の集合を社会的に意味のある実体（entity）としてのカテゴリーや集団と見なし，他のカテゴリーや集団と区別することから始まる。

　しかし，すでに一定のイメージが張りついている既存の社会的カテゴリーでは，カテゴリー化（categorization）つまり何らかの共通性や差異に注目しながら複数の対象をより少ないまとまりにくくることがもつ効果はわかりにくい。そこで，任意に構成するカテゴリーを用いて，まとまりとしてくくるということが認知にどのように影響するかを検討しようとした研究がある（Wilder, 1984）。そこでは，相互に少しずつ違う人々の集合を任意のところで分けて2つの集団を作ると，人は各集団内のメンバーは似ており，他方の集団とは違う，と見なすようになることが示唆された。つまり，任意にカテゴリー境界線を設けると，それによって知覚が変化し，2つのカテゴリーの間により大きな段差があるという認知が成立する。ここでのポイントは「任意」という点にあり，判断次元とは直接関わりのない側面でカテゴリー化したときにも，その効果が生じるという。たとえば，皮膚の色に基づいてカテゴリー化がなされたとき，肌の色と能力は必然的結びつきがないにもかかわらず，A色の肌の人々は互いに能力が似通っており，B色の肌の人々同士も能力的には違いがあまりないが，A色集団とB色集団では能力に大きな違いがある，という知覚が成立する。このようなカテゴリー化の知覚的効果が偏見や差別につながる（Brauer & Er-rafiy, 2011）。

　(4) **錯誤相関**　　相関がゼロかそれに近い2つの変数間に相関を読みとってしまうことを錯誤相関または幻相関（illusory correlation）という。錯誤相関は迷信やことわざなどにおいて見られるが，「〇〇集団には××な人が多い」という見方を作り上げ，ステレオタイプの形成・維持にも関係している。ハミル

トンら（Hamilton & Gifford, 1976）は，集団と集団成員の特徴が無関連な場合でさえ，人は両者の間に幻の相関を見出すこと，さらにそれはどちらもあまり一般的でない稀少な特徴である場合に顕著なことを示した。実験では，同じ割合で悪い人がいるような大集団と小集団を構成し，各成員についての行動情報をランダム順に提示した。その結果，どちらにも悪い人は同じ比率でいるにもかかわらず，小集団の方が悪い人の割合が過大視され，小集団に対する印象も否定的なものとなった。つまり，小集団のなかにいる少数の悪い人は二重の意味で目立つために，人数的に過大視され印象や記憶に残りやすく，結果として小集団の印象はそのなかの少数派の悪印象に大きく影響されたのである。

　一般に，差別や偏見の対象となるのは多数派ではなく少数派・小集団である。そこでは上述のような錯誤相関が生じやすく，小集団と望ましくない特徴は分かちがたく結びつけられて印象は悪化し，ステレオタイプや偏見が強化されてしまう。ハミルトンらの実験は，多数派の白人と少数派の黒人やヒスパニックなどから構成されている当時のアメリカ社会の構造を映しとっており，そこで生まれる偏見や差別の認知的メカニズムに迫ろうとしたものであったが，イスラム教徒を見かけるとテロリストを連想しがちな現代の風潮とも対応している。他方，少数派の特徴であればどのようなものでも錯誤相関が起きるとは限らない。菜食主義者は少数派であり左利きも少数派であるが，この2つは一般には結びつけられて（菜食主義者は左利きだ）考えられてはいない。錯誤相関が生じる条件についてはさらに検討が求められる。

ステレオタイプの功罪

　ステレオタイプはカテゴリーに依存した理解であり，それは効率的で認知資源の節約に貢献している。他者に働きかけるとき，そのつど相手の個々の特徴を吟味していては，円滑な日常生活が阻まれる。向こうからやって来る人が暴力団ふうだというだけで，道を尋ねるのを控えるのに十分な理由となる。また，ステレオタイプは社会生活を送るうえで有用な側面もある。曖昧で意味がよくわからないものには，効果的な働きかけが難しい。ある人についてただ人間だということしかわからない場合と性別や年齢職業などどれか1つでも情報がある場合とを比べてみると，後者の方がどのように対応すればよいかの予測がいくぶんなりとも立てやすいはずである。ステレオタイプを用いた認知は，認知する側にとっては実用的で（ただし，これは意識されていないが），相手をありのままに理解し

た正しいもののように思われてしまう傾向がある。

　他方、ステレオタイプはしばしば理解の歪みやエラーを生むというマイナス面をもつ。ステレオタイプの対象にされる側の人々は、自分の本質から外れた印象を押しつけられ、偏見の被害者にされてしまったと感じることがある。したがって、ステレオタイプや偏見を感知し問題視するのは、つねに女性や少数派などその対象となっている側の人たちであり、けっして認知する側の人々ではない。対象者が異を唱えない限り、ステレオタイプは知覚者にとって定型化した理解をすみやかに提供してくれる実際的で有用な見方であり続ける。ここに問題の根が横たわっている。一方はそのような見方や扱われ方に苦痛を感じ耐えがたくなったときに異を唱える。他方は、自分たちは現実をありのまま把握していると信じ切っているがゆえに、異を唱える人々を「攻撃的」「不満分子」として一層嫌悪感情をつのらせていく。このような負のサイクルをいかに止めうるか、心理学の貢献が求められる重要なテーマである。

ステレオタイプ内容モデル

　対人認知すなわち対象が個人であれ集団であれ他者を理解しようとする際、その人物の社会性と能力が基本次元となる。ステレオタイプ内容モデル（stereotype content model）は、さまざまな社会集団に対するステレオタイプもその内容を検討すると、社会性と能力の次元のどこかに位置づけられる、というものである（図14-2）。社会性ないし温かさの次元とは、知覚者から見たときその対象人物が温かく自分の味方となりうるか否かをあらわす。有用な資源や価値をめぐる競争や対立がなさそうな協力的・同盟的な仲間は、知覚者にとって味方であり温かく誠実で信頼できると知覚される。他方、資源や価値をめぐって争いが起きる可能性のある「敵」は冷たく信頼できないとされ、潜在的に悪意をもっていると感じ取る。第2の能力次元は、その悪意を実行できるか否かに関わるものであり、いわゆる個人の能力の他に資力や権力・高地位などが含まれる。もし悪意があっても、相手には自分（たち）を脅かすほどのことはできまいと思えるときには脅威を感じずにすむが、脅かされる可能性がある場合には、警戒しなければならないからである。たとえば、アメリカではアジア人は低社会性・高能力に位置づけられている。これと関連して、大学生の間で「アジア人は数学に強い」というステレオタイプが信じられているが、アジアからの留学生や移民学生が急激に増え、アジア人成績優秀者が奨学金枠の多くを取得してしま

第14章　社会的認知　363

FIGURE 14-2 ● ステレオタイプ内容モデル

（注）図中の対象集団は，アメリカ社会でのケースである。
（出典）Cuddy et al., 2008 より作成。

うという背景がある。

　このように，ステレオタイプを社会性と能力の2つの次元に位置づけることによって対集団感情と対集団行動，すなわちある社会集団に対して人がどのような偏見をもち差別的対応をとるかを予測することができる。知覚者の内集団・準拠集団である温かく能力も高いとされる人々に対しては肯定し誇り賞賛し，積極的ないし消極的な支援を提供する。これ以外の3つのタイプはすべて外集団に相当し，知覚者はそれぞれに対して（顕在的・潜在的）哀れみや羨望や嫌悪などの感情を抱き，状況によっては積極的無視や攻撃や排斥などの行動をとることもある。

　ステレオタイプ内容モデルは，ステレオタイプがたんなる個人的な「頭のなかの絵」（Lippmann, 1922）にとどまらず，集団に対する情動や支援・援助促進や危害といった行動を通して社会のダイナミックスに結びついているものであることを示唆している。

ステレオタイプとコミュニケーション　ステレオタイプは，日常のコミュニケーションを通して形成・伝播・強化・変容されている。必ずしも悪意に満ちた会話だけでなく，むしろ悪意のないまたは悪意の意識を欠いた，一見他愛ない会話からもステレオタイプが生まれ，広がる可能性がある。ちょうど，多数派の見解がはばかられることなく表出される（第16章参照）のに似て，広く人々に支持されている（と思

われている) 考え方や態度であるステレオタイプは，言葉や行動を通して流布される。

会話は参加者同士で知識を共有している事柄を中心的話題として進行する傾向があり，多くの人の間で共有されているステレオタイプは，話題として取り上げられ情報交換が行われやすい (第16章参照)。ステレオタイプに関する合意がどのように形成されるかを検討した研究では，ステレオタイプに一致する特徴 (一致情報) と矛盾する特徴 (不一致情報) の両方をあわせもつ人物について，2人の実験参加者が話し合って印象を形成するように求めた。その結果，会話は一致情報を中心に展開され，とくに，2人で合意するよう求められる場合はその傾向がいっそう強く，作られた印象はステレオタイプ一致情報を強く反映したものとなった (Ruscher et al., 1996)。つまり，会話を通じて，ステレオタイプは当事者双方において再確認され強化されるのである。

また，そもそも外集団と内集団について記述する言葉に違いがあり，そのことがステレオタイプ的な信念の共有を促進しているという研究がある (Fiedler & Semin, 1992)。たとえば，話者は内集団成員については「手伝ってくれなかった」などと具体的な記述を好むのに対し，外集団成員の行動に対しては「冷たい」などと比較的抽象的な表現を用いて記述する傾向がある。他方，それを受け取った聞き手は，抽象的な記述はときや状況を超えた個人に内在する安定した特性を表したものだと理解する。つまり，聞き手は「外集団の人たちはそのような特性をもっている」と理解し，外集団の人にはそのような安定した特性がある，というステレオタイプ的な見方を，伝え聞いた言語によって作り上げる。この過程を循環的に繰り返すことで，社会のなかであるステレオタイプが伝播され共有されていると考えられる。

スティグマとステレオタイプ脅威

(1) スティグマ　他者によって否定的な意味を与えられ一段低く位置づけられ，偏見・差別の対象となりうるような社会的カテゴリーに属している人は，スティグマ (stigma) をもつ人といわれる。スティグマという名称は，奴隷や犯罪者などがそれとわかるような烙印 (皮膚への焼印) を押され識別されたという史実に由来する。過去には女性は女性であるというだけで一段低く見られていたが，今日では表層ではそのような見方が徐々に薄れてきている。このことは，スティグマが当該集団の本質とは必然的なつながりは

なく，社会的に作られたものであることを端的に示している。しかし人権教育などが広く行われている今日においてなお，人種や階層，職業，性嗜好，ある種の病気や障害などに関して，社会のなかにスティグマがあることを私たちは認めざるをえない。

スティグマの重要な特徴の1つとして，それについて社会のなかで一致した見方があり，知識として隅々までいきわたっていることが挙げられる。アメリカでは個人的にネガティブな体験を直接もたなくとも，3歳くらいまでに「白い肌が優れている」こと，有色の肌をもった人々を低く位置づけることを学んでしまうといわれている。その結果，フィスクによればスティグマの対象となる人々に対する不安や恐怖が形成され，そのような人たちへの否定的な感情・態度や言語行為が社会のなかで頻繁に交わされ，意識レベルでは賛同しない人たちにおいてさえ知識として過度に習得される結果，対人認知状況で自動的に働くステレオタイプとして機能することになる。

(2) **ステレオタイプの受容** スティグマは本来知覚者側の問題として検討されてきたが，対象者すなわちスティグマをもつ人々自身の認知や行動に与える影響も見逃せない。ステレオタイプ対象者によるステレオタイプに合致したような行動は，1つは予言の自己成就効果によって生み出される。たとえば，一般に高齢者は記憶力が悪いと見なされ（ステップ1），周囲の人たちは高齢者が記憶したり思い出したりする力がないことを前提に働きかける（ステップ2）。すると高齢者は自分の記憶力に自信をなくし，記憶することをあきらめ他者に任せるなどの対応をとる（ステップ3）うち，周囲の人はさらに「やはりそうだ」と確信を強め（ステップ4），実際に高齢者の記憶力が低下してしまうのである（ステップ5）。

また，ステレオタイプや差別の対象となった者はそれを不当だとして異議申し立てをしたり，発奮して見返してやろうとするとは限らない。多くの場合，自分がどう見られているかを知識として知っており，自分たちの行動の解釈の枠組みとしてそれを用いることによって，結果としてステレオタイプを受容・追認する傾向がある。これを**ステレオタイプ脅威**（stereotype threat）という（Steel & Aronson, 1995）。仕事で数人の同僚男性と議論し対立したとき，ビジネスに携わる女性は，そのストレス状況で「女はビジネス・ストレスに弱い」「だから女はだめだ」と思われているに違いないとみずから考えてしまい，自

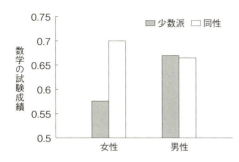

FIGURE 14-3 ●ステレオタイプ脅威

数学テストというステレオタイプ関連課題において，女性の人数が男性より少なく，自分が女性であることを意識してしまう状況（少数派条件）では，女性ばかりでテストを受ける場合（同性条件）よりも，成績が低下する。男性では少数派条件でも同性条件でも，成績に違いは認められない。

（出典） Inzlicht & Ben-Zeev, 2000.

分でステレオタイプを容認するだけでなく，そこからいっそうのストレスを感じて，実際の行動もそれを反映したものになりがちである。

アメリカには，「女性は数学に弱い」というステレオタイプがある。ある研究では（Inzlicht & Ben-Zeev, 2000），男女の構成比を変えたいくつかのグループを作成し，数学のテストを受けてもらった。その結果，女性が男性よりも人数的に少ない（少数派）条件では，女性ばかりの（同性）条件時より遂行成績が低かったが，男性は少数派条件でも同性条件でも違いが認められなかった（図14-3）。少数派条件でも，女性が言語能力テストを受けたときはこのような低下は生じないため，ステレオタイプに関連する課題で，自分の性別を意識せざるをえず，それゆえ劣位性を意識する脅威的環境下にあるとき，遂行レベルの低下が生じると考えられる。

ステレオタイプの抑制と暗黙のステレオタイプ

(1) 接触仮説　ステレオタイプは必ずしも否定的内容を含むわけではないが，個人レベルでの理解を誤った方向に導く可能性がある。そこで，ステレオタイプ抑制の方法を探る研究が行われてきた。古いところでは，誤ったステレオタイプはその対象集団と接触する機会が少ないために形成されるのであり，接触する機会を増やし真の情報に接するようになれば偏見を解消できるという接触仮説がある。関連する研究のメタ分析によれば，接触することはたしかにステレオタイプ・偏見の改善に結びつくと報告されている（Pet-

tigrew & Tropp, 2006)。しかし，接触によっていっそうステレオタイプが強化される現象が日常的に観察されており，接触することでただちに解消されるとはいいがたいところもある（第18章参照）。

その後，接触効果がうまく機能するためには，①社会制度・規範が集団同士の接触・融合を積極的に推進・支持していること，②十分な期間，接触頻度があり，個人的親密関係成立の基盤があること，③対等な地位を占める者の間で接触が図られること，④協力の結果成功がもたらされること，などの条件を満たす必要のあることが，フィールド研究などで確認されている（Cook, 1985）。

(2) **抑制方略**　接触研究はやがて，接触が集団間の態度を変容させるメカニズムに関心を移し，以下に示すような心的過程を考慮したステレオタイプ抑制モデルの提言へと進展した。

① 脱カテゴリー化：相手の人物を集団レベルでなく個人として理解し交流することで，内集団びいきが低減する。しかし，個人としての関係は必ずしも偏見そのものを低減させず，交流したある個人を例外と見なし，その人への態度が集団全体への態度には拡張されないことが指摘されている。

② 再カテゴリー化：内集団と外集団の区分が明白であるときには，内集団びいきは抑制しにくい。そこで集団間をつなぐような上位レベルの共通の内集団アイデンティティを形成することにより，もとのカテゴリーの区分が目立たないようにする。

③ 下位カテゴリー化：それぞれのカテゴリーの区分が明らかな状況で，共通目標のもとに個人ではなく集団同士として相互に交流するとき，外集団に対して好意的評価が形成される。

最近は，意識的にステレオタイプを抑制しようとすると，反動でいっそうステレオタイプ的判断がなされてしまうリバウンド（rebound）効果が生じ，「ステレオタイプ的に判断するまい」という善意による意識的抑制に限界があるのではないかと考える研究者もいる（Wegner & Bargh, 1998）。ステレオタイプ的カテゴリーがいったん活性化されると，統制は困難なのかもしれない（第13章参照）。

(3) **暗黙のステレオタイプ**　現代においてスティグマにつながるステレオタイプは，少なくとも社会規範としては「いけないもの」として認識されるようになった。その結果，偏見の表出が統制され，表立った明言や差別的行動が減

少し,あたかもステレオタイプ自体が衰退したかのように見える。

こうした時代の流れのなかで,内省法によってステレオタイプをとらえることが難しくなり,研究法にも変化が生じてきている。内省法によらない生理指標やプライミング手法を応用した潜在的なステレオタイプの研究は,外集団に対する否定的バイアスが依然として根強く見られることを明らかにしている。たとえば,閾下提示法を用いて人種に対する判断であることを自覚させないようにすると,自己評定では「差別主義ではない」と回答した実験参加者が,「黒人」と否定的特性を強く結びつける反応を示した(Dovidio & Gaertner, 1993)。ステレオタイプは表層的には消失したかに見えても,暗黙のステレオタイプ (implicit stereotype) として今なお存在し,人々は理念と潜在的な嫌悪感情との間で葛藤しているのが実状である。

ステレオタイプと共感——共感の及ぶところ

近年,共感に大きな関心が寄せられている。暗い出来事が多いなか,「共感」は他者の苦痛や悲嘆を目にすると自動的にわき上がる温かく美しい心情であるかのように語られことが多い。苦痛状態にある人が誰であれ,私たちはその人に自然に共感するようにできており,これが社会性の基盤をなすと考えられている(de Waal, 2010 ; 第13章参照)。

今日,どこまで共感を広げられるか,という問いが重要である。というのは,財・物資に加えて人々の移動性が高まり多様性が増し,さまざまな意味で「異質」な人々同士の接触機会が増加した社会となって,「共存」が大きな課題となっているからである(遠藤, 2015)。人がどのような他者であれその心情に共感し理解し,ひいては援助をいとわないとするなら,そうでない場合に比べて,互いに気遣い,手を差し伸べ合う優しさに彩られて,確実に一歩共存へと近づくに違いない。

しかし,最近の社会心理学や認知神経科学の研究はそうではないことを示唆している。すなわち共感は対象が誰かということに対して敏感であり,外集団より内集団に対してより大きな共感が示される。たとえば,実験に参加した黒人・白人は,手に針が刺さる写真という疼痛関連刺激を呈示される。そのときの運動誘発電位(MEPs)を測定したところ,参加者は写真から読み取った肌の色を手がかりに自分の仲間か異質な他者か(内集団・外集団)を判別し,内集団人物に対してのみ身体的苦痛への共感を示した(Avenanti et al., 2010)。共

感の集団間バイアス（intergroup empathy bias；Cikara et al., 2011）と名づけられたこの現象は，人種に限らず，政治的立場やさまざまな社会的カテゴリでも確認されている。さらに外集団に対して共感が弱いというだけでなく，外集団メンバーの不幸・不運にむしろ一種の快感情（シャーデンフロイデ；コラム 9-2 参照）が生じることも明らかにされている。

　共感の集団間バイアスは，個人レベルよりも集団レベルでより顕著になる傾向がある。戦争やテロにおいて，内集団から出た犠牲者の家族の悲しみが聖なるものとして承認され強い共感を呼び起こし，"敵側"のそれは共感の対象にならずに黙殺され時には祝賀される。"我々"と"彼ら"との境界線を境として共感反応の隔たりを作り出すのは，たんに集団所属のメンバーシップだけでなく，"彼ら"はこうだという思い込み，すなわちステレオタイプが関わっているのではないかと考えられている。

4　社会的推論と意思決定

　私たちは他者や集団がどのようなものであるか，出来事がなぜ起きたか，経済の行方はどうかなどなど，さまざまな社会的事象について推論を行っている。先に挙げた帰属や印象形成も広い意味では社会的推論である。だが，社会心理学の領域では，主として推論の特性をエラーやバイアスの点から分析し，推論の仕方の特性について考察する研究分野を「社会的推論」と呼んでいる。

ヒューリスティックス

　長い間，人間は合理的存在であり，とくに自分の損得に関わることはじっくり注意深く考えて合理的に判断する，と考えられていた。しかし，トヴァスキーとカーネマンはシンプルで玄妙な方法を用いて研究を重ね，この合理性前提を覆すに至った。彼らは，人間の反応は2つのシステムによって導かれている，と主張する（Tversky & Kahneman, 1974）。私たちは努力して頭を絞って合理的に考えるだけでなく，認知資源を節約するために心理的ショートカットを行い，複雑な課題をより扱いやすい単純なものへと変換する傾向がある。ヒューリスティックス（heuristics）と名づけられた簡便で直感的な判断方略は日常的に頻繁に用いられている。

TABLE 14-2 ● おもなヒューリスティックス

名　称	認知事象	定　義	適用例
代表性ヒューリスティックス	確率判断	AがBに所属する確率は，AがBを代表している程度に基づいて判断される	ある人（A）は，風貌や振る舞いがあなたの芸術家ステレオタイプにぴったりなので，芸術家（B）に違いないと判断する
利用可能性ヒューリスティックス	頻度または確率判断	ある事象の頻度や生起確率は，関連する事例の思いつきやすさに基づいて判断される	離婚率を推定するのに，離婚した事例をどのくらい思いつくかを利用する。友人や知人に離婚経験者がたくさんいれば，離婚率が高いと判断する
シミュレーション・ヒューリスティックス	予期，原因帰属，印象，感情経験	ある事象に関するシナリオを心のなかでシミュレーションできる程度に応じて，判断や印象が決定される	宝くじの当選番号と1つ違いで外れたときの方が，まったく違う番号のときよりも，当たった場合のことを想像しやすく，悔やむ気持ちが強くなる
調整と係留ヒューリスティックス	ある事象の位置の推測	ある事象の推定に，何らかの初期値を設定し，それを係留点として，新たな事例について調整を行う	ある人の貯蓄額を判断するのに，自分の預金残高を基準にして行う

（出典）　Tversky & Kahneman, 1974.

　次のような場面を考えてみよう。大きい容器と小さい容器がある。小さい方には赤玉1個と白玉9個が，大きい方には赤玉9個と白玉91個の合計100個が入っている。このことについては説明がなされ，容器側面にも表示されている。それから，それぞれ蓋をして中が見えない状態にし，どちらかの容器に手をいれて1個だけ取り出す。もしそれが赤玉だったら当たりで賞金がもらえるが，白玉はもらえない。さて，あなたならどちらの容器に手をいれるか。おそらく多くの人が大きい方を選ぶに違いない。実際，行われた実験では，「大きな容器」を選択する人が81％と多数派であった。大きな容器の赤玉率が5％と小さな容器の半分しかない場合でさえも，34％の参加者はやはり大きな容器を選んだ。当たり確率の違いを知っているものの，赤玉数が多い方がどれか

にあたるような気がするというのが人々の反応である（Denes-Raj & Epstein, 1994）。つまり，確率よりも絶対数に気をとられてヒューリスティックな判断をしたことになる。

ヒューリスティックスはしばしば種々の認知的誤謬(ごびゅう)や歪曲をもたらすことが指摘されている。おもなヒューリスティックスとして代表性，利用可能性，シミュレーション，そして調整と係留が挙げられる（表14-2）。

計画錯誤

ここで日常生活からビジネスに至る広範な領域で影響力が大きい判断バイアスを紹介しよう。人はいろいろな「締め切り」「約束の時間」をかかえているが，始業時刻やレポート提出日に遅れるなど毎日のようにどこかで起き，人生の重要な出来事であるはずの自分の結婚式や入社式に遅れる人もいる。これら豊富な「データ」が示しているのは，人は目標到達までの所要時間を短かめに見積もる傾向があり，過去のそうした見積もり誤りの経験は生かされないということである。レポート提出日の直前にならないと準備にとりかからない学生は多く，なかには間に合わずに「遅刻扱い」になった者もいるだろう。今読んでいるこの本の執筆も，執筆者が原稿提出できなかったため締め切り日を延期していただいた。

国家や企業の威信をかけた大事業さえ遅れることがある。几帳面な仕事ぶりで高評価を得ている日本の国産旅客機MRJは納入時期が5度延期された。過去にも競技場建設や公共交通機関開通の遅れが話題となった五輪がいくつかあった。オーストラリア有数の観光名所となっているシドニー・オペラハウスは約700万ドルの建設費で1963年に完成する予定であったが，実際には1億2000万ドルを費やして完成したのが1973年であった。個人，集団，そして国家主導のメガ・プロジェクトのレベルで計画錯誤が起き，小さなコストの総和あるいは大規模な経済的コストは相当額にのぼる。

なぜ計画錯誤が生じるのかを明らかにしようとした研究によれば，参加者は当該計画を小ステップ（例：調べる，書く，推敲する，整えるなど）に分解して考える方略をあまりとらず，過去や他者の経験（例：そもそもレポートを書くための時間がなかなかとれなかった）と照らし合わせることもあまりない，このような傾向が楽観的な予測を生み出すのではないかとされている。

 ●文献案内

山本眞理子・外山みどり 編，1998『社会的認知（対人行動学研究シリーズ 8）』誠信書房。
● 社会的認知の広範領域の近年の研究成果を学ぶのに最適。

山本眞理子・外山みどり・池上知子・遠藤由美・北村英哉・宮本聡介・小森公明 編，2001『社会的認知ハンドブック』北大路書房。
● 用語解説から各研究領域の流れまでわかりやすく解説。

唐沢穣・池上知子・唐沢かおり・大平英樹，2001『社会的認知の心理学──社会を描く心のはたらき』ナカニシヤ出版。
● 社会的認知について高度な専門知識を得たい方に。

カーネマン，D./村井章子 訳，2014『ファスト＆スロー──あなたの意思はどのように決まるか 上・下』早川書房。
● 意思決定・判断の革命的研究でさまざまな人文科学・社会科学に重要な影響をもたらしたカーネマンが，人間の思考の特徴を平易に描き出した必読の書。

ヌスバウム，M./神島裕子 訳，2012『正義のフロンティア──障碍者・外国人・動物という境界を越えて』法政大学出版局。
● さまざまな人が集うところに浮かび上がる正義において，個々人の尊厳ある生を考えることの重要性を論じた哲学書。

Chapter 14 ● 練習問題

❶ よく，「第 1 印象が大切」といわれるが，それはなぜだろうか。
❷ 対人認知におけるバイアスを生じさせる要因を考えなさい。
❸ 学校や家庭，職場などにおいてどのようなステレオタイプが用いられているか，あるいは自分が用いているかを考えなさい。
❹ 自分自身が経験した計画錯誤を思い出し，課題完了に関わるどのような要因を軽視していたか考えなさい。

HINT ● p.631

第15章 自 己

個人と社会のインターフェース

レンブラント・ファン・レインの自画像
(Roger-Viollet/時事通信フォト提供)

CHAPTER 15

- KEYWORD
- FIGURE
- TABLE
- COLUMN
- BOOK GUIDE
- EXERCISE

「私を見抜いてください」。三島由紀夫の小説『金閣寺』の主人公は，自分を理解することができない苦しさに耐えかねて，師に向かってこう叫んだ。自分とは何か。これほど人々の心をとらえて止まぬ問題は，他にそう多くはない。人はなぜ，自分を知りたいと思うのだろうか。知った自分の姿は真実だろうか。自分はこういう人間だという理解は一旦できあがると不変だろうか。

自己は社会心理学の中心的テーマの1つである。それは，自己が周囲の人々との相互交流において理解され，評価され，周囲の人々と自分との適切な関係の構築・維持に向けて制御される，まさに社会的な産物であると同時に，個体を社会的存在にする機能を担っているからである。

PREVIEW

自己概念　　自己知識　　セルフ・スキーマ　　自尊感情　　自己評価　　自己向上動機　　自己動機　　自己高揚動機　　自己一貫性動機　　自伝的記憶　　自己物語

自己とは何か

　自己満足，自己責任，自己中心。「自己」を含む熟語はきわめて多い。私たちは，こうした言葉を頻繁に用いて自分や他者について言及する。だが，「自己とは何か」と改めて問われると，ほとんど誰もが言葉に詰まるだろう。

　自己とはまず身体である。身体なくして，自己主張も自己実現もありえない。しかし，自己は身体以上のものでもある。自己の本質について知りたいと思うとき，それはたんなる身体的現象ではなく，より心理的な現象を指していることが多い。

自己への関心の歴史的変遷　　インターネット上のある心理テストのアクセス件数は，数十万とも数百万ともいわれている。何度も試行する人がいることを考慮しても，なお膨大な数である。なぜこれほどまでに，人は自分について知りたがるのだろうか。

　現代では，子どもの潜在能力を開花させ，個性を磨くというのが教育の大きな目標となっている。しかし，封建時代のように王族の子は王族，農民の子は農民として生まれついた時代，つまり生まれながらにして生き方が完全に定まっている時代には，個々人の個性や能力に関心が向けられることはほとんどなかった。どんな才能がうちに秘められているかが問題になるのは，それによって個人の地位や将来の進路が変わる，別のいい方をすれば，生き方を選択できるという社会的条件が整ってからである。自己への関心のあり方は，社会的・歴史的な背景や条件と密接に結びついている。自己は複雑な社会的環境に対処するように自分自身のあり方を把握し方向づける機能を果たすものであり，自己が自己として真空に存在しているわけではない。

　現代において，社会と自己との関係は新たな局面を迎えている。絶対的な価

値規範が失われ，社会の変動性や多様性がますます高まるなかで，人々は抵抗できない巨大な何かに飲み込まれていく感覚を感じつつ，かけがえのない個性的な存在としていかに生きるか，私とは本来どんな人間かという問いを，いっそう大きな声で問わずにはいられなくなってきているといえる。

自己の二重性と自己概念　心理学の黎明(れいめい)期において，ジェームズ（James, W.）は自己を知るという観点から「知る者としての自己」(self as knower) と「知られる者としての自己」(self as known) の2つに分類し，自己が知る主体であると同時に対象でもあるという二重性を指摘した。

ジェームズはとくに「知られる者としての自己」に対する洞察を深め，身体それに車や自宅など物質でありながら自分の一部と感じられる「物質的自己」，他者との関係のなかで現れてくる「社会的自己」，思考や感情活動を展開する最も奥に秘められた「精神的自己」の3つの領域に分類した。これら3領域はたんにカテゴリーを意味するだけでなく精神発達の順序をも示しており，精神的自己が最も高次の活動に支えられているとした。

現代の自己研究の領域　約100年のときを経て，最近の自己研究は自己の多様な側面を明らかにし始めている。ここでは，自己研究を3つの側面に分けて，自己がどのようなものとして考えられているかを概観しておこう。

第1は，反省的意識の経験である。人間は他の多くの動物とは異なり，外界だけでなく自分自身を意識し，今何を考えているかなど自分の精神活動を把握することができる。反省的意識があればこそ，私という存在が他から区別され，自己理解や自己評価が成立することになる。自己のすべての側面が反省的意識によってとらえられるわけではないが，反省的意識は過去や現在の経験の蓄積から学び，次に備える自己の中核的な機能を支えている。自己知識，自尊感情などの研究はそれを明らかにしようとしている。

第2は，自己は対他的な存在だということである。私たちは誕生以来さまざまな集団や人間関係のなかに位置している。他者との関わりにおいて，どのような者として自己を他者に示すか（自己呈示），どのような場合に他者と比較するか（社会的比較），などの研究が行われている。

第3に，自己は実行機能を担っている。自己は意思決定をし，実行に移し，

自分や周囲の世界を積極的にコントロールし、外界と自己とのより快適な関係を築こうとする。たんに外界に働きかけるだけでなく、さらにそれを修正し調整するさまざまな行為を発することができるからこそ、人間は他の生物よりも適応的なのである（Baumeister et al., 1994）。自己制御、自己決定などの研究がこの側面に関係している。

2 自己知識

自分についての情報の宝庫

自己概念と自己知識

自己概念（self-concept）とは、人が自分について知っている、あるいは信じていることの総称であり、「私は○○だ」と語ることができるものである。私たちは抽象的な性格特性や嗜好・態度などで自分をとらえているだけではなく、経験した出来事や身体感覚の記憶など、いわば自分についての膨大なデータを貯蔵している。それは外界との積極的な相互作用のなかで収集・蓄積されたものであり、現在の環境を理解し自己のあり方を方向づける際の枠組みとして積極的な機能を果たしていると考えられる。自己の機能に関心を寄せる認知的アプローチでは、静的な自己理解を連想させる「自己概念」に代わり、このような動的な側面を強調して自己知識（self-knowledge）という用語を好んで用いる。だが実際には、双方とも同じような意味に使用されることも多い。

認知構造としての自己知識

人は、自分にとって重要な次元に関して過去経験から抽出した豊潤な表象を高度に組織化した形で貯蔵している。たとえば、運動選手であれば自分の体力や運動能力、過去の記録やスランプ時の状態などについて知識を豊富に、しかもすぐ使えるような形でもっているに違いない。組織化された自己知識はちょうどコンピュータのソフトウェアのように、関連する情報の処理や判断・記憶を促進するという働きを司る。このように認知構造として機能する自己知識はセルフ・スキーマ（self-schema）と呼ばれている。

マーカスは、一連の実験でセルフ・スキーマの機能を実証的に検討した（Markus, 1977）。まず、独立-依存次元の自己評定および重要性評定を基準として、それが自分によくあてはまりかつ重要性が高いと回答した者を、独立ス

> **FIGURE 15-1** ● セルフ・スキーマと自己関連情報の処理

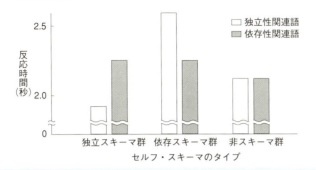

独立性関連語，依存性関連語を提示し，自分にあてはまるかどうかを判断させると，独立スキーマ群は独立性関連語で，依存スキーマ群は依存性関連語でそれぞれ判断が速いが，この次元についてのセルフ・スキーマをもたない者は，両者で差がみられない。つまり，セルフ・スキーマは関連情報の処理を促進する。

（出典） Markus, 1977.

キーマ群および依存スキーマ群として抽出した。その次元のあてはまりも重要性も低いと回答した者は，その次元に関するスキーマをもたない非スキーマ群とした。次に独立性関連語，依存性関連語，無関連語を1語ずつ提示し，それらが自分にあてはまるかどうかボタンを押して反応させる課題を与えてこれら3群を比較したところ，2つのスキーマ群はそれぞれ自己に関わりの深い独立性あるいは依存性関連語に対して自分に「あてはまる」という判断が速かったが，非スキーマ群では2種類の語の間で違いが見られなかった（図15-1）。つまり，セルフ・スキーマは自己定義に関わる情報について効率のよい判断を促進する。

　自己知識には過去の自分の表象だけでなく，自分がどうなる可能性があるか（可能自己），本当はどうありたいか（理想自己），どうあるべきか（当為自己）など，まだ実現されていない自己についての表象も含まれる。これらは現在の自分を評価する基準や行為を起こすための指針となる。

　セルフ・スキーマはさまざまな機能を果たし，領域別の情報エキスパートにもたとえられる。第1に，セルフ・スキーマに関連する情報は，効率よく確信

第15章 自　己　379

をもって処理され，すばやい判断が下される。スキーマ関連次元についてはすばやく判断ができ，またちょうど，素人にはランダムなパターンにも見える碁石の配列が，名人には意味のある全体として読み取れるのと同様，大きな意味の単位でのカテゴリー化やチャンキングが可能である。

　第2に，セルフ・スキーマは，意識的な注意を向けていない場合にも，関連する情報への感受性を高める。ざわついたパーティ会場のどこか遠くで自分の名前が語られたときに，それをすばやく検出するカクテル・パーティ効果は，その一例である。バージ（Bargh, 1982）はそれぞれの耳に別々の情報を聞かせる両耳分離聴の実験手法を用いて，一方の耳への情報に注意を向ける必要がある課題遂行を行わせ，注意を向けていない他方の耳にセルフ・スキーマに関連する情報を流すと，それまで注意を向けていなかった方に注意がシフトし，課題遂行が妨害されることを示している。

　第3に，セルフ・スキーマは記憶に影響する。セルフ・スキーマに関連する情報はアクセスされやすい。これは関連した過去の記憶を容易に思い出しやすくするだけでなく，新たな経験を解釈し記憶する際の枠組みとなることを示唆している。たとえば高校時代を振り返ったとき，知性に関するセルフ・スキーマをもつ人は，自分がどんな本を読んでいたか，どんな考え方をしていたかを思い出し，他方社交性に関するセルフ・スキーマの持ち主は，自分がどんなふうに初対面の人に近づき，相手を楽しませようとしたかを思い出して語ると思われる。

　要約すると，自己知識は自分の行動や思考，他者からの反応などに対するすばやい理解，評価，記憶を促進し，さらに現在あるいは将来どう行動すべきかの指針を提供するといえる。かりに私たちが自分に無関心で，自分が作り出した行為や思考，それへの他者からの反応を理解したり記憶したりできず，過去の経験の蓄積から学ぶことができなければ，複雑な社会的環境に適応することは困難であろう。豊かで構造化された自己知識は自らをうまく周囲に位置づけるよう，ダイナミックな自己システムとして機能しているのである。

　周囲の理解や対応指針の枠組みとするのに，膨大な自己知識のすべてを参照するのは効率が悪い。ある時点では多面的な自己のうちの一部分だけが活用されている。課題締切り日に間に合いそうもないときに思うのは「計画性がないから……」であり，「太っているから」は無用である。このように自己知識の

なかの活性化され活用されやすくなったものを，作動自己概念（working self-concept）という。自己は多面的であるとともに，そのときどきで関連ある側面のみが活性化され活用されるのである。

自己知識の正確性　ある人Aとはどのような人か。たいていの人は，Aさんの人となりを知るよい方法は，Aさん自身に尋ねることだ，と思うかもしれない。なぜなら，Aさん自身こそ，日々の行為や感情や思考を経験し，それらから抽出した自己知識に特権的にアクセスできるからである。しかし，人は自分の過去の経験については何らかの情報を有しているが，現在の感情感覚や思考意図については必ずしも気づいていないこともある。自分に影響を与えている刺激の存在に気づかず，それへの自分の反応に気づかず，その刺激と反応との関係について気づかない。自己報告は内省より，むしろ暗黙の理論に基づいているのである（Nisbett & Wilson, 1977）。

自己洞察が妨げられるのは，後述するさまざまな自己関連動機のためであり，また自分の心的過程にアクセスしない，できないためでもある。

自尊感情と自己評価

自己概念は自分がどのような特徴をもつかを認知活動を通してとらえたものであるのに対して，自己評価や自尊感情はそれを評価したものだとされている。しかし，認知と評価はそれほど厳密に区分されるものではない。ここでは，広い意味で全体として自分自身をよしとして受け止め，肯定的に感じることを自尊感情（self-esteem）とし，個別領域における自己の評価を自己評価（self-evaluation）と呼ぶこととする。

自尊感情の概念と測定　自尊感情は自分自身を全体として肯定的に評価することであり，人間が心理的に十分に機能するための基盤を支えるものとして，これまで多くの関心を集めてきた。すなわち，自尊感情が高い場合には，ストレスが低く情緒的に安定し，困難に直面してもあきらめず積極的に対処しようとし，達成へ強い動機づけをもち，人に対する緊張が低く周囲の人々から好意的に評価される。反対に，自尊感情が低く，

TABLE 15-1 ●ローゼンバーグの自尊感情尺度

1	少なくとも人並みには、価値のある人間である。
2	いろいろなよい素質をもっている。
*3	敗北者だと思うことがよくある。
4	ものごとを人並みには、うまくやれる。
*5	自分には、自慢できるところがあまりない。
6	自分に対して肯定的である。
7	だいたいにおいて、自分に満足している。
*8	もっと自分自身を尊敬できるようになりたい。
*9	自分はまったくだめな人間だと思うことがある。
*10	何かにつけて、自分は役に立たない人間だと思う。

（注）＊は逆転項目。「1：あてはまらない」から「5：あてはまる」までの5件法で評定させ、合計点を算出する。

（出典） Rosenberg, 1965.

　自分を十分に尊重できない場合は、学習への動機づけや親和性、人生満足度などが低く、非行や抑うつ、攻撃行動などさまざまな問題が生じやすい。自尊感情を高めてやると、こうした問題が改善されると考える立場がある。他方、自尊感情が高いことは傲慢で非協力的な場合もあるとして必ずしも無条件でよいとは限らないとする研究者もいる（例：Baumeister et al., 2005）。

　ローゼンバーグらは、自尊感情を特性と同じように個人のなかで安定した評価と考え、その個人差を問題にした。一般に自尊感情といえば、このような自己についての概括的な安定した評価を意味する。他方、たとえば意中の人にふられたとき、また成功を収めほめられたときのように、状況によって変動する自尊感情もある。これらは状態自尊感情（state self-esteem）と名づけられており、それを測定する尺度もいくつか開発されている。なお、安定した自尊感情の方は、状態自尊感情と対比されて、特性自尊感情（trait self-esteem）と呼ばれることがある。

　自尊感情の高さを測定するために、多くの尺度が作成されている。ローゼンバーグ（Rosenberg, 1965）による自尊感情尺度はとくに有名である（表15-1）。しかし、尺度は実施が簡便であるという利点がある反面、尺度によって測定しているものが異なり、また自分をよく見せようとする歪みが懸念されるといった弱点をあわせもつ。最近はIAT（潜在的連合テスト）やName Letter効果など参加者自身の意図的コントロールの影響を受けにくいとされている潜在的指標を用いて自尊感情を測定することも行われている。顕在的指標では意識的反省的な自尊感情が、潜在的指標では無意識的な自尊感情が測定され、両者間に

は弱い相関がある (Bosson et al., 2000)。

また，自尊感情を従来の自分自身に対する個人的評価という考え方から離れて，関係性の観点からとらえ直そうとする動きがある。ソシオメータ (sociometer) 理論では，自尊感情は，燃料メータなど現在の状態を知らせる計器と同様，自己と周囲の世界との関係に関して現在どのような状態にあるかを自分に知らせるためにある感情だと考える (Leary & Baumeister, 2000)。車の運転中にガソリンが残り少ないことをメータが示せばこのままではまずい事態になると予測し，それへの対応策（給油）をとるだろう。同様に，重大な失敗を犯し，関係性からの排除の危険性（たとえば，相手が怒っている）を察知したとき自尊感情が低下し，ネガティブな体験としてそれを感知し，排除される危険性を低減するような行動（たとえば，謝罪）や認知操作（たとえば，本当は怒っていないと思う）を通して，関係性を修復・維持しようとする（遠藤，2000）。人間にとって社会的環境への適応はきわめて重要な意味をもち，他者との関係性を適切に構築・維持することが求められる。自尊感情は，個体を他者との関係性のネットワークのなかに適正に位置づけることを促進する適応のための機能を担っている。

社会的比較

社会的事象は複雑であり，そもそも何が「正解」なのか，正解が存在するのかともに不確かだという性質をもつ。たとえば，自分はフリーターになるつもりでいるが，親は正社員として就職せよという。自分は間違っているのだろうか。このような疑問の1つの解決法は，同じようなステージにいる他者と比較することである。自分と他者を比較することを，社会的比較 (social comparison) という。フェスティンガー (Festinger, L.) は，人は社会で適応的に生きていくために，自分の能力の程度や意見の妥当性などを評価しようとし，そのために社会的比較を行う，と考えた。彼の理論の要点は次の3点である。①人には，自分の意見や能力を正しく評価しようという動因がある，②直接的・物理的な基準がない場合，人は他者と比較することによって自分を評価しようとする，③一般に，人は類似する他者と比較することを好む。テニスに関して，たいていの人は，ジョコビッチと自分とを比較することはないだろう。そのような比較からは有用な情報は得られない。

フェスティンガーは，社会的比較は正確な自己理解を得るために行われると

考えたが，その後研究が進むにつれ社会生活の多様な目的や動機に役立っていることが明らかになってきた。その1つは，自己高揚動機（次節参照）と関連し，他者との比較を利用して自分の自尊感情をより高める，あるいはその低下を防ぐという場合である。自分がみじめな状態にあり，自尊感情が脅威にさらされている場合，もっとよくない状況にある人と比べる下方比較を行うことによって，少しでも自分に肯定的な光をあてようとする。乳ガンで乳房の一部を切除した人は全部を切除した人と，全部を切除した人はガンが転移した人と自分を比較したという報告がある（Wood et al., 1985）。第2は，自己を向上させようと，高い目標に向け自分を鼓舞するために（自己向上動機），自分より望ましい状態にある人と比べる上方比較を行う場合である。上方比較は一方で自分の不完全さに目を向けさせ，意気消沈に至らせてしまう危険性をはらむ。実際に優れた他者に近づこうとして上方比較するのは，自分もその水準に到達できると考える場合である。

自己評価維持モデル

他者と比べて自分の方が劣るとき，人はどのようにして自己に対する肯定的評価を守り傷つくことを回避するのだろうか。テッサー（Tesser, A.）は，自己評価維持（self-evaluation maintenance ; SEM）モデルを発表して，自己評価のレベルを決定する要因を先行条件として明確化し，それら要因の組合せによって自己評価の変動を導く2つの異なる過程があり，生起する感情や対応としてとられる行動が違ってくると主張した（図15-2）。なお，ここでいう自己評価は特定領域における変動可能な評価であり，比較的安定した概括的な自尊感情とは区別される。

自己評価レベルを決定するのは，課題や活動が自己定義に関連している程度を示す「自己関連性」，課題や活動における自己と他者の成績を示す「遂行」，それに自己と他者の親しさを表す「心理的距離」の3要因である。3要因の調整には自己評価の変動を導く比較過程と反映過程の2つがあり，自己関連性の程度によってどちらかの過程がとられる。

(1) **比較過程** 自己関連性の高い課題や活動において，他者の方が自分より優れているとき，その他者が心理的に近ければ，自己評価は脅威にさらされ，嫉妬やフラストレーションを味わう。

(2) **反映過程** 自己関連性の低い課題や活動においては，他者の方が自分より優れているとき，その他者が心理的に近ければ，その成功を誇る気持ちが

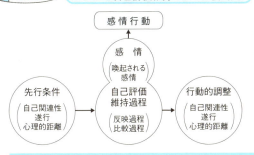

FIGURE 15-2 ● 自己評価維持モデルの模式図

自己評価維持モデルは，課題の自己関連性，遂行，他者との心理的距離の3つを変数として，自己評価を維持するように3要因間の調整を行うことをモデル化したものである。

（出典）Tesser, 1988 より。

強くなり，他者の栄光を自分に引き寄せ自己評価が引き上げられる。

　つまり，親しい他者がすばらしいことを成し遂げたという事実は，それが自己に強く関連するものか否かによって，正反対の効果を生み出すのである。あるピアニストの親友が文学賞を受賞した場合，自分とは異なる領域での親友の成功はピアニストに喜びをもたらし，友人を誇りに思い祝福するだろう。他方，もう1人の親友がショパン・コンクールで入賞したなら，ピアニストはそれを脅威と感じ，その人との間に距離を置くようになるかもしれない。

　人は自己評価を維持するため，状況に応じて自己関連性を低下させる，心理的距離を拡大する，自分の遂行レベルの向上に向けて努力するなどの対応を講じ，3つの要因のいずれかを認知的・行動的に変えると予測される。このモデルは，自分以外の人の出来事をどのように理解するかが自分の感情や認知，行動の取り方に変化をもたらすことを示唆している。

4 自己に関わる動機

　自己に関わる動機（自己動機）にはさまざまなものがあるが，自己高揚動機，自己査定動機，自己一貫性動機の大きく3つに集約される。

自己高揚動機

　うぬぼれ，天狗，自信過剰。自分自身を実際以上に肯定する様子を示す言葉は，じつに多い。昔の人々は，厳重に戒めなければならないほど自分への見方は肯定的な方向へ

COLUMN 15-1 感情予測──自分のことなのにわからない

　年末になると宝くじ購入の長い行列を見かける。「ドリームジャンボ」などの名称がすでにもの語っているように，人々は高額賞金が当たることを夢見る。大金があれば，つらい仕事をやめてもいい，豪邸を建ててもまだ余るお金はどのように使おうか，そのような悩みを味わえたらどんなに幸せだろう，これが並んでいる人々の胸のうちに違いない。

　将来の出来事に対して，自分がそのときどう感じるかを現時点で予測することを，感情予測（affective forecasting）という。快感情を予測するならその出来事への接近に，また不快感情を予測するなら回避に向けて動機づけられるはずであり，動機づけや行動予測に役立つだろう。しかし，この現象とプロセスの解明に取り組んだウィルソンとギルバート（Wilson & Gilbert, 2003）は，望ましいことであれ望ましくないことであれ，その出来事が起きたときに味わうだろう感情を正しく予測するのは困難で，多くの場合，喜びや苦痛の強度を過大に予測する，あるいは持続期間を長く予測する傾向にあると報告している。つまり，あることに対して自分自身がどう反応するか正確には言い当てられないことになる。

　ある研究では，恋愛関係が順調な人（幸運者）に現在の幸福度と，失恋したときの幸福度（いかに幸福でないか）予測の回答を求めた。そして，実際に失恋した人にも幸福度を尋ねた。その結果（図参照），失恋経験者の幸福度は幸運者のそれと違いが認められず，幸運者が予測する失恋後の幸福度だけが低かった。

　また別の研究では，新入生は大学のいくつかある学生寮のうち，自分が希望するところに入寮できたらどんなに幸せだろう，と予測した。数カ月後，希望どおりの寮に入れた学生と，別の寮にまわされ希望どおりにならなかった学生の幸福度を調べたところ，実際の幸福度はどちらも大差なかった（Wilson & Gilbert, 2005）。希望寮を決める段階では建築年数や部屋の広さ，通学距離などを考慮するが，実際の寮生活の満足度は気の合う友人が同じ寮にいる否かに大きく影響され，友人ができた学生は建物の古さや部屋の大きさに関係なく，快適で楽しい寮生活を送ることができる。

　出来事がもたらす感情を大仰に予測してしまうのはなぜだろうか。感情予測

エラーが生起する原因として，次のようなものが考えられている。第1に，人には心理的回復機能（これは免疫システム immune system と呼ばれている）があるということを忘れがちである。人生に多少の困難があってもユーモアや友情，視点の転換などを通して乗り越える力が備わっていることに思いが及ばない。第2に，当該出来事の中心的側面に焦点を当てて考えすぎること（focalism）である。人生全体，そのなかのある1日，どちらをとってもさまざまなことが起きる。失恋したとき，親友が旅行に連れ出して素晴らしい景色を見せてくれたり，難関試験の合格の通知がちょうど届いたりするかもしれない。失恋だけでなく，それらも幸福感に影響するはずであるが，あらかじめ失恋について考えるときにはそのことだけに集中し，他の出来事からの影響に思いが及びにくい。

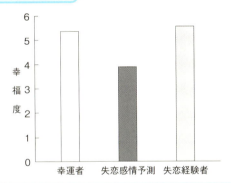

図●幸運者の失恋感情予測

幸運者（恋愛関係が順調な者）は，失恋したらあまり幸福ではなくなると予測した。しかし，実際に失恋を経験した者は幸運者に比べて幸福でないことはない。失恋を経験していない幸運者は，将来の出来事（失恋）からの影響を過度に否定的なものと考えることを示している。

（出典）　Gilbert et al. 1998 より改変。

歪みやすいことを知っていたからだろうか。自分を肯定し高めようとすることを，自己高揚（self-enhancement）動機という。自己高揚動機は人が前を向いて積極的に人生を生き続けるために，自己に関わる動機のなかでもとくに重要だとされている。

(1) ポジティブ幻想　自己高揚動機を満たす1つの方法は，自分自身および自分に連なる事象をバラ色のメガネを通して見ることによって，肯定的な方向に歪めることである。これまでの研究によれば，人は自分自身を肯定的方向から把握し，自分の統制力を実際以上に大きいと感じ，そして自分の将来に対して楽観的に考える。このような傾向は，ポジティブ幻想（positive illusion）と名づけられている（Taylor, 1989）。人は一般に，自分は他者より長所がたくさんあり，そのような自分が働きかければよい結果が生まれ，将来も順調に行くだろう，と思っているというわけである。

このような自己理解は，帰属や記憶といった認知的活動によって紡ぎだされる。その1つは，帰属のセルフ・サービング・バイアス（第14章参照）であり，それによって都合のよいことだけを自分に引き寄せ，肯定的な自己理解をいっそう増強する。特性語は曖昧であることが多い。高齢者に座席を譲らず点字ブロックの上でスマホに没頭する人が友だちに100円アイスをおごる。果たしてこの人物は親切か。親切をどのように考えるかによって答えは違うだろう。しかし，後半部分だけを考慮し自分は「親切」だと思うことは可能である。実際，「芸術的」「運動能力が高い」など種々の特性についてどのような意味か詳細な説明を与えると，自分への肯定性は縮小する。

セルフ・サービング・バイアスは，最近では帰属だけに限定せず，自分に好都合な状態をもたらすよりさまざまな認知的現象を指すようになってきている。たとえば，肯定的な内容の自己関連情報は否定的な内容のそれよりも信憑性が高いと見なされる。すい臓病の疑いがあるという偽のフィードバックを与えられた実験参加者は，その後の唾液検査がよくない結果を示した場合は，よい結果を示した場合に比べてその検査を精度の低いものだと考え，再度検査を受けなおそうとする傾向が見られた（Ditto & Lopez, 1992）。

(2) セルフ・ハンディキャッピング　自己を守るために否定的な評価が下ることを回避しようとして，自分自身で不利な条件を作り出すことがある。失敗が予想される脅威的な状況で，説得力のある因果的な説明を創作し，脅威を低

減しようとすることを セルフ・ハンディキャッピング（self-handicapping）という。たとえば，重要な試験に臨んだ学生は，他に口実になりそうなものがないとき，あえて妨げとなる音楽を聞きながら試験を受けることを選択した（Shepperd & Arkin, 1989）。成績が悪い場合に備えて，力を十分に発揮できそうもない不利な状況があったという口実を自ら準備したのである。よい成績がとれそうもないとき，「徹夜したから，試験中に睡魔に襲われて……」と説明すれば，かりに成績がふるわない場合でもそれは睡魔と結びつけられ，実力不足だという判断は当面控えられる。

セルフ・ハンディキャッピングは酒，薬物，遅刻など実際に行動に移され実行される場合と，行動を伴わず言い訳のような自己報告にとどまる場合があるが，いずれも自分や他者の目にだめな自分が映し出されることを回避したいという動機が関わっている。失敗回避動機が高い場合，セルフ・ハンディキャッピング方略が用いられやすくなる。

自己一貫性動機

気分が変わりやすい人は情緒不安定，態度の変わりやすい人は信念を欠く人と言われ，言うこととすることが違っている人は信用されない。人には自己を一貫したものにしようとする傾向があり，自己一貫性（self-consistency）動機と名づけられている（Swann, 1983）。自己一貫性動機は，認知的不協和と自己確証過程の2方向からの説明がなされている。

フェスティンガー（Festinger, L.）の認知的不協和理論では，自己や周囲の環境に関するさまざまな知識や信念を認知と呼び，それらの間に生じる矛盾を不協和と名づけた。不協和は不快な緊張状態をもたらすため，認知要素の一方を変えたり新しい認知要素を加えたりすることで，それを低減しようとする。認知的不協和という考え方を用いれば，なぜ人は自分が深く関わったことを価値があると考えるかが説明される。価値のないものにエネルギーを投入することは自己矛盾を引き起こす。しかし，過去の行動はもはや取り消すことができないから，認知を変えるしかない。カルト宗教の信者は，教祖の予言が外れたことを知ったのち，脱会するどころかより正しい宗教であるとしていっそう深い傾倒を示した（Cialdini, 1988）。

他方，自己確証（self-verification）理論は，認知的不協和理論とは異なり自己の一貫性それ自体のためというよりは，自分の世界で起きることを予測し統

制しようとすることが一貫性への動機づけの原点にある，と考える。安定し一貫した自分へのとらえ方は自己や他者の予測可能性を高め，相互作用をよりスムーズにする。たとえば，いつも外見に気を遣いおしゃれであることを自認しているAさんは，ちょっとした外出でも，服の組み合わせを考えきちんとメイクをしようとするだろう。そうすれば，友人は「今日も素敵」とほめてくれ，いつものようにお互い気持ちよく会話が進むに違いない。もし「外見に無頓着」なAさんを見たなら，友人は「どうしたの」と驚き，一緒に並んで歩くのをためらうかもしれない。そうすればAさんは，どうしてよいかわからなくなる。人は一度自分への理解を確立すると，自己概念を確証してくれるような社会的現実を求め，それを実際の社会的環境と自己のなかに作り出すように行動したり解釈したりする。自己確証と呼ばれるこの過程によって，自己概念はいっそう堅固さを獲得する。自分は若々しく元気だと考えている中高年が思いがけず座席をゆずられたことを契機に，体力作りに精を出し若く見える服装を試み始めたりするのは，自己概念に反する情報を得て不安を感じ，自己概念を維持することに動機づけられたためであろう。自己概念は自分で確認するだけでなく，他者からそのような者として見なされ扱われることによっていっそう補強される。自分自身に対して否定的な自己概念をもっている人は，それに一致した見方をしてくれる他者を好む。たとえ，否定的に見られようと，自己概念と他者から期待される別の人間像との葛藤に引き裂かれずにすむからである。

自己制御

自己制御 (self-regulation) とは，自分の行為をモニターし，自分のもつ何らかの基準に照らして評価し，統制することをいう。人は，自分が主人公であると感じ，行為が湧き出ずるところとして自分自身を経験する。そのような主体性 (agency) を支えているのは，社会的状況において思考，感情や行為を始動・継続・終了させる一連の過程としての自己制御である。

自覚状態　自己制御は注意の方向，すなわち自分に注意が向けられているか，あるいは外界に向けられて

いるかによって影響される（Duval & Wicklund, 1972）。自分自身に注意を向けみずからを対象として見ている状態のことを、自覚状態（self-awareness）という。探しものをしているとき、あるいはゲームに熱中しているとき、人の注意は外界に向けられている。だが、多くの人の前に出たときなど状況によっては、その注意は自分自身へと切り替えられる。

自覚状態は、人前では姿勢を正し、まじめな態度で仕事をすべきだというような、現在の状況に関連した基準を活性化させる。すると、自分の行為はその基準から評価されて基準と自分とのズレがあらわになり、不快な感情が引き起こされる。そこで、このズレを低減するために自己のあり方を調整しようとする。この自己制御過程は基準に達したと思えるまで、あるいはあきらめて断念するまで繰り返される（Carver & Scheier, 1991）。

ハロウィーンを利用したあるフィールド実験では、子どもたちは各自1個だけかごからキャンディを取ることを許可される。鏡がない条件では子どもたちはポケットいっぱいに詰め込んだが、鏡に姿が映るようにした条件ではいいつけを守る子が多かった（Beaman et al., 1979）。鏡がある条件では自分に注意が向き自覚状態となるため、よい行動基準に従うよう自己制御が働いたのである。

近年はさらに、自分の姿を確認できずとも他者の視線らしきものがあるだけで、内在化された基準に照らした行動がなされることが示唆されている（第16章参照）。ある研究では、実験参加者に一定金額のお金を渡し、本人と匿名の相手との間でどのように分配されるかを検討する独裁者ゲームを行った。その際、3点を逆三角型∴に組み合わせた「顔条件」と、それを180度回転させ三角型∴に配置した「統制条件」の2つを設けた。その結果、一見して顔とはわからない幾何学図形の紙を渡された顔条件では、統制群に比べて、他者に金銭を分け与える行動が促進された（Rigdon et al., 2009）。

自己意識

状況ではなく個人的な傾向として自分に注意を向け、自分を意識しやすい性格特性を自己意識（self-consciousness）特性という。自己意識特性には、他者から見られている自分を意識するという公的自己意識（public self consciousness）と、自分の感情や考えていることなど他者にはわかりにくい内的なものに注意を向ける私的自己意識（private self consciousness）の2つのタイプがある。公的自己意識の高い人は外見や振る舞いなど他者が見ている自分に注意を払い、とくに自覚状態

にあるときは他者の価値や態度などの外的基準に合わせようとする傾向がある。これに対して，私的自己意識の高い人は自分を分析しようとし，自分の感情や思考を内的基準に合わせようとする。

最近，抑うつ者や不安の高い人は，慢性的に自己へ注意を向けた状態にあり，そのため状況への対応や課題の遂行が妨げられているのではないかという議論が登場してきている。失敗した後，そのような人々は自分の内的要因に注意を向けた状態を長引かせる。それは，自分の行動と基準との埋めようのないズレを見据えることにつながり，否定的な自己への見方をさらに維持・強化してしまうのかもしれない。

自己と他者

人間の自己理解には，他者が深く関わっている。このような議論は，古くはジェームズの「社会的自己」やクーリー（Cooley, C. H.）の「鏡映的自己」の考え方においてすでに見られるが，最近は改めて自己と他者のより密接で多面的な関係のあり方が指摘されている。

重要他者と自己評価　自己評価は，自己に対して自分自身が下す評価である。しかし，そこには他者も関わっている。社会的比較理論が提唱するように，他者が自己との比較の対象となるだけでなく，他者はまた自己評価の視点や基準をも提供する。自分の愛する人が側にいたら何と言うかを考えながら行動するのは，重要な他者が提供する基準を参照しながら，自分のあり方を評価し制御していることを示唆している。

ある実験ではカトリック教徒の学生を実験参加者として，ローマ法王の顔写真を見せる条件と見知らぬ人の写真を見せる条件下で，自己評定を求めた。その結果，ローマ法王の写真を見せた条件群では自己評価が低下した（Baldwin et al., 1990）。これは，「法王がかりに私を評価するなら……」と，法王の視点で自己評価を下すからだと考えられる。

さらに，恋愛カップルなど親密な関係がうまくいっている場合，相手から受けた高い評価を取り込んでその人自身の自己評価が高くなり，しかもそれを相互に交換するため，当事者双方が自分にも相手にも満足することが明らかにさ

TABLE 15-2 ● 主張的自己呈示

自己呈示の戦術	求められている印象（こう思われたい）	失敗した場合に与える印象	相手に喚起される感情	典型的な行為
取り入り	好感がもてる	追従者 卑屈・同調者	好意	自己描写・意見同調 親切な行為・お世辞
自己宣伝	能力がある	うぬぼれた 不誠実	尊敬	業績の主張 業績の説明
示　範	価値がある 立派な	偽善者 信心ぶった	罪悪感・恥	自己否定・援助 献身的努力
威　嚇	危険な 恐い	うるさい・無能・迫力なし	恐怖	脅し・怒り
哀　願	かわいそう 不幸	なまけ者 要求者	養育・介護	自己非難 援助の懇願

（出典） Jones & Pittman, 1982 より作成。

れている（第17章参照）。

自己呈示と他者の目

就職活動の時期になるとそれまでカジュアルなスタイルだった学生が髪を短くし，スニーカーをビジネスシューズに履き替えて変身する光景は，毎年キャンパスで観察される。どの程度本人が意識しているかは別にして，人は多かれ少なかれ他者の目に映る自分の姿を操作し，ある印象を与えようとする。このことを自己呈示（self-presentation）という。自己呈示の究極の目的は，よい結果がもたらされるように他者とのやりとりを一定の方向に導こうとするものである。上の例では採用内定を得ることができるように，就職活動という場にふさわしいとされる形に外見を整え，有能なビジネスマン候補を演出しているのである。自己呈示の方略としては，服装や所有物で外見を飾り立てるなど，自分に焦点をあてた行動が思い浮かぶだろう。しかし，相手にお世辞を言う，相手の意見に同調するなど相手に焦点をあてた行動も，自分を受け入れてもらい好感度を上げようとすることの現われであり，とくに地位の高い相手に対して生じやすい。

多くの場合，与えたい印象は社会的に望ましいイメージであろう。有能，やさしさ，魅力，寛容，このようなものをもった人と見なされることによって，他者から好意的な評価や利益を勝ち取ることができる。しかし，「恐い人」という印象を与えることによって，目的を達しようとする場合もある。ジョーン

ズほか (Jones & Pittman, 1982) は，5つの主張的自己呈示を挙げ，どのような行為でどのような印象を与えようとするかを整理している（表15-2）。

自己呈示は正体を隠し人目を欺(あざむ)こうとする行為だとして，否定的にとらえられることがある。しかし最近の研究は，自己呈示が自己の正体を自らのうちに閉じ込め偽りの仮面をつけるのではなく，他者との交流のなかで自分のあり方を作り変える可能性をもった行為であると考え始めている。はじめは「ふり」をしているつもりでも，ある自分を演じて他者がそれを受け止めたと考えるうちに，いつのまにか自分自身の見方がそのように変化するからである。

ある実験では，実験参加者に実際の自己概念に関わりなく，外向的な自己呈示をするように依頼した。その際，隣室で他者が見ていると思わせる「人前」条件と誰もいないと思わせる「無人」条件を設定した（本当はどちらも実験参加者1人だけである）。すると，「人前」で外向的な人間を演じた人たちは，外向性に関する自己評価が上昇しただけでなく，実際に他者と積極的に関わろうとする行動を示した。無人条件ではそのような変化は生じなかった (Tice, 1992)。自己呈示はそのとき自分がそのような者として存在することを自己と他者に示す行為であり，それに合うように自己への見方を変化させると考えられる。

SECTION 7　語られるものとしての自己

自伝的記憶

自分の人生の出来事の記憶を自伝的記憶 (autobiographical memory) という。自伝的記憶には戦争体験のように人生において決定的な意味をもつものから，子どもの頃ころんで泣いたなどのささいなものまでさまざまなエピソードが含まれる。私たちは，経験することのすべてを憶えているわけではない。自伝的記憶の特徴の1つは，さまざまなエピソードのなかから取捨選択されたものだということである。しかし，どのようなものが選択的に想起されるのか今のところ十分には解明されていない。自己高揚動機のところで述べたように，自分に都合のよいエピソードは記憶成績がよいという記憶バイアスが指摘されているが，逆に自分にとって不快な出来事の記憶の方がよいという報告もある (Wagenaar, 1994)。

自伝的記憶のもう1つの特徴は，それが再構成 (reconstruction) されたもの

だということである。記憶はけっして現実のコピーではない。いかに本人は事実を正確に思い出しているつもりであろうと、自伝的記憶は想起時点での選択や解釈が加わっているため、いわば想起している時点で織り上げられた創作であると言っても過言ではない。M. ロスほか (Ross & Buehler, 1994) は、自分が過去と現在でどうであったかを評定させる実験結果から、過去はその特徴の現在の状態とある暗黙の理論に基づいて構成されると示唆している。たとえば、夫婦別姓について数年前は反対だったが現在は賛成へと態度が変化した人は「私はそれに関してはずっと以前から賛成だ」と考える傾向があるが、これは現在の「賛成」という状態とこの種の問題に対する態度は一貫しているものだという暗黙の理論によって作り上げられたものだという。

近年、性的虐待など密室の2者間で起きた事件において、自伝的記憶として想起されたことの正確性の判定が、裁判にも関わる問題として関心を集めている。記憶研究者ロフタス (Loftus, E. F.) らは、記憶が想像や他者の発言などによって容易に作り変えられてしまうことを指摘し、記憶に基づいて状況を詳細に語る場合でも、「偽りの記憶」(false memory) である可能性があると警告している（自伝的記憶や偽りの記憶については第4章も参照のこと）。

自己物語

映画「ブレードランナー」には、人間以上の体力と知力を備えた人造人間レプリカントが登場する。人間になりたいと願ったレプリカントは他人の写真を手に入れ、「これは私の幼い頃よ」と人に見せる。幼い頃の写真＝過去の「証拠」を手にすることによって、自分がどこから来てどこへ向かう存在であるかを語ろうとしたのである。

自己物語 (self-narrative) は、ライフ・ストーリーとも称されるが、自分について語る物語である。過去の出来事が現在を規定するのはすべての生物に共通しているが、人間の場合はさらに過去の経験を再構成した記憶にも影響される。思い出された出来事がその人の人生の重要な部分を占めるなら、それは自伝的記憶となり、1つの物語を構成する。

人は人生に意味を求める。無意味な人生は耐え難い。人生の意味が成立するためには、日々の経験や出来事などがバラバラな断片でなく、一定の筋をもつ形式に則った統合体のなかに組み込まれる必要がある。自己物語の作成を試みれば明らかなように、自分を語ることには社会・他者が必ず入り込む。自己物

語は，言い換えれば，この社会で自分がどのような人間として生き，どのような人間関係を結んできたか，何をしてきたかを思い描くことである。さまざまな過去は，物語のなかに糸のように織り込まれ，織り上がった物語は，語り手である自分自身に対して，そして聞き手である他者に対して，自分が何者であるかを明確化する。自己物語がもつこうした力はナラティブ・セラピーなどのカウンセリングにも利用されている（第22章参照）。自我同一性の構築とは，自己物語を作り上げることだともいえる。

BOOK GUIDE ● 文献案内

中村陽吉 編，1990『「自己過程」の社会心理学』東京大学出版会．
　●自己への注目，理解，評価，表出など段階を追って，丁寧に解説した良書。

安藤清志・押見輝男 編，1998『自己の社会心理（対人行動学研究シリーズ6)』誠信書房．
　●社会心理学領域のさまざまな自己研究を紹介している。臨床的ケースの理解にも理論的枠組みを提供できるものと思われる。

榎本博明，1999『〈私〉の心理学的探求——物語としての自己の視点から』有斐閣選書．
　●知覚や記憶の知見とも関連づけながら，自己を物語の観点から解説したわかりやすい入門書。

片桐雅隆，2003『過去と記憶の社会学——自己論からの展開』世界思想社．
　●自己と記憶の関係について考察した専門書。このテーマを深く理解したい人におすすめ。

Chapter 15 ● 練習問題   EXERCISE

❶ あなたが包容力のある温かい人と一緒にいる場合と，情緒不安的で攻撃的な人といる場合を想像してみよう。あなたの行動や感情はどのように異なるだろうか。また，そこから，あなたの「特性」についてどのようなことがいえるだろうか。

❷ 実際にはその場にいない他者の目で自分を評価するのは，どのような場合か考えてみよう。

❸ これまでを振り返って，どんなセルフ・ハンディキャッピングをしたことがあるか思い出しなさい。それは，他者にあるいは自分に対して，どのような印象を守ろうとしたのだろうか。

❹ 自分に注意を強く向けるのは，どのようなときだろうか。そして，そのとき，どのような行動や思考が起きるだろうか。

HINT ● p.631

第 16 章 社会的影響

集団のなかの文法

東京の地下鉄の通勤者 (iStock.com/olaser)

- KEYWORD
- FIGURE
- TABLE
- COLUMN
- BOOK GUIDE
- EXERCISE

CHAPTER 16

ハイドンやマリーアントワネットの肖像画を見て，なぜあのように芝居じみた大仰な装いなのかと不思議に思ったことはないだろうか。私たちは自分の好みで服装を選んでいると考えている。だが，ファッションは社会・文化的影響を受けている。社会的影響は服装に限らず，さまざまなスタイル，行動・態度，思考など，普段自分個人のものと考えていることの多くに及ぶ。そして，あなたも誰かにとっての「他者」として，自分では気づかないうちに社会的影響を作り出している。社会心理学とは，個人の思考・感情・行動が，実際または想像された他者の存在によっていかに影響されるか，そして他者にいかに影響を及ぼすかを理解する試みだともいえる。本章では，さまざまな社会的影響について学ぶ。

PREVIEW

> **KEYWORD**
>
> 社会的促進　社会的手抜き　社会的インパクト理論　傍観者効果　同調　集団規範　集合的無知　服従　説得　態度変容　世論形成　社会階層

SECTION 1　他者の存在と遂行

　1人の方が勉強がはかどるという人，他者のいる場所の方がはかどるという人さまざまあるが，いずれの場合も自分の能率が他者がそばにいることの影響を受けることを示している。

社会的促進

　1人で自転車を漕ぐより，誰かと競争したときの方が速く漕げる。他者がそばにいると単独時に比べて遂行成績が上昇する現象を，社会的促進 (social facilitation) という。社会的促進は，相手も自分と同じ課題を遂行しているとき，あるいは観察者や傍観者としてそばにいるとき，どちらの場合でも起きることが確かめられている。しかし，反対に，誰かに見られていると手元が狂ったりするなど，他者の存在によって遂行が抑制されることもある（社会的抑制；social inhibition）。

　ザイアンス (Zajonc, R. B.) は，他者の存在によって覚醒水準が高まるが，それが遂行を促進するか抑制するかは課題の内容が鍵を握り，優勢な反応が正しい（たとえば，ピアノ演奏で指を正確に運ぶ）場合は社会的促進が生起し（たとえば，演奏がうまくいき），逆に優勢反応が正しくない（たとえば，間違った指使いをしてしまっている）場合は社会的抑制が起きる（たとえば，演奏を間違える）と考えた（図16-1）。ザイアンスは「たんなる他者存在」説を主張しているが，他に評価懸念や注意拡散からの説明も提唱されている。

　その後の研究は，困難な課題のとき，他者の存在によって成績が低下すると報告している。

　これらを現実場面に応用するなら，職場環境デザインとして，挑戦的な課題に取り組む部門はできる限り個室的な空間を，逆に繰り返しが多い比較的容易な作業は他者と共有する空間を職場環境として用意すると生産性向上が期待で

FIGURE 16-1 社会的促進と社会的抑制へ至る過程

他者の存在 → 覚醒水準または動因の上昇 → 優勢な、よく学習された反応傾向を強化 → 優勢反応が正しければ遂行は促進され、社会的促進が生起 / 優勢反応が正しくなければ遂行は妨害され、社会的抑制が生起

（出典）Zajonc, 1965 をもとに Taylor et al., 2003 が作成。

きることになる。

社会的手抜き

道路舗装工事で1人では1時間に $6\,\mathrm{m}^2$ の工事を終えることができる。では，50人が1時間働くとどのくらいの工事ができるか。算数なら，小学校レベルの問題であろう。だが，現実問題となると話は違ってくる。個人の遂行は他者の存在によって影響されるからである。集団で何かをするとき，1人あたりの遂行が単独でするときよりも低下する社会的手抜き（social loafing）という現象が生じることがある。道路舗装で1人だと1時間に $6\,\mathrm{m}^2$ の工事が仕上がるのに，10人では $48\,\mathrm{m}^2$ だとすると，1人あたり $4.8\,\mathrm{m}^2$ となり単独時の $6\,\mathrm{m}^2$ より20％ほど作業量が低下したことになる。ラタネら（Latané et al., 1979）は，個人の成果を問わないと見せかけておいて実際は個々人の遂行を測定した。その結果，一斉に大声を出したり拍手する課題で，集団の人数が大きくなるに伴って集団全体の遂行量は上昇するが，1人あたりの努力量が減少することを確認している。

社会的手抜きはなぜ生じるか。まず個人の遂行の評価の困難性が挙げられる。自分がどの程度集団遂行に貢献しているかどうか他者にも自分自身にもわからない。その他，努力の不必要性，懸命にやらないという集団規範への同調，緊張感低下，注意拡散などがあり，何が関わっているかはどのような人，どのような仕事，どのような状況であるかによって異なるようである。また，社会的手抜きに関しては，文化差が報告されている。集団の成果や協力が強調される集団主義文化に比べて，個人の達成や利益追求が重要視される個人主義文化において手抜き効果が著しい。ただ文化差については代表性問題（当該文化を誰

第 16 章 社会的影響

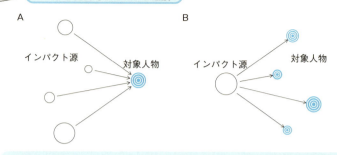

FIGURE 16-2 ● 社会的インパクト理論

A　対象人物に対する聴衆のインパクトは，聴衆の数（円の数），直接性（距離），重要性（円の大きさ）によって，規定される。就職面接で緊張するのは，重要な人々がすぐ前にずらりと並び，総合的に大きな力となって被面接者1人に集中的に働くからである。
B　対象人物が多いのに，インパクト源の聴衆が1人であれば，その力は拡散し，インパクトは弱くなる。学級人数が多くなれば教師の統制が効かなくなるのは，その例である。

（出典）　Latané, 1981をもとにTaylor et al., 2003が作成。

で代表させるか）や課題の性質などが関わっていることも考えられ（釘原, 2013），二律背反の単純化した結論には慎重であるべきである。

　集団状況ではつねに手抜きが生じるというわけではない。集団の成果が個人にとって重要な意味をもち，他の成員が十分に貢献しそうもないと判断したとき，人はそれを補うように努力量を増大させる傾向があり，これは社会的補償（social compensation）と呼ばれる。社会的手抜きを低減させるためには，①各個人の貢献度の判別，②各個人の貢献度評価，③成員の関与，④課題の魅力，これらをそれぞれ高めることが有効である。

社会的インパクト理論　　ラタネは他者の存在と個人の遂行の関係を総合的に検討し，社会的インパクト理論（social impact theory）を提唱した。それによれば，他者の存在がもつ影響力の強さは，①観察者の勢力（他者の地位や権力，顕現性），②直接性や近接性（他者と当事者がどれほど向き合っているか），③観察者と被観察者の人数（この比率が大きいほど影響が大きい），の複合的な関数で決まる。社会的インパクト理論は，他者の存

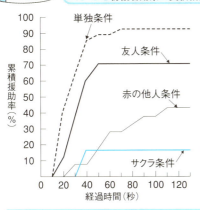

FIGURE 16-3 傍観者効果の実験結果

実験参加者が1人のときと、いろいろなタイプの他者と2人でいる場合の、援助行動の生起率を示したものである。援助行動は単独条件、友人条件、赤の他人条件の順で生起し、無関心なサクラが同席する条件で、最も強く抑制された。

（出典）Latané & Rodin, 1969.

在がどのような場合にどのような現象を生むかを統合的に説明できる。すなわち、社会的促進や社会的抑制は多くの観察者が1人の人間を観察するときに、また社会的手抜きは逆に1人の観察者が多くの人を観察するときに生じる現象である（図16-2）。

傍観者効果

一般に大勢の人がいるところは比較的安全だと考えられており、人通りの少ないところへは行かないようにという注意が海外旅行の手引きにも掲載されている。だが実際には、多くの人が目撃していながら誰1人として警察に通報するなどのアクションをとらず、殺人が実行されてしまった事件がある。アメリカのキティ・ジュノビーズ事件（1964年）、日本の豊田商事会長永野一男刺殺事件（1985年）はその代表例である。

キティ・ジュノビーズ事件では、事件後多くの識者たちが「都会人の冷淡さ」のあらわれと解説したなかにあって、ラタネは多くの人がいたからこそ援助介入が行われなかったと考えた。彼は、多くの人がいると1人のときにはとるはずの行動が抑制されることを**傍観者効果**（bystander effect）と名づけ、一連の実験でこれを証明しようとした。ある実験では、作業中に隣室から助けを求める声が聞こえてくる、という状況を設定した。すると、同室に2名以上の人がいる場合は実験参加者が1人のときよりも助けに行こうとする傾向が減少

した（Latané & Darley, 1968）。とくに，そばにいる人が無関心で行動を起こさない場合は，援助行動が著しく減少する（図16-3）。傍観者効果は，責任の分散や他者からの評価への懸念などいくつかの点から説明されている。

同調と服従

人はつねに自らの主人であるとは限らない。そばに他者がいるとき，私たちは自分の感覚や信念や思考を他者に合わせるように調整し，差し手に動かされるコマのように振る舞うことがある。

斉一性と同調　同じ集団に所属している人々は，何らかの点で類似していることが多い。これは集団斉一性（せいいつせい）（uniformity）と呼ばれる。集団斉一性ははじめから集団に備わっているのではなく，集団成員間で相互に影響を及ぼす過程を通して形成・維持される。集団内には成員が類似していることへの圧力が多かれ少なかれあり，その圧力を感じて考えや行動を集団基準に一致させてしまう同調（conformity）傾向があることを巧妙な実験で示したのは，アッシュ（Asch, 1955）である。

アッシュは自分の判断に確信をもちうる状況でも同調が起きると考え，線分の長さを比較判断するという単純な認知課題を用いて実験を行った。個別で判断を行う統制条件では，誤反応率はきわめて低かったが，6人の実験協力者（サクラ）とともに座り，実験参加者は5番めに答えるという実験条件では，誤答は4割にも達し，実験参加者の多くが多数派にならった同調行動を示した。答えが明確な状況でも，集団斉一性への圧力は働くのである。

規範的影響と情報的影響　人はなぜ同調するのだろうか，なぜ他者から影響されるのだろうか。端的にいえば，間違わないため，そして他者から好かれるためである。ドイチェとジェラルドは，影響される理由として次の2つを考えた（Deutsch & Gerard, 1955）。1つは，より正しい行動をとろうとして他者から得た情報を客観的事実の基準と考えるからであり，これを情報的影響という。実際，正確であろうとするほど多数派の影響を受けやすくなることが見出されている。もう1つは，自己を集団規範に従わせることによって周囲の状況に適合しようとするからであり，これを規範的

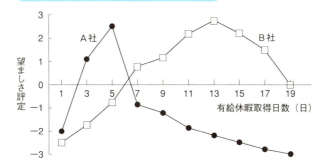

FIGURE 16-4 ● リターン・ポテンシャル・モデル

A社では，有給休暇取得日数はせいぜい3～5日以内が望ましいと見なされているが，他方B社では1週間から19日程度まで許容される範囲が広く，個人の事情に合わせて，比較的長い休暇をとりやすい雰囲気があることになる。

影響という。

規範的影響の顕著な例は職場などで見ることができる。たとえば，日本の職場では実際はなかなか休暇をとりにくい。表向きの「権利としての休暇」という規則とは別の集団規範（group norm），つまり適切とされる行動基準が職場で暗黙裡に働いており，それから逸脱すると周囲の人々の叱責や非難・排斥を招くと考え，あまり休暇をとらないのである。そして，多くの個人が「休みをとらない」ことは，「みんな休まない」という印象を他の成員に植えつけ，結果的に集団規範をいっそう強化してしまう。

集団規範を計量化する試みとして，リターン・ポテンシャル・モデル（return potential model）が開発されている（Jackson, 1960）。これは，行動（たとえば，年間何日の有給休暇をとるか）を横軸に，集団の成員による望ましさ評定（たとえば，各取得日数についてどの程度望ましいと判断したか）を縦軸にとり，成員による評価の平均値をプロットしたもので表す（図16-4）。すると，ある集団で許容される行動（たとえば，職場で許容される有給休暇の取得）範囲が浮かび上がってくる。ある（逸脱）行動がどの程度非難の対象となるかは，望ましいとされる行動の幅（許容範囲）や，成員間でどの程度の意見の一致があるかによって異なる。集団にとどまる限り，強い非難の対象となることを回避しようとして，

| FIGURE | 16-5 目の効果 |

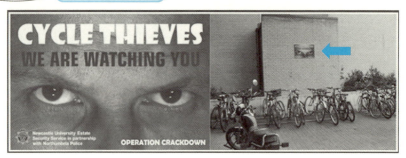

（出典） Nettle et al., 2012 より改変。

結果的に集団の影響を受けてしまうことが規範的影響である。

　規範の維持には賞罰が関わる。たとえば，駅前の駐輪はいけないという規範があり，それを知りつつ，「今日だけ」「少しの間なら」という人が次々出てくる。そこで駐輪を罰金や撤去という罰則で管理しようとするかもしれない。しかし，これは管理人や撤去作業などに要する実行コストが高くつくという問題がある。そのようななか，人々の規範に対する敏感性を高めるのが規範維持に有効なのではないか，と考えた研究がある。キャンパス内の自転車盗難への介入を試みて，「大きく見開いた人の目」のポスターを駐輪場に貼ったところ，その地区の盗難はポスターを貼る前，あるいは花の写真のポスター掲示の地区に比べて減少した（Nettle et al., 2012；図16-5）。鏡やビデオカメラの前では人々の自己覚醒（self-awareness）が高まり，望ましい行動がとられやすくなる，あるいは望ましくない行動が抑制されることが報告されてきた（Scheier et al., 1974）。近年の研究は，目のイラストや写真など自分への視線を思いおこさせるかすかな手がかりが，規範に沿った振る舞いを促すことを見出している（第15章参照）。なぜそのような効果が生じるかについてはまだ詳細は明らかでないが，比較的簡便な方法で社会問題の解決につながる可能性が期待されている。

　　　同調の規定因　　　同調を規定するものとして，次のような要因が明らかにされている。①集団のサイズ：他者が3〜4人までは人数に応じて斉一性が増大するが，それ以上人数が増えても斉

一性効果はほとんど増大しない。②集団内合意性：集団のなかに1人でも異を唱える者がいると、多数派のもつ情報の信憑性が低下し、同調する割合が著しく減少する「もう1人の味方」効果（Asch, 1955）が生じる。③集団成員の相互依存性：規範的影響は個人と集団の結びつきの強さによって規定され、「集団」に所属していると強く感じている場合、また仲良し同士で構成された凝集性の高い集団の場合に同調が生起しやすい。また同調行動は個人主義文化より集団主義文化、男性より女性において多く見られる。④状況要因：個人ごとの私的判断が優先される場合に比べて、人前で公的反応が求められる場合は、同調が生起しやすい。

集合的無知

同調はときに大勢の人々の間で同時に生起することがある。実際には類似しているにもかかわらず、自分1人が他の人たちと違っていると思い込み、結果として誰もが同時に同調する状況を集合的無知または多元的無知（pluralistic ignorance）と呼ぶ。たとえば、あなたは今進行している授業の内容が理解できない。教授は途中で、「わからない人は？」と尋ねる。手を上げると理解できていないことがバレそうで、黙っている。周囲の人は誰も手を上げない。「やっぱり、みんなは理解できたんだ。わからないのは私1人……」と考える。奇妙なことに、あなたは自分と他者の同じ行動から、異なる結論を導き出したのである。

ミラーら（Miller & McFarland, 1987）は、集合的無知は「こうあるべきだ」「こうしてはいけない」といった共通信念である社会規範への敏感さから生起すると考えている。人は自分のなかにある恥をかくことは避けたいという気持ちには気づくが、他者も同じような思いをもっていることを読み取れないために、他者の行動に対して別の意味づけをする傾向が生じる。

集合的無知は、集団間相互作用に対して妨害的に作用することがある。ある研究では異なる民族の者が集うところでは、（異民族の）相手は自分（たち）と知り合いになろうとする気がないだろうと推測し、自分から話しかけても避けられてしまう危険性があると思い、結果として働きかけない。相手方も同じように思考する。そして、自分が働きかけないのは相手から無視されるとイヤだからと考えるが、相手方が話しかけてこないのはそもそもこちらと近づきになろうとする気がないからだと推測し、どちらのグループも新たな交流をもとうとしない、ということになってしまう。

集合的無知は，集団と個人の双方に影響をもたらす。集団レベルでは，人々から実際には支持されていない社会規範を永続化させることにつながる。不公正な条件や誤った決定に対して，大多数がそれをよしとしているのだからと人々が相互に想定することによって，全体がそれを支持する方向へ導かれてしまうからである。集合的無知はまた，自分だけ他者と違っていると感じることで，個人の行動や態度を変えさせてしまう。はじめは王様を裸だと思った人々もやがて「立派な服」とほめたたえるようになり，ますます誰も「裸だ」と言えなくなってしまった話は有名である。この循環の連鎖をいとも簡単に破ったのは，まだ社会規範を共有していない子どもだった。

服従

虐殺命令（言葉）が下されても，それだけで人が死亡することはありえない。しかし，1つの命令によって600万人が虐殺されたという事実が歴史に刻まれている。命令が，大勢の人間によって殺人行為へと移し替えられたからである。権威者から下された命令に人はどこまで従うのか。ミルグラム（Milgram, 1974）はこうした服従の問題を検討するために，アメリカの一般市民を実験参加者として，アイヒマン実験と称されている実験を行った。

実験は「生徒」「教師」「監督者（権威者）」の3つの役割人物で構成された。このうち，真の実験参加者が割り当てられるのは教師役であり，他は実験協力者（サクラ）が務める。教師は生徒に暗記学習課題を与え，間違えるとそのつど罰として電気ショックを与えるよう監督者から指示される。大がかりな電気ショックの機械の前に座った教師は生徒が誤答をするごとに電気ショックの電圧を徐々に上げていかなければならない。隣室にいる生徒（サクラ）は300ボルトになると，うめいたり壁をたたいたりして「抗議」し，330ボルトを超えると，電気ショックに反応しなくなる。教師が罰を躊躇した場合，少し離れたところにいる監督者は「重要な実験だから」と言って続行するよう言語的に実行命令を与え，後はとりあおうとしない，という非言語的行動を示す（実際には電圧はにせもので，「生徒」にダメージはない）。

実験前の質問紙調査では病的変質者を除き，たいていは途中で罰を与えることを拒否するだろうと予測された。しかし，実際の実験結果はまったく異なるものであった。「危険域」電圧を通り超え（サクラの）生徒役が助けを求めても，実験者による「続けるように」との指示に対して，電気ショックを与えること

にためらいつつも断固として中止を主張する者はおらず，最高水準の450ボルトの罰を与えた者は半数を超えた。

社会心理学において，ミルグラムによるアイヒマン実験は監獄実験と並んで，「状況の力」を示した最も有名な実験の1つである。私たちは普段自分の正しさや強さにそれほど疑問を抱かず，いかなる場合でも「良心の呵責」にさいなまれるような行動はしないと思っている。しかし，歴史的事実やアイヒマン実験は，とくに権力者の命令が多数の人々に支持されているとき，同調・服従のメカニズムが働き，「意に反した」行為を行う可能性は誰にでもあることを示唆している。ミルグラムの実験参加者が示した服従は，特定の人格特性や受け取った報酬や性別（参加者の多くは男性だった）などではうまく説明できない上，軍隊や会社組織，学校などの場で起きている現象とも対応している。

アイヒマン実験は実験参加者の短期・長期ストレスが懸念され，研究倫理の方面からも注目を集めた。その結果，同じような手法を用いた研究はその後数十年間あらわれなかったが，バーガー（Burger, 2009）は工夫を加えて追試を試みた。その結果，参加者の70％が150ボルトの電気ショックステージへと進もうとして，45年後に再び結果が「再現」された。

説　得

説得とは他者の認知や行動をある特定の方向へ導くことを目的としたコミュニケーションである。相手を説き伏せるときの個人間コミュニケーションだけでなく，購買意欲を駆り立てようとする企業広告や行政機関によるキャンペーンなども，既存の認知や行動を変えさせようとする説得の一種といえる。説得は説き伏せようとする側から見た場合であり，説得される側からいうと態度変容（attitude change）となる。説得過程は，誰が，誰に，どのような状況で，何と言ったかという4つの要因から検討されてきた。初期の研究では，これらの要因はそれぞれ単独で態度変容に一方向的な効果をもつと考えられてきたが，その後の研究は媒介過程に焦点をあて，これらの要因の相互作用により説得効果が規定されることを明らかにしている。

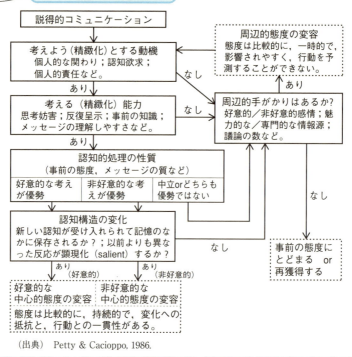

FIGURE 16-6 ● 精緻化可能性モデル

(出典) Petty & Cacioppo, 1986.

精緻化可能性モデル（ELM）

説得的コミュニケーションを受け取ったとき，受け手がそのことについてどれほど精緻化する（考える）可能性があるかによって，態度変容に至る経路が異なる。ペティほか（Petty & Cacioppo, 1986）は態度変容に至る経路として，精緻化可能性が高い場合にとる中心ルートと，低い場合にとる周辺ルートの2種類を考え精緻化可能性モデル（ELM；elaboration likelihood model）を立てた（図16-6）。

中心ルートではメッセージの議論に対する入念な処理がなされることによって，認知構造に変化が生じ（たとえば，自分とは異なる考え方の強み・弱点に気づく），たとえば，相手の考えに賛同する，あるいは以前よりもいっそう強く反対するなど，認知構造の変化に対応した方向で態度が変容する。

周辺ルートでは議論の本質とは関連が薄い周辺的手がかり（たとえば，好きなタレントの応援政党だから）に基づいて，短絡的な判断が下される。受け手に高い動機づけと理解能力がある場合など議論の本質を考える条件が整っているときは，中心ルートを経由し，変容後の態度は安定的で堅固だとされる。

なお，精緻化可能性モデルとは独立に創案されたヒューリスティック−システマティック・モデル（HSM ; heuristic-systematic model）（Chaiken, 1980）は，用語の使い方など異なるが，コアとなる考え方はほとんど共通している。

説得過程の規定因

説得過程の規定因としてここでは，①送り手，②メッセージ，③受け手，④状況の各要因を説明しよう。

(1) **送り手要因** メッセージの送り手がどのような人物かという送り手要因は他の要因とからみあって説得効果を発揮する。送り手の専門性は重要度の低いトピックにおいて，また送り手の魅力度は当該問題についての受け手の知識が低いときに，それぞれ強い説得効果をもつ。端的にいえば，精緻化可能性が低く議論の本質が十分に吟味されにくいとき，メッセージの送り手がどんな人であるかが影響力をもつのである。

(2) **メッセージ要因** メッセージ内容や組み立てなどのメッセージ要因は説得的コミュニケーションの本質に関わる部分である。ELMから予測されるように，トピックが重要なものであるときそれについてよく考えようとするため，論拠が十分強ければ説得されやすくなるが，逆に論拠が弱ければ説得は失敗に終わる。

一般に，メッセージが受け手に恐怖を感じさせるものであれば態度や行動に変化が生じると考えられるが，喚起される恐怖が強すぎると（たとえば，歯を磨かないと歯槽膿漏になる）説得効果が低減する。推奨される行動をできそうもないと判断した場合は，態度を変容させるより，極端なメッセージだとして無視し，それによって恐怖を低減しようとするのかもしれない。

(3) **受け手要因** 同一メッセージでも，受け手の特性によって説得効果が異なる。

当該事項についての十分な知識をもつ者はメッセージをより入念に精査し，周辺的手がかりには頼らない傾向がある。

セルフ・モニタリング（self-monitoring）は自らの社会的適切性に対する敏感

さの指標であるが，この高低によって態度は異なる意味をもつと考えられている。セルフ・モニタリングの高い人は社会的に望ましいとされるものを自分の態度とするため，望ましいイメージを提供してくれるメッセージ，たとえば「ボランティア活動は格好いいことだ」という情報から影響を受けやすい。これに対して，セルフ・モニタリングの低い人は自分自身の内的信念がより重要であるため，「ボランティアによって万人が生きやすい社会を作ろう」といった，価値に訴えかけるメッセージから影響を受ける。

(4) **状況要因**　説得的コミュニケーションは，それが行われる場や状況によって効果が異なる。たとえば，他者の反応も状況要因の1つである。精緻化可能性が低い場合，メッセージに対して他の観客が拍手などで賛同の意を表明すると，ブーイングなどによって不支持を表明する場合に比べて，受け手はより肯定的な方向へ態度を変える。しかし，自分に関連する事項で精緻化可能性が高い場合は，メッセージの質が問題となり，周囲の反応の影響力は低い。

なお，文化要因についての議論はあまり見当たらないが，検討を要する問題かもしれない。日本のビジネス・政治の世界では，いかに強い論拠を備えた議論であっても強い説得力をもつとは限らない。会議の場ではじめて登場した提案や議論に，「そんな話は聞いていない」などと感情的な反発が生じるなら，説得は困難だろう。日本では「根まわし」など，より非直接的で個人的関係に依存した方略の方が，実際に説得するうえで効果的な場合がしばしば見受けられる。

少数派が多数派を動かすとき

勢力の規模と影響方向の間には一貫した関係があり，一般に少数派は多数派からの影響を受ける側に立つ。説得もその原理に従うことが多い。それに対して，少数派が積極的な役割を果たし，多数派の行動や信念に影響を及ぼすこともありうる。

この場合の影響力の核心は少数派自身の行動様式にあり，心的投資や努力，自律性，一貫性，堅固さ，公正さなどが必要とされる。なかでも一貫性は重要であり，個人内一貫性（個人がときを超えて一貫していること）と，少数派内の個人間一貫性（何人かの人の反応が一貫していること）があってはじめて，多数派は自らの立場に疑問を抱き，少数派の議論に目を向け，やがてその正当性を認め影響を受けるという事態が生じうる (Moscovici, 1976)。

少数派が好意的に評価されている場合、そのメッセージはとくに大きな影響力をもつ。映画「エリン・ブロコビッチ」は、1人の女性が訴訟に尻ごみする公害被害者たちから好感情を得ることで、ついに説得に成功し、裁判での勝利を勝ち取るまでのストーリーを描いている。

承諾（compliance；「追従」とも訳される）は、相手の要求に応じてそれを受け入れ従うことである。個人的な依頼や行政機関からの要請など、さまざまな形の要請があるが、私たちはそれへの対応をどのように決めているのだろうか。

人はできることなら賢い選択・行動をしようとし、ときに他者の決定や指示、要請に従うことがある。この章ですでに説明したミルグラムの実験も、人は権威者としての実験者の要請に従うことを示していた。とくに正当な権威者は正しい判断ができると見なされ、病気は医師が、心の病はカウンセラーが、最も信頼に足る判断をすると考えられている。制服はその人が正当な権威者であることを視覚的に示し、制服を着た人の指示には人々は従う傾向が強い。それを逆手にとって、「白バイに乗った若い警官」が現金輸送車を停車させ、3億円を強奪する事件が過去に起きている。

権威者はたしかに素人よりもその領域に関する知識量が多い。しかし、その判断がつねに正確とは限らない。「権威者」の判断は正しい（権威者ヒューリスティックス）という妄信は、間違いに結びつくこともある。航空機の運行や医療現場など人命をあずかる職場では、権威者の判断・指示伝達に関わる過信・盲信が重大な事故につながる危険性がある、と指摘されている。

4 世論形成

私たちが直接体験できることの範囲はそれほど大きくない。今日、社会的な出来事の把握に関しては、多くの場合メディアによる伝聞情報に頼らざるをえない。報道されなかったことは、私たちにとっては「なかった」ことに等しく、報道されたことは現実が「そのようなもの」としてあったという理解を生む。そのため、メディアの報道の仕方によって、私たちが理解する「現実」はずいぶん異なったものになる。そして、それは幾重もの過程をとおして、政治や経

> **COLUMN** 16-1 報道・広報——心理学からのレッスン

　大地震，大量虐殺，難病，貧困飢餓，紛争，台風，墜落事故などさまざまな出来事が，人々の生を脅かす。そのような不運に遭遇し窮状にある人がいると知ったとき，私たちは気遣い，何とかしてあげたいと思い，ときにはその思いを行動に移すだろう。しかし，地球は広い。今日，地球の裏側など直接交流が困難な地域の情報は，少なくとも第1段階としては，メディアによる報道を通して知る。したがって，支援は報道のされ方に大きく依存することになる。

　これに関していくつかの問題が指摘されており，その1つとしてメディアによる提供情報の選択がある。たとえば，アフリカだけに限定してもスーダン，ニジェール，ソマリア，エチオピア，中央アフリカなど多くの国や地域で深刻な食糧問題を抱え，飢餓が日常化している地域がある。しかし，メディアはそれらをほとんど取り上げないだけでなく，わずかに取り上げるときもどこか1カ国（所）を選択する。その際，選択基準は危機の深刻度ではなく，「スーダンではなくソマリアを取り上げるのは，写真になるからかもしれない」（Isaacson, 1992）と，メディア産業としての情報価値，言い換えれば情報の商品価値の方が優先される。どんなに悲惨であろうと，あるいは支援による救済可能性がいかに高かろうと，取り上げられなかった国や地域の現状は，当事者以外には知られることなく，多くの人々にとって「存在しない」と同然のこととなる。情報の消費者である一般の人々は，そうして取捨選択された情報に基づいて世界を知ることになるが，そのこと自体に気づかない。

　第2は，報道の仕方である。マザー・テレサはかつてこう述べた。「私は大規模集団を見るときは動かない。1人の個人がそこにいるなら，手を差し伸べる」（Slovic, 2007による引用）。これは，シェリング（Schelling, 1968）以来，特定犠牲者効果（the identifiable effect）として知られることになった現象と関連している。災害や紛争などで大勢の犠牲者が出たとき，ある特定の犠牲者

済，社会問題などに対する私たちの判断や態度，意思決定を左右し，さらにはさまざまな人間関係のあり方や個人の価値観にも影響する。

議題設定効果　　メディアによる世論形成への影響の1つとして，議題設定効果（agenda-setting effect）がある。メディアは膨大な事項の何を議題として取り上げるかを取捨選択し，ことの軽重を判断し記事の扱いの量を調整するが，それに基づいて受け手は当該事項を

がメディアによって取り上げられると,そこに多大な注意と資源が集中する。人々はその彼(女)の犠牲／救出に涙し安堵し,追悼や激励の言葉や贈り物や支援を送る。1987年アメリカテキサスでジェシカという名前の小さな女の子が狭い井戸に落ちたとき,米国民はその後48時間に及ぶ救出劇を固唾を飲んで見守り,この間に寄せられた義援金は約70万ドルに上ったという。この金額は数百人以上の子どもの栄養状態改善経費に十分相当する。日本でも,特定の犠牲者へ支援が集中する同様の現象が多々起きている。

　なぜ特定の犠牲者個人に対しては,人々は善良であるのか。スロヴィック(Slovic, 2007)は,数の問題あるいは想像可能性という観点からこれを考えようとした。たとえば10万人の苦しみと聞いても,私たちはその数字が意味するところをなかなか想像しにくい。その想像しがたさを補うために,ダイ・インや多数の靴を並べたりすることによって犠牲者の多さを具体的な形で可視化する方法があるくらいである。ある実験では,ある1人の犠牲者の話を呈示する条件,犠牲者数だけを呈示する条件,それら2タイプの情報を合わせて呈示する条件を設け,実験参加者に寄付を要請した。その結果,特定化された犠牲者条件が,他の2条件に比べて有意に高い寄付額を引き出すことが明らかになった(Small et al., 2007)。

　さまざまな支援を掲げるNGOなどの団体は,いかに資金を集めるかが課題であるが,広報において特定の人物の物語をアピールする手法はよく用いられている。人々の関心を引き,態度をより支援的なものに変容させ,実際の協力を得るためには,特定犠牲者効果を利用するのが有効なのかもしれない。他方,それによって人々の問題に対する本質的理解が妨げられたり歪められたりする可能性がある。

どれほど重要なものかを判断する。アイエンガーほか(Iyengar & Kinder, 1987)の研究グループは時系列分析などを取り入れて,ニュース報道量が人々の関心のレベルを一方向に規定すると報告している。つまり,報道機関が大々的に報道することを人々は重要だと判断するのである。

　近年,インターネットの発達を背景に,市井の人々がブログやSNSなどを通じて,社会関心や意見を発信することが増えた。その結果,マスメディアが

議題形成をすることによって，人々の関心のあり方を方向づけるだけでなく，ある個人の意見表明がオンライン上で注目を集めて拡散し，その議題がマスメディアによって報じられる，という従来とは逆方向の効果も生じている。

プライミング効果　一般に，態度や選択はアクセスしやすい情報の影響を強く受ける。世論についても同様であり，メディアによる情報提供を受けて，多くの人が同じような情報にアクセスしやすくなるため，それは聴衆の判断を方向づける効果をもつ。これをプライミング効果（priming effect）という。たとえば，選挙の直前に，政治家がある施設を訪れ子どもを激励したという話がテレビで報じられたなら，政治家としての資質を判断するうえで些末な情報だとしても，聴衆はそれを思い出して利用しやすいため，判断がそれに影響される傾向がある。メディアは多くの人に同じ情報を提供し，ある特定の情報に対するアクセスしやすさを統制することによって，世論形成に大きな影響力を行使する。

フレーミング効果　市民が社会的な問題をどう理解しどのような意思決定をするかは，その問題がどのように切り取られ（フレームされ），提示・報道されるかによって異なってくる。これをフレーミング効果（framing effect）という。数理的には等価の問題であっても，たとえば生存率が95％だという場合と，死亡率が5％だという場合とでは，心理的には異なる問題となり，意思決定は違ったものとなる（Tversky & Kahneman, 1981）。

現実場面においては，次のようなケースがある。2つの調査会社A，Bがほぼ同じようなサンプルに対して，白人と黒人の統合居住政策に関して類似した質問項目を用いて調査を実施した。A社の方は，政策への反対理由（白人は自分たちの居住地区に黒人を立ち入らせない権利がある）だけを提示した。これに対しB社の調査は，白人側の権利と黒人側の権利の双方に言及した。その結果，統合居住政策に対する白人の支持率はB社の調査の方が高かった（Kinder, 1998）。

社会の出来事の多くは，複雑で多様な面をあわせもち，どの観点に立つかで見え方は異なってくる。メディア，情報の受動的な受け手としての個人，双方が社会の理解の仕方を改めて考えなおしてみる必要があるかもしれない。

人々のダイナミックス　人々の間のダイナミックスも世論形成に関わってくる。「沈黙の螺旋理論」の提唱者ノエル＝ノイマン (Noelle-Neumann, 1989) は，世論は調査から明らかにされた結果であるだけでなく，それ自体が社会的圧力になると考えた。自分の支持する意見が社会のなかで優勢あるいは勢力増大中だと感じている人は，自分の意見を口に出して主張したがるのに対して，少数派だと感じている人は公の場では沈黙を守る傾向がある。このような個々人の認知とそれに基づく行動により，多数派の意見だけがためらうことなく表明されて外から見える形で存在することになり，少数派からも多数派からも，実際以上に多くの人から支持されている意見であるかのように誤認されることになる。それによって，少数派はますます自分の意見を表明できなくなって沈黙し，ついにそれは封じ込められてしまう。つまり，世論は政治に影響力をもつ意見という側面だけでなく，自分の孤立を恐れる人々が「何が最も適切な意見」であるかを判断する指標という側面をもつため，表明されることの多い多数派の意見は規範的な強制力を発動して社会的同調への圧力となり，このプロセスが繰り返されることで，世論が多数派意見の方向へ収束していくことになる。

5 社 会 階 層

近代国家はその多くがフランスの市民革命に由来する平等を1つの理念として掲げている。しかし，近年「格差」という語をしばしば耳にするようになった。実際，経済協力開発機構 (OECD) の報告によれば，上位10％の富裕層は下位10％の約10倍近くを得ており，ほとんどの加盟国で経済格差はこの30年間拡大傾向にある。日本においても，相対貧困率が増加していることが指摘され，格差拡大が政府によって問題状況として論じられている（平成24年度版『厚生労働白書』）。アメリカは日本よりも古くから経済格差が問題となっていたが，近年その傾向はいっそう激化し，FRBのデータによればトップ0.1％の富裕層が占める富は1989年に10％をわずかに超えるくらいであったが，2013年には20％を超えた。つまり，平等を理念としながら社会は大きな不平等を抱えているのが現状である。

心理学はこれまであまりこうした現実に向き合ってこなかった。心理学の典型的な研究スタイルは，大学生を参加者として実験室内で，ノイズを極力統制し純粋で客観的なものとして行われるのが一般的である。アメリカであれば，白人の中間層で高等教育機関在籍中の大学生から得られた資料の結果が，「人は……」と一般化されていたわけである。最近ようやくこのような事態に目を向けようとする動きが生まれつつある（Markus & Fiske, 2012）。

　社会階層（social class）とは，一般的には社会的資源が人々の間で不平等に配分されていることをいう（富永，1979）。社会心理学は資源配分そのものではなく，それによって人々の日々の相互作用のあり方や人々の心の活動が受ける影響に関心をもち，教育，職業，そして階層や階層文化についてのアイデンティティの3側面から社会階層をとらえる。これらの要素の違いは人々の生の条件の違いとなり，死亡率や心身の健康，生活満足度などは言うに及ばず，感情や認知や行動さらには社会的環境や相互作用に影響を及ぼす。

社会階層と社会的相互作用

　社会階層は可視的シンボルを手がかりとして判定されることが多い。新任を含む会社の役員会合で，仕立ての悪いスーツを着ている，格式のあるフルコースの食卓で"マナー違反"をする，こうした階層と結びつけられた手がかりによって，その人の役員としての能力や意欲を示す機会より前に，旧メンバーから新参メンバーに寄せられる好意度や評価に陰りが差して，その後の相互作用や関係や影響力が方向づけられ構造化されるだろう。服装や学歴など顕在的な社会階層シンボルや言語コードやしぐさなどの潜在的シンボルは至るところに遍在しており，人が集うさまざまな場において，それらを手がかりに階層が瞬時に読み取られる（Kraus et al., 2012）。そもそも，食事作法やそれとわかる服装などは，財や能力といった資本の階層による差異化，序列化をはかるように工夫されてきたものである。そうして異なる階層の人々の集まりはたちまち構造化され，社会階層による評価がなされ交流分断が起きる傾向がある。

　上位階層に所属する者は，資金力や権力などさまざまな有用資源をより多くもっていることから，他者に対して強い影響力をもちその成果をコントロールできる。このことが，対人的注意の向け方や関係の結び方，もち方に影響する。前者について，これまでの研究によれば，その場をコントロールできる地位にある者は，自分の成果が相手に依存する程度が低いため相手にあまり注意を払

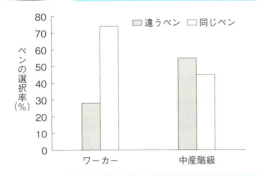

FIGURE 16-7 ● 社会階層による異なるペンの選好

ワーカークラス出身者は周囲に溶け込もうとし，中産階級出身者はユニークであることを重視する。こうした社会階層文化が個人の主体的行為である選択にも投影され，好みのペンのタイプが異なることが示された。

(出典) Stephens et al., 2007 より。

わず，その感情の読み取りは正確性を欠き，認知的柔軟性が低くステレオタイプ的に理解しがちである（第14章参照）。もっとも，プライミング実験手法によってパワー概念活性化状態にある人は，他者からの見え推測課題で低成績となる（Galinsky et al., 2006）ことから，他者視点取得を苦手とするのは富裕層に固有の安定的特徴というより，多くの場合富裕層が社会的にパワーをもった地位にいるという状況が関係している可能性がある。富裕層でない者は自分の目標成果の行方が他者に握られていることが多く，文脈情報に注意を払いより慎重になるため，対応バイアスにあまり陥らないとされている。

対人関係のもち方については，次のように指摘されている。保有している資源量の違いで，より上位階層の人は自分自身の力や資源力を使って自分の目的や願望を達成できることが多いため，他者に依存することがあまりなく独立的である。他方，より下位層の人は，さまざまな外的制約に直面し，それを仲間とのつながりに依存しながら乗り越えようとするため相互協調的な傾向があり，苦境にある隣人に対して上位階層の人たちよりも共感的である（Kraus et al., 2012）。

独立／依存はどう振る舞うのがふつうの（よい）人なのかについての階層規範となり，選好や選択を方向づける。エリートビジネスマンなど中産階級は他と異なるユニークな物，実験課題では数本あるペンのうち，少数派の色のペン（4本の緑のペンよりも1本だけの赤のペン）を選択し，消防士などのワーカー階層

第16章　社会的影響　417

は多数派のもの（先の例では，緑のペン）を選択する傾向があり（図16-7），それが仲間からよしとされる，と報告されている（Stephens et al., 2007）。従来の心理学では，独立的自立的であることに価値があり，依存性は未熟や能力の低さの表われとして評価されないことになるが，それはまさに"中産階級の心理学"的研究のみに専心してきたことから生じた歪みかもしれない。ワーカークラスが示す依存性・相互協調性は主体性を放棄した追従ではなく，周囲との関係を重んじ積極的に調和をはかろうとする志向性だと考えられる。

社会階層と本質主義

ごく些細な手がかりから即座に容易に社会階層が"判定"されるとき，行動や能力などの階層の違い（だと知覚されること）は，それぞれの階層に元来備わっている特徴として理解され固定化されやすい（Mahalingam, 2003）。つまり，異なる集団にはそれぞれ異なった特徴がもともとあり，集団の成員同士は類似しており非成員とは明確な違いがあるという本質主義（エッセンシャリズム；essentialism）的な理解と結びつきやすい。本質主義的理解は性別や人種など何らかの生物学的相違に絡む次元に関して議論されることが多いが，純粋に社会心理的な社会階層でも確認されている。アメリカでは，富裕層の間ではとくにその傾向が強く，自分たちの能力や才能さらには人間の本性が他の階層とは違って本質的に優れているからと考えがちだと報告されている（Kraus et al., 2009）。日本でもそのような考え方は見られる。社会階層への本質主義的理解は，下層においては"優れた能力や才能"を自分たち縁がないものとして達成や学習への動機づけを低い水準に押しとどめ，中・上層に有利に作られている教育社会環境や制度，あるいは期待レベルなどへの変革・改善の必要性を意識せず，他の層以上に，既存の制度や政治体制をよしとする傾向を生み出してしまう（Jost et al., 2003）。また一部の下層の人々は大学などで中・上層の人々と接触機会や交流をもつようになるが，そのような人々が外集団である中・上層との交流を調和的で望ましいととらえ，通常自集団に対して見せる内集団ひいき（第14章参照）が弱い。これに対して上層は典型的な内集団ひいきバイアスを示す。こうして，社会階層の本質主義は下層の人々を従属的な地位に置く不平等を作り出している社会のあり方・政治体制の維持に貢献することになる。

BOOK GUIDE　●文献案内

釘原直樹，2013『人はなぜ集団になると怠けるのか――「社会的手抜き」の心理学』中公新書。
- 社会的手抜きについて，古典的実験から日常的事例まで幅広く取り上げ，平易な文章でわかりやすく解説している。

ミルグラム，S./岸田秀訳，1975『服従の心理――アイヒマン実験』河出書房新社。
- 合法的権威によって他人に危害を加えるように命令されたとき，人はどこまで逆らえるか。ナチスの指導者の1人であったアイヒマンと同じように権威者が命令を下すとき，普通の人々がいかに服従という名のもとに悪に巻き込まれていくかを示した古典的実験を解説している。

ノエル＝ノイマン，E./池田謙一・安野智子訳，1997『沈黙の螺旋理論――世論形成過程の社会心理学（改訂版）』ブレーン出版。
- 世論形成の過程が進行していく様子を鮮やかに描き出し，社会心理学の面白さを伝えてくれる良書。

Chapter 16　●練習問題　EXERCISE

❶　集合的無知の原理が働いている日常的な事例を2つ挙げてみよう。

❷　アッシュの同調実験と，モスコヴィッチの少数派の影響実験を比較し，それぞれの実験状況に持ち込まれている条件の構造と，影響過程を考えてみよう。

❸　映画「12人の怒れる男」は，殺人容疑をかけられた少年について12人の陪審員が審議する過程を描いたものである。1人の理性ある個人が一貫した主張によって多数の意見を変えていき，最終的に全員一致で少年の無罪を評決するという，まさに少数派の影響過程そのものである。日本ではこのような状況ではどうなるだろうか。「12人の優しい日本人」（アルゴプロジェクト配給，三谷幸喜・東京サンシャインボーイズ脚本）と見比べ，日本における影響過程に関わる要因を考えてみよう。

❹　エッセンシャリズムは，集団間認知や態度の形成にどのように影響するかを考えてみよう。また周囲では，どのようなエッセンシャリズムが観察されるだろうか。

HINT　●p.632

第17章 人間関係

人と人が向き合うとき

オフィスで一緒に働く幸せアジア事業チーム（iStock.com/imtmphoto）

- KEYWORD
- FIGURE
- TABLE
- COLUMN
- BOOK GUIDE
- EXERCISE

CHAPTER 17

PREVIEW

　人生において，究極的に人を勇気づけ喜びをもたらすものは，財ではなく人間関係だとされている。他者との関わりがもたらす温かさや楽しみを知らない人生は，どんなにつまらないものだろう。だが同時に，人間関係は葛藤や憎悪が生まれる場でもある。人を傷つけ苦しめるのもまた人間かもしれない。好むか好まざるかにかかわらず，他者とともにあり周囲の世界と関わることは，社会的動物としての人間の定めである。私たちはどんな他者に惹かれ，何を差し出し，何を受け取り，どのように人間関係を構築・維持するのだろうか。親密な人間関係にはどんな意味があるのだろうか。そして，憎しみや攻撃の連鎖を止め，信頼に満ちた社会を作ることは可能なのだろうか。

> **KEYWORD**
>
> 親密関係　社会的絆　社会的流動性　排斥　魅力　社会的交換　互恵性　援助行動　ソーシャル・サポート　攻撃性　コミュニケーション

魅力と親密関係

　親密な人間関係が心身の健康と幸福にとってきわめて重要であることを示唆する研究は多い。社会が血縁・地縁に基づいた古いあり方から脱却するにつれて，親密な人間関係は個人を束縛し自由を奪うものから，人を力づけ支えるものへとその見方が変化してきている。

親密関係の意味

　乳児は他者に依存するよりほかに，自分の生存を守るすべをもたない。養育者から愛情を注がれ世話を受ける過程を通して，子は養育者との間に愛着関係を築き，健やかな心身の成長基盤とする（第11章参照）。換言すれば，人生のスタートの段階からすでに人は親密関係を生き，必要としているのである。従来は成長とともに親密な他者への依存を脱し自立へと向かうと考えられていたが，最近はむしろ人が自立的で適応的であるためには，成人であっても依存性を保ちながら親密関係をうまく維持していることが必要だと考えられるようになってきている（第13章参照）。

　私たちが社会的関係から得ているものはさまざまある。①安心と心地よさ（最も親密な他者との関係において得られる愛着），②所属感覚（友人や同僚関係などにおいて，態度や関心を共有するなかで得られる社会的一体感覚），③自己価値の確信（自分が役に立つ価値ある人間だということを，他者が認めていてくれること），④同盟・同朋感覚（必要時には協力・援助を提供してくれる人がいるという感覚），⑤指導（教師や友人などとの関係において助言や適切な情報を得られること），⑥養育の機会（私たちを必要とする者に対してその安寧に責任をもつことにより，自己の重要性に気づくこと），などである。

　実際，相互の情緒的心理的親密感で結ばれた社会的絆（social bond）が幸福

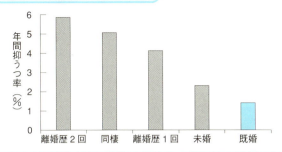

FIGURE 17-1 結婚状態と抑うつの関係

抑うつにかかる割合は，結婚状態と関係しており，結婚を維持している人たちで最も低い。幸福感や人生満足度などの主観的指標でも，同様の傾向が見られる。

(出典) Robins & Regier, 1991.

や人生満足の主要な源泉であることで，多くの研究が一致をみている。人生満足を説明する第1の要因は結婚・家族生活であり，伴侶がいる者は未婚・離婚を問わず単身者よりも概して満足し幸福だと感じている。少なくとも，親密な社会的絆を欠く場合，幸福からはほど遠く，むしろ悲哀を経験する。実際，抑うつ度を指標にした研究で結婚がうまくいっていることと抑うつは逆相関関係にあった（図17-1）。親密な関係にあると心理的距離が近いため葛藤が生じやすく，相互に傷つけあうこともあるが，一般的には結婚による安定した親密関係は当事者や子どもに健康や幸福をもたらし，家族の相互作用を通じてよい循環を生み出すようだ。よい親密関係は幸福の必須要件であり，ネガティブなライフイベントから人々を守る実際的なそして感情的なバッファとして機能している。さらに，持続的な対人関係は心理的側面に限らず身体的側面にもプラスの効果をもたらし，健康や低死亡率と結びついていることがしだいに明らかになりつつある（Miller et al., 2009）。友人，家族，地域との結びつきの程度や頻度が高い者は人間関係が乏しい者に比べて，明らかに疾病率や死亡率が低く心身の健康度が高い。それは，親密関係がたんにストレスによる悪影響を防御するだけでなく，未知への冒険，成長，達成を促進する機能をもっているからだと考えられている。

第17章　人間関係　423

社会のあり方と人間関係　人々がどのような人間関係を結ぶかは，社会のあり方によって異なる。匿名性が高い現代社会の都市では，人々は隣の住人を知らず，コンビニエンス・ストアで無言で物を調達し，見知らぬ人とインターネットを介して一時のおしゃべりを交わすといった具合に，人間関係は従来とは違って必ずしも長期的で安定したものではなくなりつつある。

　社会的流動性（social mobility）の高さは，友人のもち方やその捉え方に影響する，と指摘されている（例：Oishi, 2010）。ガーナなど流動性が低い社会では「狭く濃く」つきあい，友人はしばしば経済的支援や実際の援助などを期待されるため，友人が多いのはばかげていると考え，友人関係に対して慎重な態度をもっている。他方，アメリカの都市部のように流動性が高いところでは，友人ネットワークのサイズが大きく，「浅く広い」つきあい方が見られる。そして，友人というものを信頼やサポートで結びつく関係という観点でとらえ，ちょっとした困ったことが生じた際は相互に気軽に手を差し伸べる傾向がある。しかし，転居回数の多い社会（または個人）は少ない社会（個人）に比べて友人関係に対する満足度が低く，人生満足度など主観的 well-being はつながりのなかの自分のあり方よりも個としてのあり方や自尊感情との関わりが強い。すなわち，社会的流動性は究極的に「頼れるのは自分」という態度を生み出しているようである。

　都市化された現代社会では自分以外に愛着を寄せる対象を見つけ出すのが，以前に比べてより困難となっているのかもしれない。セリグマン（Seligman, 1988）が，人々は自己の狭い殻に閉じこもり，抑うつに陥る傾向が増大していると指摘しているのをはじめ，適応を支えてきた親密関係の希薄化に対して，多くの研究者から警告が発せられている。人間は社会のあり方・周囲の世界のあり方と無関係ではなく，個人と，人間が作り出した技術や制度と，そして人びととがそれぞれに密接に結びつき，相互に影響を及ぼし合いながら，次のステージへと時計の針を進めていくのである。

魅力　私たちはどのような人に好意を抱いて接近し，関係を結ぼうとするだろうか。

(1) **類似性**　人は態度，関心，宗教や教育，人格など何らかの点で類似している人に好意を抱く傾向がある。ハイダーのバランス理論（balance theory）

は，態度において一貫していることが好意につながることを示唆している。自分と意見や関心などが一致すれば，自分の正当性を確認し自信をもつことができるうえ，スムーズな相互作用を享受できる。また，認知的不協和の観点からいっても，好意関係にある他者と考えや価値観が一致していれば，認知的一貫性を最大化でき心地よい。さらに，つりあう人の方が現実に関係が成立する可能性は高い。美人など社会的望ましさの高い人には多数の人が魅了されるため，パートナーの地位をめぐる競争が激しいが，結局，そのなかから魅力度の高い人が選択され，社会的望ましさの点で類似した組合せが実現する傾向が高くなる。

もともと類似した者同士が親密になることがある一方，親密関係当事者はしだいに似てくるということも報告されている。親密関係当事者は多くの時間や出来事を共有し，類似した感情，表情を体験する。たとえば，子どもの誕生や成長を共に喜び，家族の死を共に悲しむ。そのような共通経験が，双方の顔に同じようなしわや襞を刻み，「似た者同士」を作り出す（Zajonc et al., 1987）。

ところで，類似性の低い人に魅力を感じることはないのだろうか。つまり，自分ではあまり決められない人が，決断力の優れた人など自分とは異なるタイプの人に惹かれる場合などである。交際の初期には相手が自分にないところを補完してくれるように思えても，それは限られた側面であり，全体的には類似性原理が優勢であるようだ（Neimeyer & Mitchell, 1988）。

(2) 熟知性　毎朝駅で決まって見かける人に対して，話したことはないのにかすかな親しみを感じたことはないだろうか。ザイアンス（Zajonc, 1968）は，繰り返し経験する人や事象に対して「好き」という感情が生じることを示し，これを単純接触効果（mere exposure effect）と呼んだ。歌や文字，CMなど日頃なじんだものを好ましく感じる。人に関しては会うことで相手に関する知識が増えるほど否定的感情が高まるという実験結果が報告されている（Norton et al., 2007）が，見知らぬ他者とより自然な状況で直接会うこと，あるいはチャットを通して交流した場合は，交流回数は好意感情を醸成することが確認されている。ただし，単純接触効果が得られるのは少なくとも会って不快でない人の場合に限られる（Perlman & Oskamp, 1971）。興味深いのは，何度も接したことがあるという主観的感覚を伴わない場合にも，効果が現れることである。これは，熟知性の過去経験が意識を介さずとも対人魅力を直接規定しう

ることを示唆している。

友人選択には近接性原理がはたらく。フェスティンガーら（Festinger et al., 1950）は，退役軍人たちの居住家屋で調査を行い，住居が近いか階段を共有しているなど出会う頻度が高いほど友人になる傾向があることを見出した。近接性はまず単純に接触する頻度の高さをもたらし，接触がお互いの健康を気遣うなど支持的行動に結びついていくからであろう。

(3) **身体的魅力**　「人を外見で判断してはいけない」。これは，私たちが外見に基づいた印象で人を判断してしまうという事実から生じた戒めのようである。他の条件が等しければ，外見の美しさは本来それとは無関係なよい特徴，たとえば性格のよさや高所得，高度な社会的スキルなどと結びつけられやすく（光背効果〔halo effect〕），人を惹きつける。あるデート実験では，男女とも美しい人ほど異性からパートナーとして選択される傾向が強かった。また公正さが求められる裁判においてさえ，魅力的な被告はより寛大な判決を受ける傾向がある。

さらに身体的魅力はその持ち主だけでなく，関係者にもプラスの効用をもたらす。見知らぬ美しい人の隣にいる場合は対比効果によって対象人物の魅力度が低いと見なされるが，美人をパートナーとする人は魅力的でないパートナーをもつ人より高評価を受ける。古来，世の権力者がこぞって美人を伴侶としたのも，このような美の輻射効果（radiating effect of beauty）によって自己のイメージが向上することを知っていたからかもしれない。私たちも恋人を友人たちに紹介しようとするときには，恋人の服装や髪型を点検し，より素敵に見えるように気を配るだろう。美は資源としても魅力的なのである。

ここで身体的魅力について次の2点を考えてみよう。まず1つめは魅力的な容貌とは何か。「蓼食う虫も好き々」と言われているとおり，どのような人に魅力を感じるかには個人差や文化差がある。その一方，男性顔，女性顔，子ども顔，いずれに対しても，生後3ヵ月の乳児が（大人評定に基づく）魅力度の高い顔を選好する（Langlois et al., 1991）ことが報告され，またどの顔や身体が魅力的かについては多くの判定者間で一致する傾向が見られることから，まったく任意なのではなく，魅力の基準には何らかの普遍性・合意性があるのではないかと考えられている。

第2の疑問は，外見的魅力がなぜそれほど大きなインパクトをもつか，であ

FIGURE 17-2 ●配偶者選好の性差

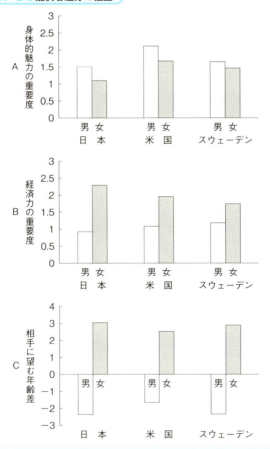

異性パートナーに望む身体的魅力,経済力,年齢差(自分より何歳くらい上(下)がいいか)の調査結果は,文化を越えて明確な性差があることを示している。

(出典) Buss, 1989 を改変。

る。これについては,進化心理学が説明を提供している。すなわち,魅力がよい配偶者選択につながり,結果として適応を高めるのではないかというのである。

コンピュータを用いて何人かの顔写真を合成すると「平均顔」ができる。できあがった平均顔は、作成要素となった個々の顔よりも魅力度が高く、また合成する人数が多いほどより魅力的になる (Langlois & Roggman, 1990)。人の顔は微妙に左右非対称であることが多いが、平均顔ではそれらのひずみは中和され左右対称性が高まる。顔の対称性や皮膚のハリ・ツヤは健康で深刻な疾病のなさと関係しており、顔のバランスが整い色つやのよい人は子どもに引き継がせたいよい遺伝的特性をもっている可能性が高く、伴侶として望ましい。つまり、魅力や美の基準には生物学的理由があると考えられている。

伴侶選択には性差があることが知られ (Buss, 1989)、男性は女性よりも年下で身体的魅力を備えた相手を望み、逆に女性は年上で経済力のある相手を選好する (図17-2)。これらはそれぞれ生殖可能性と子の成長により望ましい環境を提供することに関連する要因とされている。

包摂と排斥

人と人の関係は円滑で温かいものであることが望まれるが、いつもうまくいくとは限らない。いじめは根絶されず、転職の理由として職場の人間関係を挙げる人も少なくない。排斥は人間以外の多くの動物、原始的な社会、現代社会、遊び場、会議室、1対1関係、小集団、それに大集団などにおいてあまねく見られる現象である。集団や個人との関係に所属することが生存上必要な本質的特徴 (第13章参照) であるなら、所属を確かなものにするためにどのような仕組みを備えており、またそれが阻害されたときに何が起きるだろうか。ここでは排斥 (exclusion) と包摂 (inclusion) を取り上げる。排斥はここでは拒絶 (rejection)、無視やのけ者 (outcast)、追放 (ostracism) を含め、対象者に対して関係をもつ価値 (relational value) が低いと見なしていることを言動で示すことである。反対に包摂は、対象者を自分と関係をもつにふさわしい、あるいはもってもかまわないと認め受け入れることである。

拒絶や無視はその対象者に、抑うつ感情、孤独感、不安、疎外感など強い嫌忌反応を引き起こすだけでなく、最近の研究は、対象者は身体をもってそれを受けとめることを明らかにしている。排斥された人は、そうでない人に比べて室温を低いと感じ、スープなど温かい飲み物をより肯定的に評価する。実際に指先で測定された体温は低下し、温かいカップを手にして暖をとった場合は冷たいカップを握った場合より否定的感情が改善した (図17-3)。「冷え切った関

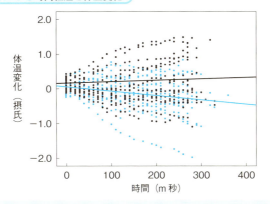

FIGURE 17-3 ● 時間経過と体温変化

青の点は排斥群，黒の点は包摂群の体温変化量をあらわしている。

（出典）　Ijzerman et al., 2012.

係」「1人っきりの寒々しい部屋」などの表現は，たんなるレトリックにとどまらず，良好な人間関係に包まれていない状態の者が実際に寒さを体感しているのだと考えられる。

　排斥体験はときには攻撃行動に結びつき，自己コントロール力や時間感覚の低下が指摘されている。とくに，対象者がその原因を相手の傲慢さなどではなく自分自身に帰属させたときは，自己感情が悪化し自己評価・自尊感情が低下する（第15章3節参照）。これは，実際の人間関係のみならず，実験室で作り出された一時的仮想的な人間関係においてさえ生起する。さらに，fMRI（機能的核磁気共鳴画像法）を用いて脳の活動を測定した研究から，画面上で暗示的仲間はずれのような場面を見ただけでも社会的痛苦（social pain）が生じ，身体的疼痛（physical pain）と同様の神経的反応を引き起こすことが報告されている（Eisenberger & Lieberman, 2004）。たしかに，排斥対象となったときの経験を「心が傷つく」「心が痛む」と身体的疼痛と重複する表現を用いることがあり，しかもこのような表現は多くの言語に共通している（MacDonald & Leary, 2005）。これらの研究者は，社会的絆の切断と身体的病気傷害はどちらも生存に関わるため，その可能性をモニターし敏感に反応するような共通する神経的

基盤が備わっている、と論じている。他方、身体的疼痛と社会的痛苦は異なるものだとする研究も登場してきている (Woo et al., 2014)。

　排斥拒絶やその可能性に対しては誰しも敏感に反応するが、個人差もある。家庭内暴力やネグレクトなど幼少期に拒絶されることを体験した者は、その後また拒絶されるのではないかと心配し、相手の言動や表情の中に微弱な否定を感知するとそれを自分に対する「拒絶」だと確信的に解釈し（これを拒絶敏感性〔rejection sensitivity〕という）、敵意や他者との接触を拒むなど過剰な情動や行動反応を示す傾向がある (Romero-Canyas & Downey, 2005)。皮肉なことに相手からするとそのような言動が拒絶的態度に見え、結果として当人から実際の拒絶を引き出し、恐れていた事態が現実のものとなりやすい。

　心理学ではこれまで排斥・受容は個人的あるいは私的人間関係を中心に研究がなされてきた。今日の社会は個人や集団の多様性を受容し共生することを目標として掲げている。そうしたなかで、人種や障害や貧困など何らかの理由によって安全や教育、就業、移動などの自由や生存権から、人々を社会レベルで排斥することも問題になってきている。これらは社会や制度の問題であるが、移民の子どもへのいじめなどパーソナルな排斥とも連続的に深く関わる。

社会的交換と対人関係モデル

対人関係の初期、新たに関係を構築するかどうかにおいては、個人の魅力が大きく影響する。しかし、関係の維持においては、関係の魅力という要素も絡んでくる。ここでは、社会的交換 (social exchange) 理論から関係の魅力と関係維持や崩壊を説明するモデルをいくつか紹介しよう。

　(1) 衡平モデル　対人関係ではお互いにコスト（たとえば、会いに出かける）を払って報酬（たとえば、笑顔）を得る。人は自分の報酬やコストと相手の報酬とコストを比較し、衡平かどうかを判断する。自分の報酬の方が多く得であれば罪悪感や負い目を感じ、自分のコストがきわめて大きく損をしている状態であれば怒りを感じる。つまり、報酬が多すぎてもコストが大きすぎても負の感情を経験することになる。損得のバランスがとれているカップルが最も幸福を感じ、関係が持続する (Walster et al., 1978)。日本では、夫婦間の満足感と関係安定性で衡平理論があてはまるという報告がある一方、男女とも自分が相手に差し出すコストよりも相手から得ている報酬を高く認知しており、衡平理論があてはまらないとする見解もある。

(2) 投資モデル　　投資モデルは利己的な人間を想定し，人は現在の関係における報酬とコストを測り，利益が大きければ満足すると仮定する。しかし，関係を継続しようとする意図（関与）は満足の高さだけに依存するのではなく，それまでその関係にどれほど投資してきたか，そして他に魅力的な代替関係が存在するかも合わせて考慮する。投資モデルでは，これまでつぎ込んだ投資が大きい場合には，満足が低くても関与度は大きくなると予測される。

(3) 互恵モデル　　どの社会においても，好意に対しては好意で返すという互恵性（reciprocity）が存在し（第13章参照），恋愛関係もこの互恵性によって説明できる（奥田，1994）。快活で温かな人はそれだけで十分魅力的だが，加えてそのような人の傍らにいるといい気分を味わえる。うなづいてくれる，賛成してくれる，あるいは見目うるわしい，これらは一種の報酬のように働き，満たされた気分になる。そのようないい気分やそこから生まれる笑顔やくつろいだ姿勢などは，相手にとってもいい気分を醸成する報酬となり，相互好意が促進される。

援助行動とサポート

　援助行動は文字どおり他者に援助を与えることであり，相手が困難に直面している，あるいは直面するだろうと予測される場合に行われ，相手の状態に即した行動という意味で，対人行動の1つである。

援助行動と規範・役割　　どの社会においても社会規範は多かれ少なかれ，困難な状況にある人を援助することを求めている。援助行動に関わる社会規範には，援助要請に応じるという社会的責任，好意には好意で返礼するという返報性，そして恵まれた者は欠乏状態にある人に分け与えるという公平・公正のルールなどがある。また友人や上司としてなど特定の役割上，援助行動が期待されることもある。

援助行動の生起過程　　実際に援助者から援助が提供されるか否かは，援助しようとする者が相手の援助の必要性を読み取るところからスタートする一連の意思決定過程を経て決定される（図17-4）。援助の必要性は明白であるとは限らない。男女の言い争いに続いて聞こえ

第17章　人間関係　　431

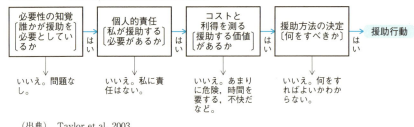

FIGURE 17-4 援助行動の生起過程

(出典) Taylor et al., 2003.

てきた女性の叫び声に対して，その2人が見知らぬ者同士だと考えた場合には介入しようとした者は65％だったが，夫婦だと考えた場合は19％にすぎなかった (Shotland & Straw, 1976)。叫び声を聞くという同一の状況があっても，それをどのように解釈するかによって，その後の対応は違ってくる。

ソーシャル・サポート　ソーシャル・サポート (social support) は，他者に対して与えられる援助である。近年，人々の健康への関心を背景として，支持的な人間関係と心身の健康促進との関係を示唆する研究が増加してきている。従来の援助行動研究が緊急事態での対応を想定していたのとは異なり，ソーシャル・サポート研究は危機やストレス事態に対する対処（コーピング）の問題として，より長期的な関係性との関わりで語られることが多い。ソーシャル・サポートはおおまかに，自尊心回復への援助や親密性などの情緒的サポート，助言や情報などの査定的サポート，物資や介護など具体的援助である道具的サポートの3つに分けられるが，ある1つの関係においてこれらが共存することもしばしばある。

一般にサポートは家族や友人，同僚，地域の人々などによって提供されることが多く，直接的に，またはストレスを低減させることで間接的に健康・福祉を促進する。他方，身近な関係は対人的葛藤のもととなり，適応に対して負の効果をもたらす場合もある。人間関係は支援的である場合に限り，心理的適応や疾病からの回復などに促進効果をもたらす。

だが，より具体的に何が有効なサポートとなるかという問題に対しては，十分な回答が得られているわけではない。サポート授受のどちら側の視点をとる

かによってサポートの意味づけが異なるため,明確で合意のとれた概念定義はいまだ確立していないという実情がある。現実の対人的な相互作用においても,サポート提供者と受け手の間ではしばしば理解にズレが生じる。事実,両者における「提供した」「受け取った」という認識の相関はそれほど高くない。

援助を受けること

提供された援助は,受け手に望ましい効果をもたらすとは限らない。これまでの研究によれば,受け手の期待と得た援助の調和が重要であり,援助が受け手の期待よりも少なくても多くても不満や心理的引け目が生じプラスの効果は得られにくい。また,援助される側が実際どんな困難を抱え,援助者の援助動機をどう理解するかによって,援助の受け止め方が異なる。外的要因によって引き起こされた困難だと考える場合に人は援助を求める傾向があり,援助者が自分を気遣ってくれていると思う場合にはポジティブな感情が起きやすい。それに対して,自分を過小評価し援助を申し出たと考えた場合には,援助は不快感を生起させ,自尊感情に脅威を与える。新聞の投書欄に「私はまだ年寄りではない」という抗議が席をゆずられた人からときどき寄せられるが,席をゆずる好意がまさしく自分を「力弱い者」として見たからだと解釈され,結果として行為者の意図とは逆の事態を引き起こしてしまう例であろう。

また,他者から援助を受けることが自分の意思決定や行動の自由を低減させるように感じ,不快な感情(リアクタンス)を喚起させるという説明もある(Brehm, 1966)。お見合いの話が持ち込まれたら,その好意に応えようとして,意思に反して「一度会ってみる」事態に追い込まれ,自由を束縛されていると思うかもしれない。「個人的なこと」と感じる領域への介入は,援助を提供する人への否定的な感情を引き起こす傾向がある。

最近はコンピュータを用いた援助が生活のなかに浸透してきているが,この方法は直接的な援助要請よりも心理的抵抗感が少なく,コンピュータを介在させると気軽に援助を求められるという結果が報告されている(Karabenick & Knapp, 1988)。

3 攻撃性

　人は他者を温める一方で，傷つけ，恐怖にさらすこともある。攻撃行動はその典型である。社会にはさまざまな形で攻撃性に規制をはめるシステムが埋めこまれているが，それでも攻撃性は私たちのなかで，私たちの間で牙をむく。攻撃性は，それを避けようとしている他の生命体に対して危害を与えることを目的として行われる行動，と定義されている（Baron & Richardson, 1994）。攻撃性を統制することにより争いや暴力のない世界を実現したいという願いのもとに，これまで多くの攻撃性研究が行われてきた。

性と攻撃性

　一般に攻撃性には性差があるとされている。実際，世界的に見て，暴力犯罪の大半は男性によってなされている。日本においては，殺人，強盗，障害，暴行，恐喝などの暴力犯罪のうち，女性犯の割合は殺人で23.4％と比較的高いものの，他は10％未満（平成27年度版「犯罪白書」）と低い。また配偶者間で行われた暴力犯罪の被害者の多くは女性であり，夫や事実上の夫が妻に対して暴行や殺傷するケースが多く，逆に夫が被害者になることは少数である（平成27年度版「男女共同参画白書」）。そもそも年齢2歳にしてすでに男児は女児より身体的攻撃性が高い（Archer, 2009）。

　攻撃行動におけるこうした性差は攻撃性の起源をめぐる議論を呼び起こしている。大きくは2つの見解があり，その第1は遺伝的プログラムないし生得な違いという，進化心理学的説明である。このアプローチではまず，生殖機会の性差に注目する。自分の遺伝子を残すことが動物としてのゴールだとすると，自分自身のサバイバルと子孫を残し育て上げることが適応的に生きるということになる。その際，たいていは，子育てのために投入する時間や労力や物質的資源はメスの方が多く，それと引き換えにより確実に自分の遺伝子を次へと伝達することができる。他方，オスは（理論的には）多くのメスとの間に自分の子孫を残すことができる反面，他のオスとの競合に直面することになる。この競争に負けると生殖の機会が低減・不安定化し，強く高地位のオスが遺伝子伝達成功者となる。身体的攻撃性は競争に勝つための方略であり，攻撃的特性は

勝利へ近づくことを促進する。そもそも世界規模では、男性は身長が7.6％、体重が25％、身体的頑強さは150％女性を上回っている（Archer, 2009）が、男性の闘志は攻撃的男性に出会うことで刺激され、身体のより大きな男性ほど攻撃行動を取る傾向があると報告されている（DeWall et al., 2010）。また男性ホルモンであるテストステロンが支配性や勝利と関わっているとされている。

これとは異なる観点からの説明を提供するのが文化心理学である。文化心理学的アプローチは攻撃行動の性差は生得的ではなく、性役割として基本的には後天的に社会的に作られたものと考える。幼い子どもが驚いた様子を示したとき、男児なら「怒っている」とし、女児なら「怖がっている」と感情に異なるラベルを与える。多くの社会では攻撃性は男性役割と結びつけられる傾向があり、社会化の過程で男性の攻撃性がモデリング（Bandura et al., 1963）などによって獲得され、具体的行動として表出される。攻撃行動研究のメタ分析を試みたイーグリーら（Eagly & Steffen, 1986）は、直接的・間接的攻撃行動における性差は必ずしも一貫しておらず、とくに子どもより成人で差は小さい。性差が見られる場合もその大きさや方向は研究の手法や指標などさまざまな特徴と関連していた、と報告している。そして、攻撃性に本来的な性差があるというより、攻撃性に対する考え方に性差があり、社会的役割が抑制や発現の仕方に関わっているのではないか、と論じている。

攻撃性の性差は身体的攻撃行動の他にも見られる。男性より女性の方が、関係的感情的攻撃性ないし間接的攻撃性、すなわち陰口を言ったり、悪いうわさを立てたり、相手を避けたりする傾向があるとされている（Richardson, 2014）。シンデレラの姉たちのように、意地悪な女性が物語に登場する確率は意地悪な男性よりも高い。関係的間接的攻撃性は相手の身体を害することがなくても、感情をひどく傷つける可能性がある。

攻撃性とメディア

近年の攻撃性のあり方はより多様性を増し、新たにインターネットを利用したサイバーブリング（cyberbulling）と呼ばれるいじめが問題化してきている。これには仲間間のちょっとしたからかいから、ヘイトスピーチ、性的画像や映像を投稿するsextingまでさまざまなタイプがある。サイバーブリングはオフライン（例：学校の教室）でのいじめがインターネットの世界にもちこまれたものとする立場と、オンラインとオフラインでは質的に異なるとする立場がある。オンライ

> **COLUMN** *17-1* 「名誉」と攻撃性の関係

　アメリカでは，自由国家を守るためという理由で武器を所有することが国民の権利として憲法によって認められている。また，NRA（全米ライフル協会）は俳優チャールトン・ヘストンを会長とし，豊富な資金を背景に強力な政治力をもっている。全米で2億丁の銃が出まわり，犯罪による死亡者の70％は銃によって殺されているという現実があっても，銃規制はなかなか進まない。

　アメリカのなかでも南部と北部では攻撃性に関して違いが見られ，南部の方が殺人事件が多く，より攻撃的である。たとえば，19世紀後半から20世紀初めにかけて，南部のある地域の殺人率は，今日のアメリカ全体のそれの10倍以上にのぼった。また，子どもへの折檻やスポーツ・ゲームなども，それ以外の地域の人間からすると怖くなるほどの激しい暴力性を特徴とした。

　なぜ南部はより攻撃的傾向が強いのか。これに対する説明として，これまで高い気温，奴隷制や貧困などが挙げられてきたなか，ニスベット（Nisbett, 1993）は建国以来の歴史と関係する集団経済システムにルーツがあるのではないかと考えた。世界的に見ても，羊や牛などの家畜放牧を主要産業としている地域では，自分の資産つまり放牧している家畜を厳重に管理することが難しいために，家畜が盗まれないように，自分は「タフ」だというイメージを与えて防衛する。つまり自己防衛が重要となるシステムにおいては，敵に対してそのような行動をしたらどうなっても知らないぞということをすみやかに知らしめる必要があるため，個人的名誉に対する侵害懸念および屈辱に対して暴力で応えることを適切とする名誉の文化（Culture of honor）が発達したと考えられる。このような名誉文化を背景として，アメリカ南部やその他の国々では，法制度はそれをさらに強化する方向で作られていったのではないか。ニスベットが挙げる例によれば，植民地時代のルイジアナ州では，1970年代くらいまで，妻が姦通した場合には妻とその相手の2人を殺す権利を夫に対して合法的に認

ンの場合は，攻撃する側とターゲットにされる側以外の第三者である視聴者を巻き込み，新たな攻撃者や被害者に仕立てていく可能性があること，被害者の自殺など深刻な事態が生じること，しかし，いったん拡散してしまうともとに戻すのが困難であることなどの問題があるため，予防策の検討が必要であるにもかかわらず，今のところ十分な研究はほとんどなされていない。

　攻撃性に対するメディアの影響も，攻撃性に対する文化要因の検討に該当す

めていた。今日でも，南部は懲戒や懲罰のための銃・暴力使用に対して寛容である（Nisbett & Cohen, 1996）。

南部の人は自分の家や家族を守るためには人を殺すことも正当化されると考えていた。また，大学生を対象とした実験では，相手（サクラ）に侮辱された場合，南部出身者は生理的指標でも認知や行動の指標でも，強い攻撃性を示しやすいことが明らかにされた（Cohen et al., 1996）。

同時多発テロ事件の際，当時のアメリカ大統領がテロ指導者と見なした人物を「殺してでも生かしてでもいいから捕まえろ」と言い，徹底報復を指示したが，南部出身者ゆえの発言だと解釈するのは穿（うが）ちすぎだろうか。

名誉の文化の研究は，"男である" ことが競争に打ち勝つことや強さで定義される文化においては，攻撃性が男性のアイデンティティと力強さの証明となることを示唆している。男性アイデンティティは女性アイデンティティよりもある意味脆弱で不確実であるため，絶えず "男らしい" ことを示し続けようとするのかもしれない（Bosson & Vandello, 2011）。

ピンカー（Pinker, 2011）によれば，暴力は少なくとも民主主義が発達しているところでは徐々に減少しているという。政府が正義を管理し適正な罰を執行するなら，個々人による復讐や拷問などがなくなる。15世紀のイングランドでは10万人あたり約24人だった殺人率が1960年には0.6に低下した。名誉の文化を抱く男たちは，政府を信用せず個人的に暴力的に報復しなければならないと考える傾向がある。また名誉の文化においては，妻が不貞や家出などで男の名誉を脅かした場合には，妻は夫から暴行を加えられてもしかたないと男女とも信じている（Vandello & Cohen, 2008）。つまり，女たちは暴力の被害者になりやすいが，他方「弱いいくじのない男」を嫌うことによって，そのような文化に積極的に関わっていることになる。

る。暴力を扱った映画・テレビやゲームの影響は長い間論争となってきたが，今なお結論は出ていない。一方では，研究者や保護者が暴力的シーンを含んだメディア視聴を習慣化することは暴力性に影響するとし，年々暴力メディアが増加していることに対して懸念を表明している。最近のある研究は，これまでの98の研究，約4万人のデータに基づいたメタ分析を行った結果，実験室実験，相関研究，縦断研究，いずれもメディア効果は有意であり，暴力的内容は

攻撃性に対してプラスに，そして援助などの向社会性にはマイナスに作用すると結論づけている（Greitemeyer & Mügge, 2014）。

　反対に，メディアやゲームの影響はほとんど認められないとする立場もある（Ferguson, 2011）。そこでは，影響ありという主張は実験室実験の結果に基づいているが，実験室という特殊空間は現実社会とは異なるうえ，家庭生活や内的要因の影響が適切に統制されていない，と論じられている。メディアやゲームの影響については今後も研究が重ねられるだろう。

気候と攻撃性

オバマ元大統領が後のミシェル夫人となる女性との最初のデートで見に行ったとされる映画「ドゥ・ザ・ライト・シング」は，その夏の最も暑い日の朝，レストランで起きた白人と黒人間の些細な緊張をきっかけとして人種間暴動に発展していく様子を描き，怒り状態にあることを「頭から湯気がでている」と表現し，「頭を冷やせ」とたしなめる。暑さと攻撃性の間に何か関係があるのだろうか。

　暑さが攻撃性を増大させる（ヒート仮説）という説がある。膨大な数の大リーグ試合を分析したある研究は，相手チーム投手がチームメイトに死球を投げたことを挑発ととらえ，報復する傾向があるが，それは気温上昇とともに一層強まると報告している（図17-5）また年齢や1人あたりの平均所得，都市単位無職率などを統制してもなお，高温日数と暴力犯罪の発生間には強い関係が見られたが，非暴力犯罪は高温とは関わりがなかった（Anderson, 1987）。1年のなかでは夏に殺人や強姦が発生しやすく，交通渋滞ではエアコンのない車のドライバーはクラクションを鳴らす傾向がある（Kenrick & MacFarlane, 1986）。高温が攻撃性に結びつくのは，暑さで興奮状態になるがそのことに気づかず，これをその場にいる人に誤帰属し，相手の〇〇が悪いと攻撃性を向けてしまうからだと考えられている。

　近年，地球温暖化がしばしば話題に上るが，1950年から2004年までの約50年間のデータを基に気温と攻撃性の関係を調べた研究は，エルニーニョの年には冷涼なラニーニャ時に比べて，熱帯の国々で新たな内戦発生が約2倍に上昇すると報告している（Hsiang et al., 2011）。地球の気象気候が現代社会の安定性に強く関わっていることが示唆される。ただ，これは暑さが個々人の攻撃性を直接誘発するというよりは，これらの地域では気象気候に対して人も社会も脆弱であるがゆえに思うように経済が進展せず内戦を招いてしまう，という複

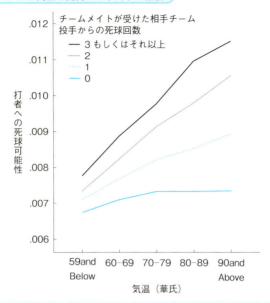

FIGURE 17-5 ● 気温と挑発から予測する報復

大リーグにおいて，チームメイトが相手チーム投手から死球を受けた場合それを挑発としてとらえ，報復する傾向は気温と強く結びついており，気温が上昇するほど攻撃性が高まると考えられる。

（出典）Larrick et al., 2011.

雑な過程があるのかもしれない。

攻撃行動と統制・抑制　攻撃行動はつねに不快感情によって引き起こされるとは限らない。領土拡大のため戦争をしかける指導者は，感情よりも利得によって動かされ，目標達成のための道具として攻撃行動を用いる。その際，指導者は追随者を攻撃に向けて動機づけるために，敵を攻撃に値する者であるというようにその認知を変えようとする。これを非人格化（dehumanization）といい，戦争の際にはよく用いられる手法である。また，自分自身のなかに不快感情がなくても，攻撃性の感染によって攻撃行動が解発されることがある。没個性化（deindividuation）と名づけられたこ

第17章　人間関係　439

> COLUMN　**17-2 攻撃性と進化論的視点**

　これまでの記録が物語るように，人類は殺し合いを，しかもときには大量殺戮を重ねてきた。この事実は，攻撃性が適応とは矛盾するものであることを示しているように見える。ここでは攻撃性をめぐる進化論的見解を2つ紹介しよう。

　その第1は，動物行動学のローレンツ（Lorenz, K. Z.）らが提唱する見解である。彼らによれば，動物で同種の個体間では対立する当事者双方に抑制メカニズムが働き，同種個体同士で死に至るような抗争は少なく限られている。抗争があっても一方が優位に立つと劣勢に立つ側が敗者シグナルを送る。すると，勝者はそれを受け入れ，攻撃を止める。したがって，抗争中に偶発的事故で落命が生じることはあるが，抗争の末に死ぬ数は抗争数に比べてきわめて少数である。そして，そうした抗争は最小限の犠牲で強いリーダーを選出することを促進し，適応に役立っていると考える。人間にも殺傷抑制メカニズムが備わっている。自分の手で人を殺すことは一般人はもちろん，兵士でさえも大きな心理的抵抗を感じるのが普通であり，生来の殺人者はほとんどいない。ではなぜ，大量殺戮が行われてきたか。それにはテクノロジーの進歩が関わっている。アイヒマン実験（第16章参照）で示されたように，距離的に犠牲者が遠くてその表情や息づかいや泣き声を把握しにくいとき，攻撃を加えることへの抵抗が減少する。ミサイルを用いれば数千km隔てた所からでも，ボタンを押すと同時に殺戮が完了する（表を参照）。

　第2の社会生物学からの見解も，攻撃性が長期的適応をもたらしていたと考える。生物は自分の遺伝子を未来へ届けるように動機づけられている（Dawkins, 1976）。ところが生殖機会に関して性差があり，メスは生涯におい

の現象は，匿名性，責任所在の混乱などさまざまな要因が絡まりあって生起するとされている（第18章参照）。暴動はその典型例である。

　人間社会においては，攻撃性に統制の枠をはめようとする試みがなされてきた。どの文化においても攻撃性の適正な使用に向けて種々の社会規範が存在し，著しく不適切な行使に対しては罰が設けられている。しかし，何が適正かに関してはしばしば議論が分かれる。たとえば，1960年代，黒人たちが長年の人種差別に異議を唱えて激しい抗議行動を「正当に」展開したが，白人側はそれを「不当だ」として糾弾した。1970年代の日本の学生運動でも，学生と警察

てもてる子どもの数が限られているのに対して，オスは理論上は多くの子どもをもつことができる。ただし，そのためには遺伝子伝達をめぐって競争的な関係にある他のオスを倒す必要がある。攻撃性における性差，つまりオスの方がメスより攻撃的だとされているのは，生殖機会の性差を反映している（Archer, 2009）。しかし，戦争では遺伝子よりも政治的同盟に基づいて敵味方が分かれ，また黒人白人はそれぞれの人種内殺人が人種間殺人よりもはるかに多いこと，また社会的役割や置かれている状況などにおける性差などの点から，攻撃性について進化的観点だけから説明することに対して反論も出されている。

表 ● 文明と攻撃性

	破壊兵器	犠牲者との距離	抑制メカニズムの有効性
昔	原始的道具，武器	近い（腕の長さ）	有効
現代	コンピュータ制御	大陸間も可能(犠牲者不可視)	非有効

最近，ピンカー（Pinker, 2011）は人類史的視点と統計的データに基づいて，何十年，何百年，何千年さまざまな時間単位をとってみても，人間の暴力は減少し続け，人類史上最も「平和」な時代に生きている，という論説を発表した。人が持ち合わせている二面性のうち内なる天使が長い戦いの末についに悪魔に勝ったという議論である。ではなぜ勝ちえたか。上記のように人間の内なる特徴だけでなく，攻撃性の特質とその発現のダイナミズムは統治機構や商業や道徳などとからめながら多面的複眼的に考える必要性を示唆している。

が「暴力」をめぐり真っ向から対立した。さらに近年，国家や法という統制枠組みを超えたところで深刻な対立が起きている。それらを念頭に，相手による不道徳な行為が許しがたいという道徳的動機に基づいて多くの暴力がなされ，これは「聖戦」だという強い信念があるため攻撃がいっそう激化する，とフィスクらは論じている（Fiske & Rai, 2014）。

4 コミュニケーション

コミュニケーションは，伝達したい情報を言葉やジェスチャーという乗りもの (vehicle) に乗せて相手に届ける行為だと理解されてきた。したがって，情報の送り手または受け手が分離され，どちらか一方のみに研究関心が向けられてきた（第16章参照）。しかし，近年コミュニケーションの双方向性に注目し，対人的相互作用における情報処理を考えようとする研究が登場してきている。

共有リアリティの構築

日常的コミュニケーションの多くは，他者に対して影響を及ぼし説得することを意図しておらず，むしろ他愛ない会話によって占められている。しかも，話者と受け手の立場が双方向的に交換され，ルールに沿った一種のゲームとして展開される。大規模なテロ事件を知った直後に交わされる会話は，相手を反戦行動へとすぐさま導くことを目的としてはいないだろう。飛行機がビルに突っ込むなんてありうるのだろうか，と驚きや無力感など個人的経験の語り合いがなされるに違いない。

事物や現象は外界の構成要素の1つとしてはじめから存在しているのではなく，私たちが「これが現実だ」と認めるものによって外界は構成される。自分1人が信じている「真実」はもろく不安定であり，どこかで矛盾や齟齬や破綻をきたしやすい。東日本大地震の津波の映像を見て，それが幻夢や映画ではなく，信じがたいが現実に起きた事実なのだと確信し，それをもとに次の相互作用を営むためには，そのときの経験や感情や知識を他者と交換する過程を通して，他者も同様にそれを真実としているという共有リアリティ (shared reality) を作り出す必要がある。

二者コミュニケーション

ゲームがゲームとして成立するには，ルールと相手についての知識が重要となる。

コミュニケーション・ルールでは一方が話しているときは相手は聞く，女性には体重や年齢の話をしない，心理的距離に応じて敬語水準を変えるなどが例として挙げられる。だが，ルール自体必ずしも確定したものでない。たとえば，親しい教員同士打ち解けた調子で会話しているところへ学生がやってきた場合

には，「〇〇先生」と改まった調子に移行し，第三者の視点を取り込み，ある役割（教員 vs 学生）にいる者としての語り方を用い，相手もまたそれに応じるというように，適用ルールはそのときどきで確認作業を必要とする。

相手がどのような知識をもっているかを推定するには，相手の社会的カテゴリー情報が有用である。相手の国籍や職業やおおよその年齢などについての情報があると，どのような話を交わせるかを推測できる。西アフリカのニジェールからやってきた初対面の人に，いきなり雅楽の話を切り出す人はまずいないだろう。私たちはコミュニケーションの前提としての他者の知識を少しずつ確認しながら話を前に進めていく（池田, 2000）。言い換えれば，共有できるメッセージの作成を目指して，メッセージの送り手は受け手の知識を推定し，ここまでは確認されたと1つずつ情報を更新しながら，話を前に進めていこうとする。これは，グランディング（grounding）と名づけられている。私たちがまったく知らない相手との会話に戸惑いを感じるのは，相手についての知識をほとんど持ち合わせていないからであり，そのような場合，天気など共有できると予想される常套的話題を当面もちだし，その間に相手の反応から相手を知ろうとする。

もっとも，いかなるときも誰に対しても，つねに相手から関心を逸らさず，相手と共有リアリティを作り上げようとするとは限らない。ヒギンズ（Higgins, 1992）は聞き手の態度や知識に合うように話者が発信するメッセージ内容を調整することを指摘し，これをチューニングと名づけた。そして，共有リアリティ形成を目指す程度によって，基礎的チューニング（受け手と共有しようとする通常のチューニング），スーパー・チューニング（高地位者に向けて示す相手に合わせた強い調整），反チューニング（隠語や仲間言葉を用いるなどして共有を拒否する），非チューニング（チューニングしない）の4つに分類している。

興味深いことに，受け手の知識に合うようにメッセージを仕立てるという社会的行為が，メッセージの発信者自身にも影響を及ぼすことが知られている。たとえば，AさんとBさんが共通の知人Tについて話している場面を想像してみよう。BさんがTの熱烈な支持者だと知っているAさんは，Bさんに向かってTのことを悪くは言わず，むしろ「よくがんばりますよね」などと肯定的な方向からメッセージを調整するだろう。すると，AさんのもつTの人物表象の肯定的な側面が想起されやすくなり，話者AさんのTに対する印象

は以前よりも肯定的な方向へ変容する（Higgins, 1992）。受け手に合わせる調整行為が，回帰的に自分自身を変えることにつながるのである。

BOOK GUIDE ● 文献案内

池田謙一，2000『コミュニケーション（社会科学の理論とモデル5）』東京大学出版会。
- 二者間からマスコミに至るまでさまざまなコミュニケーションを取り上げ，リアリティの構築においてコミュニケーションが果たす役割を分析している。

池田謙一，2013『新版　社会のイメージの心理学――ぼくらのリアリティはどう形成されるか』サイエンス社。
- 社会的現実とは何か，それは社会生活の中でいかに作られどのように機能しているかなど，東日本大震災の体験を踏まえながら，わかりやすく鋭く説いて秀逸である。

浦光博，2009『排斥と受容の行動科学――社会と心が作り出す孤立』サイエンス社。
- 個人レベルから社会レベルまでの排斥と受容について，多くの研究知見を盛り込みながら，さまざまな観点から平易に解説している。

高木修・竹村和久 編，2015『無縁社会のゆくえ――人々の絆はなぜなくなるの？』誠信書房。
- 人々のつながりをテーマとした学際的研究をまとめた書物。人間関係が単なる友人関係以上に私たちの生き方や暮らしに関わっていることを理解するための入門書。

ピンカー，S./幾島幸子・塩原通緒 訳，2015『暴力の人類史』上・下，青土社。
- 暴力を基軸として人間の歴史を振り返り，それによって人間の本性を考えようとする大著。著者の議論には賛同や反対さまざまな反応があるだろうが，暴力を大局的な観点から考える機会を与えてくれる。

ニスベット，R.・コーエン，D./石井敬子・結城雅樹 編訳，2009『名誉と暴力――アメリカ南部の文化と心理』北大路書房。
- 暴力性は生得的か後天的かという二分法で議論される傾向があるなか，生態環境が人々の考え方や行動を生み出し，さらに人々の相互作用や信念を通じて，生態環境に変化が生じた後も維持され続けることを解説している。

北村英哉・大坪庸介，2012『進化と感情から解き明かす――社会心理学』有斐閣。
- 魅力や親密な人間関係について，進化心理学的立場からの解説がくわしい。

Chapter 17 ● 練習問題　　EXERCISE

❶ 排斥された者にはどのような影響があるか，整理してみよう。
❷ 攻撃行動を利己的な遺伝子による説明が適合するケース，それではうまく説明できないケースをそれぞれ挙げてみよう。

HINT ● p.632

第18章 集団・組織そして規範

「個人の集合」を超えて

渋谷のハロウィン仮装集団（時事提供）

- KEYWORD
- FIGURE
- TABLE
- COLUMN
- BOOK GUIDE
- EXERCISE

CHAPTER 18

私たちは多かれ少なかれ，さまざまな集団や組織に所属している。たとえ「集団生活は嫌いだ」という人であっても，会社や学校，家族，そして街角などいろいろなレベルでの集団から逃れることはできない。人々の集まりは，集団同士の交流，また集団内の人々の交流によって，あたかも集団自体が生き物であるかのように，ダイナミックな力学を展開する。集団は単なる個人の集まり以上のものである。集団の力は社会のさまざまなところで活用されているが，いったい集団の力はどのようにして生まれるのだろう。ここでは，集団内，そして集団間の相互作用プロセスを中心に，集団現象の仕組みを理解する。

PREVIEW

> **KEYWORD**
>
> 集団　群集　集合心　集団意思決定　集団思考　集団極化　集団間対立・葛藤　リーダーシップ　司法

SECTION 1　集団と群集

集団の定義

繁華街の交差点で，歩道の上に信号待ちの人がたまる。これは集団だろうか。これまで提唱されてきた集団の定義は，大きく 2 種類に分類される。1 つは集団の特性は個々人の特性の集合にすぎないとし，集団は個々人に分解されつくすと考える立場であり，他の 1 つは集団は単なる個人の集合以上で，集団特有の機能や性質があるとするものである。ほかにも少しずつ違う定義があり，確定したものを 1 つ挙げるのは困難だが，ここでは一応，人が 2 人以上集まって，相互交流し，何らかの関係で相互に結ばれ，ある枠組みを共有し行動面でも依存し合っているとき，それを集団と呼ぶことにする（Levine & Moreland, 1994）。

近年，集団は個人の心のなかで生起する認知とも密接に結びついていることが指摘され始めている。なかでも，物理的に 1 人でいるか複数でいるかにかかわらず，人が他者や集団について思考をめぐらせたとき，集団現象が生起しうるという指摘（Wegner & Giuliano, 1982）は，従来の多様な定義を融合しうる可能性を示唆しており，とりわけ重要である。自己カテゴリー化理論（第 14 章参照）も，個人や集団はそのときどきの認知活動のなかから立ち上がってくることを指摘している。言い換えれば，個人を研究すれば集団を十分に理解できるとすること，逆に集団を研究することだけが集団現象の解明への唯一の道であるとすることは，ともに何かを見逃してしまう可能性がある。

集団の特徴

たいていの場合，集団には何らかの存在理由がある。歴史的にも人間は，多くのことを集団で成し遂げてきた。過去に比べて生存の厳しさが緩和されてきている現代においては，人々の意識レベルでは個人志向が強まっているが，やはり集団によってこそ達成可能となる目標がある。問題を解決するため，生産のため，楽しみの

ため,外からの攻撃に備えるため,多くの場合において,個人よりも集団は大きな力を発揮できる。

集団はそのなかでは均質性(homogeneity)を,そして他の集団に対しては異質性(heterogeneity)をもつといわれている。集団は元来似た者同士が集まる傾向があるうえに,関心や活動を共有することによっていっそう類似性を高めていく。とくに,関心の追求が容易でなく時間やエネルギーを大量に費やさなければならないような場合は,外集団の人とはそれらを共有することが少ないために,いっそう集団内均質性が高まる。成員の類似性が低いときは集団内で葛藤が生じやすく,凝集性が低下し,集団が弱体化する傾向がある。

人は集団への参入によって新所属メンバーとなるが,集団成員としての地位はときとともに変化しうる。ある人が既存メンバーにあまり類似していない場合には参入側・受け入れ側双方がその人の参入実現に積極的でないため,結果として類似した人の参入傾向が強まる。また新メンバーが既存メンバーと類似性が低い場合は,類似性を高めるような働きかけが積極的に行われる。服装や言葉遣いなど目立ちやすい特徴は集団内でしばしばきわめて類似し,その集団に輪郭を与えるものとなりやすい。こうした社会化の結果,集団の均質性はいっそう高まる。

このように集団は多かれ少なかれ均質性を特徴とするため,「みんな同じ」が一種の文脈として働き,個々人の特徴に対する評価を規定することになる。たとえば,帰国子女が授業中しばしば手を上げて発言するなら,あまり意見を表出しない点で均質的な学級内では,いわゆる逸脱行為としてマイナス評価を受ける。このような場合,「変な行為」をする当人に原因があると考えられがちであるが,集団過程の観点から見れば,集団の均質性という文脈が異質な行為への評価に影響したと説明されるのである。

群集の形成

比較的多くの人々がある場所に接近した状態で集まっており,共通の関心を抱くとき,その一群を群集(crowd)という。ミルグラムら(Milgram et al., 1969)はニューヨークの街中で,歩行者を対象に群集が形成される様相を観察した。ある特定の区間を設け,そこでサクラ(1~15人)が近くのビルを見上げ,去っていく。歩行者のうち何人がサクラと同じところを見上げ,群集に加わるかを設置カメラがとらえた。実験の結果,3人以上の人間が共通の関心を示せば,歩行者とし

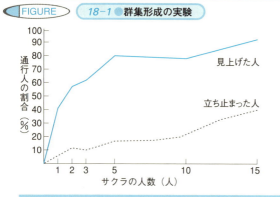

FIGURE 18-1 群集形成の実験

縦軸は立ち止まった人およびサクラと同じところを見上げた人の割合を、横軸はサクラの人数を示している。3人が共通の関心を示すと約60%、5人だと約80%もの人が影響を受けて同じ行動を示すことが読み取れる。

（出典）Milgram et al., 1969.

て流れていたバラバラな個人が群集を形成することが判明した（図18-1）。群集の人数が多ければ多いほど、影響され同様の行動を示す人数は増大する。

集合心

ル・ボン（LeBon, 1895/1960）は大勢の人が集まれば、集合心（collective mind）によって行動する統合された実体としての群集になる、と考えた。彼によれば、いったん群集の一員となると人はすべて集合心の命ずるまま衝動に突き動かされ、理性的でない極端な行動をとるようになる。集合心は一種の病気であり、その情動と行動は人から人へと伝染し、暴動などに結びつくと説明している。群衆を病気や伝染と結びつけたこのような考え方は、しかし医者であるル・ボンが抱いた19世紀後半都市の治安の悪さへの恐怖とより下層の人々への偏見をあらわしている。後続の研究者たちは、集合心を曖昧な状況で起きる社会的比較過程、同調、社会的促進、模倣、循環的反応、出現規範など別の概念を用いて説明している。今日では、たとえば1人が腕組みをするとまもなく他の人々も腕組みをする現象は、ミラーニューロンと結びついた模倣（mimicry）という、伝染とは別の枠組みで解釈されている。

没個性化

人は群衆の一員としているときには、1人でいるときとは違って、自制心を失い極端で異常な行動をとるように思えることがある。フェスティンガーら（Festinger et al., 1952）はこれを個人が集団に埋没した状態だと考え、没個性化（deindividua-

FIGURE 18-2 ● 没個性化と違反行動

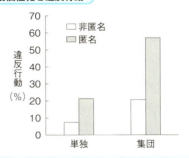

ハロウィーンの参加者に名前を尋ねた場合(非匿名条件)と尋ねなかった場合(匿名条件),単独で参加した場合と集団で参加した場合ごとの違反行動を割合で示した。

(出典) Diener et al., 1976 より。

tion)と名づけた。没個性化はそれを引き起こす条件,個人の内的状態,その結果として生じる行動の3つの要素から検討されている。一般に,没個性化は集合心と同様,略奪や暴力など否定的な結果をもたらすと理解される傾向がある。ハロウィンの仮装時には個人が特定されにくくなることを利用して,没個性化の実験を行った研究者がいる。ディーナーら(Diener et al., 1976)は,ハロウィン参加者1300人を超える子どもを対象に,匿名・非匿名,集団・単独の条件の組み合わせで,きまり違反行動を観察した。その結果,単独参加より集団参加で,また非匿名より匿名条件で違反が多く観察され,匿名でかつ集団の場合は57%を超える参加者が違反を犯した(図18-2)。日本でもハロウィン行事は年々大規模になっているが,翌朝の路上のゴミの量が問題化していると報道されている。

しかし,アイデンティティや自覚の喪失が必ず問題行動を生起させるとは限らない。なかには匿名の人々が集まっている場所で親和的行動が増大したことを示す結果も報告されており(Gergen et al., 1973),没個性化は肯定的にせよ否定的にせよ,抑制されていた情動の表出を促すのかもしれない。

集団の意思決定

集団意思決定のプロセス

ビジネス，司法，行政や教育から家族旅行に至るまでさまざまな場面において，意思決定は集団でなされることが多い。集団意思決定は，マイクロ・レベルでの個体のインプットが，オープンなプロセスによってマクロ・レベルとしての集団のアウトプットに変換され，集団全体としての秩序やパターンを生み出す現象（亀田，1997）である。オリエンテーション，議論，意思決定，執行の4つの段階を経る。はじめのオリエンテーション段階では，何が問題であるのかを定義し，どのように決定するかが話し合われる。この段階はしばしば圧縮・省略される傾向がある。次の議論の段階では，情報が収集され，仮説，対案が作成され評価される。しかし，議論の利点を十分生かせず，基準を最小限満たすだけの案が出たところで満足し代案について十分に考えなかったり，問題を矮小化してしまったりしがちである。次に，十分に情報が収集されたとなれば，個々人の選好を集合的なものに統合する意思決定段階に移行し，代表による決定，平均化，投票，合意形成などの社会的決定スキーマ（social-decision scheme）が用いられる。集団によっては決定方法が確定している場合がある一方（たとえば，国会），相互に意見を述べているうちに自然に結論がでるのを待つなど，スキーマが明確な形で表面に現れない場合もある（たとえば，家族会議）。最後の段階では，一連の過程を経て決定された意思が現実の効力を発揮するよう執行される。

集団意思決定の阻害要因

日本では古くから「3人寄れば文殊の知恵」といわれ，集団の意思決定は個人のそれより勝ると信じられている。対人関係の和が重要な町内会旅行の行き先は，くじ引きで決めようが会長が1人で決めようが，親睦がうまく行きさえすればあまり問題にならないかもしれない。だが生死や組織の存亡に関わるような事項では，よりよい決定が強く求められる。多くの場合，合議の知に期待し，集団討議を経て意思決定がなされる。集団は問題解決のための情報集積・分析の点だけから見ても，個人に勝る可能性が高く，したがってよい意思決定が生まれるだろう

と思われている。しかし，現実には必ずしもつねにそうなるわけではない。ここでは，集団意思決定が抱える問題や陥る落とし穴について考える。

(1) **コミュニケーション上の問題**　コミュニケーションの研究はこれまでに，メッセージの送り手と受け手の間に，相互理解の困難が生じやすいことを明らかにしてきた。送り手のメッセージ作成において，また受け手のメッセージ理解においてそれぞれスキルや認知能力容量の制約などから，誇張・簡略化や個人の予期や信念に合うように解釈する同化などの歪みが生じる傾向がある。加えて，いわゆる会議というものへの低期待，参加意欲欠如，準備不足，感情統制欠如，責任回避など，集団意思決定の成功を妨げるような参加者の態度や能力もある。

(2) **共有情報バイアス**　集団意思決定の際，全メンバーが完全に同じ情報を共有しているとは限らない。たとえば，新入社員採用において応募者が殺到した場合は，分担して書類に目を通し，書類選考を通過した者に対して面接をする。すると，ある志願者の書類記載情報は面接委員のうちの1人ないし少数しかもっていない（非共有情報）。他方面接の場で得られた情報は面接委員全員が共有している（共有情報）。公平で適切な判断を下すためには，時間をかけて特定の面接委員だけが知っている情報を互いに交換する作業を行い，全員ですべての情報を共有したうえで面接に臨んでこそ，集団知と呼ぶにふさわしい決定がなされると思われる。だが，現実にはしばしばその段階は省略される。

では，集団による意思決定において共有情報と非共有情報はどのように扱われ，どのような効果をもつだろうか。現実には，共有情報に関する議論に多くの時間やエネルギーが費やされ，非共有情報についてはあまり取り上げられない，という歪みが生じやすく，共有情報バイアス（shared information bias）と名づけられている（Stasser et al., 2003）。言い換えれば，人々は自分が知らないことについてはあまり話し合おうとせず，すでに知っていることについてより話し合い，結果として決定や判断は共有情報に強く影響されることになる。結論が急がれているなど議論時間の制約，メンバーが他のメンバーから支持承認を得たいと思っている，構成員間のつながりを重視するなどの心理的対人的欲求などがある場合，共有情報により注意を払うようである。皮肉なことに，共有情報について言及する人のほうが非共有情報について話そうとする人より，知識が豊富で有能で信頼できると評価される傾向がある。情報共有バイアスを

回避する方策として，メンバー中の経験豊富な者が非共有情報への注意を喚起する，時間をかけて積極的に議論する，よい結論を得ようと心がける，構成員の多様性を高めるなどが有効だとされている。

集団思考　優秀なメンバーからなる集団の意思決定が，後で誤りだったと判明するケースは少なくない。アメリカのスペースシャトル・チャレンジャーやコロンビアの爆発事故では，技師たちから打ち上げ中止の進言があったにもかかわらず，NASAの上層部メンバーが会議を開いて決行を決議した。そして，惨事が起きた。

ジャニス（Janis, 1982）は集団の決定が失敗を招いたケースを収集し分析した。そして，合理的な決定を妨げる歪んだスタイルの思考過程から誤りが生じると考え，それを集団思考（groupthink）または集団浅慮と名づけた（図18-3）。それによると，凝集性の高い集団が外部とあまり接触しない状態にあるとき，強力なリーダーがある解決法を示唆すると，メンバーは他の可能な選択肢を現実的に探ろうとしなくなり，集団思考に陥る危険性が高くなる。メンバーのうちの誰かが異なる意見をもったにせよ，このような状況においては，内部の結束を乱すことを恐れて，集団圧力で異議を唱えることを封じられる前に，みずから意見表明を控えるために，あたかも全員の意見が一致しているかのような錯覚が生じやすい。その結果，十分な情報収集や議論がなされぬまま，外集団に対するステレオタイプ的イメージと他方内集団の不撓幻想を集団全体で合理化し，質のよくない決定が下されてしまう（Janis & Mann, 1977）。

集団斉一性と討議の制約のレベルを変化させた実験では，自由が認められている場合には斉一性の高い集団の方がさまざまな観点から討議できるが，討議に時間的制限を加えると，逆に斉一性の高い集団では反対意見が出にくくなり，質的によくない討議が行われるという結果が得られた（Courtright, 1978）。ジャニスは集団思考を回避し，全員一致への圧力に屈せずさまざまな可能性の検討を促進するために，次の提案をしている。①リーダーはメンバーが反対意見を表明したり，疑義をただしたりするのを奨励すること，②リーダーははじめは中立を保ち，メンバーが各自の見解を表明した後で，自分の意見や期待を述べるようにすること，③小グループに分かれ独立に討議したうえで，それぞれの違いについて議論すること，④ときには外部の専門家を招き，メンバーの見解と戦わせること，⑤毎回少なくとも1人を悪魔の擁護者（devil's advocate）

FIGURE 18-3 集団思考の発生過程

先行要件
1. 集団凝集性が高い
2. 外部の意見に対して閉鎖的
3. 指示的で強力なリーダー
4. 他の選択肢評価へのシステマティックな手続き欠如
5. 高いストレス・外部からの脅威

↓

集団思考の出現：集団内の意見一致追求志向

↓

集団思考の兆候
1. 「私たちは屈しない」という感覚
2. 自分たちの立場は道徳的だという仮定
3. 新たな挑戦提案は無視し、自分たちの立場を合理化
4. 外集団に対するステレオタイプ化
5. 反対意見・疑問発言の抑制
6. 反対派への斉一圧力
7. 全員一致幻想

↓

帰結：意思決定のまずさ
1. 目標に対する考慮・検討不十分
2. 他の選択肢に対する検討不十分
3. 選択した案のリスク検討不足
4. 関連情報収集の不十分さ
5. 収集情報の処理バイアス
6. 状況即応プランの考案不十分

（出典）Janis, 1982 をもとに Taylor et al., 2003 が作成。

に仕立て、グループの意見を反対の立場から眺める役割をもたせること、の5つである。

　集団思考の危うさは、たしかにリアリティのあるものとして感じられる。しかし、集団思考が否定的な結果をもたらすか否かに関して、必ずしも合意が成立しているわけではない。実際、NASA の委員会は適切な決定をいくつも成している。集団思考が生起するとしてもそのメカニズムは、少なくともジャニスが考えた以上に複雑で、さまざまな要因が絡んでいるようである。

集団極化　個々人の意見の分布において優勢だったものに比べて、集団意思決定の方が極端になることを

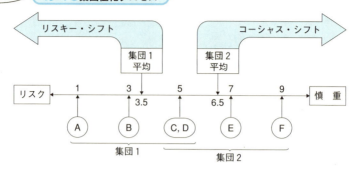

FIGURE 18-4 集団極化プロセス

集団1はA，B，C，Dの4名で構成され，それぞれ1，3，5，5という意見をもっていたとしよう。集団討議を始める前，この集団の平均的意見は3.5である。これは中央値5よりも危険志向であり，この集団1ではリスキー・シフトが起きるだろうと予測される。対照的に，C，D，E，Fからなる集団2では平均的意見が6.5で，この集団ではコーシャス・シフトが起きると予測される。

（出典）　Forsyth, 1990.

集団極化（group polarization）という。キューバ危機の際，アメリカの最高首脳部が集まって審議した結果，外交政策を用いるなどの穏健な道は排除され，最もリスクの高い「侵攻」が選択されたという事実は有名である。元来高リスク選択を促進するような問題があったとき，集団でそれを話し合うことによって一層リスクの高い選択がなされる傾向は，リスキー・シフトと呼ばれる。反対に，集団討議を経るとより安全・保守志向に傾くこともあり，こちらはコーシャス・シフトと名づけられている（図18-4）。集団極化はリスクに関係のない問題でも生じる。たとえば，ドゴール将軍（フランスの軍人・元大統領）について個人評価の後集団討議を実施すると，当初肯定的だった場合にはさらに肯定的態度になる。

　集団極化現象は正しい解というものが明白でない場合に，個人レベルで優勢だった反応が集団討議を経ることによって集団レベルではいっそう極端になることとして理解され，ジレンマ解決問題のほか，態度，判断，信念，知覚などにおいても確認されている。

集団極化，とくにリスキー・シフトがなぜ生じるかについては，次の点から説明されている。①責任の分散（負の結果が生じてもそれに対して個々人が感じる責任はより小さい），②リーダーシップ（リスク志向の人は自信をもち主張的であり，他の成員への影響が強い），③不確実性の低減（討議を重ねていくうちに当該事象について情報が豊かになり，不確実性が減少する），④価値（一般に，危険を恐れず前進することは高く評価されているため，他の人々がリスク志向を表明すると，その「勇気」に刺激される）。

現代の集団極化・共有情報バイアス

格差，貧困，高齢者福祉，差別偏見，共生など社会には解決が求められているさまざまな問題がある。それらは専門家に任せておけばよい，というわけではなく，私たちも社会の一員として考え解決を探る必要がある。その際，家族や友人同士，職場の同僚などと意見を交わし，こうすればいいのではないかと案を練る。もちろん，それがただちに公的な施策となって実行に移されることはないだろうが，そうした議論を通して私たちの意見は作られ磨かれ社会を動かしていく。

現代の社会は多様性を特徴とし，文化や価値観や意見を異にする人々によって構成されている。インターネットを介した会話は，原理的には多様で異質な人々とも成立するはずであるが，実際は友だち承認などのセレクション機能を用いて，私たちはある意味自分と似た者を選び出し，「仲間」同士の交流を好む傾向がある。そのような交流から得られる情報や議論は，前述の知見から考えると，個人が有していた意見や態度をより極化させる可能性がある。しばしば報じられている各地のヘイトスピーチや反移民運動などの動きは，こうした現代社会の特徴を映し出しているのかもしれない。

集団意思決定の手続き

集団のメンバー全員に影響するような重要事項を誰かが1人で決めてしまったなら，独断的だと苦情や批判がでるに違いない。集団での意思決定の過程は透明性が高く公正であるべきだという考え方は手続き的正義（procedural justice）と呼ばれる。これは司法の領域だけでなく，葛藤解決や利益・責務配分など非司法の場でも秩序が求められるところで問題になる。だが，具体的な決定手続きについては，それほど関心が払われていないようである。

個々人の意思を全体の決定に結びつける過程において，どのような手続きを

とるかは結果に重大な影響を及ぼす。ある機会にA, B, Cの3つの案から1つを選ぶことになり, S, T, Uの3人は個人的に各々次のように順位を考えていたとしよう。

　　　S　　A＞B＞C
　　　T　　B＞C＞A
　　　U　　C＞A＞B

このような選好構造がある場合, Sが司会を務め, B案とC案を先に競わせ, その勝者とA案を競わせるような2段階選抜の手続きをとったとする。すると, B案とA案とが競われることとなり, Sの思惑どおりA案が「多数決」の結果として選ばれる。だが, A案とC案を先に競わせたときは結果は異なり, B案が選択される。つまり, 集団決定の形をとりながら, 戦略を選ぶことで特定の個人の望む方向に結果を操作することが可能なのである。しかし, 形式的には集団の意思決定, すなわちみんなで決めたことであるために, 操作が行われうることは気づかれにくいという問題を抱える。

SECTION 3　集団間関係

「泥棒洞窟」の実験

　ある年の夏, 少年たちはオクラホマ州の公園「泥棒洞窟」でのサマーキャンプに向かうため, バスに乗りこんだ。社会心理学者のシェリフら (Sherif et al., 1961) が計画した, グループ・ダイナミックス研究の実験参加者たちであった。少年たちは2グループに分かれ, 森の離れたところに各々拠点を設けた。はじめはそれぞれのグループだけでさまざまな活動を行い, グループ内でグループ名をつけ, ルールを決め, 役割分担をし, おそろいのTシャツを作り, 求心力のある集団が1週間でできあがった。そこでシェリフらは, キャンプ設備は2グループの共同使用だと告げ, 集団間に葛藤を持ち込んだ。すると少年たちは, 他方のグループをあいつらなどと呼びはじめ, 「われわれ (us)」と「あいつら (them)」という区分を強く意識し, 野球やテント設営では競争心をむきだしにした。やがて, 夜陰に乗じて相手の陣地に忍び込み, グループ旗を引きずり下ろして燃やすなどの敵対行為に出て, 応酬戦が始まった。わずか2週間のうちに, よく

しつけられた普通の少年たちが乱暴者集団と化した。つまり，新たに人為的に形成された，それまで対立という過去をもたない集団が葛藤をエスカレートさせていく社会的心理的過程がつぶさに観察されたのである。

集団間葛藤の原因　江戸時代は各地で村同士の水争いが起き，大学紛争時代は学生側と教授側が厳しく対立した。集団間の対立・葛藤はいつの時代にもあった。戦争は集団間葛藤の究極の姿である。集団間対立・葛藤は支払うコストが大きいのになぜ生じるのだろうか。

(1) **競争**　一方の成功が他方の失敗を意味するとき，たとえば水や食糧，領土，富，権力など限られた貴重資源の獲得をめぐって集団間で競いあうとき，集団間葛藤が生じ，両勢力は敵対関係となる。競争が葛藤を生むことは，実際場面でも確認されている。ある管理職研修では，参加者を小集団に分け問題解決に取り組ませた。最もよい解答を生み出すグループが高く評価されることを参加者たちは知らされていた。相手グループに勝つための解決法を示した人はグループ内での発言力を増し，負けたグループはリーダーを更迭した。それぞれのメンバーは研修中も休憩中も一緒にすごし，他グループのメンバーと仲良くなった者はほとんどいなかった。ある場合には，2つのグループ間の緊張が高まりすぎて，研修を中断せざるをえない事態にまで追い込まれた（Blake & Mouton, 1986）。

ここで注意したいのは，各集団の構成員個人は必ずしも「競争的」ではないことである。囚人のジレンマ・ゲーム（第13章参照）を用いたある実験では，個人同士が対戦したときの競争的反応は6.6％であったが，3人1組同士を対戦させたときは36.2％，さらに3人1組のなかから選出した代表による対戦となると53.5％が競争的反応を示した（Insko et al., 1987）。個人としては協力を選好する人物であっても，集団のメンバーとなると競争的傾向の高まりを見せるようである。集団が個人よりはるかに競争的であることは多くの研究によって確認されている

(2) **カテゴリー化とアイデンティティ**　集団間葛藤について次のような疑問がわく。相手集団が眼前になく，実際に競争することがなくとも葛藤が生じるだろうか。タジフェルとターナーらの一派は，イエスという回答を示唆している。人々は社会的環境を意味のあるまとまりに分けて理解しようとするが，とくに自分のグループとそうでないグループというカテゴリー化は，その基本的

> **COLUMN** *18-1 高圧的な力と集団間葛藤*

　優れたものを製造し，有益なサービスを提供することによって，集団や社会は豊かになる。他方，そうする代わりに，戦いを起こし他の豊かな集団を力づくで征圧し支配することで，自分たちが豊かになる方法もある。社会進化論者によれば，集団同士が厄介な関係になる最初の段階は，一方が他方を支配しようとすることである。

　インスコら（Insko et al., 1983）は，交易と高圧的な接収がそれぞれどのような結果をもたらすかを検討するため，シミュレーション実験を行った。3つのグループはそれぞれ4人で構成されるが，20分後最古参メンバーが去り，新しいメンバーが代わりに加わる。各グループでは折り紙で動物などを生産し，代表がスピーチをし，ものの交換を行うといった具合いである。

　実験条件は2つあった。1つは経済力条件で，3つのうちのグループBだけが他の2グループより経済的に有利な条件が与えられており，グループBが交易の中心となるようにされていた。もう1つの高圧条件では，グループBは欲しいものがあれば他の集団から奪いとることが認められており，さらにグループBのメンバーは他のグループよりも問題解決能力に秀でているとの信念も流布させた。

　経済力条件では，グループBはもちろんのこと他の2グループも高い生産性を上げた。他方，高圧条件ではグループBに搾取されるため，他のグループはネガティブな反応を示し，結果として時間経過とともに生産量を減らして，ついには生産物がないのでグループBが搾取することもできなくなるという事態に至った。またグループBは他から搾取可能であるため，生産意欲を低減させ，実際の労働時間は減少した。このような結果は，ある集団が他方よりも高圧的な力をもっている場合，集団間に葛藤が生起することを示している。力がより強力であれば，よい結果がもたらされるとは限らない。

なものである。社会的カテゴリー化は世界を認識するうえで有用であるが，反面「私たち」と「彼ら」を差異化し，内集団びいきを引き起こすことで集団間葛藤のベースとなる。タジフェルとターナー（Tajfel & Turner, 1986）は最小条件集団パラダイムを用いて，相手方の人々に対面せずとも内集団と外集団を頭のなかで構成し，個人的な利得を得ることができない状況においても内集団には好意的に，他方で外集団をおとしめ敵対する内集団びいきが起きることを確

認した（第14章参照）。

タジフェルとターナーの提唱した社会的アイデンティティ理論は，次の3つの前提を置いている。①人は基本的に内集団と外集団を区別し，②肯定的な社会的アイデンティティを維持しようとし，③社会的アイデンティティの多くは集団アイデンティティに由来している。このため，自分が所属する集団を肯定的に評価し，それによって自尊感情を高めようとするのである。これはまさに泥棒洞窟の少年たちの行動そのものであり，国際紛争や宗教紛争なども少なくとも部分的には，これによって説明されるだろう（第14章参照）。

集団間葛藤の解決

集団間葛藤はどうすれば解決できるだろう。多くの研究者がさまざまな提案を行ってきた。接触仮説（contact hypothesis）はその1つである（第14章参照）。us 対 them という対立構造ができると，集団間での交流は縮小する。そこで，介入によって外集団と接触する機会を設けようとする試みが実験室内外で行われた。あるプロジェクトでは，ニューヨーク近郊で白人とアフリカ系米国人がそれぞれ分離して住む公営住宅と，まじりあって住む集合住宅を設け，住人に調査した。その結果，分離地区に比べて混合地区の白人は，接触機会が多くアフリカ系米国人を尊重する態度があり，支援提供も多かった。これまでの研究では，接触と葛藤の間に−.21の相関があり，接触が多いと葛藤が少ない傾向があると報告されている（Pettigrew & Tropp, 2006）。他方，文脈やともにする活動，外集団に対する不安の高さなどによっては期待するような効果が得られないことも多多ある。

泥棒洞窟の実験で，2つの少年グループを接触させることで敵意を収めようとして失敗したシェリフら（Sherif et al., 1961）は，次に上位目標を与え協力せざるをえない状況を作り出した。その結果，協力は集団間の対立を解消するのに効果的であることが判明した。その後の研究では，上位目標だけでなく共通の敵，漸次相互和解，社会的カテゴリー化バイアスの最小化なども協力関係を作り出すことによって集団間葛藤を解決するのに効力を発することが報告されている。

交渉（negotiation）も葛藤を解決する方法として有効であり，事実，国際政治・経済では頻繁に用いられている。集団内葛藤つまり集団成員がそれぞれの利益をめぐる葛藤を抱えている場合，交渉は双方の利益主張がかなえられるよ

う全体の資源を拡充する（統合）か，あるいは今ある資源を配分するかのいずれかの方法をとる。集団が大きい場合には2者同士に比べて，統合への合意に到達するのに時間を要する。一般に，集団間交渉は個人間交渉よりも困難である。それは，外集団に対しては不信があり，それぞれが内集団成員の支援を受け自己利益を主張するため，交渉が成功することへの期待が低いからではないかと考えられている。集団間に葛藤があり，それぞれの集団の意を受けた交渉団が交渉にあたる場合は，個人間交渉よりも競争的になる傾向が強い。さまざまな国際問題がある現状において，集団間葛藤を理解し解決方法を考えることが重要である。

4 リーダーシップ

リーダーシップ　企業であれ趣味の仲間であれ，およそ集団には何らかの形でリーダーが存在する。集団の維持・発展は，リーダーが成員への影響過程を通じてどのように全体を調整していくかにかかっている。リーダーシップとは，集団が目標を追求する過程において，その目標達成に役立つ方向で特定の個人が集団ないし集団成員に対して与える影響過程である。この分野では，どのような状況でどのようなリーダーシップが効果的かを明らかにしようと，多くの研究が積み重ねられてきた。

古くは，よいリーダーと悪いリーダーの違いをリーダー個人の特性から探ろうとする動きがあった。しかし，よいリーダーが必ずしも特定の能力や性格のもち主とは限らないことが判明し，リーダー個人の特徴と条件・状況との適合性が強調されるようになった。フィードラー（Fiedler, 1978）はリーダーのタイプ（関係志向型・課題志向型）と状況の統制度との関数によってリーダーシップの効果が決まると考え，これを条件即応モデルと呼んだ（図18-5）。状況統制度が高く集団が有利な状況にあるとき，または統制度が低く不利な状況に直面しているとき，課題を明確にしながら率いる課題志向型リーダーのもとで集団生産性は高水準となる。

条件即応モデルでは，リーダーの関心は集団内の人間関係の維持か，課題の遂行かのいずれかに向けられると仮定されている。これに対して，リーダーシ

FIGURE 18-5 ● 条件即応モデルの概念図

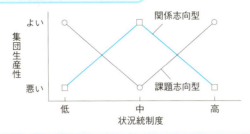

フィードラーの条件即応モデルは，さまざまな状況において，課題志向型リーダーと関係志向型リーダーがそれぞれどの程度効力を発揮しうるかを予測する。

（出典） Fielder, 1978.

ップの効力はこの 2 つの関心のバランスにかかっていると考える理論家も数多い。たとえば，三隅（1984）は課題遂行機能（P 機能）と集団維持機能（M 機能）を測定する尺度を開発し，これら 2 つの機能の高低を組み合わせた 4 類型を考えた。そして，生産性の高い集団ではリーダーシップ・スタイルが両機能ともに高く，生産性の低い集団では両機能とも低い場合が多いことを示した。

しかし，社会の変化のスピードが増し不確実性が高まってくると，長期的に何が課題となるかを予測することが求められるようになり，視野に納めるのが職場だけに限定していては組織は発展も存続も困難となる。バーンズ（Burns, 1978）は交換型リーダーシップ（transactional leardership）と変革型リーダーシップ（transforming leadership）を区分した。前者は部下に何らかの報酬を与えることと引き換えに影響力を及ぼすというスタイルであるが，後者は長期目標を念頭に部下の価値観や態度を変化させながら，組織を新たな時代に向けていかに変革させ導いていくかに注目するスタイルである（Haslam et al., 2011）。とはいえ，両者を巧みに組み合わせて現状を固めつつ将来を見据えることが求められるのかもしれない。

緊急時のリーダー 近年，緊急時避難のリーダーについての研究が進められている。リーダーシップによる社会的影響過程が危機管理に効果をもたらし，よいリーダーシップは被害を少なくし，

第 18 章　集団・組織そして規範

悪いリーダーシップは事態を悪化させる。では，緊急時のよいリーダーシップとはどのようなものだろうか。緊急時や危機のタイプや規模，あるいは被害情報収集や復興などのステージによってそれは異なる。ここでは，避難について取り上げる。

　自然災害にせよ事件や事故にせよ大惨事が起きたとき，まず避難しなければならない。しかし，東日本大震災時，すぐに避難しなかった住民は約40％にのぼり，最も多い理由は「避難しなくてよいと思った」（58.7％）というものであった（河田，2012）。危機は当初曖昧で危機として認識されにくく，他者の反応を参照して事態を判断しようとする傾向がある。もし他の人も避難しようとしないなら，それはたいした事態ではないのだと考える。こう考えたラタネら（Latané & Darley, 1968）は，煙の充満した部屋に他者（サクラ）がいる条件と参加者単独条件を設け，実験を実施したところ，単独条件ではほとんどすぐさま煙を報告したのに対して，他者条件では報告はわずかであった。先の大震災においても，まさにそのとおりのことが起きたのである。

　では，どうすれば避難させることができるだろうか。避難訓練の場では，避難リーダーが「あちらに逃げてください」と大声で指示をする方法が一般的である。しかし，まず危機だと認識するための他者の様子見が発生するなら，「逃げろ」と言われてもすぐにはピンとこない可能性もある。杉万・三隅（1984）が提唱したのは，それとは異なる吸着誘導法（follow-me method）である。避難リーダーが周囲にいる誰かを吸着して（誘って）一緒に避難することを行動として示すこの方法は，指示的方法に比べ速くより効率的に避難できることが実験によって確認された。だが，現実の危機場面は実験状況よりも避難ルートや人数，避難者の心身状態などの点において多様で変化に富むと考えられる。避難リーダーの適切なあり方は，より丹念に探られる必要がある。杉万らの実験においても，リーダー1人あたりの避難者人数比によって効果が異なり，避難者に対して人数的に十分なリーダーがいないときには，むしろ指示的方法の方が効率的に避難した。

　避難リーダーは一方的に避難者に影響を与えるわけではない。避難者がリーダーに従うかどうかは，与えられる導きへの信頼や避難者が避難路を知っているか否かなどが関わり，9.11世界貿易センタービル避難調査（Gershon et al., 2007）によれば，リーダーへの信頼が高い場合には速やかな避難がなされた。

社会心理学と司法

　近年，社会心理学の1領域として司法や法制度についての研究が行われるようになってきている。多様な人々が，それぞれ自由や安全や幸福を追求する権利を行使しながら侵害しあうことなく生きることができる社会を営み集団を健全に維持していくためには，一定の規範や法をもち，それに触れた場合はどうするかを考え対応する必要がある。その際，事件が起きてからさまざまな情報に基づいた捜査，取り調べ，そして裁判での人による人の裁きという一連の流れにおいて，記憶や注意，意思決定，合議など心理学の基礎的知見の適用が可能である。また，関係者個々人の人生を左右するだけでなく社会に与える影響の大きさから見ても，事件が捜査や判決の「正しさ」を追究すること，あるいは「誤り」がどのように生じるのかを検討することの社会的意義はきわめて大きい。東電OL殺人事件，甲山事件などからはじまって痴漢冤罪に至るまで，「誤って」当事者に取り返しのつかないほどの重荷を背負わせてしまうケースがこれまでにもあった。いかにすれば誤りを防ぎ，より正しい司法判断ができるか，刑にはどのような効果を求めるべきか，それに対して社会心理学は何を提供できるだろうか。

目撃証言

　1992年にアメリカで無実の罪を着せられている人の救出を目的とするプロジェクトが設立された（www.innocenceproject.org）。弁護士や研究者などから構成されるこの会は，刑が確定し実際に服役していた350人（2018年1月30日現在）をこれまでにDNA鑑定によって無罪とした。これらのうち約75％は誤った目撃証言に基づいて有罪とされてしまった。なかには，複数の人が目撃し証言したケースも含まれている（Wells, 2014）。

　目撃証言（eyewitness testimony）とは，事件事故の発生当時同じ場所にいた人が，記憶に基づいてそのとき見たことを証言することである。現場に居合わせた目撃者の証言をもとに犯人特定する方法は，問題解決の有効な方略として世界各地で実施されている。しかし，その過程は実証的検討を経て妥当性が保証されているとは必ずしも言いがたい。目撃証言が記憶の問題として心理学的

研究の俎上にのったのは，1970年代後半のロフタスの研究以降である（第4章参照）。

　事件事故で目撃したことの記憶は，情報獲得，保持，検索の3つの段階を経て証言されるが，この各段階それぞれに「誤り」に結びつく問題点がある。まず，情報取得の段階は以下のようである。事件事故は必ずしも情報獲得に適した時間帯や場所で起きるわけではない。暗闇や物陰や雨天など視界不良の状況もありうるうえ，目撃者は多くの場合「想定外」で突然その場に遭遇して恐怖を感じ極度のストレス下に置かれる。これらはいずれも，詳細な情報獲得を妨げる方向に作用する。さらに，異人種の顔は同じ人種の顔ほどには記憶できないという顔認識の人種バイアス，凶器がある場合には犯人よりも凶器に注意が向きやすく，「見えないゴリラ」のように（第3章参照）予期していないものは視界のなかに存在するも知覚できないといった，その場で起きたことを正確につかみ取ることがさまざまな原因で阻まれやすい。

　情報の保持段階では，ロフタスが精力的に示したように，記憶の再構築が起きやすい（第4章参照）。人々は「見たことを鮮明に憶えているからには事実そうだった」と，記憶を出来事の正確な記録だと見なす傾向があるが，紛らわしい質問すなわち言語による誘導（ただし，質問者は誘導だと認識していないことも多い）によって再構築される傾向がある。これは，情報源モニタリング（source monitoring）問題によって，いっそう深刻になる。目撃したのがA（例：犯人は赤い帽子をかぶっていた）で，尋ねられたのがB（「犯人は緑の帽子をかぶっていましたか」）だとすると，その情報がどこからやってきたかを判別する情報源モニタリングが機能しているなら，目撃者のなかでAは知覚したことでBは尋ねられたこととして区別可能である。しかし，情報源についての記憶は記憶内容より先に消失しやすく，現場で目撃したのはAかBかの混乱が起こりやすくなる（Johnson et al., 2008）。

　検索の段階では，警察から目撃者に容疑者同定への協力要請があるかもしれない。何人かの人あるいは数枚の顔写真のなかに犯人がいるかどうか確認する面割り，ないし1人を示して目撃したのはこの人かどうか確認する面通しと呼ばれる作業である（越智，2013）。しかし，これをどのように実施するかは結果に大きく影響する（表18-1参照）。

　目撃者による犯人同定判断においては，次の2点に注意する必要がある。第

TABLE 18-1 ●面割り構成への示唆

推奨される方法	理　由	備　考
ラインアップは全員，目撃者が語る「犯人」の特徴に似ている人をそろえること。	他のラインアップメンバーに比べて，相対的に「犯人」に類似している人を選ぶ可能性を最小化するため。	たとえば口髭を記憶している目撃者はラインアップのなかに口髭男性が1人混じっていた場合，髭があるというだけで別人を犯人として同定する可能性が生じる。 しかし，ラインアップメンバーがきわめて似ている場合は中程度の類似の場合に比べて，犯人を正しく同定するヒット率が低下し，無実の人を犯人だとする誤認率が高くなってしまう。冤罪を回避しかつ犯人確定に至るようなラインアップ類似性はどうすればよいか大きな課題である。
目撃者にはラインアップのなかにあなたが目撃した人物がいるかもしれないし，いないかもしれないと告げること。	ラインアップのなかに必ず「犯人」がいると思う場合は，いるかどうかが不明という場合に比べて，目撃者は最も似ている人を選んでしまう傾向がある。	
そのなかのどの人物が被疑者かについて知らない者をラインアップ担当の警察官として，配置すること。	伝達意図の有無にかかわらず，被疑者は誰かを目撃者に伝えてしまう可能性がある。	
もし顔写真を使用する場合は，全員分を一度に示すのではなく，1枚ずつ継時的に呈示すること。	一度にそろえて呈示した場合には，それらラインアップを比較し，最も「犯人」に似ている人をそうだとして選ぶ可能性がある。	エピソード記憶の想起には再構成と既知感なる2つの過程があるが，一度に全部を呈示すると詳細は思い出せないが見たことがあると感じる既知感過程がより優位になり，継時的呈示では逆に出来事の内容と文脈情報を含む再構成過程がより優位になるため，面割には継時呈示の方がより適している。
コンピューターの顔合成（モーフィング）ソフトを用いて，目撃者の証言に基づいて作成した「犯人」顔画像の使用は避けること。	顔合成ソフトを用いて作成した「犯人」顔画像は犯人実物とは異なる。また，その合成画像に関して「犯人のあごの形は……，目は……」などと特徴を述べると，記憶にあるオリジナル目撃像を壊してしまう。	
「犯人」人物（写真）選択過程について，目撃者に説明を求めないこと。	裁判官や弁護士は「写真の呈示の仕方や取調べ官の発言によって，自分の選択が影響されたと思いますが」などと「犯人」同定における他要因の影響について質問することがある。が，人は自分の思考プロセスに十分にアクセスできない。	目撃者は自分の受けた影響について知っていると思い，その影響に気づけばそれを補正することができると司法関係者は考えるかもしれない。しかし，思考プロセスは本人にもよくわからないというだけでなく，影響について尋ねられると暗黙の理論で回答する可能性があり，さらに影響について正しく回答できたとしても，適切な補正方向や大きさについてはわからない。

（出典）　Aronson et al., 2015 を改変。

1は，同定判断の速さである。実験室実験の結果によれば，6人のラインアップで犯人同定を行うなどの課題で10〜12秒程度で判断した場合の正答率はおよそ90％であったが，同定までの時間がより長かった場合は約50％であった（Dunning & Perretta, 2002）。つまり，犯人の顔がポップアップし素早い同定ができる場合は，正解である可能性が高いことになる。第2は，同定判断の際の自信である。一般に自信なげな回答より，自信たっぷりに回答する人を見ていると信用できそうに思われるが，これまでの研究は自信は正確性とは必ずしも関係がないことを見出している。

裁判

裁判に関わる人は，公判の情報をどのように処理し判断を生み出すのだろう。近年，物語モデル（story model）が心理学者たちによって提唱されている。すなわち，陪審員や裁判員は裁判において得た情報から過去の出来事をうまく説明できるような物語を作り上げるというものであり，次の3つのプロセスからなっている（Hastie, 2008）。①物語を作り上げることを通して，証拠を評価する。②反実仮想（第14章参照）を用いて，出来事の原因を考える。たとえば，「もし被告人が堅実な家庭に育ったとしたら，今回の事件は起きただろうか？」と事実に反する状況シミュレーションを行い，結果に大きな違いがあると思えば，それが原因だと考える。③そして物語にうまく当てはまるような判断をくだす。

出来事は順序立っていて，まず「原因」がありその後に「結果」が起きるという物語スキーマを私たちはもっている。まず桃太郎が生まれ成長してから鬼退治に出かけることはよく理解できるが，鬼退治に出かけた後に桃が流れてくると，話として成り立たないと感じる。ある研究では，出来事が時間軸や因果関係の点で順序立てて説明される物語型と重要だと思われる事項を関係者がそれぞれ証言する証言型（例：おばあさんはこうしました。サルはこう言いました。おじいさんはこうしました）を，模擬陪審の検察側と弁護側に割り振り，参加者に有罪・無罪の判断を求めた。その結果，検察側が物語型で弁護側が証言型の組み合わせのとき，有罪判断は78％だったのに対して，検察側が証言型で弁護側が物語型の組み合わせでは有罪は31％であった。つまり，物語型で証拠を呈示する側の主張がより強い説得力をもったことになる。物語構造をとる情報は記憶に保持されやすく，意思決定の最終段階で用いられることが示唆される。

ウソの自白

警察の取り調べ室で，やったことを「やっていない」と言うのは自己利益からくる行為だと推測できる。だが，やっていないのに「自分がやった」と言う人がいるだろうか。自己利益に反することなので信じがたいと思うが，事実「自分がやった」という自白をして，後に取り消し否認したり，あるいは最終的に「やっていない」事実が判明して無罪になったりするケースが時々報道される。

ウソの自白には，①自発的なもの，②強要され他者から言われた通りに「犯行」を認めるもの，そして③他者から言われたことを内在化するもの，の3タイプがある。ウソの自白（false confessions）が起きる背景の1つには，「被疑者」の隔離，誘導尋問，ウソの約束，長時間取り調べなどによって，ウソの自白を強要するような取り調べの問題があるとされている。だがそれだけでなく，とくに③のタイプの場合には自己記憶不信（memory distrust）が関連している，とする報告がある（Gudjonsson et al., 2014）。自己記憶不信とは，認知症，アルコール性記憶喪失など過去に一時的・部分的記憶喪失を体験し，自分の記憶能力に疑念を抱き自信がもてないことである。このような人または状況においては，「自分は絶対していない」という強い確信をもてないため，ストレスや心身の疲労から被暗示性が高まり，自白を自分自身で内在化し，ときには確信してしまう傾向がある。わが国では社会の高齢化に伴い，犯罪が高齢化している（平成26年度版「犯罪白書」）。このような社会においては，自己記憶不信ひとつをとってみても，取り調べの科学化可視可がいっそう求められる。

刑罰

規範や法を破ったときには，刑罰（punishment）が与えられる。まだ文字で記された法がない狩猟採集時代には法廷も裁判も存在しなかったが，盗みなど部族の掟を犯した者は報復的な暴力の対象となった。中世には，犯した罪の大きさにつり合った刑罰が必要だと考えられ，たとえばゴシップが多い女性は奇妙なマスクをつけた状態で街の広場に立たされ名誉を損なわれ（図18-6），パンの分量をごまかしたパン屋は，籠に閉じ込められ川の水に沈められた。今日，刑罰は司法システムのなかに組み込まれ，有罪・無罪だけでなく，有罪の場合はどの程度の刑に相当する罪かが判断される。それは完全に確立されたシステムであると見なされる傾向があるが，人の心がなす行為である。

社会心理学者は，刑の2つの動機を区別している（Carlsmith et al., 2002）。1

FIGURE 18-6 ●中世の名誉刑の例

左の2人の女性は奇妙なマスクをつけた状態で姿をさらし,左の男性は両足を固定され街の人々からくすぐられるという形で名誉を傷つけられる名誉刑を受けている。

(出典) http://www.kriminalmuseum.eu/ (中世犯罪博物館@ローテンブルグのホームページより)

つは,「目には目を」で将来の防止より過去の悪い行為に対する復讐を目的とし,なされた行為の悪さに対応するものが量られる。もう1つは,服役や罰金などによって犯罪は費用便益的に"割に合わない"と感じることによって,抑止効果をもたせることを狙いとする。こうした動機は,どのような刑をどのように科すかに影響する。日本やノルウェーなどでは抑止効果にウェイトがあり,刑務所内は比較的オープンで,1種のコミュニティのようなつながりが形成されるが,アメリカでは報復的な考えを背景として個々人が分断される傾向がある。

BOOK GUIDE ●文献案内

亀田達也,1997『合議の知を求めて――グループの意思決定』共立出版。
●集団意思決定について本質的な議論をコンパクトにまとめた良書。

佐々木薫・永田良昭 編，1987『集団行動の心理学』有斐閣。
- 集団研究を一望することができる。

藤田政博 編著，2013『法と心理学』法律文化社。
- 法と心理学に関するさまざまなテーマをほぼ網羅しているテキスト。

今村核，2012『冤罪と裁判——冤罪弁護士が語る真実』講談社現代新書。
- 目撃者証言や虚偽自白などについて，実際にあった事例に基づいて論じ，司法のあり方を心理学的観点から考えるときの問題点を提起している。

Chapter 18 ● 練習問題　　　　　　　　　　　　　　　　　

❶ あなたはこれまでに「集団思考」を経験したことがあるだろうか。その状況ではどのような要因が集団思考を引き起こしたと考えられるだろうか。もし将来似たような状況にあるとき，どうすればよりよい意思決定ができるだろうか。

❷ ときによっては没個性化は私たちにとって心地よく感じられることがある。それはどのような場合か考えてみよう。

❸ インターネットの時代となって，集団のあり方にはそれ以前の時代と比較して何か違いがあるだろうか。またリーダーシップはどのように変化するだろうか。

HINT ● p.632

第 4 部　心の適応と臨床

第 19 章　発達支援の基礎となる発達的個人差とは

3 歳 5 カ月

CHAPTER 19

- KEYWORD
- FIGURE
- TABLE
- COLUMN
- BOOK GUIDE
- EXERCISE

　発達心理学の成果を発達の支援へと役立たせようとするとき，とりわけ発達の病理や障害につながりうる発達の個人差に注目する必要がある。発達はある程度普遍的でどの子どもにも当てはまる面があるが，同時に，子どもの個性による違いに応じての独自の発達経路が生まれるものでもある。何より生得的で，その後さらにはっきりとしてくる気質の個人差による発達や，ひいては適応の違いは重大な意味がある。これが性格の差となるだけではなく，環境のあり方によっては発達等の病理や適応の障害にもつながる。おもに親子の間で成り立つ愛着の強さの程度や安定性も重要な発達要因であり，その不安定さが嵩じると，愛着不全となり，種々の不適応につながるものとなる。また自己の発達はそういった個性的な発達の核となるものであり，ある程度普遍的な自己の発達の経路をたどりつつ，人それぞれの個性を作り出すのである。

PREVIEW

> **KEYWORD**
> 気質　パーソナリティ　愛着　自己

気質

　人間の大きな個人差は乳児期から存在している。それはおそらく遺伝子と胎内環境によるものがあり、それがその後の生育環境で変化していく。それは、発達心理学では「気質」と呼ばれるものであり、それがパーソナリティ研究でいう「パーソナリティ（人格・性格）」へとつながっていく。そのつながりは近年、発達心理学において実証的に解明されつつある。気質がどういった要素からなるかの見解は、研究者により少しずつ異なるが、その主なものを以下に紹介し、それがとくに乳幼児期にどう発達して変化していくかを述べよう（本節はおもに、Shiner & DeYoung, 2013 に基づく）。

気質のモデル　トーマスとチェスという2人の研究者がニューヨーク縦断研究（New York Longuitudinal Study：NYLS）と名づけられた研究を進め、そのなかで気質を定義づけ、測定可能とした（Thomas & Chess, 1977）。気質を行動のいわばスタイルの要素としてとらえた。気質は行動を「どのように進めるか」に関わるものであり、行動の「なぜするか」(動機づけ) や行動の「何ができるか」(能力) とは区別される。つまり、子どもが行動をどのように表すかに焦点をあてたものである。その気質のもとには生物学的な基礎があり、乳児期には行動として表れると想定されている。トーマスらは親へのインタビューから個人差を表す次の9つの気質の特性リストを作った。①活動水準、②生物学的機能の規則性、③新しい刺激への接近と尻込み、④最初の反応に続く新しい状況への適応性、⑤感覚的応答性の閾値、⑥情動的反応の（質とは別の）強度、⑦気分の全般的な肯定性対否定性、⑧注意の散りやすさ（つまり外的刺激により行動を左右されやすい傾向）、⑨注意の幅（つまり困難があっても粘り強く取り組むこと）である（このリストは、その後の研究でさまざまな修正がなされている）。

　気質研究を集大成して、今最もよく参照されるのがロスバート（Rothbart &

Bates, 2006)のものである。この研究では，気質は，反応性と自己制御の体質的違いからなるとされている。体質的とは有機体のもつ比較的永続的な生物学的構成要素であり，時間とともに，遺伝，成熟，経験により影響を受けるものである。反応性は生物学的興奮のしやすさの傾向であり，自己制御とは子どもが反応性を調整することを表す。そこから新たな気質が発達とともに生まれていくと考えられている。

　質問紙の因子分析からは次の包括的な因子が見出されている。第1は「高潮性」(surgency)であり，高い活動性，素早い接近スタイル，肯定的情動の表現，社会的相互作用における喜びと興奮からなる（後に，外向性に発展していく）。第2は「否定的情動性」であり，悲しみや恐れやいらだちや欲求不満への傾向と高い興奮からの沈静化の難しさからなる。第3は「努力を要するコントロール」であり，注意を維持し，行動を抑制する能力，課題に粘り強く取り組む能力，低度の喜び，知覚的経験への感受性からなる（乳児では特定の対象に注意を向けるための定位／制御と呼ばれる）。なお，幼児では，低度の喜びと知覚的感受性は努力を要するコントロールとは別の因子となるという知見もある。

　表19-1に3歳から6歳の幼児の高次の特性を測る「子ども行動質問紙」の項目を示している。気質もパーソナリティも研究者によりさまざまな分類と命名があるので，まったく一致しているわけではないが，気質の発達がパーソナリティとしての構造としだいに対応するように緩やかに進んでいくことがわかる。努力を要するコントロールは良心性に含まれる。青年期では第4の特性として，親和性を見出してもいる（表19-1では「同調性」）。さらに，成人では，定位への感受性も別に区別されることがある。それを含めて，開放性へとつながるようである。つまり，成人期には5つの気質因子が見出されており，これは成人期のパーソナリティ理論の代表であるビッグ・ファイブ（Big Five）と対応することがわかる。

気質とパーソナリティ特性構造における統合モデル

成人期におけるパーソナリティ構造の理論としては，ビッグ・ファイブモデルを採用することがほぼ定着した（第10章参照）。近年子ども期においてもビッグ・ファイブの適用可能性が広がってきている。表19-1に子ども期の気質とビッグ・ファイブの対応の1つの見通しを挙げた。「子ども行動質問紙」は3歳から7歳の親による自筆式の質問紙である。成人期のビッ

TABLE 19-1 子どもと成人における(3つの尺度に見る)ビッグ・ファイブ特性を定義する項目例

ビッグ・ファイブ (人格特性)	ビッグファイブ 特性の記述子	「子ども行動質問紙」 項目例	「ビッグ・ファイブ尺度(成人)」 項目例
1. 外向性／肯定的情動性	ⅰ) 集合的 ⅱ) 陽気 ⅲ) 精力的 ⅳ) 引っ込み思案 (逆転)	1) ほとんど誰とでも気楽にいられるように思える 2) 1つのところから次のところへとつねに急いで移動しているようだ 3) 新しい状況に接近するのに長い時間を要する(逆転) 4) 乱暴なゲームを好む	a) 容易に友だちに慣れる b) 幸せなときにその感情を表に出す c) 自分のことを優れたリーダーだと思っている d) 自分の意見を言おうとしない(逆転)
2. 神経症傾向／否定的情動性	ⅰ) 恐れやすい ⅱ) 過敏だ ⅲ) 涙ぐみやすい ⅳ) 安定している(逆転)	1) やりたいことをしようとして邪魔されると大変に欲求不満になってしまう 2) 混乱するとそれをなだめるのが大変難しい 3) 家族でする計画がうまくいかないと悲しい気分になりやすい 4) ちょっとしたすり傷や切り傷で動転しやすい	a) ちょっとしたことで脅かされていると感じる b) 物事を心配しがちだ c) 気分がすごく変わりやすい d) すぐに混乱しやすい
3. 良心性／遠慮	ⅰ) 勤勉だ ⅱ) 計画的だ ⅲ) 注意深い ⅳ) 集中できる	1) 本に線を引いたり画を描くときにすごく集中できる 2) 指示に従うのが上手である 3) 旅行や外出で必要なものを計画して用意する 4) 危ないと言われた場所には徐々に用心深く近づくようにする	a) 自分の計画を実行する b) すぐに気が散りやすい(逆転) c) すべての詳細まで丹念に対応する d) 秩序を好む
4. 同調性(協調性)	ⅰ) 思慮深い ⅱ) 人を信じやすい ⅲ) 毛嫌いする(逆転) ⅳ) 不作法だ(逆転)	(子どもには対応する項目が独立してはいない)	a) 他の人の情動を感じる b) 穏やかな面をもたない(逆転) c) 自分の意志を他人に押しつけようとしない d) 葛藤を求める(逆転)
5. 開放性／知性	ⅰ) 独創的 ⅱ) 識別的 ⅲ) 知識がある ⅳ) 好奇心がある	1) 絵本を見るのが好きだ 2) 触ったもののなめらかさや荒さに気づく	a) 複雑な問題を解くのが好きだ b) 物事を理解するのが速い c) 創造的なことをしたいと思う d) 他の人が気づかないようなことに美しさを見出す

(出典) Shiner & DeYoung, 2013 を改変。

グ・ファイブの質問紙はいくつかあるが，表 19-1 では「国際人格項目プール(International Personality Item Pool)」から質問項目を例示した。また「特性の記述子」はビッグ・ファイブの子どもへの適用例である。以下，気質のいくつかの次元についてそれがどう発達するかを述べよう。

　高潮性・反応性・外向性などはその発達的にもととなる中核を活動性レベルとしてとらえることができ，それが気質として成立するに至る最も重要な構成要素である。子どもの運動・動作の力強さや速さを指す。乳児期は怒りと肯定感情の両方と関連し，幼児期には高いレベルの外向性と自己コントロールの低さと関連する。とくに，衝動的な活動性は自己制御とつながり，誠実性および協調性の低さと関連する。それに対して，エネルギーや熱意や積極的な関与の高さは外向性の構成要素となる。

　(1) **外向性／肯定的情動性**　その中で外向性／肯定的な情動性については，乳児期から子どもはさまざまな肯定的な情動を示しており，それがもとになる。それが徐々に幅を広げ，外向性へとつながっていく。肯定的な感情の表出は報酬が得られそうな状況に接近したいという子どもの意欲と関連する。たとえば，視覚的／聴覚的な刺激への高いレベルの肯定的な感情を示す 4 カ月児は幼児期でも新奇な刺激に対して高いレベルの感情や接近を示す。幼児期以降，社会的交流への意欲へと広がる。幼児期終わりまでに，この特性はおもに 3 つの内容に分かれる。喜びや物事への熱中のような子どもの肯定的感情，他者との関わりや交流への動機づけといった社交性，報酬を得られる状況への熱心な接近，である。なお，自己主張やリーダーシップなどもそこ入ってくる。長期の縦断研究でも，自信があり，友好的で熱意のある 3 歳児は大人になっても外交的であった。

　(2) **神経症傾向／否定的情動性**　神経症傾向／否定的情動性は，そのもとは，幼児期の初期から後期に子どもが幅広く否定的な感情を経験し表出するところにある。苦痛，恐れ，怒り，悲しみ，いらだち，欲求不満などである。この特性が高いと，ストレスフルで困難な状況に直面したときに気持ちが安定させるのが難しい。自分の経験を理解するとき悪いことが起きそうだと解釈する傾向がある。このなかで，恐れはストレスフルなときに尻込みし，回避する傾向と結びつく。いらだちと怒りは外部に向けて抗議し，欲求不満等を示す傾向である。ビッグ・ファイブの神経症傾向は否定的な感情や一般的な抑うつ傾向を含

> **COLUMN** 19-1 気質と適応

気質はさまざまな形で適応と関係するので重要である。その関係を整理してみよう（Rothbart & Bates, 1998）。

A.［直接的・直線的影響］
① 極端な気質はそれ自体肯定的な適応となったり，精神病理となったりする（たとえば，注意のコントロールが高いことはそれだけで肯定的適応であるし，極端に内気であることや，「注意欠陥障害」はそれだけで精神病理である）。
② 極端な気質は，それと密接に関連する条件を作り出す傾向がある（たとえば，注意のコントロールが高いことが社会的適応のよさにつながる。恐れやすさが全般性不安障害や広場恐怖・パニック障害につながる）。
③ 気質の特徴が障害の特定の症状を強める（たとえば，気質の特徴によって抑うつのなかで不安と無力感のどちらが強いかが異なる）。

B.［間接的・直線的影響］
① 気質が身近な環境のあり方を形作っていく。それが今度は肯定的な適応や精神病理の発達に影響する（たとえば，注意のコントロールが高いことが計画性につながり，それが学校での適応のよさにつながる。刺激を求める度合いが高いことが家を早く離れ，結婚がうまくいかないことにつながる）。
② 気質のために他の人が，肯定的な結果，あるいはリスク要因や病理につながる経験を提供するのを誘動するように振る舞う（たとえば，肯定的情動性が高いと保育施設の場面で養育者からの注目を受けやすくなる。乳児のいらだちやすさが高いと親子の相互作用で強制的サイクルが促進され，親からの暴力的対応を引き出す）。
③ 気質が自己や他者についての情報の処理を歪め，認知から発するような肯定的適応や精神病理につながる（たとえば，肯定的情動性が高いと，肯定側に片寄った社会的情報処理が行われ，他者への楽観性が高くなる。否定的情

む。基本的にこれらは，困難な状況に直面した際の恐怖や抑うつ，損失への悲しみ，有害事象後に平静を取り戻すことの難しさからなる。

神経症傾向は認識能力の発達として現れる面がある。高いレベルの神経症傾向は不安定な感情，脆弱性，ねたみ，失敗への恐れ，不確実なものへの対処ができないこと，批判からの傷つきやすさ，受容への心配などを伴う。こうした

動性が高いと，否定側に歪んだ社会的情報処理が行われ，攻撃性が高くなる）。
C. [気質と環境の交互作用]
① 気質がリスク要因やストレッサーを緩和する（たとえば，恐れやすさがあると攻撃や犯罪的社会化に対して防衛となる。肯定的情動性が仲間や親からの拒絶に対して防衛する）。
② 気質が出来事への反応を高める（たとえば，注意のコントロールが高いことは教師の指示に対しての反応を高める。否定的な情動はストレスに対する反応を強め，抑うつや外傷後ストレス障害の可能性を高める）。
D. [気質と気質の交互作用]
① 極端な気質を自己制御することで，その外への表れを変えていく（たとえば，情動の制御が高い場合には能力が高くなる。しかし情動の制御が乏しく不安定さが高いと，注意欠陥・多動性障害につながる。注意のコントロールが高いと，不適応は起こらない。それに対して，否定的情動性が高く，注意のコントロールが低いと，過敏さが増し，不安が高まる）。
② 1つの気質が他の気質に基づくリスクから守る働きをする（たとえば，恐れや注意のコントロールが高いと，衝動性の高い気質によるリスクから守られる）。
E. [その他]
① 異なった気質の特徴が同様の反応に向かう傾向がある（たとえば，内気，衝動性，親和性の欠如，否定性などは社会的孤立の発達に向かわせる）。
② 気質や人格は精神病理的な障害により形作られることがある（たとえば，不安障害が依存性の増大をもたらす）。
　以上のように，気質はそれ自体の働きとともに，他の要因と一緒になって人格を形成し，また問題行動を作り出すのである。

特性は差し迫った脅威がない状況下に起きる，怒りに向かいやすい潜在傾向である。恐れに関しては実際に恐れるべき対象がある状況にさらされたときの行動反応である。こういう意味で，思春期にかけて神経症傾向は否定的感情の面が強くなる。
　なお，縦断研究によると，神経症傾向は，1歳半児で保護者（通常，母親）と

短い時間離した場面すなわち「ストレンジ・シチュエーション」（後に論じる愛着の測定場面）において，否定的な情動が全体として強く示されることにより予測される。幼児期初期から後期へ否定的な情動の強さは，ある程度連続的である。

　(3)　**良心性／遠慮**　良心性／遠慮，ないし実行注意制御／誠実性の幼児期の間の成長は著しい。4～8カ月において環境的な刺激へ焦点を合わせる力が進む。2・3歳くらいまでに注意を維持し，課題に取り組む力となっていく。4・5歳になり，この特性は計画的な行動，不適切な反応の抑制，注意の焦点化といった自己制御能力へと発達する。「実行注意制御」とか「努力を要するコントロール」と呼ばれることがある。この特性の基本は，特定の課題に対して起こりやすい優勢な（しかし，その課題には不適切な）反応を抑制して，それに準じる反応を選択するというメカニズムによっている。この自己制御能力が増大することにより，経験に対して自動的に情動的反応をすることを調整し，自らの接近（肯定的な感情や外向性）やひきこもり（否定的な感情）への傾向を制御することを助けることになる。ビッグ・ファイブの良心性（誠実性ともいう）は衝動を抑制したり，基準を満たそうと努力する能力を反映した自己コントロールの個人差である。乳幼児期では注意や衝動性のコントロールとして現れ，その後，規律正しさ，信頼性，高い基準を達しようと努力する意欲，粘り強く取り組む目標を目指すといった特性を含むようになる。

　(4)　**同調性（協調性）**　同調性（協調性）は共感性や向社会的行動，対人援助，協力などを含む。他者との肯定的な関係を維持する自己制御と関連する。高い協調性は，思いやりがあり，共感性が高く，寛容で，丁寧で，優しい，保護的，親切であるといった特性となる。逆は，反抗的，無礼，悪意のある，頑固な，ひねくれた，操作的といった特徴である。1歳代から身体的な攻撃性の示し方に差がある。4・5歳くらいには関係的な攻撃（おもに言語による）の個人差が見られる。共感性も1歳過ぎには個人差があり，それが3歳までに向社会的行動の個人差につながるという研究もある。

　(5)　**開放性／知性**　経験への開放性／知性が高い子どもや大人は，学習するのが早く，知識が豊富で，洞察力があり，想像力に富み，好奇心が強く，美的感覚が強く，独創性がある。この特性は，探索，追究，内的／外的感覚刺激への関心，情報の抽象化などの個人差が反映されている。開放性の高さはとく

に知覚的で審美的関心の個人差が反映しており，知性の高さは知的関心の個人差が反映している。ある研究では，2・3歳児の新奇場面における強い肯定的感情は4・5歳児における開放性／知性の高さを予測した。幼児初期の好奇心や探索の傾向が高い子どもほど後の知能が高いことがわかっている。なお，開放性／知性は知能と正の相関がある。知覚的な敏感性は成人における開放性と強く関連している。子どもでは環境もしくは他の感覚的経験における微妙な変化への敏感さや反応の傾向として現れる。

なお，メタ特性（人格特性をさらにまとめる）として，ビッグ・ファイブはさらに上位因子にまとめることができ，「アルファ」ないし「不変性」と，「ベータ」ないし「可塑性」と名づけられている。不変性とは，神経症傾向（逆転）と協調性，誠実性からなり，情動的，社会的，動機づけ領域において十分にコントロールされ，安定的な機能を維持する傾向である。可塑性とは，外向性と開放性／知性からなり，行動的・認知的探索と，新奇な情報や状況への積極的な関与の傾向である。

気質とパーソナリティ特性の心理的プロセスと神経的基盤

気質とパーソナリティ特性はその基盤となる心理的・神経的な基礎過程を見ると，そこに発達的連続性が見られる（DeYoung & Gray, 2009）。セロトニン（動機づけや情動の制御，攻撃的・衝動的な反応の抑制を促す脳の神経伝達物質）とドーパミン（探索や接近行動や柔軟な認知機能を促す神経伝達物質）がそれぞれメタ特性として触れた「不変性」と「可塑性」の生物学的基盤となるであろう。

外向性は，神経的基盤としては，報酬への敏感性，とくに行動賦活（活性化）システム（BAS）が関連している。BASは，誘因となる報酬の合図への反応の起こりやすさ，報酬を探すために接近行動を活性化すること，報酬を獲得することを意図した探索的行動を促すシステムのことを指す。それと関連する主要な脳領域は眼窩前頭域や側座核等であり，それらはドーパミンの影響を強く受けるところである。それに対して，外向性とつながるが，BASと異なるものとして，神経伝達物質のオピオイドシステムがあり，報酬を受けた後に表出される喜びや特定の社会的結合と関連する。報酬を受け，親和的となる人やものや場面に接近するものである。外向性はそれらに応じて，1つは自己主張と意欲，もう1つは社交性と肯定感情を反映する。言い換えれば，ドーパミン媒介

の機能は「欲すること」に関わり報酬を欲する働きを担い，オピオイドの働く「オピエート媒介」の機能は「好きなこと」に関わり報酬を楽しむことである。

　神経症傾向の神経的基盤としては，行動抑制システム（BIS）と闘争・逃走・凍結システム（FFFS）が基盤として働く。FFFSは強迫的また罰刺激を受けたとき，罰を単純に避けようとする反応を示す。能動的回避（パニックや逃走）と怒りや反応的攻撃（闘争）を引き起こす。BISは接近 – 回避の葛藤（第9章参照）を引き起こす。警戒，熟考，受動的回避から不安や抑うつにつながる。新奇な刺激に出会った場合，報酬にも脅威にもなりうるので，探索等の場面でBISが活性化される。FFFSは視床下部や中脳中心灰白質が関与する。BISは扁桃体や中隔海馬系と関連する。神経症傾向はひきこもり傾向である不安や抑うつや自意識がBISと関連し，不安定さであるいらだちや怒りやパニック傾向がFFFSと関係する。

　誠実性は，その中核にルールに従うことや長期的な目標を達成しようとするために衝動を抑制する傾向がある。そこを一時的に機能させるための神経的基盤は，外側前頭前皮質（PFC）であり，これが計画を立てたり，複雑なルールに従ったりすることに関与している。したがって，実行注意制御と同様の神経機構があるはずである。その注意の働きが重要となるが，それには，注意の喚起（alert）機能つまり感覚刺激が流入してくることへの敏感性と，注意の定位（orient）機能つまり感覚刺激からの情報選択とがある。2歳から子ども期後期にかけて，選択などの葛藤に気づき，1つに集中し解消することを何度も経験して，PFCを中心とした実行部による注意のコントロールが発達し，自己制御を可能にしていく。幼児期のはじめくらいまでに，目標を達成したり，新奇な課題を解決したり，自動的な傾向を抑制したり，注意を向けたり，情報を記憶に保持したりする実行コントロールには，かなりの個人差が見られるようになっている。

　協調性は利他主義と関連する特性の集まりといえる。共感性，心の理論，社会的刺激への注意の偏り，他者の感情や意図や心的状態への関心などと関連する。神経的基盤としては，脳のPFC内側，下前頭回，上側頭溝などがある。関連する神経伝達物質として，オキシトシンやテストステロンなどがある。男性へのオキシトシンの投与によって表出された表情から，他者の情動状態を識別する能力を高めることが見出されている。逆に，テストステロンは攻撃性と

関連しており，胎児期に高濃度のテストステロンに接触（暴露）した場合に，協調性を低下させる。また，オピオイドシステムが思いやりや協調性を促すように働く。

　開放性／知性は刺激への敏感性と共通点をもち，その核において，抽象的な知覚情報を見出し，調査し，活用し，楽しむ傾向を反映する。PFCやそれと機能的に関連する脳領域，とくにワーキングメモリー，抽象的な推論，注意のコントロールに関与する脳部位が関わっている。知性は特に知能検査と相関し，ワーキングメモリーを統制する脳部位により制御される。一方で，芸術的で美的な敏感性や興味に関わる開放性は自動的にパターンを見つける暗黙的な学習と関連する。パターンを見出す学習傾向は，また喚起や定位と関連する注意ともつながる。

　以上を発達的変化に沿って展望すると次のようなことになる。気質からパーソナリティへと発達的に変化していく際の多くのことは，階層的な脳の処理システムの上位部分により下位部分をコントロールするトップダウン・コントロールや複雑な認知的操作に関連していて，その上位となる大脳皮質の神経機構の発達を反映している。感覚運動に関わる皮質が最初に成熟し，続いて，PFCを含む頭頂および側頭葉連合野が成熟する。外向性や神経症傾向は大脳辺縁系に基盤をもつ（大脳基底核の外側を取り巻く部分で，注意に関連する帯状回，短期記憶に関わる海馬，攻撃／恐怖に関わる扁桃体，自律神経機能に関わる視床下部，報酬系に関わる側座核，等からなる）。これは，人間の脳でも，情動の表出，意欲，そして記憶や自律神経活動に関与している複数の構造物の総称であり，中脳構造に影響を強く受ける。協調性，誠実性，開放性／知性は複雑な認知メカニズムを含めた，後に発達していく皮質回路を基盤としている。とくに，外側前頭前野における計画やルールの安定した実行に関わる機能と，選択可能性を模索しつつ得られる多様な情報を抽象化して，思考や判断を可能にする働きによる。幼児期には知性は誠実性や実行注意制御と共変し，開放性は知覚的な敏感性や低強度の感覚を楽しむことと関連し，しだいに2つは分離されていく。

　乳幼児期の気質特性と児童期から成人期にかけてのパーソナリティ特性とは同じ基本的特質に基づく変化を反映している。生まれたばかりの子どもは遺伝の影響を強く受けた気質を示し，その後，人生経験が積み重ねられていく。脳の発達に伴い，子どもは運動／動作，認知，言語，情動そして社会的相互作用

における新たなスキルを獲得する。その行動のレパートリーの拡大が課題への取り組みや共感性，攻撃性，想像性などの違いを生み出す。そして，環境の広がりがさらに新たな文脈への出会いと経験をもたらし，個人差の次元となる特性を作り出すのである。

愛着について

愛着（アタッチメント）はボウルビー（Bowlgy, 1969, 1973, 1980）により見出された小さい子どもと養育者の関係のあり方のことを指す。乳幼児は養育者に通常愛着を形成するが，そこには個人差があり，愛着関係が安定しているか不安定かにより，その後，自己と他者との関係が広く規定されるようになり，「内的作業モデル」（インターナル・ワーキングモデル）とボウルビーが呼んでいるような，頭の中の表象として人間関係への一般的期待が形成されるのである（本節はおもに，Thompson, 2013 に基づく）。

エインズワースは愛着の考え方を実証的に発展させている（Ainsworth, 1973）。愛着は，時間と空間を超えて人と人を結びつける継続的で情緒的な結びつきであり，愛着の相手である「愛着対象」は，日々の困難に立ち向かう際の安心感（secure であること）の源で，ストレスや危険のある状況での安全な避難所（safe haven）の役目を果たし，感情の調整を助ける。愛着理論では，愛着は親子（養育者と子ども）の相互的関係や恋人・夫婦などに成り立つとしている。

愛着の安定性の測定法

エインズワースが愛着の安定性を測定できる研究法を開発した。言葉のまだ出ない乳児の場合，妥当性・信頼性の高い測定法が必要である。それが「ストレンジ・シチュエーション法」である。次のような3分間のエピソードの連続からなる。乳児は親から2回分離をし，1回は見知らぬ相手（ストレンジャー）がいて，もう1回は1人だけとなる。それに引き続き，親と再会する。そういった知らない場所で親と離れて知らない大人と一緒に短い時間いるという軽度なストレス事態に対して，親をどの程度求めるかで愛着の安定性をとらえようとした方法である。親（愛着対象）との関係のなかで，親がいる場合と不在の場合の双方において，

乳児が自らの行動をどう組織化し，親との関係を調整するか（親と一緒のときに機嫌よく遊ぶか，親がいなくなったときに遊ばなくなるか，親が戻ってから遊びに戻るかなど）というところから，愛着の安定と探索のバランスをとらえるのである。

　親と機嫌よく遊ぶが，親から離れると不安になり，再会時に親を歓迎し，再び遊ぶようになるのを「安定型」（Bタイプ）と呼ぶ。不安定型は手続きの間，1人でずっと遊んでいて，再会時にはむしろ親を避けたり（Aタイプ，回避型），最初から親のことで不安で離れられず，近接と怒りや拒否が入り交じる行動を表わす（Cタイプ，抵抗型・アンビバレント型）。なお，その後の研究で，再会時にはっきりとした親に向けた行動がなく，また首尾一貫せず，極端に混乱した様子が見られる無秩序型（Dタイプ，混乱型）が加えられた。研究によって（それはつまり国・社会・階層等）によって割合は異なるが，アメリカの中産階級のサンプルで，62％が安定型，15％が回避型，10％が抵抗型，残りの15％が無秩序型であり，不安定や無秩序型は何らかの問題を抱えた臨床群や社会的経済的地位の低いグループで増える傾向があるといわれている。

　乳児を12ヵ月と18ヵ月のときにストレンジ・シチュエーション法で分類すると，かなり個々の親子で結果が一致することがわかっている。乳児期に安定した愛着の子どもは不安定な子どもと比べて，その後，肯定的なパーソナリティ特性を持ち，社会的情緒的有能感が高く，行動問題が少ない傾向がある。このように，この手法は一定の信頼性と妥当性を備えたものであると認められている。

　乳児期以降の愛着の安定性を測定するには2つの方法が使われる。1つは，ウォーターズによる愛着のQソート法である（Waters & Deane, 1985）。家庭で親子に2時間ほどのインタビューおよび観察を行い，親子のやりとりなどの特徴の書いてあるカード90枚をその親子に当てはまるランクに分類する。それにより愛着の安定度を算出する。もう1つの方法は愛着に関する話を聞かせる半投影法を用いるものである（Solomon & George, 2008）。さらに思春期以降の測定法として，質問紙による尺度法やインタビュー法が用いられている。

愛着の対象者は誰か

　愛着対象に対して，子どもが然るべき組織化された行動を示すかどうかが要である。つまり，悲しいときに対象を探し，対象に情愛を示し，また身体的な，（身体的には妨げられたときに）心理的な，接近をその人に向けるか。個人的に重要な出来事を

共有するか。問題が起きたときに助けを求めるか。対象からの注目を他と競って求めるか。肯定的な関心を求めるか。自分や自分の成し遂げたことに対しての評価に敏感か。要するに，愛着対象は子ども（さらに大人でも）への心理的情緒的安寧へと影響を与えうるのである。なお，複数の愛着対象をもつことも多いのだが，それらの愛着の度合いには強弱があったり，場所や働きに応じた使い分けがありうる。

多くの場合，日頃から乳児を育てている親が愛着対象となる。日々の関わりがあることが基本である。生物学的なつながりが必ずしもある必要はない。母親との愛着関係がある場合に，父親との愛着関係も成り立ちうるが，その2つの関係はそれぞれの関係のあり方次第であることが多い。

家庭外の養育者，たとえば，保育者との関係も検討されている。保育者との間にも，ある程度長く関わりがあるならば，愛着関係は生じうる（ただし，夜間・病気の際の関わりが通常はないことや，転勤やクラス替えなどがあることで，たいていは親ほどの強さはない）。同様に，拡大家族（祖父母や年上のきょうだいなど）やベビーシッター等が愛着対象になりうる。

愛着の生物学的基盤と文化的基盤

愛着とは，ボウルビーによれば人間という生物種に固有の子どもの適応行動である。乳児は養育者が応答であると，接近を維持し，それに対し養育者は栄養や保護を与える相互補完的な行動ということである。安定した愛着関係は生物学的に適応したあり方であるが，不安定な愛着関係もまた，養育者の敏感でない応答に対応した適応的な行動かもしれない。遺伝と環境の影響については，まだ十分にはわかっているとはいえない。

異なる文化でストレンジ・シチュエーション法を用いると，おおむねどの文化でもその愛着のパターン（類型）は同種のものが見出されている。ただし，安定した愛着のパターンの形成に養育者の敏感な応対が不可欠かどうかは文化により異なるかもしれずまだ検討の余地がある。

愛着の安定性に寄与する要因とは

養育の際に子どもの出す信号への母親の敏感性と愛着の安定性の間には，多くの研究で弱めの相関が見られる（DeWolff & van Ijzendoom, 1997）。なお，父親の敏感性も父子間の安定した愛着に弱いが，意味ある関連が見られた。保育者など親ではない養育者と子どもの愛着の安定性でも敏感性

が予測要因となる（Ahnert et al., 2006）。さらに，親の敏感性を改善する援助を行うと，子どもの愛着は小さいながらも安定性が改善した（Bakermans-Krnenburg et. al., 2003）。

　不安定な愛着が相対的に多いことは，いろいろな社会的変数と関連する。たとえば，経済的に困難がある家庭，離婚，その他のストレスが高い場合などである。経済的に困難が高く，ストレスが高い母親と子どもの間では敏感性が下がりやすく，それが愛着の不安定性を予測する。なお，親の情緒面の問題（たとえば，家庭内暴力やアルコールなどの中毒）は直接に愛着の不安定性に影響した。おそらく家族の行動全般や家庭の情緒的雰囲気が愛着に影響するのである。中流の家庭でも結婚の満足感が高い母親の家庭の方が安定した愛着となり，また，夫婦間の葛藤があると安定を低めることにつながるようである。つまり，葛藤などがあると，直接に子どもの情緒的ストレスを増し，また間接的に親の敏感な養育を阻害するからであろう。とりわけ，不安定－無秩序型の愛着の母親は脅えさせるような仕方で乳児に接していた。

　また，早期の家庭外保育の量と質は乳児と母親の愛着の安定性におおむね関係しないことがわかっている（NICHD, 1997, 2001）。むしろ，母親の敏感な養育や母親の精神的安定が，安定した愛着をもたらす最も大きな予測要因である。だが，とくに保育の質が悪い場合，保育が乳児－母親の愛着の安定性を下げる場合があることも指摘されている。

　要するに，安定した愛着の形成には親の敏感性は重要だが，それ以外の要因も多く働いている。家庭内においては，その夫婦間の安定性その他の情緒的，経済的リスク要因があり，家庭外の要因として社会経済的地位（収入等）や保育の質なども影響しうる。養育者自身の要因としては，心理的脆弱性や不安が強い傾向や子どもに脅えを生み出す行動，子どもの心的状態を洞察する力の乏しさなどが指摘されている。なお，乳児側の気質も影響するのだろうが，強い関係は見出されていない。ただし，気質の難しさなどは親の敏感な行動に悪影響を与えるなどの相互作用的関係があるのかもしれない。

愛着の安定性は時間を追って変化するか

愛着の安定性は，おもに乳児期の養育者と子どもの関係の質としてとらえられ，成長とともに内面化されて，個人のもつ特徴となる。児童期は，小さい頃の特定の関係に即した愛着の安定性という関係的あり方から個人

自身のもつ特徴へと少しずつ移行する時期である。また成人に近づくにつれ，個人としての特徴の面の働きが強くなるともいわれる。

　長期の縦断研究からは，幼い頃の愛着の安定性が持続するかどうかについては研究によってまちまちである。乳児の多くの研究でストレンジ・シチュエーションの課題で半年ほどの間で一貫して安定した愛着の子どもの割合は48％から96％であった。乳児のときと大人のときと比較すると，安定性が一貫している場合もあるが，ほとんど関連が見られない場合もある（Thompson, 1998）。理論的に強い一貫性を主張する研究もあるが，実際には親子の関係の質を変えるような困難な出来事が起こることも少なくない。とくに，離婚や不適切な養育などが起これば，一時的にせよ愛着は不安定になりやすい。愛着の歴史と現在の経験が，ともに愛着関係の安定性の継続には重要なのである。

安定・不安定な愛着は後の発達にどう影響するか

　安定した愛着は健康な心理的発達の基礎である。不安定な愛着に比べて，安定した愛着の子どもは友だちとの関係で社会的に有能になり，より建設的なパーソナリティ特性をもち，心理的適応がよく，自己信頼感が高く，肯定的な自己イメージをもつ。愛着を自分のなかに取り入れ，「インターナル・ワーキングモデル」（内的作業モデル）として表象を形成し，それが働いて心理的社会的発達に影響する。たとえば，1つの研究では（Belsky et al., 2002, 2008参照）はNICHDのデータを使って，15カ月児のストレンジ・シチュエーション法で測った愛着の安定性と，その後の母親の敏感性（満2歳）から満3歳の社会的認知との関連を検討した。満3歳で最も社会的認知の発達が悪かったのは，乳児期に愛着が不安定で，その後も敏感でない養育を受けた子どもである。中間のグループは，最初は不安定だが続いて敏感な養育を受けた子どもで，最初は安定で後に敏感でない養育を受けた子どもより高い得点だった。この研究において母親から敏感でない養育を受けた子どもは，満2歳のときに多くの否定的なライフイベントを経験したときに，母親から期待したサポートを得られていなかった。安定した愛着のある場合，それが子どもにとって，親の価値観や目的を受け入れることにつながりやすいであろうし，さらに親が敏感性や支援を継続させれば，早期の安定した愛着による利益が続くだろう。

　愛着はとりわけ親しい二者関係の形成に重要である。安定した愛着のある子どもは次のような特徴をもちやすい。就学前の段階で，仲間から肯定的に見ら

れ，支持的ソーシャルネットワークも広い。その後，親密な相手とよい関係をもてて，自分自身もそう感じることができる。感情の理解に優れており，社会・認知理解も優れている。社会的問題解決によりよい解決を考えつく。より洞察に富んだ建設的な方法でやりとりができるなどである。

　ミネソタ縦断研究の結果では（Sroufe et al., 2005），愛着はどう発達に影響するかを検討した。1つは早期のパーソナリティ形成と愛着の相関は親の一貫した養育の質により媒介されている（第20章参照）。子どもの成長とともに，パーソナリティ発達に対して早期の愛着の安定性と母親の養育態度を合わせたものが影響する。成人になったときに，早期の愛着の安定性はそれに引き続く親子の関係のあり方により媒介され，あるいは緩和されて働くのであり，その意味で間接的な要因として影響する。

> 愛着は社会的表象にどう影響するか

　ボウルビーは，乳幼児には，情緒的な人間関係や，身近な他者また自己についての動的な心的表象が形成されると考え，それを「インターナル・ワーキングモデル」（内的作業モデル）と名づけた。この表象をもとに，子どもが社会的な関係，自己理解，自己認知，社会的認知を形成していくので，早期の愛着のあり方が後の安定した愛着の基礎となるのである。この表象は，新しい経験を受けとめる枠組みとなり，またその経験を通じて再検討される。その意味で，表象は感情に彩られ，動的で経験により修正され，発達するものである。その表象モデルが，子どもにとって養育者の応答に対する期待を形成する。さらに大人の応答の敏感性への期待が生まれる。成長とともに，養育者の目的やものの見方，他者の心理的状態に応じた協調が可能となる。ボウルビーはそれを養育者と幼児の間の「目標修正的パートナーシップ」と称している。それを通して，養育者の内的表象とともに，自分が愛され養育される価値があるという自己に関する表象も形成される。具体的には，内的表象は，愛着対象や他の人の行動を予測する。また，他者の行動にインターナル・ワーキングモデルに即した解釈をする。他者への期待と一貫したやり方で行動するよう自分をコントロールする。なお，愛着研究者がいうほどに強力な影響力を幼児期・児童期以降も内的な愛着の作業モデルが与え続けるかについては批判もあり，データからもある程度の関係があるとはいえるが，けっして強い関係とはいえない可能性が高い。

愛着理論から臨床的な意義を引き出せるか

乳児と親の安定した愛着は，不安定な愛着の場合と比べて，健康で心理的な発達の基礎を提供する。しかし，不安定な愛着が精神病理を形成するということではない。不安定であろうと，その愛着関係から乳幼児は心理的な資源を得ている。多少とも安心できることもあり，頼りにできるのである。ただ，成人になって，安心感や自信が多少少ないかもしれないということは指摘できる。なお，不安定な愛着の親子のなかに虐待関係といった極端な場合も含まれ，それはおもにDタイプ（混乱型，無秩序・無方向型）が含まれ，それはかなりのリスクが予想される。

不安定な愛着は，それ自体としては心理臨床的な問題が起こると予測するわけではない。しかし，幼児が他のリスク要因，たとえば，家庭での困難があり，養育が不適切であるとか虐待であるとか，子どもの医学的問題や気質的な困難さがあり，かつ愛着が不安定であることが組み合わされると，累積的な発達病理学的なリスクとなっていく。そういった問題の軽減として，愛着に焦点を合わせた心理療法的介入やカウンセリングも意味がある。それを通して，親の問題がその子どもの世代へと引き継がれていく可能性を断ち切れるかもしれない。

3 自己の発達について

自己概念の起源は何であろうか。概念化される対象としての自己の存在とはどのように芽生え，発達するのだろうか。そこで子どもにより知覚され，概念化される自己の感覚の構成要素は何であろうか。第15章では社会心理学における自己の検討を解説しているが，それはいわば成人の完成した自己のあり方を問題としている。それに対し，ここでは，とくに，幼い時期の自己の発達のあり方からとらえていきたい（本節はおもに，Rochat, 2014による）。

発達における自己概念とは

自己概念（self-concept）とは（第15章に述べたように）自分自身に向けられた概念化過程による産物であり，その中核となるものをとらえたものであるが，ここではとくに乳幼児の発達から生じることに注目する。自己が心的に概念化されるプロセスが成り立ち，それを通して，自己の概念は変化していく。では，子どもの成長

につれて自己概念が大人に向けて成立していく過程はどうなっているのであろうか。

　自己概念化は，身体的・行動的感覚の具現化であり，乳幼児の身体の成長と脳の成長と切り離すことができない。知覚，行為，注意，意図などの発達，また感情，社会的認知能力，一般的な認知発達とも分離できない。とくに，乳幼児期などを見れば，経験的，身体的，心理的側面において急速に変化し，再概念化されていくものである。では，何が変化し，その変化を引き起こすものは何か。どのようにそれは起こるのであろうか。それはおそらく，誕生から思春期に至るまでに一定の秩序に従って，いわばタマネギの層のように累積的に発達していくと想定できる。

発達における自己を構成する3つのカテゴリー

自己概念化には大きく3つのレベルがある。最小限の自己，客体化された自己，人格的な自己である（表19-2を参照）。その核となるところを「自己」の中核を形成するものとして，「自己性」と名づけて検討する。

最小限の自己

乳児はごく初期から自己の身体についての知覚（自己知覚）の徴候を示している。乳児はたんなる反射の集合を超えて，その生理学的な傾向が行為システム（とくに，飲む，ある方向を見る，避けるなど）に具体化されている。その傾向に応じて，自己を知覚し，内的な経験が生じるのであり，それが生得的な枠組みを構成しているのであろう。それが最小限の自己であり，その特徴は主観的経験つまり自己経験の発生であり，暗黙的で自己概念化の第1段階と見なされる原初的な経験なのである。これらは，身体やその行為傾向の生得的な構造から生じる原初的な表象と考えられ，学習や経験に基づき，内容が豊富化していき変化する。

　新生児は基本情動をさまざまに表出する。たとえば，糖（スクロース）を舌にのせると，むずかりなどが沈静化し，まっすぐに手を口にもっていき，くわえた後，口を閉じる。スクロースを載せることが摂食や食欲システムを起動させ，次に定位（orienting）と哺乳（rooting）行為に向け全身を動かす。手と口の協応や新生児が身体スキーマ（身体の基本部位の大まかな了解）の基礎をもつことを示唆する。身体のさまざまな部位が活性化し，系統的に関連すべき部位が互い同士で接触するという協応，つまり口と手というような対応関係のマッピング（投射）が起こる。たとえば，手と口が協応された時空間的軌道を描くこと

TABLE 19-2 自己概念化の3つの基本的レベル

	内 容	行動的指標	プロセス	年 齢
1. 最小限の自己	境界があり，区別され，実在し，包含され，位置づけられ，組織化され，動作主（主体）であり，主観的な経験（情動）の変化の中心であるような，実体としての身体の暗黙的な感覚（sense）。	食物摂取と消化，口への引力，方向づけられた知覚，行為，探索，自己と非自己との区別，外的な刺激，組織化された身体の経験，障害物としての身体の感覚，動作主の感覚，物理的環境，社会的環境，および他者との互恵的なやりとりのような非常に豊富な文脈における身体の状態。	反射機序および前適応的な行為システムの執行であり，摂食と方向づけられた行為システムを含み，誕生時から乳児にとって必要な資質（「サバイバル・キット」）の一部として進化と生得的な行動傾向により引き起こされたもの。情緒の共同制御，ミラーリング・システム。	誕生時
2. 客体化された自己	認識の対象としての身体の明確な感覚，他者だけでなく自己の表象。	相互的な模倣ゲームでの互恵的な他者による社会的鏡における自己認識。認識への援助と社会的参照の要求の出現。明確な鏡の自己認識の最初の徴候。	身体の投影や写像（自分の身体になぞらえる）と他者やものにおける身体的表出。	14カ月
3. 人格化された自己	他者により潜在的に評価され，いずれ判断されるであろう性質や特性をもつ人として身体化された身体の明確な感覚。	誇り，軽蔑，思い上がり，罪悪感のような二次的（自己意識的）情動の出現。共感的に引き起こされた行動，他者に対する倫理的姿勢，原則的な道徳的決定。	永続的な存在としての身体について他者と共有された価値の交渉，同一化しうる身体的および心理的特徴の身体化，社会的親和と排斥の資源。	2歳半以降

は手の動き，頭の位置，手の接近を予期して口を開けるという動作を伴うということを意味するのである。

　誕生時から乳児の身体感覚は体とその前後・上下（口は顔の前面で手より上とか）といった不変の空間的構造に基づいており，その基礎的で空間的な構造がさらに洗練されていく。身体の表面に位置するいくつかの局所的な部位（眼や口や手など）が行為の中心となる。これが行為システムとして誕生時から働いており，初期の行動を引き起こすことになる。たとえば，真っ暗な部屋で光が差すと，乳児はその方向にその光と同じ側の手と腕を向ける。内耳にある前庭受容体などにより，姿勢などの変化についての自己感覚の受容が可能になるの

であるが，それが自己がどういう姿勢や手足などがどう動いているかについての感覚様式として働く。すると，それがまず最初の自己性の帰属のもととなるのである。

このように，乳児は誕生時から自己にとって特定的で意味のある情報を身の周りの環境から取り出し処理する知覚的で複数の感覚様式にわたる（見ると触るのような2つの感覚の間のインターモーダルな）能力をもっている。新生児は喜びと痛みを感じる場所がつねに自分の体であるということを通じて，不変的な位置として自分の身体があるということを経験する。たとえば口はそのなかでも最も強力なものである。誕生後数時間のうちに乳児は喜びと新奇性に関連した感覚的出来事として目の動きと位置について学習し，記憶する。このように乳児は自己の動きを特定化する視覚的，触覚的その他の情報を発見し，また先ほど述べたように身体についての経験以前にすでに自己受容感覚が働いており，そのことにより，世界を知覚すると同時に，世界における自分自身を知覚する。動作主的な存在として自己を特定化していくのである。これをナイサーは生態学的自己と呼んだ（Neisser, 1988）。

これに加えて，乳児は境界があり実体のある明確な存在としての身体の感覚をもっている。口に手を入れる動きは身体的スキーマが組織化されているので，目に見えない口に向けて自分の手をもっていけるのであり，自己志向行動が機能している。それは境界のある実体として自分の身体の特性を特定化するための，安定して変わることのない感覚的情報を乳児にもたらす。たとえば，視覚的物体が自分にぶつかりそうに迫ってくると，2～11週の新生児は頭をよけて避けるが，物体の影が後退したり衝突しそうにないときはその行動を示さない。

客体化された自己

自己に言及するための基本となる2つのプロセスは投影（projection）と同一化（identification）である。投影プロセスにおいて子どもは，身体からいわば自己を引き出すのであり，自分自身の身体や主観性を他の身体化された存在（人形や人）に心的に投影する傾向を示すようになる。この主観的投影に伴って，子どもは自己と非自己とを区別しているが，ともに同等の存在で，相互に言及・同一化可能であるとして経験する。子どもは他者が自分自身を真似することを認識するようになり，それにより真似をする他者に自己の客体化をとらえるようになる。14カ月までに子どもは真似されることへの明白な理解を示す。他者の動作を潜在

> COLUMN **19-2 自我同一性の発達**

(1) 自我同一性と同一性地位　青年期のおそらく最も重要な発達が，自我同一性（アイデンティティ；ego-identity）の獲得である。エリクソン（Erikson, E. H.）が論じたように，青年は自分が今までどうやって生きてきて，これからどう生きていくのか，この社会のなかで自分なりに生きるにはどうしたらよいかを考え探索する。その結果として，どう生きるかの決断をして，その生き方に傾倒（コミットメント；commitment）する。その過程を実証的に扱うために，発達臨床心理学者マーシャ（Marcia, 1966）は，インタビューを通して，4つの同一性地位に分けることを提案した。その後，この同一性地位をめぐって多くの研究が行われている。

マーシャは，同一性地位（identity status；どういう状態にあるか）について，4つの明確に分けられるものがあることを見出した。「同一性拡散」（identity diffusion）はどう生きるかについて特定の傾倒をしていない。探索をしていることも，そうでないこともある。「早期完了」（foreclosure）はどう生きるかの探索を行わずに，傾倒はしているものである。「モラトリアム」（moratorium）は積極的に探索し，まだ傾倒をしていない，あるいはせいぜいはっきりとしていない傾倒しか行っていない。「同一性達成」（identity achievement）は積極的な探索と傾倒の双方を行っているものである。

では，その同一性地位へいかにして到達し，またその結果，どうなっていくのだろうか。その青年期，さらには成人期における同一性地位の発達の様相を解明しなければならない。以下，2つのレビュー（Bosma & Kunnen, 2001；Meeus et al., 1999）によりながら，検討していく。

(2) 同一性地位の発達　各々の同一性地位は，種々の内容領域（価値観や仕事など）について，「危機」（自我同一性について迷い，深い困乱にあること）あるいは「探索」という点と，「傾倒」という点で分類している。もともとのエリクソンの対極的発想を生かして，何をしたか・しているかを半構造化面接（質問を決めてあるが，対象者の答え方でさらに自由にくわしく聞いてい

的に真似をする「ライクミー」（自分と同じ；like-me）（第 12 章を参照）の態度をとる存在と見なす。とくに，意図的な模倣と偶然似てしまったことの区別ができるようになる。14 カ月までに他者との関係において自己客体化の徴候を示す。つまり他者のような意図的な動作主（主体）として自己を解釈するように

く手法）を用いて取り出している。しかし，その面接の折に分類しているのであるから，それ自体はどのように発達しているのかを示していない。マーシャによる研究以降，その点についての検討が行われてきている。

最初に検討されている同一性地位の発達の順序は，同一性拡散→早期完了→モラトリアム→同一性達成であるが，たとえば，早期完了のままであったり，他の発達の順序も見出されたりした。何より，1つの地位のままでいる人が5割以上いることがわかってきた。安定した同一性地位がむしろ多数なのである。また，変化した場合でも，「向上」している場合は，「退歩」している場合に比べて，多少多い程度であった。今までになされた研究成果をまとめると，次のように要約できる。

① 同一性達成の数は年齢とともに一貫して増加する。
② モラトリアムの数には一貫した増減はない。
③ 早期完了の数は一貫して減少する。
④ 同一性拡散の数は減少するか，同程度である。
⑤ 同一の地位に安定している青年の数は，同一性達成で一番多く，モラトリアムで最も少ない。

分類を変えて，その道筋の違いを取り出すこともなされている。ある研究で「堅い」早期完了と「発達的な」早期完了とを分けている。堅い早期完了は安定した道筋をたどっていくのに対して，発達的な早期完了はより成熟した道筋に向かっていった。同様に，同一性拡散についても，安定型と進歩型が見出されている。傾倒という面で見ると，同じ人を追いかけて調べると，その傾倒は揺らぎを見せる。探索についての実験を行うと，その時期の後に何かに傾倒する場合は，実験の時期にいわば外から与えられた形で傾倒するのと比べ，より柔軟で適応的である。傾倒の強さはどちらも同じ程度である。つまり，傾倒は，強さと質の双方の入り交じったものとして成り立っているのである。

なる。密かに顔に付けられた口紅などについて，鏡を見て，1歳児の半ばまではそれが自分の顔についたものだと気づかず，18カ月ないしそれ以降になると口紅を取ることができるようになる。この行動は概念的で表象された自己の感覚の証拠と見なされており，自己の客体化が可能となったことを示す。この

「マークテスト」を通過できることによる鏡の自己認識は他の領域の象徴的機能の発達（とくに言語発達）と関連しており，逆に言語発達は自己の客体としての概念的あるいは表象化された自己感を必要とする。子どもは投影と同一化の過程を通じて，自分自身に明確に言及するようになる。

人格化された自己

認識の対象として身体化された自己に言及できる能力が出現し，そこから潜在的に他者とのコミュニケーションや評価における思考の対象とすることができるようになることで，自己概念と自己概念化の発達が大きく進み始めることになる。人（person；人格をもった人）としての自己の考えの発達が始まるのである。自己概念化の第3のレベルとなる。

人格的人（person）の概念は規範やルールとの関連で他者によって判断され評価される実体としての自己を公的に提示し，対処する（マネジメント）ことである。自己は他者に対してまた他者によって説明可能であるとされ，評判をもつものとされる。人としての自己は道徳的であり，規範や基準と同時に他者との関係においても倫理的な姿勢や状況の感覚をもつ「規範的な自己」（normative self）でもある。人としての自己は思考の対象となるだけではなく，他者や規範（エチケットや美を含む）との関連において評価の対象となる。

18ヵ月の段階では，鏡に対面して自己に言及するようになるが，自己意識と自分に対面した誰かが見ているという認識の間で揺れている。3歳児でも揺れているという報告がある。じつは大人でも鏡の前では他者が見ているという意識が高まるようだ。時間的に遅延したとき，3歳児ではライブ映像だと頭についたリボンを取れるが，3分前の映像だと取ろうとしない。自己の時間的な次元はその後少しずつ理解していく。3歳くらいの自伝的記憶（自分についての記憶）は少しずつ明示的になっていくのである。4歳以降になると，自分自身の過去の経験について詳細で一貫した説明ができるようになり，過去の出来事をくわしく思い出せるようになる。

他者についての理解も自己理解とともに進んでいく。4・5歳くらいになると，ものの多面的な表象や見方，誤信念理解（第12章参照）が可能となる。5歳では明らかに「心の理論」を獲得しているのである。自己の表象能力は自己についてのメタ的な意識とも関連する。他者からの自己の評価はカテゴリー的自己概念を形成することになる。明確に記述可能な特徴をもつ他者と区別され

19-3 自我発達の9つの段階

　レーヴィンジャーの理論枠組みでは，自我発達について次の9つの段階が想定されている（Hy & Loevinger, 1996）。
　(1) **前社会的・象徴的段階**　生理的・直接的欲求を満たすことにもっぱら関心がある。母との強い愛着があり，母親と他の環境は区別するが，自分と母親を区別しない。言語をうまく扱うことができず，文章完成法のテストにはのらない。
　(2) **衝動的段階**　他者に対して欲求が多く，衝動的で，概念的な理解が不十分である。身体的感覚に関心があり，とくに性的および攻撃的感覚が重要である。他の人の意図・動機と行為との関連といった心理的因果性の理解がない。依存的で，よい－悪いということを自分への影響という点からとらえる。二分法的であり，よい－悪い，ステキ－感じが悪いといった二分割をする。
　(3) **自己防衛的段階**　警戒心が強く，不平が多く，他者を自分のために利用し，快楽的である。面倒なトラブルにならないことや，捕まらないことに気を配る。規則とセルフ・コントロールを学ぶ。非難を外に向ける。
　(4) **順応的段階**　伝統的なこと，道徳的なこと，感傷的なこと，規則の遵守，型通りのこと，所属の欲求，表面の体裁などを重視する。自他の行動を外側の基準で捉える。情動を社会で是認されるような型どおりなもので理解する。概念的に単純な，「白か黒か」的判断をする。
　(5) **自己への気づきの段階**　自己への気づきと状況における多様な可能性についての理解が，まだ限界はあるが進む。自己批判的である。自他の内的情動に対する素朴な理解が生まれる。神，死，関係，健康などの人生に関わる問題について型どおりだが振り返ることが可能となる。
　(6) **良心的段階**　自己評価にあたり自分なりの基準を用いる。反省的で責任感があり，共感的である。長期的な目標や理想をもつ。真の概念的な複雑さが示され，理解される。広い視点をもち，さまざまなパターンを区別する。原則に基づく道徳性をもつ。豊かで分化した内的生活を送る。他者との関係における相互性がある。自己批判的で，達成することに価値を置く。
　(7) **個人主義的段階**　個人性の感覚が高まる。自分が情緒的に依存することを心配する。自他への寛容がある。内的葛藤と個人的自己矛盾に少しずつ気づくが，その解決と統合の感覚をもてない。達成することより他者との関係をうまくとることに価値を置く。自己を表現する生き生きとした独自のやり方をもつことができる。
　(8) **自律的段階**　内的葛藤に直面し，対処することができる。曖昧さへの高い耐性をもち，葛藤を人や人生の多様な面の現れとして見なすことができる。自他の自律性を尊重する。他者との関係を依存・独立的なものでなく，相互依存的と見なす。自己実現に関心をもつ。社会的関係のシステムとしての特質を理解する。個性と独自性を大事にする。情動を生き生きと表現する。
　(9) **統合的段階**　賢明であり，さまざまなものに対して共感的である。自我同一性の十全な感覚をもつ。内的葛藤を調整し，自己矛盾を統合する。

た存在としての自己の概念であり，この自己概念化の表出が内容の多様な豊富さと正負の評価を含むような複雑性という点だけではなく，自他の倫理的な観点にも関わるようになる。それが，自己価値（self-worth）や自尊感情（self-esteem）につながるのであるが，幼児期には自己帰属は社会的比較の能力や理想と現実を区別する力がないために非現実的に肯定的であることが多い。児童期前期（5〜7歳）でも，自分の認知的，社会的，運動的な領域における能力や技を過大評価することが続く。ただし，3歳児と比べると，さまざまな能力を統合して評価し始める（「私は勉強も自転車に乗れることも友だちがたくさんいることも優れている」）。5歳児には反対の特徴をとらえられるようにもなる（「あれはできるけれど，これはできない」）。8歳以上になると，高次の概念を理解し，人としての全般的な評価を行う。対人的，学業面，運動能力を含む多くの異なったスキルを包含する特性を，たとえば"smart（利口な，かっこいい）"という特性語で示したり，肯定と否定の両方の属性を共存させたり，それらを統合したりして，バランスのとれた記述をするようになる。なお，それらが社会的な自己の定義とあいまって，自己と社会的アイデンティティの発達へとつながるのである。自尊感情や自己肯定感は，そのようなプロセスから影響を受ける。人として自分自身を考え始める時期，そして自己が社会的規範や基準に対して判定され，他の道徳的存在のなかで道徳的存在として考える時期を通して，自己と他者・社会との承認や排斥・敵対を含めた葛藤が生まれ，自己概念化が発達を続けていくのである。

BOOK GUIDE ●文献案内

水野里恵, 2017『子どもの気質・パーソナリティの発達』金子書房。
  ● 子どもの生得的と思われる小さい時期の気質からパーソナリティへと発達していく様子を最新の知見により解説している。

数井みゆき・遠藤利彦, 2005『アタッチメント——生涯にわたる絆』ミネルヴァ書房。
  ● 愛着（アタッチメント）について包括的に解説している。

ブラッケン, B. A. /梶田叡一・浅田匡 監訳, 2009 『自己概念ハンドブック——発達心理学，社会心理学，臨床心理学からのアプローチ』金子書房。
  ● 本章の自己発達の記述を補い，視野を大きく広げてくれる。

Chapter 19 ● 練習問題

❶ 子どもにも気質・性格の違いは大きく，それはすでに乳児期から始まっている。知り合いの子どもがいる数名から，その子どもが小さい時期にどういう子どもであったか。人見知りや睡眠の度合い，機嫌のよさなどを尋ねてみよう。

❷ 愛着は，その程度や安定度に困難がある親子関係において特質が見えてくる。誰か著名人の伝記を読んでみて，その幼少時の親との関係の様子がどうであったかを調べてみよう。

❸ 自分の中学生の頃を思い起こし，その時の自分の気持ちの安定度，親との関係，友だちの前での自分，1人の自分などについて，どの程度一貫していたか，逆にずれていたかを考えてみよう。

HINT ● p.633

第20章 発達の病理と心理・福祉・教育的援助

心理臨床への発達的基盤を探る

3歳8カ月

- KEYWORD
- FIGURE
- TABLE
- COLUMN
- BOOK GUIDE
- EXERCISE

CHAPTER 20

発達心理学は定型的・典型的な発達を遂げていく子どもの研究のみならず,その胎内環境や養育環境やときに遺伝的影響などにより非定型的な発達上のつまずきが生じるケースの研究も行うようになってきた。その分野はとくに「発達精神病理学」(developmental psychopatholoty) と呼ばれ,今や膨大な研究成果を積み上げている。また長期の縦断研究により,乳児期や子ども時代の影響を明らかにしつつあり,さらに実験的な介入により有効な心理・福祉・教育的援助方法を開発しつつある。本章では,情動の発達および自己の発達の特徴から逸脱した場合の病理とその要因を検討し,とりわけ不適切な養育(虐待やネグレクト)による悪影響とその軽減の仕方を示唆したい。まずは,発達の病理に関するリスク,脆弱性,防御要因,弾力性(レジリエンス)などの概念を解説するところから始める。

PREVIEW

> **KEYWORD**
>
> 発達精神病理学　脆弱性　リスク　弾力性　情動的能力　不適切な養育

リスクと脆弱性と弾力性

　発達的に心の病理の発生を検討する際には，特定の原因を探し出すというよりも，その病理・障害の発生に伴い，その発生を可能にしたり，増幅したり，維持させたりする多くの要因を同定していく。その方が，どうやって援助し，臨床活動をしたらよいかという情報が得やすいからである。たとえば，基本的原因が遺伝や生まれつきにあったとしても，それが日常生活を困難にするほどかどうかは，しばしば他の要因が関与する。病理についての臨床や教育的働きかけは必ずしもその病理を完全になくして，治療することを意味していない。苦しみを軽減し，日常生活を営むことができ，さらなる成長を支えていければよいのである。

脆弱性とは　心的病理に陥りやすい傾向や環境を指して，脆弱性（vulnerability；バルネラビリティ）と呼ぶ。その特徴は何だろうか（以下，Ingram & Price, 2001による）。

　脆弱性を，内的で安定した特性だととらえる立場がある。その立場では，脆弱性の遺伝的・生得的特徴を強調する。しかし，実際の病理はそのときどきの状態や活動で変動し，エピソードごとに違ってくる。あるいはまた，その個人が以前から脆弱性をもっていて，問題を起こしやすい傾向があるとしても，それと実際の症状を呈するようになることも異なる。さらに，その安定した特性が，まったく変更の余地がないかどうかは別なことである。多少とも変更しうるかもしれない。身体でいえば体質改善といったことが，心の面でも可能であるといったことは心理臨床の現場で多く認められ，また，発達的に小さいときのリスクが成長し，新たな機会での経験に恵まれることで，その脆弱性が小さくなることはしばしば見出される。もちろん，ある種の経験を通して脆弱性が増加することもあるだろう。安定性と永続性は似ているが，分ける必要がある。

脆弱性は安定しているが，必ずしも永続的ではなく，変更・改善しうる。

脆弱性は内因性の要因を表すことが多い。つまり，生まれつきであろうと，後から獲得されたものであろうと，個人内の特性としてとらえるのである。だがもちろん，外的な特徴も重要であり，そちらはリスク（risk）と呼ばれることが多い。また，脆弱性は潜在的な特徴である。行動として出ているとは限らない。症状として現れることもあるが，そうでないときもある。研究のうえでは，種々の指標をとって，潜在的特徴を取り出す必要がある。

この脆弱性と似た概念として，リスクおよび弾力性（resilience；レジリエンス）がある。同義に使われることもあるし，使い分けることもある。リスクはある障害を経験する確率を増加させることに結びつくいかなる要因をも含めている。しかし，リスクは必ずしもその障害の発生のメカニズムを示すわけではない。リスクは相関的・記述的な変数なのである。もちろん，そういったリスク要因であっても，それを減らせば障害の発生を予防したり，障害による損傷を軽減できるかもしれないので重要である。しかしまた，あるリスク要因はたんに統計的に意味があるだけで，真の原因の働きから結果する表面上のものにすぎないかもしれない。

脆弱性が少ないことをときに予防要因とか，弾力性と呼ぶことがある。これもまた，区別して使うこともある。区別する際には「非脆弱性」とは，精神病理から防御される程度で，それが強ければ病理に陥らないことを意味する。弾力性は病理を経験することはありうるが，なかなか病理には至らないという意味である。多少病理的になってもすぐに立ち直ることができて，本当の病理にはなかなかならない。

それほど厳密にとらえなければ，弾力性と脆弱性は素因の次元上の対極としてとらえることができる。脆弱性がある場合には，少しのストレスで軽度の障害に陥りやすいし，さらに重大な障害に入り込みやすい。弾力性のある場合には，かなりのストレスがないと，障害に陥らないし，かりに陥っても軽くてすむ（図20-1）。

子ども時代における脆弱性

子どもの発達における精神病理を追っていくと，通常の成人での精神病理とは多少異なる定義をしておく必要がある（Price & Lento, 2001）。簡単にいえば，発達課題に対処する際の困難や失敗を表すと定義できる。発達の各時期において，子どもは環境

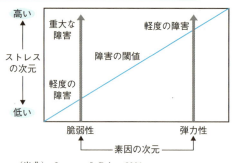

FIGURE 20-1 ● 素因-ストレス次元上の脆弱性と弾力性

（出典） Ingram & Price, 2001.

からの要求に応じて適応するために内的・外的資源を用いる課題（たとえば，言葉を覚えたり，情動を制御することを学んだり，同年代の子どもとうまくつきあったりする）に直面する。そこでうまくいけば，健常な発達の道筋を進む。そこでかなりの程度うまくいかないと病理への道筋に足を踏み入れる。だから，子どもの場合，年齢に相応した規範からの逸脱による不適応が精神病理なのである。

そこで，発達の各時期の発達課題を洗い出し，そこでの不適応状態がどのようなものかを調べ，確定していく。その際に，発達を生み出す環境・状況が重要な役割を果たすためにそれも調べていく。ただ同時に，成人に類した精神病理の面もなくはない。いかなる発達課題とも直接関連はなくても，たとえばうつ状態が激しいことは問題である。ただ子どもの場合，それにとどまらず，その病理がその後の発達を大きく制約するという特徴がある。あるいは，発達に伴い他の面の向上がその病理による損傷をカバーすることもある。

なお，そもそもさまざまな精神病理に子どもが罹患している割合はかなり高いものである。欧米でのいくつかの調査では，その割合はだいたい17～20％くらいに達するという。2％が重度，7，8％が中度，その他は軽度である。さらにもう1つの特徴が，いくつかの病理の合併症の率が高く，50％程度になるということである。そこからわかることが2つある。1つは，病理も発達の一部であると考えるべきだということである。例外的なことではないのである。そしてもう1つは種々の病理が合併を起こしており，発達的な障害が全体的か

つ複雑であることを示しているということである。

そういった子どもの精神病理とその脆弱性の特質は、次のように整理できる。

第1に、脆弱性は遺伝あるいは環境をもとに成り立つ。神経系の働きや気質といった生物学的過程と、環境からの心的外傷や損傷あるいは親子関係からの社会化の問題である。

第2に、脆弱性の要因は、生理学的、情動的、認知的、社会的・行動的なシステムのいかなるところにもありうる。行為障害の例をとろう。行為障害とは、「他者の基本的人権または主要な年齢相応の社会的基準や規則を無視する行動が反復または持続することである」（American Psychiatric Association, 1994）。生物学的脆弱性は、神経学的（毒物への接触、虐待などにより胎児の脳の発生に障害が生じる）、遺伝性（家族に行為障害が見られる）、生物化学的（脳の神経伝達物質であるノルアドレナリンとセロトニンのシステムの効率の欠陥、とくにセロトニンの減少）などに現れる。社会的・行動的脆弱性としては、積極的に対人関係を営む枠組みを欠いている、愛着関係が乏しいことなどがある。これらの社会的・行動的脆弱性は、認知的脆弱性とからみあい、子どもが環境に否定的に関わり、環境を他者との否定的な経験と対応して知覚するようにする。こういった記憶構造や期待が肯定的な関係を取り結ぶのを難しくして、否定的な社会的なやりとりを生じやすく保っていく。情動的脆弱性は、自分の情動的反応を統制することが難しいところに現れる。活動が活発で、情動的反応が強く、怒りや抑うつなどの否定的な情動も高い。行為障害はこれらのシステム間の相互関係のなかで生まれる。

第3に、脆弱性の過程は、環境とダイナミックなやりとりをしていく。このやりとりは相互的であり、脆弱性が環境に影響し、また環境により脆弱性が影響される。

第4に、子どもがある発達の時期に重要な発達課題（たとえば、乳児期の言語技能の発達とか、児童期の子ども集団に加わることなど）にうまく対処できるかどうかが、次の発達の時期の発達課題にうまく対処できるかどうかに影響する。ある時期にうまく対処すると、そこで必要な種々の能力を獲得し、次の時期に備えていくことができる。この能力が、発達の障害に対してその子どもを弾力的にしていく。逆に必要な能力をうまく獲得できなければ、次の発達課題の処理の妨げになる。

COLUMN 20-1 体罰は子どもに害があるか

親が子どもにしつけのために体罰を与えることは，子どもの発達に悪影響があるだろうか。子どもの心身に直接に被害をもたらす虐待の類いは，それが繰り返されると，さまざまな問題を後々まで引き起こすことはわかっている。しかし，しつけに必要な程度の体罰なら，虐待とは異なって，長期的な悪影響はなく，むしろ，きちんとした行動を身につけることができて，子どものためによいことかもしれない。だがまた，多くの虐待は「しつけのための体罰」と称して生じているし，体罰と虐待との間に明確な区切り目があるわけではないともいえる。発達心理学の実証的な研究から，この問題にある程度の答えを出すことができる。以下，多くの研究（英語圏での88件の研究）を整理したガーショフ（Gershoff, 2002）の論文からその議論を紹介しよう。

体罰とここで呼んでいるのは，「身体的な力を使用するもので，子どもの行動の修正や統制を目的として，子どもに苦痛を与えようと意図しているが，危害を意図していないもの」である。実際の調査では，叩く程度なら体罰だが，殴る・蹴るとなると虐待であろう，といった判断になるので，あいまいさは残る。結局は程度の問題になってしまう。

親の体罰は，子どもの望ましくない行動や経験と結びついている。体罰が多いと，子どもの道徳的内化が少なくなり，子どもの攻撃や非行・反社会的行動が増加し，親子関係の質が低下する。そして，子どもの心の健康が低下し，身体的虐待の被害を受けることが増える。大人になってからは，大人での攻撃や犯罪・反社会的行動が増加する。そして，大人としての心の健康が低下し，自分の子どもや配偶者を虐待する危険性が増加する。体罰と結びつく唯一の望ましい行動は，体罰の直後に子どもが大人の言うことに従うことである。

とくに強い効果が見られるところは，直後に従うということと，しかしながら長い目では身体的虐待につながるという点である。つまり，従来常識的にいわれている相対立する点が双方ともに確認されている。体罰は直後のしつけには有効だが，長期的には親の体罰は虐待に発展する危険がある。ただし，従順さを調べた5つの研究で，うち2つは従順さがかえって下がったということを

第5に，発達的なモデルは，障害の発生のなかで子どもがとる特定の道筋を理解する大切さを強調している。特定の障害は異なった最初の出発点から始まり，さまざまな過程を経ていく。同じ脆弱性をもっていても過程によっては異なった型の障害に行きつくこともある。特定の脆弱性の要因が特定の1つの病

（実際には弱い関連だが）見出しているので，直後のしつけにも有効でない場合もあるようだ。さらに，道徳の内化と負のつながりがあるということは，長期的には，かえって親のしつけに反することになりやすいということを意味している。

それでは，どのような経路を経て，親の体罰は子どもの問題を多くの場合に引き起こすのだろうか。図にガーショフの提案した理論モデルを紹介しておこう。

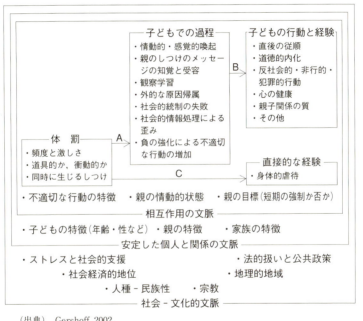

図 ● 親の体罰による子どもの行動や経験への影響過程のモデル

（出典） Gershoff, 2002.

理とつながっているとは限らない。

第6に，病理的な行動と健常な行動の間に，明確な切れ目を想定しない。伝統的な疾病モデルとは，そこが大きく違う。発達的モデルは，健常と病理の行動の間に連続・不連続の想定を前もっては行わない。どちらの可能性もあるか

らである。

　要するに，発達の病理を起こす脆弱性の過程は，遺伝と環境，あるいは素因と外部のストレスの複雑な相互作用が時間を追って進行しつつ，各々が変化していくダイナミックなものなのである。だから解明は難しいが，同時に子どもが変容する可能性も高く，多くの教育・心理療法・医療の可能性が生まれているのである。

精神病理の発達における情動の役割

　感情を感じることあるいは情動的であることは人間発達の中核にある。精神病理の発達においても，情動的能力（エモーショナル・コンピタンス；emotional competence）の役割は大きい。精神病理に影響を与える情動の発達的働きに関しては次の2つがある。第1は傷つきやすさ（脆弱性）であり，有能な情動的機能の道筋においてそれへの対処が必要になる。2つめは発達過程での困難が情動的コンピタンスの発達を毀損することであり，それにより発達的な精神病理の可能性が生まれる（本節はおもに，Cole, 2016 に基づく）。

　研究上の第1のモデルでは，発達精神病理学の基本に基づき，定型発達と非定型発達の道筋をとらえ，人生のある時期での困難がその後の心理的機能をかえって強化する一方，健康な発達へのリスクを作り出す場合もあることに注目する。さらに，そういったリスクにもかかわらずレジリエンスを可能にするという発達の道筋の変容可能性を見出すために，1つの結果（問題症状なり健康状態なり）が生まれるにあたり，多くの場合，複数の道筋が見られることに注目する。そういった異なった複数の道筋の共通性と違いを解明するのである。とりわけここでは，情動的コンピタンスがどのように発達し，ときに脅かされ，精神病理につながるかを明らかにする。

　第2のモデルは情動発達についての機能的なあり方に注目することである。情動の機能は人との関係において生じ，文脈・状況のなかで成り立ち，ダイナミック（力動的）に自他ともに変容していく。情動的不全とはこの情動的コンピタンスの発達が毀損されることである。情動的コンピタンスは情動表出，情動的理解ないし気づき，情動制御からなる。情動的コンピタンスの発達を通

して，柔軟で適切で有効な情動機能が可能になっていくのだが，その一方で個人が情動的不全へと脆弱となる道筋を作り出すことも起こることがあり，精神病理を生む発達のリスクを作り出す可能性もあるのである。

情動の性質とは何か

近年，情動の研究は大変盛んになってきており，そのなかで機能的な枠組みで情動をとらえることが実証的な証拠を得てきている。情動は，その置かれた状況が自身にとって幸せでありうるかを示すいわば徴候としての情報的な意義をもつのであり，それを主体は情動として感じることを通してすぐさまとらえ（appraisal；評価），そしてその幸せを達成し，維持し，取り戻すために行動する準備を可能にすることが明らかになってきている。すなわち，情動は，環境の暗黙の（必ずしも意識されない）判断であり，行為とその評価を動機づけるものでもある。さらに，その環境に近づくまた環境から遠ざかるよう準備をする主体（広く生物的存在としての有機体）としての変化を可能とするのである。

これはラザルスの理論（Lazarus, 1991）に基づくが，ラザルスは意識的な思考に重きを置いていたが，発達的観点を欠いていたため，その面について，その後2つの進展があった。

情動の機能理論では，第1に情動を環境とのダイナミックな関わりとしてとらえ，第2に乳児ないしきわめて幼い時期の子どもでも情動的コンピタンスが機能しているととらえた。情動は本来的に関係性のなかに成り立ち，主体と環境の進行する関係としての過程であり，さらにまた主体は幸せであること（well-being）を求め，そのことと環境とのトランザクション（相互的交渉）として情動を概念化する理論である。情動は個人内の心理的対象ではなく，個人が環境と関わり，幸せを達成し維持するのに役立つものなのである。

すでに多くの研究から，精神病理さらに精神的障害がある場合には，情動の機能は定型的機能から逸脱していることが見出されている。1つの情動的機能不全が特定の1つの障害に結びつくのではなく，情動の機能不全が広く発達病理につながっている。特定の診断を超えて，いくつもの障害に共有される心理的過程の逸脱があり，それをもとに診断的分類に必ずしもよらない介入を可能にするのである。

情動的コンピタンスとは

情動的コンピタンスは3つの領域からなる。情動表出，情動的気づき・理解，情動制御である。

情動を伝え，初期の関係を形成し維持することは乳幼児の発達に決定的に重要である。

1つめの情動表出は，社会的相互作用の開始と維持と調整に用いられる。そのため，2つめの他者の情動を読み取り，理解する能力と自分自身の情動経験と関連する行為を理解する能力が必要となる。他者の情動信号を正確に解釈し，他者の幸せと自分自身の幸せとを協応させていく。発達とともに，自分自身の利益に関わることに対して情動は，即座に激しく執拗に反応するようになるのだが，同時にこの能力によって，状況と人間関係のなかで示される実際的な制約（自分の都合に合うようにできるとは限らない）とバランスをとって，やりたいことを現実の制約のなかで実現しようとするようになっていく。そこで，3番めの情動制御が重要になる。これは，自らの情動反応を，自己に焦点をあてて見直し，同時に社会的目標に向かうようにしていくため，その反応の結果どうなるかを予期し，反応を調整し，再方向づけする能力である。

情動的コンピタンスの発達

胎児期の発達を受けて，新生児は情動的に豊かな環境へと入っていく。そこでは対人的な環境も成り立つようになる。対人関係は情動的なコンピタンスの芽生えに依存するからである。

情動表出の定型的発達を見てみよう。環境に応答する際，情動のすべてのあり方をもって応答ができるか，また情動を効果的にすなわち自分の，また社会的な目標を達成するようにできるか。そして適切で柔軟に，いわゆる社会文化的標準に従って，状況的適切さに応じて反応できるかである。最初の1年において，乳児は基本的には顔の表情や声や体全体非言語手段，いわゆる情動を表出する。1歳代になると，言葉を使って，簡単で基本的な情動に言及するようになる。2歳代になると，自発的な表出のコントロールをするようになる。

要するに，第1に乳児はある種の評価／行為準備のパターンをいくつかもっており，そこに社会的に基本情動と解釈される非言語的コミュニケーションが含まれる。第2に顔の筋肉が乳児初期には別個の表情を作り出せないのかもしれないが，種々のランダムと思える「表情喃語」を作り出しているらしい。第3に多くの養育者は，非言語的行動を乳児の幸せの信号として解釈しようと努める。第4に乳児と養育者の相互作用では心理的意味がこれらの表出に付与され，個別の表情の発達に寄与するであろう。

非言語情動表出に伴う情動的不全へのリスクもある。乳児のなかには表情をうまく表出できない障害をもつ場合がある。声が単調になるという場合もある。そういったことが対面での社会的相互作用を進めるのに妨げになるかもしれない。養育者が乳児の表情を理解する資源をもち，その理解が乳児の必要に対応する養育者の能力を圧倒することがないことが望しい。養育者には応答性と情動を適切に表出するのが難しい乳児に対しての配慮が必要なのである。

言語的な情動表出の定型発達とリスク

　子どもは幼児期に入り，しだいに言語的に情動を言い表すようになる。実際，幼児初期の言語スキルが就学前の子どもの自己制御を予測するというデータもある。逆に，言語獲得に際し強い情動的反応をする場合，それが初期の言語学習を阻害する傾向がある。子どもの情動に関連した発話はとくに「情動発話」と呼ばれる。親が情動発話（子どもの情動を言語化する）を多く使用すると，子どもの情動言葉の使用が増え，それが今度は心の理論や社会的コンピタンスの発達を促すようだ。

　言語的情動表出に関連したリスクが生まれる場合，とくに養育者と問題の徴候を見せる子どものやりとりは，そうでない親子と比べて否定的情動が多くなる傾向がある。青年期だととくにそれが顕著である。それはやりとりの片方がもう片方の目標の達成を阻害することである。悲しみの場合などは通常はそれへの共感が表されるが，リスクのある場合はそれを見過ごすことが多い。激しい否定的な情動表出が相手からの強い反応を引き出し，それがさらにコミュニケーションされるメッセージの明確さを妨げ，混乱を招く。また臨床的に問題のある子どもは，どのように感じているかを語らない傾向がある。情動的気づきを欠いていることすらある。あるいは気づいているが，それを言葉にすることを避けて，情動制御しにくくなっている。さらに別な子どもは気づいていて言葉にもするが，相手が罰するとか，誤解するとか，自分側の必要に無関心だと感じている。そういったことが子どものうつを増していくのだろう。

情動表出のコントロールの定型発達とリスク

　情動の表出／表現を調整する能力は幼児期，児童期，中高生の時期の子どもの社会情動的能力と一貫して関連している。この表出のコントロールの最初の発達は2歳代に生じる。そこでは，幼児は自分の否定的情動と苦しみの表出のコントロールを大人の導きがなくても自律的に自分から開始する

ようになる（Kopp, 1989）。3〜7歳の研究で，魅力的なおもちゃの入った箱をのぞき見てはいけないと言われたとき，大部分の子どもがのぞき，3〜6歳でのぞいたことについて嘘をつくことが増大し，言語的にはわかるが，非言語的な行動では嘘をついたかどうか大人には判断できないようになった。このスキルは学童期には確立される。また，定型的に発達している幼児は，ほしくないプレゼントをもらってがっかりしても，見知らぬ大人の前ではそれを隠し，1人だとその表情を示した。幼児は上手ではないが，怒りや悲しみや嫌悪の非言語的表情をコントロールする。こういったスキルは学童期も伸びていくが，それと関連する経験として，親の温かさと感受性，肯定的表現，敏感なコントロール，教育の機会として子どもの感情を利用することなどが相関している。子どもの特徴として，努力を要するコントロール（情動的反応性を調整できることで，実行機能に関連する）や情動に関する知識などが関係する。

　リスクとしては，その年齢にふさわしい情動的コントロールをしないことであり，それは他者からは奇妙であったり，問題であると見なされる。素早すぎたり，激しすぎたりする情動表出や，情動表現が期待されないとか非典型的であるとか（文脈にふさわしくない），情動表出が期待され典型であるときに表出されないなどがある。とくに否定的感情が非常に素早く激しく表出されることが，表出コントロールがうまくできないと見なされる。正統的（authentic；その場にふさわしい真正な）な情動表出はごく小さい時期から発達し，情動表出は分節化されていく。初期の非言語表出と養育者の応答性が安定した愛着関係を生み出し，明確で正統的な情動を非言語的・言語的に表現可能にしていく。1歳代において，言葉で目標や必要や情動を表現し，3歳代までに自発的にコミュニケーションと表現のコントロールを自発的に調整するよう始める。その条件が整わないことが初期のリスクを構成する。

情動の理解とリスク

　情動理解のコンピタンスとは，自分自身の情動と他者の情動についての知識であり，異なった情動を正確に認識し区別すること，異なった情動の潜在的原因と結果を知ること，情動をどのように制御するかを知ることからなる。また，情動の気づきやその明確さ，情動の知覚，情動の表示ルールの理解なども含む。最も基礎となるのは，他者の非言語的行動における情動信号を知覚し認識することであり，とくに表情配置と声の表情をわかることである。その基本は0歳代に発達する。

聴覚的処理はそれより早く発達し，0歳半ばには明らかである。1歳の誕生日頃までに他者の情動信号からの情動を自分の行動のガイドに使えるようになる（社会的参照行動）。幼児初期に情動を表す語彙を獲得し始める。2歳代に，こういった語彙を簡単な基本情動の図式的な表現と結びつけられる。情動語彙は4～11歳にかけて急速に増えていく。こういった語彙を就学前には情動の性質に当てはめて使えるようになる。とはいえ，複雑な感情の理解は難しく，たとえば，幼児は情動情報に敏感であるが，それを十分推理して理由や意味を理解できるとは限らない。6～13歳にかけて，情動を状況と結びつけて解釈できるようになり，複数の情動を同時に経験することもわかるようになる。青年期にはメタ認知が進み，自己モニターが十分可能となる。

　臨床的な問題を抱えた子どもや青年・成人は情動を認識する正確さが足りず，情動についての推論が未熟である。乳児・幼児は情動的情報を知覚し敏感であり，同時にその知覚したものをさらに理解するのに能力の制約があるため脆弱性が生み出されうるのである。情動的情報によりかえってストレスを感じる。さらに知覚したものを誤解し，原因を誤帰属し，その誤解した原因が情動的出来事の中心であると想定してしまう。初期の不利な環境では，家庭内暴力や子どもの虐待やネグレクト（放置），またけがや栄養不足，自然災害などの非対人的状況があり，そういった接触がストレスを高め，養育者との関係の不適切さのなかで，リスクのある情動理解をもたらすかもしれない。たとえば，ネグレクトや乳児施設に放置されるなどの場合では，その幼児や学童期の子どもは情動を見出し，名前をつけ，理解するのが上手でなく，それは子どもの知能や家庭での暴力的なしつけを考慮してもそうであった。身体的虐待は時に情動知覚とりわけ相手の怒りの表情に敏感にさせる場合があり，それは怒りを素早く避けるようにするのである。なお，夫婦げんかのような対人葛藤にさらされることも同様に情動理解の難しさと，ひいては自尊感情の低下をもたらす。

情動制御の定型発達とリスク

　第3の情動コンピタンスの領域が情動制御である。乳児期において，子どもと養育者は互いにコミュニケーションにおいて影響し合い，乳児は情動情報を知覚し利用して自分の行為を組織化し，環境への反応としての情動を変更しようとして，そのための行動をとろうとすることがある。情動制御はこういった変化の予期と調整と終結からなる。とくに，自己制御と共制御

（対人的にともに行う制御）からなるが，それは情動過程の行動的結果から始まる。行動レベルでは，有能な情動制御とは対人的なまた1人での状況でまた対人場面での共制御で，効果的で（特定の文脈における目標を達成する）適切に（直接的状況的制約と社会文化的制約に適合し）情動反応を自己制御できることである。さらに，今後の起こりうる反応パターンを予期し，調整し，起こりうるものを修正できることである。子どもはそのための自己内また対人的な情動制御の方略を獲得していく。

乳児でも限られた自己制御は可能である。たとえば，泣いているときに指しゃぶりなどは自分を穏やかにする働きがある。こういった自己緩和行動や情動的コミュニケーション（とくに援助を求める）や視線回避（見ることを避けて情動を収めることで，大人が表情のない無反応な様子を示したときに0歳半ばには視線を外すようになる）などが主な自己制御行動である。幼児初期には自己制御の試みが増えるが，なお場面・状況により変わる。就学前の時期になると，苦しみや否定的情動の自己制御が変化し，大人がいる場合に大人の基準に合わせようとし，指示等に従おうとする。2歳代に意図的な努力を開始して，3・4歳には自発的な表情のコントロールがよく見られる。しかし，その努力はなお，自動的で意識されない方略に止まる。幼児期に最も多い方略は気を散らすことである。魅力的な物に触っていけないというような事態で，それを見ないとか，他のことをするといったことである。児童期には情動制御は大きく成長し，自律的で大人の監督があまり必要なくなり，制御の方略も増えていく。

リスクについては，精神病理が情動制御の欠陥と結びつくという多くの研究の証拠がある。リスク要因と精神病理を媒介するものが情動制御であるといえよう。幼児期の縦断研究から，乳児と幼児初期に年齢相当の情動制御を行わない子どもは就学前の時期に，特に家庭的困難（貧困や養育の不適切さ）が重なると，問題のある症状が大きくなっていくことが見出されている。これには2つの種類のリスクがあり，1つは子どもの特徴としての気質と愛着の不安定さであり，もう1つが環境の特徴としての養育の質の不適切さと，それを含む多くの困難への接触である。問題を引き起こしうる気質の代表が否定的情動性・反応性であり，それはさらに努力を要するコントロールの弱さが影響している。そういう子どもは制御方略を用いることが少ない。ただし，そういった制御方略を適切に使えば，否定的情動性による問題を避けられる。とくに，養育の質

が高ければ，努力を要するコントロール面が弱くても補える。親子の関係の質が影響を与えるのである。愛着が不安定であると，怒りの制御が弱くなりやすいため，無秩序的愛着（タイプD）はとくに情動的混乱が目立つ。そういった子どもの側の特徴が親側の精神病理やストレスと交互作用して，精神病理を起こしていく。たとえば，貧困はさまざまに子どもと養育者にリスクを起こす条件である。自己制御のスキルを十分獲得できない可能性を高める。とくに2歳半以降の自発的自己制御が現れる年齢に影響がある。しかし，貧困は他のさまざまな要因，すなわち差別，地域の暴力，統制できない騒音，不十分な栄養などと結びつくことが多く，温かくて指示的な養育であるならば，貧困な家庭の子どもも，怒りと悲しみといった否定的情動への有効な制御が発達している。とくに問題の大きい養育条件は，虐待やネグレクト，親の精神病理，父母による共養育（ともに子どもを育てる）の関係の損傷（夫婦間の葛藤）などである。そういった問題は，情動的パートナーとして子どもの，とくに否定的情動行動に適切に対応できないこと，自己制御のモデルを子どもに示せないこと，さらに自己制御の発達の足場作り（支え）をし損なうことなどを通して，自己制御の発達を阻害するリスクとなっていく。

3 自己プロセスが発達病理と精神衛生に与える影響

自己の発達がどのようにして進み，その歪みがどのようにして精神病理をもたらすかを検討する。ハーター（Harter, S.）の自己の発達理論がもとになっているので，その理論とその発達に伴うリスクについて紹介していく（本節はおもに，Harter, 2016 に基づく）。

ジェームズ（James, W.）以来，自己は「主体自己」(I-self) と「客体自己」(Me-self) の二面からなるとされる。主体自己は主体（agency）として行動し観察する側であり，客体自己は観察される側であり，自己についての概念である。その発達は主体と客体がからみあい，相互に影響しつつ成り立っていく。

主体自己はいかにして客体自己の発達に寄与するか

(1) 幼児初期（2～4歳） 主体自己は，客体自己のごく具体的な認知的表象を形作る。身体，活動，社会的関係，心理的などについて，ある

かないか（カテゴリカル）な区別をする（「ぼくは男の子である」「私の部屋にはテレビがある」等）。しかし，その間の統合がまだできない。乳児期にすでに身体的自己の気づきが成り立ち，それを受けて自己認知が成立する。そのうえで，自己を記述するようになる。内的状態を命名し，自分の行為や思考をコントロールできると思い，身体的な存在の連続性・永続性を感じ（自伝的記憶が作用する），自己統一性（self-coherence）を感じる。

(2) 幼児期から児童期（5～7歳）　能力（できること）や身体スキルや社会的スキルを記述に含めるようになる（「学校の勉強が得意だ」「友だちが多い」等）。自己概念間の簡単な関連をつけられるようになり，対立としてとらえ，統合することはできない（よい対わるい，得意対苦手，等）。メタ認知的自己の気づきとも呼べるし，文化的自己とも呼べる。語りを構築し，自伝的な物語を作り，自己主体性の感覚が育つ。意図と計画が強調され，自己連続性の感覚がはっきりとする。

(3) 児童期中期から後期（8～10歳）　肯定的属性と否定的属性の双方をもちうることや一般化（たとえば，人気がある，頭がよい等）がなされる。他者との関係が中心となり，他者の見方を取り入れるようになる。自己への気づきが増し，自己中心性が減ってくる。主体性と自己連続性の感覚が成熟する。主体性は学業と社会性での自己有能感となってくる。

(4) 青年期初期（11～13歳）　自己概念を高度化し，自己の抽象化がなされる。たとえば，自分が頭がよいとか好奇心があるとか創造的であるとかをまとめて「自分が知的である」ととらえる。また「外向的である」ととらえる。しかしまだ，それらの抽象的な自己概念は互いにまったく別のものとして扱われる。ゼロか全部かという思考の表れである。なおまだ異なった役割と関係においてその抽象的な特性が一貫しているかどうかについては関心が生まれていない。社会的気づきが高まり，どう特性が他者から見られているかを気にかける。これが内省を進めることになる。同時に，主体的で自己連続的な感覚を阻害するようにもなる。

(5) 青年期中期（14～16歳）　抽象化された特性の間の比較ができるようになる。対立する特徴の間の関連づけを測ることができる。自己についての矛盾する抽象化を反映する（外向的対内向的，魅力的対非魅力的等）。しかし，自己の2つの概念を互いに結びつけるための制約はまだ強い。内的な葛藤や混乱が激

しくなる。自己イメージが安定しない。万華鏡のような自己になっていく。自己統合性が乱される。自己統合性の追求が停止する。

(6) 青年期後期（17〜19歳）　高次の抽象物を構築し，単一の抽象化を互いに関連づけ調整するようになる。自己が適応的となり，たとえば，うつ的であり，同時に陽気でもあり，それが「気分屋」として統合されるだろう。非一貫した自己概念が共存できるようになる。自己についての意味のある一般化した抽象物を作り出す。信念や価値が内面化され，可能的な将来の自己が模索される。統合され一貫した自己像を形成し，自己が過去・現在・未来へと連続することについての感覚が高まっていく。

自己拡張と自己奉仕的歪み

主体自己は自己拡張の傾向がある。自己拡張とは，自尊感情を高めて，ときには実際よりも自分を高く見積もる傾向である。ときに，非現実的に自己評価を高くしていき，現実的なあり方を危険にさらすかもしれない。拡張する欲求と自己奉仕的（自己に都合よく解釈する）方略のスキルとその結果を，発達の時期ごとに検討できる。

(1) 幼児期の自己拡張　幼児の自己報告は過剰に肯定的で不正確である。自己評価のための他者との比較はまだできない。だが，時間的比較は多少できて，自分の進歩はわかる（だから過大評価しやすい）。さらに，実際の自己属性と理想の自己属性の区別ができない。他者の視点をとれず，自己中心的になりやすい。肯定的自己属性と否定的自己属性の双方をもつことを理解しない。しかし，そうだからといって，意識的な自己拡張を行う力も必要もないのである。

(2) 児童期初期から中期の自己拡張（5〜7歳）　自分の能力の過大評価が続く。言語の発達により，言葉により自分を過大によく示すことが広がり，偽りの自己行動（自分の本来とは違うことを行う）が始まる。

(3) 児童期中期から後期の自己拡張（8〜10歳）　自己防衛方略が始まる。自分の全体的な（グローバルな）自己尊重感の概念が生まれ，客体自己の防衛と拡張が進む。社会的比較を行うようになり，低い方への社会的比較をするようにもなる（自分より劣る仲間と比較する）。「平均よりよい」方略も出てくる（多くより自分はよいとして自己尊重感を上げる）。印象操作もなされる。自分が期待に応えられない場合，その領域の重要性を引き下げる（酸っぱいブドウ）。真の自己行動が減少していく場合もある。

> COLUMN　**20-2 縦断研究からの検討**

　アイオワ青年・家族プロジェクトの縦断研究（Ge et al., 2001）において，7年生（13歳）からスタートした6年間の追跡調査を行っている。その結果を見てみよう。

　図Aに男女の抑うつの度合いの変化を示した。女子の方が男子より抑うつ度が高く，その差は7年生から8年生にかけて広がり，とくに9年生以降に大きい。

　図Bでは，女子の場合に，性的成熟を早く迎える方が平均ないし遅い方より，抑うつ度が高いことがわかる。男子の場合にはそうではない。さらに，早期の成熟と否定的なライフイベントが重なると抑うつ度が増す。

　図Cは性的成熟の程度で分けて見ている。女子について，成熟の度合いが高い方が，いつの学年でも成熟度が平均的ないし低い方と比べて，抑うつ度が高いことを示している。男子でも女子ほどではないが，成熟の度合いが高い方が抑うつ度が高い傾向がある。

　以上のように，思春期を過ごすことは誰にとっても容易ではないが，とりわけ早熟な女子で日常生活にストレスの与える出来事が多いときにはその抑うつが大きくなることがわかる。そのことは，生物学的要因が決定的だということを意味しているわけではない。早期に成熟を迎えることは，十分な教育的配慮がない場合に，とくに女子に対してショックを与えるだろうし，また，成熟が進むにつれて，友達関係が大きく変わり，学業に影響することもあるだろう。それらの間の要因の相互関連が影響を与えるのである。逆に，それらの相互関連が進行しない歯止めとなる要因が働けば，とくに抑うつを高める方向には進まないと考えられる。

(4) 青年期初期の自己拡張（11〜13歳）　自己を防衛し拡張する必要が高くなる。社会的比較が進み，下向きの社会的比較の方略がよく使われる。偽りの自己行動の意味を理解し，自分の語彙でのその頻度が上がり，その除去にとらわれる。自己愛的な脆弱性が生まれ，自己への危険となる。万能感や自己の欠点を認知することの拒否や非現実的な公的承認への要求が生まれ，さらに自己が現実には高い野望に達しないと認識するようにもなり，恥の感覚を生み出す。

図 抑うつの縦断研究

A. 男女別の抑うつ度の平均得点

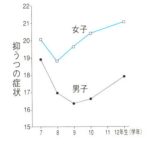

B. 女子の学年, 性的成熟のタイミング別の抑うつ度の平均得点

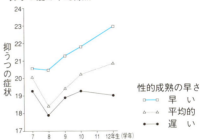

性的成熟の早さ
- 早い
- 平均的
- 遅い

C. 学年, 性的成熟地位別の抑うつ度の平均得点

(1) 男子

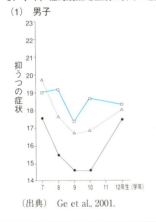

(2) 女子

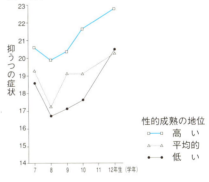

性的成熟の地位
- 高い
- 平均的
- 低い

(出典) Ge et al., 2001.

そして，それらの万能感等の必要をも作るが，それらはきわめて脆いものである。

(5) **青年期中期の自己拡張（14〜16歳）** 自己を防衛し拡張する欲求が強く，だが，その方略のスキルがそれに及ばない。複数の自己の間の矛盾に気づき，どれが本物であるかの自問を生み出す。万能感，独自性，非脆弱性，青年期の自己中心性が見られる。そこから機能不全に至るか，健全な発達を遂げるかの

分かれ道が生まれる。

(6) 青年期後期の自己拡張（17〜19歳）　以前の傾向が続くが，高度な抽象と統合を通して自己の本来的なところの認識に向かうか，自己愛的傾向が悪化するかに分かれる。偽りの自己行動を多く対人関係的文脈で示す人は仲間からの承認が少なく，自己尊重感が低い傾向がある。不適切さの内的感覚を避け，攻撃的行動に出たり，自己意識的情動としての傲慢さや逆に恥が強くなることもある。自己尊重感を過剰に高めようとする社会の風潮や自己の傾向はかえって自己拡張方略や自己奉仕への歪み（バイアス），自己尊重感の実態を超えた上昇，非現実的な自己評価，自己愛的万能感を育ててしまうかもしれない。それにより，個人的正統性の感覚を危うくし，対人関係を傷つけるかもしれないのである。

抑うつと自殺行動へのルート

否定的な自己評価と低い自己尊重感と抑うつには関連がある。自己尊重感と抑うつと絶望感が1つの因子（抑うつ／適応〔合成〕変数）としてまとまることが見出されており，この因子が自殺企図を予測すると考えられている。抑うつと自殺行動の間にも強い結びつきがあり，これらの発生要因には生物学的規定因，疫学的関連要因，社会心理的ストレッサーがある。

特にこの第3のリスク要因に焦点をあててみると，6つの異なったルートが抑うつ／適応（合成）変数につながっていることが明らかになっている。

① 重要な領域において（身体的魅力と社会的コンピタンスと学業成績，さらに社会的行為）コンピタンスが低く，不適応でもある。
② 仲間および親から受け入れられていない。
③ 重要な領域においてコンピタンスと適応を欠いているが，親からのサポートを得ていた。
④ 仲間にとって重要な領域で低い自己評価をしているが，他の学業や社会的行為では肯定的自己評価をしており，親からの賛意も得ている。
⑤ 仲間に重要な領域で成功しており，だが，親にとって重要な領域（学業や社会的行為）での不適応を重視している。
⑥ 仲間と親にとって重要な領域で，低い成功であっても，賛意を得ていると感じている。ただ，きわめて自己批判的で高い非現実的な基準をもっている。

食異常行動へのルート　知覚された身体的外観は自己全体に関わる自己尊重感に影響を与える。さらに現代社会の文化的価値観（とくに女性がやせていなければならない）に賛同する度合いが高く，それが自己の外観の魅力の知覚に影響し，さらに自己尊重感と抑うつ，そして食異常行動を予測する。とくに，自己批判傾向や自己侮蔑の度合いが影響している。なお，情動的・性的虐待が影響の強い背景要因として指摘されている。

不適切な養育が発達病理に及ぼす影響

　子どもに対する不適切な養育（child maltreatment）とは，発達の心理的・生物学的両面について不適応の実際的なリスクをもたらす病理発生的な関係的環境を表す。子ども期に不適切な養育が続くことは，子ども時代に好ましくない結果をもたらすだけではなく，否定的な発達への連鎖的な（cascade）影響をもたらし，生涯にわたり続くかもしれない。そういった虐待（身体的虐待，性的虐待，情動的虐待）やネグレクト（身体的，情動的，教育的）と呼ばれる事柄は，多くの子どもまた大人に精神病理をもたらすことが知られている。いくつかのメタ分析などでも，子ども時代の不適切な養育は各種の内向的また外向的な問題を増大させる。たとえば，くり返し生じ，持続しやすい抑うつのリスクを上げ，治療しても再発が起きやすいことが指摘されている。こういった不適切な養育は同時に起きやすいリスク要因，たとえば，親の失業，低い社会経済的地位（SES），差別されている人種などと結びつきやすい。そういったリスク要因の寄与を実証的に解明し，それに伴う媒介要因や緩和変数を明らかにし，介入の可能性を追求すべきである。（本節ではおもに，Cicchette & Toth, 2016に基づく）。

不適切な養育の病因論的モデル　子どもの不適切な養育の発生は，時間を追って現れてくる不適当な行動のパターンの一部である。単一のリスクというより，多くの要因とからみあった複雑な因果モデルを想定するべきであり，次の4つの決定因を挙げることができる。

① 持続する脆弱性：比較的長く続く要因や条件であり，親，子ども，環境の特徴である。

② 一時的困難：短期の条件やストレス。たとえば，各種の喪失（職，地位，家族），身体的けがや病気，法的トラブル，夫婦や家族の問題，子どものしつけ上の問題，子どもが新たな困難のある発達時期に入るなど。
③ 持続する防御要因：比較的長く続く条件で，不適切な養育のリスクを軽減するもの。たとえば，親自身がよい子育てを経験していたか，安定した親密な関係をその親との間に築いていたか。
④ 一時的バッファー：家族をストレスから守るもので，たとえば，財政状態の突然の改善，夫婦間の調和のとれている時期，子どもが難しい発達時期から抜け出すなど。

こういったリスクは確率的に働くものであり絶対的ではない。リスクと防御要因のバランスが重要であり，また，それ以外の要因も影響し，交互作用する。子どもに直接影響するのは家族の関係であるが，それに対して文化・社会などのマクロなシステムも影響する。不適切な養育に至る経路は1つではなく，多数存在し，またその影響を与えていく経路も多数あるだろう。

不適切な養育のその後への影響

たとえば，最も初期の開拓的研究では（Elmer, 1977），年齢，人種，性別，社会経済的地位（SES）を対応させた虐待群と非虐待群（ただし事故に遭っている）とトラウマなし群を比較した。1年後と8年後に追跡調査をしている。健康や学校の成績，言語発達と自己概念には違いがなかった。そこから，虐待というより低い社会経済的地位が影響していると結論づけている。しかし，その後の研究は方法論を改善することにより，低い社会経済的地位とは別に，虐待の悪影響を多く見出すようになった。その結果，子どもの不適切な養育の悪影響は貧困によるものより強いことを明らかにしてきている。

なお，レジリエントな機能も見出されている。つまり悪影響を与えるはずのリスク要因が多くあっても，定型発達を遂げる子どもが一定割合いるのである。そういった自己修正の機能の働きが，どうやら発達過程には備わっているらしい。とはいえ，適切な養育の結果として定型発達を遂げている子どもに対して，レジリエントに回復を示す子どもは相対的に割合が少ないこともわかっており，自己修正の力には限界もあるだろう。

発達に対する有機的な見方

有機体的な見方とは生物学的，心理的，さらに社会文化的とさまざまなレベルの間の交互作用

と統合的システムとして発達を見るということである。発達はさまざまな年齢や発達時期に応じた課題をもたらし，その課題に時間を追って適応する必要がある。初期のその時期に顕著な課題を解決することにより，次の時期の適応に成功する確率を上げられるだろう。そこに失敗すると，次の時期へのさらなる困難が引き起こされるだろう。

そういった課題の代表とは，情動制御の発達，愛着関係の形成，自律的自己の発達，肯定的で役立つ仲間との関係の構築，学校への適応の成功などである（その後，青年期において，心理的自律や異性との親密な関係の形成やまとまりのある自己アイデンティティの感覚の形成などが必要となる）。

情動の分化と情動の制御

発達的課題としてとくに重要なものの1つが情動を分化させ制御する能力についてである。情動反応をモニターし，評価し，修正して，個々の目標を達成する目的につなげていくという情動制御能力は，環境への適応的な関わりを最適化させるものである。子どもへの不適切な養育は情動処理能力の最適な発達に対する脅威となり，子どもは逸脱した情動表出，情動認知，情動のコミュニケーションや理解を示す。初期の情動制御の不足はその後の不安定で無秩序な愛着関係や自己システムの不全（とくに否定的な解釈傾向，自己制御システムの問題）や仲間関係の困難を起こす確率を高める。ネグレクトに遭っている乳児は情動表出が少なく，否定的な感情の持続が長い。虐待を受けた乳児は否定的な歪みを形成しやすく，社会的情報処理において否定的な情報への注意が高く，あいまいなときに攻撃的意図を読み取りやすい。この情動の制御の問題は，行動の不全へと発達的に進んでいく。たとえば，幼児期に破壊的攻撃的な行動を取りやすい。情動制御が低い傾向がある。不適切な養育が情動的否定性や不適切な感情，情動制御の不全に与える影響を媒介するのはおもに注意の欠陥であり，とくに虐待は注意の乱れを引き起こし，周囲への関心の散りやすさ，社会的環境への過剰調整，過剰反応が起こりやすくなる。それにより，社会的な場面での行動と感情の制御を困難にする。その結果，いじめを行う側になることも多いし，いじめの被害者としてねらわれることもある。また，内向的な情動（抑うつ）も増えていく。なお，複数のリスク（たとえば，複数のタイプの家族の暴力として，暴力的しつけ，夫婦間暴力等）を受けると，行動問題は単一のタイプの暴力よりさらに行動問題のリスクが高まる（なお，調査にもよるが，半数以上の子どもがそういった問題

行動を起こさないで成長することにも注目できる)。

　社会的情報、特に顔の表情の認知は、表情を心的表現として処理することである。不適切な養育を受けた子どもはその認知に困難があることが多い。ネグレクトされた子どもは情動学習の機会がきわめて限られており、そのため、種種の他者の情動表出を判別することが難しい。それに対して、暴力的な虐待を受けた子どもは怒りの情動表出に敏感である。そういう子どもは怒り反応に対する認知の歪みを発達させやすく、怒りの徴候に敏感であり、怒りかどうかあいまいな場合にも「怒り」と解釈しやすい。

愛着関係の形成

　第19章に述べたように、安定した愛着は生後1年の間に形成することが望ましい。それをもとに、その後、インターナル・ワーキングモデル(内的作業モデル)を形成し、それが新たな人間関係のいわばモデルとして働き、その後の人間関係を規定していく。不適切な養育を受けた子どもは、他者が自分に応じてくれるかといった信頼性について否定的な期待を発達させ、また自己の心的表象は「有能でなく価値が低い」ととらえやすい。愛着関係においても不安定でとりわけ無秩序な愛着(タイプD)を発達させるリスクが高い。養育者側の一貫しない養育、とりわけ、子どもの状態について敏感でない過剰刺激と過小刺激の組合せが子どもを無秩序へと追い込むのかもしれない。これは子どものその後の発達、とくに親子関係以外の新たな人間関係の形成にも影響する可能性がある。

自律的自己の発達

　自己の統合された感覚の発達は、典型的には幼児期初期から就学前の時期に生じる。不適切な養育を受けた子どもは、この自己システムのさまざまな面で不全が生じる。1歳半ばの幼児が鏡のなかの自己像を見たときに、中立的ないし否定的な情動を示すことが多い。それは自己についての否定的な感じ方の表れかもしれない。虐待を受けた子どもは幼児初期に自立した遊びが少なく、子どもからの自発的な遊びをあまりしない。2歳半の子どもで内的な状態の語彙の発達に困難が見られた。ネグレクトされた子どもは幼児期に否定的な自己表象を含んだ話をすることが多く、身体的虐待を受けた子どもは自己を誇大に見せる自己表象を語ることが多かった。心の理論の発達も遅れるようである。ネグレクトされた子どもは、学童期に抑うつ感情を発することが増える。虐待を受けた子どもは幼児期に自己像の解離が見られ(自己のいくつかの面が統合されず)、その後、自己

像の肯定的な面と否定的な面が分裂する傾向があるようだ。

仲間関係

現代では同年代の子どもと保育園，幼稚園で出会い，友だちとなっていく。不適切な養育を受けた子どもはいじめ側やいじめられる側に回ることが多い。仲間関係から退く（引っ込み思案）か，仲間への攻撃性が高まるかしやすい。その両面を併せもつ子どもも出てくる。そういう子どもはとくに対人関係が有効でなくなってしまう。身体的に虐待された子どもは他の人の行動について敵対的意図に帰属する傾向を示し，自らも攻撃的な反応を生成しやすく，攻撃を適切な反応だと評価しやすい。情動的な制御の不全が中核にある心理過程であろう。学童期に入っても，友情を形成し維持することが難しい。相手に配慮し，支えることが少なく，逆に葛藤や裏切りが多く見られる。逆に，もし友情が成立していれば，不適切な養育を受けた子どもにとって，孤独や低い自己尊重感，集団からいじめにあうことのバッファーとして機能するだろう。

学校への適応

現代社会では，子どもが見知らぬ大人と仲間に出会う主要な家庭外環境が学校である。不適切な養育を受けた子どもは，学業の成績の悪さへのかなりのリスクがある。認知的成熟差を測るテストでも得点が低い。怠学，（高校では）退学，落第の率も高い。その原因は知的なものでないかもしれない。有能感に関わる動機づけが低いのかもしれない。また新たに出会う大人とうまくやりとりすることが苦手なのかもしれない。学習へ落ち着いて取り組む態度に問題がある。虐待を受けてきた場合，社会的有能さが低く，学習の能力に欠陥があり，全般的に学業成績が悪いことが多いといえる。性的虐待の場合，不安と抑うつが強く，破壊性があり，解離傾向も見られる。認知能力と自分について知覚した有能さが，しだいに学業成績を規定する要因となっていく。虐待された子どもはとくに，仲間との適応，自己知覚，抑うつに困難が見られる。そういった諸々が学校での機能に影響する。たとえば，幼児期に虐待を受けた子どもの縦断研究では，学校の欠席が多く，大学への進学を期待する割合が低く，高い水準の攻撃性や不安と抑うつ，社会的引っ込み思案，解離，PTSD症状（つらい経験の記憶），考えることの困難などが見られた。ネグレクトを受けた子どもの研究では，幼稚園や1年生の教室行動の乱れや成績が低く，母親の知的レベルを統計的に一定にすると，4歳時点での認知的成績がネグレクトの程度と子どもの行動や成績を

COLUMN 20-3 親に対する支援と介入

　親の子育て支援について，心理臨床的観点も含めつつ整理しておきたい (Jackson & Leonetti, 2001)。親に対して，その子どもについてもっと責任のもてる決定を行えるように，また，家族内でもっと肯定的な機能を促せるように専門家が援助する際に，どんなことが重要かを見ていこう。その際，ただ親を援助すればよいのではなく，その家族的・社会的・文化的文脈を考慮することと，普通の親が子どものために最善を尽くせると安易に想定しないことが大切である。

　親のための介入 (intervention)・援助プログラムを作っていくうえで次の点を考慮することが必要である。家族の要因と，査定の手順，介入の方略の3つに分けて考えることができる。各々で重要なことを表に挙げた。

表　親への介入・援助プログラム作成における留意点

家族の要因	文化的背景 社会経済的地位：収入，生活条件，教育水準 家族の混乱の歴史：転居，病気，入院，きょうだい間の問題 親の精神病理：麻薬やアルコール乱用，抑うつ，不安 夫婦関係：別居，離婚，再婚，関係における問題 養育の特徴：生まれた家の家族，子どもの発達についての知識，宗教的価値，家族のライフスタイル志向 子どもの特徴：気質，心身の障害，認知水準 専門家とのこれまでの経緯：医学的経緯，心理学的経緯，学校の専門家との経緯 全体的ストレスの水準：すべての要因の組合せで判断する
査定の手順	背景や照会の際の情報 親への面接で次のことを知る：社会・家族的歴史，子どもの生育史，家族の日常（労働の日課，保育，家事，きょうだい関係），行動についての心配の記述，子どもの養育についての親の態度，親の価値システム 並行的情報をとる：子どもの教師，以前に会っている専門家，祖父母・拡大家族，地域の行政機関 他の専門家に相談する：親と子どもについて 観察法を用いる：構造化された親子の相互作用，家庭での観察，学校への訪問と観察 標準化された査定の手続きを行う：子どもの発達についての知識，親と子について行動を尋ねる質問紙，夫婦間の適応と満足感，直接的査定（認知と人格）
介入の方略	親の訓練 親とだけの相談 親の訓練と親の治療の組合せ 親の治療：個人あるいは集団心理療法を行う 子どもの治療：個人あるいは集団心理療法を行う 家族療法 地域社会の資源を用いる：親のサポート集団，集団による親教育，コミュニティ・カレッジでの授業，親との学校のプログラム，教育的関わり（早期の介入，幼稚園など），教会 他の地域社会の資源：地域の保健師，子ども福祉局，一時保育，小児科 他の資源：自分で読む手引き，新聞，教育テレビの番組，インターネット

媒介していた。貧困地域に住んでいて，だが貧困程度がさほどでもない場合，自己レジリエンス（自我の弾力性）がネグレクトの程度と学校への適応を媒介していたが，貧困程度が激しい場合，貧困からの影響が強くなった。

パーソナリティと精神病理への影響

子どもの不適切な養育経験は比較的持続する脆弱性を形成し，精神病理をもたらすリスクとなる。とくに，気分・不安障害，解離と自殺行動，薬物利用障害，破壊的反社会的行動，などである。子ども時代，とくに乳幼児期に不適切な養育を受けた子どもは，大人になって内向的問題が多く，不適切な養育の時期がそれより年上の時期に起きている場合，外向的な問題が高い。また別の研究では，子ども時代の不適切な養育は，青年期における内在的問題，外在的問題，社会的有能さの低さ，大麻の乱用や依存につながっていた。子ども時代の内発的問題が後の子ども時代の社会的な有能さの減少につながり，それがさらに後の外向的な問題の増大につながっていた。不適切な養育がボーダーライン人格障害につながるという研究も多い。6歳での不適切な養育を受けた子どもは低い調和性や勤勉性および経験への開放性とともに，高い神経症傾向をもっていた。要するに，適応性が低いパーソナリティであり，これは成長を通して持続する傾向があった。

介入研究について

こういった基礎的な研究成果をリスクのある子どもと大人への支援として，診断，予防，治療，サービスの提供につなぐ必要がある。そのなかでも，「子ども・親心理療法」（CPP）と呼ばれる対応は，かなりの効果を示している。不適切な養育を受けている乳児と養育者に対して，CPPと心理教育的な親への介入法（PPI）とを比べた。いずれもきわめて無秩序型の愛着が多い親子である。介入後，その割合は3割ないし4割と著しく減少し，安定した愛着となった子ども（幼児初期）が多かった。安定した愛着の割合はそのコミュニティの通常標本よりはるかに高かった。また別の同様の研究では，CCPを幼児とその養育者に行った。幼児の自己と他者の表象モデルを測定したところ（人形で物語を作る），否定的自己表象と不適切な母親の表象が著しく減少し，肯定的な自己表象と母子関係の期待が高まった。さらに，CCPの方がPPIよりその効果が高かった。さらに，別な研究では，CPPの方が愛着の安定性が1年後にも継続していた。このように，CPPが実際のコミュニティの家庭において十分有効な有効性を示すこ

COLUMN　20-4　初期の心理的社会的剥奪が脳と行動の発達に与える影響

　ルーマニアの共産党独裁政治が1989年に崩壊したとき，多くの小さな子どもたち（17万人くらいらしい）が養護施設に強制収容されて，ほとんど放置状態に近かったことが判明し（栄養も十分でなかったようだが，それ以上に保育者が頻繁に交代し，また発達的刺激もなかったので，通常の養護施設とはまったく異なるはるかに劣悪な状況である），その後，国際的救助活動が始まり，イギリス，カナダ，アメリカに養子に出されたのであるが，そのほとんどの子どもが，多くの発達的問題を抱えていることが見出された。認知機能（とくに知能），実行機能，愛着，社会情緒的行動，さらに脳機能などに影響していた（Ruttr & the English and Romanian Adoptees Study Team, 1998；Rutter, et al., 2010）。

　ブカレスト初期介入プロジェクト（The Bucharest Early Intervention Project；BEIP）は1997年から2005年，マッカーサー財団の援助で行われ，ネルソンとフォックスらが中心となって進めた介入研究であり，これらの劣悪な環境に置かれた子どもたちの改善を試みている（この研究とともに，国全体での改善が進んでいる；Nelson et al., 2016）。このプロジェクトが始まったとき，ルーマニアには10万人ほどの子どもが施設で生活していた。そこから2歳7カ月より若く，その生活の半分以上を施設で暮らしてきた子どもをランダムに選び出し，施設グループ136人とした。そして，施設に入った子どもと同じ病院で生まれたが，まったく施設に入ったことがない家庭養育の子ども72人を選んだ。次に，施設児に対してベースとなる検査をした後に，そこから里子に出すグループ（foster care group）60人と施設に留め置かれるグループ（care-as-usual group）57人をランダムに選んだ（養子，その他の理由で多少数が減っている）。里子家庭はルーマニアのなかで希望家庭を募って依頼し，ソーシャルワーカーがたびたび訪問し，子育ての仕方を助言・指導した（そのため，里子に出せる数には大きな限界があり，当時の膨大な数の子どものほとんどは施設に置かれたわけであるが，本研究の結果を途中段階でも広報し，里子・養子家庭を増やす施策がとられるようになったという）。その子どもたちを3歳半，4歳半，で評価した。さらに，8歳で追跡調査をした（その後も追跡しているようである）。

　主な結果を次に示す。

　(1) **認知発達**　知能について，ベースライン検査では（つまり施設において），精神的発達指数は62（かなり低い），家庭児は102（平均くらい）。その後，里子家庭児は改善し，施設児よりよくなったが，家庭児よりは依然として低い。里子に移された年齢が24カ月以下かどうかが影響していて，24カ月より大きい子どもは，より改善が大きかった。なお，8歳では，おそらく施設児のかなり数が里子・養子に出され，同時に学校教育が始まった影響もあり，里子家庭児にかなり追いついたが，どちらのグループも家庭児よりは低かった（80前後）。

　(2) **神経心理的機能**　4歳半時点で，抑制コントロール課題（2つのパペットの違いに応じて「鼻に触る」通りにするか，無視するか）で，施設留置児は抑制できず，里子児はそれよりよいが，家庭児よりは不正確だった。8歳での抑制コントロールはGo/No-Go課題で測られ（刺激によりボタンを押すか押さないか），脳波も測定した。施設留置児より里子児は成績がよく，誤りに注意を向けていた。他の神経心理的課題も行い，その結果，劣悪な施設経験が記憶と実行機能の双方を低めており，里子経験があっても十分には改善しなかった（つまり，記憶などは施設児と差がなかった）。

　(3) **脳の発達**　脳波測定による。ベースラインでは施設児と家庭児で大

ブカレスト初期介入プロジェクト（BEIP）の発見

きな差があった．8歳時点で，24カ月より前に里子に入った子どもは，家庭児と違いがなくなった．なお，顔の認識に関する基礎的知覚過程である基本的表情の認識では施設経験の影響が乏しかった．

8歳と10歳時点でMRI測定を行ったが，その結果は，施設経験があると，皮質容量が全体として少ない．灰白質が少ない．白質が少ない（里子児は施設留置児より多いが）．とくに，白質が統計的に剥奪と脳波測定の結果を媒介していた．

(4) **社会情動的発達**　ベースラインでの愛着パターンは，家庭児で安定した愛着が74％，回避型が4％，22％が混乱型であり，施設児では安定した愛着が18％，回避型が3％，混乱型が65％，まったく愛着行動を示さないのが13％である．「反応的愛着障害（RAD）」として情緒的に極度に抑制されている場合と無差別に相手に対して関わる場合とがあるが，施設児は家庭児よりいずれも多い．3歳半での測定では，施設留置児で安定した愛着が18％にすぎないのに対して，里子児では49％，家庭児では65％であった．24カ月より前に里子に出た子どもはその後に里子に出た子どもと比べて安定した愛着が多かった（3分の2以上対3分の1以下）．RADを見るために，4歳半で家庭訪問により見知らぬ大人が訪問して子どもにものをあげるからと外に誘うやり方で（半分ほどで実験），家庭児では4％（28人中1人），施設留置児では42％（31人中13人），里子児では24％（29人中7人）が見知らぬ大人についていった．

(5) **仲間，社会的スキル，社会的コンピタンス**　8歳時点で，親・保育者と小学校教師に子どもの社会的スキルについて評価してもらった．里子児は施設留置児より社会的なスキルが高かった．ただし，教師の評定では，里子児と施設留置児ともに社会的スキルが低いうされた．1歳8カ月より前に里子に出た子どもはそれより後の子どもに比べ，教師評定で社会的スキルが高かった．さらに，見知らぬ同年代の子どもとの相互作用課題を用意して，観察した．里子児は施設留置児より社会的コンピタンスが高かった．

(6) **精神病理**　4歳半で，幼児用精神科アセスメントを行った．施設経験がある子どもの半分以上が何らかの精神的障害がある可能性と診断された（53％）．施設経験がない子どもでは22％である．里子児では46％，施設留置児では62％で差がある．特に，内在化障害（抑うつ等）では里子児が22％で，施設留置児が44％で差が大きくなる．外在化障害では差がない．さらに，男子の里子によるプラスの影響はほとんどなかった．女子の場合は，3歳半の安定した愛着が，里子経験が内在化徴候を減らすことを媒介している．

以上から次の結論が導き出せる．

① 初期に深刻な心理社会的剥奪を経験することは，子どもの認知的社会的また脳機能・構造に広範な影響を与える（例外として，顔・情動処理はあまり影響されないと思われる）．

② 社会的情動的機能は最も弾力性があり，介入（里子とそのソーシャルワーカーによる教育やサポート）の影響を強く受ける．安定した愛着が媒介する変数として年齢が増すに連れて力を発揮する．安定した愛着については，24カ月目になったら里子介入を受けることが重要である．

③ 脳機能について，脳波のパワースペクトラム（周波数分布）において，24カ月より前に介入を受けた場合に，施設経験のある子どもとない子どもの間で違いが見られなくなった．MRIによる分析から，施設経験のある子どもは家庭児と比べて，白質の容量が小さいことが見出された．おそらく脳の結合性を減じていて，脳の電気的活動を減少させているのであろう．

とが確認されている（なお，介入研究のより詳しい概観は，Tóth et al., 2016 を参照のこと）。

> **BOOK GUIDE** ● 文献案内
>
> アレン，J. G.・フォナギー，P.・ベイトマン，A. W. /狩野力八郎 監修/上地雄一郎・林創・大澤多美子・鈴木康之 訳，2014『メンタライジングの理論と臨床——精神分析・愛着理論・発達精神病理学の統合』北大路書房．
> - メンタライジング（人についてその心や情動をとらえる傾向）の働きの問題を心理臨床の基本として置き，精神分析的アイディアを愛着研究や発達精神病理学の研究で実証化している。
>
> カミングス，E. M.・デイヴィーズ，P. T.・キャンベル，S. B. /菅原ますみ 監訳，2006『発達精神病理学——子どもの精神病理の発達と家族関係』ミネルヴァ書房．
> - 発達精神病理学の基本的な考え方と研究方法また知見を概観することができる。
>
> ジョンソン，M. H.・デ・ハーン，M. /鹿取廣人・鳥居修晃 監訳，2014『発達認知神経科学（原著第3版）』東京大学出版会．
> - 発達心理学全般，そして心理臨床や発達精神病理を知るには，その脳神経科学の基礎を学ぶ必要がある。その基本的な考え方と知見を解説する。

> **Chapter 20** ● 練習問題   **EXERCISE**
>
> ❶ 虐待が子どもにどのような影響を与える可能性があるのか。その臨床的知見を扱った本（たとえば，西澤哲，2010『子ども虐待』講談社現代新書）で学び，整理してみよう。
>
> ❷ 思春期はとりわけ自己の発達の危機を迎える時期である。自分のことを振り返り，どういう点で大変なことがあったかを考え直してみよう。親との関係，友だちとの関係，内面の悩み，など人に言わなくても，誰しも多少はあるものである。
>
> ❸ 自分は感情が豊かな方か，そうでないのか。楽しい気分が多いか，ゆううつなことが多いか。じつは誰しもさまざまな感情を強弱はともあれ感じているものである。それを1日を振り返り，朝から寝るまでの感情の感じ方を記録してみよう。
>
> HINT ● p.633

第21章 ストレスと心理的障害

心のトラブル

東日本大震災・仮設住宅を回る「心のケア」相談員（時事提供）

CHAPTER 21

- KEYWORD
- FIGURE
- TABLE
- COLUMN
- BOOK GUIDE
- EXERCISE

人はものごとが思いどおり順調に進んでいるときには，心の状態が安定し，自分の実力を発揮することができる。しかし，外部との摩擦によって，心のなかに何らかの葛藤が生じ，それがしだいにふくれあがってくると，そのことで頭のなかは一杯になり，そこに注意が集中し，自分のもてる力も発揮できなくなる。いわゆるストレス状態である。さらに進めば心身症や心理的障害に陥ることもある。私たちは，日常のわずらわしい出来事の積み重ね，あるいは突然の予期せぬ出来事によって，このような状態に陥ってしまうことがある。本章ではストレスのメカニズムについて取り上げ，悩みの状態を説明したい。また，ストレスによって引き起こされるさまざまな心理的障害についても解説する。

PREVIEW

> **KEYWORD**
>
> 認知的評価モデル　コーピング　アサーション　ストレスマネジメント・プログラム　PTSD　神経発達症群　不安症群　神経認知障害群　パーソナリティ障害群　心理臨床的アセスメント　DSM-5

心の健康と不健康

心の健康

　健康とは，個人のもつ心身の機能が十分に発揮されていて，体中に活力がみなぎり，ものの考え方に柔軟性があり，ものごとに積極的に取り組め，幸せを感じることのできる状態である。それは，たんに体が健康であるばかりでなく，心も健康であり，対人的・社会的にも受け入れられ，認められている状態である。

　私たちの周囲には，見るからに健康そうに見える人もいるが，その一方で，何か不安げで，言いたいことも言えず，寂しそうにしている人もいる。このような人は，どこか健康を損ねているに違いない。体が病気であるかどうかは比較的わかりやすい。体の不調を感じれば医師の診察を受け，病気であるかどうかを確認することができる。心の病や不健康については，自分で判断するのは難しい。どこかに不具合を感じ，自覚はしていても，心の専門家を訪ねるのには抵抗を感じることも多い。その結果，いつまでも心の不健康を持続させてしまうことにもなりかねない。

　それでは，心が健康な状態とはどのような状態をいうのであろうか。もう少し具体的に考えてみよう。

　(1) **現実認識の的確さ**　心が健康な人は，不健康な人に比べて自分のとらえ方や他者への見方が的確であり，現実的である。自分を過大に評価したり，過小に評価したりすることが少ない。不健康の度合いが大きくなると，自分のとらえ方が不確かになり，自分自身や周囲の人々に対する見方が歪んでくることが多い。

　(2) **セルフ・コントロール**　心が健康な人は，適度に自分の行動を抑制し，社会的に受け入れられる振る舞い方をする。過度の攻撃性や性的衝動をそのま

ま行動に移すようなことはせず，その場にふさわしい形でそれを表現することができる。心が不健康になると，そのような抑制機能が失われ，自分でも後悔するような，その場にふさわしくない振る舞い方をしてしまうことがある。

(3) **自尊感情**　心が健康な人は，自分の存在と価値を認め，ありのままの自分を受け入れることができる。誰か他の人の考えに支配されたり，意のままに動かされたりしない。心が不健康になると，誰かの考えを気にしたり，つねに誰かが喜ぶようなことを言ったりして，ありのままの自分を見失いがちになる。

(4) **親和的関係の形成**　心が健康な人は，人と親しく交わり，他者を認め，人と交わることによって自分を高めようとする。人と交わることに喜びを感じ，互いに楽しもうとする。心が不健康になると，自己防衛的になり，自分の殻に閉じこもる。周囲の人と親密になることに抵抗を感じ，人に恐れを抱くようになる。

(5) **生産性**　心が健康な人は，何ごとにも積極的に取り組み，受け身で仕事をしない。効率よく仕事をこなし，生産的である。忙しいときでも，仕事に生きがいを感じ，自分が取り組んでいることに積極的な意義を見出すことができる。心が不健康になると，余計なことに気を使い，1つのことに熱中することができない。その結果，つねに緊張感や疲労感を感じ，仕事の効率が悪くなる。

人の心は川の流れのように体とともに絶えず変化している。その流れに淀みが生じ，ひとところに水がとどまっているような状態は好ましくない。川の水が順調に流れているときを健康と考えれば，淀んでいるときは不健康と考えることができよう。このような心の健康を維持することは，必ずしも容易なことではない。人は日常生活を送るうえでさまざまな問題に遭遇し，ときには心の健康を損なうこともあろう。つねに心の健康を心がけ，たとえ一時的に健康を損なうことがあっても，それを克服し，より健康で豊かな生活が送れるように努めなければならない。

| 心の不健康と心の障害 |

心の健康と不健康の間の区別は必ずしも明確ではない。また，心の不健康と心の障害（病気）の区別もそれほど簡単ではない。それらの問題を考える際に，たんなる量的な差異，すなわち程度の差としてとらえられる場合と，明らかに質的な差異が含

FIGURE 21-1 ● 心の不健康・心の障害をもたらす要因

心の不健康や障害をもたらす要因はさまざまで複合的であるが、これらのなかには個人の身体内部に起因する生物学的要因、認知や情動の個人的特徴などの心理学的要因、家族状況や地域環境などの社会文化的要因が考えられる。

まれる場合がある。心の障害に至る要因としては、個人の身体内部に起因する生物学的要因、個人と環境との相互作用によって形成される心理学的要因、および個人を取り巻く環境としての社会文化的要因が考えられる（図21-1）。社会文化的要因に関連して、近年、心の障害のとらえ方は絶対的なものではなく、それぞれの文化を踏まえた理解が必要であると考えられるようになってきている。ある時代のある社会では病気と考えられていたものが、時代が変わり、文化が変わると必ずしも病気とは考えられなくなる場合もある（Ivey & Ivey, 1998）。

 ## ストレスと心理的障害

ストレスという言葉は、現在では「この頃ストレスがたまって疲れている」というように、誰でもごく一般的な言葉として使っている。しかし、専門用語としてのストレスという言葉には、もう少し明確な概念規定が必要である。ストレス（stress）とは、身体的または心理的な安定を脅かすような事態の総称であり、それらは、嫌な出来事を指すストレッサー（stressor）とそれに対する抵抗であるストレス反応（stress response）によって成り立つと考えられている。ゴムボールにたとえると、ストレッサーとはボールを指で押さえつけている状態である。それに抵抗して、ボールがストレッサーを跳ね返そうとする力がス

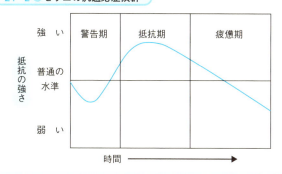

FIGURE 21-2 ● セリエの汎適応症候群

セリエの説では，ストレッサーに対する反応として警告期，抵抗期，疲憊期の3つの段階が考えられている。長期にわたってストレス事態が持続すると抵抗力が低下し，さまざまな身体症状が現れてくるものとみなされる。

（出典） Selye, 1956.

トレス反応であると考えればよい。

ストレスに関する学説はいくつかあるが，身体的・生理的要因を重視したセリエ（Selye, H.）の説と，心理的・認知的要因を重視したラザルス（Lazarus, R. S.）とフォルクマン（Folkman, S.）の説がよく知られている（小杉，2002）。

汎適応症候群　セリエ（Selye, 1956）は，ストレッサーとなるさまざまな環境的事象が類似の生理的反応を引き起こすと考え，汎適応症候群（general adaptation syndrome）という言葉を用いた。これは，身近な人の死や転職，試験など，種々のストレッサーに対する非特異的な身体的反応（ストレス反応）であり，図21-2のような警告期，抵抗期，疲憊期という3つの段階が仮定されている。

まず，ストレッサーが生じると，ショックを受けて一時的に抵抗力が低下する。すなわち，体温，血圧，血糖値は下がり，神経活動は鈍くなり，筋肉も弛緩する（警告期）。次の段階では，身体はストレッサーに対して積極的に抵抗するようになり，生理的機能は亢進する（抵抗期）。しかし，ストレッサーが長期にわたって加わると，生理的反応はやがて限界に達し，抵抗は再び弱化する（疲憊期）。

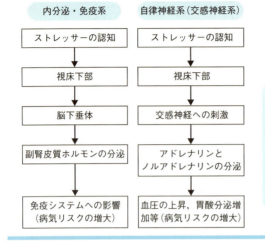

FIGURE 21-3 ストレス事態における2つの生物学的経路

ストレス事態における生体の生理的反応には，自律神経系，内分泌系および免疫系の機能変動によるさまざまな変化が現れる。たとえば，血圧の上昇，胃酸分泌の増加，血糖値の上昇，胃粘液の減少などである。

（出典）　Santrock, 2000 より。

　抵抗期における身体の生理的反応には，自律神経系，内分泌系および免疫系の機能変動によって生じるさまざまな生理的変化が挙げられる。たとえば，血圧の上昇，胃酸分泌の増加，血糖値の上昇，胃粘液の減少などである（図21-3）。その結果，病気リスクは増大する。

認知的評価モデル　セリエはストレス反応の非特異性を強調しているが，同じストレッサーが加わっても，人によって反応は異なる。それは，ストレッサーの受け止め方が人によって違うからである。この点に注目して，ラザルスとフォルクマン（Lazarus & Folkman, 1984）はストレス事態における心理学的要因，とりわけ認知的要因を重視した。

　同じストレッサーに対して，ある人はそれを脅威と感じ，ある人はそれをチャンスと感じる場合がある。たとえば，転勤の機会，昇進試験，転居などを考えてみよう。ある人はそれを大変なことになった，何とか逃れる方法はないものかと思い，ある人はそれは幸運なことだ，自分を試すよい機会ができたと思うであろう。その結果，前者にはその事態が重大なストレッサーとなるが，後者にはむしろやる気を起こすきっかけとなるに違いない。

　ラザルスらの認知的評価モデル（cognitive appraisal model）では，ストレス

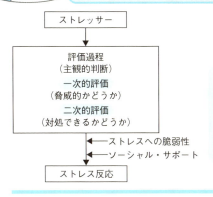

FIGURE 21-4 ●ストレスの認知的評価モデル

ラザルスらのモデルでは，まずストレッサーに対してそれが当人にとって脅威的であるかどうかが判断され，脅威的であると判断されれば，次に対処できるかどうかが判断される。ストレス反応は対処できない場合に生じる。

（出典）　坂野，1995より。

事態における認知的評価は2つの段階に分けられている。図21-4のように一次的評価の段階では，ストレッサーが脅威的であるかどうかが評価される。ここで脅威的と見なされなければストレス反応は消失する。脅威的と見なされた場合は次の段階へと移行する。次の段階では，ストレッサーに対して対処できるかどうかが評価される。対処できると見なされればストレス反応は消失する。

対処できないと評価された場合は，ストレッサーに対する抵抗としてのさまざまな身体的・心理的反応が生じることになる。これがストレス反応である。ストレス反応には，怒り，不安，抑うつ，意欲低下，無気力などの心理的反応や不眠，過食，潰瘍，高血圧，心不全などの身体的反応が挙げられる。

ストレッサーとなる出来事

次に，何がストレス反応を生じる要因，すなわちストレッサーとなるかを考えてみよう。これには大別して2種類の事象が考えられる。その第1は，家族の死，離婚，経済的破綻，重病，重傷など，めったに起きないような人生における重大な出来事である。第2は，日常的に生じる些細なもめごとやわずらわしい出来事である。ある研究では，これらのうち，第1の要因よりもむしろ第2の要因の方が重要であると考えられている（Pillow et al., 1996）。たとえば，生活を一変させる離婚よりも惰性的な日々の結婚生活の方がはるかにストレスに満ちた事態であるといえる場合もあろう。

コーピング　ラザルスらの認知的評価モデルでは，ストレッサーが脅威的であると評価された場合，何らかの対処法を考えなければならない（二次的評価）。適切な対処法があれば，脅威は消失するからである。たとえば，自分の今までの考え方を変える，誰かに援助を求める，具体的な対抗措置をとる，などさまざまな対処法が考えられる。このように，ストレス事態に対して何らかの対処を行うことをコーピング（coping；対処行動）という。

(1) **2種類のコーピング**　コーピングには2種類の型があると考えられている。その第1は問題焦点化型コーピング（problem-focused coping）である。これは問題となるストレッサーへの直接的な対処方略である。たとえば，生徒が学習上の問題で行き詰まっている場合，どうすれば効果的な学習方法を身につけさせることができるかを考えるようなものである。この方略が使えるとストレス事態から抜け出すのに有利であることはいうまでもない。

第2は情動焦点化型コーピング（emotion-focused coping）である。これはストレス事態における情動的側面への対処行動である。情動を抑えるために，体の緊張をほぐしたり，防衛機制を用いたりするものである。たとえば，筋弛緩法を用いる，深呼吸をする，笑ってごまかす，学校に行かないなどである。人が過度のストレス事態を抜け出し，健康を保持するためには，情動焦点化型コーピングも有効であるが，ときには有害な場合もある。現実には，ほとんどの人が両方の型のコーピングを用いているといってよいであろう（Folkman & Lazarus, 1980）。

(2) **楽観主義と肯定的思考**　ものごとを楽観的に考える人は，ストレス事態でもストレス反応を低減させることができる。また，ものごとを肯定的に考える人も同様である。ストレス事態では，ともするとものごとを必要以上に悲観的に考えがちである。そのこと自体が交感神経系の機能亢進を招き，生理的なストレス反応を誘発することになる。楽観主義や肯定的思考は，逆に副交感神経系の反応を誘発し，ストレス反応を抑制するのに役立つ。認知療法では，否定的思考を肯定的思考に置き換えるような試みがなされている（坂野，1995）。ものごとを適度に肯定的に考える人はより健康的である（McGonigal, 2015）。

(3) **自己効力感**　自己効力感（セルフ・エフィカシー；self-efficacy）は，過去の実績に基づいて，あることが自分にはできるとする信念である（Bandura,

1995；伊藤，2012）。自己効力感によって，人がストレッサーに立ち向かう程度は異なる。自己効力感の高さによって，どの程度健康な習慣を維持・増進しようとするか，どれだけストレッサーに対抗するために努力しようとするか，どれだけのストレッサーに耐えうるかなどが異なってくる。たとえば，自己効力感の高いクライエントは，治療のために治療の場に通おうとする意欲が高く，治療中の挫折を克服しようとする意欲も高い傾向がある（Longo et al., 1992）。肥満や喫煙のセルフコントロールにも自己効力感は重要な役割を果たしている。すなわち，自己効力感を高めることによって，肥満や喫煙に対するセルフコントロールの能力を高めることができる。自己効力感を高めるには，失敗よりも成功に注意を向け，成功の可能性が高いことを繰り返し行って，徐々に「できる」という信念を形成するのがよいと考えられている（Bandura & Schunk, 1981）。

久野ほか（2003）は，ストレス事態での自己効力感と免疫機能との関連性を調べている。この研究では，自己効力感の高い人はそれの低い人よりも解くことのできない課題を与えられても無力感を生じにくかった。また，測定された免疫機能は主観的なコントロール感（認知）よりも，客観的に操作されたコントロール可能性の影響を受ける傾向が見られた。この結果は，大平（Ohira, 2001）の報告と一致して，免疫機能は認知的評価の影響を受けずにより直接的にストレス事態に対応して調節される可能性を示唆している。

(4) ソーシャル・サポート　周囲の人々から受けるさまざまな物質的・心理的援助を，ソーシャル・サポート（social support）という。実際の援助の量そのものよりも，それらの援助を受け止める側の認知的な能力が重要である。周囲の人々から，愛され，受け入れられ，支持されていると感じることのできる人は，そうでない人よりもストレス事態に立ち向かえる可能性が高い（Rodrigues & Cohen, 1998）。ソーシャル・サポートの種類には，道具的援助，査定的援助，情緒的援助などがある。人がストレス事態にさらされているときに，すぐにも道具的援助が必要な場合もあれば，気持ちを支えてくれるような情緒的援助が必要な場合もある。ソーシャル・サポートのネットワークを張りめぐらせることは，ストレス事態を克服する有効な手段になるといえよう（第17章参照）。

(5) アサーション　先に述べた問題焦点化型コーピングは，ストレッサー

COLUMN 21-1 ストレスとタイプA性格

　フリードマンとローゼンマン（Friedman & Rosenman, 1959）は，タイプAと呼ばれる性格の人が心臓疾患になりやすいことを指摘している。タイプA性格とは，自分が定めた目標を達成しようとする強い欲求をもち，人と競争することを好み，功名心が強く，つねに時間に追われながら多くのことをこなそうとする傾向のことである。また，身体的・精神的に過敏であり，強い敵意や攻撃性を示し，大声で早口にしゃべる傾向がある。これらの行動傾向のうち，基本的で重要なものは時間的切迫と焦燥，競争を伴う達成努力，敵意性と攻撃性である。とりわけ，敵意性と心臓疾患との関連性が高いことが示唆されている。

　瀬戸ほか（1997）は，日本においてもこのような傾向が見られるのかどうかを調べている。彼らは，あらかじめ先行研究によって日本人の場合は欧米よりもタイプA行動の発現率は低く，敵意性はより低く，仕事中心主義が顕著で，集団帰属的で職階層との関連性が高いことを指摘した。これらのことを前提として，彼らは関連する既存の各種の尺度から90項目を収集し，一般社会人を対象とする日本的タイプA行動評定尺度を作成した。この尺度は敵意行動因子，完璧主義因子，および日本的ワーカホリック因子の3因子各10項目合計30項目で構成されている。この尺度では，完璧主義因子と心臓疾患との関係や，既存のA型傾向判別表，達成動機測定尺度，敵意尺度との有意な相関が示されている。これらの3因子について，それぞれ5項目を取り上げて例示しておこう。

　(1) **敵意行動**　つい声をあらげてしまうことがある，職場や家庭で大声で怒鳴ることがある，イライラすると人やものにあたる，言い争いをよくする，怒鳴られたら怒鳴りかえす。

　(2) **完璧主義**　徹底的である，完璧にしないと気がすまない，責任感が強い，几帳面である，自分の仕事や行動に自信がもてる。

　(3) **日本的ワーカホリック**　仕事のためには自分の生活を犠牲にすることがある，休日も仕事をすることがある，仕事を家に持ち帰ってすることがある，愛社精神が強い，自分を抑えて公につくすようなことがある，頼まれると断れない。

　タイプA行動傾向の形成要因としては，遺伝的要因，親の養育態度などの一次的要因と競争や攻撃・敵意，時間的切迫を促すような環境的・二次的要因が考えられる（山崎，1995）。これらの要因によってタイプA性格の人は，つねにストレスに満ちた生活を送り，心臓疾患やうつ状態などに陥りやすいといえる。

に対して直接的に対処しようとするものである。自我が脅かされるような対人的な葛藤場面において，人は次のような3つの反応のうち，いずれかを行う傾向がある（平木，1993）。その第1は攻撃的反応である。相手に対して，攻撃的に振る舞い，相手を非難したり，傷つけたりしてしまうものである。第2は非攻撃的，非主張的反応である。自分の意に反することでも相手の言いなりになって，言われるままに振る舞ってしまう場合である。したがって，この反応は自分の行動には満足できず，あとあと自責の念や自己嫌悪，相手への不満感が残りやすい。

これら2つの反応は，いずれも好ましい振る舞い方とは言いにくい。第3はアサーティブ（assertive）な反応（アサーション）である。これは相手の立場を尊重しつつ，自分の考えを明確に表明するものである。できないときにはできない，したくないときにはしたくないとはっきりと言うものである。実際には，相手や場所によって，そうしたくてもできないことは多い。どのような表現で，どの程度のことを言うのが好ましいかは，それほど簡単に決められるものではない。そこには文化に関わる多くの要因が認められる（堂代・玉瀬，2011）。ともあれ，適度にアサーティブな反応ができる方がストレス事態を克服するのには適しているといえよう。

(6) **ストレスマネジメント**　ストレス事態を克服するために，さまざまなストレスマネジメント・プログラム（stress management program）が開発されている（Auerbach & Gramling, 1998）。これらのプログラムは，ストレッサーにさらされている人が，いかにしてストレス事態を評価し，ストレッサーへの対処法を工夫し，日常生活でいかにしてそれらを使えるようにするかを教えるものである。最近は職場でも，学校でもこれらのプログラムが用いられるようになってきている（堀・島津，2010；大野ほか，2002）。

ストレスマネジメントには，瞑想，筋弛緩によるリラクセーション，自律訓練，ストレス免疫訓練，動作法など，さまざまなものが含まれる。筋弛緩によるリラクセーションとは，身体各部の筋肉を緊張させたり弛緩させたりしながら，徐々に身体を弛緩させ，心身ともにリラックスした状態へと導いていくものである。自律訓練は自己暗示を用いてリラクセーションを誘発するものである。ストレス免疫訓練は，マイケンバウム（Meichenbaum, 1985）によって開発された予防的なストレス対処法である。これはリラクセーションやストレス

> **COLUMN** 21-2 大震災などによってどのような精神的・身体的反応が生じるの

　日本におけるPTSD研究のきっかけとなったのは，阪神淡路大震災（1995年1月17日）である。兵頭・森野（1999）は，地震を経験した女子大学生について2回の調査（3月と10月）によってその後の変化を調べている。2回の調査に共通する調査項目は，①被災状況，②現在の状況，③被災時（後）の援助，④ボランティアへの参加，⑤精神的・身体的状態についてであった。2回目の調査項目には，⑥震災後の生活の変化，⑦震災後の考え方の変化が付加された。尺度構成にあたっては，DSM-Ⅳを参考にして，情動的側面（「不安で心細い感じ」など），認知・思考的側面（「集中力が続かない」など），行動的側面（「外出や社会的な活動を避ける」など），身体的側面（「頭痛がする」など）について合計40項目が作成された。これらの項目について，地震直後とその後（3月と10月）について「よくある」「たまにある」「ほとんどない」「まったくない」の4段階で回答させた（10月には9項目のみ調査）。
　その結果，直後では「余震や物音に過敏に反応してしまう」「いつも揺れている感じ」など，かなりの項目（8項目）で50％を超える精神的・身体的症状の自覚が認められた。しかし，2カ月後（3月）には，すべての項目で自覚率は30％以下に減少した。ただし，「自分の被害が小さかったような罪悪感」については，被害の大きかった人に限って，ほとんど減少は見られなかった。これは「生き残り症候群」の兆候を示すものと解釈されている。図は直後，2カ月後（3月），9カ月後（10月）での9項目（図中に表示）に関する自覚率の変化を示したものである。この図で注目されるのは，3月から10月にかけてほとんどの項目で自覚率が減少していないことである。すなわち，最初の2カ月で多くの人の症状は消失するが，2割程度の人については症状が長引く可能性があるといえる。
　阪神淡路大震災の後もさまざまな地震，津波，人命に関わる事件・事故が発生している。上記のような報告とは異なるが，冨永良喜は「災害・事件後の子どもの心理支援」（冨永，2014）を著し，阪神淡路大震災，神戸児童連続殺傷事件，台風23号豪雨災害，インド洋大津波，中国・四川大地震，某市での小

事態への認知的評価の修正，対処行動の習得，環境調整などを用いる総合的な訓練法である。いずれもストレス事態における緊張を解きほぐし，生理的・身体的なバランスを回復することによって，ストレス反応を予防しようとするものである（第22章参照）。

か

学生殺傷事件，東日本大震災によって生じた災害・事件後の子どもたちの反応と心理支援についてまとめている。この本では，どのような災害・事件が起きたのか，その体験を受けた子どもたちはどのような反応を示したのか，それに対してどのような心理支援が行われたのかについて報告し，今後の災害・事件に対処するための心理支援モデルの構築を試みている。

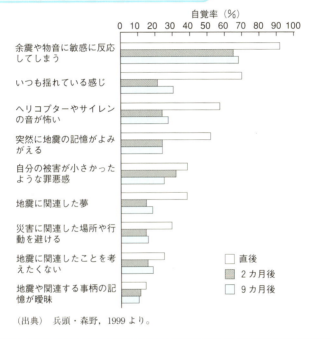

図● 地震後の精神的・身体的症状の時間的変化

（出典）兵頭・森野，1999 より。

ストレスと活動の効率

ところで，ストレスはつねに有害であると考えるべきであろうか。日常生活でストレスがまったくない人などいないのではないだろうか。むしろ，適度なストレスがある場合の方が，人は緊張感をもってやる気を起こし，より活動的になるとも考えら

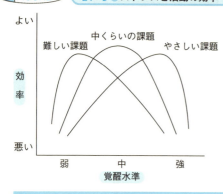

FIGURE 21-5 ●ストレスと活動の効率

動物実験に基づくヤーキーズ＝ドッドソンの法則を示したものである。課題が困難な状況ではリラックスして取り組む方が効率はよく、課題がやさしい状況では緊張して取り組む方が効率はよいことを示唆している。

（出典）Yerkes & Dodson, 1908 より。

れる。ただし，どの程度のストレスが適度といえるかは，人によって異なる。それは，先に述べたストレッサーへの認知的評価やコーピングの資源が，人によって違うからである。図21-5は，動物実験に基づくヤーキーズ＝ドッドソンの法則（Yerkes & Dodson, 1908）からストレスと動機づけとの関係を推定したものである。この図から，遂行の効率が最もよいのは適度な覚醒水準のときであることがわかる。ここで覚醒水準をストレスの強さと置き換えてみよう。この場合，取り組む課題の難易度の影響を考慮しなければならない。今までに経験したことのあるやさしい課題では，ある程度強いストレスがかかった状態の方が動機づけは高まり，活動の効率が増す。逆に，難しい課題に直面した場合は，ストレスの少ない状態の方が活動の効率は増すと考えられる。

過度のストレスとその後遺症

(1) 症状の形成　地震や津波，火災などの災害や，交通事故，暴行，強姦などによる強度のストレスを体験すると，人は通常とは異なる反応を示すようになる（藤森，1999）。たとえば，わずかな刺激でその場面を再体験したり，逆にその場面に関する感覚が麻痺したり，眠れなくなったりする。出来事が起こってから1カ月以内で収まる症状を急性ストレス障害（ASD；acute stress disorder），1カ月以上続くものを心的外傷後ストレス障害（PTSD；posttraumatic stress disorder）という。また，このような急激な一次的ストレスだけではなく，幼児期における性的虐待などの日常的・持続的なストレス事

態からも PTSD は生じることがある（西澤，1994）。

(2) 症状からの回復 PTSD からの回復には，症状によってはかなりの時間が必要である。治療には，長時間エクスポージャー療法（Foa et al., 2007）やEMDR（Shapiro, 1995）などの有効性が認められている。より長期的なかかわりとしては，精神力動論的モデル，認知行動論的モデル，来談者中心的モデル，家族システム論的モデルなどの適用が可能であろう。それらは，過度の情動を抑えるのに有効なもの，認知や行動を変えるのに有効なもの，システムの考え方を変えるのに有効なものなど，それぞれの理論に応じて効果として期待される側面が異なってくる。

心理臨床の対象

　カウンセリングや心理療法の専門家は，クライエントの心の状態を把握するのに，多くの場合，世界保健機関（WHO）による国際疾病分類の最新版（ICD-10）やアメリカ精神医学会による『DSM-5 精神疾患の診断・統計マニュアル』（American Psychiatric Association, 2013）を手がかりにしている。DSM-5 は，患者の訴える臨床症状の分類を基本として作成されており，特定の病因論に基づくものではない。このマニュアルに従って精神疾患の分類を行い，心理的障害についての共通認識をもつことは重要である。ただし，このマニュアル自体すでに何度も改訂されており，最新版においても大幅な変更が行われている。障害の認識そのものが時代とともに変化していくことも理解しておかなければならない。

　表 21-1 は主な精神疾患を示したものである。分類の細分類は多岐にわたっているが，ここでは主なものについて簡単に触れておく。精神疾患の診断は心理臨床家が勝手に行えるものではなく，あくまでも専門の医師に委ねられることはいうまでもない。マニュアルは心理臨床家が精神疾患について知っておくべきガイドラインとして理解されるべきものである。本書のシリーズである『臨床心理学』（丹野ほか，2015）では，その第 3 部「心理的障害の理解と支援」（第 15～27 章）において，DSM-5 の分類に依拠しつつ多様な心理的障害についてくわしく述べられている。

TABLE 21-1 主な精神疾患の分類

1 神経発達症群
　　知的能力障害群
　　コミュニケーション症群
　　自閉スペクトラム症
　　注意欠如・多動症
　　限局性学習症
　　運動症群
　　他の神経発達症群
2 統合失調症スペクトラム障害および他の精神病性障害群
3 双極性障害および関連障害群
4 抑うつ障害群
5 不安症群
6 強迫症および関連症群
7 心的外傷およびストレス因関連障害群
8 解離症群
9 身体症状症および関連症群
10 食行動障害および摂食障害群
11 排泄症群
12 睡眠－覚醒障害群
13 性機能不全群
14 性別違和
15 秩序破壊的・衝動制御・素行症群
16 物質関連障害および嗜癖性障害群
17 神経認知障害群
18 パーソナリティ障害群
　　Ａ群パーソナリティ障害
　　Ｂ群パーソナリティ障害
　　Ｃ群パーソナリティ障害
　　他のパーソナリティ障害
19 パラフィリア障害群
20 他の精神疾患群
21 医薬品誘発性運動症群および他の医薬品有害作用
22 臨床的関与の対象となることのある他の状態

　DSM－5の診断の手引に従って，分類の主な項目について示したものである。手引では「〇〇症/〇〇障害」と併記されているものもある。詳細な分類については診断の手引を参照してほしい。

（出典）日本精神神経学会（日本語版用語監修）／髙橋三郎・大野裕（監訳），2014
『DSM－5精神疾患の診断・統計マニュアル』医学書院．

(1) 神経発達症群　ここには知的能力障害群，コミュニケーション症群，自閉スペクトラム症，注意欠如・多動症，限局性学習症，運動症群，他の神経発達症群が含まれている。

(2) 統合失調症スペクトラム障害および他の精神病性障害群　ここには統合失調型（パーソナリティ）障害，妄想性障害，短期精神病性障害，統合失調症様障害，統合失調症などが含まれる。他に緊張病に関するものが含まれている。

(3) 双極性障害および関連障害群　ここには双極Ⅰ型障害，双極Ⅱ型障害，気分循環性障害などが含まれている。

(4) 抑うつ障害群　ここには重篤気分調節症，うつ病，持続性抑うつ障害（気分変調症）などが含まれている。

(5) 不安症群　ここには分離不安症，選択性緘黙，限局性恐怖症，社交不安症，パニック症，広場恐怖症，全般不安症などが含まれている。

(6) 強迫症および関連症群　ここには強迫症，醜形恐怖症，ためこみ症，抜毛症，皮膚むしり症などが含まれている。

(7) 心的外傷およびストレス因関連障害群　ここには反応性アタッチメント障害，脱抑制型対人交流障害，心的外傷後ストレス障害，急性ストレス障害，適応障害などが含まれている。

(8) 解離症群　ここには解離性同一症，解離性健忘，離人感・現実感消失症などが含まれている。

(9) 身体症状症および関連症群　ここには身体症状症，病気不安症，変換症，作為症などが含まれている。

(10) 食行動障害および摂食障害群　ここには異食症，反芻症，回避・制限性食物摂取症，神経性やせ症，神経性過食症，過食性障害などが含まれている。

(11) 排泄症群　ここには遺尿症，遺糞症などが含まれている。

(12) 睡眠-覚醒障害群　ここには不眠障害，過眠障害，ナルコレプシーが含まれている。これ以外にも呼吸関連睡眠障害群，睡眠時随伴症群が含まれる。

(13) 性機能不全群　ここには射精遅延，勃起障害，女性オルガズム障害，男性の性欲低下障害，早漏などが含まれている。

(14) 性別違和　ここには性別違和，他の特定される性別違和，特定不能の性別違和が含まれている。

(15) 秩序破壊的・衝動制御・素行症群　ここには反抗挑発症，間欠爆発症，

素行症，反社会性パーソナリティ障害，放火症，窃盗症などが含まれている。

⒃ **物質関連障害および嗜癖性障害群**　ここには物質関連障害群，アルコール関連障害群，カフェイン関連障害群，大麻関連障害群，幻覚薬関連障害群，吸入剤関連障害群，オピオイド関連障害群，鎮静薬，睡眠薬，または抗不安薬関連障害群，精神刺激薬関連障害群，タバコ関連障害群などが含まれている。

⒄ **神経認知障害群**　ここにはせん妄，認知症および軽度認知障害が含まれている。認知症および軽度認知障害は以下のいずれによるものかを特定することになっている。アルツハイマー病，前頭側頭葉変性症，レビー小体病，血管性疾患，外傷性脳損傷，物質・医薬品の使用，HIV感染，プリオン病，パーキンソン病，ハンチントン病，他の医学的疾患，複数の病因，特定不能。

⒅ **パーソナリティ障害群**　ここにはA群，B群，C群という3群のパーソナリティ障害などが含まれている。A群には，猜疑性パーソナリティ障害，シゾイドパーソナリティ障害，統合失調型パーソナリティ障害が含まれる。B群には，反社会性パーソナリティ障害，境界性パーソナリティ障害，演技性パーソナリティ障害，自己愛性パーソナリティ障害が含まれる。C群には，回避性パーソナリティ障害，依存性パーソナリティ障害，強迫性パーソナリティ障害が含まれている。

⒆ **パラフィリア障害群**　ここには窃視障害，露出障害，窃触障害，性的マゾヒズム障害，性的サディズム障害，小児性愛障害，フェティシズム障害，異性装障害などが含まれる。

SECTION 4　心理臨床的アセスメントの役割

心理臨床的アセスメント

臨床的な活動をする際に，どのような処遇が適切であるのか，どのくらいの期間に何を行うことによって，どの程度の変化や回復が期待できるのかなどを判断するために，適切な心理臨床的アセスメント（査定）を行うことが必要である。坂野ほか（1996）は，アセスメントの領域として，行動，パーソナリティ，発達，病理の4つの観点を挙げている。

⑴ **行動のアセスメント**　これは，その人がどのような行動上の特徴をもっ

COLUMN 21-3 DSM-5をめぐる問題

　DSMとは,「精神疾患の診断・統計マニュアル（Diagnostic and Statistical Manual of Mental Disorders）」のことである。その第1版は1952年に出版されたが,世界的に注目され,活用されるようになったのは第3版（1980年改訂）からである。第4版は1994年に,第5版は2013年に改訂された（日本語版は2014年）。注目すべき点は,この最新版について,とくに慎重な対応が求められていることである。DSM-Ⅳで作成委員長を務めたアレン・フランセスは,「〈正常〉を救え」と題する本を書き（Frances, 2013）,DSM-5の活用の仕方について警告を発している。第4版が出版されて以降,さまざまな要因によって次第にフランセスらの意図とは違う方向にマニュアルが利用され始めたという。

　なぜそのようなことが起こったのかについて,いくつかの重要な要因が取り上げられている。上記の著書では,ある意味でDSM-5への批判とも受け取れるような警告をなぜあえてするのかについてまず述べている。次に,正常とは何かという古くて新しい問題から説きおこし,病気であることと健康であることはそう簡単に区別できない点を強調している。次に,歴史的に精神疾患がどのように扱われてきたのかを概観し,そのうえでDSM-Ⅳから起こり始めた診断のインフレに言及している。とりわけ,注意欠如・多動性障害,自閉症,成人の双極性障害の過剰な診断を取り上げている。予期できなかった要因として,製薬企業の介入の問題,薬の供給過剰の問題,医師と製薬企業の利益相反の問題などが取り上げられている。これらの問題を述べた後,診断のインフレを抑制するために何が必要かについて論じている。最後には,フランセス自身の体験を含めた8つの失敗事例と,9つの成功事例を紹介し,何が重要な問題なのかを具体的に説いている。

　若い頃にフランセスの元に留学して指導を受け,DSM-5の監訳に関わった大野裕は「精神医療・診断の手引き──DSM-Ⅲはなぜ作られ,DSM-5はなぜ批判されたか」を著し,フランセスの主張が正しく伝わることに一役を買っている（大野,2014）。この本を読めばその間の事情がいっそうよく理解できる。また,この本には大野の実践も紹介されており,アメリカに固有の事情が理解できるとともに,日本が歩むべき方向が示唆されている。

ているかを知ることである。面接によって,質問紙よりもいっそう具体的で個別的な行動の傾向を知ることができる。どのような行動をどのような場面でど

の程度の頻度で行うかを，客観的にとらえることが必要である。現時点での行動の特徴を明らかにして，それをどう変えることが望まれ，必要とされているのかを明らかにしなければならない。このような過程を経て，治療計画を立て，治療方針を決定することになる。

(2) パーソナリティのアセスメント　これは，対象となる人が，どのような人格的特徴をもつのかを知ることである。投影法や質問紙法などによる心理検査によって，必要に応じて多元的に人格的側面をとらえることが必要である。その際，個々の心理検査についての知識と実施や採点に関する十分な技能が必要となることはいうまでもない。

(3) 発達のアセスメント　これは，対象者の発達上の位置づけを行うために必要なものである。対象者が発達途上の子どもである場合は，年齢とともに子どもの状態は変化することを念頭に置かなければならない。子どもの現時点における状態をとらえるとともに，生得的・生物学的要因，環境的要因，社会文化的要因との関係についても理解しておく必要がある。

(4) 病理のアセスメント　これは，訴えられている症状についての記述的事実とそれに基づく診断である。先に述べたDSM-5では，どのような状況で，どのような反応や症状が，どのくらいの強さや持続性で生じるかが述べられている。従来は，似たような症状に対しても医師の主観的な判断によって，不統一な病名がつけられがちであったが，DSM-Ⅳおよび DSM-5の適用によってかなり共通の認識がもたれるようになってきている。

不登校児のアセスメント

ストレスによって生じる問題の例として，学校生活に関わる不登校について上に述べた4つの観点からアセスメントの問題を考えてみよう。ここでは，かりに小学校5年生で2年間まったく学校に行っていない子の場合を考えてみよう。

まず，パーソナリティの要因に関して知る必要がある。たとえば引っ込み思案で小さいときから近所の子とは遊んだことがない，親がいないとひどく不安がる，何かにつけてやりだすと夢中になり，途中でやめられなくなる傾向があるなどである。ときには不安の程度や情緒の安定性，心身症的傾向の有無などを質問紙によって調べることも必要であろう（Heyne et al., 2002）。

次に，より具体的な行動傾向について調べる。いつから学校に行かなくなったのか，そのときの具体的な状況はどうであったのか，行かなくなり始めて親

や家族はどういう態度をとったのか，実際にどのように対応したのかなどを知る必要がある。多くの場合，直接的なきっかけは何かいやな出来事があったというようなことである。学校ストレスという視点でいえば，友人関係，学業，教師などのストレッサーが考えられる（岡安ほか，1992）。重要なことは，きっかけとして何があったのか，そのときその子はどんな反応を示したのか，それに対して周囲の人は（とくに保護者は）どんな対応をしたのか，その後はどういう対応をしているのかなどを調べることである。それらを把握することによって，2年間も不登校を維持している要因が何であるのかが明らかになってくる。

発達的側面に関しては，どの程度の知的能力をもっているのか，年齢相応の学力をもっているのか，できることとできないことに極端な差はないか，記憶力や注意力でとくに気になることはないか，などを知る必要があろう。生育史的にどのような発達を示してきたのかを知ることも重要である。家族状況や地域における社会文化的影響についても視野に入れて，把握することが必要である。

病理的側面については，不登校という言葉そのものは，たんに学校に行かないという現象を述べているにすぎない。しかし，行きたいのに行けない，行こうとするが体が動かないというような場合もある。身体症状を伴う，いわゆる神経症的不登校と呼ばれる状態である。小学校段階における不登校のほとんどは病的なものではない。しかし，思春期に入ると，家から一歩も出られなくなり，昼間から部屋のカーテンを閉め切って，風呂にも入らず，髪の毛も伸ばしっぱなしで過ごしている生徒もいる。不登校の原因は単純ではなく，さまざまな要因がからんでいるが，生活状況が極端に偏っているような場合は専門医に相談して病理的な側面から診断してもらうことも必要である。

従来，不登校に関しては教育の問題として，どちらかといえばアセスメントを避け，受容的態度に終始して対応してきたといえる（保坂，2002）。その形成要因が複合的であるのは確かであるが，適切で効果的な対処を行うためにはアセスメントを重視し，対応の適切性について評価できるようにしていく必要があるといえよう。

BOOK GUIDE ● 文献案内

小杉正太郎編，2002『ストレス心理学——個人差のプロセスとコーピング』

川島書店。
- ラザルスのストレス理論についてくわしく紹介し，性格，摂食障害，老年期，職場とストレスなどのトピックについて研究成果を紹介している。

マクゴニガル，K./神崎朗子 訳，2015『スタンフォードのストレスを力に変える教科書』大和書房。
- ストレスをよく理解し，ストレスへの向き合い方（マインドセット）を変えることによって，ストレスを乗り越えやすくなることを具体的に示したものである。

岡田尊司，2013『ストレスと適応障害——つらい時期を乗り越える技術』幻冬舎新書。
- 強いストレスによって，いつもはできていたことが一時的にできなくなることがある。不登校から新型うつといわれる症状まで，その多くは適応障害であると考えられている。

大野裕，2014『精神医療・診断の手引き——DSM-Ⅲ はなぜ作られ，DSM-5 はなぜ批判されたか』金剛出版。
- DSM-5日本語版の翻訳にたずさわり，その作成過程について詳しい著者が，DSM-Ⅲが必要となった背景からその後の展開，DSM-5の作成をめぐる諸問題を紹介している。

ラザルス，R. S.・フォルクマン，S./本明寛・春木豊・織田正美 監訳，1991『ストレスの心理学——認知的評価と対処の研究』実務教育出版。
- ストレス研究を目指す人には必読の書である。日本の研究者の多くは，ラザルスを基点としている。

坂野雄二，1995『認知行動療法』日本評論社。
- ストレスへの認知的対処の問題やセルフ・エフィカシーの問題をわかりやすく解説したもので，心理臨床への認知論的理解を深めるのに最適の入門書である。著者自身の実証的研究に裏づけられており，各章の内容には説得性がある。

Chapter 21 ● 練習問題　　　　　　　　　　　　　　　EXERCISE

❶ これまでに最も強いストレッサーを感じたと思うときを思い出して，そのとき，身体の状態はどうなったか，どんな感情や考え方が起こったか，どんなことをしたかを考えてみよう。また，それらはストレス理論にあてはまるものであったかどうかを考えてみよう。

❷ ストレス事態（学業，対人関係，経済，その他の困難な問題）に対処するために，①ストレッサーを避けて気晴らしをする，②課題解決に向けての具体的な方法を学ぶなど，あなたはどんな方法を用いているかを考えてみよう。

❸ 心理的障害について，インターネットで検索し，用語の意味や対処法などを調べ，グループで互いに発表して理解を深めよう。

❹ DSM-5の作成過程について調べ，それを利用するにあたってどのようなことに留意すればよいのかを理解しよう。

HINT ● p.633

第22章 カウンセリング

悩みの克服

カウンセリング場面

- KEYWORD
- FIGURE
- TABLE
- COLUMN
- BOOK GUIDE
- EXERCISE

CHAPTER 22

　人にはさまざまな悩みがある。対人関係の悩み，恋愛の悩み，進路の問題，経済的な問題，性格の悩み，家族関係の悩みなど枚挙にいとまがない。悩みがあるとき，それを解決するために私たちはどんなことをするのだろうか。まずは家族の誰か，あるいは親しい知人に相談するだろう。気晴らしにジョギングをしたり，山登りをしたりするかもしれない。ときには誰にも話さず，ただひたすら耐えていることもあるだろう。そんなとき，身近にカウンセラーがいればその人に相談することもできる。しかし，カウンセラーとはいったいどんなことをする人なのだろうか。カウンセリングという言葉はかなり身近なものになってきたが，カウンセリングの中味について具体的に知っている人は意外に少ないかもしれない。

PREVIEW

> **KEYWORD**
>
> 精神分析学　自我論　愛着行動　来談者中心的理論　共感性　自己概念　行動療法　行動分析　認知行動療法　家族システム論

SECTION 1　カウンセリングにおける視点の多様性

カウンセリングとは何か

カウンセリング（counseling/counselling）にはさまざまな定義の仕方がある。一般的にいえば，カウンセリングとは，言語的・非言語的なコミュニケーションを通して，専門的な立場から個人が悩みを解決し，心理的な成長を遂げられるように援助することであるといえよう。人は1人で生きていくことは困難であり，他者と交わり，他者と意見を交換し，お互いに刺激し合い，他者の考えを取り入れることによって成長する。その意味で，お互いの間に真の対話が成り立つところにカウンセリングは成立するといえる。

カウンセリングと心理療法

それでは，カウンセリングでは何をするのだろうか。カウンセリングと心理療法は同じなのか違うのか。カウンセリングという言葉は知っていてもそこで何をするのかを具体的に知っている人は少ない。カウンセリングといっても，学校におけるカウンセリングもあれば，病院や看護場面でのカウンセリング，少年鑑別所など法務機関でのカウンセリング，企業や官庁などでのカウンセリング，あるいはスポーツ分野でのカウンセリングなどさまざまな分野におけるカウンセリングがある。それぞれの分野によって，カウンセリングの仕方や考え方も違ってくる。

1つの考え方として，扱う対象者が病理的であるかどうかによって，カウンセリングなのか，心理療法（サイコセラピー；psychotherapy）なのかを分けることができる。心理療法というのは，何らかの病理的な問題に対して心理治療的な意味での処遇を行うことである。それに対して，カウンセリングは悩んではいるが病理的とはいえない人の心の成長や発達を援助するものである。したがって，対象者が病的な状態であるものは心理療法を行うことになり，病的でない状態での問題を解決するのがカウンセリングである。ただし，病的であるか

どうかの判断は必ずしも容易ではなく，この区別は絶対的なものではない。日本では両者をあまり区別せずに用いているのが実情である。

臨床心理士，カウンセラー，公認心理師　日本で臨床心理士という資格をもつ人たちは，現在までのところ心理臨床に関する専門家として認められてきた。この資格は，1988年に文部省（現：文部科学省）の認可を受けた公益財団法人日本臨床心理士資格認定協会が認定してきた資格である。この資格をもつ人たちは，臨床心理学という学問分野を専門知識の基盤としている。それは人格理論，心理面接法，心理療法，心理検査法などを含む分野であり，資格を取得するまでに，原則として大学院における必要な科目を履修し，一定期間の臨床実習を行うことが義務づけられてきた（日本臨床心理士資格認定協会ホームページ）。

従来は産業カウンセラー，キャリアカウンセラー，認定カウンセラーなど各種のカウンセラーには民間レベルから学会認定レベルまでさまざまなものがあり，養成課程も多様であった。したがって，カウンセラーの資質や技術的水準も統一はされていなかった。このようななかで，かねて国家資格としての心理職の必要性が求められていたが，2015年9月9日，議員立法により公認心理師法が成立し，15年9月15日に公布された。その第1条には「この法律は，公認心理師の資格を定めて，その業務の適正を図り，もって国民の心の健康の保持増進に寄与することを目的とする」と記されている。このことにより，公認心理師の資格は心理職国家資格となり，今後は有資格者以外がこの名称を使用することは禁じられることとなった。現時点（2017年10月現在）ではまだこの資格を有する者はいないが，17年9月15日をもってこの法律は全面施行された。第1回公認心理師試験は18年9月に実施されることになっている。一方，臨床心理士は国家資格ではないが，心理職多様性の時代に期待される臨床心理専門職として従来どおり存続されることになっている（日本臨床心理士資格認定協会，2017）。

カウンセリングの考え方　カウンセリングには，数え方しだいでは300も400もの理論があるといわれている（Ivey et al., 2002）。しかし，それらの理論はいくつかの大きな流れのなかで細分化されたものである。図22-1に示したように，カウンセリングの大きな枠組みとしては3つか4つの考え方があるといえよう。

FIGURE 22-1 ● カウンセリングの多様な考え方

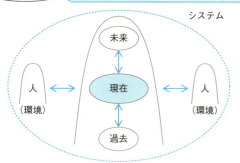

個人の内部にある過去，現在，未来の関係，個人と他者（環境）との相互作用，全体を取り巻くシステムについて表したものである。カウンセリングの考え方はこれらのうちのいずれかに焦点をあてており，多様である。

　第1の考え方は，過去から現在に至る過程をとらえていくものである。精神力動論的アプローチがこれにあたる。フロイト（Freud, S.）の精神分析という言葉は一般によく知られている。人のすることには動機があるが，自分でも気づいていない動機があるといわれると興味がわくであろう。それは無意識の世界を想定する考え方（深層心理学）であり，その世界は過去の生育史のなかで形成されたと考えられている。

　第2の考え方は，現在の主観的・現象学的世界を重視する考え方であり，ロジャーズ（Rogers, C. R.）の来談者中心的アプローチがその代表的なものである。この考え方では，過去はさておき，今悩んでいる人の現在の姿（主観）を直接的に理解しようとする。人が悩むとどうなるだろうか。悩んだり，追いこまれたりすると誰でもものの見方が歪んでくる。1つの考え方にこだわったり，一方的な考えに陥ったりする。カウンセラーはそれを否定したり無視したりしないで，その人の歪んだ世界へ入りこみ，一緒に考えていこうとするのである。

　第3の考え方は，環境の要因と人の行動との関係を中心に考えていくものであり，行動主義・認知行動主義的アプローチがここに入る。人が1人でなしうることには限界がある。悩みによっては，自分1人ではどうにもならないことも多い。行動主義の考え方では，その人がどのような人間関係のなかに置かれているのか，日常的にどのような人とどのような交わりをしているのかを細かく分析する。そうすれば，その人の行動や考え方のパターンが何によって支配されているのかが見えてくる。そこから対処の方法を見出していくのである。

第4の考え方は，悩みをもつ人1人だけを問題とはせず，たとえば配偶者や家族全体など，複数の人を単位として考える家族療法などのシステム論的アプローチである。人間関係はいくつかのシステムのレベルでとらえることができるが，最も身近な単位としては家族を考えることができよう。家族の誰かが悩んでいるということは，その家族のすべてが悩んでいるということにもなる。家族の人間関係は知らずしらずのうちに，ある好ましくないパターンにはまってしまうことがある。気づいたときには，そこからなかなか抜け出せない。システム論の考え方は，このような集団全体の相互的影響について見ていこうとするものである。

　これらの考え方は，いわば切り口の違いである。対象や状況によってそれぞれがもっともな考え方であり，いずれもカウンセリングを実践する人が理解しておかなければならない基礎的な知識である。

　また，第4のシステム論的な考え方から派生したものとして，未来志向の考え方を追加することもできる。最近さかんである短期療法の解決志向的アプローチは，未来志向的である。人は近い将来の具体的な目標が定まっていると，その目標に向かって行動を起こそうとする傾向があるといえよう。以下の節では，これらの理論についてさらにくわしく述べていくことにしたい。

精神力動論的アプローチ

フロイトと無意識の発見　フロイトはオーストリアで精神科医として多くの神経症の患者を診察し，神経症の根底には無意識的な動機が存在することを発見した。彼は精神分析学（psychoanalysis）を提唱し，無意識の解明に力を注いだ。そのきっかけとなったのは，彼と同様にウィーンの町で開業医をしていた同僚ブロイアー（Breuer, J. U.）の症例アンナ・O嬢の話を聞いたことだといわれている。彼女は長く看病を続けたかいもなく父親を亡くしたが，その後にいくつかの奇妙な症状を示すようになった。とりわけ，長い間どうしてもコップの水が飲めなくなっていた。ブロイアーによれば，以前アンナは彼女の付き人が犬にコップで水をやっているところを目撃した。そのとき彼女はそれをひどく不快に思ったが，失礼にならないように

とその場では何も言わなかった。面接中にアンナはその状況を思い出し，不快感を込めてそれを語った。するとその後，症状は消失したのである。この症状は不快なものを無意識へと抑圧した結果であると解釈された（鈴村，1966）。

このような症例の研究を重ねていくうちに，フロイトはリビドーと呼ばれる性的欲求が神経症の症状形成に重要な役割を果たしていると仮定せざるをえなくなった。彼の考えはあまりにも奇抜であったので，当時の地元の学界ではあまり受け入れられなかった。しかし，しだいに彼の考えに賛同する人たちは増えていき，現在では彼の考えは世界中に広まっている。ユング（Jung, C. G.）やアドラー（Adler, A.）はフロイトとともに研究を重ねたが，後にはお互いの意見が合わなくなり，それぞれ独自の道を歩むこととなった。また，フロイトの後継者には娘のアンナ・フロイト（Freud, A.）をはじめ，エリクソン（Erikson, E. H.），クライン（Klein, M.），ホーナイ（Horney, K.），サリヴァン（Sullivan, H. S.），フロム（Fromm, E.）などがいるが，それぞれさまざまな学派へと枝分かれしていった（前田，1985）。

臨床心理学の分野では，多くの人たちが精神分析の考え方の影響を受けている。ここで精神分析的アプローチという場合はフロイトの考えに従うものを指し，精神力動論的アプローチという場合はより広く無意識を仮定するすべての考え方を総称する場合を指している。

自我論

フロイトは晩年になって人の心の構造，すなわち精神構造は無意識を含めたイド（エス），自我，超自我という3つの層から形成されているものと考えた。そうした考えを自我論と呼ぶが，ここでは簡略化した図を用いて説明することにしよう（図22-2）。

(1) イド　人格の原初的で本能的な性欲動はイド（id）と呼ばれる。イドは快を求める快感原則に支配されており，無意識のなかにあると見なされる。イドの力が強いと，欲望のおもむくままに振る舞おうとする。

(2) 自我　自分について知っている意識的な部分が自我（ego）である。自我は無意識のなかにあるイドと超自我の間を取り持つ役割を担っている。自我は現実原則に従い，現実社会に合うようにイドと超自我の要求を調整して，現実社会でどのように振る舞うのかを決定している。

(3) 超自我　超自我（superego）とは，生後に親からしつけられ，自分のな

FIGURE 22-2 ●自我論の考え方

フロイトの考えた自我構造を，簡略化して示したものである。自我は意識的であるが，超自我とイド（エス）は無意識的なものと仮定されている。それぞれの間の力動的関係を理解することに関心が向けられる。

かに組み込まれているものの考え方や振る舞い方であり，良心や道徳心を形成しているものである。超自我もイドと同様無意識のなかにあると仮定され，これが強いと禁欲的となり，行動に制限が加えられることになる。

心のなかにあるこれら3つの部分は互いに力を競い合い，その力のバランスによって人格の特徴を形成していると考えられる。この考え方を発展させて，自我構造を数量的にとらえようとしたものが精神分析の現代版ともいわれる交流分析のエゴグラムである（杉田，1983）。

(4) **防衛機制**　危機にさらされたとき，自我を守るために無意識のうちにさまざまな心の働きが起こると考えられており，これを防衛機制という。代表的な防衛機制としては，抑圧，取り入れ，投影，反動形成，昇華などが挙げられる（第9章参照）。

愛着行動と対象関係

精神分析的な理論では，生後に体験する母と子の基本的な信頼関係がその後の人間関係のあり方に影響する重要な要因であると考えられている。その後の対象関係に関する理論はこのような考え方を発展させたものである。ボウルビー（Bowlby, J.）は母子の愛着行動（attachment behavior）の様相を分類し，その後の子どもの発達との関係を調べている。エインズワースほか（Ainsworth et al., 1978）によれば，12カ月の幼児では，安定型，抵抗型，回避型の3つのパターンが見られる。これは実験的に設定された母子分離場面で母親がいなくなった後，しばらくして戻ってきたときに幼児が示す反応を分類したものである。安定型の子どもは笑顔を示し母親にしがみつく。抵抗型の子どもは怒って泣きわめく。そして回避型の子どもは母親を無視して遠ざかる。日本では，三宅ほか

(Miyake et al., 1983) や高橋 (Takahashi, 1986) の研究によって，12 カ月児の多くは抵抗型になることが知られている (氏家，1987)。その後の研究では，4つ目のパターンとして「無秩序・無方向型」を取り上げている研究者もいる (久保田，2006)。このような乳幼児期の母子関係のあり方が，その後の人間関係におおいに影響すると見られているが (岡田，2011 ; 渡辺，2000)，文化的要因を無視することはできない。

自由連想法

精神分析の面接法は，自由連想法 (free association) と呼ばれている。フロイトが行った方法は患者を寝椅子に寝かせ，「頭に浮かんだことをありのままに隠さず話してください」と指示して，思い出したことを自由に話させるものであった。

現在では寝椅子を用いる面接法はまれであり，多くの場合座ったままの対面法で行われている。このような方法で面接を進めていくと，患者と治療者の間にはさまざまな問題が生じてくる。そのうちの重要なものは，抵抗と感情の転移である。

(1) **抵抗と解釈**　患者が話の途中で沈黙したり，話すことをためらったり，歪めたりすることを抵抗 (resistance) という。その背後には重要な意味が潜んでいることがある。このような場合，治療者はその意味を慎重に考えながら面接を進めることになる。後にその意味がより明確になった時点で，治療者は患者にその解釈を適度に，そして慎重に伝える。解釈とは，患者自身がまだ気づいていない問題に対する治療者の精神分析的な意味づけのことである (西園，1987)。

(2) **転移・逆転移**　面接の過程で生じる重要な問題として転移 (transference) の問題がある。面接が進むと患者は，過去において両親などに抱いてきた感情を治療者に向けるようになる。すなわち，治療者に好意をもったり (陽性転移)，敵意を抱いたり (陰性転移) するのである。治療者はこのような感情の意味を十分に理解し，受け止めながら適切に患者を扱うことができなければならない。また，治療者の側にも患者に対して同様の感情が生じることがある。これを逆転移というが，治療者はそのことに気づき，かつそれを適切に扱うことができなければならない (遠藤，2003)。

来談者中心的アプローチ

　カウンセリングでは，必ずしもクライエント（相談に来た人）の過去を問題にする必要はない。過去よりも，今現在のクライエントの内面に焦点をあてることが重要である。ロジャーズが提唱した来談者中心的理論もしくは人間中心的理論（person-centered theory）では，クライエントの「いま－ここ」でのあり方を問題にする。この考え方に立つカウンセラーは，クライエント自身が自分のことをどう見ているのか，自分についてどう感じているのかを理解し，受け入れようとする。ロジャーズは，人は誰でも受容され，安心できる雰囲気のなかでは自己を成長させようとする力をもっていると考えた。これはロジャーズ自身の人間観でもある（諸富，1997）。

　ロジャーズは長年の臨床経験のなかから，①当時非行にも適用されていた精神分析の理論では，必ずしも問題は解決しないこと，②指示的な助言はあまり効果がないこと，③真に問題を知っているのはクライエント自身であることを確信するようになった（佐治・飯長，1983）。

カウンセリングが成り立つ条件

　ロジャーズは，クライエントに治療的人格変化をもたらすようなカウンセリングが成り立つための「必要にして十分な条件」について述べている（Rogers, 1957）。その条件とは次のとおりである。

（1）**純粋性**　これはカウンセラー自身に関することである。カウンセラーはクライエントに対してありのままの自分を見せることができなければならない。これを純粋性（genuineness）という。カウンセラーが純粋になりうるためには，カウンセラーは心理的に安定した状態になければならない。ロジャーズは自己一致という言葉も使っている。これは，自己の内面に大きな矛盾がないことを意味している。

（2）**尊重性**　これはクライエントを尊重し（respect），無条件に受け入れ，肯定的に関心を示すこと（unconditional positive regard）であり，クライエントへの思いやりを示すことである。クライエントを本当に受け入れられるようになるには，カウンセラーにかなりの力量が備わっていなければならない。カ

ウンセラーは，全人格をかけてクライエントと対面しなければならない。カウンセラーに尊重されていると感じてこそ，クライエントは安心して自分の心の内面を探り始めるのである。

(3) **共感性** 共感性（empathy）とはクライエントの話にしっかりと耳を傾け，よく聴き，よく理解することである。とりわけ，クライエントが表現した感情や，言葉の背後に隠されている感情に焦点をあて，クライエント自身がうまく表現できなかった部分まで的確に表現して返すことが重要である。これは精神分析の解釈とは違って，あくまでもクライエントのものの見方をそのまま反映するものでなければならない。実際には，真に共感することはやさしいことではない。クライエントがカウンセラーにわかってもらえたと感じるような伝え返しが求められているといえる。

自己概念

ロジャーズの理論は自己理論とも呼ばれている。図22-3を用いて，彼が考えた自己概念と経験との関係を説明しよう。自分に対して抱いているさまざまな思いの総体を自己概念（self-concept）という。それに対して，他者から見えるその人の姿を経験という。たとえば，よい成績をとっていてもその人自身ではいっこうに満足していないことがある。完璧主義の人は，少しでもできない部分があるとだめだと思ってしまう。本人は「だめだ」といい，まわりの人は「よくできているじゃないか」という。これは，本人とまわりの人との間にずれがあることを示している。このずれが大きければ大きいほど不適応状態にあり，悩んでいるといえる。

この場合，経験というのは外から見えるもののことであるが，悩んでいるときはその経験を自分のなかで正しく受け止めることができない。カウンセリングでは，客観的に見えている「経験」に焦点をあてるのではなく，自分はだめだとしか思えなくて悩んでいる主観的な「自己概念」の方に焦点をあてる。主観的で歪んでいるものの見方を受け入れていくことが大切である。受容とは，誰にもわかってもらえないと思っているクライエントの思いに寄り添うことであり，どうにもならない気持ちをわかってあげようとすることである。クライエントは受け入れてくれる人がいることがわかると安心する。安心できると，次には自己探索を始めるようになる。そしてやがて以前は受け入れることができなかった自分を受け入れることができるようになってくるのである（自己否

FIGURE 22-3 ● カウンセリングによる自己概念の変化

カウンセリングの進展とともにクライエントの自己の内部に変化が生じてくる。カウンセラーがクライエントの自己概念への関心と理解を示すことによって、自己概念と経験とのずれは小さくなっていく。

（出典）Rogers, 1957 より。

定→自己受容）。図22-3 において，左側の2つの輪よりも右側の2つの輪の方が重なり部分が大きいのはこのことを意味している。

(1) **成長への衝動**　この考え方のなかには，明らかにロジャーズの楽観主義的なものの見方が含まれている。すなわち，人は誰でも，ゆとりをもって自分を見つめることができるならば，みずから成長していこうとするものだという考え方である。したがって，来談者中心主義のカウンセリングでは，混乱している感情に焦点をあて，クライエントを受容し，客観的に自分を見つめられる状態に導こうとする。このようなカウンセリングになじみのない人は，聴くだけではものたりないと感じるかもしれない。実際に聴く立場に立つと，何とかして助言の言葉を探そうとし，場に合わないなぐさめの言葉を言ってしまったりする。それよりも傾聴することの重みを理解することが重要である。

(2) **関係性の重視**　人は周囲の人々と信頼できる関係を築いている場合にこそ，安心して自分の好きなことができる。周囲の人たちとの摩擦のなかでは自分らしさを発揮することはできないし，自己防衛の構えをとらざるをえない。悩んでいる人は，多くの場合，防衛の状態に陥っている。そこで，カウンセリングではその防衛の殻を取り除くことから始めなければならない。したがって，クライエントを尊重し，受容的な態度で接していくことがきわめて重要である。カウンセリング関係のなかで，クライエントに信頼され，よい関係を築くこと

ができないかぎりカウンセリングは成功しないといってもよいであろう。ランバート（Lambert, 1992）は，長年の多くの研究に基づいてカウンセリングの有効性を調べ，カウンセリングの技法よりもむしろ関係性の確立の方が重要であることを指摘している。また，カウンセリングの諸要因の効果に関する実証研究も報告されている（Cooper, 2008）。

ロジャーズ理論の発展過程

最初ロジャーズは，カウンセリングでは診断は必要でないことや助言や説得も必要でないことを強調した。それで彼の理論は非指示的カウンセリング（nondirective counseling）と呼ばれていた（1940〜50年）。この頃の彼は，感情の受容や明確化に焦点をあてた実践を重視していた。

その後，彼は問題の中心を最もよく知っているのはクライエント自身であり，話合いの主導権はクライエントにあると考えるようになった。この頃の考え方は，来談者中心療法（client-centered therapy）と呼ばれている（1950〜61年）。先に述べたカウンセリングの条件や自己理論の考え方が，いっそう明確になってきたといえる。ロジャーズの場合，カウンセリングと心理療法を区別しない立場をとっており，「心理療法」といっても「カウンセリング」といっても同じことである。

さらに，彼はカウンセラーとクライエントという上下の関係ではなく，対等な人と人との出会いが重要であると考えるようになった。この考え方を人間中心主義（person-centered approach）という（1961〜87年）。彼はエンカウンター・グループを作って人と出会う機会を提供し，実際に体験することに力を注いだ。

自分自身を振り返って考えてみると，お互いを信頼し，本当の意味で心の出会いができたと感じる体験をすることは意外に少ないのではないだろうか。

SECTION 4 行動主義・認知行動主義的アプローチ

精神力動的なカウンセリングや心理療法の効果性に疑問を投げかけ，行動療法（behavior therapy）の優位性を強調したのは学習理論家のアイゼンク（Eysenck, H. J.）である。彼は実験的研究によって導かれた学習理論に基づく

治療理論と治療技法こそ重要であると考え，行動療法を提唱した。行動療法は恐怖症や不安神経症などの神経症者をはじめ，統合失調症者や知的障害者にも適用されている。

学習理論の基本的な考え方として，2つのタイプの条件づけを挙げることができる。1つは古典的条件づけと呼ばれるものであり，過度の緊張や恐怖，不安など自律的な情動反応の生起を説明するのに用いられる。もう1つはオペラント条件づけと呼ばれるものであり，私たちの日常生活における習慣的行動を説明するのに用いられる（第5章参照）。これら2つのタイプの条件づけの原理から，さまざまな行動療法の技法が考え出されてきた。

古典的条件づけと系統的脱感作

古典的条件づけは無条件刺激と条件刺激の対提示によって，もともと条件刺激に対して生じなかった条件反応が生じる現象である。たとえば，①もともと好きで結婚した夫に対して，同居している義母から毎日小言を聞かされるうちに（無条件刺激），②いつも義母の味方に立つ夫（条件刺激）が，③しだいに不快になってくる（条件反応）などである。条件反応は，たいていの場合，意識して抑えようとしても抑えることが難しい生理的・情動的な反応である。この場合は，義母との同居をやめるとか，義母を抜きにして夫と楽しい経験を重ねるなどの方法を講じる必要があるだろう。

系統的脱感作（systematic desensitization）はウォルピ（Wolpe, 1958）が開発した行動療法の代表的な技法であり，古典的条件づけ（逆条件づけ）の原理を適用したものである。この技法では，まず，①クライエント自身に不快や不安，恐怖に関係のある具体的場面をたくさん列挙してもらい，それらを不快の程度に応じて順序よく配列する（不安階層表と呼ぶ；表22-1）。それとは別に，②漸進的弛緩法（progressive relaxation）や自律訓練法（autogenic training）などによって，全身をリラックスさせる方法を教える。これらの準備が整った段階で，③不安刺激と弛緩反応を順次に対提示し，脱感作を行うのである。系統的脱感作は，恐怖症に対してとくに有効であると考えられている。パニック障害などに対しては，現実場面で直接的に脱感作を行う現実脱感作法や現実エクスポージャーが有効であるとされている（坂野，2002）。

TABLE 22-1 ● 不安階層表の一例

No.	問題場面	不安の強さ (SUD)
1	学校でそうじをしている	10
2	学校で休み時間，廊下を歩いている	30
3	デパートなどの人ごみのなかを歩いている	30
4	体育の時間，みんなの見ているなかで実技をしている	50
5	朝礼などの集会で，並んでいる	50
6	登下校の途中，道路を歩いている	50
7	授業中，指名されて教科書を読む	65
8	家族4人で食事をしている	65
9	体育館で剣道をしている	75
10	教室で給食を食べている	95
11	授業中，黒板に書いてあることをノートに写す	100

視線恐怖反応を示すクライエントの不安階層表を示したものである。クライエントに具体的場面を想定させ，それらの場面での不安の強さ（SUD；主観的障害単位）を尋ね，不安の強さの順に並べて階層表を作成する。

(出典) 前田ほか，1987より。

オペラント条件づけと行動分析

オペラント行動とは私たちの意図的・自発的な行動のことである。多くの行動はオペラント行動であるが，あまりにも習慣化されているため，いつもはほとんど意識されていない。オペラント条件づけというのは，ある行動の結果によって，その行動が再び起こる確率が決まるという現象である。たとえば，たまたま入った喫茶店で，おいしいコーヒーを飲むことができたとすると，その人が次回もその喫茶店に入る確率は高くなる。したがって，なぜある行動が頻繁に起こるのかを知りたければ，図22-4に示されているように，その行動の先行刺激（A）とその行動（B）に伴う結果（C）を分析すればわかるはずである。

結果（C）によって先の行動（B）が繰り返される場合は，強化が生じたと見なされる。したがって，先の例ではおいしいコーヒーはその喫茶店に入る行動を強化したことになる。このようにAとBとCの随伴関係（三項随伴性と呼ぶ）を調べることを行動分析という。学校における不登校などの問題でも，不

FIGURE 22-4 ● 行動のABCの機能的分析

行動分析の立場では、先行刺激（A）によってある行動（B）が引き起こされ、その行動の後に生じた結果（C）によって、その行動が再び生じる確率が増えたり減ったりすると考えられている。これを三項随伴性という。

登校行動が何によって強化され、維持されているかは子どもによってさまざまである。ときには朝の母親のやさしい声が、子どもがベッドから出ようとしない行動を不必要に強化し、維持している場合もある。

モデリングとソーシャル・スキル訓練

条件づけは人間以外の動物においても見られるが、人間において最も顕著に見られる学習様式はモデリング（Bandura, 1971）である。これは「見ることによって学ぶ」社会的学習であり、観察学習とも呼ばれている。私たちはすべてのことを直接経験して学ぶのではなく、誰かがするのを見て学ぶことが多い。モデリングによる学習には好ましい行動のみでなく、攻撃行動や窃盗など非行、犯罪に関わる行動も含まれる。

恐怖反応を除去する場合にもモデリング法を用いることができる。たとえば、犬などの動物恐怖では、犬を怖がらない子どもをモデルとして用い、モデルの行動をまねさせる。この場合、実際にまねることができれば強化を与える強化法を併用するとより効果的である。

社会の変化に伴って、最近では情報の氾濫に反比例して直接的に人と関わる機会が少なくなってきている。子ども同士や親の対人関係能力が低下し、意図的・計画的にソーシャル・スキルの訓練を行わざるをえなくなってきた（相川・津村, 1996）。話すこと、尋ねること、頼むこと、ほめること、あやまることなど基本的なスキルについても教えることが必要になってきている。このようなソーシャル・スキル訓練においても、効果的な方法としてはモデリングを取り入れてプログラムを作ることが必要である。説明→モデリング→練習→フィードバックを繰り返すことによって効果的な訓練を行うことができる。最近

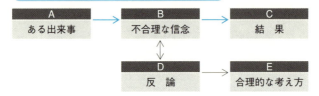

FIGURE 22-5 ●論理療法における認知の ABC 理論

何か不幸な結果（C）が生じると，それはある出来事（A）のせいだと考えがちである。しかし，A をその人がどうとらえたか（B）が問題である。論理療法では B の不合理性を指摘し（D），より合理的な考え方（E）に導こうとする。

（出典）　日本学生相談学会，1989 より。

では，相手の立場を尊重しつつ自分の思いを適切に表現するアサーション訓練でも，モデリングは取り入れられている。

認知行動療法　条件づけの考え方では，環境そのものの影響を重視しているが，人の心理状態を理解するのには環境をその人がどのように受け止めているかという認知の要因も重要である。このような認知の変容を図ることを意図したものが認知行動療法（cognitive behavior therapy）である。

(1) **論理療法**　悩みごとがあると，人はいつの間にか「……でなければならない」とか「……すべきだ」という不合理な信念（irrational belief）に取りつかれてしまい，自由な行動ができなくなることがある。たとえば，わずかな失敗を苦にして，「あんなことができないなんて，自分には能力がないのだ」と思ってしまう。このような場合，失敗したこと自体よりも，その人が自分自身で作り上げた不合理な信念によって支配されているといえる。エリス（Ellis, A.）の論理療法（合理・情動療法；rational-emotive therapy）では，このような状態を図 22-5 に示すような認知の ABC 理論によって説明する。

この考え方では，たとえば失恋という出来事（A）があり，その結果，異性とつきあうことができないという事態（C）が生じたとする。失恋は誰にでもありうることである。したがって，失恋したことが必ずしも異性とつきあうことができないという結果を招くとは限らない。ただし，もしその人が失恋など

COLUMN 22-1 不合理な信念の測定

　エリスは，論理療法において，クライエントが抱いている不合理な信念に気づかせ，それをより合理的な考え方に修正していく方法を提唱した。彼の考え方に従って，不合理な信念に関するさまざまな測定尺度が作成されるようになった。日本でもいくつかの尺度が作成されている。ここでは例として，森ほか（1994）のものを挙げておこう。この尺度はエリスの理論に基づいて独自に考案された松村（1991）の測定項目を基本にした短縮版である。松村の70項目に若干の項目を追加して，大学生546名に「まったくそう思う」から「まったくそう思わない」までの5段階で評定させ，因子分析を繰り返して項目を精選し，作成したものである。この尺度は，自己期待，依存，倫理的非難，問題回避，無力感という5因子で，各因子4項目の合計20項目より構成されている。表にそれらの因子に含まれる項目の例を挙げておこう。これらの項目について，どこまでが「合理的」で，どこからが「不合理」なのかをよく考えてみると，いっそう理解が深まるであろう。

表●不合理な信念の測定尺度の例

自己期待	・いつもめざましい行いをしなくてはならない。 ・私はつねに業績を上げなければならない。
依　存	・いつも自分を引っ張っていってくれる人が必要だ。 ・頼れる友達がいなければやっていけない。
倫理的非難	・泥棒は懲らしめられて当たり前だ。 ・重罪を犯した人は厳しく罰せられて当然だ。
問題回避	・いざこざが起こったときには知らん顔をしているにこしたことはない。 ・人と話をするときは，差し障りのないことだけを話した方が無難だ。
無力感	・状況が思わしくないときは投げ出したくなって当然だ。 ・何をやってもうまくできないときにはすっかりやる気をなくしても当然だ。

（出典）　森ほか，1994 より。

するはずがないと考えていた（B）とすると，そのことにとらわれて次の自由な行動を起こすことができなくなる。じつはそのこと（B）が異性とつきあうことができないという結果（C）を招いているのである。ここで「私が失恋することなど考えられない」という不合理な信念に気づかせ（D），たとえば

「たった一度の失敗など何もこだわる必要はないのだ」というようにより合理的な考え方（E）ができるようにすると，それから先の行動はもっと自由になると考えられる。

　（2）**認知療法**　ベック（Beck, A. T.）は，うつ病患者に特有の思考様式があることに注目して，認知療法（cognitive therapy）を提唱した（Beck et al., 1979）。彼によれば，うつ病の患者は，①「自分はつまらない人間だ」など自己に対する否定的な見方をし，②「自分だけがのけ者にされている」など周囲に対する否定的な見方をし，③「これから先もきっとだめに違いない」など将来に対する否定的な見方をしがちである。

　認知療法では，日常生活を点検しながらこのような患者の考え方の特徴に気づかせ，その考え方自体を変えさせようとする。具体的には，①どんな状況で，②どんな感情が起こり，③そのときどのように考えたのかを記録させる。その考え方のなかには否定的な部分（自動思考と呼ぶ）が含まれているので，④それをより合理的な考え方に変えさせる。⑤そのようにしたときに先の感情がどの程度緩和されるかを調べる。このようにして毎日記録を取りながら，新しい考え方へと導いていくのである（井上和臣, 1997；大野, 2011）。

　（3）**ストレス免疫訓練**　マイケンバウム（Meichenbaum, 1985）のストレス免疫訓練（stress inoculation training）は，将来のストレス事態に備えてストレス事態への耐性を高めるために考案されたものである。この訓練は，①ストレス概念の把握，②技能獲得とリハーサル，③実行という3つの段階から成り立っている。技能獲得の段階では，リラクセーション訓練，アサーション訓練など行動療法で開発された諸技法が用いられる。このようにして大きなストレス事態に出会う前に，ストレス事態への対処法を身につけ，自信（エフィカシー）を高めておくことは，人が精神的健康を維持するのに役立つと考えられる。

第三世代の認知行動療法

1990年代に入ると，うつ病をはじめとするさまざまな精神的な疾患や障害に特化してその有効性を実証しうる新たな認知行動療法が登場してきた。マインドフルネス認知療法，メタ認知療法，スキーマ療法，弁証法的行動療法，アクセプタンス＆コミットメント・セラピーなどが挙げられる（Kazantzis et al., 2010；熊野, 2012）。

5 家族システム論的アプローチ

　これまでのアプローチは，いずれもカウンセリングの対象となる個人に焦点をあてたものであるが，家族療法（family therapy）が台頭し，家族システム（family system）に視点が移されたことによって，カウンセリングの考え方にもより多面的な発想が生まれることになった。家族システム論の考え方では，家族は1つのシステムであり，個人はそのシステムの一員にすぎない。システムのメンバーは互いに影響し合ってバランスを保っている（吉川，1993）。

ホメオスタシス　人間の身体には発汗作用や食欲，睡眠欲のようにつねに身体の生理的なバランスを一定に保とうとする自然の働きが備わっている。これをホメオスタシスという。これと同様に，家族にもシステムとしてのホメオスタシスが働いている。すなわち，家族は全体としてバランスをとるように相互に影響し合っている。

　たとえば，きょうだいのうちの誰かが目立つような存在になれば，他の子が控えめにならざるをえない。これはきょうだいでバランスをとっているためである。両親が仕事に成功して対外的なことは立派にこなしていても，家族としての交わりをおろそかにしていると，いつの間にか子どもが非行に走ってしまうことがある。このような場合，子どもは非行をすることによって，両親に家族の交わりの大切さを知らせようとしていると解釈することもできよう。

　家族療法では問題を訴えている人をIP（identified patient）という。これはその人1人が問題であると見るよりも，むしろその家族全体のバランスが損なわれていると見ているためである。

　家族療法はこのような家族全体のバランスが損なわれているところに注目し，そのバランスを回復することに焦点をあてている。

アイソモーフィズム　人体は，約60兆もの細胞によって構成されているといわれている。その細胞の1つひとつは単一のシステムを成している。また，それらの細胞から構成される体内の臓器や各種の身体部分は，それぞれ個別のシステムを構成している。さらに，それらの細胞全体からなる人体は全体として1つのシステムをもっているといえる。

FIGURE 22-6 ● 直線的因果関係と円環的因果関係

行動主義の考え方では，ある刺激によってある反応が生じると考える。これは一方から他方への直線的な関係である。しかし，システム論の考え方ではシステム内での人間関係は双方向的であるとし，双方向からの影響を考える。

（出典）吉川，1993より。

個人システムのレベルを離れて，家族を社会的なシステムとして見てみると，家族システムは子ども，夫婦，祖父母，親戚などのサブシステムを内包している。このように1つのシステムにはそれと同位の複数のシステムがあり，同時に，それらは上位および下位のシステムとも結びついている。このような上位と下位のシステムの相似性をアイソモーフィズム（isomorphism）という。家族のなかでのそれぞれのシステムがどのように機能しているかを知ることは，家族を理解する重要な手がかりとなる。

円環的因果関係　子どもが不登校になると，家族全体にその影響が及ぶことになる。しかし，不登校は家族変化の原因であるとは限らない。それ以前の家族のあり方が原因であるという場合もある。いずれにしても，原因と結果をどこかに固定してしまうことは多くの場合不可能である。ある原因が結果と見なされ，またその結果が別の事態の原因となる。このようにシステム論では，因果関係を直線的なものではなく円環的なものと考えている（図22-6）。

リフレーミング　ものごとは，考え方しだいでよくも悪くもなることが多い。こうしたいと思っていても，思いどおりにならないこともある。健康な人は，このような場合，考え方を変えることで悩みを解消する。受験に失敗したり，結婚生活で思いどおりにいかなかったり，職場で期待したような昇進ができなかったりした場合，そのことにこ

> **COLUMN** *22-2 エビデンス・ベースト・カウンセリングの必要性*

　丹野（2001a, 2001b）によれば，医学の分野では，欧米でも日本でも1990年代の後半から実証に基づく医療（evidence-based medicine）が重視され，疾患ごとに治療効果を調べ，そのデータベースをもとにした医療が行われている。臨床心理学の分野でも，欧米では「実証に基づく心理療法」や「実証に基づくカウンセリング」がさかんになりつつある。日本の心理臨床の分野では，現段階においてこのような動きはまだあまり現れていない。しかし，処遇の効果や効率を厳しく問う社会のニーズに応えるためには，このような実証性の問題は避けて通れない。日本においても，DSM-5などによる診断のガイドラインを重視して，疾患や障害についての共通認識を深め，効果的な処遇のあり方を模索する方向が求められなければならないであろう。下山・丹野（2001-02）による『講座臨床心理学』全6巻（東京大学出版会，2001-02年）はこのような方向性を明確に打ち出しており，その評価が注目される。

　心理療法の効果性に関しては，次のようなことが指摘できる。シャピロとシャピロ（Shapiro & Shapiro, 1982）の報告で，不安・抑うつに対する認知療法のメタ分析の効果量は1.34であり，行動療法ではそれが0.74であった。この結果は不安・抑うつに関しては認知療法がより有効であることを示唆している。一方，恐怖症に対しては認知療法の効果量は0.92であり，行動療法では1.46であった。この結果は恐怖症に関しては行動療法がより有効であることを示唆している。このように，どの障害に対してどの技法が有効であるのかを特定していくことが必要である。

　ただし，実証に関する科学的方法については，安易に数量化するだけで満足することには慎重でなければならない。日本の風土として，先進諸国で認められたものに無批判的に追随する傾向はかなり強い。一見確立されたかに見える客観的拠が容易にくつがえされる例は枚挙にいとまがない。たとえばアイゼンク（Eysenck, 1952）とバーギン（Bergin, 1971）の論争とその後の経緯が注目されてきた。この論争は同じデータを分析して「効果がない」という結論と「効果がある」という結論が得られている点で興味深い（Ivey et al., 2002）。問題は，科学的手法そのものについての理解と習熟が伴っていなければ，真に必要な証拠の蓄積はおぼつかない点である。心理臨床の分野における科学的研究の必要性を認識するとともに，その限界性についても理解しておかなければならない。

だわっていては悩みが深まるばかりである。自分が歩んできた道をしっかりと見つめ，それを物語ることによって，新しい道を見出すことができるようになる。

　心的外傷（トラウマ）となるような深刻な出来事についても，カウンセラーを前にして，じっくりと時間をかけてその出来事を見つめ直すとよいであろう。カウンセラーのリフレーミング（reframing）によって，クライエントは今まで思いこんでいた考え方を別の視点からとらえ直し，新しい見方をすることができるようになっていく。リフレーミングとはクライエントに新しい視点を提供することである。

ナラティブ・セラピー

　クライエントは過去の出来事を語るとき，その全体を把握して順序よく客観的に語るということが困難である。ある一部分から生じた感情に支配されたり，1つの出来事にこだわったりしてしまう。家族療法の最近の考え方では，家族の物語をよく聴き，家族が具体的な事実から，それぞれどのような物語を構成しているのかを聴き取ることに焦点をあてている。さらにそのような家族の物語を家族とともに再構成することを試みる。ここでは，カウンセラー側の見立てによって出来事の意味づけを行うのではなく，家族と共同で新しい物語の可能性を探っていくのである。したがって，このような共同作業が可能となるようなカウンセラーと家族との信頼関係の形成がきわめて重要な意味をもつ。どのような新しい物語が構成されるかについては，カウンセラー自身にもあらかじめわかっているわけではない。カウンセラーにも家族にも納得しうる物語が新たに創造されるとき，事態はよい方向に進展していると考えられる（小森ほか，1999）。

BOOK GUIDE　●文献案内

大野裕，2011『はじめての認知療法』講談社現代新書。
- ●認知療法について初心者でも理解できるように平易に解説したものである。うつに陥りやすい人にとっては，薬物にたよらずうつを改善するための具体的手順を知ることができる。

フロイト，S./高橋義孝・下坂幸三訳，1977『精神分析入門（上・下）』新潮文庫（原書1917年）。
- ●フロイト自身がウィーン大学の夜間講義で語った講義録で，精神分析理論を概説的に論じたものであり，彼の著作のうちで最もわかりやすいものとされている。

諸富祥彦，1997『カール・ロジャーズ入門——自分が"自分"になるということ』星雲社。

- ロジャーズの生涯について詳細に調べ，いきいきとロジャーズの人となりを描写している。ロジャーズ理論を理解し，その発展の歴史をたどるうえで格好の道しるべとなるに違いない。

佐治守夫・飯長喜一郎 編，1983『ロジャーズ クライエント中心療法』有斐閣新書。
- ロジャーズの来談者中心療法について，彼の著作集を読み解くように解説されたものである。入門書として最適である。

吉川悟，1993『家族療法──システムズアプローチの〈ものの見方〉』ミネルヴァ書房。
- システム理論の考え方を，豊富な図によってわかりやすく解説している。ナラティブ・セラピーなどその後の理論的展開への橋渡しとして役立つものといえる。

丹野義彦・石垣琢麿・毛利伊吹・佐々木淳・杉山明子，2015『臨床心理学』有斐閣。
- 最新の文献を駆使して臨床心理学の新しい専門的知見を紹介した専門書である。カウンセリング・心理療法を志向する実践家・研究者に推奨される。

Chapter 22 ● 練習問題

❶ 精神力動論的アプローチと行動主義・認知行動主義的アプローチの違いについて調べ，おもな対立点を比較してみよう。
❷ ロジャーズ理論の発展の過程をたどってみよう。感情の明確化，人格変化が生じるための必要かつ十分な条件，エンカウンターなど，時代とともに力点の置き方がどのように変化していったのかを調べてみよう。
❸ 不登校の事例を集め，それぞれの事例について，行動分析を行えばどのような随伴関係が明らかになるか推測してみよう。また，それを可能にするのには何がわかる必要があるのかを考えてみよう。
❹ 「……でなければいけない」「……するべきだ」という不合理な信念に縛られている例が身近にないか考えてみよう。
❺ めぐりめぐって原因が結果となり，結果が原因となるような円環的因果関係の身近な例を考えてみよう。
❻ 第3世代の認知行動療法と呼ばれているものにはどんなものがあるのか調べてみよう。

HINT ● p.634

第23章 カウンセリングの実際

かかわりの技法

かかわり技法の練習

- KEYWORD
- FIGURE
- TABLE
- COLUMN
- BOOK GUIDE
- EXERCISE

CHAPTER 23

　カウンセリングの理論をいくら学習しても，それだけですぐにカウンセリングを実践できるものではない。実習を重ねることが必要である。臨床的な場で実習を重ね，指導を受けながらカウンセラーとしての実践力をつけていかなければならない。しかし，実際の臨床の場に入る前に，まず基本的なかかわりの技法について理解し，それらを実習しておくことも重要である。理論的な考え方が違っても，すぐれたカウンセラーの面接の仕方はかなり共通しているといわれている。初心者はそのような共通する部分について，十分な基礎固めをしておくことが必要であろう。それでは何がカウンセリングの基礎となる技法といえるのだろうか。

PREVIEW

> **KEYWORD**
>
> マイクロカウンセリング　かかわり行動　質問技法　反映技法　面接の構造化　積極技法　発達論的視点　認知発達的スタイル　ニューロカウンセリング　不登校の理解

1 基本的なかかわり技法

　前章で述べたように，カウンセリングや心理療法には多様な考え方があるが，それらの考え方と実際のカウンセリングの実践とはどのようにつながっていくのだろうか。ランバート（Lambert, 1992）は，長年にわたるカウンセリングや心理療法の研究を分析し，興味深い結果を得ている。すなわち，多くのカウンセリングや心理療法でクライエントにとって効果があったのは，第1にクライエント自身とクライエントを取り巻く状況に関わる個人的要因であった（40％）。次に，カウンセラーとクライエントの関係性に関わる要因が重要であった（30％）。もっと重要であると思われている技法に関わる要因（15％）とクライエントの期待の要因（15％）は，残る割合を二分していた。

　この結果が示すように，カウンセリングの理論に基づく技法については，効果性の面からいうとそれほど大きな割合を占めるものではない。むしろ，クライエントとのよい人間関係を築くことの方が重要である。信頼しうるよい関係を築くことができれば，それを基盤にしてクライエントのより具体的なニーズに応じてカウンセリングを進めることができる。したがって，まず必要なことは，よい人間関係を築くための基本的なかかわり方を学ぶことである。

マイクロカウンセリング　初心者を対象とするカウンセラー訓練プログラムには，いくつかのものがある。たとえば，イーガン（Egan, G.）の熟練援助者訓練プログラムやカーカフ（Carkhaff, R.）のヒューマンリソース開発モデル，ケーガン（Kagan, N.）の対人過程想起法，ヒル（Hill, C.）のヘルピング・スキルなどがよく知られている。また，アイビイ（Ivey, A. E.）のマイクロカウンセリング（microcounseling）もアメリカの多くの大学で用いられているものの1つである。訓練の方法は多少違うが，目標

としていることはよく似ている（Baker & Shaw, 1987 ; Baker et al., 1990）。

ここではマイクロカウンセリングの考え方に従って，基本的なかかわり技法（basic attending skills）について述べることにしよう。マイクロカウンセリングというのは，特定の理論に基づくものではない。それはさまざまなカウンセリングや心理療法に共通する基本的技法を収集し，それらを組み込んだマイクロ技法の階層表（図23-1）に従って，1つひとつの技法を所定の手続きで習得させていくものである。その意味でマイクロスキル・アプローチ（microskills approach）と呼ばれている（Ivey et al., 2014 ; 玉瀬, 2004, 2008）。

かかわり行動

私たちがはじめて人と出会ったときの第一印象は，その人全体を理解するのにきわめて重要な要因となる。場合によっては，後々まで最初の印象の影響が残ることもある。また，その第一印象が的を射ていることも多い。そうしたかかわり行動は，クライエントとのコミュニケーションの基礎となる。それでは最初に人と出会ったときに，私たちは相手のどこに注目し，何を見ているのだろうか。

言葉以外の要因，すなわち非言語的なコミュニケーションの手がかりについては多くの研究が行われてきている（Hargie et al., 1987）。私たちは人とコミュニケーションをするとき，普通は言葉のやりとりによって情報を交換し，相手を理解すると思いがちである。しかし，じつは言葉による理解というのは，コミュニケーションのごく一部にすぎない。従来の研究によれば，人を理解するときの情報としては，非言語的な手がかりの方が言語的な手がかりよりもむしろ多いといえる（春木, 1987）。このことについて少し考えてみよう。

(1) **時間** 人によって，時間の使い方には違いがある。約束の時間をきっちりと守る人，時間にこだわらない人。決められた時間のなかで，必要なことを要領よく配分して話せる人，時間の配分ができない人。カウンセリングの場面でも，残り時間があとわずかという頃に，一番大事な話を持ち出してくるクライエントもある。話すときの間のとり方は格別重要である。人それぞれに落ち着く間合いというものがある。

(2) **空間** 人との距離のとり方や座る位置などでも心理的な影響は異なる。電車に乗って，4人がけのボックスに見知らぬ人と座るときの居心地の悪さを味わった人はいるだろう。落ち着いた雰囲気を作るためには，空間の使い方や椅子の配置に十分注意しなければならない。

FIGURE 23-1 ●マイクロ技法の階層表

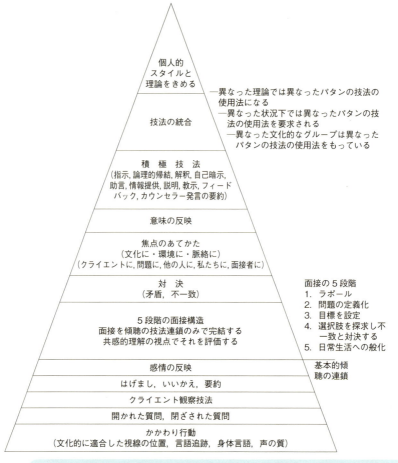

この技法の階層表（三角形）は1985年のものを原型とし，1995年に改定されたものである。福原（2007, p.352）によれば，この階層表については，「アイビイは何度か修正をこころみているが（1993, 1995, 1997, 2003, 2007），現在のものは最下段に民族，多重文化，コンピテンス，ウエルネスの項目を加え，クライエントの発達と多重文化的存在への理解を強調している。(Ivey, A. & Ivey, M. 2007 Intentional interviewing and counseling. 6th ed. U.S.: Thomson Brooks/Cole)」とある。

（出典）　福原ほか，2004；著作権者の許可を得て掲載。

(3) **身体的行動** 視線の向け方，顔の表情，顔の色つや，体の動き，姿勢などは相手を理解する重要な手がかりとなる。心配ごとや悩みがあるときは顔に緊張感がある。自信がないときは伏し目がちになる。解決の糸口が見つからないときは腕組みをしたりする。

カウンセリングにおいて，クライエントの顔をどの程度見つめればよいであろうか。これはもちろんクライエント次第である。ずっと見つめていてほしいという人もいれば，見つめられるとつらいと感じる人もいる。実践の場では，クライエントの思いをすばやく読み取る力量が求められる。

(4) **外観** 外出するときの服装や持ちものなども，そのときどきの心理状態によって異なるであろう。音楽会や観劇に出かけるときの服装と，カウンセリングを受けに来るときの服装は少し違うのではなかろうか。したがって，身だしなみや持ちものなどからも心理状態は推察される。

(5) **音声** 相手がしゃべっている言葉の内容とは別に，音声には多くの手がかりがある。言葉の速さ，高さ，声の大きさ，なめらかさ，言葉の丁寧さなどである。クライエントのなかには，言葉少なくとつとつとしゃべる人もいる。その声の調子でクライエントの心理状態を察することができよう。

これらのことからわかるように，言葉以外の要因はじつに多様である。すぐれたカウンセラーになればなるほどこれらの多くの手がかりに敏感であり，わずかな兆候でもクライエントにとって重要なものを見逃さない。初心者は，訓練の過程でまずこれら1つひとつの手がかりに意識的に注目し，その意味について理解しようとすることが大切である。

質問技法

次に，言語的な技法（質問技法）に移ろう。カウンセリングの場面では，クライエントに対して何らかの質問をすることが必要になる。その際，どのように質問をすればよいだろうか。質問についての研究にはさまざまなものがある。たとえば，裁判を扱った外国映画で，質問の仕方によって法廷での評決が大きく左右されるのを見たことがあるだろう。このような質問では，確たる証拠を得るために，相手に曖昧な返答をさせないように工夫されている。学校においては，教師が効果的に質問（発問）をすることによって，生徒に考える力をつけさせることができる。この場合は，どのように質問すればよりよく考える力を養うことができるかが問題となるのである。

カウンセリングにおいては，どのように質問すればクライエントに自分の思いを自由に表現させることができるかが重要な課題である。カウンセリングの領域では，従来，2種類の質問が区別され，目的に応じて使い分けられている。1つはクライエントが自由に答えられるような質問であり，開かれた質問（open questions）と呼ばれている。もう1つは決まった答えを求めるような質問であり，閉ざされた質問（closed questions）と呼ばれている。たとえば，「どんなことでお悩みなのですか？」というのは開かれた質問であり，「カウンセリングを受けたことがありますか？」というのは閉ざされた質問である。開かれた質問には決まった答えはなく，どのように答えてもよい。それに対して，閉ざされた質問は「はい」や「いいえ」，あるいは一言で答えられるような質問である。

カウンセリングのなかではこれらの質問が必要に応じて適切に使い分けられている。初心者は意識的にこれら2種類の質問を識別し，使いこなせるように練習することが望ましい。たとえば，3人1組になって2, 3分ずつ互いに練習してみると，なかなか難しいことが実感できよう。また，実際に練習を繰り返すことによって，徐々に効果的な使い方に習熟することができる。よりよいカウンセリングの実践を行うには，このような基礎練習がきわめて有効である。

反映技法

カウンセリングを受けた人は，どのようにして自分の問題を解決することができるようになるのだろうか。何によってクライエントは満足するのだろうか。これは難しい問題である。しかし，少なくともクライエントは1人で悩んでいたときよりも，自分を理解することができるようになるはずである。そうでなければ，カウンセリングは成功したとはいえない。クライエントの自己理解を促すために，初心者にも取り組める重要な技法として反映技法（reflecting skills）を取り上げる。反映技法とは，相手の言ったことを受けとめてそれを伝え返すことである。

(1) はげまし　　適切なうなずきと相づち，クライエントが言った重要な言葉（キーワード）を繰り返すことなどをはげましといい，これらは反映技法に含まれる（玉瀬・石田，1996）。クライエントにとって，自分が思っていることを十分表現できることは自己理解に役立つであろう。

(2) いいかえ　　クライエントは怒りや不安などの感情に支配されており，概して，はじめはまとまりのない話し方をする。カウンセラーにも話の筋がよ

くつかめないこともある。このような場合，クライエントの言葉を繰り返したり，言いかえたり，要約したりして，急がず正確にクライエントが表現しようとしたことを聴き取っていくことが大切である。カウンセラーが「いいかえ」の技法を用いたときに，「ええそうなんです」というような答えが返ってくればカウンセリングはうまくいっていると判断できる。「いやそうではないんです」といわれれば，もう一度聴き直さなければならない。そのまま話を聴いていくとそれがやがて大きな歪みになる可能性もある。このような過程を根気強く繰り返していくことによって，カウンセラーはクライエントをよりよく理解できるようになり，またクライエントは自分が置かれている状態を冷静に見つめることができるようになる。

　クライエントの言葉をカウンセラー自身の言葉に置き換えて表現することは，双方の共通理解を深めるのに役立つ。クライエントの言葉をたんに繰り返しただけでは，どれだけカウンセラーがわかってくれたのか不確かである。いいかえを行ってそれが的確であれば，確実にカウンセラーに理解されたことがわかる。カウンセラーは，自分がクライエントを理解しているかどうかをチェックする意味でも，ときどきいいかえを用いることが望ましい。

　(3)　**感情の反映**　　人の感情と思考と行動の間には密接な関係がある。感情が高ぶると思考が乱れ，感情や思考が不安定になると行動も乱れる。逆の場合もある。行動が乱れると思考や感情にも影響する。たとえば，失恋をした場合，それを恥ずかしいと思う人（思考と感情）は人前に出るのを避ける（行動）かもしれない。ところが，人目を避けているうちに，ますます恥ずかしさが増してくることもある。このような悪循環に陥ると，もともとは何でもないことでも悩みが深まってしまうことになる。

　喜び，怒り，悲しみ，恐れ，不安などは人の感情（情動）の最も基本的なものである。人は感情が落ち着いていて，習慣的な行動が順調に進んでいるときには健康感や幸福感をもつことができる。しかし，ものごとが順調に進まず，予期せぬ出来事や病気などによって生活状況に変化が生じると，混乱し，どう対処すればいいのかがわからなくなってしまう。わずかなことでも人に不当に非難されたり，思わぬ失敗を経験したりすると感情が高ぶり，どうしようもなくなることもある。

　悩みを抱いているクライエントは感情も穏やかではない。カウンセリングの

FIGURE 23-2 ● クライエントの感情

あらわに示されている単純で外顕的な感情を反映することは，それほど難しくはない。しかし，入り混じった複雑な感情になるほど，またそれらが間接的にしか表現されていない場合ほど，的確にそれらを反映することは難しい。

(出典) 玉瀬ほか，1990 より。

初期の目的は，クライエントの感情を受け入れることである。クライエントが話す内容は，怒りに満ちたものであるかもしれない。あるいは，想像を絶するような深い悲しみであるかもしれない。図23-2に示したように，それらが言葉で表現されている場合（外顕）もあれば，感情は直接言葉にはあまり表現されず淡々と述べられる場合（内潜）もあるだろう。

先に「いいかえ」の技法について述べたが，とくに感情に関わる部分に焦点をあてて言いかえるのが**感情の反映**（reflection of feeling）である。単純で外顕的な感情の反映については初心者にもできる（玉瀬, 1990）。しかし，複雑で内潜的な感情の反映については，よほど練習を重ね，実践を積まなければ習得することは難しい。

基本的傾聴の連鎖

これまでに述べてきたかかわり技法のそれぞれを繰り返し練習し，それらを自由に組み合わせて**基本的傾聴の連鎖**（basic listening sequence）として用いると，実際の面接をスムースに行うことができる。たとえば，「かかわり行動」から「開かれた質問」に移り，そこでの応答に「いいかえ」で答え，さらに次の応答に「感情の反映」で応じ，問題を確認する意味で「閉ざされた質問」をする。基本的傾聴の連鎖とは，このように1つの話題の進行に合わせて一連のマイクロ技法を用いることである。もちろん，実際の面接でそのようなことをいちいち考えながら進めていたのでは面接にはならない。したがって，実際の面接の際には先に

述べてきた基本的なかかわり技法が，自由自在に使えるようになっていなければならない。実際の面接ビデオについてマイクロ技法を用いて分析し（マイクロ技法分析），個々の技法がどのように用いられているかを検討することも訓練の重要な一部になる。ただし，技法のみにとらわれて傾聴の態度そのものが損なわれたのでは真の訓練とはならないであろう。

2 臨床的面接の一般的な進め方

大人の場合

ここで，しばらくマイクロ技法訓練の話題から少し離れて，実際の臨床的面接の進め方について述べておこう。心理臨床家（サイコセラピスト，カウンセラー）が行う面接の内容については，一般の人に知らされることは少ない。最近はテレビなどで，断片的な場面だけが伝えられ，一般の人の誤った認識を助長している場合も少なくない。その結果，たとえば臨床心理士を夢の職業のように思い，資格の取れる大学院へと多くの学生が殺到するという事態も生じている。心理臨床の実践は厳しく，難しい仕事であることを理解していなければならない（鑪・名島，2010）。

心理臨床の実践における面接は，インテーク面接（受理面接）とその後の援助的面接に分けられる。ただし，このことは個人で開業するクリニックの場合と公共機関で複数の担当者が役割分担して相談にあたっている場合など，相談窓口の状況によって対応は異なっている。インテーク面接は，その後の面接の成否を左右するほど重要なものである。

(1) **インテーク面接** まずクライエント（client；来談者）がどのような状態であるのかを理解する必要がある。悩みが深刻であればあるほど問題はこじれ，さまざまな要因が絡まっている。したがって，よほど注意深く聴いていかなければ問題を正しく理解することはできない。まず，クライエントが自由に，思いのままに語れる雰囲気を創り出すことが重要である。クライエントとセラピストの間で，何でも話せるような雰囲気のことをラポール（rapport）という。ここで生まれる関係のよしあしによって，その後の面接が成功するか否かが決まるといえよう。

(2) **主訴** インテーク面接でクライエントが最初に訴えてくる問題が主訴である。たとえば，ある男性は職場で自分だけがのけ者にされているという訴えで来談するかもしれない。あるいは，ある母親が娘の非行のことで来談するかもしれない。どのような問題であれ，主訴にはじっくりと耳を傾けなければならない。クライエントがセラピストを信頼できると感じたところから，本当の面接が始まるといってよい。具体的にどういう状態であるのかを知る必要がある。ただし，事実の収集だけに注意を向けていると，じつは本当に話したかったことは別のことだという場合もありうる。

したがって，何を話したいのか，話したいのは具体的な事実なのか，それとも自分が置かれている状況についての思いなのかを注意深く聴き取らなければならない。症状の形成過程を理解する必要がある場合は，生育歴や家族状況，これまでの通院歴などを聴くことになろう。家族関係や家族の生活状況も多くの場合，クライエントを理解する重要な手がかりとなる。これらはカウンセラーの側から問いただすのではなく，クライエントから自発的に語られることが重要である。

(3) **援助的面接** クライエントの問題は，最初のインテーク面接だけで理解できるとは限らない。インテーク面接とその後の援助的面接は同一のセラピストによって行われる場合もあるが，別のセラピストに担当が移される場合もある。援助的面接に入ると，その発展過程にはいくつかの段階があるといえる。それはクライエントの問題によって，個々に異なるものである。最初の主訴から本当の問題が徐々にずれていったり，変わってしまったりすることも多い。その際，セラピストがどこまでを支援上の問題と考えるかが重要である。限りなくクライエントの訴えにつきあっていくと，一生のつきあいにならないとも限らない。そのような関係は好ましいものではない。心理的援助は，あくまでもクライエントの自立をねらったものであるはずだからである。

(4) **援助回数** 最近は，支援上取り上げる問題を明確にし，所定の効果が上がれば終結するという方向がとられつつある。何もかも治さなくても，ある程度の改善が見られれば，後はクライエントが自力で回復できるという考え方である。全体の面接回数についても，過去には100回も200回も行った例も珍しくはなかったが，効果性を重視する意味からそのような進め方は現在ではあまり歓迎されなくなってきている（上地，2014）。

以上は，臨床的面接の一般的な過程について述べたものである。初心者はカウンセリングの基本的な技法を身につけつつ，このような面接の実践に取り組むことが必要である。

 子どもの場合は，言語的な表現力に限りがあるので，言葉での面接のみでは十分とはいえない。むしろ遊びを通してクライエント（対象となる子ども）の心の状態を把握し，その変容を促していかなければならない。遊びを通しての心理的援助を遊戯療法（play therapy；プレイセラピー）という。

　遊戯療法についても，基本的な考え方は大人の場合と変わらないが，子どもの心理的状態をどのように把握するかは，前章で述べた多様な理論的立場に応じてさまざまである。たとえば，あくまでも子どもの内的世界の過去から現在に至る形成過程を重視する精神力動論的アプローチや，現在の内的世界の歪みを問題にする来談者中心的アプローチもあれば，子どもの行動を維持する要因を調べ，随伴的な因果関係を改善しようとする行動論的アプローチもある（石川，2013）。

　子どもとの面接や遊びでは，室内外に備えられた各種の遊具のほかに，筆記用具や雑誌の切り抜き，粘土などが用いられることも多い。また，日本でとくに発展したものとして，規定の大きさの箱庭と任意に集められたミニチュアを用いて行う箱庭療法がある（木村，1985）。

　遊戯療法の発展過程では，一般的に，カウンセラーの介入によって子どもの状態はいくつかの段階を経て変化し，終結へと向かう。その間に，カウンセラーへの攻撃行動が現れたり，依存的態度が顕著になったりする場合も多い。カウンセラーはこのような子どもの変化の意味を十分に理解し，適切に対処しなければならない（日本遊戯療法学会，2014）。

SECTION 3　面接の構造化

　ここで再びマイクロカウンセリングに話を戻そう。マイクロカウンセリングの基本的傾聴の連鎖を用いれば，初心者でも面接は可能となる。その際，カウンセリングの過程をどのようなものと考えればよいのか，ある程度の見通しを

もって取り組まなければならない。すでに述べたように，心理療法やカウンセリングの過程で見られる変化には，いくつかの段階がある。アイビイとマシュウス（Ivey & Matthews, 1984）は多くの心理療法やカウンセリングに見られる過程を分析し，意思決定に関わる5段階のメタモデルを提唱している。この考え方を取り入れて，マイクロカウンセリングでは面接の構造化について5つの段階に分けて考えている。先述の面接の一般的な進め方でいえば，援助的面接の部分についてさらにくわしく述べることになる。

第1段階——ラポールの形成

カウンセリングは，まず信頼関係を形成することによって成り立つものである。クライエントが，このカウンセラーは自分のことをわかってくれる人だと思わないかぎり好ましい結果を期待することは難しい。初回面接でどんな印象をもたれるかによって，その後のカウンセリング過程は大きく左右される。親しみのもてる場の雰囲気，すなわちラポールをいかにして形成するかが重要である。ラポールは話し始めてすぐに形成される場合もあるが，2回，3回と回を重ねてはじめて形成される場合もある。また，ラポールは最初にだけ必要なのではなく，その後のすべての面接において必要であることを理解しておかなければならない。

第2段階——情報の収集

ラポールが形成されると，次に必要なことはクライエントの問題をいかに的確にとらえるかということである。クライエントは，自分自身とまわりの状況をどのように見ているのだろうか。悩みの状態が深刻であればあるほど，自分自身や周囲への見方は歪んでくる。クライエントを取り巻く外部の状況を，客観的にとらえておくことも重要である。カウンセラーは面接を進めながら，クライエントに共感しつつも，何が問題なのかを探っていかなければならない。

第3段階——目標の設定

クライエントの問題が把握できたら，次の段階はクライエントが何を求めているのか，どうなりたいのかを知ることである。この段階は，カウンセラーとクライエントの共同作業である。多くの場合，クライエントははじめから自分がどうしたいのか，どうなりたいのかがわかっているわけではない。実際には，目標が定まらないままに多くの時間を費やすこともある。しかし，目標が定まらないカウンセリングはその是非を評価するのも難しい。

第4段階——選択肢の探究

目標が見えてくれば，次にはその目標を達成するために何ができるのかを考える。ただし，その目標はクライエントにとっての最終目標である必要はない。とりあえずできそうなこととしての下位目標と考えればよいであろう。目標は目に見えるようなものばかりではない。たとえば，感情が高ぶらないようにするというような内的なものであってもかまわない。自分を変えようとするならば何かを始めなければならない。しかし，クライエントは自分1人ではその第一歩が踏み出せないのである。

第5段階——般化と転移

少しでも何かできることが見つかれば，それをより確実なものにし，自分の生活習慣のなかに定着させることが必要である。たとえば，人に話しかけるのが苦手な人でも，カウンセラーの援助によってチャンスを逃さず何度も繰り返し話しかけているうちに，新しい習慣が身につくこともある。しかし，新しいことができ始めても，それを習慣化し，定着させるのは容易ではない。カウンセリングが成功したか否かは，ある程度安定して新しい習慣が身についた段階で判断すべきである。

　ここに述べた5つの段階は，必ずしもこの順序でカウンセリングが進むことを意味するものではない。同時にいくつかの段階が進行することもありうるし，途中の段階から前に戻ることもあるだろう。また，理論的な背景の違いによって，ある段階が重視され，他の段階はあまり問題にされない場合もあろう。たとえば，来談者中心的アプローチでは，第1段階から第3段階あたりが重視され，行動論的アプローチでは第2段階から第4段階までの部分が重視されているとも考えられる。もちろん，このようなことは固定的に考えるべきではない。おおまかなカウンセリング過程の流れとして理解しておけばよいといえよう。

　ここに述べた5段階はかなり普遍的なものと考えられるが，アイビイらのその後の改訂（Ivey et al., 2014）では，第1段階を「共感的関係の形成」，第2段階を「物語と強みの探求」，第3段階を「目標の設定」，第4段階を「新しい物語の構築」，第5段階を「行動化」と表現している。この変更は学界の新しい動向を踏まえて行われたものと推察されるが，筆者はこのような変更にそれほどこだわる必要はないのではないかと考えている。

SECTION 4 行動の変容を促すさまざまな技法

　第1節では個々の基本的なかかわり技法について述べたが，実際のカウンセリングの場面では，瞬時にこれらを組み合わせて巧みに用いなければならない。実践では型通りに進まないことはいうまでもない。マイクロ技法の練習においても，短い面接場面を設定してかかわり技法の組合せを何度も練習し，互いにフィードバックを重ねながら基本的傾聴の連鎖を習得していくのである。これらの基本を踏まえたうえで，さらに多様な技法について取り組む必要がある。

積極技法

　カウンセラーになるためには，基本的なかかわり技法を習得しただけでは十分ではない。実践に際しては，さらに多様な技法を習得していることが求められる（Corley, 2009; 福原, 2012; Hill, 2004）。マイクロカウンセリングで積極技法と呼ばれている技法群は，クライエントが現状から抜け出し，積極的に変わろうとすることを援助する場合に使われる。積極技法には，指示，自己開示，フィードバック，意味の反映，解釈，対決，論理的帰結，教示・心理教育，ストレスマネジメント，治療的ライフスタイルの変更などがある。ここではそのうちのいくつかを紹介しよう。

指示

　カウンセリングについて学んだことのある人のなかには，カウンセリングでは指示（directives）を与えてはいけないものと理解している人がいるかもしれない。一方，クライエントは何か指示を与えられるものと思って来ている場合が多い。指示を用いるのがよいかどうかは，理論的な立場によっても考え方はかなり異なる。

　あるカウンセラーは，「ここに木を描いてください」とか「私と同じように言ってみてください」などと特定の行動を指示するかもしれない。また，「今日，帰ったらこの記録表に記入してきてください」などと課題を与えるかもしれない。指示は具体的なものであればあるほど従いやすいが，それだけ強制力も強い。不適切な指示に対しては，クライエントは抵抗を示すだろう。適切な指示はカウンセリングを進展させるのに役立つが，不適切な指示を与え続けるとクライエントとの信頼関係は壊れてしまう。

自己開示

対人的な場面で，人が自分自身のことを話すことを自己開示という。カウンセリングにおいても，カウンセラーがクライエントに自分のことを話すことを自己開示（self-disclosure）という。カウンセラーが自己開示をすることによって，クライエントはカウンセラーの人間性に触れることができる。たとえば，カウンセラーがクライエントと似たような経験を語ることで，クライエントはカウンセラーにそれまでとは違った親近感をもつようになるかもしれない。しかし，カウンセラーの自己開示はカウンセリング関係を損なう危険性もはらんでいる。タイミングよく，適度に自己開示できるようになるのにはかなりの経験が必要である（Derlega & Berg, 1987，玉瀬，2008）。

解釈

反映技法で述べたいいかえや感情の反映は，あくまでもクライエント自身のものの見方を反映するものであった。それに対して，解釈はカウンセラーのクライエントに対するものの見方を示すものである。すなわちクライエント自身の視点を離れて，新しい視点からクライエントを見つめるものである。それはクライエントが今まで考えたこともなかったような考え方である。

たとえば，不登校で学校に行かないことはいけないことだと思っている家族がいるとする。この家族に対して，不登校や非行が家族の絆を強める場合もあるという考え方を示すのである。1つの事象に対して，解釈はいくつも考えられる。どれか1つだけが正しいとは限らない。また，カウンセラーが何らかの解釈をしたとしてもそれがクライエントに受け入れられなければ有効なものとはならない。解釈をどの時点でどのような表現で行うかは，カウンセリングの重要な課題である（玉瀬，2008）。

一般的に，解釈といえば精神分析的な解釈を連想しがちであるが，必ずしもそうとは限らない。認知行動療法的な解釈もあれば，家族療法的な解釈もある。クライエントにとって新しい視点となるようなものであれば，それは解釈であると見なされる（山本，1997）。

対決

クライエントは，何らかの形で自分もしくは自分と環境との関係が変わることを求めている。最初は周囲の誰かが変わることを求めている場合も多い。問題は自分にあるのではなく，相手が悪いのだと主張するかもしれない。しかし，カウンセリング

が進展するにつれて，問題を自分自身のこととして見るようになってくる。クライエントにとって重要な課題は，いかにして自分自身と向き合い，自己変革をとげることができるかである。今まで築き上げてきた自分の枠組みを変えるということは，容易なことではない。しかし，自分自身と対決することによって，クライエントは今までよりももっと柔軟に，より広い視点からものを見ることができるようになる。カウンセラーの重要な役割の1つは，クライエントが自己の矛盾と対決できるように援助することである。それにはこの段階に至るまでの周到な準備と適切な援助が必要となる。

治療的ライフスタイルの変更

最近の脳科学的研究の発展にはめざましいものがあるが，アイビイ（Ivey et al., 2014）はカウンセリングにおいても脳科学的知見を取り入れて健康に役立つ要因を重視すべきであると主張している。すなわち，健康を保持・増進するためには，①運動，②睡眠，③栄養，④社会的交流，⑤知的挑戦の5つの要因が不可欠であると考えている。クライエントの眼前の問題を扱うことだけを視野に入れていると，ここに挙げられている基本的な生活習慣を見落としてしまいがちである。従来のカウンセラーは，あまりこのような視点ではクライエントをとらえてこなかったといえるだろう。改めてこれらの要因の重要性に目を向け，意識的にこれらの要因を再確認したうえでカウンセリングを進める必要があるのではないだろうか。毎日の運動が十分できていないクライエントは多いし，睡眠や栄養が不足しているクライエントも多い。これらを改善することなしにクライエントの行動変容を期待しても，根本的な健康の改善にはつながらないといえよう。脳科学的知見からも，これらの要因が情動の安定や知的機能の回復に欠かせないものであることが示唆されている（Ratey, 2008）。

SECTION 5　カウンセリングにおける発達論的視点

カウンセリングで必要なさまざまな技法について述べてきたが，実際のクライエントに対して，適切にそれらの技法を用いるのには，クライエントの状態を理解するための何らかの理論的な枠組みが必要である。

COLUMN 23-1 マイクロカウンセリングの発展にまつわるエピソード

　マイクロカウンセリングという用語は，アイビイらがアメリカ心理学会カウンセリング部門の機関誌『カウンセリング心理学研究』(*Journal of Counseling Psychology*)で，カウンセリングの具体的技法としてのかかわり行動を取り上げた際に用いたのが始まりである（Ivey et al., 1968）。まず，かかわり行動にまつわるエピソードを紹介しよう。

　当時，アイビイらはすでに何カ月もの間，援助技法に関する基礎的実験を繰り返していたが，なかなかうまくいかなかった。そこで秘書を呼んできて，数分間だけ学生ボランティアと面接するように頼み，それをビデオに撮ってみた。この秘書の面接はさんざんなもので，まるでかかわり行動にはなっていなかった。秘書とともにビデオテープを見ながら彼女のかかわり行動について検討し，その後，どうすればよいかを教えてもう一度面接をしてもらった。すると今度は見違えるほどうまくなり，まるで熟練カウンセラーのようにかかわり行動を行ったのである。この経験は多くのことを示唆するものであった。たんに経験を重ねるだけの従来の方法なら1年を要した実習を，わずか20分ほどで達成し，しかも従来以上の変化をもたらすことができたからである。この秘書の変化はたんなる一時的なものではなく，彼女はその後も夫も認めるほどに以前とはまるで違う人との対応の仕方を身につけてしまったのである。

　このように，マイクロカウンセリングは教示，示範（モデリング），練習（リハーサル），フィードバック（強化）を繰り返すことによって個々の技法を教え，技法を統合していく訓練プログラムである。その後，現在までにかかわり行動を中心に450以上のマイクロ技法に関する研究が行われてきている。ベイカーほか（Baker & Daniels, 1989；Baker et al., 1990）はメタ分析によって，マイクロカウンセリングの効果性を確認している。Baker & Daniels (1989) では146の研究が取り上げられたが，そのうち効果量（effect size；ES）を調べうる研究は81あり，それら全体の不偏効果量（unbiased ES）は.81で，十分効果のあるものと認められている。

　カウンセリング実習においては，実際のかかわり方が問題である。そこに焦点をあてて，いかにすれば効果的なかかわり方ができるのかを研究していくのがマイクロカウンセリング研究の特徴である。

ここでは，筆者が関心をもっているピアジェの認知発達理論とカウンセリングを結びつけたアイビイの発達カウンセリング・心理療法（Developmental Counseling and Therapy ; Ivey, 1986, Ivey et al., 2005）の考え方を紹介することにしよう。すでに第11章で述べられているように，子どもの発達過程を理解する際に，ピアジェの考え方はきわめて有用なものである。悩みに陥ったときのクライエントの状態は，ある意味で子どもの認知発達上のある状態とよく似ている。そこで，子どもの発達状態と対比して発達論的視点からクライエントをとらえてみると，その状態がよく理解できるのである。

認知発達的スタイル

悩みの渦中にあるクライエントは，問題に対して適切に判断したり，冷静に対処したりすることが困難である。「どうしたらいいのかわからない」というのはまさにそのことを意味している。ピアジェの言葉を使えば，「操作できない」ということである。すなわち，感覚運動的段階もしくは前操作的段階にあるといえる。たとえば，家族が突然亡くなって途方に暮れている人は，呆然としてすぐに何かを始めることはできないであろう。しかし，事態を冷静に受け止められるようになってくると，何からどんな順序でやっていけばよいのかがわかってくる。その方法がただ1つである場合は，具体的操作の段階にあるといえる。いくつかの対処法が考えられ，より適切な方法を選んで対処できるようになれば形式的操作の段階に移行したと想定できる。アイビイは，それぞれのクライエントの状態を段階という縦の関係でとらえるよりも，スタイルという言葉を用いて，縦と横の両方を含む関係で表した方が望ましいと考えた（表23-1）。すなわち，どの要素も重要であって，どれが上位でどれが下位であるという考え方をしなくてもよいということである。個々の認知発達的スタイルの特徴を以下で述べよう。

① 感覚運動的スタイル（sensorimotor style）では，クライエントはある人に対する怒りが収まらないとか，ねたましい気持ちがわき上がってどうにもならないなど，今ここでの感情に支配され，事態を冷静に見つめることができない。はじめてカウンセリングにやってきたクライエントは，多くの場合このような状態にあるといえよう。

② 具体操作的スタイル（concrete-operational style）では，クライエントは悩みの事態を順序立てて話すことができる。カウンセラーにとって，クラ

TABLE 23-1 ピアジェの発達段階とアイビイの認知発達的スタイルの比較

ピアジェ	アイビイ	キーワード
感覚運動的段階	感覚運動的スタイル（前期）	見える，聞こえる，感じる
前操作的段階	感覚運動的スタイル（後期）	思いこむ，信じる
具体的操作段階	具体操作的スタイル（前期）	……する
	具体操作的スタイル（後期）	もし……なら……する
形式的操作段階	形式操作的スタイル（前期）	パターン，自己
	形式操作的スタイル（後期）	パターンのパターン
	弁証体系的スタイル（前期）	統合
	弁証体系的スタイル（後期）	変換，再統合への挑戦

　ピアジェの前操作的段階はアイビイでは感覚運動的スタイルの後期に位置づけられる。このスタイルのクライエントは，たとえばエリス（Ellis, A.）のいう不合理な信念が顕著に示されている人などを考えてみるとよい。

（出典）　玉瀬，1998 より。

イエントが話す内容に順序性があればかなり聴きやすくなる。何があったのか，どういう状況なのかを順序立てて話すことができるということは，客観的に事態をとらえることが可能になりつつあることを示している。

③　**形式操作的スタイル**（formal-operational style）では，クライエントは事態をさらに客観的にとらえることができる。自分の置かれている立場を分析したり，自分の陥りがちな行動パターンについて考えたりすることができる。クライエントは自己を内省し，自分自身を客観視して分析・評価することができるようになっている。

④　**弁証体系的スタイル**（dialectic-systemic style）では，クライエントは視点をよりいっそう広げ，母親，父親，友人，教師など他者の立場に立って自分を見つめ直したり，他者の感情にまで思いをいたしたりすることができる。新しい視点を学ぶたびに気づきを増やし，自力で自己洞察を深めていくことができる。すなわち，自己変革が可能な状態であるといえる。

　これらのスタイルは，すべてが必要なものであって，いずれか1つのスタイルしか機能していない状態は望ましいものではない。クライエントのなかには，冷静で自己を客観視できて内省的であるけれども，感情が抑制されすぎていて，あたたかく豊かな感情を表すことができない人もいる。また，ピアジェ学派の

間でしばしば取り上げられる領域固有性（domain specificity）の問題もあり，同じ人でも，あることに関しては感覚運動的スタイルにあり，別のことでは形式操作的スタイルにあるという場合も考えられる。1回のカウンセリングの間にも優位なスタイルは変化しうるものと考えてよいだろう。

同化と調節

ピアジェは認知的な枠組みをシェマ（schema）と呼んだ。乳児は，ものを手にとってなめたり，振ったりしながら原初的な感覚運動的シェマを形成する。やがてそれは反復的な経験を通してイメージや言葉などの表象の形で内在化され，しだいにその人の認知様式となっていく。さらにそれはさまざまな経験を取り込んでその人独自の認識や世界観へと発展していく。

したがって，シェマは新たな経験と出会うことによって変容することを余儀なくされる。これは均衡化（equilibration）と呼ばれる過程である。均衡化は同化（assimilation）と調節（accommodation）という2つの働きによって導かれる。同化とは，人が新しい経験を自己のシェマに適合させて理解することを意味している。調節とは，自己のシェマそのものを改変して，新しい経験を矛盾なく理解できるようにすることを意味している。

これをカウンセリングの場面にあてはめて考えてみよう。クライエントはすでにその人独自のものの見方，すなわち認知的な枠組みをもっている。カウンセラーは，当初何よりもまずそのクライエントのものの見方を尊重し，受容しなければならない。したがって，カウンセラーのいいかえなどの傾聴技法は，クライエントにとって自己の認知的枠組みと矛盾することなく受け入れられる。これはクライエント側では同化の過程である。しかし，カウンセリングが進展するにつれてクライエントは今までとは異なる自己のとらえ方を求め，変わろうとし始める。

当初は受け入れられなかった考え方でも，その時点でのカウンセラーの適切な解釈や対決によって，クライエントにも受け入れられるようになってくる。これは調節の過程である。そして，クライエントの認知的な枠組みが変わることによって，今まで受け入れられなかったような考え方でも，矛盾なく受け入れられるようになってくる。これは新たな同化である。このように同化と調節を繰り返しながら均衡化が何度も繰り返され，新しい枠組みが徐々に形成されていく（山本，2001）。

水平的発達と垂直的発達

クライエントの変化を発達論的に見ていく際に、水平的な発達と垂直的な発達を区別することができよう。このことは、人は本質的な部分まで変わることができるのか否かという問題と深く関わっている。人は誰でも先に述べた認知発達的スタイルのうちのいずれかが優位であると仮定できる。ある人はつねに具体的にものごとを考える傾向があり、ある人は筋を通すことにこだわり、ものごとを論理的・形式的に考える傾向がある。また、ある特定の事柄についてのみ理屈にこだわるという人もいる。

カウンセリングにおいては、まずその人の基本的なものの考え方を受け入れ、それに合わせることが大切である。自分の考えが受け入れられると、クライエントは安心し、落ち着いて自分を見つめることができるようになる。これは水平的な発達を促していることになる。すなわち、水平的発達とはその人の優位なスタイルをよりいっそう活性化し、本来のその人らしさを回復させることである。

それに対して、垂直的発達とはその人にとって十分機能していない他のスタイルを活性化させることである。すなわち、劣位なスタイルに働きかけて発達的な変容を促すことである。たとえば、形式操作的スタイルが優位な人には、感覚運動的スタイルを活性化させるためにリラクセーション訓練（成瀬, 2001）やゲシュタルト療法（倉戸, 2011）を適用するなどである。

認知発達的スタイルの査定と介入

すでに述べたように、カウンセリングを始めるにあたっては、まずラポールを形成し、次にクライエントに関する情報を収集することが必要である。その際、今クライエントはどのような認知発達的スタイルを示しているのかを把握することが大切である。

たとえば、「たぶん私がいけないのだとは思うのですが……」といって、いきなり自己反省的に自分のことを語り始めるクライエントが来たとしよう。防衛的ではあるけれども、自分の置かれている状況に対しては、かなり内省的に述べることができる。このクライエントの優位なスタイルは、形式操作的スタ

イルであると仮定できる。また、会社での上司への怒りをあらわにするクライエントが来たとしよう。このクライエントは、一方的に相手を攻めるような話しかたをするかもしれない。このクライエントの優位なスタイルは、感覚運動的スタイルであると仮定できよう。

前者の場合は、論理的に話を進め、さまざまな要因について分析し、隠された感情についても反映技法などを用いて明確化し、自己理解を促すようなかかわり方が有効であろう。後者の場合は、より感情的・感覚的なレベルに焦点をあてて、もっぱら今あらわになっている感情を受容することに時間を費やさなければならないであろう。

肯定的資質の探究

このように発達カウンセリング・心理療法の理論に基づくカウンセリングの第1段階は、優位な認知発達的スタイルを査定し、その優位なスタイルに合わせて面接を進め、水平的発達を促すことである（光武・玉瀬，1995）。水平的発達を促す有効な技法として、肯定的資質の探究を挙げることができる。これはクライエントの優れた面や好ましい面を探し、それを認めることである。上司への怒りをあらわにしているクライエントに対しても、怒りを感じるほど相手のことを思っているとか、それだけ仕事に熱心であるなどの面を肯定的に指摘できるかもしれない。

1人のクライエントの認知発達的スタイルは、つねに不変であるとは限らない。1回のセッションのなかでも変わりうるし、話題が変われば別のスタイルに移ることも起こりうる。いずれにしても、クライエントのスタイルに注意を払い、そのスタイルに合わせて面接を進めることが、クライエントに違和感を与えず、安心できる雰囲気を作るのに有効であるといえよう。

認知発達的スタイルと介入の技法

クライエントの認知発達的スタイルが査定できたならば、そのスタイルに最も効果的であると考えられる介入の技法を検討することが必要である（Tamase & Rigazio-DiGilio, 1997 ; Rigazio-DiGilio, 2012）。それぞれのスタイルに有効な技法は多様にある（表23-2）。また、それらの技法のよりどころとなる理論的背景はさまざまである。すなわち、発達カウンセリング・心理療法の考え方は技法論的には単一の理論を反映するものではなく、多様な理論から導かれた諸技法を認知発達論の観点で整理し、それらを有効と考えられるス

TABLE 23-2 ● 認知発達的スタイルと有効な技法

スタイル	技法
感覚運動的スタイル	自律訓練，イメージ喚起法，ゲシュタルト療法
具体操作的スタイル	系統的脱感作，強化法，アサーション訓練
形式操作的スタイル	受容的傾聴技法，力動的技法，論理療法
弁証体系的スタイル	家族療法，交流分析，認知療法

技法の提唱者は，できる限り多くのクライエントにその技法を適用したいと考えるかもしれない。しかし，この表を参考にして，その技法が最も有効に機能するクライエントはどのようなクライエントかを特定することも必要であろう。

（出典）玉瀬，1998より。

タイルに位置づけようとするものである。カウンセラーにとって，今なぜその技法を用いようとしているのかを意味づける論拠となるものである。

感覚運動的スタイルでは，視覚的，聴覚的，または身体感覚的な刺激への感受性を増進させるような技法や訓練を導入することが有効であろう。たとえば，自律訓練や筋弛緩法によるリラクセーション，マインドフルネス瞑想法，イメージ喚起法やゲシュタルト療法などで身体的気づきを促すようなものが考えられる。

具体操作的スタイルでは，具体的行動のレベルでの行動レパートリーを増やすような取り組みが有効であろう。行動療法における系統的脱感作，強化法，アサーション訓練などの諸技法は，具体的に標的行動を定め，それを達成するための手順を踏んで行動レパートリーを増やすことに焦点があてられている。

形式操作的スタイルでは，来談者中心的なカウンセリングや精神分析的カウンセリング，認知行動療法などが該当する。このスタイルのクライエントは論理的に話を進めることに関心がある。じっくりと時間をかけて自己を見つめ直すようなかかわり方が求められる。

弁証体系的スタイルでは，家族療法や交流分析，認知療法などが有効であろう。普通，自然な状態でつねにこのスタイルが優位なクライエントはほとんどいないはずである。誰でも，人の立場でものを考えるのは特定の場合に限られる。しかし，カウンセリングでそのような機会をもつことによって，視点が広

> **COLUMN** 23−2 ニューロカウンセリング──脳と行動の架け橋
>
> 　近年における脳科学的研究の発展はめざましく，カウンセリング分野においても脳科学の知見を取り入れて研究と実践を進めることは今後の発展に不可欠なこととなりつつある。アメリカカウンセリング学会（ACA）が発行している月刊誌 "Counseling Today" では，2014年9月号から2年以上の長きにわたって，「ニューロカウンセリング──脳と行動の架け橋」と題する記事を連載し，カウンセリングと脳との関連性について論じている。そこでは，自己調整とアロスタシスの関連，神経伝達物質やホルモンとカウンセリングの関連，青年期の大脳発達とカウンセリングの関連，マインド─ボディ関連と免疫の問題，脳─腸関連と心理状態への影響，トラウマ，レジリエンスとカウンセリング，睡眠の脳科学と臨床実践，共感と脳科学の関連などが取り上げられている。
>
> 　従来，大脳は生まれたときにすでに出来上がっており，成人期に達した後は加齢とともに衰退するという考え方が一般的であった。カウンセリングを行うことによって，脳が変化するという考え方はこれまであまりなされてこなかった。しかし，そのような考え方は脳科学の研究が進むにつれて，今や次第に修正されつつある。たとえば，高齢者ではよく体を動かし知的活動で絶えず脳を使っている人と，あまり動かず脳も使わずに過ごしている人では，心身の健康度に歴然とした差が出てくる。脳科学的研究によって，このような違いが脳の働きとどのように関連しているのかが徐々に解明されつつある。この分野の研究は多岐にわたるものであり，いまだ体系化されているとはいえないが，カウンセリング分野との関連性が認められつつあり，今後の動向に注意を怠ってはならないであろう。

がることはおおいにありうる。家族療法や多重文化カウンセリング（第24章参照）では，クライエントにこのような機会を与えているといえる。

発達過程としての教育臨床的問題

　ここで紹介した発達カウンセリング・心理療法の考え方は，クライエントを何らかの病理的な視点でとらえる一般の臨床心理学的な理論とは異なる視点で構成されている。クライエントの変化は発達心理学的に意味づけされ，より健康的で，肯定的な側面に焦点があてられている。クライエントの心理的状態を認知発達の過程と関連づけてとらえ，その発達の状態に応じた発達促進的援助を行うことを関わりの基本としている。クライエントは発達論的

に見て機能不全の状態にあると考えられる。そのクライエントの状態に合わせて，発達を促すような関わりを模索していくことになる。

(1) **スクールカウンセラーと不登校** さて，日本においてはカウンセラーの活動の場として，学校におけるスクールカウンセラーの活躍が顕著である。とりわけ，不登校の子どもたちへの援助の場としてスクールカウンセラーが活用されている。ここでは不登校の問題を発達理論との関連で考えてみよう。発達論的な視点は，不登校を考える場合にはきわめて重要であるといえる。

不登校については認知発達のみならず，心理社会的発達，道徳的発達，対人関係的発達などの諸側面から多面的にとらえることが可能である。不登校の子どもを認知発達的にとらえれば，その多くは自分の問題を操作することができない感覚運動的スタイルの状態にあるといえる。したがって，感覚運動的スタイルとしての感情・情動の安定を図るとともに，具体操作的スタイルとしての具体的な行動習慣の形成に焦点をあてることが必要である。しかし，なかには形式操作的スタイルの状態にあって，深く自己を見つめ，本来の自分とは何なのかを必死に探し求めている生徒もいる。どのスタイルを示す子どもであるかによって，対応を変えるべきであることはいうまでもない。

(2) **不登校の発達論的理解** 従来，不登校の理解には，しばしば心理社会的な発達理論としてのエリクソン（Erikson, E. H.）の生涯発達理論が適用されてきた。この理論は全人格的な発達的変化を問題にしているので，不登校を考えるのには好都合である。すなわち，不登校の多くの子どもは対人関係において脆弱であり，人に対する基本的な信頼感の形成が不十分である。また，生活習慣が身についていない場合が多く，さらに自発性に欠ける子どもも多い。学習習慣が形成されていないか，かつては形成されていたとしても乱れてしまっている場合も多い。

これらのことを考慮しながら，個々の子どもに合った対処法を考えていくことが必要である。アイビイの発達カウンセリング・心理療法の理論とエリクソンの理論を対応づけて，不登校への対処法の位置づけを試みてみよう（表23-3）。

感覚運動的スタイルの優位な状態（前期）では，クライエントは強く感情に支配されており，発達の最も原初的な段階にある。この状態では，実際の年齢にかかわらず，クライエントを全面的に受容し，人に対する基本的な信頼感を

TABLE 23-3 ● 不登校への発達論的理解と対処

アイビィ	エリクソン	不登校への対処
感覚運動的スタイル前期	基本的信頼の確立	感情, 思考, 行動の受容
感覚運動的スタイル後期	自律性, 自発性の確立	基本的生活習慣の形成
具体操作的スタイル	勤勉性の確立	学習習慣の形成
形式操作的スタイル	自我同一性の確立	自己探求の促進
弁証体系的スタイル	親密性の確立	視点取得の多様化

不登校への効果的な対処法を考える際に重要なことは，この表を手がかりにして，あるタイプの不登校に対してより効果的な対処法を特定し，そのデータを蓄積していくことであろう。

形成することが最優先される。クライエントによっては，かなり長期にわたって受容しなければならない場合もある。

　このスタイルの後期は，ピアジェの理論における前操作的段階に相当する。この状態では，クライエントは自己中心的傾向が強く，エリクソンの理論における自律性および自発性の形成は不十分である。食事や睡眠などの基本的習慣が確立しておらず，何事にも意欲的に取り組めない。この状態に対しては，行動形成的な技法を用いて何らかの身近な生活習慣の確立を目指すことから始めるのが望ましい。

　具体操作的スタイルの優位な状態では，自己中心的傾向は残っており，勝手な思い込みが激しいが，好きなことには積極的に取り組むことができる。たとえば，ゲームや模型作りには夢中になったり，メールでのやりとりは好んでしたりするなどである。この状態では，いろいろな経験をさせることによって対人関係の輪を広げ，無理のない課題を与えて徐々に学習習慣や対人的積極性を高めることが望ましい。

　形式操作的スタイルの優位な状態では，実際には感情に支配されて思いどおりにいかないことが多いものの，何事によらず論理的にものを考えようとする傾向が強い。感情的には親や周囲の思惑に支配され，本来の自己を見失っている。エリクソンの理論でいえば，自我同一性拡散の状態で，自己の矛盾に悩み，本来の自己を模索している。この状態では，肯定的側面に焦点をあてて自尊感情を高め，自己の再構築を促すような関わり方が有効であろう。

COLUMN 23-3 脳科学者が脳卒中になり，奇跡的に回復した話

　脳の機能について知るのに，偶然の出来事が重要な示唆を与えることがある。1848年9月に鉄道の建設作業員フィネアス・ゲージに起きた岩盤爆破時の鉄棒による頭蓋骨貫通の事故はあまりにも有名である。この事故については多くの脳科学に関連するテキストに紹介されており，奇跡的に生き延びたゲージのその後の人格的変容については，いまだに多くの議論が行われている。

　これとは異なり，本人の脳に内在する遺伝的要因によって生じた事象ではあるが，1996年12月に脳神経解剖学者であるジル・ボルト・テイラーに起きた脳卒中についても，興味深い知見が示されている。テイラーは，脳出血によって左脳の言語機能などに関わる重要な部位を損傷したが，切開手術によって出血部分を除去し，その後8年間のリハビリテーションの末に奇跡的に回復した。その間，彼女の脳の切開手術の成功を可能にしたきわめて恵まれた職場環境と術後の処置に関する優れた理解力をもつ母親の介護によって，彼女は完全に脳の機能を回復したのである。その間の詳細を脳神経解剖学者の視点から報告した『奇跡の脳』(Taylor, 2006) は，脳の機能に関する多くの知見を与えてくれる。

　彼女が経験した顕著な出来事は，左脳と右脳の違いである。左脳は私たちが個人として自己を確立し，他者と区別し，事象を分析し，過去を記憶し，現在と結びつけ，未来を想像するのに不可欠なものである。脳出血で左脳の機能が停止したことによって，テイラーは右脳の働きを如実に体験することができた。それは自己とは何かを忘れさせ，今ここにあって，さまざまな感覚や直観をよみがえらせ，幸福感を味わわせ，世界や宇宙との一体感を実感させるものであった。彼女は，そのような体験を涅槃の境地とも表現している。リハビリテーションの過程で，彼女は左脳による支配をいかにして抑制し，すぐれた右脳の機能を維持することができるかに専心した。そこで彼女が学んだことは，意識的に右脳の働きに注意を払い，右脳の機能を増幅し，幸福感に満たされた自己を確立することが可能だということであった。マインドセットのもち方によって，異なる機能をもつ右脳と左脳をバランスよく働かせることが可能であるとすれば興味深いことである。

弁証体系的スタイルの優位な状態では，クライエントはすでに不登校からは脱しており，その経験を多面的に評価することができる状態にある。自己を客観視し，新たな経験を自己の枠組みのなかに取り入れることができる。この状態では，不登校という経験をできるかぎり肯定的・多面的にとらえ，クライエントの価値ある側面としてその経験をいっそう内面化させることが望ましい（玉瀬，2014）。このスタイルでは，自分の過去の心理的障壁を肯定的にとらえ，弱味と考えられていたものをむしろ強味に置き換えることによって，自らのレジリエンスを高めることが可能となるであろう。

BOOK GUIDE　●文献案内

アイビイ，A. E./福原真知子ほか訳編，1985『マイクロカウンセリング――"学ぶ－使う－教える"技法の統合：その理論と実際』川島書店。
- カウンセラー訓練プログラムとしてアメリカの大学で広く普及しているマイクロカウンセリングについて紹介したものである。カウンセリング技法を意図的・系統的に習得するのに役立つものである。

アイビイ，A. E./福原真知子・仁科弥生訳，1991『発達心理療法――実践と一体化したカウンセリング理論』丸善。
- ピアジェの認知発達理論をカウンセリングに援用したものである。クライエントの状態を認知発達理論に基づいて査定し，その状態に適合する介入方法を対応づけることを意図している。本章の発達カウンセリング・心理療法はこの考え方を具体化したものである。

イーガン，G./福井康之・飯田栄訳，1992『カウンセリング・ワークブック――熟練カウンセラーをめざす』創元社。
- 熟練カウンセラーを目指す人のための訓練プログラムであり，訳者らが実際にカウンセリングの授業で有効性を確認して訳出したものである。習熟した指導者による指導を受けながら使用することが好ましい。

玉瀬耕治，2008『カウンセリングの技法を学ぶ』有斐閣。
- アレン・アイビイの「マイクロカウンセリング」と「発達カウンセリング・心理療法」についてくわしく紹介したものである。本書に取り上げられたカウンセリングの考え方をよりくわしく論じている。

福原眞知子，2012『私的カウンセリングの発達』朝日新聞出版。
- マイクロカウンセリングを日本に導入し，傾聴の具体的技法をビデオ監修して伝えた著者の功績は大きい。本書はカウンセリング心理学者としての著者の軌跡をたどるものである。

Chapter 23 ● 練習問題

❶ 非言語的なコミュニケーションの手がかりによって，人が何を考え，どのような感情を抱いているのかを読み取ることができる。日常生活のなかで，人の仕草や表情からその人がどんな感情を抱いているかを考えて表にまとめてみよう。

❷ 3人1組になり，それぞれ聴き手，話し手，観察者の役割を取って，身近な問題（たとえば，「最近の休日に何をしたか」）について3分間ずつ話し合い，それぞれの役割体験について感想を述べてみよう。

❸ 数人ずつグループになり，まず各自で開かれた質問と閉ざされた質問を3つずつ作り，それを互いに発表し合って2種類の質問の特徴を話し合ってみよう。

❹ 身近な不登校の子どもの例を取り上げて，その子の状態が感覚運動的スタイル，具体操作的スタイル，形式操作的スタイルのいずれに相当するかを考えてみよう。また，どのような対応策が好ましいかを考えてみよう。

HINT ● p.635

第24章 カウンセリング・心理療法と文化

文化のなかで

おみくじに願いを込めて

KEYWORD
FIGURE
TABLE
COLUMN
BOOK GUIDE
EXERCISE

CHAPTER 24

人はさまざまな習慣を身につけて日常生活を営んでいる。朝起きてから夜寝るまでの毎日の習慣は，なかば機械的で無意識的なものである。車を運転する人にとって，車を操作する手や足の動きがなかば機械的であるのと同じことである。習熟した動作ほど意識的ではない。文化とは，個人のなかで最も習慣化して身に染みついたものといってよいであろう。それが当たり前で，変えることは難しい。家庭内にも習慣化したものがある。毎日仏壇や神棚にお供えをする家庭もあれば，お風呂に入る順番が決まっている家庭もある。それが習慣である人と習慣でない人では，ものごとの感じ方が違ってくる。カウンセリングの背景として，このような文化に根ざす行動様式の違いについて考えていくことは興味深い。

PREVIEW

KEYWORD

文化的背景　文化的葛藤　甘え　素直　間人主義　日本的自我
タテ社会　相互協調的システム　多重文化主義　学校文化

文化のなかの個人

文化のなかの自己理解

文化（culture）とは，集団のなかで共有されている行動の様式であり，その集団における意味や価値の体系である。それらは知識，態度，技能を含む生活の様式であり，世代から世代へと継承されていくものである。人は誕生とともに1つの文化のなかに包含され，社会的な存在としてその文化を身につけ，その様式を引き継いでいく（波多野・高橋，1997）。

たとえば，関西で育った人は関西弁を使い，儀礼の際には関西地方のしきたりに従って行動する。東北で育った人は東北弁を使い，東北地方のしきたりに従って行動する。同じ地域社会で暮らす人同士では，何ら違和感なくごく当たり前のこととしてその地方の行動様式を受け入れることができる。しかし，違う土地に転居したり，よその土地の人が転入してきたりすると互いに違和感を覚える。ときにはその土地になじむのに長い年月を要することもあり，なまりなどは終生抜けないこともある。

1つの文化のなかで身につけた行動様式は，その人の心理的な安定をもたらすのに役立つ。逆に，自分のもつ文化を崩されるときには，防衛的になり，自分の行動を意識せざるをえなくなる。人が安らぎを感じることのできる空間と時間は，自分が慣れ親しんでいる文化のなかにあるときに限られるといえよう。長く1つの会社で仕事をしてきた人が，転職して違う仕事を始めたときには予期せぬ違和感を覚えることになる。人は異なる環境に置かれて，はじめて文化の違いに気づくことが多い。

このように考えると，カウンセリングにおいて文化の問題を抜きにしてクライエントを理解しようとすることは，むしろ無謀といえるかもしれない。カウンセラーにとってはごく自然だと思えることでも，文化的背景の異なるクライ

エントにとっては受け入れがたい場合も起こりうる。クライエントの文化を理解せずに面接を進めても，成功しないのは当然といえよう。カウンセラー自身についても，自分の文化的背景がどのようなものであるかを理解しておくことはきわめて重要である。これはカウンセラー養成の段階で十分考慮されなければならない問題である（井上孝代，1997 ; Pedersen, 1992）。

文化の多様性

(1) **地域文化** 地域文化への理解を深めるには，グループで考えるのが効果的である。たとえば，正月の祝い方を取り上げてみるとよい。雑煮の具の入れ方，味噌やだしの種類などは地方によって多様であり，微妙な感じ方の違いにつながっている。四季折々の行事や祭礼についても身近な人たちと話し合ってみよう。思わぬ違いが見つかるかもしれない（赤嶺，2003）。

ときにこれらの習慣は，その集団に所属する個人を拘束し，わずらわしさを感じさせることもある。その集団に所属しているかぎり従わねばならないことが，個人にとっては耐えがたい場合もある。カウンセリングでは，このような文化を受け入れることへの違和感について知ることも，個人のあり方を理解するのに重要であるといえよう。

(2) **若者文化・老人文化** 年齢による習慣や行動様式の違いについても，考えてみる必要があろう。とりわけ若い世代の文化は，そのときどきの時代を反映する鏡である。それらは服装や髪型，ピアスやイヤリング，流行する音楽や新しく創られる言葉によって表現される。世代の異なる者同士は，ときには互いに相手を理解することが難しくなる。世代の違いについての十分な自覚なしには，若者を理解することは困難である（田中，2001）。いわゆる「ながら族」を軽蔑する高齢者には，もはやバックグラウンドとしての音楽なしでは落ち着けない世代を理解することは難しい。同様のことは老人文化についてもいえる。老人にとって，長年の間にしみついた地域社会での生活様式を変えることは不可能に近いといえよう。

(3) **女性文化・男性文化** 女性と男性の行動様式の違いは歴然としているが，男女の平等を強調するあまり，女性と男性の差異が明確でなくなってきつつある。女性と男性のそれぞれがもつ文化について，さらに理解を深めることが必要であろう。女性が最も安らぎを感じる行動様式，男性が最も落ち着ける行動様式について双方から理解を深めることが必要である。男女がともに1つの家

庭を築いていても，女性の文化と男性の文化の違いから多くの問題が発生していることも理解しなければならない。

たとえば，時間の感じ方や使い方を考えてみても違いがあるように思われる。もちろんそれは一部には，社会的役割として女性と男性のそれぞれに担わされてきたジェンダーの問題とも重なっている（伊藤, 2001）。たんに歴史的に形成されてきた男女の役割としての文化と，今後とも残していくべき男女の文化があるといえよう。

(4) 時代と文化　時代とともに生活様式は変化する。たとえば，夏目漱石の小説が書かれた明治の後半から大正にかけての時代はどのような時代であったのか。その時代背景を理解しつつ彼の小説を読むと読み方が変わってくるかもしれない（石原, 2007；渡辺, 2005）。

現代社会がネット社会と呼ばれるようになってすでに久しい。インターネットをはじめとする電子機器の普及とともに，著しいスピードでさまざまな情報機器が開発され，瞬時に世界中の情報が発信・受信されるようになってきている。社会生活を営むうえでも必要な情報をいかに容易に入手し使用できるかによって，個人の生活の便利さや豊かさが大きく左右される。生まれたときから情報機器に接している世代に比べて，スマートフォンなどの新しい情報機器や分厚いマニュアルに操作法が書かれた生活用品の扱い方に慣れない高齢世代にはきわめてわずらわしく，不便な社会となりつつある。そうした新しい機器になじみ，最前線の生活をすることが必要であるのか，そのような機器を扱わずとも豊かで幸福感に満ちた生活を営むことができるのかについては，カウンセリングにおいても考えなければならないテーマになりつつある。情報機器の扱いについては個人の選択に委ねられ，使っても使わなくてもそれぞれに豊かな生活が可能であるならば，それは望ましいことといえよう。

2 クライエントの文化的背景

文化の固有性を踏まえて

カウンセリングにおけるクライエントの状態を深く理解するには，クライエントのもつ文化的背景を知ることが不可欠である（Sue et al., 1996）。しかし，従来のカウンセラ

ー養成や訓練の場において，文化の問題についてはほとんど取り上げられてこなかった。日本では，いまだに欧米で提唱されたカウンセリングや心理療法の理論を取り入れることに主たる勢力が注がれ，文化の視点を十分に取り入れるには至っていないのが実情である。

(1) **学校教育と文化**　システムとしての日本の教育は，きわめて特異な構造をもっている。日本では，学齢期に達するとすべての子どもが学校に通うことになっている。それが，いわば当たり前と考えられている。先進諸国はみなそうだと思われているかもしれない。それが日本固有の教育システムであることを意識している人は，ごくわずかであろう（稲垣・久冨，1994）。

その固有性が何であるかを，端的に表現することは必ずしも容易ではない。しかし，身近な問題としていくつかの具体的な例を考えてみることはできる。たとえば，日本では，大学生になるには基本的に18歳を迎える年齢に達していなければならない。最近，やっと特例的に1年程度早く入学することが許されるようになった。大学に在籍できる期間も限られている。これも少しずつ緩和されつつあるが，勉学の意欲がわいたときにいつでも大学生に戻れる状況にはなっていない。一方，欧米の先進諸国では，特異な才能をもつ6歳の子どもが大学に入学したなどというニュースを聞くことがある。

教科書検定についても話題になることが多い。日本では，全国どこへいっても検定を受けた，内容的にほぼ同じ教科書が使われている。各教科への時間配分もほぼ同じように構成されたカリキュラムで教育を受けている。したがって，義務教育の均質性はきわめて高い。これは学校教育法やその施行規則，学習指導要領などによって，学校で行う教育の内容や方法が定められているためである。一般の人は，それをごく当たり前のこととして受け入れ，何の疑問も抱かずに日本の教育を受け，その文化的特徴を身につけているのである。このような日本の教育の固有性を理解する1つの方法は，他国の実情と比較することであろう（梶田，1983；土居ほか，2005）。北欧の国，フィンランドでは学校は国が制定したコア・カリキュラムに従って，各学校独自のカリキュラムを組むことができるとされている（松本・ケスキネン，2013）。

渋谷（2001）は，親の海外勤務に従って渡航し外国文化の影響を受けた子どもたちが，帰国後どのような文化的感覚をもっていたかを調べている。国家の政策が，子どもたちの意識にどのような影響を与えているかを示す例として興

味深い。

(2) 地域社会と文化　　地域社会のあり方は近年大きく変化しつつあるようにみえる。都市における人々の結びつきは，たしかに大きく変わってきている。同じマンションに住んでいても，挨拶をする以外には，ほとんど会話を交わすこともない。大きな新興住宅地に住んでいても，隣り近所に誰が住んでいるのかを知らないままに暮らすことも多い。このような都市部では，地域の交流はみずから求めないかぎり，もはや自然に生まれてくるものではない。

一方，都市をわずかに離れた周辺地域，農村部や山間部などでは，今もなお多くの地域のしきたりや慣習が生きている。祭礼や地域の行事には，それなりの参加が義務づけられている。個人としては，地域でのつきあいがわずらわしいと思っていても，そこで暮らすかぎりつきあいをやめることは難しい。

このように考えてくると，クライエントが都市部の人であるのか，都市部ではない地域の人であるのかを知ることが重要な意味をもつことがわかる。もちろん，個人としては都市の人でも地域参加に熱心な人や，山間部でも地域のしがらみにあまり影響されない人がいることはいうまでもない。

大橋（1998）は，沖縄における人々の生活がいかに霊的能力保有者としてのユタと密着したものであるかを示す貴重な資料を提供している。

文化的背景との調和　　このような国家レベルや地域レベルでの文化的背景は，大多数の人々が共有しているものである。したがって，誰にとっても当たり前のことと見なされ，その文化に浸っているかぎり違和感なく受け入れられるものである。逆にいえば，そこから逸脱することは強い違和感のもととなり疎外感の要因となるはずである。箕浦（1991）は，親とともにアメリカに長期滞在した子どもたちがいかにしてアメリカ文化を身につけていったかを半構造化面接法によって実証的に研究し，情動・認知・行動のレベルでの変化の過程を示している。

より個別的な文化的要因として，家族レベルや個人レベルの文化も考えられる。それぞれの家庭には，その家庭だけの固有の文化がある（図24-1）。たとえば，子どもの誕生日にはいつも祖父母とともに食事をするとか，季節ごとの供えものや祝いごとは欠かさず家族で行うなどである。当然のことながら，子どもの成長とともにこれらの習慣は変化する。しかし，このような家庭内での了解と文化的慣習に関する基本的な考え方は，かなり長期にわたって，また世

FIGURE 24-1 ● 文化の階層性

- 個人レベルの文化
- 家族レベルの文化
- 地域レベルの文化
- 国家・民族レベルの文化

文化といえば民族や国家のレベルで考えられることが多い。そこに共有されている生活様式や慣習に関心が向けられるからである。カウンセリングにおいてはより身近な地域やある家族だけに見られる文化についても取り上げられる。

代を超えてそれほど変わらないのではないだろうか。

(1) **文化のなかの個人**　文化とは，もともと生活をより豊かにし，便利にするために人の手によって創り出され，考え出されたものである。それは家族で共有され，地域で共有されるようになり，世代を超えて引き継がれてきたものである。カウンセリングにおいては，ある文化のなかにいるクライエント個人の問題に焦点をあてていくことになる。一方，人には，その人固有の生活様式があり，その人固有の文化と呼べるものがある。

たとえば，毎日コンピュータと向き合って仕事をし，ヘッドホンで音楽を聴きながら通勤している人にとって，コンピュータが使えなくなったり，音楽が聞けなくなったりするとどうであろう。何となく落ち着けない状態になるのではないだろうか。これは，その人固有の文化が損なわれている状態である。しかし，円滑な社会生活を営むためには，その固有の文化に閉じこもるのではなく周囲の人々との文化の共有が必要である。周囲の人々とある程度同じように振る舞うことによって，文化的な調和は生まれてくる。文化的な調和のなかにあってこそ，人は安心していられるのである。

(2) **焦点のあて方**　カウンセリングにおいて，個人に焦点をあてた場合と集団や社会に焦点をあてた場合に矛盾や葛藤が生じることは自明である。カウンセリングにおける第1の課題は，クライエントの個人レベルから家族レベル，地域レベル，一般社会レベルまでの多様な文化について重層的に理解することである。その後，そこで生じている文化的葛藤について慎重に問題を掘りさげていくことが必要である。

日本社会の文化的特質

日本社会の特徴　これまでに、心理学的視点や文化人類学的視点、精神医学的視点、歴史学的視点などの多様な角度から、日本人もしくは日本社会の文化的特質について、数多くの議論が行われてきた。しかし、まだそのうちのごくわずかしか、一般の人々には知られていないように思われる。ここでは、できるかぎり包括的にこれらの日本文化論について紹介する。

(1) 「甘え」の構造　欧米において最もよく知られていると考えられるものが、土居健郎の「甘え」の理論である（土居，1971）。精神科医であり精神分析を理論的基盤とする土居の「甘え」の概念は、日本人の対人関係を端的に表したわかりやすい考え方である。「甘え」とは、相手の好意をあてにして振る舞うことである（土居，2001）。それは、相手が自分を受け入れてくれるであろうという前提が成り立つ場合の振る舞い方である。日本人は、子どものときから親子の間で「甘え－甘えられる」関係を維持し続けて成長する（玉瀬・脇本，2003）。親の側では、甘えてくれる子どもをいとしいと思い、いつまでもその関係を維持したいと思っている場合が多い。社会に出ても、親に対する場合と類似の甘えが容認されがちである。この「甘え」の理論では、甘えは肯定的にとらえられており、甘えることのできない状況においてこそ精神病理学的問題が生じやすいと考えられている（玉瀬，2014）。この概念から派生して、「表と裏」「本音と建前」など、日本人にはなじみの深い言葉が説明されている（土居，1985）。日本人の振る舞いは、公的（パブリック）と私的（プライベート）の区別がつきにくいことも、このことと関係している。

(2) 「素直」であること　臨床心理学者の村瀬孝雄は、日本固有の精神修養法であり、心理療法とも見なされる内観法の研究から、日本人の心性を特徴づける概念として「素直」という言葉を用いた（村瀬，1996）。もし、子育てで何を一番大切にしているかと聞かれたら、日本の多くの親は「健康で素直に育つこと」と答えるのではなかろうか。また、そのような答えが出されたときに、多くの親は納得し、同意するのではなかろうか。日本人は、どこの国でもそう

なのではないかと考えているかもしれない。しかし，欧米では，もっと違った観点で子育てをしていることは明白である（佐藤，2001）。たとえば，どんな状況でも自分の考えや思いをはっきりと言葉で表現できる子に育てたいと考えるであろうし，子育ても，そのような方向で行われている。個人としての自我確立を重視するのであれば，それは当然のことである。これは重要な文化の問題を含んでいるが，「素直」という言葉があまりにも定着しているために日本人には気づかれにくい。

　(3)「人と人との間」　「人と人との間」とは，精神科医の木村敏による日本文化論である（木村，1972）。日本人の対人関係のあり方は，欧米におけるそれとは著しく異なっている。自分と相手を表現する言葉が多様にある（鈴木，1973）。たとえば，現在使われていないものも含めて挙げれば，自分のことを「わたし，わたくし，おれ，ぼく，てまえ，うち，わし，おいら，小生，拙者，（自分の名前）」，相手のことを「あなた，おまえ，貴様，きみ，われ，おたく，だんなさま，ご主人，奥さん，先生，課長さん，パパ，おかあさん，おにいちゃん，おじさん，おじいちゃん，（相手の名前）」などという。どの言葉を使うかは，相手が誰であるかによって決まる。逆にいえば，相手が誰であるかが決まらないかぎり，どの表現にすべきか決まらない。「人と人との間」とは，自己のあり方が，個人では定まらないことを示したものである。

　日本人は，つねに誰と向き合っているのか，相手が誰であるのかを意識し，その相手にふさわしい自己を表現しようとする。家庭のなかでは，「わたし」と「あなた」に関する言葉は最小限ですまされ，多くの場合，どちらも用いずに会話は行われる。欧米においては，一人称と二人称を用いずに会話をすることの方がまれであろう。このような違いは，日本人の対人関係のあり方を特徴づける重要な要因であるが，指摘されないかぎり気づきにくいものである。

　(4)「間人主義」　木村の考え方をさらに発展させたのが比較文明学者，浜口恵俊の「間人主義」という概念である（浜口，1988，1998）。間人主義という言葉は，個人主義に対立する概念として用いられている。欧米の先進諸国の文化は，個人主義を基本としている。絶対者（神）との関係で自己を律し，個人として自己を完結させることを理想としている。しかし，元来人は1人で生きていけないことは明白であり，人との関係を前提としたあり方があってしかるべきである。浜口は「関係体」という言葉を使って自己のあり方を規定し，欧

米人の考え方と対決させている。日本人は，学問研究において欧米の考え方に従うことが多く，知らずしらずのうちに欧米の考え方の方がより正しく，価値の高いもののように考えがちである。このような考え方に対して，浜口は日本社会と欧米社会の違いは人のあり方の違いであり，それぞれにふさわしい研究がありうることを強調している。

(5) **日本的自我**　社会心理学者の南博は，日本的自我という言葉を用い日本人の自我の特徴を「集団我」や「家族我」という概念で説明しようとしている（南，1983）。日本人は自分を家族もしくは擬似家族のなかに位置づけようとする。たとえば，家族や親戚でない人にでも，「おじさん，おばさん，ママ，おねえちゃん，おにいちゃん，おとうさん，おやじさん，おじいさん，おばあさん」などと呼ぶことがある。また，「うちの会社，わが社，うちの学校，うちの村，われわれ日本人，おたく」と言って，家族ではない集団や組織に対して家族的な表現を用いることも多い。自分というものが集団のなかに埋没し，個人としての自我を表現することは少ない。「自分はこうしたい」と思うことと「人はどう思うだろう」という意識がつねに葛藤しており，自我不確実感が強い。ものごとを決めるのには法律に頼らず，慣例に従う傾向が強い。このような社会のなかで，人々は何ごとによらず「型」を重視するようになっている。習いごとや新しいことに取り組むのにも，まずは形からという構えになりやすい。スイミングやゴルフ，スキーなどのスポーツをするにも，お茶やお花などの稽古事をするにも，英会話をするにも，我流では満足できず，まずは「正式」にならって形を整えようとする。

(6) **内向性と心気症的傾向**　日本から発信され，世界で最もよく知られている精神療法は森田療法であろう。その創始者の精神科医，森田正馬によれば，日本人の多くは内向的性格をもっており，自分の体の健康状態を気に病む心気症的傾向をもあわせもっている（森田，1960）。それは日本人の多くが恥ずかしがりであり，勤勉であることとも無関係ではない。1つのことが気になって，そのことばかりを考えるようになり，やがて日常生活にも支障をきたすようになる。これはある種のノイローゼの状態であるが，森田療法はこのようないわゆる森田神経質の患者に適用される。その治療の原理は，自分の情動を受け入れ，あるがままに自然に従うことである。つらい気持ちや憎しみ，怒りが起こっても，それを受け入れ，それにとらわれずになすべきことをすることである

（大原，1997）。日常生活を続けているとこれを理解することは難しい。したがって，普通，入院してこれを体得させる方法がとられる。このような発想は，主知主義的な欧米の心理療法（精神療法）のなかからは生まれにくい。森田療法は，日本人が自然とどのように対峙しているのかを示す例であるといえる。それは日本の風土の特質を反映するものでもある（石山・我妻，2004；春木，2011）。

> 「場」への依存，
> 「世間」への配慮

(1) タテ社会 一般の人々にもよく知られているように，社会人類学者の中根千枝は，「タテ社会」という言葉で日本の社会を説明した（中根，1967）。中根は，会社がつぶれたり，合併して新しい会社ができたりするなど，社会的な組織が変わったとしても，そのなかにいる人々の行動様式はあまり変わらないと考えている。すなわち，社会組織は変わっても社会構造は変わらないと主張する。中根によれば，日本社会はタテ組織であって，そのなかでの結びつきは強いが，ヨコ組織としての結びつきはきわめて弱い。タテ組織は開放的であり，ヨコ組織は排他的である。ここでいうヨコ組織とは資格によって形成される組織のことである。中根は，カースト制で知られるインドは典型的な「ヨコ社会」であるととらえている。日本人は自分が属する組織のなかでの人間関係にはきわめて敏感であるが，その組織の外のことについてはかなり無頓着である。その組織のなかでは，つねに序列意識が働いている。すなわち，人々の関心は「資格」にではなく「場」に置かれているといえる。

(2) 世間 歴史学者の阿部謹也は，日本には社会を表す言葉として「世間」という言葉があるが，従来，世間についての研究はほとんど行われていないと述べている（阿部，1995）。日本人にとって，世間を知ることはいわば大人の常識であるが，学問研究の対象とするにはあまりにも身近でありすぎたのかもしれない。日本人は世間を意識し，「世間体」を気にして生きてきた。現実の問題として，現在もなおそのことは続いている。欧米社会と日本社会の違いは，社会の成り立ちが個人を中心にして形成されてきた国と，世間という社会のなかで個人が形成されている国の違いである。ここで，いずれが好ましく優れているかを問うことは難しい。阿部は，日本において確固たる自己を形成するには，世間を知り，かつそれを客体視できるようになることが必要であると考えている。世間を無視することはできないが，世間とどのように向き合うかを自

覚することが重要である。

> **相互協調的システムと相互独立的システム**

このように考えてくると，家庭にも学校にも職場にも地域にも，それぞれ日本という国が共通に内包している文化があることがわかる。文化心理学者の北山忍は，日本と欧米における自己と文化の相互構成システムの違いを問題にし，日本を相互協調的システム，欧米を相互独立的システムとしてとらえた（北山・宮本，2000）。それぞれの文化によって，自己観や社会・文化的慣習や制度，日常的現実，心理傾向は異なっている（図24-2）。これらのことを裏づけるためには，文化の発達や維持・変容に関わる要因について，実証的研究を進める必要がある。自己は，生まれ育った環境，すなわち与えられた文化のなかで形成され，その文化を継承し，変容させていく役割を担っているといえる（Nisbett, 2003）。

SECTION 4　カウンセリングにおける多重文化主義

> **文化への目覚め**

カウンセリングの場面では，クライエントの問題は基本的にはその個人の内面に関わる問題であると考えられる。カウンセラーは，クライエントの立場に立って問題を見つめ，どうすれば問題が解決できるかを共に考えていこうとする。クライエントへの関わり方やクライエントの心理状態，行動習慣の扱い方については，カウンセラーは訓練過程ですでにさまざまな訓練を受けてきている。しかし，クライエントのもつ文化的要因やカウンセラー自身のもつ文化的背景については，意図的・計画的に訓練を受けているカウンセラーはまだ少ないと思われる。

　今後のカウンセラー養成においては，文化の視点を欠くことはできないであろう。そうだとすれば，文化に関するどのような問題を取り上げればよいのだろうか。文化の視点は，国や民族，人種の違いの有無にかかわらず，多様な価値観や文化・歴史的背景をもつクライエントにより適切に関わることができるために，すべてのカウンセラーに求められるものである。ここで多重文化主義（福原ほか，2004）の考え方が必要となる。カウンセラーとクライエントの世代や性，生活環境などの違いについて，それを文化・歴史の問題として理解する

FIGURE 24-2 日本と欧米における自己と文化の相互構成システム

A. 日本

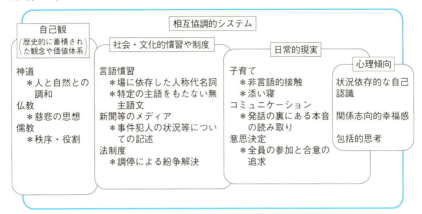

B. 欧米

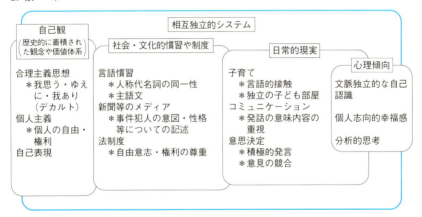

ここでは，歴史的に蓄積されたより基盤となる文化的背景が左端に示されており，そのなかでそれぞれの社会・文化的慣習や制度が形成され，さらに日常的な具体的行動様式を経て，それに対応する心理傾向が形成されると仮定される。

(出典) 北山・宮本, 2000 より。

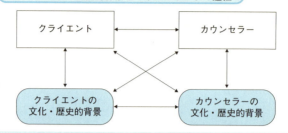

FIGURE 24-3 ● 文化・歴史的背景とカウンセリングの過程

カウンセラーはクライエントの文化・歴史的背景を理解するとともに、自分自身の文化・歴史的背景についても十分理解していなければならない。そうでないかぎりクライエントの主観の世界を深く理解することは難しい。

（出典）　Ivey, 1986.

視点をもつことによって、カウンセラーの資質はこれまで以上に高められるものと思われる（図24-3）。

　図24-4は、アイビイが3つの次元で文化に関わる要因を取り上げた多重文化的立方体モデルである。この図において、第1の軸は、個人、家族、集団、地域社会、国家というように、取り上げる課題の位置を示したものである。第2の軸は、言語、性別、種族、宗教、社会経済的状況、外傷（トラウマ）など、多様な文化的課題を示したものである。第3の軸は、無自覚、遭遇、命名、文化的存在としての自己の反映など、文化的アイデンティティの発達水準を示したものである。訓練の過程では、これらの要因のどの部分を問題にしようとしているのかを自覚する必要があるといえよう。

気づき・知識・技能

(1) 気づき　文化を理解するには、まず文化への気づきを促すことが必要である。たとえば、関西と関東、都会と田舎、男性と女性などにおける習慣の違いを問題にしてみるとよい。何にこだわり、何に安らぎを感じ、何に違和感を抱くのかを比較してみるとよいだろう。そうすればさまざまな文化の違いが明らかになるはずである。文化とは、そのなかにいる人々にとっては基本的に便利であり、安らぎとなり、安心できるものであるが、外にいる人々にとっては不便であり、居心地の悪さや不安を感じさせるものである。

FIGURE 24-4 ● 多重文化的立方体モデル

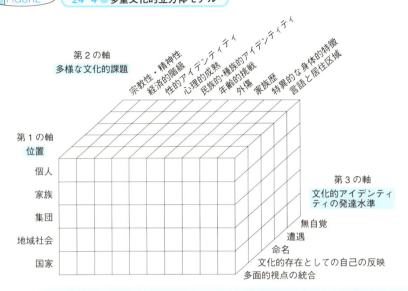

第1の軸は個人，家族などクライエントの課題の位置を示したものである。第2の軸は言語，性別，種族など多様な文化的課題を示したものである。第3の軸は無自覚，遭遇，命名など文化的アイデンティティの発達水準を示したものである。

（出典）　Ivey et al., 2002.

　快と不快の感情は，きわめて原始的な感情であり，文化の根源から生まれるものと思われる。たとえば，関西の人が関東の人を嫌いだというとき，その感情は理屈を超えたものである場合が多い。しかし，もちろん関西の人でも長く関東で暮らすことによって，当初の感じ方が変わってくることもある。文化は長年の間に学習されたものであり，また新たに学習されるものだからである。古都京都では，その土地に住んだことのない人にはわからないような部外者へ扱いの違いがあると論じられている（井上，2015）。同じ京都でも洛中の人から洛外の人は同等には扱われていないと感じる場合があるとのことである。

　また，外国旅行をしたときに，美しい景色やその土地の人々の好意的な態度に接すると旅が楽しく快適なものとして体験される。しかし，だからといって

そこに住もうと思うだろうか。かりにそう思って住んだとしても，住んでみると本当の意味での文化の違いに遭遇することになるはずである。

(2) **知識** 次に必要なことは，自分の知らない文化について情報を集め，より正しい知識をもつことである。たとえば，自分が都会育ちであるならば，田舎育ちの人は何に安らぎを感じ，何が耐えがたいことなのかを聞いてみるとよい。田園からただよう匂いが，ある人には安らぎを感じさせ，ある人には不快感を与える。自分に経験のないことが理解しにくいのは当然であるが，意識的にこのような体験を繰り返すことによって，自分とは異なる感じ方をし，自分とは異なる考え方をしている人をいっそう理解できるようになるであろう。実際に体験することは最も確実な知識の獲得となる。情報が氾濫するネット社会の若者を理解するのに，SNSなどの世界に入っていきにくい高齢カウンセラーには，若者の情報社会を理解するのには限界があるかもしれない。日本のように仏教や神道にかぎらず，さまざまな宗教を信じる人々が共存する社会と一神教の人々の世界では生き方に大きな隔たりがあり，相互理解が難しい時代になりつつある。

(3) **技能** さらに必要なことは，異なる文化をもつ人に対して，より適切な接し方ができるようになることである。男性が女性に対して，女性が男性に対して，それぞれどのように接するべきであるのか。長年の慣習で，当たり前のこととして振る舞ってきた行動についても，気づきを重ね，正しい知識をもつことによって，振る舞い方もおのずから変わってくるであろう。カウンセリングにおいては，これはカウンセラーの技能を高めることに結びつくものである。

たとえば，セクシュアル・ハラスメントの問題は，これまで男性優位の社会のなかで，女性が口外するのを躊躇してきたものが正当な主張として認められつつあることを意味している（高橋，2013）。このような主張によって，これまでの無自覚的な男性の女性に対する接し方，女性の男性に対する接し方がより意識的なものとなり，好ましい接し方が模索されつつあるといえる。新聞，雑誌やテレビにおける報道の仕方にも，従来私たちが見過ごしてきたさまざまな文化的問題が内潜していると考えられる（井上・福沢，1996）。

図24-5に示されているように，カウンセラー養成においても文化的問題を意識的に取り上げ，クライエントと文化的に適切に関わる技能を習得させるこ

FIGURE 24-5 ● 文化理解のための訓練

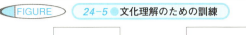

文化理解の訓練として、気づきの段階では、自他の文化の差異や特徴を理解すること、知識の段階では自他の文化の特徴について多様な知識をもつこと、技能の段階では、自他の文化に適切な関わり方の技能をもつことが求められる。

とは，今後さらにその重要性を増すであろう（Pedersen, 1988）。

文化的拘束からの脱却

文化への視点の獲得は，自分の最も気づきにくい習慣的行動に気づくことから始まる。すべての人は何らかの文化的背景をもち，文化的行動様式を身につけている。私たちは自己の文化的特質に気づくことなく相手との適切な関わりをもつことはできない。大きく文化の異なる相手とは，お互いを理解することに限界がある。

このようなことから，カウンセリングや援助的活動に関わる人々にとって，まずは自分自身の文化的背景を理解し，かつ相手の文化的背景をも理解して，互いに共有できる部分を模索する態度が必要である。また，カウンセラーの資質として，できるかぎり自己を客観視し，多様な角度から自分を見つめることのできる目をもつことが求められる。

たとえば，「世間」という言葉については，すでに阿部の見解を述べたが，世間をどれだけ客観視することができるかが問題である。日本人であるかぎり世間を無視することは不可能に近いし，また必ずしも完全に無視することが望ましいとはいいきれない。別な言い方をすれば，たとえ世間という言葉は使わないとしても，その言葉に含まれる対人関係のあり方そのものを否定することは困難である。むしろ，自分が身近な世間の人々とどのような交わりをし，自分がどのような役割を担っているのかを自覚することが重要である。それは固定的に自己を社会のなかに位置づけることを意味しない。さまざまなしがらみや束縛のなかで暮らすことは，社会人として当然であり，時々刻々と変化する現代社会のなかで，好ましい人間関係を営むうえで不可欠である（篠田，2015；下重，2015）。

> COLUMN 24-1 木を見る文化，森を見る文化

　社会心理学者のニスベット（Nisbett, 2003）によって書かれた『木を見る西洋人　森を見る東洋人——思考の違いはいかにして生まれるか』は，カウンセリングを実践する人にとって，文化の問題，とりわけ西洋と東洋の文化の違いを理解するためにきわめて貴重な文献である。カウンセリング心理学にかぎらず，心理学の手法は昔も今も欧米，とりわけアメリカに範をとって進められてきている。たしかにアメリカは心理学研究に関する先進国であるが，それに追随する日本の心理学者は，あまりにもその研究手法に無批判的でありはしないだろうか。それはエビデンスを蓄積する「分析的」手法が，アメリカを中心とする西洋人の文化に適しており，それに倣っているからであろう。日本にはインドや中国に端を発する東洋人に特有の「包括的」なものの考え方に多くの示唆が含まれているにもかかわらず，ほとんどの研究者はそのことにあまり注意を払ってはいない。

　カウンセリングの実践的技法についてもしかりである。欧米で東洋の発想に注目が集まり，欧米の研究者がそれを取り入れた技法を開発すると，にわかに日本の研究者がそれに従うという流れを繰り返している。禅の思想に端を発するマインドフルネス研究などを見ればそのことがよくわかる。上記のニスベットの著書には，巧みな実証的研究に基づいてアメリカ，イギリスを中心とする西洋人のものの考え方と，中国，韓国，日本を中心とする東洋人のものの考え方の違いが示されている。そして，なぜそのような違いが生じるのかが論じられている。前者は「分析的」であり，後者は「包括的」であるととらえられている。その実証的研究を進めるにあたって，西洋と東洋の両方の文化に属する多くの若い研究者が参画していることは，著者の説得力を高めている。本書でも取り上げられた「相互独立的自己観」と「相互協調的自己観」については，西洋人と東洋人のものの見方の違いを左右するものであり，カウンセリングを実践するうえで踏まえておくべき重要な基礎的知識となろう。著者は古代ギリシャや古代中国に遡って文化の違いの発端がどこにあるのかを検討し，それがどのようにして現代の西洋と東洋のもののとらえ方の違いに至ったのかを説得的に論じている。

　文化の問題は気づかれにくい。カウンセリングにおいても個人の具体的行動レベルの変容にのみ注目していると，包括的にその人をとらえることを怠ってしまう。逆に，個人を取り巻く多様な要因に漏れなく注意を向けようとすると，効果的に面接を進めることができなくなってしまう。個人の今起きている問題に効果的に対処しつつ，同時に背景となる要因についても一定の配慮を怠らない態度が必要であろう。カウンセリングで何をしようとしているのか，その立ち位置を明確にするためには，ここで取り上げられたような文化に関する知識が不可欠であるといえよう。

自己の文化的背景を理解し，自己の行動様式の特質を熟知することによって，文化的拘束から脱却し，より柔軟にカウンセリング活動を行うことができるようになると期待される。

5 現代社会と臨床的問題

現代の人間関係

(1) 学校文化と不登校　学校における不登校の問題と社会的ひきこもりの問題は連動するところや共通するところが多い。不登校の延長としての社会的ひきこもりの問題の深刻さが議論されるようになってきている。不登校の漸増傾向はすでに過去30年以上続いている。学校文化のひずみが露呈している顕著な例であることは論を待たない（保坂，2002）。不登校はきわめて複合的な要因を内包するものであり，単一の状況によって生じるものではないが，家庭生活を含めた文化の問題としてとらえる視点が必要であろう。

　不登校の子どもがいると，それだけで世間の目が気になる。親として世間を気にすればするほど子どもに適した対応がとりにくくなる。逆に，子どもが不登校になることによって，家族がいかに世間を気にしていたかが見えてくることもある。これらの事例を扱う場合には，その家族に伝承されてきた家族文化を尊重しつつ，それを容認するのみにとどまらず，その肯定的な意味づけを模索し，新しい家族文化を創出できるように援助することが重要である。

(2) 社会的ひきこもり　社会的ひきこもりは，社会人としての人間関係を維持することが困難であり，長期にわたって家から出られなくなっている状態である。人と接する際に，つねに自分の思いどおりにならないのは当然であるが，社会的ひきこもりの人は，このような日常的な対人的葛藤に耐える力が弱い。親子の間の人間関係においても，親がわが子の要求を何もかも聞かざるをえないような特異なパターンに陥っている場合が多い。

　このようなパターンに陥ると，家族だけでそこから抜け出すことは容易ではない。1つの家族文化は長年の間に形成され，維持されており，月日を重ねるにつれてより強固なものになっていく。現代社会の特徴として，他者と互いに干渉しないという傾向がますます強くなってきている。他者に干渉しないかわ

りに，自分は自分で自由にしたいという考え方である。社会的ひきこもりはこのような風潮によって許容され，いつまでもそのままでいることになる。家族も，それを好ましくないとは思いつつ許容している。このような場合，どこかに社会との接点を求め，根気よく社会とつながる道を模索しなければならない（唐澤・佐野，2002；斎藤，2014）。

外国文化との接触

(1) **留学生との交流** 日本の学生が海外に留学したり，外国人の留学生が日本に滞在したりするなど，それぞれ異文化と接する機会が多くなってきている。日本における留学生カウンセリングについてはすでに多くの報告があるが（井上孝代，1997），予期せぬ問題で彼らが悩んでいる場合も多い。たとえば，留学生の感じる日本社会の特徴の1つは，表現の曖昧さである。肯定とも否定ともとれる曖昧な表現に出会って，多くの留学生は戸惑いを感じている。日本人にとってはそれが普通の表現であるが，彼らには理解しがたいものであるらしい。

カウンセラーにとって，留学生カウンセリングの経験は異国の文化と日本の文化の相違を知るうえで貴重なものである。日本においてさまざまな異文化を許容できるようになるまでには，まだ多くの経験が必要であると考えられる。

(2) **外国生活とストレス** 夫の海外勤務などによって家族が外国での生活を余儀なくされる場合がある。ある意味では，日本にいるよりもむしろ社会的なつきあいに関しては気楽な面もあろう。しかし，子どもが病気になった場合や日本へ再び帰ることを考えた場合の子どもの学校生活を考えると，多くの問題が生じてくることが想像される。日本文化における対人関係の特質のために，帰国後の学校適応や社会適応について考えざるをえないことになる。

社会への不信と心のケア

(1) **予期せぬ危機と文化** 戦後の日本は，戦争を放棄することを宣言し，きわめて安全な国であると考えられてきた。ごく最近までそのことは実現されてきたといえる。しかし，多くの人々は今や平和と安全を維持することが，それほどたやすいことではないことを自覚しつつある。科学技術の進歩に伴って，新たな危機の可能性が高まり，誰もが社会への信頼感と安心感を失いつつある。社会が便利になることと予期せぬ危険が身近に迫りつつあることとを同時に実感せざるをえない。平和を前提とする文化のなかでは，危機への対応の意識は希薄である。緊急時における危機管理のシステムそのものが機能していない。

たとえば，1996年に起きたペルーにおける日本大使公邸人質事件への政府の対応などには，国家レベルでの意思決定システムに文化的な特徴が示されている。学校においても，京都府の日野小学校（1999年12月）や大阪教育大学附属池田小学校（2001年6月）の事例に見られるように，学外者の予期せぬ侵入と学校内での殺傷事件でも，危機対応への困難が露呈している。

(2) **危機対応と心のケア**　天災であれ人災であれ，不幸にして人命に関わる危機に遭遇すると，その事象に伴う心的外傷を負うことがある。PTSD（心的外傷後ストレス障害）などの症状が現れた場合には，専門的な知識をもつ者でなければ適切な対処を行うことは難しい。危機への対処に関しては，学校や企業，自治体などの組織のレベルで，日常的な備えが必要であり，対処の方法を周知徹底し，緊急時の連絡網を整備し，事後のケアについても対策を整えておくことが望まれる（阪中, 2015）。

地震や火災その他の災害にしても，わが身に降りかからないかぎり，実際には危機への備えを整えることは難しい。災難に遭った人と遭っていない人の意識の落差は大きい。実際に災難に遭わないかぎり，なかなか実感することは難しい。しかし，予期せぬ危機は少しずつ身近に迫りつつあり，心の備えがなければ不安はいっそう増大することにもなる。いじめやハラスメント（嫌がらせ）をも含めて，誰か人に頼って何とかしてもらおうとするのではなく，自分自身で降りかかる危機を克服しようとする構えと実践力をもつことが必要である。

カウンセリングにおいてもこのような観点から，クライエントが自分の力で危機に立ち向かえるよう具体的方策を示し，援助する必要があるといえよう（冨永, 2014）。

BOOK GUIDE　●文献案内

浜口恵俊，1988『「日本らしさ」の再発見』講談社学術文庫。
　●日本文化に関する古典的な考え方を紹介し，場依存的な社会的存在としての日本人について，独自の理論を展開している。

井上孝代 編，1997『異文化間臨床心理学序説』多賀出版。
　●欧米の多重文化主義に関する多数の文献を紹介し，文化の異なる人々の間の相互理解がどのようになされるべきかを実証的に論じている。

柏木惠子・北山忍・東洋 編，1997『文化心理学――理論と実証』東京大学出版会。
　●文化の問題を心理学の分野から実証的に研究している第一線の研究者を集め，それぞれの立場で文化を論じた専門書である。

土居健郎，1971『「甘え」の構造』弘文堂．
- 日本文化を端的に表現した言葉として「甘え」が海外にも知られるようになったのは土居の功績によるものである．英語版は "*The Anatomy of Dependence*" として出版されている．

中根千枝，1967『タテ社会の人間関係——単一社会の理論』講談社現代新書．
- 資格を重視する欧米社会と場を重視する日本社会の違いを明確に論じたものである．英語版は "*Japanese Society*" として出版されている．

渡辺京二，2005『逝きし世の面影』平凡社．
- 幕末から明治にかけて鎖国時代から近代国家へと移行する時期の日本は，外国人の目にどのように映ったのだろうか．日本文化の特質を知る貴重な手がかりが記されている．

井上章一，2015『京都ぎらい』朝日新書．
- 京都育ちの著者が，同じ京都でも洛中と洛外では人の扱いが違うという，京都文化の特異性を示した興味深い著書である．わずかな地域の違いでこれほど違うのかと驚かされる．

Chapter 24 ● 練習問題　　　　　　　　　　　　　　　　　　EXERCISE

❶ 祭礼のしきたり，雑煮の作り方など，身近な生活習慣のなかから，地方による文化の違いを探り，グループで話し合ってみよう．

❷ 男性と女性，若者と老人，都会育ちと田舎育ちなどに分類して，生活感覚の違いをグループで話し合ってみよう．

❸ 海外旅行や外国での生活経験について話題を出し合い，それらの経験と関連づけて，日本文化にどのような特徴があるのかまとめてみよう．

❹ 日本人はなぜよく「すみません」と言うのか，それはどんな意味を込めて使われているのか考えてみよう．

❺ カウンセリングを行う際に，クライエントとカウンセラー双方の文化的背景に気づくことの重要性を考えてみよう．

HINT ● p.635

練習問題のヒント

◆第1章　心理学とは何か

❶ 「心理学」として，知覚心理学，認知心理学，動物心理学，発達心理学，感情心理学，教育心理学，社会心理学，臨床心理学，などの名称が見つかるだろう。そのほかに，「血液型」の類の本来の心理学とはいえない占いの類もかなり混じっているのではないだろうか。

❷ 心理過程とその研究という定義から，行動の研究という定義，心の問題とその研究や解決というものが，種々見つかるのではないだろうか。どれも似ているようだが，少しずつ異なる視点を表している。

❸ 「心理学を専攻すると，人の心が読めてしまう」といった誤解というか，買いかぶりも多いだろう。カウンセリングだけを思い浮かべる人も少なくない。現実の心理学のもっている広がりに，どこまで気がついているだろうか。

◆第2章　心と脳

❶ 嘘をつくときには「嘘がばれるのではないか」という不安や緊張を伴うので，それが呼吸や脈波や皮膚抵抗反応（SRR）などの生理反応に現れる。それを犯罪捜査の虚偽検出（嘘発見）に利用したのが，いわゆる「嘘発見器」である。くわしくは，平伸二ほか『ウソ発見──犯人と記憶のかけらを探して』（北大路書房，2000年）を参照するとよい。

❷ 耳から同側の半球へ至る繊維連絡の数は，交叉経路を経て反対側の半球へ至る繊維連絡の数よりも少ないので，右耳から聞こえた語音の方が左半球へ速く到達する。このため，分離脳の患者の右耳に「リンゴ」という言葉を，左耳に「バナナ」という言葉を同時に呈示すると，患者は「リンゴ」と答えるはずである。

❸ 順向性健忘症では病気になった後の新しい情報の記憶が障害を受けるのに対し，逆向性健忘症では病気になる以前の記憶が障害を受ける。一方，コルサコフ症候群は，アルコール依存症によって発症し，順向性健忘だけでなく，作話症（思い出せないことを真実ではない情報で埋めようとすること）を伴うことが多い。

◆第3章　感覚と知覚

❶ 写真の映像は物理的世界の忠実な写しである。これに対し知覚の世界は物理的世界の忠実な写しではない。そのことは錯視や知覚の恒常性など現象に如実に示されている。このため，写真に写った風景と自分の眼に映った風景が違って感じられるのである。

❷ 「エイムズの歪んだ部屋」は通常の部屋のような直方体ではなく，右の隅に比べて左の隅が遠くにあり，しかも縦が長いという歪んだ形状に作られている。しかも，覗き穴の位置から内部を見ると，右隅の高さと左隅の高さが網膜上では同じ長さに映るように設計されているので，覗き穴から片目で内部を覗くと，奥行き手がかりを利用できないために，近くにある小さなものと遠くにある大きなものを区別することができない。このような状況では，「部屋の形は通常直方体である」という過去経験に基づいて大きさの知覚がなされるために，部屋のなかに立っている人の大きさを誤って判断することになる。

❸ 鳥居修晃・望月登志子『先天盲開眼者の視覚世界』（東京大学出版会，2000年）にくわしく紹介されている。

◆第4章　記　憶
❶　単語の呈示速度が速くなると，系列位置の初頭部と中央部の再生成績が低下する。短期記憶を長期記憶にするためには，リハーサル（復唱）や体制化などの記銘処理が必要であるが，呈示速度が速い場合にはそのような記銘処理を十分に行えないので，すでに長期記憶になった情報の量を反映していると考えられる系列位置の初頭部および中央部の再生率が低下するのである。

❷　たとえば「ダチョウは鳥である」という文の方が「カナリヤは鳥である」という文よりも「真」の判断を下すまでの反応時間が長くなる。コリンズとキリアンの階層的ネットワークモデルでは，ダチョウもカナリアも鳥の事例として同じ階層に貯蔵されると仮定しているので，この反応時間の違いを説明できない。

❸　ワルドフォーゲルは，幼児期の記憶は「抑圧」のために思い出せないという精神分析学的な説を提出した。しかし最近では，幼児期には言語能力が未発達なために適切な符号化ができないことが原因とする説や，幼児と大人では符号化の様式が異なるので符号化過程と検索過程が一致しないことが原因とする説など諸説あり，本当の原因はまだ明らかではない。

◆第5章　学　習
❶　たとえば幼児が何か悪いことをしたときに，母親が「ダメ！」と言ってお尻を叩いたとしよう。このようなことを何度か経験すると，幼児はお尻を叩かれなくても，「ダメ！」という言語刺激（条件刺激）に対して不快感（条件反応）が生じるようになるであろう。この例のような言葉の情動的な意味の習得は古典的条件づけの原理に基づくと考えられている。また，「テストでよい点を取ったらお小遣いをあげる」といって子どもに試験勉強をさせるのは，オペラント条件づけの原理を利用しているのである。

❷　金銭などの報酬を与えることは，子どもたちの学習に対する内発的な動機づけの働きを阻害することが知られている（これはアンダーマイニング効果と呼ばれる現象である）。また，「先生は自分のことを思って叱っているのだ」と感じることができるような信頼関係が築かれていなければ，叱ったり罰を与えたりすることは逆効果になる危険性がある。

❸　詳細は石田潤「学習指導法の類型」（森敏昭 編『21世紀を拓く教育の方法・技術』協同出版，2001年所収）などを参照するとよい。

◆第6章　言　語
❶　「WORD」のなかの「D」の文字を認知する場合には，単語の知識に基づくトップダウン処理が可能である。これに対し無意味綴りである「ORWD」の場合には文字のレベルからのボトムアップ処理しかできない。このため，「WORD」の方が「ORWD」よりも，より効率的に処理されるのである。

❷　針生悦子「語彙の獲得——子どもの爆発的な語彙獲得の秘密を探る」（森敏昭 編『おもしろ言語のラボラトリー』北大路書房，2001年所収）にわかりやすく解説されている。

❸　ミラー，G. A.『ことばの科学——単語の形成と機能』（無藤隆ほか訳，東京化学同人，1997年）にくわしく解説されているので，その本で調べてみるとよい。

◆第7章　思　考
❶　コンピュータは形式論理に基づいて作動する機械であるが，人間は情動をもつ（喜んだり悲しんだり面白がったり退屈したりする）生き物である。人工知能の思考と人間の思考の類似点と相違点は，おそらくこのことに起因すると考えられる。しかし，コンピュータと人間は

「本質的に別物だ」とする立場から，将来コンピュータ技術が進歩すれば「その差は限りなくゼロに近づく」と考える立場まで，研究者によってかなりの幅がある。たとえば安西祐一郎ほか編『認知科学ハンドブック』（共立出版，1992年）などを参考にして，それぞれの立場の論点を検討してみるとよいだろう。

❷ アンダーソン，J.R.『認知心理学概論』（富田達彦ほか訳『認知心理学概論』誠信書房，1982年）に具体例が数多く挙げられているので，その本で調べてみるとよい。

❸ たとえば，「法律がすべて廃止されたらどのようなことが起こるだろうか。予想されることをできるだけたくさん挙げなさい」「次の単語から連想する言葉をできるだけたくさん挙げなさい。(a) duck, (b) sack, (c) pitch, (d) fair」のような問題が用いられる。そして，一般に，①どのくらい多数のアイデアを思いつくか，②どのくらい非凡なアイデアを思いつくか，③どのくらい有意義なアイデアを思いつくかという3つの観点から採点される。

◆第8章 情　動

❶ 朝の気分がいつまで持続するか。食事後その他，気分の変化は起こりやすい出来事はあるだろうか。1週間くらい記録してみると，かなり変動が大きいことが見えてこないだろうか。

❷ 自分が激高しやすいとか，喜びが大きいときに，共通の何かはないだろうか。アルコールやお腹がいっぱいのときなどに起こるのだろうか。また，疲れていたり，眠いことが関係するだろうか。その直前の気分が関係していないだろうか。

◆第9章 動機づけ

❶ まず，人が生きていくうえで不可欠な生理的な欲求は何かを考えてみよう。食べることや眠ること，それ以外では何があるだろうか。食べることといっても，何をどう食べるだろうか。次に，人と共に生きるためには何が必要だろうか。愛することや信頼することなどが考えられよう。細かく分けていけばさまざまなものがあるはずである。さらに，自分らしく生きるために人は何を望むだろうか。人と違うことをしたいと思うかもしれない。自分のために定めた目標に取り組みたいと思うかもしれない。それらを具体的に考えてみよう。

❷ 接近−接近の葛藤の例は「両手に花」である。回避−回避の葛藤の例は「前門の虎，後門の狼」である。接近−回避の葛藤の例は「虎穴に入らずんば虎子を得ず」である。これらの葛藤の具体例を考え，それぞれ1つの決断に至った後でどうするかを考えてみよう。たとえば，新車を購入するとして，A社のものとB社のもののいずれにしようか迷っている。いったんA社のものにすることを決めたとすると，その後どうするであろうか。

❸ 子どもたちがみずから自分の学習課題を見つけ，自分のやり方で学習を進めることができるようになるのにはそれまでの準備段階が必要である。やる気のない子には，できることをまずやらせてほめることが重要である。それは学習の原理にかなっている。そのような外発的動機づけから徐々に目標意識を高め，最終的にはほめられなくても，言われなくても自分で進んで学習に取り組めるようにしていく。具体的に体育，国語，算数など教科を限定して，どんなことをどのようにやらせるのがよいかを考えてみよう。さまざまな方法が考えられるはずである。

❹ 人は自分のことを理解しようとする際に，人と比べることが多い。人よりも優れていると思えば安心し，劣っていると思えば不安になる。他人の不幸をときに心地よく思うのはこのことと関係がありそうである。いつもそうとは限らないが，さまざまな場合を想定して議論してみよう。

◆第10章　性　　格

❶　これらの代表的な類型説については宮城音弥『性格』(岩波新書，1960年)にかなりくわしく紹介されている。これを読んだうえで，いろいろな類型に自分の性格をあてはめて考えてみよう。さらにインターネットで検索し，実際に性格テストを受けてみるのも面白い。たとえば「シュプランガー」「クレッチマー」などで検索するとさまざまな解説を引き出すことができる。

❷　まず，数人のグループで性格に関係があると思われる形容詞をできるだけ多く集める。それらをできるだけ優しい－厳しい，感じがいい－感じが悪い，などの両極を表す言葉で整理する。30項目程度集まったら互いに自分達自身に実施してみる。対になった形容詞の間を「とても」「少し」などの段階に分けて評定してみるとさらに個人差がとらえやすくなる。

❸　親の性格のなかで好きな点と嫌いな点，尊敬できる点と尊敬できない点などを挙げてみよう。また，なぜそうなのかを考えてみよう。家族と自分との日常的なやりとりについてはパターンがあるはずである。たとえば，あなたが何かを始めようとすると親はいつもそれを認め励ましてくれるとか，逆にいつも文句を言うとかである。どうしてそうなるのかを考えてみるのも面白い。

❹　もって生まれた性格と，環境のなかで形成されてきた性格とが絡まり合ってその人の人格を形作っている。これを最近の脳科学的知見と合わせて考えてみることは興味深い。今まで変えられないと思い込んでいたものも，構えのもち方や意志力次第で変えられる可能性がある。

◆第11章　発達の基礎となるもの

❶　ラフにいえば，無自覚から自覚へ，直感から熟慮へ，具体から抽象へ，連想から論理へ，といった流れがある。その面で検討してみよう。実際にはその中間のあり方が多く見つかるはずである。

❷　気づきや思考，記憶，興奮やそこからの自己統制，他者との交渉のなかでの妥協，等に知的な働きが情動と相まって現れる。そのことを丁寧に見ることが発達研究の始まりである。

❸　我慢する行動や気持を切り替える行動，逆にそれができないとか，ルールが守れないとか，衝動的に振る舞ってしまうということは乳幼児によく見られる。どういう場合にどういう行動なら抑制ができて，どういう条件だと無理なのか。個人差はどうか。年齢差がどうであろうか。

◆第12章　認知と社会性の多面的な発達

❶　乳児の月齢でだいぶ異なっている。とくに，6カ月前か，8カ月以降かで，乳児が人見知りをするか，声が多様になっているか，注意が人やまわりに向かうかの様子が異なるので，それを比較するとよい。

❷　最近の人型ロボットはたしかに本当の人とやりとりしているような気がすることがある。だが，やはり人間とは違う。どこだろうか。だが，もしロボットがさらに進化したら人に近づくだろうか。

❸　子どもの社会性は個人による違いも大きい。どの程度相手の立場に立っているかなどを捉えて，それが発達の何と関連するかを考えてみるとよい。

◆第13章　人間と社会

❶　この実験で用いられる友人・知人は，頼みごとをできるほどよく知っている人の輪を示している。アメリカで行われた「スモール・ワールド実験」では，平均して約135人という測

定値が得られている。ヒトの群れはおよそ150人前後（ちなみにチンパンジーでは50～60個体）とされており，それにきわめて近い数字になっている。あなたの場合はどの程度だろうか。

❷ 血縁関係がない他者のために食糧を分け与えたり労力を提供することは，自分にとっての損失である。だが，長いスパンで考えれば，相手に恩恵を与えることによって社会的絆を形成・維持し，自分が危機に遭遇したときに相手から「お返し」を受け取る可能性を高める。それによって，生存や生殖の確実性が向上することになる。

◆第14章　社会的認知
❶ 第1印象はその人に対する予期を形成し，その後の認知過程や相互作用に影響するからである。第1印象で「話しやすい人だ」と思った相手には，人は積極的に話しかけるだろう。すると，相手はそれに応える形で反応する。それを見て，こちらははじめの印象をさらに深めることになる。反対に，「とっつきにくい人だ」と思われた場合は，実際には考えごとをしている顔は「しかめっつら」と解釈され，相手は積極的な社会的交流を回避し，したがって，こちらも働きかけてその印象を修正する機会を失したりする。

❷ さまざまな要因があるが，認知者の動機づけ，ある概念の利用可能性，接近可能性，過去経験，対象者の顕現性，少数サンプルなどが主なものとして挙げられよう。

❸ 報道やCMやドラマに，ジェンダーや障害者，階層，人種などに関するステレオタイプが埋め込まれていないか検討してみよう。また，SNS上で飛び交う情報はどうだろうか。疑問を感じる観点や内容はないだろうか。自分で書き込むことはしていなくても，何も考えずに拡散に協力していないだろうか。

❹ 卒業論文や修士論文の完成・提出を例にとると，体調不良・入院や睡魔など主体の身体的要因，課題遂行に要する時間の見積もり間違いなどタスク査定の誤り，パソコンやプリンターの不調などの作業環境要因，家族の事故・事件や交通機関の運休など「想定外」の外的要因などが関わっていることだろう。

◆第15章　自　己
❶ 「北風と太陽」の逸話を思い出してみよう。他者から温かい働きかけを受けると，こちらも温かいものを感じ，感謝や親切な行動が生まれやすくなるだろう。攻撃された場合は，逆である。どちらも同一人物から生まれた行動だとすると，状況や時を超えた何か「性格」と呼べるような安定な特性が心のなかに存在すると想定するのは困難になる。

❷ 状況と重要他者との関連性がきわめて強いとき。たとえば，亡き父がどんなことがあっても仕事を投げ出さないことを重要視していたなら，仕事上の困難にぶつかったときやりとげようとし，もし遂行できたなら父はほめてくれるだろう（if, then...）と自己評価を上げる。

❸ たとえば，断られるかもしれないと思いながら，好きな異性に告白するとき，事前に飲酒し酔ってしまう。それによって，本当は自分は相手にふさわしい人間なのだが，酔って何を言っているのかわからなかったから相手は断ったのだ，と理解する道を確保しておこうとする。

❹ 通常，注意は外界に向けられている。それによって外界にうまく働きかけるためである。しかし，自己が他者の注目の対象となっている（または，なっていると考える）とき，さらに何かまずいと感じる（たとえば，道徳的な問題行動をしようとしている）ときなどは，自分自身に注意が向かう。自分自身に注意が向かう状態は，注意を向ける必要があるときであり，自分自身に働きかけてあり方を調整する必要性のあるとき，少なくともその可能性があるときである。したがって，自分の情動や思考に気づき，批判的に点検し，より望ましい状態への変化を起こすような思考や行動が自覚的に志向される。

◆第16章　社会的認知
❶ ①一気飲み：自分は一気飲みの危険を知っており，好ましくないとひそかに思っている。しかし，たとえば大学の新入生として歓迎されているときは，勇敢，あるいは協調的であることを示すものだと他の人々は理解していると考え，飲む。②町内会の寄付：自分は本当はこんな寄付など必要ないししたくないとひそかに思っている。しかし，まわってきた回覧板を見ると，どの家もみんな寄付をしている。そこで，しかたなく，自分も寄付をする。
❷　アッシュの同調実験は多数派の意見に少数派が影響されてしまう，いわば多数派影響の現象を扱っている。アッシュの実験では，1つひとつの反応（どの選択肢を選んだか）において，影響を直接検討しようとしており，多数派から少数派へ及ぶ一方向の影響を想定した。これに対して，モスコヴィッチは影響は双方向的だと考え，非直接的な反応や，時間経過後に現れる変化，あるいは次の状況で現れてくる変化を検討することによって，少数派からの影響をとらえたのである。
❸　まず，これら2本の映画に描かれているストーリーの構造を要約してみよう。
❹　ある集団のメンバーの特徴はその存在に本質的であり，変えることができないと見なすエッセンシャリズム（本質主義）は，究極的にはカテゴリに結びつけられている特徴は生得的だと考えるため，社会の仕組みや文化を変えようという発想に至りにくい。したがって，偏見・差別があったとしても「そもそもそういうものだ」として現状を維持・肯定する傾向につながる。また，偏見・差別の対象となる集団は「変えようもない」から，自集団との関係改善を探るより排除に向かう傾向がある。

◆第17章　人間関係
❶　排斥の時期や程度あるいは排斥のタイプなどによってその影響は一様ではないが，受け手に感情的な痛手を与えるだけでなく，そのことがさらに身体的・認知的ネガティブな影響をも与える。また自分自身への低評価，他者一般への信頼低下，憎悪増大，反社会的あるいは非社会的傾向をもたらすといった長期的影響も考えられる。さらにマクロレベルでは，集団間の葛藤・対立の原因にもなりうるだろう。
❷　適合すると思われるケースの1例：報道によって知るかぎりにおいて，親による子殺し・虐待が増加し，これは「利己的遺伝子」説に反するように思われる。しかし，実際には子殺しの多くは継親によるケースだとされている（長谷川寿一・長谷川眞理子『進化と人間行動』〔東京大学出版会，2000年〕を参照）。すなわち，殺人を起こす方と殺される子の間に遺伝的関係がない場合が多い。継子は遺伝的関係のある実子の競争者となるからではないかと考えられる。
　うまく説明できないと思われるケースの1例：自殺。みずからに向けた攻撃性による自死。とくに若くて子どもをもたない場合は，遺伝子が残せない。

◆第18章　集　団
❶　仲間うちあるいは学級内の討議で，今から思えばあれは「集団思考」ではなかったかと思われることはないか，思い出してみよう。そのときの，自分やメンバーの発言，反対に発言できずに飲み込んでしまったことはどのようなことだろう。そのような思考や行動に関係する要因は何だっただろうか。
❷　没個性化状態は，匿名性が確保されていると感じられる状況で個人のアイデンティティが主観的に後退しているだけでなく，一時的に自覚を喪失した状態であり，先を読んで次の行動を計画することなく，他者からどう見られているかに関心をもたず，思ったことはすぐに口

に出し,集団のつながりを感じている状態でもある。自分の名のもとに責任を背負い,神経を尖らせて行為の隅々まで組織だったものにしようとする個性化状態が長く続いたとき,私たちはときに,街角の群衆のなか,サッカー球場やコンサートホールの大勢の観客のなかに埋没した状態で,肩の荷を下ろしたような救済を感じることがある。

❸ インターネットの時代,人種や国,階層や文化などさまざまな点で多様な人々と容易につながることができ,今後も多様性の高い集団はますます増加傾向に向かうと考えられる。また対面相互作用のみの集団に比べると,時間的金銭的経済性に富む。このことが,強みとして働く場合もあり,逆にリスクをはらむ場合もある。さらに,参入の条件が緩く集団の境界線が不明瞭な場合,自集団や集団成員あるいは他集団に対する責任が曖昧になり,没個性的で衝動性を帯びた行動に出やすくなることがある。

◆第19章 発達支援の基礎となる発達的個人差とは
❶ 気質の違いの基準は本文に出てくるので,それを参照しながら,何人かの特徴を分類してみると,個人差の多様性が見えてくる。
❷ 親子の愛着の様子はさまざまだが,それが温かいか冷たいか,親が応答的か否か。一貫しているかなどにより,ある程度分類できる。伝記に出てくる親の様子はどうであろうか。
❸ 多くの子どもの発達の経過のなかで,とくに思春期の頃が一番気持ちが不安定で,また相手する人の関係で見せる姿が異なるものである。どれが「ほんとうか」でも迷う時期でもある。それを振り返り,今どう感じるであろうか。

◆第20章 発達の病理と心理・福祉・教育的援助
❶ 人生で早期の虐待ほど悲惨なことはないだろう。その結果,大人になるまで被害が続く人も少なくない。だが,すばらしいことに,そこから立ち直り,活躍できるようになる人たちが相当多くいる。その条件のヒントは,本文中に述べてきた。臨床的働きかけは,それらの条件を集中的に適用することだともいえる。
❷ 小学校高学年から高校1年生くらいまでが多くの人にとって思春期となる。体の変化,心の戸惑い,友達との葛藤,学校や社会への違和感や反抗,受験勉強の辛さ,等々多くの悩みを誰しも経験する時期である。それを自分なりに振り返り,とくにその変容がどうであったかを記述して考えることができる。
❸ 感情の種類や程度は個人差が大きいものだ。だが,それは固定的ではなく,日々変化し,1日のなかでも朝,昼間,夕方,夜,また活動や一緒になる相手により変化するものである。

◆第21章 ストレスと心理的障害
❶ 死ぬほど怖かったことや,つらい思いをしたことを具体的に思い出してみよう。その場面をできるかぎり詳細に思い出す必要がある。まずイメージして,その場面について,細かく記述する。どんな人がいたのか,周囲にどんなものがあったのか,誰が何と言ったのか。できればそのときの情動をよみがえらせ,そのときどう考えたのか思い出してみよう。対処の方法についてはどうしただろうか。図21-4に従って,ストレッサー,一次的評価,二次的評価,ストレス反応の順にノートに書き出してみよう。
❷ 日頃の自分がよくする行動のパターンを考えてみよう。たとえば,提出期限が決まっているレポートについて,課題が決まった直後,まだしばらく時間的余裕がある時期,いよいよ提出日が近づいてきたときのそれぞれについて,どんなことを考えて何をするかを思い出してみよう。杉若弘子「日常的なセルフ・コントロールの個人差評価に関する研究」(『心理学研

究』66, 169-175, 1995年)のセルフ・コントロール尺度を用いて,自分の対処法の特徴を探ってみよう。

❸ たとえば,パニック症,心的外傷後ストレス障害,解離性同一症,うつ病,統合失調症などの用語をヤフーやグーグルなどに入力し,検索してみよう。かなり詳細な解説が得られるはずである。講義によって基礎的な知識を得たうえで,インターネットを利用して検索し,さらに図書や辞典で確認して,より正確な知識を身につけるようにすればよい。グループで資料を作って発表し,専門的な知識のある人からさらに解説してもらうといっそう理解は深まるであろう。

❹ DSM-5にはこれまでの版とはやや異なる理解の仕方が必要となるだろう。コラム21-3でも紹介されているように,旧版の作成委員長がみずから警告を発している診断のインフレの問題がある。病名を必要としない人々にまで診断名がつけられる可能性がある。その結果どのようなことが起ると想定されるのだろうか。

◆第22章　カウンセリング

❶ 次のようなことに焦点を絞って比較するとよいであろう。①症状の原因をどのように考えているか。②症状の原因はいつの時点で形成されたと考えているか。③何を変えると症状が治まると考えているか。④症状をなくすことが治療の目的であると考えているか。⑤同じ原因で別の症状が現れる場合もあると考えているか。

❷ ロジャーズ理論の発展の過程は次の3つの時期に分けることができる。すなわち,①非指示的カウンセリング,②来談者中心療法,③人間中心(パーソン・センタード)主義の時期である。インターネットやロジャーズに関する参考書からそれぞれの時期について,さらにくわしく調べてみよう。

❸ 行動分析を行うのには,①まず,対象となる子どもがどのような場面で,どのような行動を,どれくらいの頻度や強度でするのか調べる必要がある。たとえば,朝になるとをお腹が痛いと言い出すとしよう。それは毎日なのかときどきなのか,曜日や時間は決まっているのか,どれくらい続くのかなどである。②次に,そのとき誰がどのように対応するのか,何と言うのか,どれくらいの時間そうするのかなどである。③次に,そのような対応の結果,子どもはどうなっていくのか,ますます大げさに腹痛を訴える,症状が治まる,やむをえず学校を休ませるなどである。このように,子どもの行動→親の対応→結果としての子どもの状態を把握すると,子どもの行動と,たとえば親の対応の関係から,結果としての現在の子どもの状態が何によって維持されたり,強められているかが推測できるであろう。

❹ コラム22-1を参考にして,自分自身のなかの不合理な信念について調べ,それをより合理的な考え方に変えるとすればどのような考え方をすればよいのか,具体的に考えてみよう。たとえば,間食をしてはいけないと思いつつ,いつも間食をしているとしよう。具体的に考えれば考えるほど,合理-不合理の境界がわからなくなるかもしれない。そこでさらに,その境界の問題,意志の強さや成功との関係なども考えてみよう。

❺ 家族のせいであなたのある性格が形成されたと考えてみよう。たしかにそのようにいえる部分があるに違いない。たとえば,何かにつけて人に甘える性格だとしよう。あなたの立場からすれば,それは親が甘やかしたからそうなったのだと考えられる。しかし,親の立場からいえばどうであろうか。親にすれば,あなたの振る舞い方によって甘やかさざるをえなかったからそうなったということになるかもしれない。グループで互いに自分の振る舞い方とまわりの人の対応との関係を話し合って,円環的因果関係への理解を深めよう。

❻ 学習理論に基づく心理療法として行動療法が起り,認知モデルを取り入れて認知療法,

認知行動療法へと発展し，その流れのなかで抑うつ障害やパーソナリティ障害に特化して有効性を高める技法が開発されてきた。これらは第3世代の認知行動療法と呼ばれ，認知の機能に焦点をあてるもので，マインドフルネスなど身体への気づきが重視されている。

◆第23章　カウンセリングの実際
❶　さまざまな人と話しているときの仕草，表情，間合いなどを考えてみよう。また，会議，電車のなか，病院，スーパーやコンビニなどの場所によって，どんなコミュニケーションが行われているか考えてみるのも興味深い。
❷　観察者は聴き手に焦点を当て，簡単なメモをとりながら聴くと，後で整理して報告するのに好都合である。自分が3つの役割を演じたときの印象を比較してみよう。
❸　実際に作って話してみると，応答は「開かれた質問」「閉ざされた質問」として定義づけられたようにはならない場合も出てくる。たとえば開かれた質問をしても短い答えが返ってきたり，逆に閉ざされた質問をしても長い答えが返ってきたりすることもある。このことについてさらに議論を深めるのもよいだろう。
❹　表23-3を参考にして，たとえば，①人を恐れていないか，自分から人に近づくことはできるかなど基本的信頼の確立に関すること，②自分の身のまわりのことはすべて自分でしているか，生活のリズムは乱れていないかなど自律性に関すること，③自分から進んで何かを始めようとするか，いろいろな遊びを知っているかなど自発性に関することができるかなどである。対応策としては，感情の受容が中心となるのか，習慣形成が中心となるのか，あるいは自己探究の援助が中心となるのかなどを考えてみよう。

◆第24章　カウンセリング・心理療法と文化
❶　地方の習慣には現在もさまざまなものが残っており，なかには伝統文化として意識的に継承されているものもある。たとえば，結婚にまつわる儀式でも結婚式当日のみならず，結納や家具の搬送についても細かいしきたりがある地方もある。地域社会でどんな儀式やしきたりが残っているかを話し合って，その意義やわずらわしさなど日常生活との関連性を考えてみよう。
❷　男性と女性の違いを徹底的に議論するのは興味深い。「なぜ男は……するのか」「なぜ女は……するのか」といろいろな行動習慣を出し合って，社会的拘束によってそのようにしていること，身体的・生物学的要因によってしていること，それ以外の個人的要因によってしていることなどを議論してみよう。
❸　長期間外国生活をした人の話を聞き，学校生活や日常生活，地域の風習などについて日本での日常と比較してみよう。また，短期間でも外国旅行をしたときに受けた印象を出し合い，共通して感じたことや異なる印象を受けたことなどを話し合ってみよう。
❹　「すみません」には「ありがとう」の意味も含まれている場合が多い。たとえば土居健郎『「甘え」の構造』（弘文堂，1971年）や浜口恵俊『「日本らしさ」の再発見』（講談社学術文庫，1988年）を読んで，この問題を掘り下げて考え，そのルーツを探ってみよう。
❺　文化の問題に無関心で，クライエントの文化的背景に気づかずにただ傾聴を続けていてもそのカウンセリングには限界がある。自分自身の文化的背景とクライエントのそれを対峙させることによって，クライエントをより深く理解することができるようになる。そのことが実感できるようになることが望ましいといえよう。

引用文献 PSYCHOLOGY

阿部謹也，1995『「世間」とは何か』講談社現代新書．

Abrams, D., Viki, G.T., Masser, B., & Bohner, G., 2003, "Perceptions of Stranger and Acquaintance Rape : The Role of Benevolent and Hostile Sexism in Victim Blame and Rape Proclivity." *Journal of Personality and Social Psychology*, **84**, 111-125.

Ackerman, J.M., Nocera, C.C., & Bargh, J.A., 2010, "Incidental Haptic Sensations Influence Social Judgments and Decisions." *Science*, **328**, 1712-1715.

Ahnert, L., Pinquart, M. & Lamb, M.E., 2006, "Security of Children's Relationships with Nonparental Care Providers : A Meta-Analysis." *Child Development*, **77**, 664-679.

相場均，1963『性格』中公新書．

相川充・津村俊充 編，1996『社会的スキルと対人関係——自己表現を援助する』誠信書房．

Ainsworth, M.D.S. 1973, "The Development of Infant-mother Attachment." In Cardwell, B., & Ricciuti, H., eds., *Review of Child Development Research*, Vol. 3, University of Chicago Press.

Ainsworth, M.D.S., Blehar, M.C., Waters, E., & Wall, S., 1978, *Patterns of Attachment : A Psychological Study of the Strange Situation*. Erlbaum.

赤嶺政信 監修，2003『沖縄の神と食の文化』青春出版社．

American Psychiatric Association, 1994, *Diagnostic and Statistical Manual of Mental Disorders*, 4th ed. American Psychiatric Association. (髙橋三郎・大野裕・染矢俊幸訳，1996『DSM-Ⅳ 精神疾患の診断・統計マニュアル』医学書院)

American Psychiatric Association, 2013a, *Desk Reference to the Diagnostic Criteria from DSM-5*. American Psychiatric Publishing. (日本精神神経学会 日本語版用語 監修／髙橋三郎・大野裕 監訳／染矢俊幸・神庭重信・尾崎紀夫・三村將・村井俊哉 訳，2014『DSM-5 精神疾患の分類と診断の手引』医学書院)

American Psychiatric Association, 2013b, *Diagnostic and Statistical Manual of Mental Disorders*, 5th ed. American Psychiatric Association. (日本精神神経学会 日本語版用語 監修／髙橋三郎・大野裕 監訳，2014『DSM-5 精神疾患の診断・統計マニュアル』医学書院)

Anderson, C.A., 1987, "Temperature and Aggression : Effects on Quarterly, Yearly, and City Rates of Violent and Nonviolent Crime." *Journal of Personality and Social Psychology*, **52**, 1161-1173.

Anderson, J.R., 1983, *The Architecture of Cognition*. Harvard University Press.

Andersen, S.M., & Glassman, N.S., 1996, "Responding to Significant Others When They Are Not There : Effects on Interpersonal Inference, Motivation, and Affect." In Sorrentino, R.M., & Higgins, E.T., eds., *Handbook of Motivation and Cognition : The Interpersonal Context*, vol. 3. Guilford Press.

安藤寿康，2000a『心はどのように遺伝するか——双生児が語る新しい遺伝観』講談社ブルーバックス．

安藤寿康，2000b「性格の行動遺伝学」詫摩武俊ほか 編『性格の理論』ブレーン出版．

Archer, J., 2009, "Does Sexual Selection Explain Human Sex Differences in Aggression ?" *Behavioral and Brain Sciences*, **32**, 249-266.

Aronson, E., Wilson, T.D., Akert, R. & Sommers, S.R., 2015, *Social Psychology*, 9th ed. Pearson.

Asch, S.E., 1955, "Opinions and Social Pressure." *Scientific American*, **193**, 31-35.

Astington, J. W., & Hughes, C., 2013, "Thoery of Mind : Self-Reflection and Social Understanding." In Zelazo, P. D., ed., *The Oxford Handbook of Developmental Psychology, vol. 2 : Self and Other.* Oxford University Press.

Atkinson, J. W., & Raynor, J. O., 1974, *Motivation and Achievement.* Winston.

Atkinson, R. L., Atkinson, R. C., Smith, E. E., Bem, D. J., & Nolen-Hoeksema, S., eds., 2000, *Hilgard's Introduction to Psychology*, 13th ed. Harcourt College. (内田一成 監訳, 2002『ヒルガードの心理学』ブレーン出版)

Auerbach, S. M., & Gramling, S. E., 1998, *Stress Management : Psychological Foundations.* Prentice Hall.

Avenanti, A., Sirigu, A., & Aglioti, S. M, 2010, "Racial Bias Reduces Empathetic Sensorimotor Resonance with Other-race Pain." *Current Biology*, **20**, 1018-1022.

Axelrod, R., 1984, "The Evolutionary Approach to Norms." *American Political Science Review*, **80**, 1095-1111.

東清和, 1997「ジェンダー心理学の研究動向——メタ分析を中心にして」『教育心理学年報』**36**, 156-164。

Baddeley, A. D., 1990, *Human Memory : Theory and Practice.* Allyn & Bacon.

Baddeley, A. D., Thomson, N., & Buchanan, M., 1975, "Word Length and the Structure of Short-term Memory." *Journal of Verbal Learning and Verbal Behavior*, **14**, 575-589.

Baillargeon, R., 1987, "Object Permanence in 3 1/2- and 4 1/2-Month-Old Infants." *Developmental Psychology*, **23**, 655-664.

Baillargeon, R., 2008, "Innate Ideas Revisited for a Principle of Persistence in Infants' Physical Reasoning." *Perspective Psychological Science*, **3**, 2-13.

Baker, S. B., & Daniels, T. G., 1989, "Integrating Research on the Microcounseling Program : A Meta-analysis." *Journal of Counseling Psychology*, **36**, 213-222.

Baker, S. B., Daniels, T. G., & Greeley, A. T., 1990, "Systematic Training of Graduate-level Counselors : Narrative and Meta-analytic Reviews of Three Major Programs." *The Counseling Psychologist*, **18**, 355-421.

Baker, S. B., & Shaw, M. C., 1987, *Improving Counseling Through Primary Prevention.* Merrill.

Bakermans-Kranenburg, M. J., Van IJzendoorn, M. H., & Juffer, F., 2003, "Less is More : Meta-analysis of Sensitivity and Attachment Interventions in Early Childhood." *Psychological Bulletin*, **129**, 195-215.

Baldwin, M. W., 1994, "Primed Relational Schemas as a Source of Self-evaluative Reactions." *Journal of Social and Clinical Psychology*, **13**, 380-403.

Baldwin, M. W., Carrell, S. E., & Lopez, D. F., 1990, "Priming Relationship Schemas : My Advisor and the Pope are Watching Me from the Back of My Mind." *Journal of Experimental Social Psychology*, **26**, 435-454.

Bandura, A., ed., 1971, *Psychological Modeling : Conflicting Theories.* Aldine-Atherton. (原野広太郎・福島脩美訳, 1975『モデリングの心理学——観察学習の理論と方法』金子書房)

Bandura, A. ed., 1995, *Self-efficacy in Changing Societies.* Cambridge University Press.

Bandura, A., Ross, D., & Ross, S., 1963, "Imitation of Film-mediated Aggressive Models." *Journal of Abnormal and Social Psychology*, **66**, 3-11.

Bandura, A., & Schunk, D. H., 1981, "Cultivating Competence, Self-efficacy, and Intrinsic Interest Through Proximal Self-motivation." *Journal of Personality and Social Psychology*, **41**, 586-598.

Bargh, J. A., 1982, "Attention and Automaticity in the Processing of Self-relevant Information." *Journal of Personality and Social Psychology*, **43**, 425-436.

Bargh, J. A., 1997, "The Automaticity of Everyday Life." In Wyer, R. S., Jr., ed., *Advances in Social Cognition*, vol. 10. Erlbaum.
Baron, R. A., & Richardson, D. R., 1994, *Human Aggression*, 2nd ed. Plenum.
Bartlett, F. C., 1932, *Remembering : A Study in Experimental and Social Psychology*. Cambridge University Press. (宇津木保・辻正三 訳, 1983『想起の心理学——実験的社会的心理学における一研究』誠信書房)
Batson, C. D., 1987, "Prosocial Motivation : Is It Ever Truly Altruistic?" In Berkowitz, L., ed., *Advances in Experimental Social Psychology*, vol. 20. Academic Press.
Bauer, P. J. (2006). "Event memory." In D. Kuhn & R. Siegler (Vol. Eds.), Volume 2—*Cognition, Perception, and Language*, 6th ed. W. Damon & R. M. Lerner (Editors-in-Chief), Handbook of child psychology. John Wiley & Sons.
Bauer, P. J. (2007). *Remembering the Times of Our Lives: Memory in Infancy and Beyond*. Lawrence Erlbaum Associates.
Bauer, P. J., 2013, "Memory." In Zelazo, P. D., ed., *The Oxford Handbook of Developmental Psychology, vol. 1 : Body and Mind*. Oxford University Press.
Baumeister, R. F., Campbell, J. D., Krueger, J. I., & Vohs, K. D., 2005, "Exploding the Self-esteem Myth." *Scientific American*, 2005, January, 84-91.
Baumeister, R. F., & Leary, M. R., 1995, "The Need to Belong : Desire for Interpersonal Attachments as a Fundamental Human Motivation." *Psychological Bulletin*, **117**, 497-529.
Baumeister, R. F., Heatherton, T. F., & Tice, D. M., 1994, *Losing Control : How and Why People Fail at Self-regulation*. Academic Press.
Beaman, A. L., Klentz, B., Diener, E., & Svanum, S., 1979, "Self-awareness and Transgression in Children : Two Field Studies." *Journal of Personality and Social Psychology*, **37**, 1835-1846.
Beck, A. T., Rush, A. J., Shaw, B. F., & Emery, G., 1979, *Cognitive Therapy of Ddepression*. Guilford Press. (坂野雄二 監訳, 1992『うつ病の認知療法』岩崎学術出版社)
Bell, A. P., Weinberg, M. S., & Hammersmith, S. K., 1981, *Sexual Preference : Its Development in Men and Women*. (Statistical appendix) Indiana University Press.
Belsky, J. & Fearon, R. M. P., 2002, "Early Attachment Security, Subsequent Maternal Sensitivity, and Later Child Development : Does Continuity in Development Depend upon Continuity of Caregiving?" *Attachment & Human Development*, **4**, 361-387.
Belsky, J. & Fearon, R. M. P., 2008, "Precursors of Attachment Security." In Cassidy, J. & Shaver, P. R. eds., *Handbook of Attachment : Theory, Research, and Clinical Applications*. Guilford Publications.
Bem, S. L., 1981, "Gender Schema Theory : A Cognitive Account of Sex Typing." *Psychological Review*, **88**, 354-364.
Berger, H., 1929, "Über das Elektrenkephalogramm des Menschen." *Archives Psychiatrie Nervenkrankheiten*, **87**, 527-570.
Bergin, A. E., 1971, "The Evaluation of Therapeutic Outcomes." In Bergin, A. E., & Garfield, S. L., eds., *Handbook of Psychotherapy and Behavior Change*. Wiley.
Berntson, G. G., & Cacioppo, J. T., 2007, "Integrative Physiology : Homeostasis, Allostasis and the Orchestration of Systemic Physiology." In Cacioppo, J., Tassinary, L. G., & Berntson, G. G., eds., *The Handbook of Psychophysiology*, 3rd ed. Cambridge University Press.
Bjorklund, D. F., 2013, "Cognitive Development : An Overview." In Zelazo, P. D. ed., *The Oxford Handbook of Developmental Psychology, Vol. 1 : Body and Mind*. Oxford University Press.

Bjorklund, D. F., & Myers, A. J., 2015, "The Development of Cognitive Abilities." In Bornstein, M. H., & Lamb, M. E., eds., *Developmental Science : An Advanced Textbook*, 7th ed. Psychology Press.

Blake, R. R., & Mouton, J. S., 1986, "From Theory to Practice in Interface Problem Solving." In Worchel, S., & Austin, W. G., eds., *Psychology of Intergroup Relations*, 2nd ed. Nelson-Hall.

Bosma, H. A., & Kunnen, E. S., 2001, "Determinants and Mechanisms in Ego Identity Development : A Review and Synthesis." *Developmental Review*, **21**, 39-66.

Bosson, J. K., Swann, W. B., Jr., & Pennebaker J. W., 2000, "Stalking the Pperfect Measure of Implicit Self Esteem : The Blind Men and The Elephant Revisited ?" *Journal of Personality and Social Psychology*, **79**, 631-643.

Bosson, J. K., & Vandello, J. A., 2011, "Precarious Manhood and Its Links to Action and Aggression." *Current Directions in Psychological Science*, **20**, 82-86.

Bouchard C., et al., 1990, "The Response to Long-term Overfeeding in Identical Twins." *New England Journal of Medicine*, **322**, 1477-1482.

Bower, G. H., Black, J. B., & Turner, T. J., 1979, "Scripts in Memory for Text." *Cognitive Psychology*, **11**, 177-220.

Bower, G. H., & Hilgard, E. R., 1981, *Theories of Learning*, 5th ed. Prentice Hall.

Bowlby, J., 1969, *Attachment and Loss, vol. 1 : Attachment*. The Hogarth Press. (黒田実郎・大羽蓁・岡田洋子 訳, 1976 『母子関係の理論 I ——愛着行動』岩崎学術出版社)

Bowlby, J., 1973, *Attachment and Loss, vol. 2 : Separation : Anxiety and Anger*. Basic Books. (吉田恒子・岡田洋子・黒田実郎 訳, 1991 『母子関係の理論 II ——分離不安』新版, 岩崎学術出版社)

Bowlby, J., 1980, *Attachment and Loss, vol. 3 : Loss : Sadness and Depression*. Basic Books. (吉田恒子・黒田実郎・横浜恵三子 訳, 1991 『母子関係の理論 III ——対象喪失』新版, 岩崎学術出版社)

Bransford, J. D., Barron, B., Pea, R. D., Meltzoff, A., Kuhl, P., Bell, P., Stevens, R., Schwartz, D. L., Vye, N., Reeves, B., Roschelle, R., & Sabelli, N., 2006, "Foundations and Opportunities for an Interdisciplinary Science of Learning." In Sawyer, R. K., ed., *The Cambridge Handbook of Learning*. Cambridge University Press. (森敏昭・秋田喜代美 監訳, 2009 『学習科学ハンドブック』培風館)

Bransford, J. D., & Johnson, M. K., 1972, "Contextual Prerequisites for Understanding : Some Investigations of Comprehension and Recall." *Journal of Verbal Learning and Verbal Behavior*, **11**, 717-726.

Brauer, M., & Er-rafiy, A., 2011, "Increasing Perceived Variability Reduces Prejudice and Discrimination." *Journal of Experimental Social Psychology*, **47**, 871-881.

Brehm, J. W., 1966, *A Theory of Psychological Reactance*. Academic Press.

Brown, J. F., 1931, "The Visual Perception of Velocity." *Psychologische Forschung*, **14**, 199-232.

Burger, J. M., 2009, "Replicating Milgram : Would People Still Obey Today ?" *American Psychologist*, **64**, 1-11.

Burns, J. M., 1978, *Leadership*. Harper & Row.

Buss, D. M., 1989, "Sex Differences in Human Mate Preference : Evolutionary Hypotheses Tested in 37 Cultures." *Behavioral Brain Science*, **12**, 1-49.

Byrne, R. W., 1995, *The Thinking Ape*. Oxford University Press. (小山高正・伊藤紀子 訳, 1998 『考えるサル——知能の進化論』大月書店)

Callen, M., Harvey, A., & Sutton, R., 2014, "Rejecting Victims of Misfortune Reduces Delay

Discounting." *Journal of Experimental Social Psychology*, **51**, 41-44.
Carlsmith, K. M., Darley, J. M., & Robinson, P. H., 2002, "Why Do We Punish? Deterrence and Just Desserts as Motives for Punishment." *Journal of Personality and Social Psychology*, **83**, 284-299.
Carlson, S. M., Zelazo, P. D., & Faja, S., 2013, "Executive Function." In Zelazo, P. D., ed., *The Oxford Handbook of Developmental Psychology, Vol. 1: Body and Mind*. Oxford University Press.
Carver, C. S., & Scheier, M. F., 1991, "Self-regulation and the Self." In Strauss, J., & Goethals, G. R., eds., *The Self: Interdisciplinary Approaches*. Springer-Verlag.
Chaiken, S. 1980, "Heuristic Versus Systematic Information Processing and the Use of Source Versus Message Cues in Persuasion." *Journal of Personality & Social Psychology*, **39**, 752-766.
Chapman, L. J., & Chapman, J. P., 1959, "Atmosphere Effect Re-examined." *Journal of Experimental Psychology*, **58**, 220-226.
Chi, M. T. H., Feltovich, P. J., & Glaser, R., 1981, "Categorization and Representation of Physics Problem by Experts and Novices." *Cognitive Sciences*, **5**, 121-152.
Chomsky, N., 1957, *Syntactic Structures*. Mouton.
Cialdini, R. B., 1988, *Influence: Science and Practice*. Harper Collins. (社会行動研究会訳, 1991『影響力の武器——なぜ, 人は動かされるのか』誠信書房)
Cicchette, D., & Toth, S. 2016, "Child Maltreatment and Developmental Psychopathology: A Multilevel Perspective." In Cicchetti, D., ed., *Developmental Psychopathology, vol. 3: Maladaptation and Psychopathology*, 3rd ed. Wiley.
Cikara, M., Bruneau, E., & Saxe, R., 2011, "Us and Them: Intergroup Failures of Empathy." *Current Directions in Psychological Science*, **20**, 149-153.
Cohen, D., Nisbett, R. E., Bowdle, B. F., & Schwarz, N., 1996, "Insult, Aggression, and the Southern Culture of Honor: An 'Experimental Ethnography'." *Journal of Personality and Social Psychology*, **70**, 945-960.
Cole, P. M., 2016, "Emotion and the Development of Psychopathology." In Cicchetti, D. ed., *Developmental Psychopathology, vol. 1: Theory and Method*, 3rd ed. Wiley.
Collins, A., Brown, J. S., & Newman, S. E., 1989, "Cognitive Apprenticeship: Teaching the Crafts of Reading, Writing, and Mathematics." In Resnick, L. B., ed., *Knowing, Learning, and Instruction: Essays in Honor of Robert Glaser*. Lawrence Erlbaum Associates.
Collins, A. M., & Loftus, E. F., 1975, "A Spreading-activation Theory of Semantic Processing." *Psychological Review*, **82**, 407-428.
Collins, A. M., & Quillian, M. R., 1969, "Retrieval Time from Semantic Memory." *Journal of Verbal Learning and Verbal Behavior*, **8**, 240-248.
Collins, W. A., Maccoby, E. E., Steinberg, L., Hetherington, E. M., & Bornstein, M. H., 2000, "Contemporary Research on Parenting: The Case for Nature and Nurture." *American Psychologist*, **55**, 218-232.
Collins, W. A., Maccoby, E. E., Steinberg, L., Hetherington, E. M., & Borstein, M. H., 2001, "Toward Nature with Nurture." *American Psychologist*, **56**, 171-173.
Cook, S. W., 1985, "Experimenting on Social Issues: The Case of School Desegregation." *American Psychologist*, **40**, 452-460.
Cooper, M., 2008, *Essencial Research Findings in Counselling and Psychotherapy: The Facts are Friendly*. Sage. (清水幹夫・末武康弘監訳, 2012『エビデンスにもとづくカウンセリング効果の研究——クライアントにとって何が最も役に立つのか』岩崎学術出版社)
Corey, G., 2009, *The Art of Integrative Counseling*, 2nd ed. Brooks/Cole. (山添正監訳, 2011

『コーレイ教授の統合的カウンセリングの技術——理論と実践（第2版）』金子書房）
Costa, P. T., Jr., & McCrae, R. R., 1985, *The NEO Personality Inventory Manual*. Psychological Assessment Resources.
Costa, P. T., Jr., & McCrae, R. R., 1992, *NEO-PI-R Professional Manual : Revised NEO Personality Inventory and NEO Five-Factor Inventory*. Psychological Assessment Resources. （下仲順子・中里克治・権藤恭之・高山緑, 1999『日本版 NEO–PI–R, NEO–FFI 共通マニュアル』東京心理）
Costa, P. T., Jr., & McCrae, R. R., 1995, "Domains and Facets : Hierarchical Personality Assessment Using the Revised NEO Personality Inventory." *Journal of Personality Assessment*, **64**, 21-50.
Courtright, J. A., 1978, "A Laboratory Investigation of Groupthink." *Communication Monographs*, **43**, 229-246.
Crick, N. R., & Dodge, K. A., 1994, "A Review and Reformulation of Social-Information-Pocessing Mechanisms in Children's Social Adjustment." *Psychological Bulletin*, **115**, 74-101.
Cuddy, A. J. C., Fiske, S. T., & Glick, P., 2008, "Warmth and Competence as Universal Dimensions of Social Perception : The Stereotype Content Model and the BIAS Map." *Advances in Experimental Social Psychology*, **40**, 61-149. Academic Press.
Damasio, A. R., 1994, *Descartes' Error*. Putnam's Sons.
Dawkins, R., 1976, *The Selfish Gene*. Oxford University Press. （日高敏隆・岸由二・羽田節子・垂水雄二 訳, 1991『利己的な遺伝子』紀伊國屋書店）
de Waal, F., 1996, *Good Natured : The Origins of Right and Wrong in Humans and Other Animals*. Harvard University Press. （西田利貞・藤井留美 訳, 1998『利己的なサル，他人を思いやるサル——モラルはなぜ生まれたのか』草思社）
de Waal, F., 2010, *The Age of Empathy : Nature's Lessons for a Kinder Society*. Three Rivers Press. （柴田裕之 訳, 2010『共感の時代へ——動物行動学が教えてくれること』紀伊國屋書店）
De Wolff, M. S., & Van Ijzendoom, M. H., 1997, "Sensitivity and Attachment : A Meta-Analysis on Parental Atecedents of Infant Attachment." *Child Development*, **68**, 571-591.
DeLoache, J. S., 1991, "Symbolic Functioning in Very Young Children : Understanding of Pictures and Models." *Child Development*, **62**, 736-752.
Denes-Raj, V., & Epstein, S., 1994, "Conflict Between Intuitive and Rational Processing : When People Behave Against Their Better Judgment." *Journal of Personality and Social Psychology*, **66**, 819-829.
Derlega, V., & Berg, J., eds., 1987, *Self-disclosure : Theory, Research, and Therapy*. Plenum Press.
Deutsch, M., & Gerard, H. B., 1955, "A Study of Normative and Informational Social Influences upon Individual Judgment." *Journal of Abnormal and Social Psychology*, **51**, 629-636.
DeWall, C. N., Bushman, B. J., Giancola, P. R., & Webster, G. D., 2010, "The Big, the Bad, and the Boozed-up. Weight Moderates the Effect of Alcohol on Aggression." *Journal of Experimental Social Psychology*, **46**, 619-623.
Deweck, C. S., 2013, "Social Development." In Zelazo, P. D., ed., *The Oxford Handbook of Developmental Psychology, vol. 2 : Self and Other*. Oxford University Press.
Dewey, J., 1910, *How We Think*. Heath.
DeYoung C. G., & Gray, J. R., 2009, "Personality Neuroscience : Explaining Individual Differences in Affect, Behaviour and Cognition." In Carr, P., & Matthews, G., eds., *The Cambridge Handbook of Personality Psychology*. Cambridge University Press.

Diener, E., Fraser, S. C., Beaman, A. L., & Kelem, R. T., 1976, "Effects of Deindividuation Variables on Stealing among Halloween Trick-or-treaters." *Journal of Personality and Social Psychology*, **33**, 178-183.
Ditto, P. H., & Lopez, D. F., 1992, "Motivated Skepticism : Use of Differential Decision Criteria for Preferred and Nonpreferred Conclusions." *Journal of Personality and Social Psychology*, **63**, 568-584.
土肥伊都子, 1996「ジェンダー・アイデンティティ尺度の作成」『教育心理学研究』**44**, 187-194。
土居健郎, 1971『「甘え」の構造』弘文堂。
土居健郎, 1985『表と裏』弘文堂。
土居健郎, 2001『続「甘え」の構造』弘文堂。
土居健郎・ルイス, C.・須賀由紀子・松田義幸, 2005『甘えと教育と日本文化——幼児・初等教育の将来：日米比較の観点から』PHP研究所。
堂代裕子・玉瀬耕治, 2011「アサーティブな自己表現の受け止め方に関する研究」『帝塚山大学心理福祉学部紀要』**7**, 97-118。
Dovidio, J. F., & Gaertner, S. L., 1993, "Stereotypes and Evaluative Intergroup Bias." In Mackie, D. M., & Hamilton, D. L., eds., *Affect, Cognition, and Stereotyping*. Academic Press.
Dunbar, R. I. M., 1996, *Grooming, Gossip and the Evolution of Language*. Faber & Faber. (松浦俊輔・服部清美訳, 1998『ことばの起源——猿の毛づくろい, 人のゴシップ』青土社)
Duncker, K., 1945, "On Problem Solving." *Psychological Monographs*, **58** (5).
Dunning, D., & Perretta, S., 2002, "Automaticity and Eyewitness Accuracy : A 10-to 12-Second Rule for Distinguishing Accurate from Inaccurate Positive Identifications." *Journal of Applied Psychology*, **87**, 951-962.
Duval, T. S., & Wicklund, R. A., 1972, *A Theory of Objective Self-awareness*. Academic Press.
Dweck, C. S., 2006, *Mindset : The New Psychology of Success*. Random House. (今西康子訳, 2008『マインドセット——「やればできる！」の研究』草思社)
Eagly, A. H., & Steffen, V. J., 1986, "Gender and Aggressive Behavior : A Meta-analytic Review of the Social Psychological Literature." *Psychological Bulletin*, **100**, 309-330.
Ebbinghaus, H., 1885, *Über das Gedächtnis*. Dunker.
Eich, E., & Metcalfe, J., 1989, "Mood Dependent Memory for Internal versus External Events." *Journal of Experimental Psychology : Learning, Memory, and Cognition*, **15**, 443-455.
Eisenberg, N., & Fabes, R. A., 1999, "Emotion, Emotion-related Regulation, and Quality of Socioemotional Functioning." In Baltes, L., & Tamis-LeMonda, C. S., eds., *Child Psychology : A Handbook of Contemporary Issues*. Psychology Press.
Eisenberg, N., Fabes, R. A., Nyman, M., Bernzweig, J., & Pinuelas, A., 1994, "The Relations of Emotionality and Regulation to Children's Anger-related Reactions." *Child Development*, **65**, 109-128.
Eisenberg, N., Guthrie, I. K., Fabes, R. A., Reiser, M., Murphy, B. C., Holgren, R., Maszk, P., & Losoya, S. L., 1997, "The Relations of Regulation and Emotionality to Resiliency and Competent Social Functioning in Elementary School Children." *Child Development*, **68**, 295-311.
Eizenberger, N. I., & Lieberman, M. D., 2004, "Why Rejection Hurts : A Common Neural Alarm System for Physical and Social Pain." *Trends in Cognitive Science*, **8**, 294-300.
Ekman, P., 1993, "Facial Expression and Emotion." *American Psychologist*, **48**, 384-392.
Elmer, E., 1977, *Fragile Families, Troubled Children*. University of Pittsburgh Press.
遠藤裕乃, 2003『ころんで学ぶ心理療法——初心者のための逆転移入門』日本評論社。

遠藤由美, 2000「『自尊感情』を関係性からとらえ直す」『実験社会心理学研究』**39**, 150-167.
遠藤由美, 2015「グローバル化社会における共生と共感」『エモーションスタディーズ』**1**, 42-49.
Evans, J. S., & Stanovich, K. E., 2013, "Dual-Process Theories of Higher Cognition : Advancing the Debate." *Psychological Science*, **8**, 223-241.
Eysenck, H. J., 1952, "The Effects of Psychotherapy : An Evaluation." *Journal of Consulting Psychology*, **16**, 319-324.
Eysenck, H. J., & Rachman, S., 1965, *The Causes and Cures of Neurosis : An Introduction to Modern Behaviour Therapy Based on Learning Theory and the Principles of Conditioning*. Kegan Paul. (黒田実郎 訳編, 1967『神経症――その原因と治療』岩崎学術出版社)
Ferguson, C. J., 2011, "Video Games and Youth Violence : A Prospective Analysis in Adolescents." *Journal of Youth and Adolescence*, **40**, 377-391.
Festinger, L., Pepitone, A., & Newcomb, T., 1952, "Some Consequences of Deindividuation in a Group." *Journal of Abnormal and Social Psychology*, **47**, 382-389.
Festinger, L., Schacter, S., & Back, K., 1950, *Social Pressures in Informal Groups : A Study of Housing Community*. Stanford University Press.
Fiedler, F. E., 1978, "The Contingency Model and the Dynamics of the Leadership Process." In Berkowitz, L., ed., *Advances in Experimental Social Psychology*, vol. 11. Academic Press.
Fiedler, K., & Semin, G. R., 1992, "Attribution and Language as a Socio-cognitive Environment." In Semin, G. R., & Fiedler, K., eds., *Language, Interaction and Social Cognition*. Sage.
Fillmore, C. J., 1968, "The Case for Case." In Bach, E. & Harms, R. T., eds., *Universals in Linguistic Theory*. Holt, Rinehart & Winston.
Fiske, A. P., & Rai, T. S., 2014, *Virtuous Violence : Hurting and Killing to Create, Sustain, End and Honor Social Relationships*. Cambridge University Press.
Fiske, S. T., & Neuberg, S. L., 1990, "A Continuum of Impression Formation, from Category-based to Individuating Processes : Influences of Information and Motivation of Attention and Interpretation." In Zanna, M. P., ed., *Advances in Experimental Social Psychology*, vol. 23. Academic Press.
Fiske, S. T., & Taylor, S. E., 1984, *Social Cognition*. Addison-Wesley.
Flower, L., & Hayes, J. R., 1981, "A Cognitive Process Theory of Witing." *College Composition and Communication*, **32**, 365-387.
Foa, E. B., Hembree, E. A., & Rothbaum, B. O., 2007, *Prolonged Exposure Therapy for PTSD : Emotional Processing of Traumatic Experiences Therapist Guide*. Oxford University Press.
Folkman, S., & Lazarus, R. S., 1980, "An Analysis of Coping in a Middle-aged Community Sample." *Journal of Health and Social Behavior*, **21**, 219-239.
Forgas, J. P., 2000, Feeling and Thinking : Summary and Integration. In Forgas, J. P., ed., *Feeling and Thinking : The Role of Affect in Social Cognition*. Cambridge University Press.
Forgas, J. P., Levinger, G., & Moylan, S. J., 1994, "Feeling Good and Feeling Close : Affective Influences on the Perception of Intimate Relationships." *Personal Relationships*, **2**, 165-184.
Forsyth, D. R., 1990, *Group Dynamics*, 2nd ed. Brooks/Cole.
Fox, E., 2012, *Rainy Brain, Sunny Brain : The New Science of Optmism and Pessimism*. Conville & Walsh. (森内薫 訳, 2014『脳科学は人格を変えられるか？』文藝春秋)
Fox, M. A., Sanes, J. R., Borza, D. B., & Eswarakumar, V. P., et al., 2007, "Distinct Target-derived Signals Organize Formation, Maturation, and Maintenance of Motor Nerve Terminals." *Cell*, **129**, 179-193.
Frances, A., 2013, *Saving Normal : An Insider's Revolt Against Out-of-control Psychiatric Diag-

nosis, DSM-5, Big Pharma, and the Medicalization of Ordinary Life. William Morrow.

Franzen, A., & Pointer, S., 2013, "The External Validity of Giving in the Dictator Game : A Field Experiment Using the Misdirected Letter Technique." *Experimental Economics*, **16**, 155-169.

Friedman, M., & Rosenman, R. H., 1959, "Association of Specific Overt Behavior Pattern with Blood and Cardiovascular Findings : Blood Cholesterol Level, Blood Clotting Time, Incidence of Arcus Senilis, and Clinical Coronary Artery Disease." *Journal of the American Medical Association*, **169**, 1286-1296.

藤森和美 編, 1999『子どものトラウマと心のケア』誠信書房。

福原眞知子 監修・編集／日本マイクロカウンセリング学会 編, 2007『マイクロカウンセリングの歩みと展望――日本マイクロカウンセリング研究会/学会の活動を通して』川島書店。

福原眞知子, 2012『私的カウンセリングの発達』朝日新聞出版。

福原眞知子・アイビイ, A. E.・アイビイ, M. B., 2004『マイクロカウンセリングの理論と実践』風間書房。

Gagné, E. D., 1985, *The Cognitive Psychology of School Learning.* Scott, Foresman & Company. (赤堀侃司・岸学 監訳, 1989『学習指導と認知心理学』パーソナルメディア)

Gagné, R. M., & Smith, E. C., 1962, "A Study of the Effects of Verbalization on Problem Solving." *Journal of Experimental Psychology*, **63**, 12-18.

Galinsky, A. D., Magee, J. C., Inesi, M. E., & Gruenfeld, D. H., 2006, "Power and Perspective Not Taken." *Psychological Science*, **17**, 1068-1074.

Galizzi, M. M., & Navaro-Martínez, D, 2015, "On the External Validity of Social-Preference Games : A Systematic Lab-Field Study." *Barcelona GSE Working Paper Series, Working Paper no 802*.

Gardner, H., 1999, *Intelligence Reframed : Multiple Intelligences for the 21st Century.* Basic Books. (松村暢隆 訳, 2001『MI――個性を生かす多重知能の理論』新曜社)

Ge, X., Conger, R. D., & Elder, G. H., Jr., 2001, "Pubertal Transition, Stressful Life Events, and The Emergence of Gender Differences in Adolescent Depressive Symptoms." *Developmental Psychology*, **37**, 404-417.

Gelman, S. A., 2013, "Concepts in Development." In Zelazo, P. D., ed., *The Oxford Handbook of Developmental Psychology, vol. 1 : Body and Mind.* Oxford University Press.

Gergen, K. J., Gergen, M. M., & Barton, W. H., 1973, "Deviance in the Dark." *Psychology Today*, **7**, 129-130.

Gershoff, E. T., 2002, "Corporal Punishment by Parents and Associated Child Behaviors and Experiences : A Meta-analytic and Theoretical Review." *Psychological Bulletin*, **128**, 539-579.

Gershon, R. R. M. Qureshi, K. A., Rubin, M. S., & Raveis, V. H., 2007, "Factors Associated with High-rise Evacuation : Qualitative Results from the World Trade Center Evacuation Study." *Prehospital and Disaster Medecine*, **22**, 165-173.

Gibson, J. J., 1950, *The Perception of the Visual World.* Houghton Mifflin.

Gilbert, D. T., & Malone, P. S., 1995, "The Correspondence Bias." *Psychological Bulletin*, **117**, 21-38.

Gilbert, D. T., Pinel, E. C., Wilson, T. D., Blumberg, S. J., & Wheatley, T. P., 1998 "Immune Neglect : A Source of Durability Bias in Affective Forecasting." *Journal of Personality and Social Psychology*, **75**, 617-638.

Glanzer, M., & Cunitz, A. R., 1966, "Two Storage Mechanisms in Free Recall." *Journal of Verbal Learning and Verbal Behavior*, **5**, 351-360.

Godden, D. R., & Baddeley, A. D., 1975, "Context-dependent Memory in Two Natural Envi-

ronments : On Land and Under Water."*British Journal of Psychology*, **66**, 325-331.
Goleman, D., 1995, *Emotional Intelligence*. Bantam Books. (土屋京子 訳, 1996『EQ——こころの知能指数』講談社)
Gopnik, A., 2013, "Causality." In Zelazo, P. D., ed., *The Oxford Handbook of Developmental Psychology, vol. 1 : Body and Mind*. Oxford University Press.
Gray, J. A., 1987, *The Psychology of Fear and Stress*, 2nd ed. Cambridge University Press.
Green, J., 1986, *Language Understanding : A Cognitive Approach*. Open University Press. (認知科学研究会 訳, 1990『言語理解（認知心理学講座4)』海文堂出版)
Greenspoon, J., & Ranyard, R., 1957, "Stimulus Conditions and Retroactive Inhibition." *Journal of Experimental Psychology*, **53**, 55-59.
Gregory, R. L., 1970, *The Intelligent Eye*. Mcgraw-Hill. (金子隆芳 訳, 1972『インテリジェント・アイ』みすず書房)
Greitemeyer, T., & Mügge D., 2014, "Video Games Do Affect Social Outcomes : A Meta-analytic Review of the Effects of Violent and Prosocial Video Game Play." *Personality & Social Psychology Bulletin*, **40** 578-589.
Grice, H. P., 1975, "Logic and Conversation." In Cole, P., & Morgan, J. L., eds., *Syntax and Semantics, 3 : Speech Acts*. Academic Press.
Gudjonsson, G. H., Sigurdsson, J. F., Sigurdardottir, A. S., Steinthorsson, H., & Sigurdardottir, M., 2014, "The Role of Memory Distrust in Cases of Internalized False Confession." *Applied Cognitive Psychology*, **28**, 336-348.
Guilford, J. P., 1967, *The Nature of Human Intelligence*. McGraw-Hill.
Gurney, R., 1936, "The Heredity Factor in Obesity." *Archives of Internal Medicine*, **57**, 557-561.
行場次朗, 2005「自動的処理と制御的処理」森敏昭・中條和光 編『認知心理学キーワード』有斐閣。
南風原朝和, 2002『心理統計学の基礎——統合的理解のために』有斐閣。
Hafer, C., & Rubel, A. N., 2015, "The Why and How of Defending Belief in a Just World." *Advances in Experimental Social Psychology*, **51**, 41-96.
浜口恵俊, 1988『「日本らしさ」の再発見』講談社学術文庫。
浜口恵俊, 1998『日本研究原論——「関係体」としての日本人と日本社会』有斐閣。
Hamilton, D. L., & Gifford, R. K., 1976, "Illusory Correlation in Interpersonal Perception : A Cognitive Basis of Stereotypic Judgments." *Journal of Experimental Social Psychology*, **12**, 392-407.
原岡一馬・河合伊六・黒田輝彦 編, 1979『心理学——人間行動の科学』ナカニシヤ出版。
Hardin, C. D., & Higgins, E. T., 1996, "Shared Reality : How Social Verification Makes the Subjective Objective." In Sorrentino, R. M., & Higgins, E. T., eds., *Handbook of Motivation and Cognition, vol. 3 : The Interpersonal Context*. Guilford.
Hardin, G., 1968, "The Tragedy of the Commons." *Science*, **162**, 1243-1248.
Hargie, O., Saunders, C., & Dickson, D., 1987, *Social Skills in Interpersonal Communication*, 2nd ed. Croom Helm.
Harlow, H. F., 1949, "The Formation of Learning Sets." *Psychological Review*, **56**, 51-65.
Harlow, H. F., 1971, *Learning to Love*. Albion. (浜田寿美男 訳, 1978『愛のなりたち』ミネルヴァ書房)
Harris, J. R., 1995, "Where is the Child's Environment ? A Group Socialization Theory of Development." *Psychological Review*, **102**, 458-489.
Harris, J. R., 1998, "Placental Endogenous Retrovirus (ERV) : Structural, Functional, and Evolutionary Significance." *Bioessays*, **20**, 307-316.
Harter, S., 2016, "I-Self and Me-Self Prosesses Affecting Delopmental Psychopathology and

Mental Health." In Cicchetti, D., ed., *Developmental Psychopathology, vol. 1 : Theory and Method*, 3rd ed. Wiley.
春木豊, 2011『動きが心をつくる――身体心理学への招待』講談社現代新書。
春木豊編, 1987『心理臨床のノンバーバル・コミュニケーション――ことばでないことばへのアプローチ』川島書店。
長谷川寿一・長谷川眞理子, 2000『進化と人間行動』東京大学出版会。
Haslam, S. A., Reicher, S. D., & Platow, M. J., 2011, *The New Psychology of Leadership : Identity, Influence and Power*. Psychology Press.
Hastie, R., 2008, "What's the Story? : Explanations and Narratives in Civil Jury Decisions." In Bornstein B. H., Wiener, R. L., Scopp, R., & Willborn, S. L., eds., *Civil Juries and Civil Justice : Psychological and Legal Perspective*. Springer.
Hatano, G., & Inagaki, K., 1986, "Two Courses of Expertise." In Stevenson, H., Azuma, H., & Hakuta, K., eds., *Child Development and Education in Japan*. Freeman.
波多野誼余夫・稲垣佳世子, 1973『知的好奇心』中公新書。
波多野誼余夫・高橋惠子, 1997『文化心理学入門』岩波書店。
速水敏彦, 1998『自己形成の心理――自律的動機づけ』金子書房。
Hayes, J. R., & Flower, L., 1980, "Identifying the Organization of Writing Processes." In Gregg, L. W., & Steinberg, E. R., eds., *Cognitive Processes in Writing*. Lawrence Erlbaum Associates.
Heckhausen, J., & Schulz, R., 1995, "A Life-span Theory of Control." *Psychological Review*, **102**, 284-304.
Hedlund, J., & Sternberg, R., 2000, "Too Many Intelligences : Integrating Social, Emotional, and Practical Intelligence." In Bar-On, R., & Parker, J. D., eds., *The Handbook of Emotional Intelligence : Theory, Development, Assessment, and Application at Home, School, and in the Worplace*. Jossey-Bass.
Heyne, D., Rollings, S., King, N., & Tonge, B., 2002, *School Refusal : Parent, Adolescent and Child Training Skills*. BPS Blackwell.
Higgins, E. T., 1987, "Self-discrepancy : A Theory Relating Self and Affect." *Psychological Review*, **94**, 319-340.
Higgins, E. T., 1992, "Achieving 'Shared Reality' in the Communication Game : A Social Action that Creates Meaning." *Journal of Language and Social Psychology*, **11**, 107-131.
Higgins, E. T., Rholes, W. S., & Jones, C. R., 1977, "Category Accessibility and Impression Formation." *Journal of Experimental Social Psychology*, **13**, 141-154.
Hill, G. W., 2004, *Illustrating Translation Problems in Doing Cross-cultural Research. Instructor's Manual with Test Bank for Matsumoto and Juang's Culture and Psychology*, 3rd ed. Wadsworth.
平伸二・中山誠・桐生正幸・足立浩平編, 2000『ウソ発見――犯人と記憶のかけらを探して』北大路書房。
平木典子, 1993『アサーション・トレーニング――さわやかな〈自己表現〉のために』日本・精神技術研究所。
Hiroto, D. S., & Seligman M. E. P., 1975, "Generality of Learned Helplessness in Man." *Journal of Personality and Social Psychology*, **31**, 311-327.
保坂亨, 2002「不登校をめぐる歴史・現状・課題」『教育心理学年報』**41**, 157-169。
Hsiang, S. M., Meng, K. C., & Cane, M. A., 2011, "Civil Conflicts are Associated with the Global Climate." *Nature*, **476**, 438-441.
Hughes, C. & Devine, R. T., 2015, "A social perspective on theory of mind." In R. M. Lerner (Editor-in-Chief), M. E. Lamb (Vol. Ed.), *Handbook of Child Psychology and Developmen-*

tal Science, 7th ed. Vol. 3: Socioemotional Processes. Wiley.
Humphrey, N., 1986, *The Inner Eye*. Faber & Faber.（垂水雄二訳, 1993『内なる目』紀伊國屋書店）
Hy, L. X., & Loevinger, J., 1996, *Measuring Ego Development*, 2nd ed. Erlbaum.
兵頭恵子・森野礼一, 1999「阪神・淡路大震災による精神的身体的影響に関する調査研究——女子大生における地震直後, 2か月後, 9か月後の状態」『心理学研究』70, 104-111.
Ijzerman, H., Gallucci, M., Pouw, W. T. J. L., Weißgerber, S. C., Van Doesum, N. J., & Williams, K. D., 2012, "Cold-blooded Loneliness : Social Exclusion Leads to Lower Skin Temperatures." *Acta Psychologia*, 140, 283-288.
池田謙一, 2000『コミュニケーション（社会科学の理論とモデル5）』東京大学出版会。
今田純雄・山下光, 1989「食行動に関する心理学的研究——ヒト嘔吐誘発性食物嫌悪」『広島修大論集』29, 127-146。
Inagaki, K., & Hatano, G., 2002, *Young Children's Naive Thinking about the Biological World*. Psychology Press.
稲垣忠彦・久冨善之編, 1994『日本の教師文化』東京大学出版会。
Ingram, R. E., & Price, J. M., 2001, "The Role of Vulnerability in Understanding Psychopathology." In Ingram, R. E., & Price, J. M., eds., *Vulnerability to Psychopathology : Risk Across the Lifespan*. Guilford Press.
井上和臣, 1997『心のつぶやきがあなたを変える——認知療法自習マニュアル』星和書店。
井上尚美・福沢周亮, 1996『国語教育・カウンセリングと一般意味論』明治図書。
井上章一, 2015『京都ぎらい』朝日新書。
井上昌次郎, 1988『睡眠の不思議』講談社現代新書。
井上孝代編, 1997『異文化間臨床心理学序説』多賀出版。
Insko, C. A., Gilmore, R., Drenan, S., Lipsitz, A., Moehle, D., & Thibaut, J., 1983, "Trade versus Expropriation in Open Groups : A Comparison of Two Types of Social Power." *Journal of Personality and Social Psychology*, 44, 977-999.
Insko, C. A., Pinkley, R. L., Hoyle, R. H., Dalton, B., et al., 1987, "Individual versus Group Discontinuity : The Role of Intergroup Contact." *Journal of Experimental Social Psychology*, 23, 250-267.
Inzlicht, M., & Ben-Zeev, T., 2000, "A Threatening Intellectual Environment : Why Females are Susceptible to Experiencing Problem-solving Deficits in the Presence of Males." *Psychological Science*, 11, 365-371.
Isaacson, W., 1992, December 21, "Sometimes, Right Makes Might." *Time*, 140, 82. Cited by Batson et al., 1995, "Immorality from Empathy-induced Altruism : When Compassion and Justice Conflict." *Journal of Personality and Social Psychology*, 68, 1042-1054.
石田潤・岡直樹・桐木建始・富永大介・道田泰司, 1995『ダイアグラム心理学』北大路書房。
石原千秋, 2007『百年前の私たち——雑書から見る男と女』講談社現代新書。
石川信一, 2013『子どもの不安と抑うつに対する認知行動療法——理論と実践』金子書房。
石山一舟・我妻則明, 2004『アクティブカウンセリング入門——森田療法を取り入れた新しい面接技法』誠信書房。
伊藤圭子, 2012「『できる』はできるという信念で決まる——セルフ・エフィカシー」鹿毛雅治編『モティベーションを学ぶ12の理論』金剛出版。
伊藤裕子, 2001「性差覚醒状況におけるジェンダー・ステレオタイプ」『心理学研究』72, 443-449。
Ivey, A. E., 1986, *Developmental Therapy : Theory into Practice*. Jossey-Bass.（福原真知子・仁科弥生訳, 1991『発達心理療法——実践と一体化したカウンセリング理論』丸善）
Ivey, A. E., D'Andrea, M., Ivey, M. B., & Simek-Morgan, L., 2002, *Theories of Counseling and Psychotherapy : A Multicultural Perspective*, 5th ed. Allyn & Bacon.

Ivey, A. E., & Ivey, M. B., 1998, "Reframing DSM-Ⅳ : Positive Strategies from Developmental Counseling and Therapy." *Journal of Counseling and Development*, **76**, 334-350.
Ivey, A. E., Ivey, M. B., Myers, J., & Sweeney, T., 2005, *Developmental Counseling and Therapy : Promoting Wellness Over the Life Span*. Lahaska Press.
Ivey, A. E., Ivey, M. B., & Zalaquett, C. P., 2014, *Intentional Interviewing and Counseling : Facilitating Client Development in a Multicultural Society*, 8th ed. Brooks Cole/Cengate.
Ivey, A. E., & Matthews, W., 1984, "A Meta Model of the Counseling Interview." *Journal for Counseling and Development*, **63**, 237-243.
Ivey, A. E., Normington, C., Miller, C., Morrill, W., & Hasse, R., 1968, "Microcounseling and Attending Behavior : An Approach to Pre-practicum Counselor Training." *Journal of Counseling Psychology*, **15**, 1-12.
Iyengar, S., & Kinder, D. R., 1987, *News That Matters : Television and American Opinion*. University of Chicago Press.
Izard, C. E., 1991, *The Psychology of Emotions*. Plenum Press. (荘厳俊哉 監訳, 1996『感情の心理学』ナカニシヤ出版)
Jackson, J. M., 1960, "Structural Characteristics of Norms." In Jensen, G. E., ed., *The Dynamics of Instructional Groups*. University of Chicago Press.
Jackson, R. H., & Leonetti, J., 2001, "Parenting : The Child in the Context of the Family." In Walker, C. E., & Roberts, M. C., eds., *Handbook of Clinical Child Psychology*, 3rd ed. Wiley.
Jackson, P. L., Meltzoff, A. N., & Decety, J., 2005, "How Do We Perceive the Pain of Others ? A Window into the Neural Processes Involved in Empathy." *Neuroimage*, **24**, 771-779.
Jacoby, L. L., 1983, "Remembering the Data : Analyzing Interactive Processes in Reading." *Journal of Verbal Learning and Verbal Behavior*, **22**, 485-508.
Janis, I. L., 1982, *Victims of Groupthink*, 2nd ed. Houghton-Mifflin.
Janis, I. L., & Mann, L., 1977, *Decision Makinga : Psychological Analysis of Conflict, Choice, and Commitment*. Free Press.
Jenkins, J. G., & Dallenbach, K. M., 1924, "Obliviscence during Sleep and Waking." *American Journal of Psychology*, **35**, 605-612.
Johnson, M., Verfaellie, M., & Dunlosky, J., 2008, "Introduction to the Special Section on Integrative Approaches to Source Memory." *Journal of Experimental Psychology : Learning, Memory and Cognition*, **34**, 727-729.
Johnson, M. H., Grossman, T., & Kadosh, C. K., 2009, "Mapping Functional Brain Development : Building a Social Brain through Interactive Specialization." *Developmental Psychplogy*, **45**, 151-159.
Jones, E. E., & Davis, K. E., 1965, "From Acts to Dispositions : The Attribution Process in Person Perception." In Berkowitz, L., ed., *Advances in Experimental Social Psychology*, **2**, 219-266.
Jones, E. E., & Pittman, T. S., 1982, "Toward a General Theory of Strategic Self-presentation." In Suls, J., ed., *Psychological Perspectives on the Self*, vol. 1. Erlbaum.
Jones, E. E., Wood, G. C., & Quattrone, G. A., 1981, "Perceived Variability of Personal Characteristics in In-groups and Out-groups : The Role of Knowledge and Evaluation." *Personality and Social Psychology Bulletin*, **7**, 523-528.
Jost, J. T., Pelham, B. W., Sheldon, O., & Sullivan, B. N., 2003, "Social Inequality and the Reduction of Ideological Dissonance on Behalf of the System : Evidence of Enhanced System Justification Among the Disadvantaged." *European Journal of Social Psychology*,

33, 13-36.

Judd, C. H., 1908, "The Relation of Special Training to General Intelligence." *Educational Review*, **36**, 28-42.

鹿毛雅治, 1994「内発的動機づけ研究の展望」『教育心理学研究』**42**, 345-359。

鹿毛雅治編, 2012『モティベーションをまなぶ12の理論』金剛出版。

Kahneman, D., 2011, *Thinking, Fast and Slow*. Farrar, Straus and Giroux.（村井章子訳, 2012『ファスト＆スロー――あなたの意思はどのように決まるか』早川書房）

Kahneman, D., & Tversky, A., 1979, Prospect Theory : An Analysis of Decision under Risk. *Econometrica*, **47**, 263-291.

梶田正巳, 1983『ボストンの小学校――ありのままのアメリカ教育』有斐閣。

鎌原正彦, 宮下一博, 大野木裕明, 中沢潤, 1998『心理学マニュアル 質問紙法』北大路書房。

亀田達也, 1997『合議の知を求めて――グループの意思決定』共立出版。

Karabenick, S. A., & Knapp, J. R., 1988, "Effects of Computer Privacy on Help-seeking." *Journal of Applied Social Psychology*, **18**, 461-472.

唐澤かおり, 1995「達成動機づけにおける感情の役割――Weinerの帰属理論の観点からの分析」『心理学評論』**38**, 281-300。

唐澤由理・佐野秀樹, 2002「ひきこもる青年への支援――民間支援団体の活動状況および関係諸機関との連携状況に関する全国調査報告」『カウンセリング研究』**35**, 265-275。

Karmiloff-Smith, A., 1992, *Beyond Modularity : A Developmental Perspective on Cognitive Science*. MIT Press.（小島康次・小林好和監訳, 1997『人間発達の認知科学――精神のモジュール性を超えて』ミネルヴァ書房）

柏木繁男, 1999「性格特性5因子論（FFM）による東大式エゴグラム（TEG）の評価」『心理学研究』**69**, 468-477。

河田惠昭, 2012「津波避難と自助・共助・公助, そして"弱い"民主主義」『21世紀WAKAYAMA』**70**, 2-4。

河合隼雄, 1967『ユング心理学入門』培風館。

川喜田二郎, 1967『発想法――創造性開発のために』中公新書。

Kay, K., 1989, *The Big Book of Optical Illusions and Oddities*, 2nd ed. Bright Intervals Books.（芦ヶ原伸之訳, 1989『視覚の遊宇宙――目の玉トリック集312』東京図書）

Kazantzis, N., Reinecke, M. A., & Freeman, A., 2010, *Cognitive and Behavioral Theories in Clinical Practice*. The Guilford Press.（小堀修・沢宮容子・勝倉りえこ・佐藤美奈子訳, 2012『臨床実践を導く認知行動療法の10の理論――「ベックの認知療法」から「ACT」・「マインドフルネス」まで』星和書店）

Kenrick, D. T., Ackerman, J., & Ledlow, S., 2003, "Evolution Social Psychology" In DeLamater, J., ed., *Handbook of Social Psychology*. Kluwer-Plenum.

Kenrick, D. T., & MacFarlane, S. W., 1986, "Ambient Temperature and Horn Honking : A Field Study of the Hear/Aggression Relationship." *Environment and Behavior*, **18**, 179-191.

木村敏, 1972『人と人との間――精神病理学的日本論』弘文堂。

木村晴子, 1985『箱庭療法――基礎的研究と実践』創元社。

Kinder, D. R., 1998, "Opinion and Action in the Realm of Politics." In Gilbert, D. T., Fiske, S. T., & Lindzey, G., eds., *The Handbook of Social Psychology*, vol. 2. McGraw-Hill.

北山忍, 1997「文化心理学とは何か」柏木惠子・北山忍・東洋編『文化心理学――理論と実証』東京大学出版会。

北山忍・宮本百合, 2000「文化心理学と洋の東西の巨視的比較――現代的意義と実証的知見」『心理学評論』**43**, 57-81。

小早川明子, 2014『「ストーカー」は何を考えているか』新潮新書。

Köhler, W., 1921, *Intelligenzprüfungen an Menschenaffen*, 2. Aufl. Springer.（宮孝一訳，1962『類人猿の知恵試験』岩波書店）
小森康永・野口裕二・野村直樹 編，1999『ナラティブ・セラピーの世界』日本評論社．
小杉正太郎 編，2002『ストレス心理学――個人差のプロセスとコーピング』川島書店．
子安増生，2000『心の理論――心を読む心の科学』岩波書店．
小谷津孝明・鈴木栄幸・大村賢悟，1992「無意図的想起と行為のしわすれ現象」安西祐一郎・石崎俊・大津由紀雄・波多野誼余夫・溝口文雄 編『認知科学ハンドブック』共立出版．
Kraus M. W., Piff P. K., & Keltner D., 2009, "Social Class, Sense of Control, and Social Explanation." *Journal of Personality and Social of Psychology*, **97**, 992-1004.
Kraus, M. W., Rheinschmidt, M. L., & Piff, P. K., 2012, "The Intersection of Resources and Rank : Signaling Social Class in Face to Face Encounters." In Fiske, S. T., & Markus, H. R., eds., *Facing Social Class : How Societal Rank Influences Interaction*. Russell Sage Foundation.
Kruglanski, A. W., Thompson, E. P., Higgins, E. T., Atash, M. N., Pierro, A., Shah, J. Y., & Spiegel, S., 2000, "To "Do the Right Thing" or To "Just Do It" : Locomotion and Assessment as Distinct Self-regulatory Imperatives." *Journal of Personality and Social Psychology*, **79**, 793-815.
久保田まり，2006「愛着研究はどのように進んできたか」『そだちの科学』**7**, 2-10.
釘原直樹，2013『人はなぜ集団になると怠けるのか――「社会的手抜き」の心理学』中央公論新社．
熊野宏昭，2012『新世代の認知行動療法』日本評論社
久野真由美・矢澤久史・大平英樹 編，2003「学習性無力感の生起事態における特性的自己効力感と免疫機能の変動」『心理学研究』**73**, 472-479.
倉戸ヨシヤ，2011『ゲシュタルト療法――その理論と心理臨床例』駿河台出版社．
Lambert, M. J., 1992, "Psychotherapy Outcome Research : Implications for Integrative and Eclectic Therapists." In Norcross, J. C., & Goldfried, M. R., eds., *Handbook of Psychotherapy Integration*. Basic Books.
Langlois, J. H., Ritter, J. M., Roggman, L. A., & Vaughn, L. S., 1991, "Facial Diversity and Infant Preferences for Attractive Faces." *Developmental Psychology*, **27**, 79-84.
Langlois, J. H., & Roggman, L. A, 1990, "Attractive Faces are Only Average." *Psychological Science*, **1**, 115-121.
Larrick, R. P., Timmerman, T. A, Carton, A. M., & Abrevaya, J, 2011, "Temper, Temperature and Temptation : Heat-related Retaliation in Baseball." *Psychological Science*, **22**, 423-428.
Latané, B., 1981, "The Psychology of Social Impact." *American Psychologist*, **36**, 343-356.
Latané, B., & Darley, J. M., 1968, "Group Inhibition of Bystander Intervention in Emergencies." *Journal of Personality and Social Psychology*, **10**, 215-221.
Latané, B., & Rodin, J., 1969, "A Lady in Distress : Inhibiting Effects of Friends and Strangers on Bystander Intervention". *Journal of Experimental Social Psychology*, **5**, 189-202.
Latané, B., Williams, K., & Harkins, S., 1979, "Many Hands Make Light the Work : The Causes and Consequences of Social Loafing." *Journal of Personality and Social Psychology*, **37**, 822-832.
Laumann, E. O., Gagnon, J. H., Michael, R. T., & Michaels, S., 1994, *The Social Organization of Sexuality : Sexual Practices in the United States*. University of Chicago Press.
Lave, J., & Wenger, E., 1991, *Situated Learning : Legitimate Peripheral Participation*. Cambridge University Press.（佐伯胖訳，1993『状況に埋め込まれた学習――正統的周辺参加』産業図書）

Lazarus, R. S., 1991, *Emotion and Adaptation*. Oxford University Press.
Lazarus, R. S., & Folkman, S., 1984, *Stress, Appraisal, and Coping*. Springer. (本明寛・春木豊・織田正美 監訳, 1991『ストレスの心理学——認知的評価と対処の研究』実務教育出版)
Leary, M., & Baumeister, R. F., 2000, "The Nature and Function of Self-esteem : Sociometer Theory." In Zanna, M. P., ed., *Advances in Experimental Social Psychology*, vol. 32. Academic Press.
LeBon, G., 1895/1960, *The Crowd : A Study of the Popular Mind*. Viking Press.
LeDoux, J., 1996, *The Emotional Brain : The Mysterious Underpinnings of Emotional Life*. Simon & Schuster.
Lefford, A., 1946, "The Influence of Emotional Subject Matter on Logical Reasoning." *Journal of General Psychology*, **34**, 127-151.
Lemerise, E. A., & Arsenio, W. F., 2000, "An Integrated Model of Emotion Processes and Cognition in Social Information Processing." *Child Development*, **71**, 107-118.
Lepper, M., Greene, D., & Nisbett, R. E., 1973, "Undermining Children's Intrinsic Interest with Extrinsic Rewards." *Journal of Personality and Social Psychology*, **28**, 129-137.
Lerner, M. J., 1980, *The Belief in a Just World : A Fundamental Delusion*. Springer.
Levine, J. M., & Moreland, R. L., 1994, "Group Socialization : Theory and Research." In Strobe, W., & Hewstone, M., eds., *European Review of Social Psychology*, vol. 5. John Willy & Sons.
Levitt, S., & List, J., 2007, "What Do Laboratory Experiments Social Preferences Rreveal about the Real World ?" *Journal of Economic Perspectives*, **21**, 153-174.
Lewin, K., 1935, *A Dynamic Theory of Personality : Selected Papers*. McGraw-Hill. (相良守次・小川隆 訳, 1957『パーソナリティの力学説』岩波書店)
Lewis, M., 1992, *Shame : The Exposed Self*. Free Press. (高橋惠子 監訳, 1997『恥の心理学——傷つく自己』ミネルヴァ書房)
Lewis, M., 2000, "The Emergence of Human Emotions." In Lewis, M., & Havilland-Jones, J. M., eds., *Handbook of Emotions*, 2nd ed., Guilford Press.
Lindsay, P. H., & Norman, D. A., 1977, *Human Information Processing : An Introduction to Psychology*, 2nd ed. Academic Press. (中溝幸夫・箱田裕司・近藤倫明 訳, 1983『情報処理心理学入門Ⅰ——感覚と知覚』サイエンス社)
Linton, M., 1982, "Transformations of Memory in Everyday Life." In Neisser, U., ed., *Memory Observed : Remembering in Natural Contexts*. W. H. Freeman.
Lippmann, W., 1922, *Public Opinion*. Harcourt Brace.
Loftus, E. F., Miller, D. G., & Burns, H. J., 1978, "Semantic Integration of Verbal Information into a Visual Memory." *Journal of Experimental Psychology : Human Learning and Memory*, **4**, 19-31.
Longo, D. A., Lent, R. W., & Brown, S. D., 1992, "Social Cognitive Variables in the Prediction of Client Motivation and Attribution." *Journal of Counseling Psychology*, **39**, 447-452.
Luchins, A. S., 1942, "Mechanization in Problem Solving : The Effect of Einstellung." *Psychological Monographs*, **54** (6).
Luria, A. R., 1957, The Role of Language in the Formation of Temporary Connections. In Simon, H., ed., *Psychology of Soviet Union*. Routledge.
Luria, A. R., 1961, *The Role of Speech in the Regulation of Normal and Abnormal Behavior*. Pergamon Press.
Luthar, S. S., Cicchetti, D., & Becker, B., 2000, "The Construct of Resilience : A Critical Evaluation and Guidelines for Future Work." *Child Development*, **71**, 543-562.
MacDonald G., & Leary, M. R., 2005, "Why Does Social Exclusion Hurt ? The Relationship Be-

tween Social and Physical Pain." *Psychological Bulletin*, **131**, 202-223.

前田基成・坂野雄二・東條光彦，1987「系統的脱感作法による視線恐怖反応の消去に及ぼすSELF-EFFICACYの役割」『行動療法研究』**12**, 158-170。

前田重治，1985『図説臨床精神分析学』誠信書房。

前川あさ美，1991「ロールシャッハ・テスト」市川伸一編『心理測定法への招待——測定からみた心理学入門』サイエンス社。

Mahalingam, R., 2003, "Essentialism, Culture, and Power : Representation of Social Class." *Journal of Social Issue*, **59**, 733-749.

Malle, B. F., 2006, "The Actor-observer Asymmetry in Attribution : A (Surprising) Meta-analysis." *Psychological Bulletin*, **132**, 895-919.

Marcia, J. E., 1966, "Development and Validation of Ego-identity Status." *Journal of Personality and Social Psychology*, **3**, 551-558.

Markman, E. M., 1989, *Categorization and Naming in Children : Problems of Induction*. MIT Press.

Markus, H. R., 1977, "Self-schemata and Processing Information about the Self." *Journal of Personality and Social Psychology*, **35**, 63-78.

Markus, H. R., & Fiske, S. T., 2012, "Introduction : A Wide-angle Lens on the Psychology of Social Class." In Fiske, S. T., & Markus, H. R., eds., *Facing Social Class : How Societal Rank Influences Interaction*. Russell Sage Foundation.

Maslow, A. H., 1967, *Motivation and Personality*. Harper & Row.

Maslow, A. H., 1970, *Motivation and Personality*, 2nd ed. Harper & Row.（小口忠彦訳，1987『人間性の心理学（改訂新版）』産業能率大学出版部）

Masten, A. S., Roisman, G., Long, J. D., Burt, K. B., & et al., 2005, "Developmental Cascades : Linking Academic Achievement and Externalizing and Internalizing Symptoms Over 20 Years." *Developmental Psychology*, **41**, 733-746.

Matsumoto, D., & Willingham, B., 2006, "The Thrill of Victory and the Agony of Defeat : Spontaneous Expressions of Medal Winners of the 2004 Athens Olympic Games." *Journal of Personality and Social Psychology*, **91**, 568-581.

松本真理子・ケスキネン, S. 編著，2013『フィンランドの子どもを支える学校環境と心の健康——子どもにとって大切なことは何か』明石書店。

松村千賀子，1991「日本版 Irrational Belief Test (JIBT) 開発に関する研究」『心理学研究』**62**, 106-113。

McClelland, D. C., 1978, "Managing Motivation to Expand Human Freedom." *American Psychologist*, **33**, 201-210.

McDougall, W., 1908, *An Introduction to Social Psychology*. Mathuen.

McEwen, B. S., & Lasley, E. N. 2002, *The End of Stress as We Know It*. Joseph Henry Press.（桜内篤子訳，2004『ストレスに負けない脳——心と体を癒すしくみを探る』早川書房）

McGonigal, K., 2012, *The Willpower Instinct*. Penguin.（神崎朗子訳，2015『スタンフォードの自分を変える教室』だいわ文庫）

McGonigal, K., 2015, *The Upside of Stress : Why Stress Is Good for You, and How to Get Good at It*. Arvery.（神崎朗子訳，2015『スタンフォードのストレスを力に変える教科書』大和書房）

McMahon, D. M., 2006, *Happiness : A History*. Atlantic Monthly Press.

Medvec, V. H., Madey, S. E., & Golovich, T., 1995, "When Less is More : Counterfactual Thinking and Satisfaction Among Olympic Medalists." *Journal of Personality and Social Psychology*, **69**, 603-610.

Meeus, W., Iedema, J., Helsen, M., & Vollebergh, W., 1999, "Patterns of Adolescent Identity

Development : Review of Literature and Longitudinal Analysis." *Developmental Review*, **19**, 419-461.
Meichenbaum, D., 1985, *Stress Inoculation Training*. Pergamon Press.（上里一郎 監訳, 1989『ストレス免疫訓練——認知的行動療法の手引き』岩崎学術出版社）
Meltzoff, A. N., 1988, "Infant Imitation After a 1-Week Delay : Long-Term Memory for Novel Acts and Multiple Stimuli." *Developmental Psychology*, **24**, 470-476.
Meltzoff, A. N., & Moore, M. K., 1977, "Imitation of Facial and Manual Gestures by Human Neonates." *Science*, **198**, 75-78.
Meltzoff, A. N., & Moore, M. K., 1997, "Explaining Facial Imitation : A Theoretical Model." *Early Development & Parenting*, **6**, 179-192.
Meltzoff, A. N., & Williamson, R. A., 2013, "Imitation : Social, Cognitive, and Theoretical Perspectives." In Zelazo, P. D., ed., *The Oxford Handbook of Developmental Psychology, vol. 1 : Body and Mind*. Oxford University Press.
Metzner, R. J., 1994, "Prozac is Medicine, Not a Miracle." *Los Angeles Times*, March 14.
Milgram, S., 1974, *Obedience to Authority : An Experimental View*. Harper & Row.（岸田秀訳, 1975『服従の心理——アイヒマン実験』河出書房新社）
Milgram, S., Bickman, L., Berkowitz, L., 1969, "Note on the Drawing Power of Crowds of Different Size." *Journal of Personality and Social Psychology*, **13**, 79-82.
Miller, D. T., & McFarland, C., 1987, "Pluralistic Ignorance : When Similarity is Interpreted as Dissimilarity." *Journal of Personality and Social Psychology*, **53**, 298-305.
Miller, G. A., 1956, "The Magical Number Seven, Plus or Minus Two : Some Limits on Our Capacity for Processing Information." *Psychological Review*, **63**, 81-97.
Miller, G. E., Chen, E., & Cole, S. W, 2009, "Health Psychology : Developing Biologically Plausible Models Linking the Social World and Physical Health." *Annual Review of Psychology*, **60**, 501-524.
Milner, B., 1970, "Memory and the Medial Temporal Regions of the Brain." In, Pribram, K. H., & Broadbent, D. E., eds., *Biology of Memory*. Academic Press.
南博, 1983『日本的自我』岩波新書。
箕浦康子, 1991『子供の異文化体験』思索社。
Mischel, W., Shoda, Y., Peake, P. K., 1988, "The Nature of Adolescent Competencies Predicted by Preschool Delay of Gratification." *Journal of Personality and Social Psychology*, **54**, 687-696.
Mischel, W., Shoda, Y., Rodriguez, M. I., 1989, "Delay of Gratification in Children." *Science*, **26**, 933-938.
三隅二不二, 1984『リーダーシップ行動の科学（改訂版）』有斐閣。
光武健介・玉瀬耕治, 1995「発達カウンセリング・療法理論における認知的発達水準の査定と介入」『カウンセリング研究』**28**, 143-153。
宮城音弥, 1960『性格』岩波新書。
Miyake, A., Friedman, N. P., Emerson, M. J., Withzki, A. H., Howeter, A., Wager, T. B., 2000, "The Unity and Diversity of Executive Functions and Their Contributions to Complex "Frontal Lobe" Tasks : A Latent Variable Analysis." *Cognitive Psychology*, **41**, 49-100.
Miyake, K., Chen, S., Ujiie, T., Tajima, N., Satoh, K., & Takahashi, K., 1983, "Infant's Temperamental Disposition, Mother's Mode of Interaction, Quality of Attachment, and Infants Receptivity to Socialization : Interim Progress Report." In Research and Clinical Center for Child Development, Faculty of Education, Hokkaido University, *Annual Report 1981-1982*, **5**, 25-49.

宮田洋 監修，1998『新 生理心理学1——生理心理学の基礎』北大路書房．
森治子・長谷川浩一・石隈利紀・嶋田洋徳・坂野雄二，1994，「不合理な信念測定尺度（JIBT-20）の開発の試み」『ヒューマンサイエンスリサーチ』**3**，43-58．
森敏昭，1997「学びのメカニズムをめぐって——学習論」鹿毛雅治・奈須正裕 編『学ぶこと・教えること——学校教育の心理学』金子書房．
森敏昭，2008「発達や学年の段階に応じた指導の重視」無藤隆・嶋野道弘編『確かな学力の育成』ぎょうせい．
森口佑介，2015「実行機能の初期発達，脳内機構およびその支援」『心理学評論』**58**，77-88．
森田正馬，1960『神経質の本態と療法——精神生活の開眼』白揚社．
諸富祥彦，1997『カール・ロジャーズ入門——自分が"自分"になるということ』星雲社．
Moscovici, S., 1976, *Social Influence and Social Change*. Academic Press.
村上宣寛・村上千恵子，2001『主要5因子性格検査ハンドブック——性格測定の基礎から主要5因子の世界へ』学芸図書．
村瀬孝雄，1996『内観——理論と文化関連性』誠信書房．
村田哲，2016「脳科学と心理学(2)動作の自他共有表現を越えるミラーニューロン——予測のメカニズム」『心理学ワールド』**75**，13-16．
村山綾，2015『人はなぜ被害者を責めるのか——公正世界仮説がもたらすもの』公益社団法人日本心理学会・心理学ミュージアム．http://psychmuseum.jp/just_world/
村山綾・三浦麻子，2015「被害者非難と加害者の非人間化——2種類の公正世界信念との関連」『心理学研究』**86**，1-9．
無藤隆，1994『赤ん坊から見た世界——言語以前の光景』講談社現代新書．
Myers, D. G., 1999, "Close Relationships and Quality of Life." In Kahneman, D., Diener, E., & Schwarz, N., eds., *Well-being: The Foundations of Hedonic Psychology*. Russell Sage Foundation.
永田良昭，2000「血液型性格関連説など通俗的人間観への関心の社会心理的要因」『心理学研究』**71**，361-369．
中根千枝，1967『タテ社会の人間関係——単一社会の理論』講談社現代新書．
中野信子・澤田匡人，2015『正しい恨みの晴らし方——科学で読み解くネガティブ感情』ポプラ新書．
中山正和，1980『NM法のすべて（増補版）』産業能率大学出版部．
成瀬悟策，2001『リラクセーション——緊張を自分で弛める法』講談社ブルーバックス．
Neimeyer, R. A., & Mitchell, K. A, 1988, "Similarity and Attraction: A Longitudinal Study." *Journal of Social and Personal Relationships*, **5**, 131-148.
Neisser, U., 1988, "Five Kinds of Self-knowledge." *Philosophical Psychology*, **1**, 35-59.
Nelson, J. S., Grande, T. C., & Wilson, M. V. H., 2016, *Fishes of the World*, 5th ed. John Wiley & Sons.
Nettle, D., Nott, K., & Bateson, M., 2012, "'Cycle Thieves, We are Watching You': Impact of a Simple Signage Intervention Against Bicycle Theft." *PLoS ONE*, **7**(12).: e51738. Doi: 10.1371/journal.pone.0051738
NICHD Early Child Care Research Network, 1997, "The Effects of Infant Child Care on Infant-mother Attachment Security: Results of the NICHD Study of Early Child Care." *Child Development*, **68**, 860-879.
NICHD Early Child Care Research Network, 2001, "Child-care and Family Predictors of Preschool Attachment and Stability from Infancy." *Developmental Psychology*, **37**, 847-862.
Nicholls, J. G., 1984, "Achievement Motivation: Conceptions of Ability, Subjective Experience, Task Choice, and Performance." *Psychological Review*, **91**, 328-346.
日本学生相談学会 編，1989『論理療法にまなぶ——アルバート・エリスとともに——非論理の思い

こみに挑戦しよう』川島書店．
日本家族心理学会，1997『児童虐待——家族臨床の現場から』金子書房．
日本臨床心理士資格認定協会，2017『公認心理師法の施行をめぐる「基本認識・基本方針」』http://fjcbcp. or. jp/wp/wp-content/uploads/2014/03/01kihonkakunin_hoshin_20170801.pdf
日本遊戯療法学会編，2014『遊びからみえる子どものこころ』日本評論社．
Nisbett, R.E., 1993, "Violence and US Regional Culture." *American Psychologist*, **48**, 441-449.
Nisbett, R.E., 2003, *The Geography of Thought : How Asians and Westerners Think Differently ...and Why. Free Press*. (村本由紀子訳，2004『木を見る西洋人 森を見る東洋人——思考の違いはいかにして生まれるか』ダイヤモンド社)
Nisbett, R. E., & Cohen, D, 1996, *Culture of Honor : The Psychology of Violence in the South*. Westview Press.
Nisbett, R.E., & Wilson, T.D., 1977, "Telling More Than You Can Know : Verbal Reports on Mental Processes." *Psychological Review*, **84**, 231-259.
西村多久磨・河村茂雄・櫻井茂男，2011「自律的な学習動機づけとメタ認知的方略が学習成績を予測するプロセス——内発的な動機づけは学業成績を予測することができるのか？」『教育心理学研究』**59**，77-87.
西澤哲，1994『子どもの虐待——子どもと家族への治療的アプローチ』誠信書房．
西園昌久，1987「解釈することの意味」『精神分析研究』**31**，1-5．
Noelle-Neumann, E., 1989, *Offentliche Meinung : Die Entdeckung der Schweigespirale, Erw. Ausg*. Ullstein. (池田謙一・安野智子訳，1997『沈黙の螺旋理論——世論形成過程の社会心理学（改訂版）』ブレーン出版)
Norton, M. I., Frost, J. H., & Ariely, D, 2007, "Less is More : The Lure of Ambiguity, or Why Familiarity Breeds Contempt. *Journal of Personality and Social Psychology*, **92**, 97-105.
越智啓太，2013「犯罪捜査——犯罪捜査への心理学的アプローチ」藤田政博編著『法と心理学』法律文化社．
Oda, R., Niwa, Y., Honma, A., Hiraishi, K., 2011, "An Eye-like Painting Enhances the Expectation of a Good Reputation." *Evolution and Human Behavior*, **32**, 166-171.
大浜幾久子，2016「ピアジェの発生的認識論とイネルデの発生的心理学」田島信元・岩立志津夫・長崎勤編『新・発達心理学ハンドブック』福村出版．
大原健士郎，1997『あるがままに生きる——森田療法の心の処方箋』講談社＋α文庫．
大橋英寿，1998『沖縄シャーマニズムの社会心理学的研究』弘文堂．
Ohira, H., 2001, "Controllability of Aversive Stimuli Unconsciously Determines Volume of Secretory Immunoglobulin A in Saliva." *Japanese Journal of Behavioral Medicine*, **6**, 30-37.
Oishi, S., 2010, "The Psychology of Residential Mobility : Implications for the Self, Social Relationships, and Well-Being." *Perspectives on Psychological Science*, **5**, 5-21.
岡田尊司，2011『愛着障害——子ども時代を引きずる人々』光文社新書．
岡本真彦，2010「メタ認知の指導と評価」森敏昭・青木多寿子・淵上克義編『よくわかる学校教育心理学』ミネルヴァ書房．
岡安孝弘・嶋田洋徳・丹羽洋子・森俊夫・矢富直美，1992「中学生の学校ストレッサーの評価とストレス反応との関係」『心理学研究』**63**，310-318．
奥田秀宇，1994「恋愛関係における社会的交換過程——公平，投資，および互恵モデルの検討」『実験社会心理学研究』**34**，82-91．
Onishi, K. H., & Baillargeon, R., 2005, "Do 15-Month-Old Infants Understand False Beliefs ?" *Science*, **308**, 255-258.
Onishi, K. H., Baillargeon, R., & Leslie, A. M., 2007, "15-Month-Old Infants Detect Viola-

tions in Pretend Scenarios." *Acta Psychologica*, **124**, 106-128.

大野太郎・高元伊智郎・山田富美雄, 2002『ストレスマネジメント・テキスト』東山書房。

大野裕, 2011『はじめての認知療法』講談社現代新書。

大野裕, 2014『精神医療・診断の手引き――DSM-Ⅲはなぜ作られ, DSM-5はなぜ批判されたか』金剛出版。

Osborn, A. F., 1953, *Applied Imagination*. Charles Scribner's Sons.

Osgood, C. E., 1949, "The Similarity Paradox in Human Learning : A Resolution." *Psychological Review*, **56**, 132-143.

大山正編, 2007『実験心理学――こころと行動の科学の基礎』サイエンス社。

Pavlov, I. P., 1927, *Conditioned Reflexes : An Investigation of the Physiological Activity of the Cerebral Cortex*. (trans. by Anrep, G. V.) Oxford University Press.

Pedersen, P., 1988, *A Handbook for Developing Multicultural Awareness*. American Association for Counseling and Development.

Pedersen, P. B., ed., 1992, "Multiculturalism as a Fourth Force in Counseling (special issue)." *Journal of Counseling and Development*, **70** (1).

Perlman, D., & Oskamp, S., 1971, "The Effects of Picture Content and Exposure Frequency on Evaluations of Negros and Whites." *Journal of Experimental Social Psychology*, **7**, 503-514.

Pettigrew, T. F., & Tropp. L. R., 2006, "A Meta-analytic Test of Intergroup Contact Theory." *Journal of Personality and Social Psychology*, **90**, 751-783.

Petty, R. E., & Cacioppo, J. T., 1986, "The Elaboration Likelihood Model of Persuasion." In Berkowitz, L., ed., *Advances in Experimental Social Psychology*, vol. 19. Academic Press.

Piaget, J., 1923, *Le Langage et la Pensee chez l'enfant*. Neuchatel : Delachaux et Nestle. (大伴茂訳, 1954『児童の自己中心性』同文書院)

Pillow, D. R., Zautra, A. J., & Sandler, I., 1996, "Major Life Events and Minor Stressors." *Journal of Personality and Social Psychology*, **70**, 381-394.

Pinker, S., 2011, *The Better Angels of Our Nature : Why Violence has Declined*. Viking. (幾島幸子・塩原通緒訳, 2015『暴力の人類史』上・下, 青土社)

Poincaré, H., 1929, *The Foundation of Science*. Science Press.

Posner, M. I., 1980, "Orienting of Attention." *Quarterly Journal of Experimental Psychology*, **32**, 3-25.

Posner, M. I., & Rothbart, M. K., 2007, "Research on Attention Networks as a Model for the Integration of Psychological Science." *Annual Review of Psychology*, **58**, 1-23.

Premack, D., & Woodruff, G., 1978, "Does the Chimpanzee Have a Theory of Mind ?." *Behavioral and Brain Sciences*, **1**, 515-526.

Price, J. M., & Lento, J., 2001, "The Nature of Child and Adolescent Vulnerability." In Ingram, R. E., & Price, J. M., eds., *Vulnerability to Psychopathology : Risk Across the Lifespan*. Guilford Press.

Ratey, J., 2008, *Spark : The Revolutionary New Science of Exercise and the Brain*. Little, Brown and Company.

Read, P. P., 1974, *Alive : The Story of the Andes Survivors*. Secker & Warburg. (永井淳訳, 1974『生存者――アンデス山中の70日』平凡社)

Reddy, V., 2008, *How Infants Know Minds*. Harvard Univaersity Press.

Reed, E. S., 1997, *From Soul to Mind : The Emergence of Psychology, from Erasmus Darwin to William James*. Yale University Press. (村田純一・染谷昌義・鈴木貴之訳, 2000『魂（ソウル）から心（マインド）へ――心理学の誕生』青土社)

Richardson, D. S, 2014, "Everyday Aggression Takes Many Forms." *Current Directions in Psy-*

chological Science, **23**, 220-224.
Rigazio-DiGilio, 2012, "Developmental Therapy and Systemic Cognitive-development Therapy : Postmodern Implications and Beynd." *Japanese Journal of Microcounseling*, **7**, 2-25.
Rigdon, M., Ishii, K., Watabe, M., & Kitayama, S., 2009, "Minimal Social Cues in the Dictator Game." *Journal of Economic Psychology*, **30**, 358-367.
Rizzolatti, G., Fadiga, L., Gallese, V., & Fogassi, L., 1996, "Premotor Cortex and the Recognition of Motor Actions." *Cognitive Brain Research*, **3**, 131-141.
Robins, L., & Regier, D., eds., 1991, *Psychiatric Disorders in America : The Epidemilogic Catchment Area Study*. Free Press.
Rochat, P., 2014, *Early Social Cognition : Understanding Others in the First Months of Life*. Psychology Press.
Rodrigues, M. S., & Cohen, S., 1998, "Social Support." In Friedman, H. S., ed., *Encyclopedia of Mental Health*, vol. 3. Academic Press.
Rogelberg, S. G., Leach, D. J., Warr, P. B., & Burnfield, J. L., 2006, "Not Another Meeting!" Are Meeting Time Demands Related to Employee Well-being ?" *Journal of Applied Psychology*, **91**, 83-96.
Rogers, C. R., 1957, "The Necessary and Sefficient Conditions of Therapeutic Personality Change." *Journal of Consulting Psychology*, **21**, 95-103.
Rohman, D. G., 1965, "Pre-writing : The Stage of Discovery in the Writing Process." *College Composition and Communication*, **16**, 106-112.
Romero-Canyas, R., & Downey, G., 2005, "Rejection Sensitivity as a Predictor of Affective and Behavioral Responses to Interpersonal Stress : A Defensive Motivational System." In Wiliams, K. D., Forgas, J. P., & von Hippel, W., eds., *The Social Outcast : Ostracism, Social Exclusion, Rejection, and Bullying*. Psychology Press.
Rosenberg, M., 1965, *Society and the Adolescent Self-image*. Princeton University Press.
Ross, L., Amabile, T. M., & Steinmetz, J. L., 1977, "Social Roles, Social Control, and Biases in Social-perception Processes." *Journal of Personality and Social Psychology*, **35**, 485-494.
Ross, M., & Buehler, R., 1994, "Creative Remembering." In Neisser, U. & Fivush, R. eds., *The Remembering Self : Construction and Accuracy in the Self-narrative*. Cambridge University Press.
Rothbart, M. K., 2007, "Temperament, Development, and Personality." *Current Directions in Psychological Science*, **16**, 207-212.
Rothbart, M. K., & Bates, J. E., 1998, "Temperament." In Damon, W., & Eisenberg, N., eds., *Handbook of Child Psychology*, vol. 3 : *Social, Emotional, and Personality Development*, 5th ed. Wiley.
Rothbart, M. K., & Bates, J. E., 2006, "Temperament." In Damon, W., Lerner, R., & Eisenberg, N., eds., *Handbook of Child Psychology, vol. 3 : Social, Emotional, and Personality Development*, 6th ed. Wiley.
Ruscher, J. B., Hammer, E. Y., & Hammer, D. E., 1996, "Forming Shared Impressions through Conversation : An Adaptation of the Continuum Model." *Personality and Social Psychology Bulletin*, **22**, 705-720.
Russell-Chapin, L., & Jones, L., 2014 "Neurocounseling : Bringing Brain and Behavior." *Counseling Today*, **56**, 20-21.
Russell, J. A., & Barrett, L. F., 1999, "Core Affect, Prototypical Episodes, and Other Things Called Emotion : Dissecting the Elephant." *Journal of Personality and Social Psycholoigy*, **76**, 806-819.

Rutter, D., Francis, J., Coren, E., & Fisher, M., 2010, *SCIE Systematic Research Reviews: Guidelines*, 2nd ed. Social Care Institute for Excellence.
Rutter, M., 1998, "Developmental Catch-up, and Dificit, Following Adoption after Severe Early Privation. English and Romanian Adoptees (ERA) Study Team." *Journal of Child Psychology and Psychiatry*, **39**, 465-476.
斎藤環, 2014『「ひきこもり」救出マニュアル（実践編）』筑摩文庫.
佐治守夫・飯長喜一郎編, 1983『ロジャーズ クライエント中心療法』有斐閣新書.
酒井恵子・久野雅樹, 1997「価値志向的精神作用尺度の作成」『教育心理学研究』**45**, 388-395。
阪中順子, 2015『学校現場から発信する子どもの自殺予防ガイドブック——いのちの危機と向き合って』金剛出版.
坂野雄二, 1995『認知行動療法』日本評論社.
坂野雄二, 2002「パニック障害」下山晴彦・丹野義彦編『異常心理学（講座臨床心理学3）』東京大学出版会.
坂野雄二・菅野純・佐藤正二・佐藤容子, 1996『臨床心理学』有斐閣.
櫻井茂男, 2009『自ら学ぶ意欲の心理学——キャリア発達の視点を加えて』有斐閣.
Salovey, P., Woolery, A., & Mayer, J. D., 2001, "Emotional Intelligence : Conceptualization and Measurement." In Fletcher, G. J. O., & Clark, M. S., eds., *Blackwell Handbook of Social Psychology : Interpersonal Processes*. Blackwell.
Santrock, J. W., 2000, Psychology, 6th ed. McGraw-Hill.
佐々木正人, 1994『アフォーダンス——新しい認知の理論』岩波書店.
佐々木掌子, 2017『トランスジェンダーの心理学——多様な性同一性の発達メカニズムと形成』晃洋書房.
佐藤淑子, 2001『イギリスのいい子 日本のいい子——自己主張とがまんの教育学』中公新書.
Schank, R. C., & Abelson, R., 1977, *Scripts, Plans, Goals, and Understanding*. Lawrence Erlbaum Associates.
Scheier, M. F., Fenigstein, A., & Buss, A. H., 1974, "Self-awareness and Physical Aggression." *Journal of Experimental Social Psychology*, **10**, 264-273.
Schelling, T. C., 1968, "The Life You Save Many Be Your Own." In Chase, S. B. ed., *Problems in Public Expenditure Analysis*. Brookings Institute.
Searle, J. R., 1969, *Speech Acts*. Cambridge University Press.
Seligman, M. E. P., 1988, "Boomer Blues." *Psychology Today*, **22**, 50-55.
Seligman, M. E. P., & Maier, S. F., 1967, "Failure to Escape Traumatic Shock." *Journal of Experimental Psychology*, **74**, 1-9.
Selye, H., 1956, *The Stress of Life*. McGraw-Hill.（杉靖三郎・田多井吉之介・藤井尚治・竹宮隆訳, 1974『現代生活とストレス』法政大学出版局）
Shapiro, D. A., & Shapiro, D., 1982, "Meta-analysis of Comparative Therapy Outcome Studies : A Replication and Refinement." *Psychological Bulletin*, **92**, 581-604.
Shapiro, F., 1995, *Eye Movement Desensitization and Reprocessing : Basic Principles, Protocols, and Procedures*. Guilford Publications.
Sheingold, K., & Tenney, Y. J., 1982, "Memory for a Salient Childhood Event." In Neisser, U., ed., *Memory Observed : Remembering in Natural Context*. W. H. Freeman.
Shepperd, J. A., & Arkin, R. M., 1989, "Determinants of Self-handicapping : Task Importance and the Effects of Preexisting Handicaps on Self-generated Handicaps." *Personality and Social Psychology Bulletin*, **15**, 101-112.
Sherif, M., Harvey, O. J., White, B. J., Hood, W. R., & Sherif, C. W., 1961, *Intergroup Conflict and Cooperation : The Robber's Cave Experiment*. Institute of Group Relations.
渋谷真樹, 2001『「帰国子女」の位置取りの政治——帰国子女教育学級の差異のエスノグラフィー』

勁草書房。
下條信輔, 1992「知性のインプリメンテーション――心理物理学の現在」『科学』**62**, 349-355。
下重暁子, 2015『家族という病』幻冬舎新書。
下山晴彦・丹野義彦 編, 2001-02『講座臨床心理学』全6巻, 東京大学出版会。
Shiner, R. L., & DeYoung, C. G., 2013, "The Structure of Temperament and Personality Traits : A Developmental Perspective." In Zelazo, P. D., ed., *The Oxford Handbook of Developmental Psychology, vol. 2 : Self and Other*. Oxford University Press.
篠田桃紅, 2015『一〇三歳になってわかったこと――人生は一人でも面白い』幻冬舎。
Shotland, R. L., & Straw, M. K., 1976, "Bystander Response to an Assault : When a Man Attacks a Woman." *Journal of Personality and Social Psychology*, **34**, 990-999.
Silveira, J., 1971, "Incubation : The Effect of Interruption Timing and Length on Problem Solution and Quality of Problem Processing." *Unpublished Doctoral Dissertation*, University of Oregon.
Simons, D. J., & Chabris, C., 1999, "Gorillas in Our Midst : Sustained Inattentional Blindness for Dynamic Events." *Perception*, **28**, 1059-1074.
Slovic, P., 2007, "If I Look at the Mass I will Never Act : Psychic Numbing and Genocide." *Judgment and Decision Making*, **2**, 79-95.
Small, D. A., Loewenstein, G., & Slovic, P., 2007, "Sympathy and Callousness : The Impact of Deliberative Thought on Donations to Identifiable and Statistical Victims." *Organizational Behavior and Human Decision Processes*, **102**, 143-153.
Smith, E. R., & Semin, G. R., 2006, "Socially Situated Cognition as a Bridge." In van Lange, P. A. M., ed., *Bridging Social Psychology : Benefits of Transdisciplinary Approaches*. Laurence Erlbaum Publishers.
Solomon, J., & George, C., 2008, "The Caregiving System : A Behavioral Systems Approach to Parenting." In Cassidy, J., & Shaver, P. R., eds., *Handbook of Attachment : Theory, Research, and Clinical Application*, 2nd ed. Guilford Press.
Spearman, C. E., 1904, "General Intelligence, Objectively Determined and Measured." *American Journal of Psychology*, **15**, 201-293.
Spelke, E. S., 2000, "Core Knowledge." *American Psychologist*, **55**, 1233-1243.
Spelke, E. S. & Kinzler, K. D., 2007, "Core Knowledge." *Developmental Science*, **10**, 89-96.
Sperry, R. W., 1968, "Hemisphere Deconnection and Unity in Conscious Awareness." *American Psychologist*, **23**, 723-733.
Sroufe, L. A., Egeland, B., Carlson, E. A., & Collins, W. A., 2005, *The Development of the Person : The Minnesota Study of Risk and Adaptation from Birth to Adulthood*. Guilford Press.
Stanovich, K. E., 2004, *The Robot's Rebellion : Finding Meaning the Age of Darwin*. University of Chicago Press.
Stasser, G., & Birchmeier, Z., 2003, "Group Creativity and Collective Choice." In Paulus, P. B., & Nijstad, B. A. eds., *Group Creativity : Innovation through Collaboration*. Oxford University Press.
Steel, C. M., & Aronson, J., 1995, "Stereotype Threat and the Intellectual Test Performance of African Americans." *Journal of Personality and Social Psychology*, **69**, 797-811.
Stephens, N. M., Markus, H. R., & Townsend, S. M., 2007, "Choice as an Act Meaning : The Case of Social Class." *Journal of Personality and Social Psychology*, **93**, 814-830.
Sternberg, R. J., 1985, *Beyond IQ : A Triarchic Theory of Human Intelligence*. Cambridge University Press.
Strack, F., Martin, L. L., & Stepper, S., 1988, "Inhibiting and Facilitating Conditions of the

Human Smile : A Nonobtrusive Test of the Facial Feedback Hypothesis." *Journal of Personality and Social Psychology*, **54**, 768-777.
Stratton, G. M., 1897, "Vision without Inversion of the Retinal Image." *Psychological Review*, **4**, 341-360.
Sue, D. W., Ivey, A. E., & Pedersen, P. B., 1996, *A Theory of Multicultural Counseling and Therapy*. Brooks/Cole.
杉万俊夫・三隅二不二, 1984「緊急避難状況における避難誘導法に関するアクション・リサーチ(Ⅱ)——誘導者と避難者の人数比が指差誘導法と吸着誘導法に及ぼす効果」『実験社会心理学研究』**23**, 107-115。
杉田峰康, 1983『こじれる人間関係——ドラマ的交流分析』創元社。
祐宗省三, 1995-2002「発達と教育——本邦の大学生の無質問行動に関する心理学的研究(第Ⅰ~Ⅷ報)」『武庫川女子大学教育研究所研究レポート』**13**(1995)-**27**(2002)。
鈴木孝夫, 1973『ことばと文化』岩波新書。
鈴村金彌, 1966『フロイト』清水書院。
Swann, W. B., Jr., 1983, "Self-verification : Bringing Social Reality into Harmony with the Self." In Suls, J., & Greenwald, A. G., eds., *Social Psychological Perspectives on the Self*, vol. 2. Erlbaum.
Symonds, P. M., 1939, *The Psychology of Parent-child Relationships*. Appleton-Century.
Tajfel, H., & Turner, J. C., 1986, "The Social Identity Theory of Intergroup Behavior." In Worchel, S., & Austin, W. G., eds., *Psychology of Intergroup Relations*, 2nd ed. Nelson-Hall.
田島充士, 2016「ヴィゴツキー理論とその展開」田島信元・岩立志津夫・長崎勤 編『新・発達心理学ハンドブック』福村出版。
Takahashi, K., 1986, "Examining the Strange-Situation Procedure with Japanese Mothers and 12-month-old Infants." *Developmental Psychology*, **22**, 265-270.
高橋恵子, 2013『絆の構造——依存と自立の心理学』講談社現代新書。
詫摩武俊, 1967『性格はいかにつくられるか』岩波新書。
詫摩武俊・鈴木乙史・清水弘司・松井豊 編, 2000『性格の理論』ブレーン出版。
詫摩武俊・瀧本孝雄・鈴木乙史・松井豊, 1990『性格心理学への招待——自分を知り他者を理解するために』サイエンス社。
玉瀬耕治, 1988「適応の指導」杉村健 編『教育心理学』小林出版。
玉瀬耕治, 1990「基本的なカウンセリング技法の習得に及ぼすマニュアルとモデリングの効果」『カウンセリング研究』**23**, 1-8。
玉瀬耕治, 1998『カウンセリング技法入門』教育出版。
玉瀬耕治, 2004「マイクロカウンセリング」内山喜久雄・坂野雄二 編『エビデンス・ベースト・カウンセリング(現代のエスプリ別冊)』至文堂。
玉瀬耕治, 2008『カウンセリングの技法を学ぶ』有斐閣
玉瀬耕治, 2014「マイクロカウンセリングから発達カウンセリング・心理療法へ」『帝塚山大学心理学部紀要』**3**, 1-9。
玉瀬耕治・石田恵利子, 1996,「カウンセラーのうなずきの量と挿入位置の評定に関する研究」『奈良教育大学教育研究所紀要』**32**, 137-146。
玉瀬耕治・大塚弥生・大谷卓治, 1990「マイクロカウンセリングにおける感情の反映」『奈良教育大学教育研究所紀要』**26**, 55-66。
Tamase, K., & Rigazio-DiGilio, S. A., 1997, "Expanding Client Worldviews : Investigating Developmental Counselling and Therapy Assumptions." *International Journal for the Advancement of Counselling*, **19**, 229-247.
玉瀬耕治・脇本真希子, 2003「大学生用『甘え』尺度の作成に関する研究」『奈良教育大学紀要』**52**,

209-219。
田中有可里, 2001「摂食障害に対する痩せ志向文化の影響」『カウンセリング研究』**34**, 69-81。
田中佑子・中澤潤・中澤小百合, 2000「単身赴任の長期化が母親のストレスに与える影響——横断的研究・縦断的研究を通じて」『心理学研究』**71**, 370-378。
谷口高士, 2002「音楽と感情」高橋雅延・谷口高士 編『感情と心理学——発達・生理・認知・社会・臨床の接点と新展開』北大路書房。
丹野義彦, 2001a「実証にもとづく臨床心理学に向けて」『教育心理学年報』**40**, 157-168。
丹野義彦, 2001b「実証にもとづく臨床心理学」下山晴彦・丹野義彦 編『臨床心理学とは何か（講座臨床心理学1）』東京大学出版会。
丹野義彦・石垣琢麿・毛利伊吹・佐々木淳・杉山明子, 2015『臨床心理学』有斐閣。
鑢幹八郎・名島潤慈 編著, 2010『心理臨床家の手引（第3版）』誠信書房。
Taylor, J. B. 2006, *My Stroke of Insight: A Brain Scientist's Personal Journey*. Lulu.com.（竹内薫 訳, 2009『奇跡の脳』新潮社）
Taylor, S. E., 1989, *Positive Illusions: Creative Self-deception and the Healthy Mind*. Basic Books.
Taylor, S. E., Peplau, L. A., & Sears, D. O., 2003, *Social Psychology*, 11th ed. Prentice Hall.
テオプラストス/森進一 訳, 1982『人さまざま』岩波文庫。
Tesser, A., 1988, "Toward a Self-evaluation Maintenance Model of Social Behavior." In Berkowitz, L., ed., *Advances in Experimental Social Psychology*, vol. 21. Academic Press.
Thomas, A., & Chess, S., 1977, *Temperament and Development*. Brunner/Mazel.
Thompson, R. A., 1998, "Early Sociopersonality Development." In Damon, W., & Eisenberg, N., eds, *Handbook of Child Psychology: Social, Emotional, and Personality Development*. John Wiley.
Thompson, R. A., 2013, "Attachment Theory and Research: Precis and Prospect." In Zelazo, P. D., ed., *Oxford Handbook of Developmental Psychology, vol. 2: Self and Other*. Oxford University Press.
Thorndike, E. L., 1898, Animal Intelligence: An Experimental Study of the Associative Processes in Animals." *Psychological Monographs*, **2** (Whole no. 8).
Thorndike, E. L., 1924, "Mental Discipline in High School Studies." *Journal of Educational Psychology*, **15**, 1-22, 83-98.
Thorndyke, P. W., 1977, "Cognitive Structures in Comprehension and Memory of Narrative Discourse." *Cognitive Psychology*, **9**, 77-110.
Thurstone, L. L., 1938, "Primary Mental Abilities." *Psychometric Monograph*, **1**.
Tice, D. M., 1992, "Self-concept Change and Self-presentation: The Looking Glass Self is Also a Magnifying Glass." *Journal of Personality and Social Psychology*, **63**, 435-451.
Toates, F., 1986, *Motivational Systems*. Cambridge University Press.
戸田正直, 1992『感情——人を動かしている適応プログラム』東京大学出版会。
Tolman, E. C., Ritchie, B. F., & Kalish, D., 1946, "Studies in Spatial Learning I: Orientation and the Short-cut." *Journal of Experimental Psychology*, **36**, 13-24.
Tomasello, M., & Haberl, K., 2003, "Understanding Attention: 12- and 18-Month-Olds Know What is New for Other Persons." *Developmental Psychology*, **39**, 906-912.
Tomasello, M., Kruger, A. C., & Ratner, H. H., 1993, "Cultural Learning." *Behavioral and Brain Science*, **16**, 495-511.
富永健一, 1979『日本の階層構造』東京大学出版会。
冨永良喜, 2014『災害・事件後の子どもの心理支援——システムの構築と実践の指針』創元社。
Tóth, Z., Hornung, E., Báldi, A., & Kovács-Hostyánszki, A., 2016, "Effects of Set-aside Management on Soil Macrodecomposers in Hungary." *Applied Soil Ecology*, **99**, 89-97.

Trivers, R. L., 1985, *Social Evolution*. Benjamin/Cummings. (中嶋康裕・福井康雄・原田康志訳, 1991『生物の社会進化』産業図書)
辻平治郎 編, 1998『5因子性格検査の理論と実際──こころをはかる5つのものさし』北大路書房.
辻平治郎・藤島寛・辻斉・夏野良司・向山泰代・山田尚子・森田義宏・秦一士, 1997「パーソナリティの特性論と5因子モデル──特性の概念, 構造, および測定」『心理学評論』**40**, 239-259.
Tsuji, H., Tsuji, H., Yamada, N., Natsuno, Y., Morita, Y., Mukoyama, Y., Hata, K., & Fujishima, Y., 1996, "Standardization of the Five-factor Personality Questionnaire : (2) Factor Structure." *Poster Presented at the 26th International Congress of Psychology*, Montreal, Canada.
鶴田利郎・山本裕子・野嶋栄一郎, 2014「高校生向けインターネット依存傾向測定尺度の開発」『日本教育工学会論文誌』**37**, 491-504.
塚田裕三 編, 1977『脳(別冊サイエンス)』日本経済新聞社.
Tulving, E., 1972, "Episodic and Semantic Memory." In Tulving, E., & Donaldson, W., eds., *The Organisation of Memory*. Academic Press.
Tulving, E., & Pearlstone, Z., 1966, "Availability and Accessibility of Information in Memory for Words." *Journal of Verbal Learning and Verbal Behavior*, **5**, 381-391.
Tversky, A., & Kahneman, D., 1974, "Judgment under Uncertainty : Heuristics and Biases." *Science*, **185**, 1124-1131.
Tversky, A., & Kahneman, D., 1981, "The Framing of Decisions and the Psychology of Choice." *Science*, **211**, 453-458.
上地安昭, 2014『時間制限カウンセリング──エビデンスにもとづく短期統合的アプローチ』金子書房.
氏家達夫, 1987「Strange Situationにおける愛着行動のパターンと分離前場面との関係について」『心理学研究』**58**, 98-104.
Vandell, D. L., 2000, "Parents, Peer Groups, and Other Socializing Influences." *Developmental Psychology*, **36**, 699-710.
Vandello, J. A., & Cohen, D., 2008, "Culture, Gender, Men's Intimate Partner Violence." *Social and Personality Psychology Compass*, **2**, 652-667.
Vosniadou, S., & Brewer, W., 1992, "Mental Models of the Earth : A Study of Conceptual Change in Childhood." *Cognitive Psychology*, **24**, 535-585.
Vygotsky, L. S., 1934, *Thought and Language*. John Wiley. (柴田義松 訳, 1962『思考と言語』明治図書)
和田さゆり, 1996「性格特性用語を用いたBig Five尺度の作成」『心理学研究』**67**, 61-67.
Wagenaar, W. A., 1994, "Is Memory Self-serving ?" In Neisser, U., & Fivush, R., eds., *The Remembering Self: Construction and Accuracy in the Self-narrative*. Cambridge University Press.
若林明雄, 1993「パーソナリティ研究における"人間-状況論争"の動向」『心理学研究』**64**, 296-312.
Waldfogel, S., 1948, "The Frequency and Affective Character of Childhood Memories." *Psychological Monographs*, **62**.
Wallas, G., 1926, *The Art of Thought*. Harcourt Brace Jovanovich.
Walster, E., Walster, G. W., & Berscheid, E., 1978, *Equity : Theory and Research*. Allyn & Bacon.
Wason, P. C., 1960, "On the Failure to Eliminate Hypotheses in a Conceptual Task." *Quarterly Journal of Experimental Psychology*, **12**, 129-140.
渡辺久子, 2000『母子臨床と世代間伝達』金剛出版.
渡邊ひとみ, 2014「シャーデンフロイデの共有が自尊感情に及ぼす影響」『応用心理学研究』**40**,

36-44。
渡辺京二, 2005『逝きし世の面影』平凡社。
渡辺由貴子・渡辺覚, 1998『図解雑学 ストレス』ナツメ社。
Waters, E., & Deane, K., 1985, "Defining and Assessing Individual Differences in Attachment Relationships : Q-methodology and the Organization of Behavior in Infancy and Early Childhood." In Bretherton, I., & Waters, E., eds., *Monographs of the Society for Research in Child Development*, **50**, 41-65.
Wegner, D. M., & Bargh, J. A., 1998, "Control and Automaticity in Social Life." In Gilbert, D. T., Fiske, S. T., & Lindzey, G., eds., *Handbook of Social Psychology*, 4th ed., vol. 1. McGraw-Hill.
Wegner, D. M., & Giuliano, T., 1982, "The Forms of Social Awareness." In Ickes, W. J., & Knowles, E. S., eds., *Personality, Roles, and Social behavior*. Springer.
Weiner, B., 1985, "An Attributional Theory of Achievement Motivation and Emotion." *Psychological Review*, **92**, 548-573.
Weiner, B., 2006, *Social Motivation, Justice, and the Moral Emotions : An Attributional Approach*. Lawrence Erlbaum Associates.（速水敏彦・唐沢かおり 監訳, 2007『社会的動機づけの心理学——他者を裁く心と道徳的感情』北大路書房）
Wells, G., 2014, "Eyewitness Identification : Probative Value, Criterion Shifts, and Policy Regarding the Sequential Lineup." *Current Directions in Psychological Science*, **23**, 11-16
Wells, G. L., & Gavanski, I., 1989, "Mental Simulation of Causality." *Journal of Personality and Social Psychology*, **56**, 161-169.
Wertheimer, M., 1923, "Untersuchungen zur Lehre von der Gestalt, Ⅱ." *Psychologische Forschung*, **4**, 301-350.
Wilder, D. A. 1984, "Empirical Contributions : Predictions of Belief Homogeneity and Similarity Following Social Categorization." *British Journal of Social Psychology*, **23**, 323-333.
Wilkinson, G. S., 1988, "Reciprocal Altruism in Bats and Other Mammals." *Ethology and Sociobiology*, **9**, 85-100.
Willis, J., & Todorov, A., 2006, "First Impressions : Making Up Your Mind after a 100-ms Exposure to a Face." *Psychological Science*, **17**, 592-598.
Wilson, T. D., & Gilbert, D. T., 2003, "Affective Forecasting." *Advances in Experimental Social Psychology*, **35**, 345-411.
Wilson, T. D., & Gilbert, D. T., 2005, "Affective Forecasting : Knowing What to Want." *Current Directions in Psychological Science*, **14**, 131-134.
Wimmer, H., & Perner, J., 1983, "Beliefs about Beliefs : Representation and Constraining Function of Wrong Beliefs in Young Children's Understanding of Deception." *Cognition*, **13**, 103-128.
Wolpe, J., 1958, *Psychotherapy by Reciprocal Inhibition*. Stanford Univesity Press.
Woo, D. K., Quijano, J. C., Kumar, P., Chaoka, S., Bernacchi, C. J., 2014, *Threshold Dynamics in Soil Carbon Storage for Bioenergy Crops*. Environmental Science & Technology.
Wood, D., Bruner, J. S., & Ross, G., 1976, "The Role of Tutring in Problem Solving." *Journal of Child Psychology and Psychiatry*, **17**, 89-100.
Wood, J. V., Taylor, S. E., & Lichtman, R. R., 1985, "Social Comparison in Adjustment to Breast Cancer." *Journal of Personality and Social Psychology*, **49**, 1169-1183.
八木冕 編, 1967『心理学Ⅰ』培風館。
山岸俊男, 1998『信頼の構造——こころと社会の進化ゲーム』東京大学出版会。
山岸俊男, 2000『社会的ジレンマ——「環境破壊」から「いじめ」まで』PHP新書。

山本眞利子, 1997「解釈研究におけるクライエントの認知的変容のメカニズムに関する一考察」『カウンセリング研究』**30**, 151-159。

山本眞利子, 2001「長期閉じこもり青年への発達心理療法に基づくカウンセリング過程モデルの実践的適用」『カウンセリング研究』**34**, 180-191。

山内昭雄・鮎川武二, 2001『感覚の地図帳』講談社。

山崎勝之, 1995「タイプＡ性格の形成過程」『心理学評論』**38**, 1-24。

山崎勝之, 2002「日本における性格研究の動向と展望」『教育心理学年報』**41**, 73-83。

Yerkes, R. M., & Dodson, J. D., 1908, "The Relation of Strength of Stimulus to Rapidity of Habit-formation." *Journal of Comparative Neurologiy and Psychology*, **18**, 459-482.

依田明・飯嶋一恵, 1981「出生順位と性格」『横浜国立大学紀要』**21**, 117-127。

吉田富二雄, 2001「信頼性と妥当性——尺度が備えるべき基本的条件」吉田富二雄編『心理測定尺度集Ⅱ』サイエンス社。

吉川左紀子・佐藤弥, 2000「社会的メッセージ検出機構としての顔知覚——表情と視線方向による促進」『心理学評論』**43**, 259-272。

吉川悟, 1993『家族療法——システムズアプローチの〈ものの見方〉』ミネルヴァ書房。

Zajonc, R. B., 1965, Social Facilitation. *Science*, **149**, 269-274.

Zajonc, R. B., 1968, "Attitudinal Effects of Mere Exposure." *Journal of Personality and Social Psychology Monograph Supplement*, **9**, 1-27.

Zajonc, R. B., Adelman, P. K., Murphy, S. T., & Niedenthal, P. M., 1987, "Convergence in the Physical Appearance of Spouse." *Motivation and Emotion*, **11**, 335-346.

Zimmerman, B. J., Bonner, S., & Kovach, R., 1996, *Developing Self-regulated Learners: Beyond Achievement to Self-efficacy*. American Psychological Association.

Zuckerman, M., 1991, *Psychobiology of Personality*. Cambridge University Press.

事項索引

● アルファベット

AIM（能動的モード間投射） 286
BAS（行動賦活システム） 479
BIS（行動抑制システム） 480
DCCS 課題（次元変化カード分類課題） 264, 279
DSM-5（精神疾患の診断・統計マニュアル） 543, 547, 548, 571
FFFS（闘争・逃走・凍結システム） 480
FFPQ 239, 242
fMRI 48
Go/No-Go 課題（ゴー／ノーゴー課題） 278, 283, 526
IAT（潜在的連合テスト） 382
ICD（国際疾病分類） 543
IF-THEN ルール 120, 121
IP 569
KJ 法 177
LAD 153
LSD 38
NEO－PI－R 239, 241
NM 法 177
PET 48
PFC →外側前頭前皮質
PFG →下頭頂葉
P-F スタディ 245
PTSD（心的外傷後ストレス障害） 246, 540, 542, 545, 625
SCT（文章完成法） 245
S-R 連合理論 116, 161
TAT（主題統覚検査） 244
TOT 95
t 検定 18
WAIS 180
WISC 180
Y-G 性格検査 241

● あ 行

アイオワ青年・家族プロジェクトの縦断研究 516
愛情 211
愛情の欲求 207-209, 211, 221
アイソモーフィズム 570
愛着（アタッチメント） 309, 315, 422, 482, 522
——の安定性 482, 485
愛着行動 557
愛着対象 482
愛着の Q ソート法 483
相づち 580
アイデンティティ →自我同一性
アイヒマン実験 406
アクセス可能性 86
アクセプタンス&コミットメント・セラピー 568
アサーション 539
アサーション訓練 566, 568, 597
足場作り 267
アセスメント 548
——の領域 546
行動の—— 546, 548
パーソナリティの—— 548
発達の—— 548, 549
病理の—— 548, 549
アセチルコリン 37
圧覚 59
アナロジー 293
アフェクティブ・マインドセット 252
アフォーダンス 74
甘え 612
アメリカ精神医学会 543
アルゴリズム 162
アルツハイマー型認知症 37, 53, 54, 55
α 波 38, 39
アロスタシス 213
アロスタティック負荷 213
安全の欲求 207-209
安定の欲求 207-209
暗黙記憶 265, 270
暗黙のステレオタイプ 369
暗黙の特性理論 348
いいかえの技法 581
閾値電位 35-37
意識 3, 4, 30, 331
意思決定 171, 414, 450

意志力　253
一次的情動　187
一次的欲求　206, 207, 208
逸脱行動　248
偽りの記憶　395
遺伝　5, 6, 245, 268
　　──と環境の相互作用　313
遺伝性　503
イド　556, 557
意図的処理　80
意図的な理解　305
違反行動　449
意味記憶　91, 92, 93, 96, 104
意味ネットワークモデル　97, 98
意味論的知識　135, 136, 137, 141
イメージ喚起法　597
陰影　67
因果（関係）　14, 15
　　──の理解（の学習）　286, 289, 296
因子負荷量　22
因子分析　19, 238, 240
　　確認的──　19
印象形成　348
　　──のネガティビティ効果　350
　　──の連続体モデル　350, 351
インターナル・ワーキングモデル（内的作業モデル）　482, 486, 487, 522
インテーク面接　583
インパルス（活動電位）　34, 35, 36, 61
　　ニューロン間での──　37
　　ニューロン内での──　36
ウェクスラー＝ベルヴュー法　180
ウェルニッケ領野　47, 49
ウソの自白　467
嘘発見器　55
内なる声　89
内なる耳　89
内なる目　89, 331
うなずき　580
運動視差　67
運動失語　49
運動障害　37
運動野　47, 49, 51
英語教育　154
英語の学力　154
エイムズの歪んだ部屋　82
エゴグラム　241, 242, 557

エッセンシャリズム　→本質主義
エピソード記憶　91, 104, 270, 273
演繹的推論　168, 169, 170, 183
エンカウンター・グループ　562
円環的因果関係　570, 573
遠刺激　70, 71
援助行動　431, 432
援助的面接　583, 584, 586
延髄　41, 42
延滞模倣　263, 286
遠慮　478
応報戦略　340
大きさの恒常性　70, 73
大阪教育大学附属池田小学校事件　625
オキシトシン　480
奥行きの知覚　66, 67, 68
オピオイド（システム）　252, 479
オペラント条件づけ　112, 132, 563, 564
親子関係　246, 268, 623
親のための介入・援助プログラム　524
親の敏感性　484
音楽療法　195
音声ループ　89, 90
温度覚　59

● か　行

回帰係数　18
回帰性能力　309
解決志向的アプローチ　555
外言　150, 152
外向性　475, 479
外国語の習得　154
外耳　62
解釈　558, 588
外集団　359, 360, 458
外集団均質化効果　360
階層的ネットワークモデル　96, 107
外側溝　46
外側膝状体　61
外側前頭前皮質（PFC）　480
概念　149, 150, 291
　　──の発達　291
　　数の──　292
　　抽象的な──　150
概念駆動型処理　139, 336
海馬　37, 54
外発的動機づけ　118, 132, 219, 222

開放性　478, 481
下位目標分析　163
会話の公理　151
カウンセラー　551, 575, 583, 606
　——の資質　553
カウンセラー訓練プログラム　576
カウンセリング　543, 551, 552, 559, 561, 562, 575, 576, 605, 606
　——の考え方　553
　実証にもとづく——　571
科学　2
かかわり行動　577, 591
書き換え規則　134, 141
蝸牛　62
角回　47, 49
学業成績　523
拡散的思考　178, 181
学習　109, 110, 269
　——の構え　127
学習経験　52, 53
学習指導要領　609
学習性無力感　115, 228
確証バイアス　166, 167, 168
覚醒　38
カクテル・パーティ効果　78, 380
格文法　137
確率モデル　297
仮現運動　76, 77
可視スペクトル　59, 60
過食　210
数の概念　292
仮説演繹的思考　260
仮説検証　164, 166-168
家族システム　569
家族システム論　569
家族療法　211, 555, 569, 572, 597
形の恒常性　70
学校教育法　609
学校ストレス　549
学校制度　7
学校文化　623
葛藤　217
　回避−回避の——　218, 229
　接近−回避の——　218, 229
　接近−接近の——　217, 229
活動電位　→インパルス
カテゴリー　361

カテゴリー依存型処理　350
カテゴリー化　361, 457
下頭頂葉（PFG）　50
下方比較　384
感覚運動期　259
感覚運動的スタイル　592, 597, 599
感覚記憶　85
感覚器官　57, 58, 71
感覚失語　49
感覚野　49
感覚様相　58
環境　5, 246
関係性　337
観察（法）　3, 12, 15
観察学習　565
干渉　100
感情　186, 335
　——の反映　582
感情心理学　3
干渉説　100
感情的ミラーリング　306
感情予測　386
間人主義　613
杆体　60
間脳　41, 42
完璧主義　560
官僚制度　7
記憶　83, 84, 263, 265, 269
　——の状態依存性　103
　——の方略　272
記憶障害　54
記憶範囲　86
幾何学的錯視図形　71, 72
危機　462
危機管理　624
危機対応　625
機構　297
気質　233, 472, 476
　——と環境の相互作用　313
基準関連妥当性　24, 244
基準変数　19
犠牲者非難　357
基礎確率の無視　173, 174
帰属（理論）　221, 352
　——の3段階モデル　355
期待違反法　261
議題設定効果　412

事項索引　667

既知感　95
キティ・ジュノビーズ事件　401
機能的固着　179
帰納的推論　164, 167-169, 183
技能の習得　123
規範的影響　402, 404
気分　186, 190
基本情動　187, 188, 190, 191, 489
基本的傾聴の連鎖　582, 585, 588
基本的なかかわり技法　577, 588
帰無仮説　17, 18
義務教育　609
きめの勾配　67
逆説睡眠　39
虐待　211, 504
　　——の世代間伝達　250
客体化された自己　489
客体自己　513
逆転移　558
逆転項目　23
逆向性健忘症　55
逆向抑制　100
キャラクター　233
キャリアカウンセラー　553
ギャンブル課題　279
嗅覚　59
急性ストレス障害　542
急速眼球運動　40
既有知識　85, 140
　　——のネットワーク構造　119, 120
吸着誘導法　462
橋　41, 42
教育　5, 6, 7
教育システム　609
教育心理学　4
鏡映的自己　392
協応　489
強化　112
教科書検定　609
強化法　597
共感（性）　193, 344, 369, 560
　　——の集団間バイアス　369
協調性　480
協働学習　311
共同注意　10, 11, 267, 311
強迫症　545
恐怖症　112, 563

共有情報バイアス　451
共有地の悲劇　339
共有リアリティ　442, 443
協力　340, 341
虚偽尺度　21
拒食　210
キーワード　580
均衡化　594
筋弛緩法　536, 539, 597
近刺激　70, 71
具体操作的スタイル　592, 597, 600
具体的操作期　259, 260
クライエント　226, 543, 559, 560, 576, 583, 606
　　——の主訴　584
グランディング　443
グループ・ダイナミックス　456
クロンバックのアルファ　21
群集　447
計画錯誤　372
経験　560, 561
形式操作的スタイル　593, 597, 600
形式的操作期　259, 260
形式陶冶　126
系統的脱感作　563, 597
刑罰　467
ゲシュタルト原則　293
ゲシュタルト心理学　31, 117
ゲシュタルト療法　595, 597
血管性認知症　53
結晶性知能　53, 180
決定係数　19
欠乏欲求　207, 208, 221
幻覚　38
研究法　12
原型的な情動的エピソード　190, 191, 192
顕現性　349
言語　133, 149, 150
　　——の使用　323
言語獲得　509
言語行為　151
言語習得装置　153
言語障害　49
言語的コミュニケーション　326
言語発達　308
顕在記憶　93
検索　84, 85
現実認識　530

668

現象学的心理学　31
幻相関　361
検定　17
健忘失語　49
健忘症　54, 55
語彙習得　154
5因子モデル　→ビッグ・ファイブ
行為者－観察者バイアス　353
効果の法則　160
交感神経（系）　43, 44, 209, 213, 534, 536
攻撃（行動）　215, 216, 248, 249, 434, 444
　　カウンセラーへの――　585
攻撃性　434, 436, 538
考古学　323, 330
交互作用　22
虹彩　60
交差妥当化　17
向社会的行動　193, 196
交渉　459
恒常仮定　72
恒常性　→ホメオスタシス
構成概念　20, 244
構成概念妥当性　20, 22, 244
構成主義　30, 117
構成心理学　30
公正世界仮説　356
構成的　8
構造化面接法　15
構造的妥当性　22
高潮性　473
肯定的思考　536
肯定的資質の探究　596
肯定的情動（感情）　188, 336, 337, 475
公的自己意識　391
行動　3, 4
行動遺伝学　5
行動経済学　171
行動主義　30, 112, 115, 116, 117, 122, 161
行動主義・認知行動主義的アプローチ　554, 562, 573
行動制御　194, 196, 197
行動的環境　58
行動賦活（活性化）システム　→BAS
行動分析　3, 564, 573
後頭葉　46, 49, 61
行動抑制システム　→BIS
行動療法　112, 211, 562, 571, 597

行動論的アプローチ　585
公認心理師　553
幸福　423
幸福度　386
衡平理論　430
交流分析（理論）　241, 242, 557, 597
高齢者　53
国際疾病分類　→ICD
国際人格項目プール　475
黒質　37
互恵性　328, 431
互恵的利他行動　328, 329
互恵モデル　431
心の健康　→精神的健康
心の発達構成要素理論　303
心の表象理論　303
心の理論　9, 10, 269, 286, 301, 305, 494
コーシャス・シフト　454
個人差　6, 258, 472
個人的アイデンティティ　359
誤信念課題　9, 269, 301
誤信念理解　494
個性　5, 234
個性化　224
子育て支援　524
子育てストレス　624
骨相学　46
古典的条件づけ　110, 111, 112, 132, 563
子ども・親心理療法（CPP）　525
ゴー／ノーゴー課題　→Go/No-Go課題
コーピング　432, 536, 542
鼓膜　62
コミュニケーション　150, 200, 323, 407, 442, 443, 451
コミュニティ心理学　3
固有値　22
語用論的知識　134, 135, 138
コリン作動性ニューロン　37
コルサコフ症候群　55
コルチ器　62
コントロール　131, 318
コンピテンス　196, 199, 202
根本的帰属エラー　353, 355, 356

● さ 行

サイコセラピー　→心理療法
サイコセラピスト　583

事項索引　669

最小限の自己　489
最小条件集団　458
サイバーブリング　435
細胞体　34, 35
細胞膜　34, 36
錯誤相関　361
錯視　72
　　月の――　72
作文の産出　145, 146
殺人　436
作動記憶　→ワーキングメモリ
作動自己概念　381
サニーブレイン　251
差別　362
産業カウンセラー　553
三項随伴性　564
三段論法　168, 169
三本柱（鼎立）理論　180
視・空間スケッチパッド　89, 90
シェイピング　112
シェマ　258, 594
ジェンダー　213, 608
ジェンダー・アイデンティティ　213
ジェンダー・スキーマ　212, 213
自我　216, 556, 557
視覚　59
視覚系　59, 62, 68
視覚失認　49
視覚障害者　82
自覚状態　390, 391
視覚的注意　79
視覚野　47-49, 51, 61
視覚連合野　49
自我弾力性　199
自我同一性（アイデンティティ）　359, 396, 449, 492
自我発達　495
自我論　556, 557
軸索　34-36, 46
刺激　59
次元変化カード分類課題　→DCCS課題
自己　375, 376, 392, 488
　　――の発達　513
　　――への気づき　276
　　客体化された――　489
　　客体――　513
　　鏡映的――　392

　　最小限の――　489
　　社会的――　377, 392
　　主体――　513
　　知られる者としての――　377
　　知る者としての――　377
　　人格的な――　489
　　生態学的――　491
自己愛的傾向　518
自己意識（特性）　187, 331, 391
自己一貫性動機　385, 389
思考　159, 160, 174, 178, 181, 259, 260, 536
視交差　61
試行錯誤　114, 160, 161, 162
自己開示　589
自己概念　277, 378, 390, 488, 514, 560, 561
自己概念化　489
自己確証理論　389
自己覚醒　404
自己拡張　515, 518
自己価値　496
自己カテゴリー化理論　359, 446
自己関連動機　381
自己記憶　275
自己決定（性）　220-222, 378
自己決定理論　227
自己向上動機　384
自己高揚動機　384, 385, 388
自己効力感（セルフ・エフィカシー）　223, 228, 536, 537
自己査定動機　385
自己実現　224, 226
自己実現の欲求　207, 208, 224, 226
自己制御　20, 319, 378, 390, 391, 473, 511
自己制御学習　228
自己知覚　489
自己知識　377, 378, 380
自己中心的言語　151
自己調整機能　277
自己呈示　377, 393, 394
自己動機　385
自己統制感　220
自己統制力　253
自己認知　228
自己評価　381, 384, 385, 394, 518
自己評価維持モデル　384, 385
自己防衛　515
自己報告　515

自己物語　395
自殺　518
指示　588
視床　41, 42
視床下部　41, 42, 53, 210
視床下部-脳幹系　186
耳小骨　62
視床上部　42
視床腹部　42
辞書的知識　134, 135
視神経　61, 62
システム論的アプローチ　555, 569
持続性の原則　261
自尊感情（セルフ・エスティーム）　199, 377, 381, 383, 384, 496, 531
自尊感情尺度　382
自尊の欲求　207, 208, 226
θ波　38, 39
視知覚　61, 82
実験（法）　3, 4, 12, 14
実験群　14
実行機能　264, 277, 278, 308
失語症　49
実際的知能　200
実質陶冶　126
質問技法　579
質問紙（法）　3, 12, 14, 15, 18, 20, 25, 238, 241, 243, 244
私的自己意識　391
自伝的記憶　104, 266, 270, 275, 394, 395
自動運動　76
自動思考　568
自動的処理　79, 80, 332, 333, 355
自動動機　227
シナプス　34, 35, 37, 53
　——の刈り込み　278
シナプス間隙　35, 37
シナプス結合　52, 61
シナプス後電位　37
シナプス小胞　35, 37
自発的回復　111
シフティング　277
司法　463
視放線　61
社会化　315
社会階層　416
社会科学　3

社会学　3
社会経済的地位　519, 520
社会情動的能力　509
社会情動的発達　527
社会心理学　3
社会性　311
社会的アイデンティティ（理論）　359, 459
社会的インパクト理論　400
社会的影響　397
社会的学習（理論）　248, 286
社会的カテゴリー　330, 359, 443
社会的カテゴリー化　458
社会的絆　422
社会的機能　194, 196
社会的苦痛　429
社会的決定スキーマ　450
社会的交換　339, 430
社会的コンピタンス　509, 527
社会的参照行動　511
社会的自己　377, 392
社会的志向性　267
社会的情動の相互作用　286
社会的情報処理　316
社会的ジレンマ　340
社会的推論　370
社会的スキル　318
社会的促進　398, 399, 401
社会的地位　197
社会的直感　303
社会的手抜き　399, 401
社会的動機づけ　224
社会的動物　322
社会的脳　325
社会的比較　383, 515
社会的ひきこもり　623
社会的補償　400
社会的抑制　398, 399, 401
社会的流動性　424
社会（的）認知　266, 267, 304, 330
社会認知の理論　234
社会・文化的学習　124
社会文化理論　266
尺度　20, 21, 255
尺度化　14, 21
シャーデンフロイデ　224, 225
重回帰分析　19
集合心　448

集合的無知（多元的無知）　405, 419
自由再生　107
自由再生法　88
囚人のジレンマ　340, 342, 457
重相関係数　19
自由想起法　104
収束的思考　178, 179, 181
収束的妥当性　24
従属変数　14, 19
集団　445, 446
　　──の異質性　447
　　──の均質性　447
集団意思決定　450, 452, 455
集団間葛藤　457, 458, 459
集団間対立　457
集団規範　403
集団極化　454
集団思考（集団浅慮）　452, 453, 469
集団社会化理論　268, 313
集団内葛藤　459
集団力学　31
集中練習　124
終末ボタン　→神経終末
自由連想法　558
主観的 well-being　424
熟達者　127
　　適応的──　129
熟練援助者訓練プログラム　576
樹状突起　34, 35
主成分分析　19
主体自己　513
主体性　296
主題統覚検査　→TAT
手段－目標分析　163
出生順位　246
受容　560
受容体　37
受理面接　583
順向性健忘症　54, 55
順向抑制　100
ジョイント因子分析　241
生涯学習　109, 208
松果体　42
消去　111
状況的認知論　8
状況論　8
条件刺激　110

条件即応モデル　460, 461
条件づけ　110, 111, 116, 118, 122, 563
条件反応　110
少数派影響　410, 419
承諾　411
象徴遊び　263
象徴機能　259, 260, 263
情動　8, 10, 44, 185, 186, 278, 336
　　──の円環モデル　192
　　核となる──　190, 192
　　二次的──　187
情動焦点化型コーピング　536
情動性　194, 196
情動制御　7, 193, 194, 196, 197, 507, 511
　　──の対処　194
情動制御能力　521
情動・注意のコントロール　197
情動的気づき・理解　507
情動的知能　200, 339
情動的能力（エモーショナル・コンピタンス）　506
情動発話　509
情動表出　507, 509
情動理解　510
承認の欲求　207-209
小脳　41
情報化社会　144, 145
情報源モニタリング　464
情報処理　79, 119, 144, 263
情報処理容量　77, 79
情報的影響　402
上方比較　384
食行動障害　545
所属の欲求　207-209, 329
触覚　59
初頭性効果　88
自律訓練法　45, 539, 563, 597
自律神経（系）　42, 43, 44, 209, 534
自律性　222
自律的調整　213
自律の欲求　218
白い嘘　309
白さの恒常性　70
進化　322
人格　53, 232, 233
人格的な自己　489
進化心理学　3

新近性効果　88
神経科学　3
神経細胞　→ニューロン
神経終末（終末ボタン）　34, 35, 37
神経症傾向　480, 475
神経心理学　3
神経性過食症　210
神経性やせ症　210
神経繊維　45
神経伝達物質　249
神経認知障害群　546
神経発達症群　545
人工知能　183
深層構造　135, 136
心臓疾患　538
深層心理学　554
身体症状症　545
身体性認知　334
心的会計　173
心的外傷後ストレス障害（PTSD）　246, 540, 542, 545, 625
心的辞書　137
信念　303
新皮質　326
親密関係　337, 422, 425
信頼　341
信頼区間　18
信頼性　20, 21, 25, 238, 244, 245
信頼性係数　21
心理学　1, 2, 29
心理的回復機能　387
心理的障害　529, 543, 550
心理的枠組み（フレーム）　172
心理テスト（法）　12, 16
　　――の客観性　243
　　――の実用性　243
　　――の要件　243
心理療法（サイコセラピー）　226, 552, 562, 576
　　実証にもとづく――　571
心理臨床家　583
心理臨床的アセスメント　546
人類学　323, 330, 331
親和的関係　531
髄鞘　34, 35
水晶体　60, 61, 68
錐体　60

垂直的発達　595
推定　17
水平的発達　595
睡眠　38, 40
睡眠-覚醒障害群　545
スキーマ　100, 104, 140, 147, 258, 336
スキーマ療法　568
スクリプト　141, 142, 293
スクールカウンセラー　599
鈴木ビネー法　180
スタンフォード＝ビネー法　180
スティグマ　329, 365
ステレオタイプ　330, 334, 336, 359, 360-363
ステレオタイプ脅威　366
ステレオタイプ内容モデル　363
ステレオタイプ抑制　367
ストレンジ・シチュエーション法　482
図と地　63, 64, 75
ストループ効果　81
ストレス　213, 529, 532, 539
ストレス事態　534, 536, 537, 539, 550, 568
ストレス反応　532, 533-536
　　――の予防　540
ストレス・マネジメント・プログラム　539
ストレス免疫訓練　539, 568
ストレッサー　532, 533-535, 537, 539, 550
素直　612
スモール・ワールド実験　345
斉一性　402, 404
性格　231, 232, 233
　　家族の――　255
性格テスト　238, 241, 243
性機能不全群　545
性差　434, 441
生産性　531
誠実性　480
静止電位　35, 36
脆弱性（バルネラビリティ）　199, 201, 500, 519
　　ストレスへの――　535
精神医学　45
精神疾患　543
　　――の分類　544
精神疾患の診断・統計マニュアル　→DSM-5
精神的健康（心の健康）　530, 531
精神病理　501, 513, 525, 527
精神分析（学）　31, 216, 236, 554, 555, 556,

事項索引　673

557, 559
精神分析的アプローチ 556
精神分析的カウンセリング 597
精神分析的理論 216, 234
精神力動論 248
精神力動論的アプローチ 554, 556, 573, 585
生態学的視覚論 74
生態学的自己 491
精緻化 272
精緻化可能性モデル（ELM） 408
成長欲求 207, 208, 221, 224
性的志向 212
正統的周辺参加 125
青年期 492
性の欲求 209, 212, 216
性別違和 545
生物時計 40
制約理論 157
生理学的方法 16
生理心理学 55
生理的早産 327
生理的欲求 206, 207, 208, 226, 330
世界保健機関 543
脊髄 43
脊髄神経 43
セクシュアリティ 212
セクシュアル・ハラスメント 620
世間 615, 621
積極技法 588
接近・回避動機づけ 227
接触仮説 367
摂食障害 210
説得 407
　──過程の規定因 409
説得的コミュニケーション 408, 410
説明率 22
セルフ・エスティーム →自尊感情
セルフ・エフィカシー →自己効力感
セルフ・コントロール 530, 537
セルフ・サービング・バイアス 355, 388
セルフ・スキーマ 378, 379, 380
セルフ・ハンディキャッピング 389, 396
セルフ・モニタリング 409
セロトニン 38, 249, 252, 479, 503
セロトニン作動性ニューロン 37
セロトニン・トランスポーター 313
世論形成 412, 414

線遠近法 67
全か無の法則 35, 91
宣言的記憶 269
宣言的知識 91, 119, 120
潜在記憶 93
全習法 124
漸進的弛緩法 563
前操作期 259, 260
前操作的段階 600
選択制限 138
選択的注意 78
前頭前野 252, 277
前頭葉 46
前頭連合野 49
相関関係 15, 18
相関係数 18, 19, 245
想起 273
双極性障害 235, 545
相互協調的システム 616, 617
相互作用的特殊化理論 312
相互独立的システム 616, 617
操作 14
双生児研究 210, 245
創造性検査 178, 183
創造性の育成法 177
創造的思考 174, 181, 183, 336
相貌失認 49
側坐核 251
側頭葉 46
ソシオメータ理論 383
ソーシャル・サポート 199, 432, 535, 537
ソーシャル・スキル訓練 565
ソーシャル・ネットワーク 345
素朴な現実把握 333
素朴理論 9, 164, 165

● た 行

体液病理説 235
対応推論モデル 353
対応バイアス 353, 354
大気遠近法 67
対決 590
対人過程想起法 576
対人的葛藤 432, 623
対人認知 350
体性感覚野 47
態度変容 407

タイトル　140
大脳　37
　——の発達　323
大脳基底核　37
大脳縦裂　46
大脳新皮質　325
大脳半球　41, 42, 45, 46
　——の機能地図　47
大脳皮質　41, 42, 45, 46, 187
大脳辺縁系　54, 186, 278
体罰　504
代表値　17
タイプA　538
多因子説　180
多元的無知　→集合的無知
他者志向的動機　227
他者理解　290
多重知能理論　180
多重文化カウンセリング　598
多重文化主義　616
多重文化的立方体モデル　618, 619
達成動機　221, 223
達成の欲求　218, 219, 221
達成目標理論　227
タッピング課題　264
脱分極　35, 36
タテ社会　615
妥当性　20, 25, 238, 244, 245
田中ビネー法　180
多変量解析　18
単眼手がかり　66, 67
短期記憶　54, 86, 87, 88, 264, 271
短期療法　555
単語完成課題　93
単語優位性効果　157
探索的因子分析　19
単純接触効果　425
弾力性（レジリエンス）　197, 198, 199, 201, 214, 501
　——の構造　202
地域社会　610
知覚　57, 66, 74, 77
　——の恒常性　70, 71
　　運動の——　73
　　奥行きの——　66, 67, 68
　　行為の——　286
知覚心理学　3

知識　85, 91, 93, 134
　——の階層的ネットワークモデル　96
　——の獲得　122, 128
知性　11, 478, 481
秩序破壊的・衝動制御・素行症群　545
知的障害　563
知的発達　8, 10
知能　5, 7, 53, 180, 200, 259, 324
　一般——　7, 8
　結晶性——　53, 180
　情動的——　200, 339
　流動性——　53, 180
知能検査　180, 200
チャンク　87
注意　77, 78, 86
中央制御部　89, 90
中核の知識　261
中耳　62
抽象的思考　260
中心溝　46
中心前回　47
中枢神経（系）　41, 45
中脳　37, 41, 42
チューニング　443
聴覚　59, 305
聴覚野　47, 48
長期記憶　54, 86, 87, 88, 90, 91, 95, 98, 146
超自我　556, 557
調整　258
調節　594
跳躍伝導　36
貯蔵　84, 85
直観の確率判断　173
地理的環境　58
沈黙の螺旋理論　415
痛覚　59
定位反応　110
抵抗　558
適応　327, 561
　——の機制　215
適応不全　213
テストステロン　480
データ駆動型処理　139, 336
データの加工　16
データの収集　13, 14
手続き的記憶　270
手続き的正義　455

手続き的知識　91, 119, 120
デュシェンヌ・スマイル　189
δ波　38, 39
転移（学習の）　126, 127
転移（知識の）　129
転移（治療者への）　558
てんかん　49, 54
伝染　448
伝導失語　49
展望的記憶　106
島　46
同一化　491
同一性拡散　600
同一性地位　492
同一要素説　126
動因　206
動因低減説　207
投影　491
投影法　16, 244
ドゥエックの理論　314
同化　258, 594
動機づけ　118, 205, 206, 219, 220
道具の使用　288, 323
瞳孔　59, 61
統合失調症　37, 198, 563
統合失調症スペクトラム障害　235, 545
統語論的知識　134, 135, 138, 141
洞察　114, 117, 123, 161
動作法　539
投資モデル　431
同性愛　212
統制群　14
統制的処理　332, 333, 355
闘争・逃走・凍結システム　→FFFS
同調　402, 404, 407
同調性（協調性）　478
頭頂葉　46
同等性の検出　286
逃避　215
動物生態学　323
特性説　231, 234, 238, 241
特定犠牲者効果　412
独立変数　14, 19
閉ざされた質問　580, 603
トップダウン処理　139, 140, 141, 336
ドーパミン　37, 249, 252, 479
ドーパミン作動性ニューロン　37

トランザクション　507
努力を要するコントロール　313, 319, 473, 513
泥棒洞窟の実験　456, 459

● な 行
内観法　30
内言　150, 152
内耳　62
内集団　359, 360, 458
内集団バイアス　360
内集団びいき　360, 458
内臓感覚　59
内的一貫性　22
内的作業モデル　→インターナル・ワーキングモデル
内的整合性一貫性　244
内発の動機　219
内発的動機づけ　118, 220, 222, 227, 229
内分泌系　209, 534
仲間関係（友人関係）　248, 268, 315, 523
仲間集団　268
ナラティブ・セラピー　396, 572
2因子説　180
二次的心的状態　309
二次的欲求　207, 208
二足歩行　323, 326, 327
日誌法　104
ニッチ・ピッキング　194
日本大使公邸人質事件　625
日本的自我　614
日本文化論　612
日本臨床心理士資格認定協会　553
乳児期　5
乳幼児期　6, 9, 211, 558
ニューヨーク縦断研究　472
ニューロカウンセリング　598
ニューロン（神経細胞）　34, 35, 37, 45, 52, 55
246課題　166, 167
人間関係　7, 8, 10, 193, 215, 421, 422, 424
人間性主義的理論　234
人間性心理学　31
人間中心主義　562
人間中心的理論　559
認知　258
認知科学　2
認知機能　526
認知行動療法　566, 597

認知症　37, 53, 54, 55
認知心理学　2, 3, 119, 120
認知的節約家　331
認知的徒弟モデル　125
認知的評価モデル　534, 536
認知的不協和（理論）　389, 425
認知の誤り　77
認知のABC理論　566
認知発達　52, 258, 526
認知発達的スタイル　592, 595, 596
認知療法　211, 568, 571, 597
認知理論　117, 118, 127, 132
認定カウンセラー　553
脳　3, 4, 34, 41
脳回　46
脳科学　33, 46, 52, 186
脳幹　37, 41, 42, 54
脳血管障害　53
脳神経　43
脳脊髄神経　43
能動的モード間投射　→AIM
脳波　38, 39
脳容量　323
脳梁　46, 49
ノード　97
ノルアドレナリン　503
ノルエピネフリン　249
ノンレム睡眠　39, 40

● は 行

バイアス　353, 373
バイオリズム　40
排斥　428
排泄症群　545
胚葉起源説　235
パーキンソン病　37
はげまし　580
箱庭療法　585
パーソナリティ　233, 472, 525
パーソナリティ構造　473
パーソナリティ障害群　546
パーソナルセオリー　228
パターン認知　87
発達　8, 52, 258, 262, 595
発達カウンセリング・心理療法　592, 596, 598, 599
発達心理学　3

発達精神病理学　506
発達的制御の行為位相モデル　319
発達の最近接領域　266
発達の障害　503
発達論的視点　592
パニック障害　563
母親言葉　312
パラフィリア障害群　546
バランス理論　424
バルネラビリティ　→脆弱性
反映技法　580
般化　110
半構造化面接法　16
反実仮想　356, 358
反射　259
阪神淡路大震災　540
汎適応症候群　533
反転図形　64
反応時間　78
反復再生　99
比較文化的妥当性　22
東日本大震災　541
悲観主義　251
非言語的コミュニケーション　577
　　　の手がかり　603
非構造化面接法　15
非指示的カウンセリング　562
非人格化　439
ピースミール型処理　350
非宣言的記憶　270
左半球　49, 51, 62
ビッグ・ファイブ（5因子モデル）　239, 241, 473
ビックリハウス　75, 76
否定的情動（感情）　193, 196, 197, 336-338, 473, 475
ヒート仮説　438
人と人との間　613
日野小学校事件　625
美の輻射効果　426
批判的思考　181
肥満　210
ヒューマンリソース開発モデル　576
ヒューリスティックス　162, 163, 336, 370, 371
標準化　243
標準偏差　17, 18, 243
表象　258, 291, 303

事項索引　677

表情　185, 188, 189, 191, 267, 338
表象的洞察　263
表情喃語　508
表層構造　135, 136
標本　16, 17, 18
開かれた質問　580, 603
昼-夜課題　264
不安階層表　563
不安症群　545
不安神経症　112, 563
ファンタジー遊び　263
不快な感情（リアクタンス）　433
孵化効果　176, 178, 179
ブカレスト初期介入プロジェクト（BEIP）　526
副交感神経（系）　44, 45, 209, 213, 536
服従　406, 407
輻輳　69
腹側運動前野（F5）　50
符号化　84, 85-87, 258
不合理な信念　566, 567, 573
不思議な数7±2　87
物質関連障害および嗜癖障害群　546
不適応　502, 560, 561
不登校　573, 589, 599, 603, 623
　　──のアセスメント　548
　　──の理解　599
プライミング　265, 270
プライミング効果　98, 414
ブラウン効果　74
ブラニング　131
フランカー課題　279
プレイセラピー　→遊戯療法
ブレイン・ストーミング　177
フレーミング効果　172, 414
ブローカ領野　47, 49
プログラム学習　132
プロザック　249
プロトコル　148
プロトコル分析　145, 149
分化　111
文化　605, 606
　　──の伝達　286
文化心理学　3
文化人類学　3
文化的学習　269
文化的葛藤　611

文化的行動様式　621
文化的背景　606, 608, 610, 621
分散　17, 18
分散分析　18
分散練習　124
分習法　124
文章完成法　→SCT
分離脳　49, 55
平均値　16, 17, 18, 243
平衡感覚　59
併存的妥当性　244
β波　38, 39
ヘルピング・スキル　576
偏回帰係数　19
変形生成文法　134, 135, 136, 141
偏見　359, 360, 362, 363
弁証体系的スタイル　593, 597, 602
弁証法的行動療法　568
偏相関　18
偏相関係数　18
扁桃体　186, 251
弁別的妥当性　24
防衛機制　216, 536, 557
傍観者効果　401
忘却　85, 98, 99-101, 123
　　自伝的記憶の──　104
包摂　428
縫線核　37
方略　289
方略学習　289
暴力シーン　437
母子関係　558
ポジティブ幻想　388
母集団　17, 18
保存課題　260
没個性化　439, 448, 449, 469
ボトムアップ処理　139, 336
ホメオスタシス（恒常性）　42, 209, 569
本質主義（エッセンシャリズム）　418, 419

● ま 行

マイクロカウンセリング　576, 577, 585, 591
マイクロ技法　582
　　──の階層表　577, 578
マイクロ技法分析　583
マイクロスキル・アプローチ　577
マインドセット　250

マインドフルネス認知療法　568
マキャベリ的知能仮説　325
マシュマロ研究　283
末梢神経系　41, 43
満足の延期課題　279
見えないゴリラ（実験）　77, 464
味覚　59
右半球　49, 51, 61
ミネソタ縦断研究　487
ミュラー－リヤーの錯視　71, 72, 73
ミラーニューロン　50, 312
ミラーニューロン・システム　50
魅力　424, 426
無意識　31, 216, 224, 234, 331, 554-556
無意味綴り　98
無作為抽出　14, 15, 17
無条件刺激　110
無条件反応　110
明示記憶　265, 269
瞑想法　539
メタ記憶　95, 272
メタ認知　130
メタ認知療法　568
メディア　311, 414, 436
免疫系　534
面接の構造化　586
面接法　3, 12, 15, 547, 558
メンタライジング　290, 313
もう1人の味方効果　405
網膜　60, 62
網膜像　67, 70, 71
網様体　41
目撃証言　105
目撃情報　463
目的論的推論　305
目標修正的パートナーシップ　487
目標的模倣　267
モジュール　8, 9, 10
モジュール性　10
モデリング　248, 565
モニタリング　131
物語の階層構造　143, 144
物語文法　142, 143
物語モデル　466
ものの永続性　259
ものの表象　261
模倣　50, 269, 286

モラトリアム　492
森田療法　614
問題解決　160, 162, 174, 175, 277
　──の構え　180
問題行動　196
問題焦点化型コーピング　536, 537

● や 行

ヤーキーズ＝ドッドソンの法則　542
薬物療法　211
安いネックレス問題　176
有意検定　18
有意味受容学習　132
誘因　206, 208, 217, 219, 220
遊戯療法（プレイセラピー）　585
友人関係　→仲間関係
誘導運動　75, 76
養育（行動，態度）　246, 309, 313, 314, 484
　不適切な──　486, 519, 525
養子　526
幼児期　9, 211
幼児期健忘　105, 107
抑圧　216, 556, 557
抑うつ　38, 315, 392
抑うつ障害　545
抑制　194, 264
抑制制御　277
予測的妥当性　24, 244
予測変数　19
欲求　206, 303
　非ホメオスタシス性の──　209
　ホメオスタシス性の──　209
欲求階層説　207, 229, 330
欲求不満　214, 215, 248, 249
欲求不満耐性　217
予防要因　501

● ら 行

ライクミー（枠組み）　290, 311, 492
来談者中心的アプローチ　554, 585
来談者中心的カウンセリング（療法）　226, 562, 597
来談者中心的理論　559
楽観主義　251, 536
ラポール　583, 586, 595
ランビエの絞輪　34, 35, 36
リアクタンス　→不快な感情

利己的遺伝子説　327, 444
リスキー・シフト　454
リスク　198, 199, 201, 501
リーダーシップ　460, 461
　　緊急時――　462
リーダーシップ・スタイル　461
リターン・ポテンシャル・モデル　403
リバウンド効果　368
リビドー　236, 556
リフレーミング　572
留学生カウンセリング　624
流動性知能　53, 180
領域一般の原則　291, 293
領域固有（性）　291, 594
了解心理学　31
利用可能性　86
両眼視差　70
両眼手がかり　66, 69
両眼立体視　69, 70
両耳分離聴課題　55
良心性　478
両性愛　212
リラクセーション訓練　568, 595
リラクセーション法　45, 539, 597
リンク　97
臨床心理学　3, 4

臨床心理士　553, 583
類型説　224, 231, 234, 235, 236-238
累進的分習法　124
ルビンの杯　64
霊長類　322, 324
　　――の社会性　325
レイニーブレイン　251
歴史心理学　3
レジリエンス　→弾力性
レスイズモア課題　279
レム睡眠　39, 40
恋愛関係　431
連合　116, 297
連合野　48, 49
連合理論　115, 118, 126, 132
練習の法則　160
老化　53
老人斑　55
老年期　53
ロールシャッハ・テスト　16, 244
論理療法　566, 567

● わ 行

ワーキングメモリ（作動記憶）　54, 89, 90,
　　146, 264, 271, 277

人名索引

あ 行

アイエンガー（Iyengar, S.）　413
アイク（Eich, E.）　102
アイゼンク（Eysenck, H. J.）　234, 238, 239, 241, 562, 571
アイゼンバーグ（Eisenberg, N.）　193, 196
アイビイ（Ivey, A. E.）　576, 578, 586, 590-593, 599, 618
アクセルロッド（Axelrod, R.）　340
アッシュ（Asch, S. E.）　402, 419
アドラー（Adler, A.）　556
阿部謹也　615, 621
アベルソン（Abelson, R.）　141
アリストテレス（Aristotle）　33, 232
アンダーソン（Anderson, J. R.）　91
飯嶋一恵　246
イーガン（Eagan, G.）　576
イーグリー（Eagly, A. H.）　435
稲垣忠彦　129
今田純雄　112
インスコ（Insko, C. A.）　458
ヴァンデル（Vandell, D. L.）　268
ヴィゴツキー（Vygotsky, L. S.）　150, 266, 311
ウィルソン（Wilson, T. D.）　386
ヴィンマー（Wimmer, H.）　301
ウェイソン（Wason, P. C.）　166, 167
ヴェルトハイマー（Wertheimer, M.）　30
ウェルナー（Werner, E. E.）　201
ウェルニッケ（Wernicke, C.）　49
ウェンガー（Wenger, E.）　125
ヴォスニアドウ（Vosniadou, S.）　165
ウォーターズ（Waters, E.）　483
ヴント（Wundt, W.）　30, 117
エインズワース（Ainsworth, M. D. S.）　482, 557
エクマン（Ekman, P.）　188, 191
エビングハウス（Ebbinghaus, H.）　98, 100
エリクソン（Erickson, E. H.）　492, 556, 599, 600
エリス（Ellis, A.）　566, 567, 593
大野裕　547
大橋英寿　610
大平英樹　537
オズグッド（Osgood, C. E.）　127
オズボーン（Osborn, A. F.）　177
オルポート（Allport, G. W.）　234, 238

か 行

カーカフ（Carkhaff, R.）　576
鹿毛雅治　227
ガーショフ（Gershoff, E. T.）　504
柏木惠子　26
ガードナー（Gardner, H.）　180
ガニエ（Gagné, R. M.）　152
カーネマン（Kahneman, D.）　172, 173, 370
カラン（Callen, M.）　357
ガル（Gall, F. J.）　46
ガレノス（Galenos）　235
川喜田二郎　177
キケロ（Cicero, M. T.）　92
北山忍　27, 616
ギブソン（Gibson, J. J.）　67, 74, 334
木村敏　613
キリアン（Quillian, M. R.）　95
ギルバート（Gilbert, D. T.）　386
ギルフォード（Guilford, J. P.）　178
久野真由美　537
グライス（Grice, H. P.）　151
クライン（Klein, M.）　556
クーリー（Cooley, C. H.）　392
グリーンスプーン（Greenspoon, J.）　102
クルグランスキー（Kruglanski, A. W.）　20, 21
グレゴリー（Gregory, R. L.）　73
クレッチマー（Kretschmer, E.）　234, 235, 255
ケーガン（Kagan, N.）　576
ケクレ（Kekulé, F. A.）　177
ケプラー（Kepler, J.）　68
ケーラー（Köhler, W.）　30, 114, 161
コスタ（Costa, P. T., Jr.）　234, 239
ゴドン（Godden, D. R.）　102, 103
コフカ（Koffka, K.）　30, 58
ゴプニック（Gopnik, A.）　298

小谷津孝明　106
コリンズ, A.（Collins, A.）　125
コリンズ, A. M.（Collins, A. M.）　95
ゴールマン（Goleman, D.）　200

● さ 行

ザイアンス（Zajonc, R. B.）　398, 425
サイモンズ（Symonds, P. M.）　246
佐々木掌子　213
サーストン（Thurstone, L. L.）　180
サリヴァン（Sullivan, H. S.）　556
サール（Searle, J. R.）　151
澤田匡人　225
ジェイコブソン（Jacobson, E.）　45
ジェームズ（James, W.）　377, 392, 513
ジェラルド（Gerard, H. B.）　402
シェリフ（Sherif, M.）　456, 459
シェリング（Schelling, T. C.）　412
シェルドン（Sheldon, W. H.）　235
ジェンキンス（Jenkins, J. G.）　100, 101
渋谷真樹　609
下條信輔　26
下山晴彦　27, 571
シモンズ（Simons, D. J.）　77
シャイン（Schein, E. H.）　228
シャインゴールド（Sheingold, K.）　104
ジャコービィ（Jacoby, L. L.）　93
ジャッド（Judd, C. H.）　127
ジャニス（Janis, I. L.）　452
シャピロ, D.（Shapiro, D.）　571
シャピロ, D. A.（Shapiro, D. A.）　571
シャンク（Schank, R. C.）　141, 223
シュプランガー（Spranger, E.）　31, 234, 236, 237, 255
シュルツ（Schultz, J. H.）　45
ジョーンズ（Jones, E. E.）　393
ジョンソン（Johnson, M. K.）　140
シルヴェイラ（Silveira, J.）　176, 177
スキナー（Skinner, B. F.）　30
杉万俊夫　462
スターンバーグ（Sternberg, R. J.）　180, 200
ストラットン（Stratton, G. M.）　68
スピアマン（Spearman, C. E.）　180
スペリー（Sperry, R. W.）　49, 51
スペルキ（Spelke, E. S.）　261
スミス, A.（Smith, A.）　344
スミス, E. C.（Smith, E. C.）　152

スロヴィック（Slovic, P.）　413
瀬戸正弘　538
セリエ（Selye, H.）　533, 534
セリグマン（Seligman, M. E. P.）　115, 228, 424
ソーンダイク, E. L.（Thorndike, E. L.）　126, 160
ソーンダイク, P. W.（Thorndyke, P. W.）　141, 143

● た 行

ダーウィン（Darwin, C.）　322
高橋恵子　558
タジフェル（Tajfel, H.）　457-459
ターナー（Turner, J. C.）　457-459
谷口高士　195
ターマン（Terman, L. M.）　180
タルヴィング（Tulving, E.）　92, 101
ダレンバック（Dallenbach, K. M.）　100, 101
丹野義彦　27, 571
チー（Chi, M. T. H.）　120
チェス（Chess, S.）　472
チクセントミハイ（Csikszentmihalyi, M.）　227
チャップマン, J. P.（Chapman, J. P.）　170
チャップマン, L. J.（Chapman, L. J.）　170
チャブリス（Chabris, C.）　77
チョムスキー（Chomsky, N.）　134, 136, 153
辻平治郎　239, 240
ディーナー（Diener, E.）　449
テイラー（Taylor, J. B.）　601
ディルタイ（Dilthey, W.）　31
テオプラストス（Teophrastus）　232, 235
デカルト（Descartes, R.）　33, 331
テッサー（Tesser, A.）　384
テニー（Tenney, Y. J.）　105
デューイ（Dewey, J.）　161
デュシェンヌ（Duchenne, G. B. A.）　189
土居健郎　612
ドイチェ（Deutsch, M.）　402
トヴァースキー（Tversky, A.）　172, 173, 370
ドゥエック（Dweck, C. S.）　250, 251
ドゥンカー（Duncker, K.）　179
戸田正直　335
ドッジ（Dodge, K. A.）　316
トーマス（Thomas, A.）　472
トマセロ（Tomasello, M.）　311

682

冨永良喜　540
トールマン（Tolman, E. C.）　113

● な 行

中根千枝　615
中野信子　225
中山正和　177
ニコルス（Nicholls, J. G.）　223
西村多久磨　220
ニスベット（Nisbett, R. E.）　436, 622
ニュートン（Newton, I.）　177
ノエル＝ノイマン（Noelle-Neumann, E.）　415

● は 行

ハイダー（Heider, F.）　352, 424
パヴロフ（Pavlov, I. P.）　110, 114
バーガー（Burger, J. M.）　407
バーギン（Bergin, A. E.）　571
バージ（Bargh, J. A.）　333, 380
パスカル（Pascal, B.）　174
ハーター（Harter, S.）　513
波多野誼余夫　129
バッデリー（Baddeley, A. D.）　89, 90, 102, 103
バートレット（Bartlett, F. C.）　99, 100
パーナー（Perner, J.）　301
浜口恵俊　613
ハミルトン（Hamilton, D. L.）　361
速水敏彦　220, 221, 222
ハリス（Harris, J. R.）　268
ハル（Hull, C. L.）　30, 207
パールストン（Pearlstone, Z.）　101
ハーロウ（Harlow, H. F.）　127, 211
バーン（Berne, E.）　241
バーンズ（Burns, J. M）　461
バンデューラ（Bandura, A.）　223, 248
ハンフリー（Humphrey, N.）　331
ピアジェ（Piaget, J.）　151, 258, 260, 263, 284, 296, 592-594, 600
ヒギンズ（Higgins, E. T.）　443
ビネー（Binet, A.）　180
ヒポクラテス（Hippocrates）　235
兵頭恵子　540
ヒル（Hill, C.）　576
ヒロト（Hiroto, D. S.）　115
ピンカー（Pinker, S.）　437, 441

ビンスワンガー（Binswanger, L.）　31
フィスク（Fiske, S. T.）　366, 441
フィードラー（Fiedler, F. E.）　460, 461
フィルモア（Fillmore, C. J.）　137
フェイブズ（Fabes, R. A.）　193
フェスティンガー（Festinger, L.）　383, 389, 426, 448
フォックス（Fox, E.）　251-253
フォルクマン（Folkman, S.）　533, 534
福原眞知子　578
ブラウン（Brown, J. F.）　73
フラワー（Flowers, L.）　145, 146, 148, 149
フランクル（Frankl, V.）　31
ブランスフォード（Bransford, J. D.）　140
フランセス（Frances, A.）　547
フリードマン（Friedman, M.）　538
ブリューワー（Brewer, W.）　165
ブルーナー（Bruner, J. S.）　267
ブロイアー（Breuer, J. U.）　555
フロイト, A.（Freud, A.）　216, 556
フロイト, S.（Freud, S.）　31, 216, 234, 331, 554-556, 558
ブローカ（Broca, P.）　49
フロム（Fromm, E.）　556
ヘイズ（Hayes, J. R.）　145, 146, 148, 149
ベック（Beck, A. T.）　568
ペティ（Petty, R. E.）　408
ベム（Bem, S. L.）　213
ベルガー（Berger, H.）　38
ポアンカレー（Poincaré, H.）　175, 178
ボウルビー（Bowlby, J.）　482, 557
ポズナー（Posner, M. I.）　78, 282
ホーナイ（Horney, K.）　556

● ま 行

マイケンバウム（Meichenbaum, D.）　539, 568
マイヤー（Maier, S. F.）　115
マーカス（Markus, H. R.）　378
マクゴニガル（McGonigal, K.）　253, 254
マークマン（Markman, E. M.）　154
マクレー（McCrae, R. R.）　234, 239
マクレランド（McClelland, D. C.）　219
正高信男　26
マーシャ（Marcia, J. E.）　492
マシュウス（Mathews, W.）　586
マズロー（Mazlow, A. H.）　31, 207, 224, 226,

229, 234, 330
松村千賀子　567
ミシェル（Mischel, W.）　234, 242, 283
三隅二不二　461, 462
南博　614
箕浦康子　610
三宅和夫　557
ミラー, D. T.（Miller, D. T.）　405
ミラー, G. A.（Miller, G. A.）　87
ミルグラム（Milgram, S.）　406, 407, 411, 447
ミルナー（Milner, B.）　54
村瀬孝雄　612
メトカルフェ（Metcalfe, J.）　102
メルツォフ（Meltzoff, A. N.）　263, 286, 311
モスコヴィッチ（Moscovici, S.）　419
森治子　567
森田正馬　614
森野礼一　540

● や　行

山岸俊男　27, 341, 343
山下光　112
ユング（Jung, C. G.）　224, 234, 236, 255, 556
依田明　246

● ら　行

ラザルス（Lazarus, R. S.）　507, 533, 534, 536
ラタネ（Latané, B.）　399, 401
ランバート（Lambert, M. J.）　562, 576
ランヤード（Ranyard, R.）　102
リアリー（Leary, M.）　330

リゾラッティ（Rizzolatti, G.）　50
リントン（Linton, M.）　104
ルイス（Lewis, M.）　187
ルーチンズ（Luchins, A. S.）　180
ル・ボン（LeBon, G.）　448
ルリア（Luria, A. R.）　152, 277
レイヴ（Lave, J.）　125
レヴィン（Lewin, K.）　31, 217
レーヴィンジャー（Loevinger, J.）　495
レッパー（Lepper, M.）　220
レディ（Reddy, V.）　305, 306
レビット（Levitt, S.）　342
ロジャーズ（Rogers, C. R.）　31, 224, 226, 234, 554, 559-562, 573
ロス, L.（Ross, L.）　353
ロス, M.（Ross, M.）　395
ロスバート（Rothbart, M. K.）　472
ローゼンバーグ（Rosenberg, M.）　382
ローゼンマン（Rosenman, R. H.）　538
ロフタス（Loftus, E. F.）　97, 105, 395, 464
ローマン（Rohman, D. G.）　145
ローレンツ（Lorenz, K. Z.）　440

● わ　行

ワイナー（Weiner, B.）　221
和田さゆり　239
渡邊ひとみ　224, 225
ワトソン（Watson, J. B.）　30
ワラス（Wallas, G.）　175
ワルドフォーゲル（Waldfogel, S.）　104

心理学（新版）　　　　　　　　　New Liberal Arts Selection
Psychology : Science of Heart and Mind, 2nd ed.

2004 年 3 月 31 日　初版第 1 刷発行
2018 年 3 月 31 日　新版第 1 刷発行
2024 年 1 月 25 日　新版第 10 刷発行

著者　　無藤　隆（むとう たかし）
　　　　森　敏昭（もり としあき）
　　　　遠藤由美（えんどう ゆみ）
　　　　玉瀬耕治（たませ こうじ）

発行者　江草貞治

発行所　株式会社 有斐閣
郵便番号 101-0051 東京都千代田区神田神保町 2-17
https://www.yuhikaku.co.jp/

印刷・製本　大日本法令印刷株式会社

© 2018, Takashi Muto, Toshiaki Mori, Yumi Endo, Koji Tamase. Printed in Japan
落丁・乱丁本はお取替えいたします。

★定価はカバーに表示してあります。

ISBN 978-4-641-05386-1

JCOPY　本書の無断複写（コピー）は、著作権法上での例外を除き、禁じられています。複写される場合は、そのつど事前に（一社）出版者著作権管理機構（電話03-5244-5088, FAX03-5244-5089, e-mail:info@jcopy.or.jp）の許諾を得てください。